AWS All Certifications 엔지니어가 엄선한
최신 테크 트리로 탄탄히 배우기

AWS 잘하는 개발자 되기

김재욱 지음

환영합니다, 클라우드 백엔드 인프라 입문 책을 소개합니다

환 영 합 니 다. AWS 잘하고 싶은데 어떻게 할지 모르겠는 분이라면, 잘 찾아오셨습니다. **이 책은 2023, 2024, 2025년 3연속 'Japan AWS All Certifications Engineer'를 수상한 저자가 개발자 또는 백엔드 엔지니어가 AWS를 잘 사용할 수 있게 안내합니다.** 입문자뿐만 아니라, 더 깊게 체계적으로 기본을 다지고 싶은 초보와, 대규모 서비스를 운영하며 얻은 노하우를 엿보고 싶은 중급자 모두에게 유용합니다.

Point 1
입문자를 위한 백엔드 배경지식

AWS 세계에 입문할 때 가장 먼저 부딪히는 어려움은 무엇을 어떻게 시작해야 하는지 알기 어렵다는 점입니다. 이 책은 그런 막막함을 덜어주기 위해 **'AWS를 쓰려면 알아야 하는 넓고 얕은 배경지식'**과 **'AWS를 잘 쓰려면 반드시 필요한 네트워크 지식'**을 정리해 담았습니다. 한번에 모든 것을 다 배울 수는 없지만, 이 책은 출발점으로 삼을 수 있는 핵심 개념을 추려 안내합니다.

Point 2
시간이 지나도 유용한 기술

AWS 기술은 빠르게 변합니다. 새로운 기능이 추가되고 UI가 바뀌지만 기본은 변하지 않습니다. 가능하면 CLI에서 AWS를 사용하는 방법을 알려드립니다. 또한 AWS UI 메뉴도 많이 안정화되었습니다. 따라서 이 책에서 다루는 내용을 공부하는 데 시간이 지나도 큰 무리가 없을 겁니다.

Point 3
경험을 녹인 정말 유용한 커리큘럼

AWS는 방대합니다. 모두를 배울 수 없으므로 정말 필요한 지식을 익혀야 합니다. 그래서 저자는 다년간의 사용 노하우를 담아 꼭 필요한 내용을 실용적으로 알려줍니다. AWS 클라우드포메이션 기반의 실습 환경 구축을 통해 AWS 리소스 생성 및 관리 방법을 직접 익힐 수 있습니다. 서버 기반 워드프레스와 서버리스 웹사이트 배포 등 다양한 실전 예제를 통해 배운 지식을 즉시 적용해볼 수 있도록 구성되어 있습니다.

먼저 읽은 분이 추천합니다

이 책은 베타 리딩을 진행했습니다. 보내주신 의견을 바탕으로 더 좋은 원고로 만들어 출간했습니다. 참여해주신 모든 분께 감사드립니다.

여러 AWS 서비스를 폭넓게 다루고 있다는 점이 가장 인상 깊었습니다. 단순히 인프라 구축에만 그치지 않고, 클라우드 환경의 보안(IAM, CloudTrail 등), 모니터링 같은 운영·관리 영역까지 함께 설명되어 있어 매우 유용했습니다. AWS로 처음 웹 개발을 시작하려는 분들에게 큰 도움이 될 것이며, 기본적인 인프라 환경 구축부터 유지 관리에 필요한 서비스까지 아우르고 있어 클라우드 인프라 전반을 이해하는 데 최적의 길잡이가 될 겁니다.

서은우_ 닛산 JAPAN Devops 개발 엔지니어

AWS의 기초부터 심화된 개념까지 단계별로 잘 설명되어 있어 초보자부터 실무자까지 폭넓게 활용할 수 있는 책입니다. 특히 실무 예제와 구체적인 가이드라인이 포함되어 있어, 현업에서 바로 적용할 수 있다는 점이 큰 장점입니다. AWS를 처음 접하는 학습자뿐만 아니라, 더 깊이 배우고 싶은 중급자에게도 꼭 권하고 싶습니다. AWS를 학습하려는 모든 분께 자신 있게 추천드립니다.

박동현_ 클래스메소드코리아 매니저

다른 책에서는 생소하고 난해하게 느껴지던 YAML 설정도 친절하게 설명해 주어 큰 도움이 되었습니다. 그림 중심의 설명과 쉬운 용어 사용 덕분에 초보자도 부담 없이 따라갈 수 있었습니다. 특히 네트워크와 데이터베이스에 대한 기본 지식이 있는 분이라면, AWS를 더욱 빠르게 이해할 수 있을 겁니다. AWS를 유튜브처럼 쉽고 재미있게, 깊이 있게 배울 수 있는 책입니다. 실제 배포를 준비하며 AWS 공부를 하려는 분들께 적극 추천합니다.

고동수_ 학생

전공자가 아니더라도 이해할 수 있도록 세심하게 기술되어 있다는 점이 가장 좋았습니다. 네트워크 이론까지 함께 다뤄 주어 전공지식이 없는 분들에게도 큰 도움이 됩니다. 또한 자격증 학습용으로도 유익해, AWS CLF 자격증을 준비하거나 복습하는 데 적합했습니다. 처음에는 막막하게 느껴질 수 있는 AWS도, 이 책을 따라가다 보면 어느새 자신감이 붙고 실력이 쌓이는 경험을 하게 될 겁니다.

정하은_ 클래스메소드 코리아 iOS 앱 엔지니어

AWS 백엔드 로드맵을 소개합니다

AWS가 제공하는 서비스는 방대합니다. 백엔드의 모든 것을 제공한다고 해도 과언이 아닙니다. 이 책의 목적은 여러분을 AWS(아마존 웹 서비스) 잘하는 개발자로 이끌어줍니다. 모든 걸 알려드리지는 못하지만 현업을 진행하면서 필수인 'AWS 계정 생성 및 설정', '클라우드 환경 구축을 위한 상세 단계', 그리고 'AWS 서비스 활용 방법'을 개념과 실습을 충실히 설명했습니다.

다음 로드맵에서 배경색이 칠해진 부분을 이 책에서 다루는 영역입니다. 책에서 다루는 영역에 익숙해지면 다루지 않은 문제를 능히 해결하는 능력을 갖추게 될 겁니다.

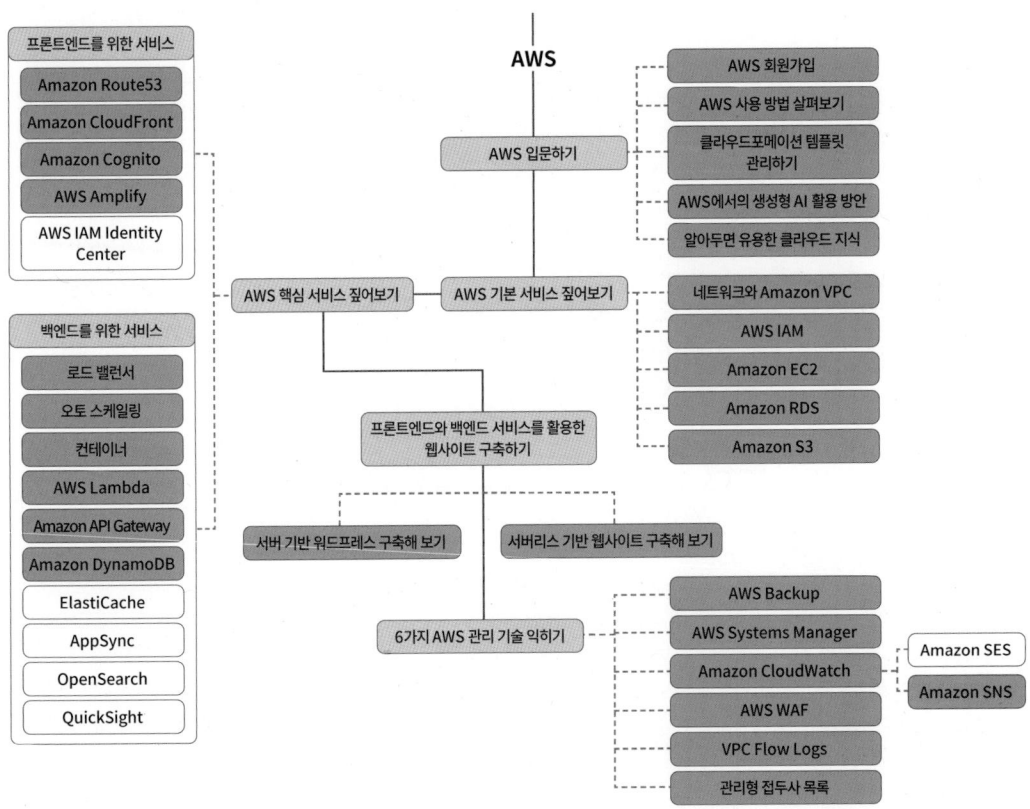

4대장과 함께 공부하세요

AWS의 설계와 구축을 알리는 첫 출발은 네트워크입니다. 네트워크의 기초 개념을 익힌 후, 이를 바탕으로 AWS에서 네트워크 환경을 구성하고, 구성한 환경 위에 다양한 리소스를 배치해 본격적인 인프라 설계와 구축을 시작해봅시다. 실무 경험이 부족하더라도, 이 책을 끝까지 학습한다면 인프라를 구성하는 데 필요한 다음과 같은 기반 지식과 자신감을 충분히 얻을 수 있을 겁니다.

네트워크 기초와 AWS 네트워크

AWS 입문자는 네트워크 환경 구성 단계부터 큰 벽에 부딪힙니다. CIDR이 무엇인지, 서브넷은 왜 나눠야 하는지, 이해하지 못합니다. 또한 라우팅 테이블, 인터넷 게이트웨이, NAT 게이트웨이 같은 개념이 낯설고 어렵습니다. 그래서 이 책은 네트워크 기초를 먼저 배우고, AWS에서 어떻게 활용되는지 살펴본 뒤, AWS 네트워크 환경을 구축합니다.

AWS에서 네트워크 환경 구성을 마쳤다면, 이제는 그 위에 IAM, EC2, RDS, S3 등 자주 활용되는 서비스를 연계하여 실제 리소스를 배치할 차례입니다. 그러나 이 과정에서도 또 하나의 관문이 기다리고 있습니다. 예를 들어 EC2나 RDS를 구축했음에도 불구하고 어떻게 접속해야 할지 몰라 어려움을 겪는 경우가 많습니다. 인터넷을 통한 접속 방식부터 SSM, EIC를 활용한 접속까지, 다양한 방법을 비교해보고 가장 적합한 접속 패턴을 선택하는 방법을 알려줍니다.

AWS 기본 서비스
(IAM, EC2, RDS, S3)

백엔드 서비스
프론트엔드 서비스

이제 네트워크 환경 구성과 기본 서비스 활용까지 마쳤다면, 이를 보조하고 확장할 수 있는 다양한 AWS 서비스를 만나볼 차례입니다. 백엔드와 프론트엔드 영역으로 나누어 인프라를 더 풍성하고 효율적으로 구성해봅시다.

이제 네트워크 설계부터 AWS 기본 서비스와 백엔드, 프론트엔드 서비스를 활용해 본격적인 웹사이트 구축 프로젝트를 진행합니다. 구축한 환경에서 추가로 고려할 수 있는 사항도 함께 알아봅니다. EC2를 대신해, AWS 앰플리파이와 AWS 람다 등을 활용한 서버리스 기반 웹사이트 구축도 준비되어 있으니 어떤 환경에서도 대응할 수 있는 폭넓은 경험을 쌓아봅시다.

서버 기반,
서버리스 기반 서버

학습 효율 250% 높이는 학습 가이드

100%
**실습 및 코드에 궁금한 점이 있다면,
깃허브 이슈란에 코멘트를 남겨보세요!**

실습을 진행하면서 막히는 부분이 있거나 코드에 대해 궁금한 점이 생긴다면 주저하지 말고 깃허브 이슈란에 코멘트를 남겨주세요. 작은 질문이라도 괜찮습니다. 함께 해결해나가며 더 깊이 있는 학습을 이어갑시다.

▲ 깃허브 이슈
github.com/classmethodjaewook/aws-developer/issues

100%

150%

150%
**함께 의논하고 연구할 상대가 필요하다면,
디스코드 & 카톡에서 함께 연구해요**

학습을 하다 보면 혼자 고민하기보다는 누군가와 함께 이야기 나누고 싶을 때가 있습니다. 진도를 나가며 막히는 부분이나 더 깊이 있는 내용을 함께 연구하고 싶다면, 디스코드 & 오픈 카톡방에서 자유롭게 의견을 나눠보세요.

내 코드를 부탁해 디스코드
discord.com/invite/BYRpaDrfbH

내 코드를 부탁해 단톡방
open.kakao.com/o/ggK7EAJh

이 책 전용 단톡방
open.kakao.com/o/gz1o2vEh

200%

● **실습에 필요한 코드를 제공합니다**

학습 효과를 높이기 위해서는 책에 나온 코드를 직접 따라 입력하는 것을 권장합니다! 하지만 너무 바쁘고, 더 빨리 학습하고 싶고, 지금 당장 쓰고 싶다면 다음 링크에서 예제 코드를 다운받아 활용하세요. 실습에 필요한 코드를 제공합니다.

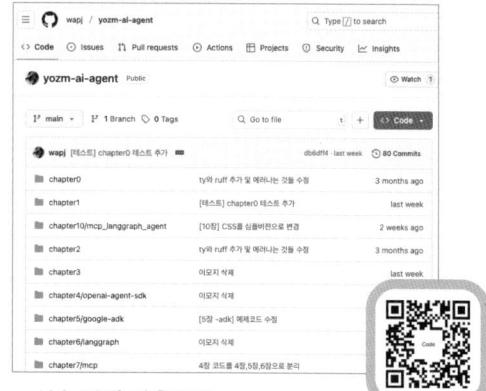

▲ 실습 파일 다운로드
github.com/classmethodjaewook/aws-developer

250%

보너스 PDF를 제공합니다

AWS를 처음 접하거나 실무에서 활용 중인 분들도 다양한 서비스 이름 앞에서 막막함을 느끼기 쉽습니다. 보너스 PDF에서는 알아두면 유용한 AWS 서비스를 정리해 제공합니다.

알아두면 유용한 AWS 서비스
bit.ly/42cUCPY

이 책으로 AWS를 익혀야 하는 3가지 이유

이 책은 AWS를 배우고 싶은 모든 분께 최고의 선택이 될 겁니다. 다음 세 가지 핵심 특징을 통해 이 책이 여러분의 클라우드 여정을 어떻게 빛낼지 확인해보세요. 참고로, 클라우드 여정 도중에 200개가 넘는 도표와 시스템 구성도가 여러분의 쉬운 이해를 도울 겁니다.

첫째, 체계적인 레벨별 학습 코스를 통해 AWS 입문부터 전문가 수준까지 성장할 수 있도록 돕습니다
0장에서는 AWS 가입부터 실습 환경 구축까지 필수 지식을 제공하며, 이어서 레벨 1에서는 AWS의 기본적인 개념과 네트워크 지식을 다룹니다. 레벨 2에서는 AWS IAM, EC2, RDS, S3와 같은 핵심 기본 서비스를, 레벨 3에서는 프론트엔드 및 백엔드 서비스의 상호작용 원리를 파악합니다. 레벨 4에서는 실제 서버 기반 워드프레스와 서버리스 기반 웹사이트를 직접 구축하며 실전 경험을 쌓고, 레벨 5에서는 클라우드 환경을 안정적으로 운영하고 관리하는 6가지 핵심 기술을 마스터하게 됩니다. 이처럼 단계별로 구성된 학습 경로는 여러분이 혼란 없이 AWS 지식을 쌓아갈 수 있도록 돕습니다.

둘째, 실무에 바로 적용 가능한 핵심 지식만을 엄선하여 제공합니다
방대한 AWS 서비스 중에서도 가장 중요하고 실용적인 개념과 용어만을 선별하여 정리했습니다. 기본적인 서비스 개념(리전, 가용 영역, 탄력성, 확장성 등)부터, 실제 업무에서 보편적으로 사용되는 AWS 관리 콘솔, AWS CLI, AWS 클라우드포메이션과 같은 도구에 대한 지식까지 아우릅니다. 또한 "AWS"와 "Amazon" 접두사가 의미하는 바와 같이 본질적인 특징을 파악하는 통찰력을 제공하여, 시간을 낭비하지 않고 진정으로 필요한 역량을 집중적으로 키울 수 있도록 지원합니다.

셋째, 이론과 실습을 완벽하게 연결하는 풍부한 핸즈온 경험을 제공합니다
클라우드포메이션 템플릿과 AWS 관리 콘솔 UI를 활용한 단계별 실습을 통해 실제 클라우드 환경을 직접 구축하고 관리하는 방법을 익힐 수 있습니다. VPC 생성부터 비주얼 스튜디오 코드를 활용한 클라우드포메이션 템플릿 관리, AWS 앰플리파이를 이용한 웹 애플리케이션 배포, 그리고 로드 밸런서를 통한 서버 부하 분산 설정까지, 상세하게 안내합니다. 실제 업무 환경에서 마주할 수 있는 문제들을 스스로 해결할 수 있는 강력한 실전 역량을 길러줄 겁니다. 이 책과 함께라면 여러분은 이론에만 머무르지 않고, 직접 클라우드를 다루는 전문가로 거듭날 수 있습니다.

함께 만들 31가지 예제를 소개합니다

이 책에서 다루는 예제 목록은 다음과 같습니다. 각 예제를 통해 실용적인 AWS 클라우드 환경 구축 및 운영 기술을 습득할 수 있습니다.

- **예제 01** **AWS 회원 가입 및 실습 환경 구축** : AWS 프리 티어를 활용하여 계정을 생성하고, AWS를 시작하기 위한 기본적인 환경을 설정합니다. `0장`

- **예제 02** **VSCode로 클라우드포메이션 템플릿 관리** : VSCode에 클라우드포메이션 Linter 확장 프로그램을 설치하여 JSON/YAML 형식의 템플릿 문법을 검사하고 효율적으로 관리하는 방법을 익힙니다. `0장`

- **예제 03** **클라우드포메이션**^{CloudFormation}**으로 AWS 리소스 생성 및 삭제** : 클라우드포메이션 템플릿을 사용하여 AWS 리소스^{VPC}를 체계적으로 생성하고 관리하며, 불필요한 리소스를 안전하게 삭제하는 방법을 배웁니다. `0장`

- **예제 04** **클라우드포메이션으로 AWS 네트워크 환경 구축** : VPC, 서브넷, 인터넷 게이트웨이 등 AWS 클라우드 네트워크의 핵심 구성 요소를 클라우드포메이션을 이용하여 구축하고 이해합니다. `2장`

- **예제 05** **IAM 사용자 생성 및 권한 확인** : AWS IAM을 통해 개별 IAM 사용자를 생성하고, AWS 관리 콘솔 및 AWS CLI 접속을 위한 권한 설정 및 확인 방법을 실습합니다. `3장`

- **예제 06** **AWS CLI 환경 구성** : AWS CLI를 설치하고 액세스 키 및 시크릿 키를 설정하여 명령줄에서 AWS 리소스를 관리하는 환경을 구축합니다. `3장`

- **예제 07** **EC2 인스턴스 구축 및 접속** : 가상 클라우드 서버인 EC2 인스턴스를 직접 구축하고, 맥OS 환경과 윈도우 환경에서 접속하는 방법과 [EC2 인스턴스 연결]을 통한 접속 방법을 익힙니다. `4장`

- **예제 08** **EC2 인스턴스 연결 엔드포인트(EIC)를 이용한 접속** : 인터넷 게이트웨이 없이도 EC2 인스턴스에 안전하게 접속할 수 있는 EIC 사용 방법을 배웁니다. `4장`

- **예제 09** **세션 관리자를 이용한 EC2 접속 (콘솔 및 포트 포워딩)** : AWS 시스템 관리자의 세션 관리자를 활용하여 EC2 인스턴스에 안전하게 접속하는 다양한 방법을 익힙니다. `4장`

예제 10 **아마존 RDS 인스턴스 구축 및 EC2를 이용한 접속** : AWS 관계형 데이터베이스 서비스인 아마존 RDS 인스턴스를 생성하고, 프라이빗 서브넷의 EC2 인스턴스를 통해 안전하게 RDS에 접속하는 방법을 실습합니다. 5장

예제 11 **아마존 S3 버킷 생성 및 활용 (버저닝, 생명주기)** : 객체 스토리지 서비스인 아마존 S3버킷을 생성하고, 버저닝 기능으로 객체 버전을 관리하고, 생명주기 규칙으로 객체 보존 기간을 설정하여 비용을 최적화하는 방법을 배웁니다. 6장

예제 12 **EC2 인스턴스와 S3 버킷 연동** : EC2 인스턴스와 S3 버킷을 연동하여 객체를 효율적으로 내려받고 업로드하는 방법을 익힙니다. 6장

예제 13 **아마존 라우트53**Route53 **프라이빗 호스팅 영역 생성 및 도메인 할당** : 아마존 라우트53을 활용하여 비공개 도메인(프라이빗 호스팅 영역)을 생성하고 웹 서버에 도메인을 할당하여 접근하는 방법을 실습합니다. 7장

예제 14 **아마존 S3와 아마존 클라우드프론트**CloudFront **연동을 통한 CDN 환경 구축** : 아마존 클라우드프론트를 아마존 S3와 연동하여 정적 콘텐츠를 사용자에게 빠르고 안전하게 전송하는 CDNContent Delivery Network 환경을 직접 구축합니다. 8장

예제 15 **AWS 앰플리파이**Amplify **호스팅을 이용한 웹사이트 호스팅 및 자동 배포** : AWS 앰플리파이 호스팅을 사용하여 깃허브 리포지터리와 연동, 웹 애플리케이션을 AWS 클라우드에 쉽고 빠르게 배포하고 CI/CD 환경을 구축하는 방법을 배웁니다. 9장

예제 16 **아마존 코그니토**Cognito**를 활용한 회원 가입 및 로그인 구현** : 아마존 코그니토의 사용자 풀과 자격증명 풀을 활용하여 웹 애플리케이션에 사용자 인증(회원 가입, 로그인) 기능을 간편하게 구현하는 방법을 실습합니다. 10장

예제 17 **탄력적 로드 밸런서(ELB) 생성 및 EC2 인스턴스 연동** : 애플리케이션 로드 밸런서 ALB를 생성하고 EC2 인스턴스와 연동하여 웹 트래픽을 효율적으로 분산하고 웹 서버의 보안을 강화하는 방법을 익힙니다. 11장

예제 18 **아마존 EC2 오토 스케일링 그룹**^{Auto Scaling Group} **생성 및 스케일 작업** : 아마존 EC2 오토 스케일링 그룹을 생성하고 시작 템플릿, 스케일 정책(예약된 작업)을 설정하여 트래픽 변화에 따라 EC2 인스턴스 수를 자동으로 조절하고 클라우드 서버를 최적화하는 방법을 배웁니다. `12장`

예제 19 **아마존 ECS on 파게이트**^{Fargate}**를 이용한 컨테이너 서비스 구축** : 도커 컨테이너를 AWS ECS on 파게이트 환경에 배포하여 서버 관리 부담 없이 컨테이너 기반 서비스를 구축하고 운영하는 방법을 실습합니다. `13장`

예제 20 **AWS 람다**^{Lambda} **함수 생성 및 실행** : 서버리스 컴퓨팅 서비스인 AWS 람다 함수를 생성하고, 특정 이벤트에 반응하여 코드를 실행하는 방법을 실습하며, 서버리스 아키텍처의 이점을 체험합니다. `14장`

예제 21 **아마존 API 게이트웨이**^{API Gateway}**를 이용한 람다 함수 호출** : 아마존 API 게이트웨이를 구축하여 API를 통해 AWS 람다 함수를 호출하고, 백엔드 로직을 간편하게 관리하는 방법을 배웁니다. `15장`

예제 22 **아마존 다이나모DB**^{DynamoDB} **테이블 생성 및 람다 함수를 통한 데이터 호출** : NoSQL 데이터베이스인 아마존 다이나모DB 테이블을 생성하고, AWS 람다 함수를 사용하여 다이나모DB의 데이터를 호출하고 활용하는 방법을 실습합니다. `16장`

예제 23 **로드 밸런서, EC2, RDS를 활용한 서버 기반 워드프레스 구축** : 탄력적 로드 밸런서, 아마존 EC2, 아마존 RDS for MySQL을 연동하여 보안성, 성능, 확장성을 고려한 실제 서버 기반 워드프레스 블로그 플랫폼을 구축합니다. `17장`

예제 24 **워드프레스 웹사이트 운영을 위한 추가 고려사항** : 도메인/HTTPS 설정, 트래픽 분산/오토 스케일, 데이터베이스 고가용성 등 실제 서비스 운영에 필요한 고급 인프라 설계 방안을 탐구합니다. `17장`

예제 25 **AWS 앰플리파이, 람다, API 게이트웨이, 다이나모DB를 활용한 서버리스 웹사이트 구축** : AWS 앰플리파이, 람다, API 게이트웨이, 다이나모DB 등 서버리스 핵심 서비스를 통합하여 실시간 처리 및 확장성을 갖춘 서버리스 기반 웹사이트를 직접 구축하고 배포합니다. 18장

예제 26 **AWS 백업Backup을 이용한 EC2 인스턴스 백업 및 복원** : AWS 백업 서비스를 활용하여 EC2 인스턴스의 정기적인 백업 계획을 수립하고, 필요 시 데이터를 신속하게 복원하여 안정적인 클라우드 환경을 유지하는 방법을 실습합니다. 19장

예제 27 **플릿 관리자Fleet Manager를 이용한 윈도우 EC2 인스턴스 원격 접속** : AWS 시스템 관리자와 플릿 관리자를 사용하여 윈도우 OS 기반의 EC2 인스턴스에 원격 데스크톱RDP 연결을 통해 UI 환경에서 관리하는 방법을 익힙니다. 20장

예제 28 **아마존 클라우드워치CloudWatch 경보를 활용한 이메일 통지** : 아마존 클라우드워치를 통해 AWS 리소스의 지표를 모니터링하고, 특정 임곗값 초과 시 경보를 발생시켜 이메일로 알림을 받는 시스템을 구축합니다. 21장

예제 29 **AWS WAF를 클라우드프론트CloudFront와 연결하여 웹 애플리케이션 보호** : AWS WAF를 아마존 클라우드프론트와 연동하여 웹 애플리케이션을 SQL 인젝션, XSS와 같은 일반적인 웹 공격 및 DDoS 공격으로부터 보호하는 방법을 실습합니다. 22장

예제 30 **VPC 플로우 로그Flow Logs를 통한 네트워크 트래픽 로그 수집** : VPC 플로우 로그 기능을 활성화하여 VPC 내에서 발생하는 네트워크 트래픽 정보를 수집하고, 이를 아마존 S3에 저장하여 보안 진단 및 네트워크 통신 문제 해결에 활용하는 방법을 배웁니다. 23장

예제 31 **관리형 접두사 목록Managed Prefix Lists을 활용한 IP 주소 관리** : 고객 관리형 접두사 목록을 생성하여 다수의 IP 주소를 효율적으로 관리하고, 이를 보안 그룹에 적용하여 네트워크 보안 규칙의 복잡성을 줄이는 방법을 실습합니다. 24장

목차

 **레벨 1** **AWS 입문하기**

00장 AWS 실습 환경 구축하기 026

- 0.1 AWS 회원 가입하기 027
- 0.2 AWS 사용 방법 살펴보기 032
    - 0.2.1 AWS 루트 사용자 032
    - 0.2.2 레벨별 AWS를 사용하는 방법 032
- 0.3 비주얼 스튜디오 코드로 클라우드포메이션 템플릿 관리하기 033
    - 0.3.1 맥OS에서 클라우드포메이션 템플릿 관리하기 034
    - 0.3.2 윈도우에서 클라우드포메이션 템플릿 관리하기 036
- 0.4 예제 코드 저장소 위치 039
- 0.5 클라우드포메이션 사용해보기 039
- 0.6 AWS에서 생성형 AI 활용 방안 044
    - 0.6.1 코드 작성 044
    - 0.6.2 솔루션과 트러블 슈팅 045

01장 AWS를 쓰려면 알아야 하는 넓고 얕은 배경지식 048

- 1.1 AWS 입문하기 049
    - 1.1.1 AWS란 무엇인가? 049
    - 1.1.2 AWS, 어떻게 탄생했고 왜 많은 사람이 사용하는가? 049
    - 1.1.3 'AWS'와 'Amazon' 접두사는 무얼 의미하는가? 051
- 1.2 AWS를 쓰려면 알아두면 유용한 클라우드 지식 052
    - 1.2.1 온프레미스 052
    - 1.2.2 클라우드 053
    - 1.2.3 하이브리드 클라우드 053
    - 1.2.4 서버리스 054
    - 1.2.5 리전 055
    - 1.2.6 가용 영역 056
    - 1.2.7 에지 로케이션 056
    - 1.2.8 가용성 059
    - 1.2.9 신뢰성 060
    - 1.2.10 내결함성 061
    - 1.2.11 탄력성 062
    - 1.2.12 확장성 063
    - 1.2.13 비즈니스 연속성 계획 064

학습 마무리 066
연습문제 067

02장 AWS를 잘 쓰려면 알아야 하는 네트워크 지식 068

- 2.1 네트워크 동작 구조와 원리 파악하기 069
  - 2.1.1 네트워크란 무엇인가? 069
  - 2.1.2 통신 규약, 프로토콜 069
  - 2.1.3 IP 071
  - 2.1.4 IP 주소 체계 072
  - 2.1.5 서브넷팅 075
- 2.2 아마존 VPC란? 082
  - 2.2.1 아마존 VPC 구성 요소 살펴보기 082
  - 2.2.2 서브넷 083
  - 2.2.3 인터넷 게이트웨이 085
  - 2.2.4 NAT 게이트웨이 086
  - 2.2.5 라우팅 테이블 087
  - 2.2.6 VPC 엔드포인트 089
- 2.3 AWS 네트워크 설계 시 고려사항 090
  - 2.3.1 CIDR은 어떻게 나누어야 할까? 090
  - 2.3.2 VPC 분할 패턴 092
- 2.4 AWS 네트워크 구축을 위한 다양한 서비스 알아보기 095
  - 2.4.1 VPC 피어링 095
  - 2.4.2 Site to Site VPN 095
  - 2.4.3 트랜짓 게이트웨이 096
  - 2.4.4 다이렉트 커넥트 097
- 2.5 AWS 네트워크 환경 구축하기 100
  - 2.5.1 클라우드포메이션으로 네트워크 환경 구축하기 100
  - 2.5.2 UI로 불러와 AWS 네트워크 환경 구축하기 106

학습 마무리 110
연습문제 111

레벨 2 AWS를 잘 쓰려면 알아야 하는 기본 서비스 짚어보기

03장 AWS를 잘 쓰려면 알아야 하는 기본 서비스 114

3.1 AWS에서 동작하는 웹 서비스 구조와 원리 파악하기 115

3.2 권한 관리 서비스, AWS IAM 파악하기 116
   3.2.1 AWS IAM이란? 116
   3.2.2 AWS IAM 살펴보기 117

3.3 AWS IAM 생성하기 121
   3.3.1 클라우드포메이션으로 AWS 사용자 생성하기 121
   3.3.2 UI로 불러와 AWS 사용자 리소스 생성하기 123
   3.3.3 AWS CLI 환경 구성하기 126
   3.3.4 AWS MFA 설정하기 131

학습 마무리 134
연습문제 135

04장 가상 클라우드 서버 파악하기 136

4.1 가상 클라우드 서버, 아마존 EC2란? 137

4.2 가상 클라우드 서버, 아마존 EC2 살펴보기 137
   4.2.1 AMI 138
   4.2.2 인스턴스 유형 139
   4.2.3 스토리지 옵션 140
   4.2.4 보안 그룹 144
   4.2.5 키 페어 146

4.3 아마존 EC2 구축하기 148
   4.3.1 클라우드포메이션으로 EC2 인스턴스 구축하기 148
   4.3.2 맥OS 환경에서 EC2 인스턴스 접속 154
   4.3.3 윈도우 환경에서 EC2 인스턴스 접속 156

4.4 아마존 EC2 접속 패턴 살펴보기 158
   4.4.1 인터넷을 통한 EC2 인스턴스 접속 158
   4.4.2 EC2 인스턴스 연결 엔드포인트 이용 159
   4.4.3 세션 관리자 이용한 콘솔에서의 접속 165
   4.4.4 세션 관리자 이용한 포트 포워딩 접속 170

학습 마무리 174
연습문제 175

05장 관계형 데이터베이스 서비스 파악하기 176

- **5.1** 관계형 데이터베이스, 아마존 RDS란? **177**
- **5.2** 관계형 데이터베이스, 아마존 RDS 살펴보기 **178**
  - 5.2.1 아마존 RDS 엔진 유형 **179**
  - 5.2.2 아마존 RDS의 DB 인스턴스 클래스 **180**
  - 5.2.3 아마존 RDS의 스토리지 유형 **181**
  - 5.2.4 아마존 RDS를 구성하는 DB 그룹 **182**
  - 5.2.5 확장성과 고가용성을 위한 옵션들 **182**
- **5.3** 아마존 RDS 구축하기 **185**
  - 5.3.1 클라우드포메이션으로 아마존 RDS 구축하기 **185**
  - 5.3.2 UI로 불러와 RDS 리소스 생성하기 **190**
- **5.4** 아마존 RDS 접속 패턴 살펴보기 **192**
  - 5.4.1 EC2 인스턴스를 이용한 RDS 접속 **192**
  - 5.4.2 포트 포워딩을 이용한 RDS 접속 **195**
  - 5.4.3 인터넷 게이트웨이를 통해 RDS로 접속 **197**
  - 5.4.4 Site to Site VPN을 통해 RDS로 접속 **198**

학습 마무리 199
연습문제 200

06장 객체 스토리지 서비스 파악하기 202

- **6.1** 객체 스토리지 서비스, 아마존 S3란? **203**
- **6.2** 객체 스토리지 서비스, 아마존 S3 살펴보기 **205**
  - 6.2.1 스토리지 클래스 **205**
  - 6.2.2 버전 관리를 위한 버저닝 기능 **207**
  - 6.2.3 생명주기 규칙을 활용한 객체 관리 **211**
- **6.3** 아마존 S3 생성하기 **213**
  - 6.3.1 클라우드포메이션으로 S3 생성하기 **213**
  - 6.3.2 UI로 불러와 S3 리소스 생성하기 **215**
- **6.4** 아마존 S3 활용하기 **216**

학습 마무리 220
연습문제 221

레벨 3 AWS 핵심 서비스 짚어보기

07장 프론트엔드를 위한 서비스 이해하기 224

7.1 프론트엔드 서비스 유형 살펴보기 225
7.2 도메인 관리 서비스, 아마존 라우트53 파악하기 226
 7.2.1 도메인 관리 서비스, 아마존 라우트53란? 226
 7.2.2 도메인 관리 서비스, 아마존 라우트53 살펴보기 227
7.3 아마존 라우트53 활용하기 236
 7.3.1 아마존 라우트53 프라이빗 호스팅 영역 생성하기 237
 7.3.2 UI로 불러와 아마존 라우트53 프라이빗 호스팅 영역 생성하기 241
학습 마무리 245 연습문제 246

08장 콘텐츠 전송을 위한 프론트 서비스 파악하기 248

8.1 콘텐츠 전송 서비스, 아마존 클라우드프론트란? 249
8.2 콘텐츠 전송 서비스, 아마존 클라우드프론트 살펴보기 250
 8.2.1 콘텐츠 전송 서비스, 아마존 클라우드프론트 속도 비교 250
 8.2.2 콘텐츠 전송 서비스, 아마존 클라우드프론트를 구성하는 옵션 253
8.3 아마존 클라우드프론트 활용하기 259
 8.3.1 아마존 S3와 아마존 클라우드프론트 연동하기 259
 8.3.2 UI로 불러와 아마존 S3와 아마존 클라우드프론트 연동하기 263
학습 마무리 266 연습문제 268

09장 웹 애플리케이션 배포용 프론트 서비스 파악하기 270

9.1 웹 애플리케이션 배포를 위한 프론트 서비스, AWS 앰플리파이란? 271
9.2 웹 애플리케이션 배포를 위한 프론트 서비스, AWS 앰플리파이 살펴보기 272
 9.2.1 웹 애플리케이션 배포를 위한 프론트 서비스, 앰플리파이 스튜디오 살펴보기 273
 9.2.2 웹 애플리케이션 배포를 위한 프론트 서비스, 앰플리파이 호스팅이란? 276
 9.2.3 웹 애플리케이션 배포용 프론트 서비스, AWS 앰플리파이를 위한 다양한 도구들 278
9.3 AWS 앰플리파이 활용하기 279
 9.3.1 앰플리파이 호스팅으로 CI/CD 환경 구축하기 280
학습 마무리 285 연습문제 286

10장 사용자 인증을 위한 프론트 서비스 파악하기 287

10.1 사용자 인증을 위한 프론트 서비스, 아마존 코그니토란? 288
10.2 사용자 인증을 위한 프론트 서비스, 아마존 코그니토 살펴보기 289
 10.2.1 사용자 풀이란? 289
 10.2.2 자격증명 풀이란? 291
10.3 아마존 코그니토 활용하기 293
 10.3.1 아마존 코그니토로 로그인 및 회원 가입 구현하기 293
학습 마무리 304 연습문제 305

11장 백엔드 서비스 이해하기 307

- 11.1 백엔드 서비스 유형 파악하기 308
- 11.2 부하 분산 서비스, 탄력적 로드 밸런서란? 309
- 11.3 탄력적 로드 밸런서 살펴보기 311
  - 11.3.1 로드 밸런서의 작동 방식 312
  - 11.3.2 로드 밸런서의 대상 그룹과 리스너 315
  - 11.3.3 부하 분산을 위한 로드 밸런서의 알고리즘 321
  - 11.3.4 환경별 로드 밸런서 구성 패턴 살펴보기 323
- 11.4 탄력적 로드 밸런서 활용하기 325
  - 11.4.1 탄력적 로드 밸런서를 생성하고 EC2 인스턴스와 연동하기 326
  - 11.4.2 UI로 불러와 탄력적 로드 밸런서를 생성하고 EC2 인스턴스와 연동하기 331

학습 마무리 334 연습문제 335

12장 클라우드 서버 최적화를 위한 백엔드 서비스 파악하기 337

- 12.1 클라우드 서버 최적화, 아마존 EC2 오토스케일링이란? 338
- 12.2 클라우드 서버 최적화 서비스, 아마존 EC2 오토스케일링 살펴보기 339
  - 12.2.1 클라우드 서버 최적화 백엔드 서비스, 오토스케일링 그룹이란? 340
- 12.3 아마존 EC2 오토스케일링 생성해보기 349
  - 12.3.1 오토스케일링 그룹 생성해보기 349
  - 12.3.2 UI로 불러와 오토스케일링 그룹 생성하기 355

학습 마무리 360 연습문제 361

13장 컨테이너를 위한 백엔드 서비스 파악하기 363

- 13.1 컨테이너 서비스, 아마존 ECS란? 364
- 13.2 컨테이너 서비스, 아마존 ECS 살펴보기 368
  - 13.2.1 컨테이너 서비스, 아마존 ECR 살펴보기 368
  - 13.2.2 컨테이너 서비스, 아마존 ECS 구성 요소 370
- 13.3 아마존 ECS on 파게이트 생성해보기 377
  - 13.3.1 아마존 ECS on 파게이트 생성해보기 377
  - 13.3.2 UI로 불러와 아마존 ECS on 파게이트 생성하기 386

학습 마무리 389 연습문제 390

14장 이벤트 기반 코드 실행 백엔드 서비스 파악하기 392

- 14.1 이벤트 기반 코드 실행 서비스, AWS 람다란? 393
- 14.2 이벤트 기반 코드 실행 서비스, AWS 람다 살펴보기 394
  - 14.2.1 이벤트 기반 코드 실행 서비스, AWS 람다 이점 394
  - 14.2.2 이벤트 기반 코드 실행 서비스, AWS 람다 구성 요소 395
- 14.3 AWS 람다 함수 생성해보기 398
  - 14.3.1 AWS 람다 함수로 Hello World 출력해보기 398
  - 14.3.2 UI로 불러와 AWS 람다 함수로 Hello World 출력해보기 400

학습 마무리 403 연습문제 404

15장 API 관리를 위한 백엔드 서비스 파악하기 405

15.1 API 관리 백엔드 서비스, 아마존 API 게이트웨이란? 406

15.2 API 관리 백엔드 서비스, 아마존 API 게이트웨이 살펴보기 407

    15.2.1 API 관리 백엔드 서비스, 아마존 API 게이트웨이 장단점 408

    15.2.2 API 관리를 위한 백엔드 서비스, 아마존 API 게이트웨이 구성 요소 409

15.3 아마존 API 게이트웨이 활용하기 413

    15.3.1 API 게이트웨이를 활용해 람다 함수 실행해보기 413

    15.3.2 UI로 불러와 API 게이트웨이를 활용해 람다 함수 실행해보기 416

학습 마무리 419
연습문제 420

16장 유연한 NoSQL 데이터베이스 서비스 파악하기 421

16.1 유연한 NoSQL 데이터베이스 서비스, 아마존 다이나모DB란? 422

16.2 유연한 NoSQL 데이터베이스 서비스, 아마존 다이나모DB 살펴보기 424

    16.2.1 유연한 NoSQL 데이터베이스 서비스, 아마존 다이나모DB 제약 424

    16.2.2 유연한 NoSQL 데이터베이스 서비스, 아마존 다이나모DB 구성 요소 428

16.3 아마존 다이나모DB 활용하기 433

    16.3.1 AWS 람다 함수로 아마존 다이나모DB 테이블 데이터를 호출해보기 433

    16.3.2 UI로 불러와 AWS 람다 함수로 아마존 다이나모DB 테이블 데이터를 호출해보기 435

학습 마무리 438
연습문제 439

레벨 4 · 프론트엔드와 백엔드 서비스를 활용한 웹사이트 구축하기

17장 프로젝트 **서버 기반 워드프레스 구축해 보기** 442

17.1 서버 기반 워드프레스 구성도 이해하기 443
17.2 클라우드포메이션으로 리소스 생성하기 444
17.3 EC2 인스턴스와 RDS for MySQL 연동하기 446
17.4 EC2 인스턴스에서 워드프레스 구성하기 448
17.5 밸런서의 DNS를 이용해 워드프레스로 접근하기 451
17.6 워드프레스에서 추가적으로 고려할 수 있는 사항들 452
　17.6.1 도메인과 고속 콘텐츠 제공 453
　17.6.2 HTTPS와 로그 설정 453
　17.6.3 트래픽 분산과 오토 스케일 설정 454
　17.6.4 데이터베이스 고가용성 455

학습 마무리 456

18장 프로젝트 **서버리스 기반 웹사이트 구축해 보기** 457

18.1 서버리스 기반 웹사이트 구성도 이해하기 458
18.2 클라우드포메이션으로 리소스 생성하기 458
18.3 데이터를 관리하는 다이나모DB 테이블 항목 생성하기 464
18.4 웹사이트를 호스팅하는 AWS 앰플리파이 생성하기 465

학습 마무리 468

레벨 5   6가지 AWS 관리 기술 익히기

19장 AWS를 관리하는 서비스 파악하기 470

19.1   AWS를 관리하는 서비스 유형 파악하기 471

19.2   백업 및 복원 관리 서비스 파악하기 471

     19.2.1   백업 및 복원 관리를 위한 서비스, AWS
             백업이란? **472**

     19.2.2   백업 및 복원 관리 서비스, AWS 백업
             살펴보기 **473**

19.3   **AWS 백업 활용하기** 477

     19.3.1   AWS 백업을 활용해 EC2 인스턴스 백업 및
             복원해보기 **477**

     19.3.2   UI로 불러와 EC2 인스턴스 백업 및
             복원해보기 **479**

학습 마무리 485

연습문제 486

20장 인프라 관리 서비스 파악하기 487

20.1   인프라 관리 서비스, AWS 시스템 관리자란? 488

20.2   인프라 관리 서비스, AWS 시스템 관리자
        살펴보기 **488**

     20.2.1   애플리케이션 관리, 파라미터 스토어 **490**

     20.2.2   변경 관리, 자동화 **491**

     20.2.3   노드 관리, 플릿 관리자 **492**

     20.2.4   노드 관리, 세션 관리자 **494**

     20.2.5   노드 관리, 명령 실행 **495**

     20.2.6   노드 관리, 패치 관리자 **496**

     20.2.7   공유 리소스, 문서 **498**

학습 마무리 499

연습문제 500

21장 모니터링 및 로깅 서비스 파악하기 501

21.1 모니터링 및 로깅 서비스, 아마존 클라우드워치란? 502

21.2 모니터링 및 로깅 서비스, 아마존 클라우드워치 살펴보기 502

    21.2.1 모니터링 및 로깅을 위한 서비스, 메트릭 502

    21.2.2 모니터링 및 로깅 서비스, 경보 503

    21.2.3 모니터링 및 로깅 서비스, 로그 504

    21.2.4 모니터링 및 로깅을 위한 서비스, 메트릭을 취득할 수 있는 서비스 505

21.3 아마존 클라우드워치 활용하기 505

    21.3.1 클라우드워치 경보를 활용해 이메일 통지해보기 506

    21.3.2 UI로 불러와 클라우드워치 경보를 활용해 이메일 통지해보기 509

학습 마무리 512

연습문제 513

22장 외부 공격을 보호하는 방화벽 서비스 파악하기 514

22.1 외부 공격을 보호하는 방화벽 서비스, AWS WAF란? 515

22.2 외부 공격을 보호하는 방화벽 서비스, AWS WAF 살펴보기 516

    22.2.1 AWS WAF의 주요 5가지 기능 518

    22.2.2 AWS WAF의 관리형 규칙 518

    22.2.3 AWS WAF의 커스텀 규칙 520

22.3 AWS WAF 활용하기 521

    22.3.1 아마존 클라우드프론트에 AWS WAF 도입해보기 521

    22.3.2 UI로 불러와 아마존 클라우드프론트에 AWS WAF 도입해보기 524

학습 마무리 526

연습문제 528

23장 네트워크 트래픽 로깅 서비스 파악하기 529

23.1 네트워크 트래픽 로깅 서비스, VPC 플로우 로그란? 530

23.2 네트워크 트래픽 로깅 서비스, VPC 플로우 로그 살펴보기 531
    23.2.1 VPC 플로우 로그 필드 531

23.3 VPC 플로우 로그 활용하기 533
    23.3.1 VPC 플로우 로그를 통해 로그 수집해보기 533
    23.3.2 UI로 불러와 VPC 플로우 로그를 통해 로그 수집해보기 534

학습 마무리 537
연습문제 538

24장 IP 주소를 관리하기 위한 서비스 파악하기 539

24.1 IP 주소를 관리하는 서비스, 관리형 접두사 목록이란? 540

24.2 IP 주소를 관리하는 서비스, 관리형 접두사 목록 살펴보기 540
    24.2.1 고객 관리형 접두사 목록 542
    24.2.2 AWS 관리형 접두사 목록 542

24.3 관리형 접두사 목록 활용하기 543
    24.3.1 고객 관리형 접두사 목록을 생성해 보안 그룹에 추가해보기 543
    24.3.2 UI로 불러와 고객 관리형 접두사 목록을 생성해 보안 그룹에 추가해보기 545

학습 마무리 547
연습문제 548

찾아보기 549

Level 01

AWS 입문하기

학습 목표

0장에서는 AWS 가입부터 실습 환경 구축까지 알아봅니다.
1장은 AWS란 무엇인지 기본적인 개념을 알아봅니다. AWS는
다양한 서비스를 제공하는 만큼 그 구조를 알아야 할 필요가 있습니다.
2장에서는 이러한 이해를 돕기 위해 네트워크에 대한 지식을 다루며
이를 바탕으로 AWS 클라우드의 구조와 원리를 파악합니다.

00장 AWS 실습 환경 구축하기
01장 AWS를 사용하려면 알아야 하는 넓고 얕은 배경지식
02장 AWS 클라우드를 잘 쓰려면 알아야 하는 네트워크 지식

Chapter 00

AWS 실습 환경 구축하기

학습 목표

0장에서는 AWS 회원 가입과 실습 환경을 구축하고 AWS를 사용하려면 알아야 하는 각종 도구를 알아봅니다. 리소스를 생성하고 관리하는 클라우드포메이션(Cloudformation)에 실습 템플릿을 업로드하여 AWS 리소스를 생성해 봅시다.

핵심 키워드

`AWS` `프리 티어` `루트 사용자` `AWS 관리 콘솔` `AWS CLI` `AWS 클라우드포메이션`
`비주얼 스튜디오 코드`

학습 코스

❶ AWS 회원 가입하기 → ❷ AWS 사용 방법 살펴보기 → ❸ 비주얼 스튜디오 코드로 클라우드포메이션 템플릿 관리하기 → ❹ 예제 코드 저장소 위치 → ❺ 클라우드포메이션 사용해보기 → ❻ AWS에서 생성형 AI 활용 방안

0.1 AWS 회원 가입하기

AWS에서 제공하는 다양한 서비스를 다루려면 먼저 AWS 회원 가입을 해야 합니다. 신규 가입자에게 12개월 무료 평가판인 AWS 프리 티어를 제공하고 있습니다. 이 기간 동안 각 서비스마다 무료로 사용할 수 있는 시간과 용량에 대한 제한이 있어 서비스 사용량이 프리 티어 범위를 초과할 경우 사용량에 따라 요금을 지불해야 합니다. 그럼 회원 가입을 진행해봅시다.

To do 01 'aws.amazon.com/ko/console'에 접속하여 AWS 회원 가입을 진행합니다. ❶ [계정 생성]을 클릭하면 나오는 화면에서 ❷ 루트 사용자 이메일 주소를 입력하고 ❸ 사용할 AWS 계정 이름을 입력합니다. 입력한 ❹ [이메일 주소 확인] 버튼을 누릅니다.

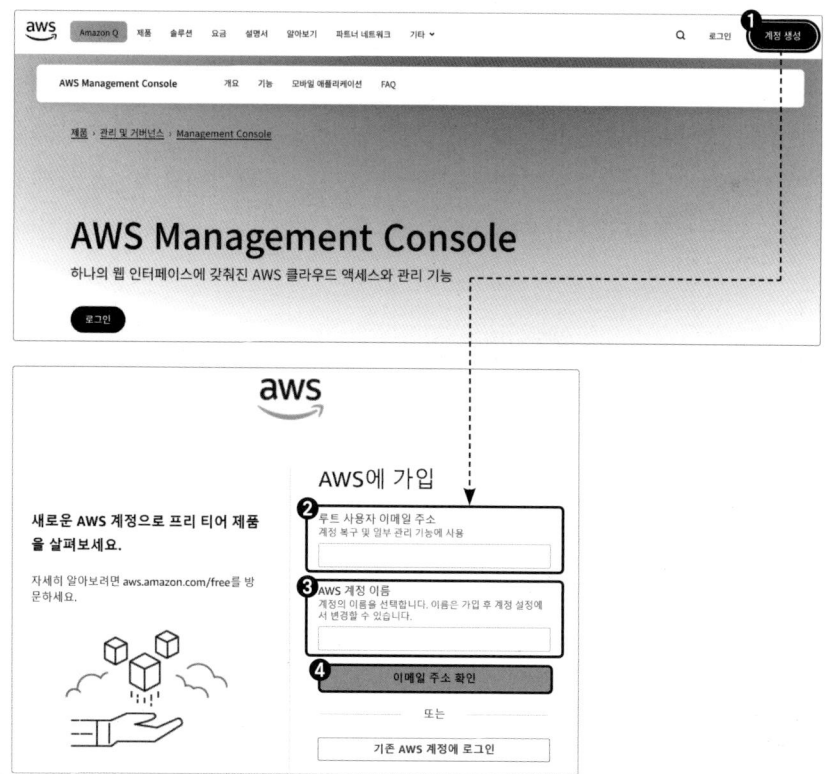

02 [이메일 주소 확인] 버튼을 누르면 이메일 주소를 확인하는 인증 화면이 나옵니다. 입력한 이메일 주소로 날아온 ❶ 확인 코드를 확인한 다음 ❷ 확인 코드를 입력합니다. ❸ 그런 다음 [확인] 버튼을 눌러 인증을 합니다.

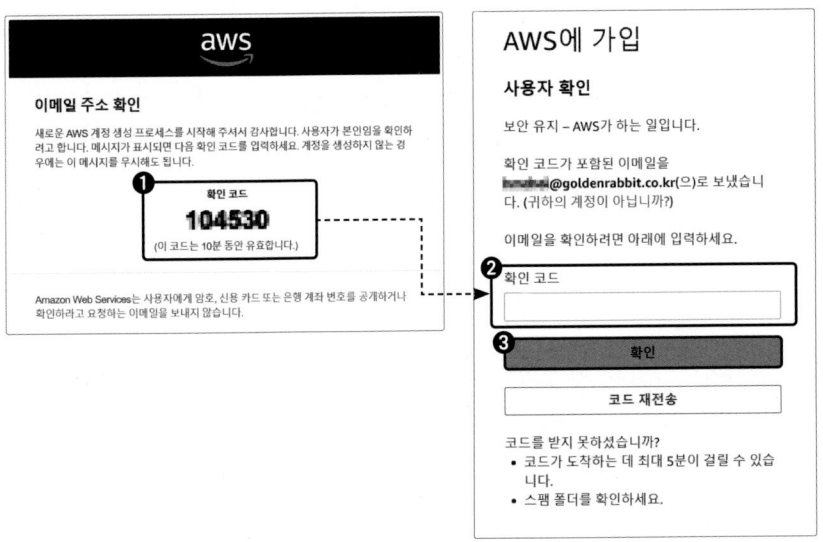

03 이메일 인증에 성공했다면 본격적으로 사용자 정보를 입력합니다. 이메일 주소가 확인되면 암호를 입력하는 암호 생성 화면으로 이동합니다. ❶ 로그인에 사용할 루트 사용자 암호를 입력합니다. 암호 입력이 끝났다면 ❷ [계속] 버튼을 눌러 다음 단계로 이동합니다. ❸ 가입할 계정을 선택하고 이름과 휴대폰 번호, 국가, 연락처 정보 등을 입력한 후 ❹ [계속] 버튼을 눌러 다음 단계로 넘어갑니다.

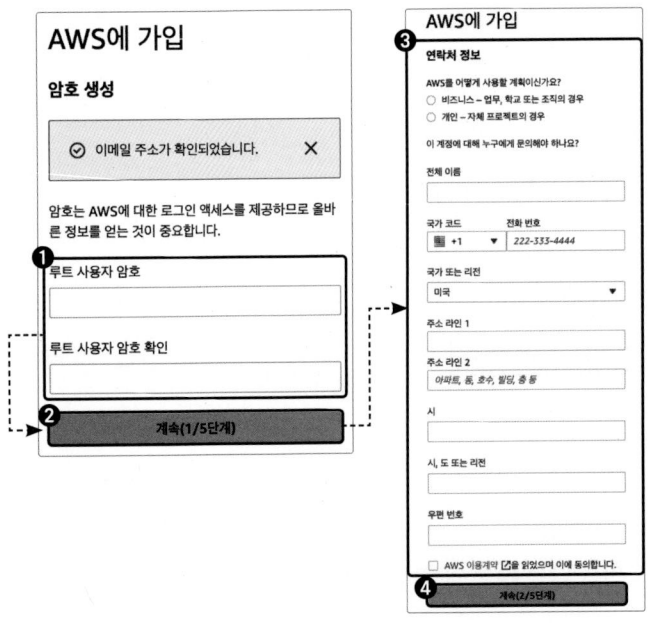

04 ❶ 결제 정보를 입력합니다. AWS 사용으로 발생한 서비스 이용료는 등록한 결제 정보의 카드를 통해 결제됩니다. 결제 정보를 입력했다면 ❷ [확인 및 계속] 버튼을 누릅니다. 다음으로 ❸ 카드 정보를 입력하여 AWS에서 결제가 가능한 카드인지 확인합니다. 이 과정을 완료하면 입력한 카드가 사용할 수 있는 카드인지를 확인하기 위해 100원이 자동으로 입출금됩니다.

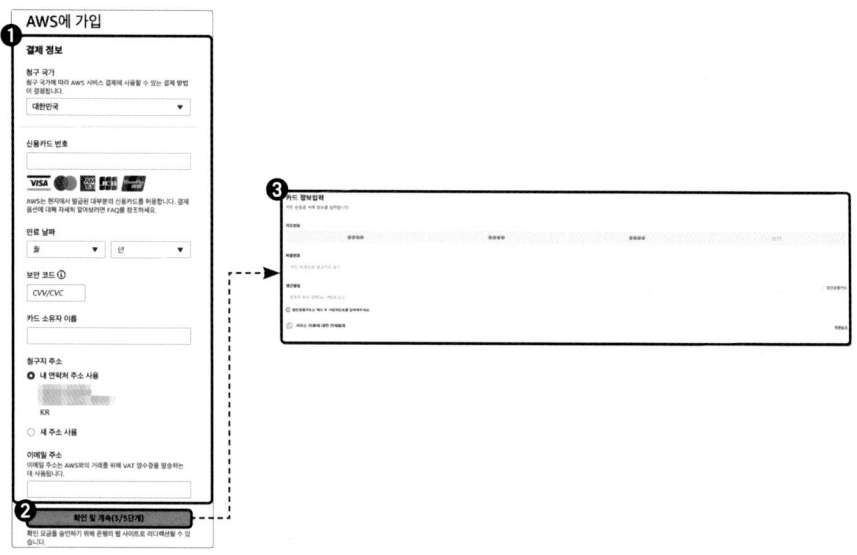

05 다음으로 자격증명을 확인합니다. ❶ 확인 코드를 받는 방법을 선택한 다음 국적과 휴대폰 번호를 입력하고 보안 검사를 위해 문자를 입력합니다. 문자 메시지로 확인 코드를 받는 방법을 선택하여 ❷ [SMS 전송] 버튼 누릅니다. 입력한 휴대폰 번호로 문자 또는 음성 전화를 통해 확인 코드를 확인한 다음 ❸ 코드 확인에 입력하고 ❹ [계속] 버튼을 눌러 다음을 진행합니다.

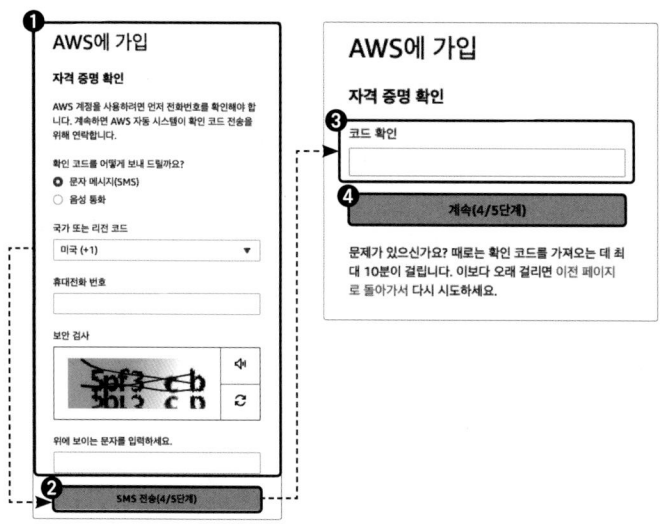

06 AWS 서포트 플랜을 선택합니다. AWS는 다양한 서포트 플랜을 제공하고 있으며 각 서포트 플랜에 따른 지원과 혜택을 받을 수 있습니다. 이 책은 AWS에서 발생하는 과금 요소를 줄이고 최소한의 비용으로 AWS를 실습하는 환경을 구성할 수 있도록 ❶ 기본 지원을 이용합니다. ❷ [가입 완료]을 누르면 회원 가입이 완료되고, ❸ [AWS Management Console로 이동]을 누르면 AWS 로그인 화면이 나옵니다.

> AWS 회원 가입 시 선택할 수 있는 지원 플랜은 AWS를 이용하면서 발생할 수 있는 기술적인 문제를 해결하고 지원을 받기 위한 플랜입니다. 각 지원 플랜에 따라 다양한 수준의 기술 지원과 보다 빠른 응답 시간을 제공하며, 이런 지원 플랜은 AWS 사용에 따른 기본 비용과는 무관합니다.

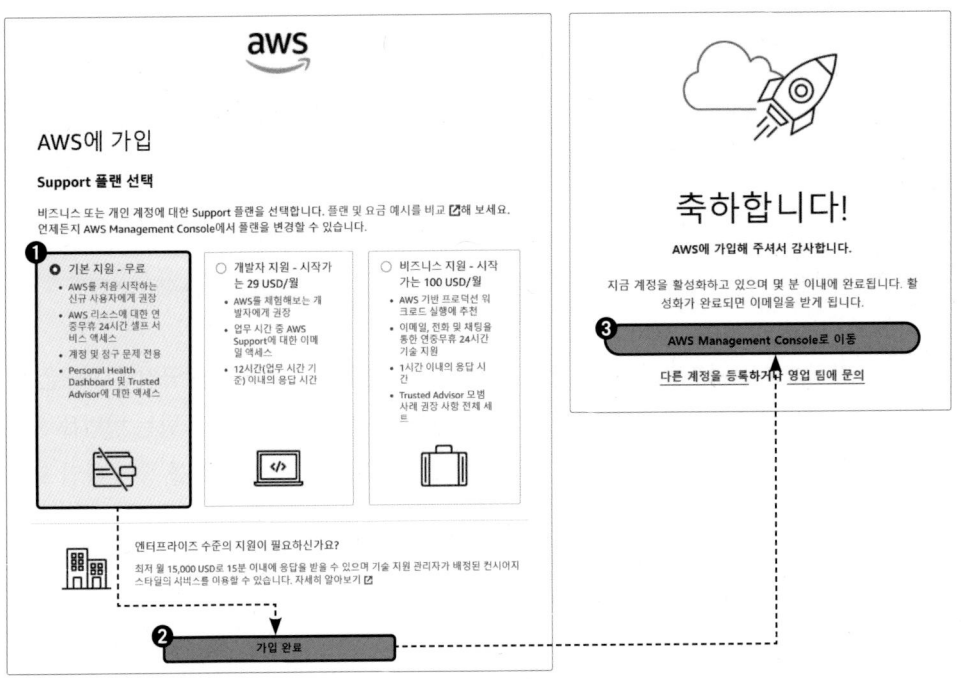

07 [AWS Management Console로 이동] 버튼 또는 'aws.amazon.com/ko/console'로 이동하여 AWS 로그인을 합니다. ❶ 루트 사용자를 선택한 다음 가입할 때 사용한 이메일 주소를 입력하고 [다음] 버튼을 누릅니다. ❷ 비밀번호를 입력하고 [로그인] 버튼을 클릭합니다.

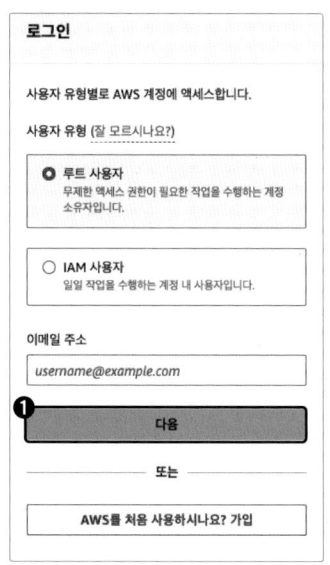
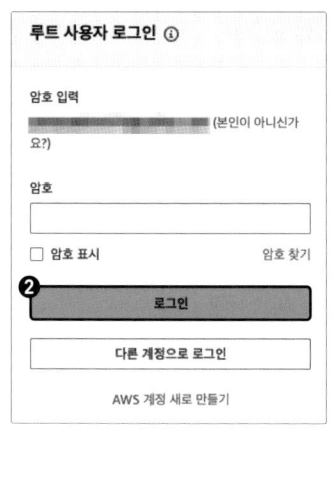

AWS 관리 콘솔AWS Management Console 화면이 나옵니다. 로그인에 성공했다면 AWS 콘솔 홈으로 이동하며, AWS 관리 콘솔을 이용해 다양한 AWS 서비스를 이용할 수 있습니다. 또한 레이아웃 설정과 위젯 추가를 통해 사용자 편리에 맞게 서비스 위치나 애플리케이션 정보를 바로 볼 수 있도록 조정할 수 있습니다.

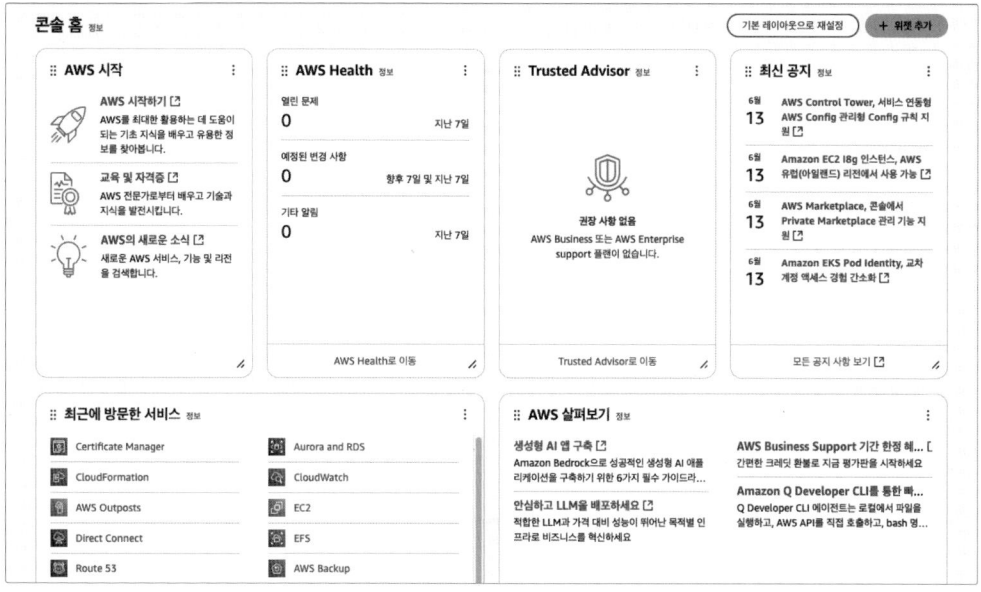

Chapter 00 AWS 실습 환경 구축하기　031

0.2 AWS 사용 방법 살펴보기

AWS는 다양한 사용 방법을 제공하고 있습니다. 어떤 사용 방법이 있는지 살펴보고, 본격적인 AWS 실습에 앞서 필요한 도구에 대한 설명과 설치 방법을 알아보겠습니다.

0.2.1 AWS 루트 사용자

AWS 회원 가입과 로그인 화면에서 선택한 루트 사용자에 대해 알아봅시다. 루트 사용자는 AWS 계정 내 모든 AWS 서비스 및 리소스에 액세스할 수 있는 권한을 가지며 AWS 관리 콘솔에 접근할 수 있습니다. 루트 사용자는 AWS 계정 내 모든 권한을 가지고 있으므로 보안에 주의해야 합니다. 보안을 위해 AWS는 루트 사용자에게 추가 보안 계층 역할을 하는 다중 인증Multi-factor authentication을 활성화하는 것을 권장합니다. MFA 설정에 대해서는 **03장 'AWS를 잘 쓰려면 알아야 하는 기본 서비스'**에서 자세히 다루겠습니다.

0.2.2 레벨별 AWS를 사용하는 방법

AWS는 사용자가 다양한 레벨에서 AWS를 활용할 수 있도록 사용 방법을 제공합니다. 레벨은 1부터 4까지 나누어볼 수 있으며, 가장 낮은 레벨 1에서는 그래픽 UI를 통해 쉽게 접근할 수 있는 방법을 제공합니다. 가장 높은 레벨 4에서는 다양한 프로그래밍 언어를 사용하여 AWS 환경을 구축하고 관리할 수 있는 방법을 제공합니다. 다음 그림을 통해 각 레벨별 AWS 사용 방법을 알아봅시다.

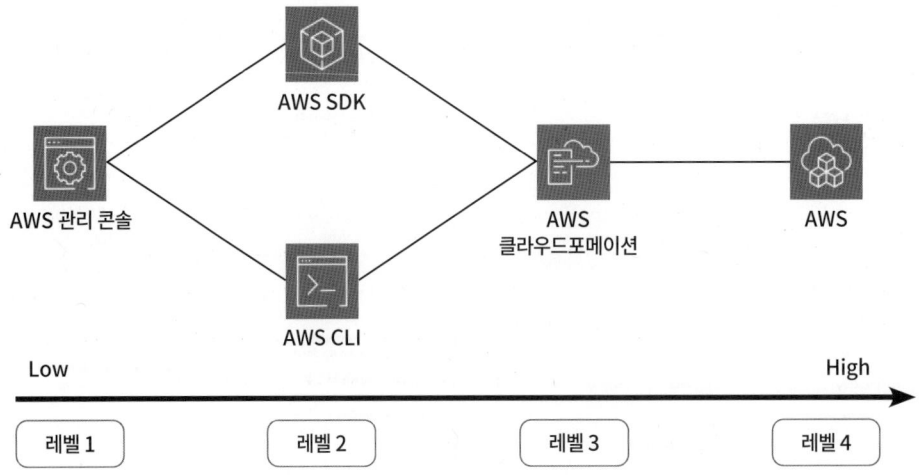

레벨 1은 사용자 인터페이스(UI) 사용이 가능한 AWS 관리 콘솔입니다. AWS 관리 콘솔은 UI를 통해 직관적인 AWS 사용이 가능하지만 생성한 AWS 리소스가 늘어날수록 관리하기 힘들어진다는 단점이 있습니다. 레벨 2는 AWS SDK와 AWS CLI로 스크립트와 터미널을 이용하여 AWS를 사용할 수 있습니다. 여기서 AWS SDK^{Software Developement Kit}는 자바, 자바스크립트, 파이썬 등 자주 사용되는 언어를 바탕으로 AWS를 호출하여 웹, 모바일 웹 애플리케이션을 구축할 수 있도록 도와줍니다. 레벨 3에서는 IaC^{Infrastructure as Code} 툴인 클라우드포메이션을 이용하여 JSON, YAML 형식으로 클라우드 인프라를 정의하여 다수의 AWS 리소스를 생성 및 관리할 수 있습니다. 레벨 4의 AWS CDK^{Cloud Developement Kit}는 사용자가 익숙한 프로그래밍 언어를 사용하여 클라우드 인프라를 정의할 수 있어서 더 직관적인 환경을 제공합니다. 하지만 AWS CDK는 프로그래밍 언어를 통해 클라우드 인프라를 정의하는 고급 도구이며 특정 프로젝트나 팀의 요구사항에 따라 프로그래밍 언어가 달라지기 때문에 이를 사용하려면 다양한 프로그래밍 경험이 필요합니다. 이 책에서는 여러 기능적 요구사항이 필요한 AWS CDK 대신 비교적 실무에서 보편적으로 다루고 AWS를 더 편리하게 이용할 수 있는 방법인 레벨 1, 2, 3을 이용하여 AWS 환경을 구축하겠습니다.

0.3 비주얼 스튜디오 코드로 클라우드포메이션 템플릿 관리하기

앞에서 알아본 AWS 사용 방법을 토대로 AWS 사용 환경을 구축하겠습니다. **0.1절의 'AWS 회원 가입하기'**에서 AWS 관리 콘솔에 대해 간략히 알아봤으므로, 레벨 3의 클라우드포메이션 사용 환경을 구축하겠습니다. 레벨 2의 AWS CLI 환경 구축은 **3장 'AWS 클라우드를 잘 쓰려면 알아야 하는 기본 서비스'**에서 다루겠습니다.

먼저 AWS 클라우드포메이션 템플릿을 관리하는 데 사용할 비주얼 스튜디오 코드^{Visual Studio Code}를 설치합니다. 비주얼 스튜디오 코드를 사용하면 클라우드포메이션 확장 프로그램인 클라우드포메이션 린터^{CloudFormation Linter}를 설치할 수 있습니다. 클라우드포메이션 린터는 JSON과 YAML 문법을 검사하여 클라우드포메이션 템플릿 형식을 유지하도록 도와줍니다. 덕분에 코드를 효율적으로 관리하여 템플릿의 품질을 향상시킬 수 있습니다.

현재 맥OS를 이용하고 있다면 바로 이어지는 **0.3.1절 '맥OS에서 클라우드포메이션 템플릿 관리하기'**를 참고하고 윈도우를 이용하고 있다면 **0.3.2절 '윈도우에서 클라우드포메이션 템플릿 관리하기'**를 참고 바랍니다.

0.3.1 맥OS에서 클라우드포메이션 템플릿 관리하기

To do **01** https://code.visualstudio.com/download에 접속하여 ❶ 맥OS 파일을 다운로드합니다. 맥OS는 프로그램을 설치 후 애플리케이션(Applications) 폴더로 옮기면 됩니다. 설치 과정에 특별한 옵션 설정은 필요하지 않아 화면 캡처는 생략하고 다음으로 넘어가겠습니다.

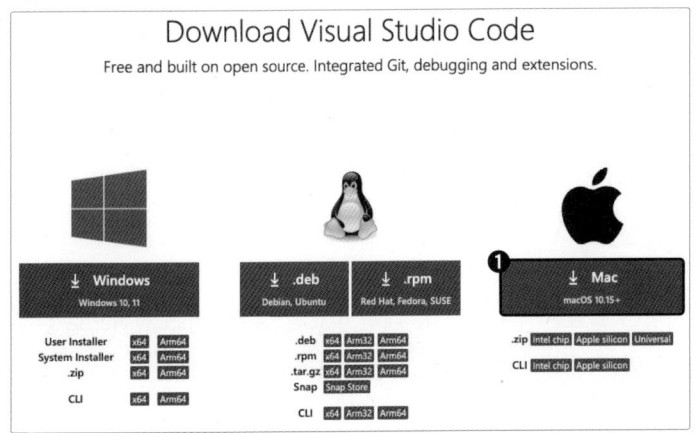

02 클라우드포메이션 린터를 macOS 로컬 환경에 파이썬 패키지인 pip^{Package Installer of python}를 이용하여 설치합니다.

▼ 맥OS 터미널에서 pip를 이용하여 클라우드포메이션 린터 설치

```
// ❶ 로컬 환경에 파이썬 설치 확인
python3 --version

// ❷ 파이썬 패키지인 pip를 최신 버전으로 업그레이드
python3 -m pip install --upgrade pip

// ❸ pip를 이용하여 클라우드포메이션 린터 설치
pip install cfn-lint

// ❹ 클라우드포메이션 린터 버전 확인
cfn-lint --version
```

맥OS에서는 기본적으로 파이썬이 설치되어 있기 때문에 별도로 파이썬 설치와 pip 설치는 불필요합니다. ❶ 맥OS에서 파이썬이 설치되어 있는지 버전을 확인합니다. ❷ pip 버전이 낮으면 클라

우드포메이션 린터 설치가 안 될 가능성도 있기 때문에 pip를 최신 버전으로 업그레이드합니다. ❸ pip를 이용하여 클라우드포메이션 린터를 설치합니다. ❹ 클라우드포메이션 린터 버전을 확인합니다.

03 비주얼 스튜디오 코드에 '클라우드포메이션 린터' 확장 프로그램을 설치합니다. ❶ 비주얼 스튜디오 코드에서 'Extensions'를 클릭하고 확장 프로그램 클라우드포메이션 린터를 설치합니다. ❷ 설치가 완료되면 클라우드포메이션 린터가 잘못된 클라우드포메이션 코드를 검사하는 것을 확인할 수 있습니다.

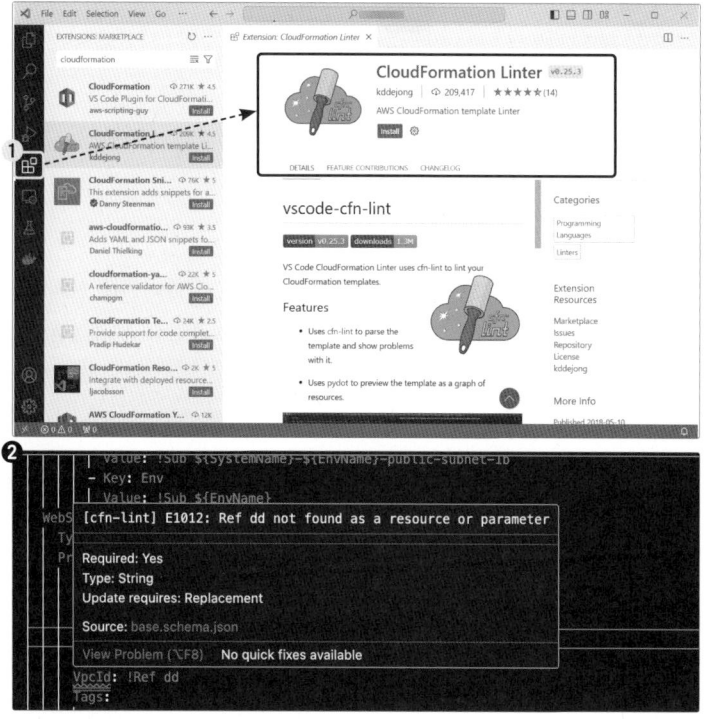

클라우드포메이션 린터는 클라우드포메이션 코드를 검사하여 문법 오류나 잠재적인 문제를 찾아내는 도구입니다. 이를 통해 사용자는 클라우드포메이션 템플릿의 품질을 향상시키고 실수를 방지할 수 있습니다. 클라우드포메이션 린터 설치가 끝났다면 JSON, YAML 형식으로 클라우드포메이션 코드를 사용할 기본적인 준비는 끝났습니다. 비주얼 스튜디오 코드는 다른 프로그램에 비해 가볍다는 장점도 있지만 클라우드포메이션 린터가 잘못된 코드를 표시하는 편리한 기능도 있기 때문에 코드를 수정하고 자신만의 클라우드포메이션 템플릿을 작성할 때는 비주얼 스튜디오 코드를 적극 활용하는 것을 권장합니다.

0.3.2 윈도우에서 클라우드포메이션 템플릿 관리하기

To do **01** https://code.visualstudio.com/download에 접속하여 윈도우 파일을 다운로드합니다. 윈도우는 설치 프로그램을 실행하여 [Next] 버튼을 클릭하면서 설치를 진행합니다.

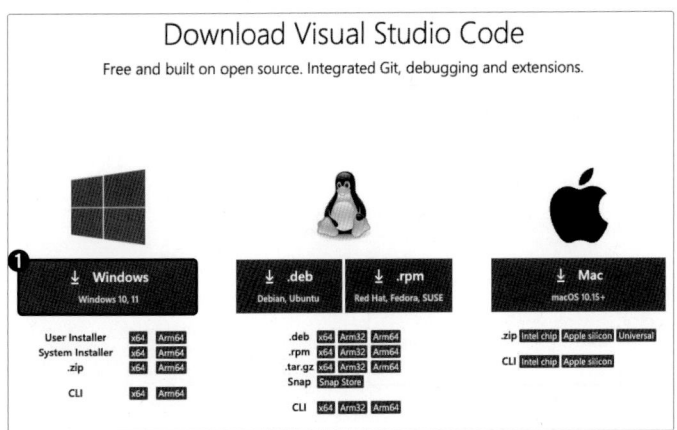

02 macOS와 달리 윈도우에서는 파이썬이 설치되어 있지 않기 때문에 별도로 파이썬을 설치해야 합니다. 파이썬을 https://www.python.org/downloads/windows에 접속하여 다운로드합니다.

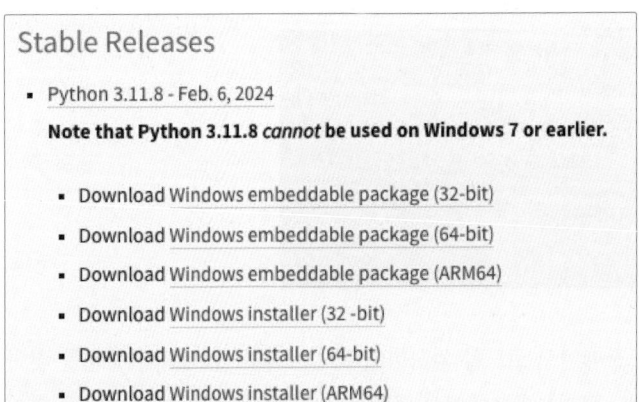

윈도우 인스톨러Windows Installer 형식으로 다운로드를 진행합니다. 비주얼 스튜디오 코드에서 파이썬을 사용해야 하므로 현재는 윈도우 로컬 환경에 파이썬을 설치하여 파이썬 경로를 지정할 필요가 있습니다. 파이썬 설치를 진행할 때는 파이썬 경로 추가에 체크를 하고 설치를 진행합니다. 그 외 설정은 기본값으로 [Next] 버튼을 클릭하면서 설치를 진행합니다.

03 비주얼 스튜디오 코드에서 터미널을 열고 pip^Package Installer of python를 이용하여 클라우드포메이션 린터를 설치합니다. 비주얼 스튜디오 코드를 열고 ❶ [View] → ❷ [Terminal]을 클릭하면 터미널이 활성화됩니다.

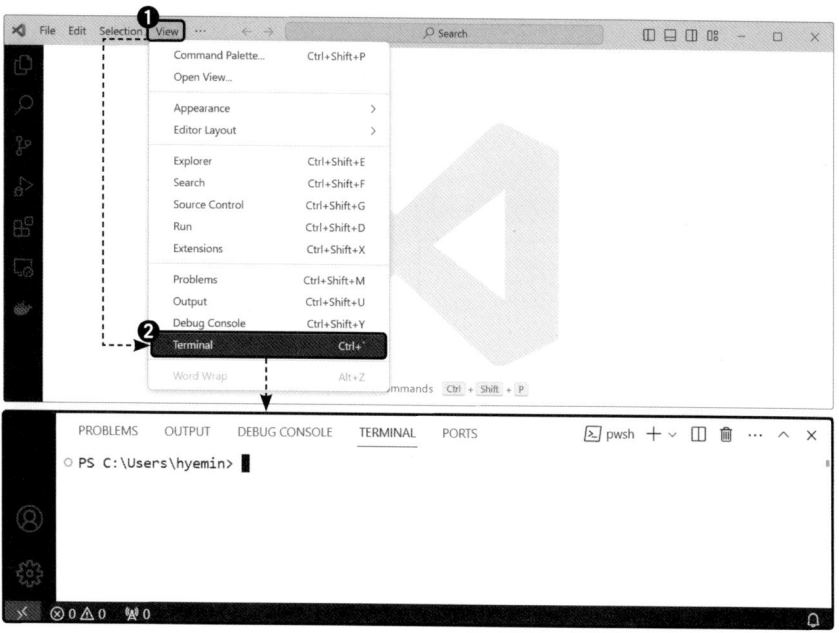

윈도우에서 파이썬 설치가 끝났다면 비주얼 스튜디오 코드 터미널에서 클라우드포메이션 린터 설치를 진행합니다.

▼ 비주얼 스튜디오 코드 터미널에서 pip를 이용하여 클라우드포메이션 린터 설치

```
// ❶ 로컬 환경에 파이썬 설치 확인
python –version

// ❷ 파이썬 패키지인 pip를 최신 버전으로 업그레이드
python -m pip install --upgrade pip

// ❸ pip를 이용하여 클라우드포메이션 린터 설치
pip install cfn-lint

// ❹ 클라우드포메이션 린터 버전 확인
cfn-lint --version
```

❶ 윈도우에서 파이썬이 설치되어 있는지 버전을 확인합니다. ❷ pip 버전이 낮으면 클라우드포메이션 린터 설치가 안 될 가능성도 있기 때문에 pip를 최신 버전으로 업그레이드합니다. ❸ pip를 이용하여 클라우드포메이션 린터를 설치합니다. ❹ 클라우드포메이션 린터 버전을 확인합니다.

04 비주얼 스튜디오 코드에 '클라우드포메이션 린터' 확장 프로그램을 설치합니다. 비주얼 스튜디오 코드에서 'Extensions'를 클릭하고 확장 프로그램 클라우드포메이션 린터를 설치합니다.

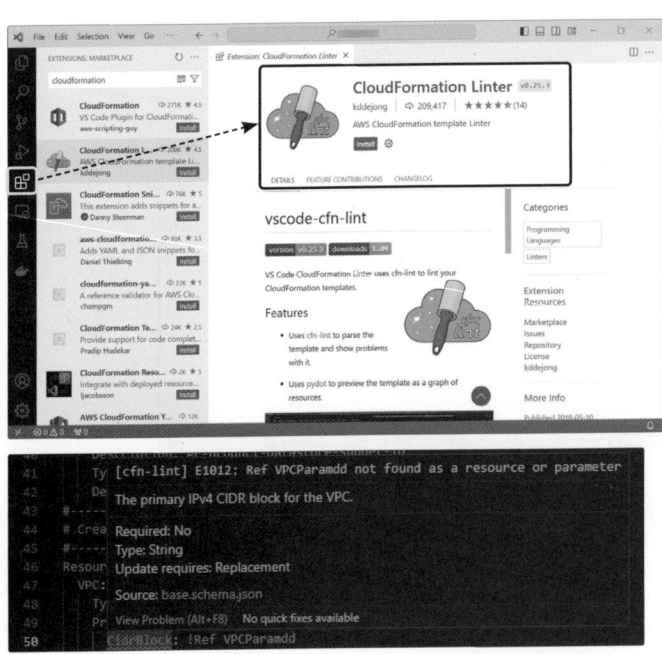

설치가 완료되면 클라우드포메이션 린터가 잘못된 클라우드포메이션 코드를 검사하는 것을 확인할 수 있습니다. 클라우드포메이션 린터는 클라우드포메이션 코드를 검사하여 문법 오류나 잠재적인 문제를 찾아내는 도구입니다. 이를 통해 사용자는 클라우드포메이션 템플릿의 품질을 향상시키고 실수를 방지할 수 있습니다. 클라우드포메이션 린터 설치가 끝났다면 JSON, YAML 형식으로 클라우드포메이션 코드를 사용할 기본적인 준비는 끝났습니다. 비주얼 스튜디오 코드는 다른 프로그램에 비해 가볍다는 장점도 있지만 클라우드포메이션 린터가 잘못된 코드를 표시하는 편리한 기능도 있기 때문에 코드를 수정하고 자신만의 클라우드포메이션 템플릿을 작성할 때는 비주얼 스튜디오 코드 활용을 권장합니다.

0.4 예제 코드 저장소 위치

클라우드포메이션 예제 코드가 있는 깃허브 리포지터리 주소는 다음과 같습니다.

- **예제 코드** : https://github.com/classmethodjaewook/aws-developer

0.5 클라우드포메이션 사용해보기

이번에는 클라우드포메이션으로 간단하게 아마존 VPC를 생성하겠습니다. 아마존 VPC$^{Amazon\ Virtual\ Private\ Cloud}$는 클라우드의 네트워크 환경을 구축하고 관리할 수 있는 서비스입니다. 아마존 VPC에 대해서는 **2장 'AWS 클라우드를 잘 쓰려면 알아야 하는 네트워크 지식'**에서 상세하게 다루겠습니다. 여기서는 클라우드포메이션을 이용하여 어떻게 AWS 리소스가 생성되는지 그 과정을 확인하겠습니다. VPC 생성을 위한 클라우드포메이션 코드는 깃허브 리포지터리의 chapter0에 있는 VPC 폴더를 참고하세요.

To do **01** AWS 관리 콘솔에서 ❶ CloudFormation을 검색해 클릭합니다. 클라우드포메이션 콘솔 화면에서 스택 생성 화면으로 이동하며 스택 생성과 관리를 할 수 있습니다. 생성된 스택이 없다면 ❷ '스택 생성'을 클릭하거나 ❸ 오른쪽에 위치한 '스택 생성' → '새 리소스 사용(표준)'으로 스택을 생성할 수 있습니다.

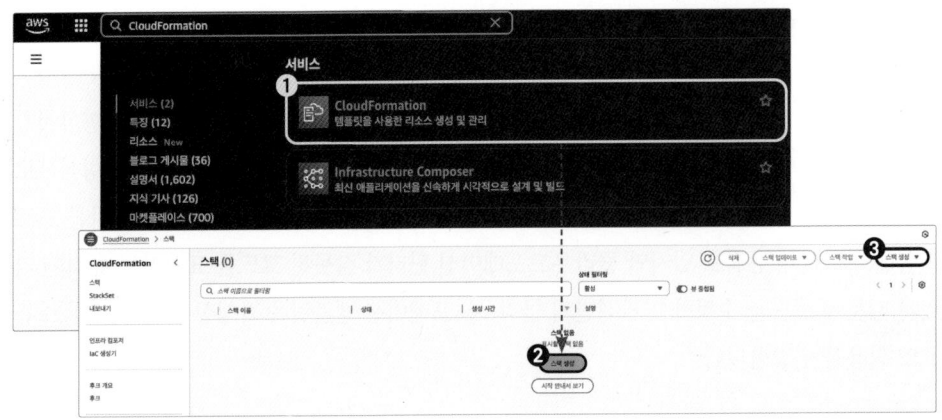

02 깃허브에서 받은 chpater 0의 VPC.yml 파일을 업로드할 차례입니다. 템플릿 준비에서 준비된 템플릿을 선택하고 템플릿 지정으로 넘어와 템플릿 파일 업로드를 선택합니다. 템플릿 파일 업로드 파일 선택에서 VPC.yml 파일을 선택하여 업로드합니다.

> VPC.yml 파일은 AWS에서 네트워크를 생성하고 관리하는 코드를 담고 있습니다.

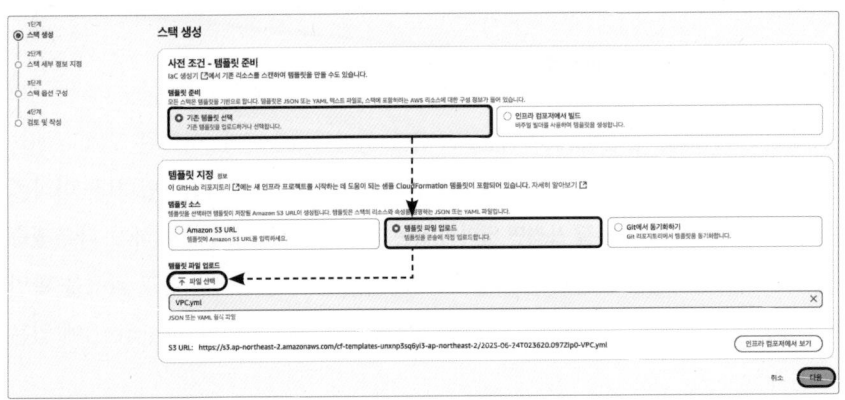

03 스택 세부 정보 지정에서 스택 이름 등 정보를 입력합니다. ❶ 클라우드포메이션 템플릿은 AWS에서 스택이라는 이름으로 생성되어 관리됩니다. 클라우드포메이션은 템플릿에서 정의되며 ❷ 파라미터의 각 항목에서 사용자 지정 값을 입력할 수 있습니다. VPC의 CIDR 또는 비밀번호, 시스템 이름, 환경 이름과 같이 데이터를 코드에 직접 입력해야 하는 하드코딩이 필요한 값은 파라미터를 통해 관리함으로써 코드를 더 간결하게 구성할 수 있도록 합니다. ❸ [다음]을 눌러 스택 옵션 구성으로 넘어옵니다.

스택 세부 정보 지정

① 스택 이름 제공

스택 이름
```
gr-vpc
```
스택 이름은 문자(a–z, A–Z), 숫자(0–9) 및 하이픈(-)만 포함해야 하며 문자로 시작해야 합니다. 최대 128자입니다. 글자 수: 6/128.

② 파라미터

파라미터는 템플릿에서 정의되며, 이를 통해 스택을 생성하거나 업데이트할 때 사용자 지정 값을 입력할 수 있습니다.

DatastoreSubnet1aParam
gr-product-datastore-subnet-1a
```
10.0.0.128/27
```

DatastoreSubnet1bParam
gr-product-datastore-subnet-1b
```
10.0.0.160/27
```

EnvName
Environment name of each resource names.
```
product
```

PublicSubnet1aParam
gr-product-public-subnet-1a
```
10.0.0.0/27
```

PublicSubnet1bParam
gr-product-public-subnet-1b
```
10.0.0.32/27
```

WebSubnet1aParam
gr-product-web-subnet-1a
```
10.0.0.64/27
```

WebSubnet1bParam
gr-product-web-subnet-1b
```
10.0.0.96/27
```

③ [다음]

스택 옵션 구성의 각 항목은 기본값을 유지한 상태로 ④ [다음]을 클릭합니다.

스택 옵션 구성

태그 - 선택 사항

태그키 값 페어는 AWS 리소스에 메타데이터를 적용하는 데 사용되며, 이를 통해 리소스를 구성, 식별 및 분류하는 데 도움이 됩니다. 각 스택에 최대 50개의 고유 태그를 추가할 수 있습니다.

스택에 연결된 태그가 없습니다.

[새 태그 추가]

태그를 50개 더 추가할 수 있음

추가 설정

스택에 알림 옵션 및 스택 정책 등과 같은 추가 옵션을 설정할 수 있습니다. 자세히 알아보기

▶ **스택 정책 - 선택 사항**
  스택 업데이트 중 의도치 않게 업데이트되지 않도록 하려는 리소스를 정의합니다.

▶ **롤백 구성 - 선택 사항**
  CloudFormation이 스택을 생성 및 업데이트할 때 모니터링할 경보를 지정합니다. 작업이 경보 임계값을 위반할 경우 CloudFormation이 작업을 롤백합니다.

▶ **알림 옵션 - 선택 사항**
  스택 이벤트에 대한 알림이 전송되는 신규 또는 기존 Amazon Simple Notification Service 주제를 지정합니다.

▶ **스택 생성 옵션 - 선택 사항**
  스택 생성을 위한 타임아웃 및 종료 보호 옵션을 지정합니다.

④ [다음]

04 생성할 템플릿을 확인하고 클라우드포메이션 스택을 생성합니다. 검토 및 작성에서 정보 확인을 거쳐 오른쪽 하단의 ❶ [전송] 버튼을 클릭하면 스택이 생성됩니다.

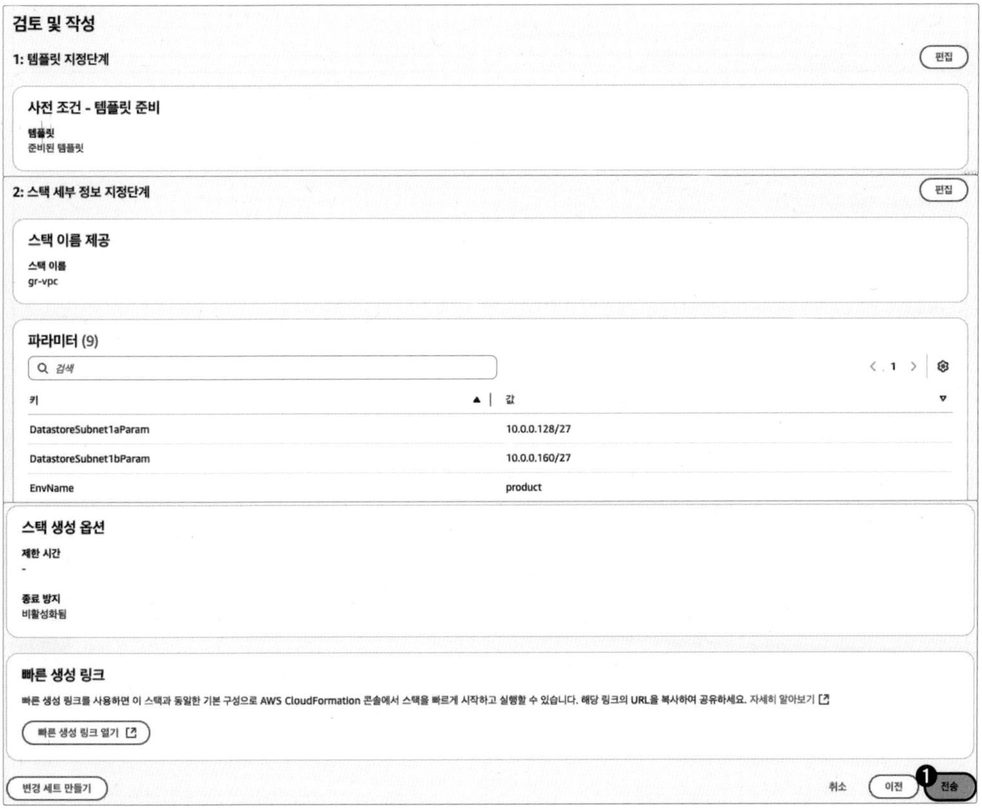

05 클라우드포메이션 스택 생성을 확인합니다. 앞 그림에서 ❶ [전송] 버튼을 클릭하면 'CREATE_IN_PROGRESS'를 거쳐 'CREATE_COMPLETE'로 변경되는 스택 생성 과정을 확인할 수 있으며 이벤트 탭에서 생성된 리소스를 확인할 수 있습니다.

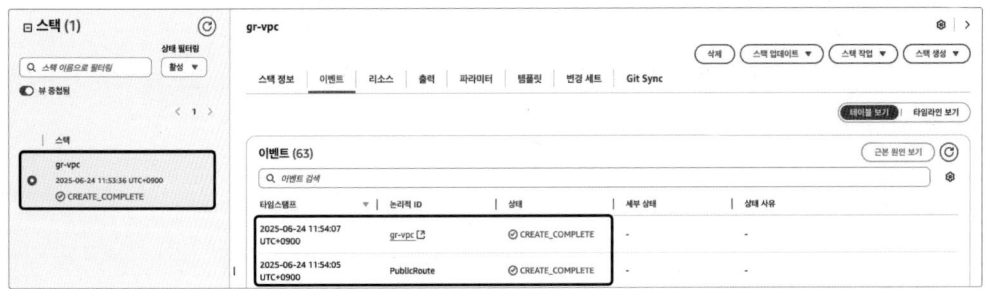

06 생성된 리소스를 확인하기 위해 VPC 콘솔 화면으로 이동합니다. 왼쪽 카테고리에서 VPC, 서브넷, 라우팅 테이블 등 다양한 AWS 네트워크 서비스를 확인할 수 있으며 ❶ VPC를 클릭하면 클라우드포메이션으로 생성된 ❷ VPC를 확인할 수 있습니다.

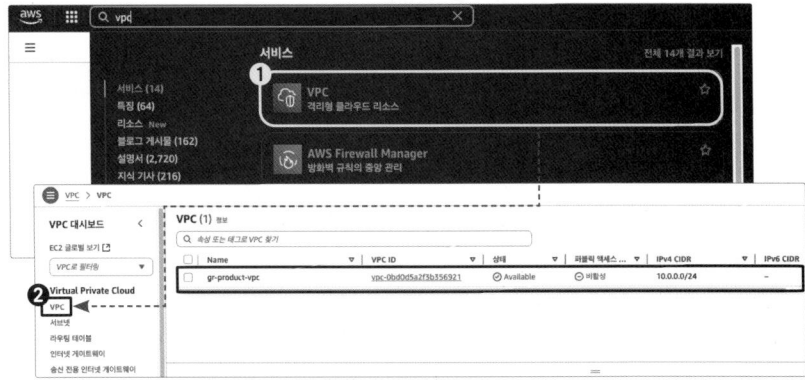

07 생성된 클라우드포메이션 스택을 삭제하는 방법을 살펴보겠습니다. 스택 삭제는 클라우드포메이션의 스택 화면에서 진행해야 합니다. 삭제할 스택을 선택하고 ❶ [삭제] 버튼을 누르면 ❷ 스택 삭제 팝업 창이 표시되고, 재차 [삭제] 버튼을 누르면 삭제가 시작됩니다. ❸ 상태가 'DELETE_IN_PROGRESS'로 변경되며, 삭제가 완료되면 목록에서 스택이 사라집니다.

> 실수로 인한 스택 삭제를 방지하기 위해 종료 방지 기능도 지원합니다. [스택 작업] → [종료 방지 편집]을 통해 설정할 수 있습니다.

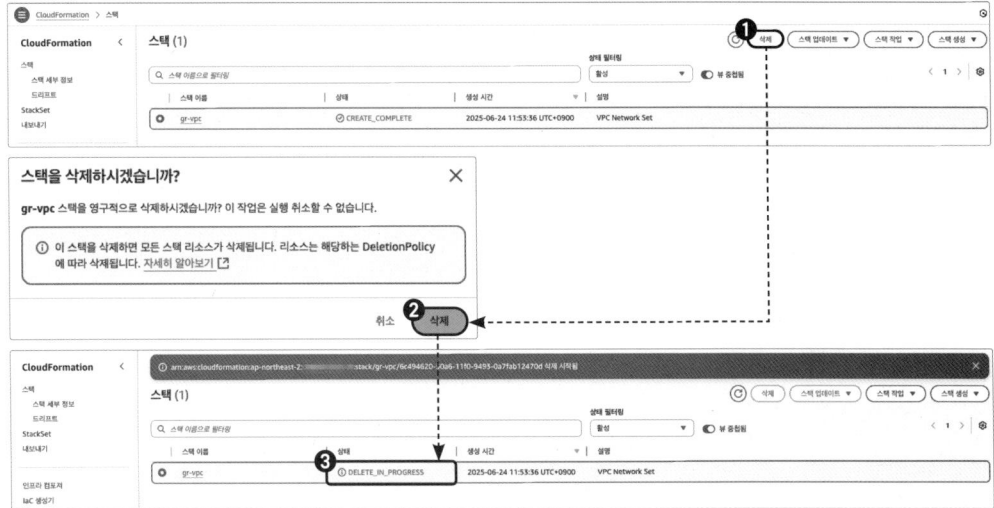

0.6 AWS에서 생성형 AI 활용 방안

2022년 출시된 ChatGPT가 세상에 모습을 드러낸 지 어느덧 3년이 흘렀습니다.

그동안 ChatGPT를 비롯해 다양한 생성형 AI와 AI를 탑재한 다양한 도구들이 등장하며, IT 엔지니어들뿐만 아니라 일반 대중들도 일상 속에서 생성형 AI를 활용해 삶의 질을 높이고 있습니다. 저 또한 면접에서 생성형 AI를 활용해 트러블슈팅을 하는 지원자들을 보고 있자면, 이제 생성형 AI는 IT 업계에서 단순한 보조가 아니라 필수가 된 것 같다는 생각이 듭니다. 이번에는 현직 솔루션 아키텍트가 실무에서 생성형 AI를 어떻게 활용하는지 소개해드리려고 합니다.

실무에서 생성형 AI를 활용하는 방법으로 크게 2가지로 나눠볼 수 있습니다.

- 코드 작성
- 솔루션과 트러블 슈팅

0.6.1 코드 작성

AWS에서는 인프라 구축을 위한 IaC 코드나 IAM 권한 설정을 위한 JSON 코드를 작성해야 하는 경우가 많습니다. 이를 위해 AWS는 클라우드포메이션에서 사용할 수 있는 각 서비스의 기본 예시 코드를 제공하고 있지만, 처음 AWS를 접하는 사용자에게는 공식 문서의 내용이 다소 어렵게 느껴질 수 있습니다. 특히, 하나의 서비스에 포함된 수많은 파라미터를 일일이 찾아가며 코드를 작성하는 일은 많은 시간과 노력을 요구합니다. 이런 상황에서 생성형 AI를 활용하면, 필요한 코드 조각을 빠르고 효율적으로 생성하거나 수정할 수 있어 업무 생산성을 크게 높일 수 있습니다.

IaC 코드를 생성형 AI에게 요청할 때는 어떻게 하면 좋을까요? 챗GPT를 활용해 IaC 코드를 작성하는 방법을 살펴보겠습니다. 먼저, 클라우드포메이션 코드를 YAML 언어로 작성해달라고 요청하고, 각 리소스의 이름 규칙을 명확히 전달합니다. 그다음, 가용 영역(Availability Zone)을 하드코딩하지 않고 동적으로 설정하도록 부탁하며, 필요한 최소한의 파라미터(네트워크 CIDR)를 안내합니다.

돌아온 답변을 확인하면, 생각보다 훨씬 깔끔하게 클라우드포메이션 코드를 작성해줍니다. 제공된 코드를 기반으로 직접 클라우드포메이션 스택을 생성해보니, 네트워크 환경이 깔끔하게 구성되는 것을 확인할 수 있었습니다.

▼ ChatGPT에게 클라우드포메이션 코드 작성을 부탁한 결과

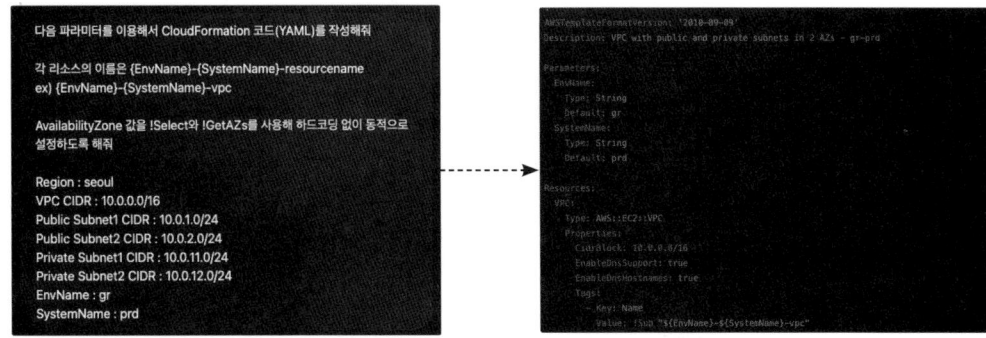

물론, 사용자 요구에 맞춘 코드를 작성하려면 보다 구체적인 요구사항을 명확히 하는 것이 필요하지만 직접 코드를 작성하는 것에 비해 훨씬 편리한 것은 분명합니다. 단순한 네트워크 환경 구성뿐만 아니라, 난이도 높은 작업도 충분히 처리할 수 있을 것으로 보입니다. 다만, 실제로 코드가 제대로 동작하는지 테스트하고 검증하는 것은 결국 사람의 몫이며, 충분한 검토가 반드시 필요하다는 점도 잊지 말아야 합니다.

과거에는 직접 코드를 전부 작성했지만, 최근에는 실무에서 설계를 바탕으로 돌출된 주요 파라미터를 생성형 AI에게 제공하여 코드 작성을 요청하고, 충분한 테스트와 검증을 거쳐 환경을 구축하는 방식으로 변화하고 있습니다.

 생성형 AI를 사용할 때는 실수로 개인 정보를 제공하지 않도록 주의해야 합니다.

0.6.2 솔루션과 트러블 슈팅

솔루션 아키텍트의 업무 중 대부분은 코드 작성보다 AWS 관련 솔루션 설계와 트러블슈팅에 더 많은 시간을 투자합니다. 인프라 환경에서는 '완벽한 상태'를 추구해야 하므로, 끊임없이 발생하는 트러블슈팅에 신속히 대응하고 문제를 최소화하는 것이 매우 중요합니다.

저자가 솔루션 설계나 트러블슈팅에 자주 활용하는 생성형 AI 중 하나가 바로 퍼플렉시티입니다. 퍼플렉시티는 인터넷을 검색하여 최신 정보를 제공하며, 출처를 명확히 표시해 신뢰성을 높입니다.

테스트를 위해 RDS의 메인테넌스 시간을 UTC에서 JST로 변경 가능한지 질문을 던져봅시다. ❶ 인터넷 출처를 포함하고 있으며, ❷ 답변에서는 메인테넌스 시간을 변경할 수 없다는 정확한 답

변을 내려주고 있습니다. 과거에는 AWS 공식 문서를 일일이 확인하며 자료를 조사했지만, 최근에는 생성형 AI를 적극 활용해보다 효율적이고 신속하게 답변할 수 있게 되었습니다.

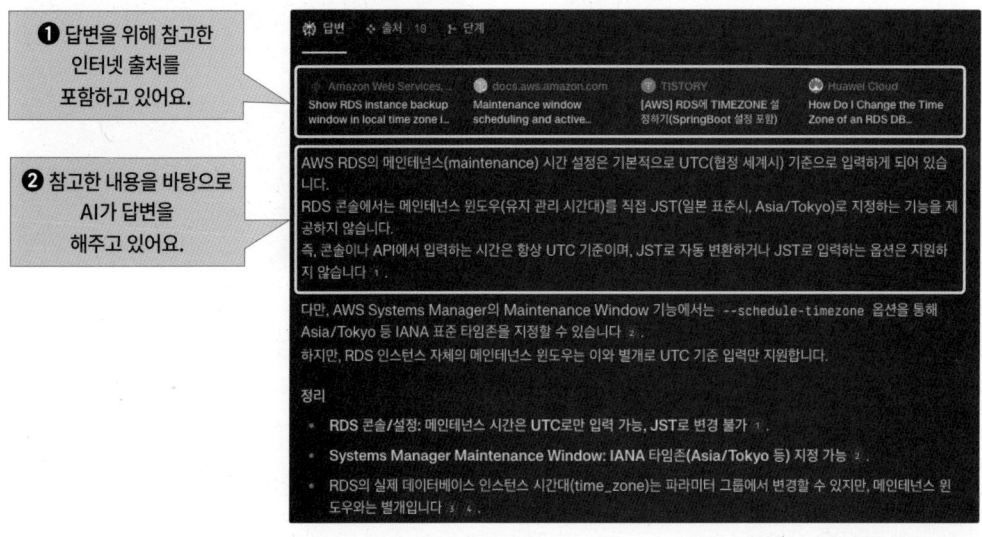

❶ 답변을 위해 참고한 인터넷 출처를 포함하고 있어요.

❷ 참고한 내용을 바탕으로 AI가 답변을 해주고 있어요.

> 모든 생성형 AI가 정확한 답변을 제공하는 것은 아니므로, 반드시 검증 과정이 필요합니다.

그렇다면 트러블슈팅을 할 때도 생성형 AI를 활용하는 것은 어떨까요? AWS 환경을 점검하던 중, 디스크 권장 사항을 확인하려 했으나 '이 볼륨에 사용할 수 있는 권장 사항이 없습니다.'라는 메시지가 표시되었습니다. 이에 대한 원인 파악과 해결을 위해 생성형 AI에 질문해봅시다.

❶ 생성형 AI는 관련 공식 문서뿐 아니라 커뮤니티 포럼, 최신 블로그 글 등을 참고해 ❷ 문제의 원인을 신속히 분석합니다. 이후 적절한 조치 방법을 제시하여, 사용자는 보다 빠르게 문제를 해결할 수 있습니다 이처럼 생성형 AI는 방대한 공식 문서와 최신 블로그 내용을 신속하게 참고하거나 학습된 내용을 바탕으로 문제 해결에 필요한 핵심 정보를 간결하게 전달해줍니다. 덕분에 복잡한 트러블 슈팅 과정도 효율적으로 진행할 수 있으며, 실무자들의 부담을 크게 줄여줍니다.

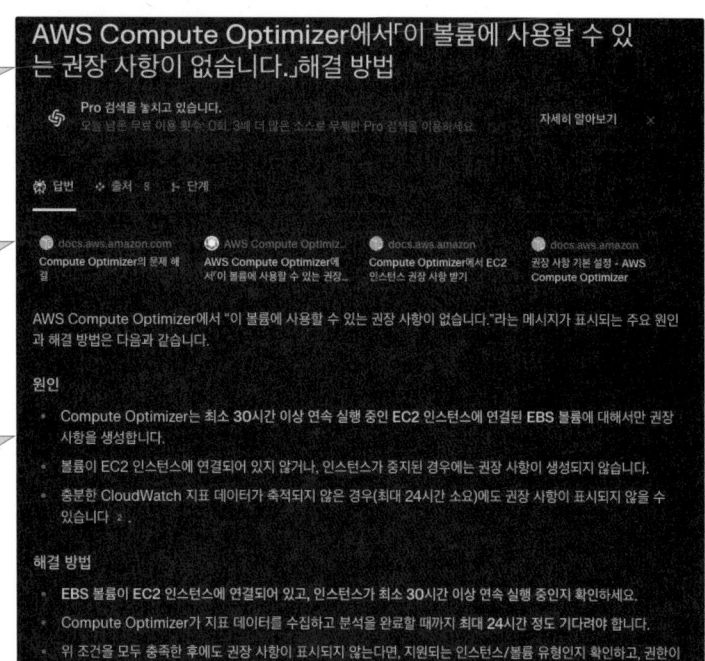

트러블 슈팅을 위해 AI에게 질문을 해요.

❶ 답변을 위해 참고한 인터넷 출처를 포함하고 있어요.

❷ 참고한 내용을 바탕으로 원인과 해결 방법을 제시하고 있어요.

생성형 AI는 지금도 꾸준히 발전하고 있으며, 수많은 새로운 모델들이 계속해서 등장하고 있습니다. 다양한 생성형 AI를 직접 사용해보고 자신에게 가장 잘 맞는 도구를 선택하기 바랍니다.

aws

Chapter 01

AWS를 쓰려면 알아야 하는 넓고 얕은 배경지식

학습 목표

본격적으로 AWS를 사용하기에 앞서 AWS 등장 배경과 자주 사용하는 용어를 살펴봅니다. 또한 용어의 의미와 기능적으로 어떤 연관성이 있는지 알아봅시다.

핵심 키워드

`AWS` `아마존` `클라우드` `리전` `가용 영역` `내결함성` `탄력성` `확장성`

학습 코스

❶ AWS 입문하기 → ❷ AWS를 쓰려면 알아야 하는 지식

1.1 AWS 입문하기

사람들은 온라인 웹 서비스가 제공되기 전에는 IT 인프라를 어떻게 관리하고 사용했을까요? 이번 장에서는 AWS란 무엇이고 어떻게 등장하게 되었는지, 현대 IT 분야에서의 역할 그리고 AWS를 사용함에 있어 자주 사용되는 용어를 알아보겠습니다.

1.1.1 AWS란 무엇인가?

AWS는 아마존에서 제공하는 클라우드 컴퓨팅으로 인프라 환경을 구축하고 운영하는 데 필요한 다양한 온라인 서비스를 제공합니다. 클라우드 컴퓨팅 유형에 따라서 서비스를 제공하는 방법뿐 아니라 컴퓨팅 리소스, 스토리지, 데이터베이스, 네트워킹, 데이터 분석, 머신러닝 등 다양한 서비스를 선택하여 사용할 수 있습니다.

AWS는 안정적이고 확장 가능한 글로벌 클라우드 인프라를 제공하기 위해 33개 지역에서 서비스를 운영하고 있습니다. 이를 통해 사용자는 전 세계적으로 일관된 서비스 품질과 성능을 경험할 수 있습니다. AWS는 기존 서비스 운영 지역을 넘어 지속적으로 독일, 말레이시아, 뉴질랜드, 태국 등 새로운 지역으로 개발을 계획하고 있으며 AWS 클라우드를 사용할 수 있는 기회를 제공하는 것에 적극적입니다. 이처럼 AWS는 사용자가 지역별 요구사항에 맞게 서비스를 선택하고 최적의 인프라를 활용할 수 있도록 글로벌 IT 환경을 확장하고 있습니다.

1.1.2 AWS, 어떻게 탄생했고 왜 많은 사람이 사용하는가?

AWS는 아마존 웹 서비스Amazon Web Service(이하 AWS)의 약자입니다. AWS는 원래 아마존 인터넷 쇼핑몰 운영에서 늘어나는 트래픽과 주문량을 감당할 목적으로 구축한 사내용 고성능의 인프라 시스템이었습니다. 아마존은 이 시스템을 자사의 쇼핑몰에만 국한하여 활용하지 않고 전 세계 기업에 제공하는 클라우드 서비스로 확대했으며 오늘날의 AWS로 자리잡게 만들었습니다.

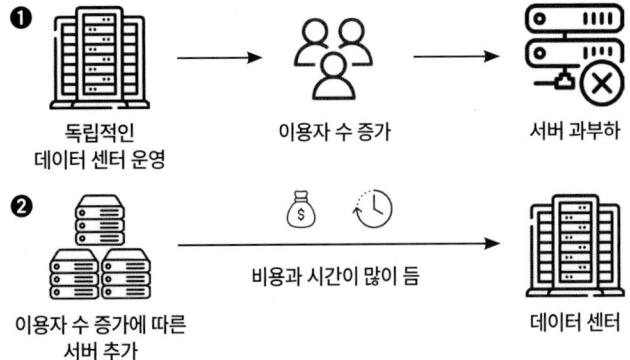

이때 당시만 하더라도 각 회사가 독립적으로 서버, 스토리지 및 네트워크 장비를 보유하고 관리하는 데이터센터를 운영하고 있었습니다. 그러나 사용자 수가 증가함에 따라 이런 데이터센터 운영에 한계가 발생했습니다. ❶ 사용자 수가 증가함에 따라 데이터센터 서버에 과부하가 걸리게 되면, 새로운 서버를 추가하여 부하를 분산하고 서비스의 가용성을 유지해야 했습니다. ❷ 하지만 데이터센터에 서버를 추가하기까지 많은 시간과 비용이 들기 때문에 쉬운 작업이 아니었으며, 새로운 서버를 추가하는 프로세스는 주로 몇 주에서 몇 개월까지 소요되었고, 이는 비즈니스의 빠른 변화에 대응하기 어려웠습니다. 또한 24시간 가동되어야 하는 데이터센터에는 많은 비용과 물리적인 서버와 장비들을 냉각시키기 위한 시간과 비용에도 많은 투자가 필요했습니다. 이런 상황에서 클라우드 컴퓨팅의 등장으로 인해 기업들은 데이터센터에서 클라우드로의 이전을 고려하기 시작했습니다.

특히 AWS는 종량과금제를 제공하여 필요한 만큼의 자원만 사용하고 지불할 수 있는 장점이 있었습니다. 또한 서버 부하에 따른 자유로운 확장과 민첩성을 제공하여 기업이 신속하게 인프라를 확장하고 축소할 수 있도록 지원했습니다. AWS를 사용하면 인프라 비용을 절감하고 비즈니스의 민첩성을 향상시킬 수 있게 됩니다. 이런 장점 덕분에 많은 기업이 데이터센터에서 클라우드로의 이전을 고려하게 되었습니다.

AWS는 2006년에 아마존 S3$^{Amazon\ S3}$라는 스토리지 서비스를 시작으로 아마존 EC2$^{Amazon\ EC2}$라는 가상 클라우드 서버를 출시했습니다. 그러나 이 당시에는 현재의 UI 환경이나 다양한 지역(리전)이 없었습니다. 초기에는 기술적으로 숙련된 사용자를 대상으로 한 API 중심의 서비스였으며, 단 하나의 지역만을 제공했습니다. 그 이후 AWS는 지속적으로 고객 피드백을 수렴하고 이를 반영하여 서비스를 발전시켜왔습니다. 이런 노력의 일환으로 AWS 관리 콘솔이라는 사용자 친화적인 UI 환경을 구축했으며, 현재는 다양한 지역에 서비스를 확장하여 전 세계 고객에게 더 나은 성능과 가용성을 제공하고 있습니다. 현재 AWS는 약 200가지 서비스와 33개 지역을 운영하고 있으며, 이런 결과는 지속적인 고객과의 상호작용과 수용력을 통해 발전해나가고 있다는 증거입니다. AWS가 많은 기업에게 사랑받는 이유는 클라우드 서비스 제공이 중요한 요소이지만, 고객 중심의 접근 방식을 유지하고, 신속하게 변화하는 고객 요구에 부응하여 성장해나가고 있는 점도 무시할 수 없습니다. AWS는 고객의 요구와 피드백을 수용하고 그에 맞게 서비스를 개선하는 데 큰 중점을 두고 있습니다. 이를 통해 고객은 자신의 비즈니스에 필요한 최신 기술과 솔루션을 얻을 수 있으며, 이는 AWS가 클라우드 컴퓨팅 시장에서 선도적인 역할을 하는 이유 중 하나입니다.

최종적으로 아마존은 클라우드 컴퓨팅을 만들었으며, 당시 '**클라우드**'라는 단어보다는 '**웹 서비스**'라는 단어가 주류였기 때문에 지금의 아마존 웹 서비스라고 이름을 명명한 것이 현재 우리가 사용하는 AWS 클라우드의 탄생 배경입니다.

아마존이 처음부터 클라우드 서비스를 제공하고자 발전시켰던 것은 아닙니다. 대부분의 서비스를 내부에서 개발하여 자체적으로 사용하며 완성도를 갖추어나갔고, 타 회사들도 사용할 수 있도록 서비스로 공개한 것에 긍정적인 반응을 얻자 이런 서비스가 많은 개발자에게 필요한 것임을 깨닫게 됩니다. 이에 따라 인프라를 쉽게 확장하고 관리할 수 있는 솔루션을 제공하는 방향으로 개발해 나아갔으며, 서비스 지향 아키텍처 Service Oriented Architecture, SOA를 구현하게 됩니다. 이런 AWS의 등장으로 기업들은 AWS의 클라우드 기술을 활용하여 물리적 IT 인프라를 구축하지 않고도 안정적이고 편리한 서비스를 운영할 수 있게 됩니다.

> **부하 분산**이란 말 그대로 처리해야 할 업무 또는 요청 등을 나누어 처리하는 겁니다. 네트워크 상에서의 부하 분산은 다수의 중앙 처리 장치 또는 저장 장치와 같은 컴퓨터 자원에 작업을 나누어 처리하는 것을 의미합니다.

1.1.3 'AWS'와 'Amazon' 접두사는 무얼 의미하는가?

대부분의 사람은 단순히 AWS가 아마존 웹 서비스, 즉 아마존에서 제공하는 클라우드 서비스라고 생각합니다. 그러나 단순히 그 의미만을 갖는 것은 아닙니다. AWS에서 제공하는 서비스를 보면 Amazon EC2, AWS 클라우드포메이션과 같이 서비스명 앞에 'AWS' 또는 'Amazon' 접두사가 붙습니다. 이름 앞에 붙는 단어는 무엇을 의미하는 것일까요? AWS와 Amazon에 따라 각각 유틸리티 서비스와 독립형 서비스로 나뉩니다. AWS가 붙은 서비스는 유틸리티 서비스로 혼자 사용하지 않고 다른 서비스와 함께 쓰입니다. 예를 들어 AWS 클라우드포메이션은 다른 AWS를 생성하고 관리하는 데 사용되는 유틸리티 서비스로 다른 AWS 서비스와 연결되어 효과적으로 동작하고 통합됩니다. AWS 람다AWS Lambda는 다른 서비스에 의해 관련 작업이 자동으로 실행되는 서비스입니다.

Amazon이 붙은 서비스는 독립형 실행 서비스로 사용자에게 단독으로 실행 가능한 서비스를 제공합니다. 예를 들어 사용자는 Amazon EC2를 독립적 가상 컴퓨팅 리소스로 제공받으면서 AWS 이외의 다른 서비스와 함께 사용할 수도 있습니다. 이처럼 서비스명에 붙는 접두사를 바탕으로 AWS의 각 서비스가 독립적으로 실행되는 서비스인지 다른 서비스와의 제휴를 전제로 하는 서비스인지 유추할 수 있습니다.

 Elastic Load Balancer와 같이 AWS, Amazon이 붙어 있지 않은 서비스도 있습니다.

1.2 AWS를 쓰려면 알아두면 유용한 클라우드 지식

AWS가 다양한 서비스를 제공하는 만큼 각 용어가 가지는 의미가 있습니다. AWS에서 자주 사용되는 용어를 알아보겠습니다.

1.2.1 온프레미스

온프레미스On-premise는 조직이 자체적으로 IT 인프라를 소유하여 관리 및 운영하는 것으로 쉽게 말해 회사가 직접 저장소를 관리하는 것을 의미합니다.

▼ 온프레미스 구성 예

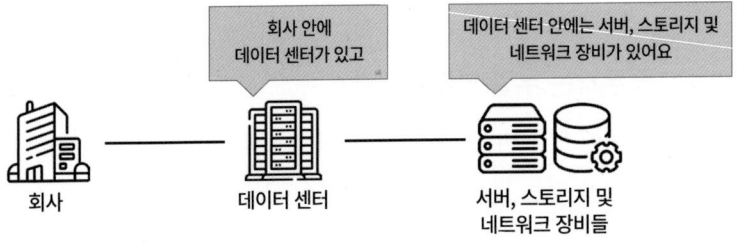

자체 운영을 위한 온프레미스 도입은 물리적인 서버 등 IT 리소스를 설치해야 하며 많은 투자 비용과 시간이 소요됩니다. 또한 자체 IT 인프라를 관리하는 데 있어 설정, 구현, 업데이트, 오류 해결 등 유지 비용이 발생합니다.

1.2.2 클라우드

온프레미스의 불편한 점을 해소하고자 등장한 것이 클라우드cloud입니다.

▼ 클라우드 예

클라우드라는 가상 공간에 서버를 구축

클라우드는 서버를 가상화하여 제3자가 사용자에게 저장소를 제공하는 형태로 온프레미스와 같이 물리적 IT 리소스를 설치할 필요가 없습니다. 온프레미스와 같이 회사 내 저장소를 따로 만드는 등 인프라에서 발생하는 높은 초기 구축 비용과 유지보수, 확장성이 문제되지 않습니다. 더욱이 클라우드를 사용하면 단기간 내에 서버 구축과 확장이 가능하며 운영 효율성과 자원 활용성이 증가합니다.

1.2.3 하이브리드 클라우드

하이브리드 클라우드hybrid cloud는 기존의 온프레미스 환경과 클라우드 인프라의 이점을 결합한 최적의 인프라를 구축하는 방식입니다.

▼ 하이브리드 클라우드 예

하이브리드 클라우드를 위한 네트워크(전용선)

하이브리드 클라우드는 온프레미스의 데이터와 시스템 보안 및 기밀성을 유지하는 기능을 가져가면서 클라우드의 확장성과 유연성을 활용하여 필요한 서비스를 구현합니다. 이를 통해 비용과 시간을 절약하고 안정성과 성능을 유지합니다. 이렇듯 하이브리드 클라우드는 유연성, 경제성, 신속성과 물리 서버의 보완성, 안정성까지 갖추고 있어 현대적인 IT 인프라 구축에 중요한 전략 중 하나입니다. 그렇지만 온프레미스나 클라우드로 구축한 환경에 비해 시스템 구성이 복잡해지며 운영 및 관리가 어려울 수 있습니다. 온프레미스와 클라우드를 연결하는 별도의 네트워크망(전용선)을 확보해야 합니다.

1.2.4 서버리스

서버리스serverless는 개발 및 운영 과정에서 서버를 관리하거나 배포할 필요 없이 원하는 기능을 구현하고 실행하는 클라우드 기반의 서비스입니다. 일반적으로 웹 애플리케이션 서버는 24시간 가동되기 때문에 비용 효율성이 떨어집니다. 예를 들어 여러분이 주말에만 유저 수가 급증하는 서비스를 만들었다면 일주일 내내 가동하는 서버는 비효율적일 수 있습니다. 하지만 서버리스를 사용하면 필요한 시점에만 리소스를 활용할 수 있어서 비용을 절약할 수 있고 개발 및 운영 과정에서 더 효율적으로 작업할 수 있습니다. 다음은 서버리스에서 이벤트가 발생했을 때 처리하는 과정을 표현한 그림입니다.

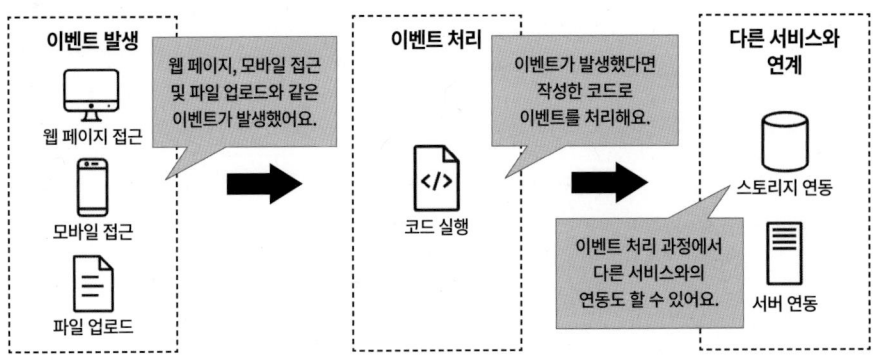

서버리스 처리는 애플리케이션에서 발생하는 다양한 이벤트에 대응하여 사전에 작성한 코드가 실행되는 것을 의미합니다. 예를 들어 사용자의 웹 애플리케이션 액세스, 파일 업로드, 데이터베이스에서 새로운 데이터의 입출력 등 이벤트가 발생하면 서버리스 함수 또는 스크립트가 작동됩니다. 서버리스는 데이터베이스와 연계를 통해 데이터를 저장하거나 필요한 정보를 가져올 수 있습니다. 이는 데이터 관리를 위해 별도의 서버를 구축할 필요 없이 데이터베이스와의 연결을 통해 효율적으로 데이터를 관리할 수 있음을 의미합니다. 이런 서버리스는 데이터베이스 이외에도 다른 서비스와 연계할 수 있습니다. 개발자는 코드를 작성하고 배포하는 것에 집중할 뿐 서버 인프라의 관리나 운영에 대한 걱정을 줄일 수 있습니다.

장점이 많다고 해서 서버리스가 모든 서비스와 연계했을 때 권장되는 것은 아닙니다. 대량의 데이터를 처리하는 배치 처리와 같은 경우 서버리스 사용이 권장되지 않습니다. AWS 람다와 같은 서버리스 함수는 최대 15분 동안만 실행될 수 있기 때문에 배치 처리 작업처럼 긴 처리 시간이 필요한 때에는 부적합할 수 있습니다. 이 경우 직접 서버를 구축하여 작업을 진행하는 것이 더 적합할 수 있습니다. 따라서 직접 서버를 구축하는 방법과 서버리스 중 어떤 것을 채택할지 결정할 때는 구축할 환경의 용도와 처리할 데이터양, 시간 등을 고려해야 합니다.

1.2.5 리전

AWS의 글로벌 인프라 구성은 리전region과 가용 영역availability zone, 에지 로케이션edge location으로 구성됩니다. 먼저 AWS는 33개 지역에서 서비스를 제공하고 있으며 이렇게 서비스가 제공되는 물리적인 국가/도시 단위의 지역을 리전이라 합니다. AWS는 리전별로 제공하는 서비스가 다를뿐 아니라 사용자에게 물리적인 거리를 좁혀 네트워크 속도를 향상시킴으로써 더 빠르고 안정적인 서비스를 제공합니다. 예를 들어 AWS 한국 서울 리전과 미국의 캘리포니아 리전이 운영되고 있을 때 물리적으로 가까운 한국 서울 리전이 한국 사용자에게 최적화된 콘텐츠 및 서비스를 제공할 수 있습니다. 또한 특정 지역에서 자연 재해로 인해 AWS 환경이 영향을 받거나 서비스가 중단될 경우도 대비해 리전을 운영합니다. 해당 지역의 서비스를 이용하지 못하는 일이 발생할 때 대신 다른 지역의 서비스를 이용하고 서버를 유지하며 지속적인 서비스 제공할 수 있습니다. 각 리전에는 고유한 코드가 존재하며 한국 서울 리전은 [ap-northeast-2]입니다.

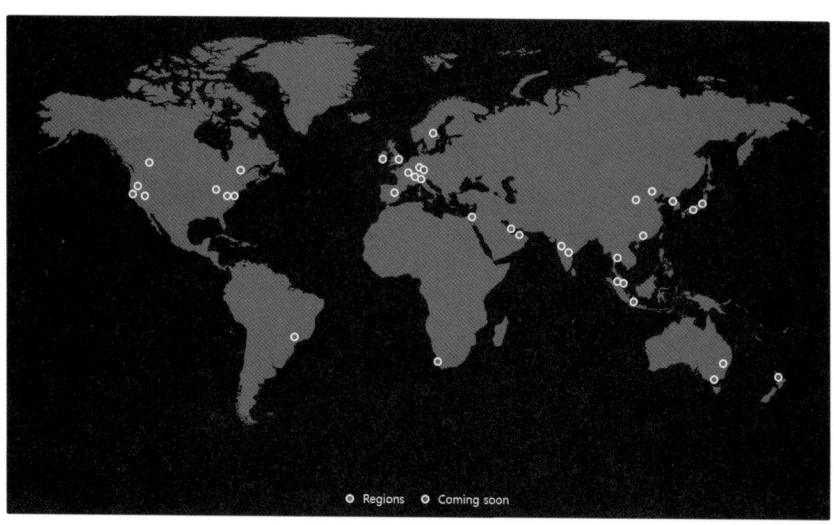

1.2.6 가용 영역

가용 영역availability zone은 AWS 리전 내에 서버, 스토리지, 네트워크 장비를 저장하는 하나 이상의 물리적인 개별 데이터센터로 구성되며 각각 독립적으로 운영됩니다. AWS에서는 가용 영역에 데이터센터 발전기와 물리적인 보안 시설을 갖추고 있으며 해당 가용 영역에 서버, 스토리지, 네트워크를 구성하여 클라우드 환경을 구축할 수 있습니다. 각 가용 영역은 물리적으로 떨어져 있어 독립적으로 운영됩니다. 가용 영역은 리전의 이름 뒤에 알파벳으로 구분되며 예를 들어 서울 리전의 경우 [ap-northeast-2a], [ap-northeast-2b], [ap-northeast-2c], [ap-northeast-2d]와 같이 4가지 가용 영역을 운영하고 있습니다. 이런 가용 영역은 서로 다른 물리적인 위치에 있어 자연재해 등으로부터의 영향을 최소화하고 시스템 가동 중지를 최소화하도록 보장합니다. 리전과 가용 영역의 관계를 살펴보면 다음과 같습니다.

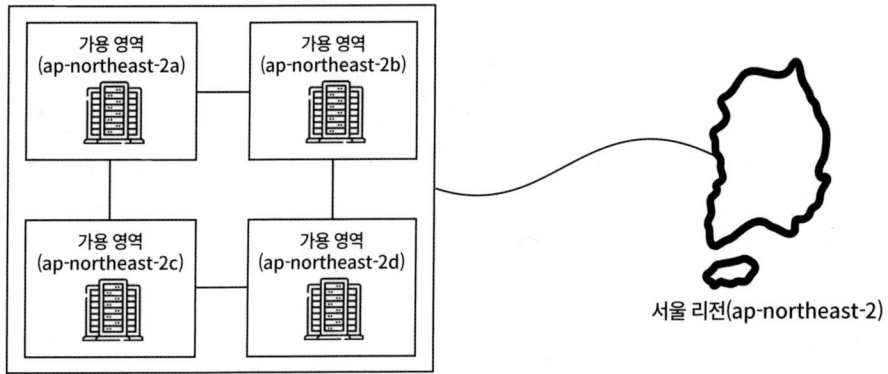

서울 리전(ap-northeast-2) 내에는 4개의 가용 영역이 있습니다. 가용 영역들은 물리적으로는 분리되어 있지만 네트워크를 통해 서로 연결되어 있습니다. 이는 자연 재해나 다른 문제로 인해 한 가용 영역이 중단되더라도 다른 가용 영역을 통해 시스템을 계속할 수 있음을 의미합니다. 따라서 각 가용 영역은 독립적으로 운영되면서도 네트워크를 통해 연결되어 사용자에게 안정적이고 신뢰할 수 있는 클라우드 인프라를 제공합니다.

1.2.7 에지 로케이션

에지 로케이션은 오리진 서버의 콘텐츠를 서로 다른 지역에서 빠르게 접근할 수 있도록 만드는 캐시 서버의 모음입니다. 예를 들어 다음과 같이 서로 다른 지역의 사용자 A, B, C가 있을 때 독일, 미국에서 거주하는 사용자 B, C가 서울에 있는 오리진 서버의 데이터에 접근한다면 어떻게 될까요?

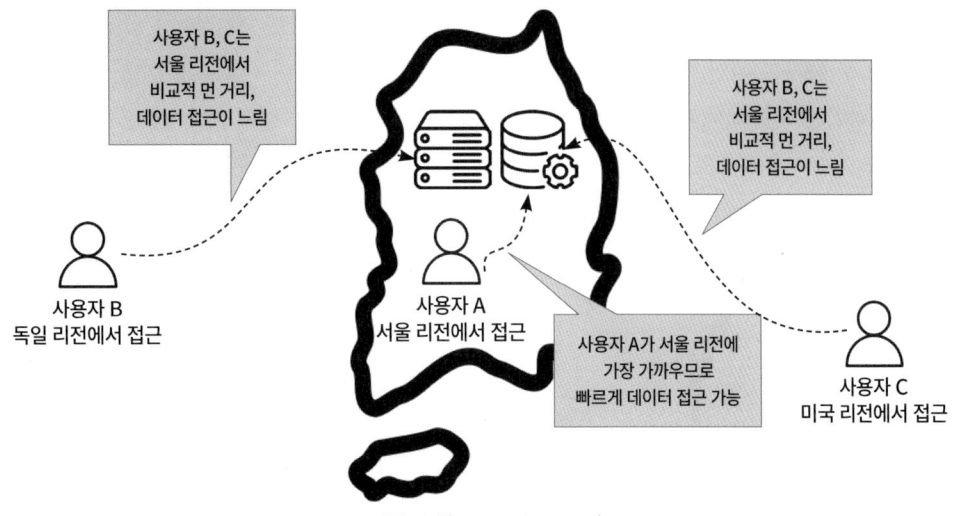

서울 리전(ap-northeast-2)

아마도 사용자 A가 데이터 접근이 가장 빠르고 사용자 B, C는 느릴 겁니다. 이를 해결하려면 사용자 B, C가 접근하고자 하는 데이터를 중간에 캐시하면 됩니다. 에지 로케이션은 사용자와 오리진 서버 사이에서 데이터를 캐시하는 역할을 합니다. 만약 에지 로케이션에 캐시가 남아 있다면 사용자에게 캐시를 반환하고, 캐시가 없다면 오리진 서버에서 데이터를 검색하여 에지 로케이션에 캐시를 저장한 다음 사용자에게 반환합니다.

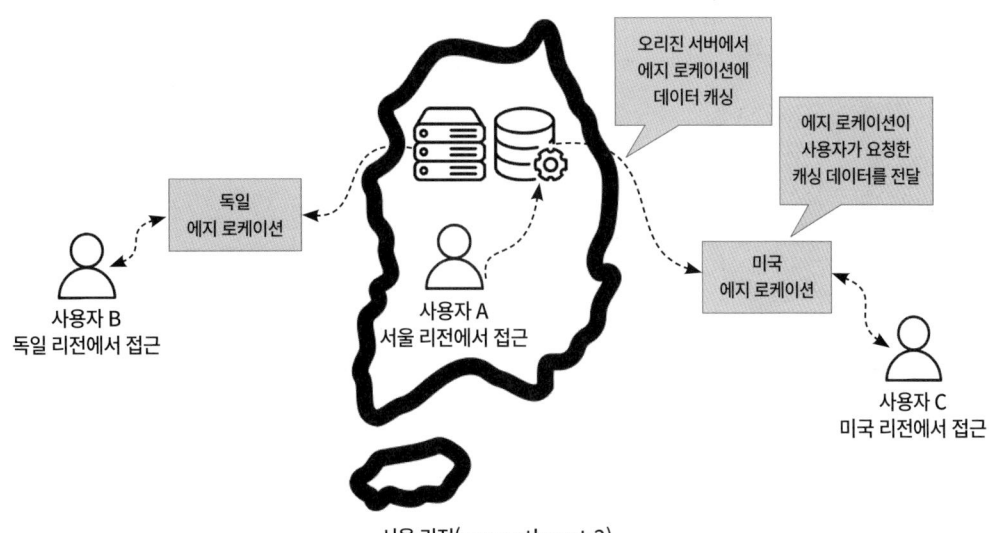

서울 리전(ap-northeast-2)

AWS는 에지 로케이션을 이용하여 아마존 클라우드프론트Amazon CloudFront라는 CDN[1] 서비스를 제공합니다. 사용자는 가장 가까운 에지 로케이션에서 콘텐츠를 빠른 속도로 안전하게 전송받을 수 있고 서버의 트래픽과 비용까지 절감할 수 있습니다. 다음 그림과 같이 AWS에서 제공하는 아마존 클라우드프론트를 사용하면 각 리전에서는 에지 로케이션을 통해 빠르게 사용자가 원하는 데이터에 액세스할 수 있습니다.

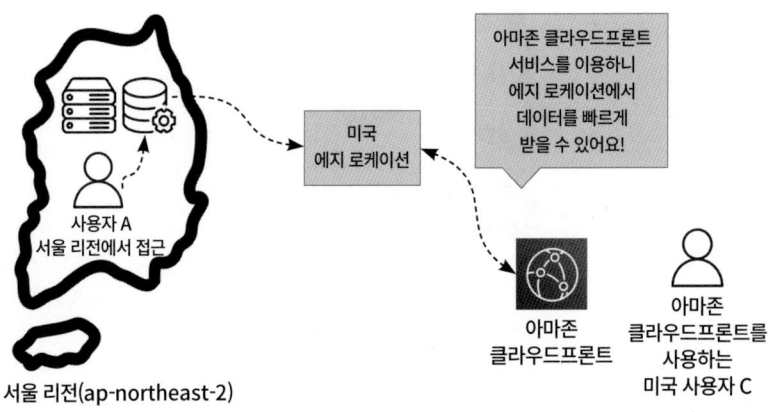

그러나 에지 로케이션에 캐시가 남아 있지 않다면 멀리 있는 오리진 서버에서 콘텐츠를 취득해야 합니다. 그러면 이 문제는 어떻게 해결해야 할까요? 바로 오리진 서버와 에지 로케이션 사이에 캐시 서버를 두는 겁니다.

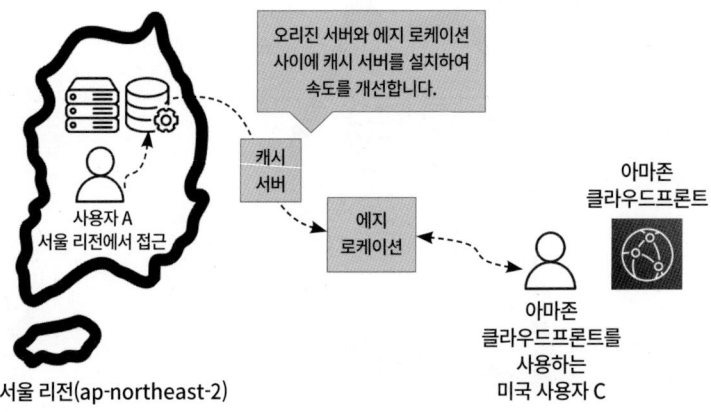

---

1 Content Delivery Network : 전 세계에 분산된 서버를 통해 사용자에게 가장 가까운 위치에서 웹 콘텐츠를 빠르게 전달하는 시스템

이렇게 하면 오리진 서버와 에지 로케이션 사이에 캐시 서버가 또 있으므로 캐시 서버에 저장된 데이터는 에지 로케이션에서 바로 접근하여 사용자에게 제공할 수 있습니다. 핵심은 캐시 가능한 용량에 있습니다. 에지 로케이션은 용량 문제로 자주 접근하는 데이터만을 캐시하고, 다른 캐시를 삭제하여 최적화합니다. 반면, 캐시 서버는 더 큰 캐시를 저장할 수 있기 때문에 오리진 서버로 직접 접근하는 빈도도 줄어들며, 나아가 오리진 서버에 직접 접근하지 않고도 사용자에게 캐시를 반환할 수 있습니다. 이런 캐시 서버는 사용자로부터 물리적으로 가까운 거리에 위치하기 때문에 성능 저하를 줄일 수 있습니다. 그러나 CDN을 위한 캐시 서버가 곳곳에 보유되어 있지 않다면 한 곳에 서비스가 집중되어 오히려 트래픽이 증가할 수 있습니다. 또한 캐시 서버를 운영하는 곳 중 한 곳이 중단되면 전체 시스템이 중단되는 단일 장애점 문제가 발생할 수 있습니다.

> AWS에서는 2016년 에지 로케이션과 오리진 서버 사이에 캐시 서버를 배치하여 오리진 서버에서 취득한 콘텐츠를 캐시 서버에 저장하는 '리전 에지 캐시' 기능을 발표했습니다.

1.2.8 가용성

가용성^{availability}은 리전 내 자연 재해와 같은 여러 상황이 발생하여 시스템 장애가 나도 정상적으로 작동할 수 있는 정도를 의미합니다.

시스템은 사용 가능한 시간이 길수록 가용성이 높고 시스템 오류 등으로 중지되는 시간이 길수록 가용성은 저하됩니다. 일반적으로 가용성은 일정 시간 동안의 가동 시간 비율로 정의하며, 가용 가능한 가동률을 99% 또는 99.9%와 같이 백분율로 표시합니다. AWS에서는 가용성이라는 용어와 함께 고가용성high availability이라는 용어도 자주 사용됩니다. 고가용성은 시스템이나 서비스가 지속적으로 정상 운영이 되는 능력을 의미합니다. 고가용성의 시스템은 시스템 장애가 발생하는 빈도가 극히 드물고, 장애가 발생하더라도 빠르게 복구하여 서비스 중단 시간을 최소화합니다.

1.2.9 신뢰성

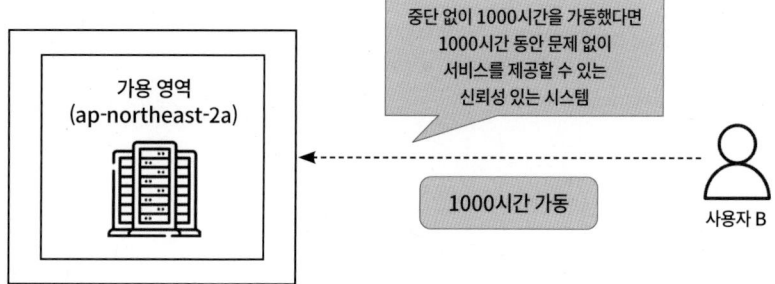

이런 가용성, 고가용성과 유사한 개념으로 신뢰성reliability이 있습니다. 신뢰성은 서버 혹은 시스템이 얼마나 오랫동안 가동되는지를 나타내며, 주로 가동 시간 동안 시스템이 예상대로 작동하고 중단되지 않는 정도를 의미합니다. 즉 신뢰성이 높은 시스템은 오랜 기간 동안 안정적으로 작동하여 사용자가 중단 없이 서비스를 이용할 수 있습니다. 그렇다면 가용성과 신뢰성의 차이는 무엇일까요? 신뢰성은 시스템의 고장 간격을 평가하며, 가용성은 시스템의 가동률로 평가하는 데 있습니다. 다음 그림을 통해 어떤 차이가 있는지 알아봅시다.

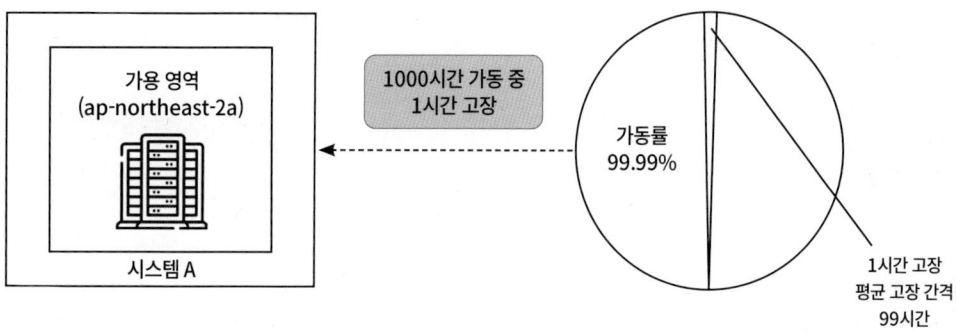

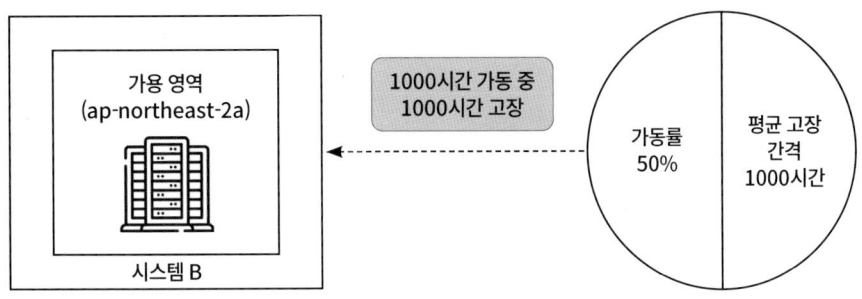

가용성은 시스템이 사용 가능한 시간의 비율로 평가되며, 이는 시스템이 서비스를 제공할 수 있는 정도를 나타냅니다. 일반적으로 가용성은 시스템의 가동률로 표현되며, 시스템이 얼마나 오랫동안 가동되었는지에 따라 결정됩니다. 시스템 B가 1000시간의 고장 간격을 보인다고 하더라도, 이는 신뢰성과 관련된 지표이며 가용성과 직접적으로 연관되지는 않습니다. 그러므로 시스템 B가 1000시간 동안 가동되었다고 할 때, 이는 가용성 측면에서 100%의 가동률을 나타낼 수 있습니다. 하지만 가용성을 평가할 때는 시스템이 고장 없이 얼마나 오랫동안 가동되었는지와 함께, 시스템이 복구되는 데 걸리는 시간도 고려되어야 합니다. 예를 들어 시스템이 1000시간 동안 가동되었지만 중간에 고장이 발생하고 시스템이 1000시간 동안 복구 시간을 가졌다면, 이는 가동률이 50%로 나타날 겁니다. 따라서 신뢰성은 시스템의 고장 간격을 기반으로 하지만 가용성은 시스템의 가동률을 기반으로 합니다. 이 두 지표는 서로 관련되어 있지만 완전히 다른 개념입니다.

1.2.10 내결함성

내결함성fault tolerance은 시스템에 장애가 발생하더라도 시스템 성능을 저하시키지 않고 서비스를 지속하게 하는 특성을 의미합니다. 보통 시스템 장애가 발생했을 때 우회하는 식으로 서비스를 지속시키며, 하위 시스템이나 중복 시스템을 작동시켜 유지합니다. 여기까지 설명을 이해하면 한 가지 의문점이 생길 수 있습니다. 내결함성과 가용성 둘 다 시스템 장애가 발생하더라도 시스템이 계속 실행할 수 있도록 구성하는 것을 의미하는 것인데 도대체 내결함성과 가용성은 무슨 차이가 있을까요? 가용성은 앞서 설명했던 것처럼 시스템을 사용 가능한 상태로 유지하는 능력을 나타냅니다. 즉 재해 혹은 장애가 발생하더라도 시스템이 사용자에게 서비스를 제공할 수 있는 상태를 유지하는 것을 말합니다. 반면 내결함성은 SLA service level agreement를 충족시키기 위해 시스템 성능을 저하시키지 않고 유지하는 것을 말합니다. 여기서 SLA는 서비스의 품질에 대해 사용자와 서비스를 제공하는 사이의 합의를 나타내는 계약을 의미합니다. 즉, 가용성과 내결함성의 차이점은 서비스의 지속성을 우선시 하느냐, 서비스 품질을 우선시 하느냐의 차이입니다.

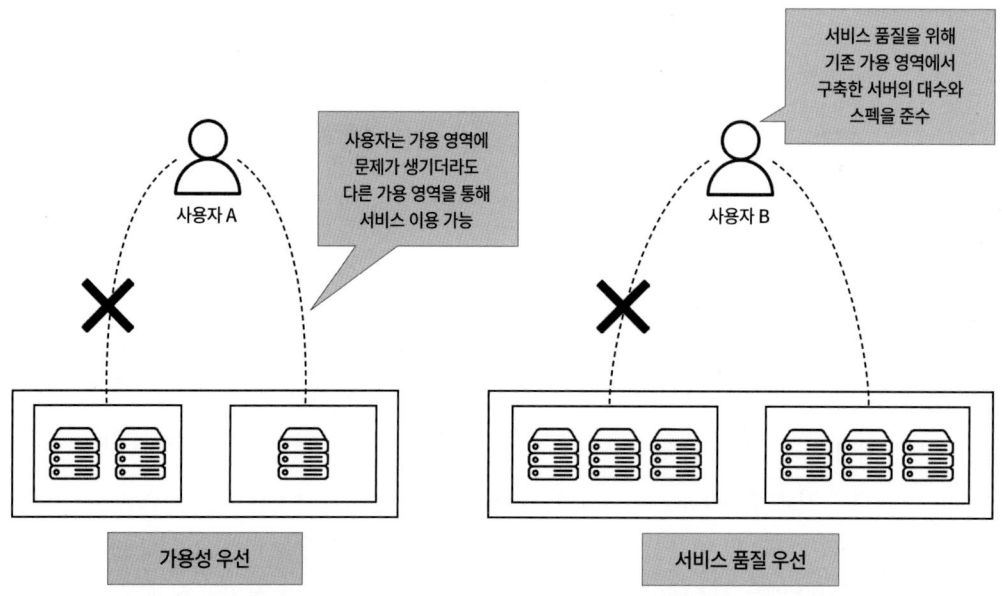

가용성은 서비스의 지속성을 우선시하기 때문에 하나의 가용 영역에 문제가 발생했을 때 다른 가용 영역에서 서비스를 지속할 수 있다면 가용성을 충족시킵니다. 반면, 내결함성은 서비스 품질을 우선으로 하기 때문에 하나의 가용 영역에서 세 대의 서버가 가동 중이었다면 다른 가용 영역에서도 동일하게 세 대의 서버를 가동하여 서비스 품질을 만족시킬 필요가 있습니다. 그러나 서비스 품질을 위해 최소 여섯 대의 서버를 유지해야 하므로 비용은 가용성보다 많이 듭니다. 즉, 이런 차이로 인해 가용성은 서비스 지속성을 보장하는 데 중점을 두며, 내결함성은 서비스 품질을 유지하고 안정성을 보장하는 데 중점을 둡니다.

1.2.11 탄력성

상황에 맞게 알맞게 대처하는 성질이라는 사전적 정의와 같이 AWS에서 탄력성Elasticity은 시스템이 비즈니스 상황에 따라 트래픽이나 부하에 대응하여 유연하게 자동으로 조정하는 능력을 말합니다. 예를 들어 트래픽이 1일 때는 서버 수를 적게 운영하다가 트래픽이 3으로 증가하면 그에 따라 서버 수를 증가시키도록 조정합니다. 이와 같이 탄력성은 변화에 빠르게 대응하여 시스템 성능을 유지하고 정상적인 작동을 할 수 있도록 가용성을 높이는 데 중점을 둡니다.

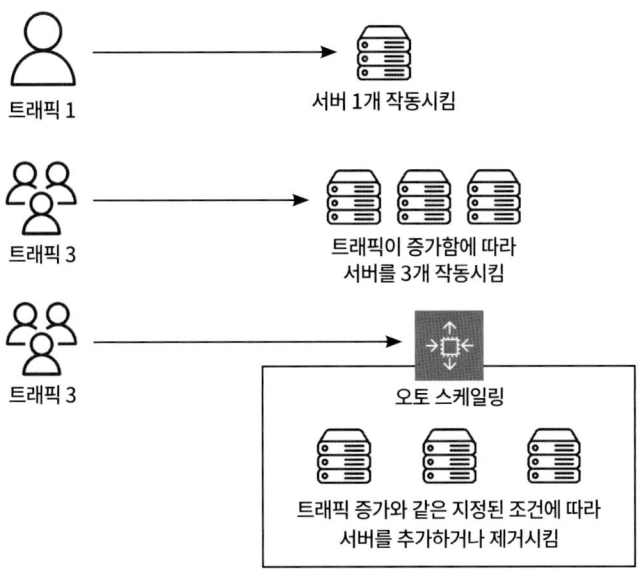

AWS에서도 탄력성을 유지하기 위해 관련 서비스를 제공합니다. 바로 오토 스케일링auto scaling입니다. 오토 스케일링은 CPU 사용률, 네트워크 트래픽 등 미리 정의된 조건에 따라 서버를 추가하거나 제거함으로써 탄력성을 유지하게 도와줍니다. 이를 통해 각 서버에 과도한 부하가 걸리는 것을 방지하고 시스템의 성능을 일정 수준으로 유지할 수 있습니다. 오토 스케일링에 대해서는 뒤에서 상세히 다루겠습니다. 이처럼 탄력성은 트래픽을 조절하는 데도 큰 도움이 되지만, 자동으로 조정하는 능력에 따라 불필요한 자원을 사용하지 않기 때문에 비용 최적화에 필수적인 기능입니다.

1.2.12 확장성

확장은 말 그대로 범위나 규모를 넓히는 것을 말합니다. AWS에서 확장성Scalability은 비즈니스가 성장함에 따라 서버 용량이 한계에 도달할 때 인프라를 확장하는 것을 의미합니다. 서버를 확장하는 방법은 스케일업scale up과 스케일아웃scale out으로 나뉩니다. 다음 그림을 통해 스케일업과 스케일아웃이 어떤 원리인지 살펴봅시다.

예를 들어 기존 서버의 성능이 한계에 다다랐다고 가정해봅시다. 이때 기존 서버를 확장시키는 스케일업을 통해 해소할 수 있습니다.

스케일업은 수직 확장이라고도 불리며, 기존 서버의 성능을 향상시키는 방법입니다. 주로 서버의 디스크 용량, 메모리, CPU 등을 업그레이드하여 더 높은 사양을 갖추게 합니다. 이렇게 하면 업그레이드된 기존 시스템에서 더 많은 리소스를 활용할 수 있으므로 처리 능력 또한 향상됩니다.

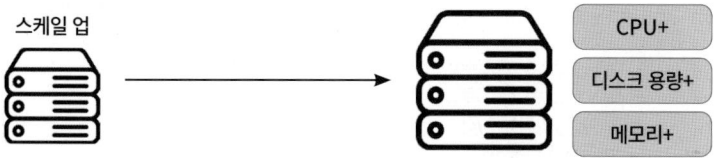

스케일아웃은 수평 확장이라고도 불리며, 기존 시스템과 비슷하거나 같은 스펙의 서버를 추가하여 전체 시스템 성능을 향상시켜줍니다. 이는 부하를 분산시켜 서버의 처리량을 늘리는 방법으로 사용자 증가나 트래픽 증가에 따른 서비스 확장에 사용됩니다.

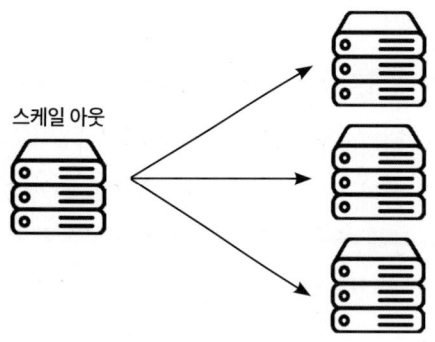

탄력성의 경우 기존에 있는 서버의 처리 능력을 향상시켜 트래픽을 부하 감당했다면 확장성의 스케일아웃은 트래픽을 분산할 목적으로 서버 수를 늘립니다. AWS는 오토 스케일링auto scaling이라는 서비스를 통해 스케일업과 스케일아웃을 구현하여 확장성을 확보합니다. 오토 스케일링 서비스는 트래픽이나 작업 부하 등에 따라 자동으로 서버 수를 조절하여 요구에 맞게 확장하거나 축소하는 기능을 제공하며 사용자가 서버의 스펙을 변경할 수 있습니다.

1.2.13 비즈니스 연속성 계획

시스템 운영에 영향을 주는 재해와 장애를 방지하고 복구하는 대책을 비즈니스 연속성 계획(이하 BCP)이라 하며 BCP business continuity plan라 합니다. AWS는 업무 연속성 계획 BCP를 지원하고 있습니다. 그렇다면 시스템 장애와 같은 상황이 발생했을 때 BCP로 어떻게 해결할까요?

서울 리전에서 도쿄 리전으로 백업

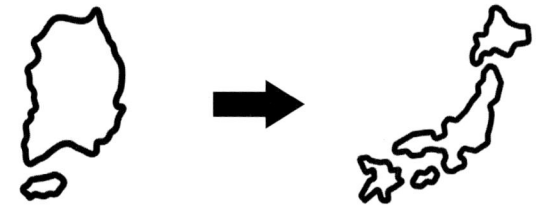

서울 리전(ap-northeast-2)　　　　도쿄 리전(ap-northeast-1)

AWS가 여러 리전을 운영하는 이유는 고가용성과 BCP인 운영 연속성을 위해서입니다. 시스템 장애나 재해가 발생했을 때 적절한 조치를 취하고 재해 복구를 위한 DR$^{disaster\ recovery}$(재해 복구) 환경을 구축하고 BCP를 수립합니다. 예를 들어 서울 리전의 모든 가용 영역이 자연 재해로 인해 중단되었다고 가정해봅시다. 이럴 때 도쿄 리전과 같이 다른 리전에 백업 서버 및 데이터를 미리 구축하여 사용할 수 있습니다. 한 리전에서 발생한 장애로부터 회복을 위해 다른 리전에 백업 서버 및 데이터를 준비하는 계획을 수립하여 실행에 옮깁니다. 이를 통해 서비스 중단 기간을 최소화하고 서비스 지속성을 확보합니다. 이렇듯 AWS에서는 시스템 장애와 재해에 대비하고 복구를 위한 BCP를 수립하고 있습니다.

▼ 연습 문제 정답 및 해설(연습 문제는 69쪽에 있어요)

1 **정답** 가용성
2 **정답** ❸ 신뢰성
3 **정답** BCP
4 **정답** ❶ 탄력성
5 **정답** 서버 성능을 업그레이드하는 스케일업과 같은 성능의 서버를 추가하는 스케일아웃
6 **정답** 온프레미스, 클라우드, 하이브리드 클라우드
7 **정답** ❹ CDN

학습 마무리

1장에서는 AWS의 등장 배경과 AWS를 쓸 때 알아두면 유용한 개념을 살펴봤습니다. AWS의 다양한 서비스를 효율적으로 활용하려면 핵심 개념과 용어를 잘 이해하는 것이 중요합니다. AWS는 많은 서비스를 제공하는 만큼 알아두면 좋은 지식이 많지만 그중에서도 꼭 필요한 지식만 선별하여 정리했습니다. 따라서 이번 장의 내용을 잘 이해한다면 다음에 나오는 각 서비스들의 핵심 개념과 실습을 진행하고 이해하는 데 도움이 될 겁니다.

핵심 요약

1. **클라우드 컴퓨팅**은 비즈니스 제안에 맞춰 신속한 IT 인프라 대응을 위한 솔루션으로 만들어졌습니다. 당시 '클라우드'라는 단어보다는 '웹 서비스'라는 단어가 주류였기 때문에 지금의 **AWS(아마존 웹 서비스)**라고 이름이 지어진 배경이 되었습니다.
2. IT 리소스를 관리하는 주체에 따라 회사가 자체적으로 IT 인프라를 소유하여 관리 및 운영하는 **온프레미스**와 서버를 가상화하여 관리 및 운영하는 **클라우드**, 기존의 온프레미스 환경과 클라우드의 이점을 결합하여 최적의 인프라를 구축하는 **하이브리드 클라우드**로 나눌 수 있습니다.
3. AWS의 글로벌 인프라 구성은 **리전, 가용 영역, 엣지 로케이션**으로 구성됩니다.
4. **가용성**은 시스템 장애나 리전에 재해가 발생한 상황이더라도 계속해서 시스템이 작동하는 능력입니다. 재해 방지와 복구를 위한 대책을 BCP라 하며, 이런 재해 복구를 위한 환경을 **DR 환경**이라고 합니다.
5. **내결함성**은 시스템에 장애가 발생하더라도 시스템 성능을 저하시키지 않고 지속해서 실행할 수 있는 구성을 의미하며 **탄력성**은 시스템이 비즈니스 상황에 따라 유연하게 변화하는 트래픽이나 부하에 대응하여 자동으로 조정되는 능력을 의미합니다.
6. **확장성**은 비즈니스가 성장함에 따라 서버가 한계에 도달할 때 서버 용량, 즉 인프라를 확장하는 것을 의미합니다. 확장성에는 서버 성능을 업그레이드하는 스케일업과 같은 스펙의 서버를 추가하여 트래픽을 분산 처리하는 스케일아웃이 있습니다.

연습문제

1. 시스템에 장애가 발생하거나 재해가 일어나도 계속해서 서비스를 제공할 수 있는 능력을 무엇이라 할까요?

2. 시스템이 얼마나 오랫동안 가동되는지를 나타내며 시스템이 한 번 가동되기 시작하면 특정 시간 동안 가동을 보장하는 것은 무엇일까요?
   ❶ 가용성   ❷ 탄력성   ❸ 신뢰성   ❹ 확장성

3. 재해를 방지하기 위한 대책은 무엇일까요?

4. 비즈니스가 확장됨에 따라 트래픽이나 부하에 유연하게 대응하는 능력을 무엇일까요?
   ❶ 탄력성   ❷ 확장성   ❸ 가용성   ❹ 신뢰성

5. 비즈니스가 성장함에 따라 서버의 한계에 도달하여 인프라를 확장해야 할 때가 있습니다. 이때 기존 서버의 성능을 업그레이드하거나 같은 성능의 서버를 추가하여 트래픽을 분산하는 두 가지 방법이 있습니다. 이 두 가지 방법은 무엇일까요?

6. IT 리소스의 관리와 운영에 따라 세 가지 환경으로 나눌 수 있습니다. 이 세 가지 환경은 무엇일까요?

7. 전 세계에 분산된 에지 로케이션에 콘텐츠를 캐싱하여 사용자가 빠르게 액세스 하는 기술은 무엇일까요?
   ❶ SLA Service Level Agreement   ❷ DR Disaster Recovery 환경
   ❸ 고가용성 High Availability   ❹ CDN Content Delivery Network

aws

Chapter 02

AWS를 잘 쓰려면 알아야 하는 네트워크 지식

학습 목표

2장에서는 AWS를 사용하기 전 이해하면 도움이 되는 네트워크 지식을 공부합니다. 그런 다음 AWS의 네트워크 설계 방법과 구축 패턴을 알아본 다음 이를 바탕으로 AWS 네트워크 환경을 구축해봅시다.

핵심 키워드

네트워크   프로토콜   클래스   서브넷팅   CIDR   Amazon VPC   서브넷   인터넷 게이트웨이   NAT 게이트웨이   라우팅   테이블   엔드포인트

학습 코스

❶ 네트워크 동작 구조와 원리 파악하기 → ❷ 아마존 VPC란? → ❸ 아마존 VPC 살펴보기 → ❹ AWS 네트워크 설계 시 고려사항 → ❺ AWS 네트워크 구축을 위한 다양한 서비스 알아보기 → ❻ AWS 네트워크 환경 구축하기

2.1 네트워크 동작 구조와 원리 파악하기

AWS를 쓰는데 네트워크에 대한 이해가 왜 필요할까요? 그 이유는 클라우드 컴퓨팅 기술을 기반으로 AWS가 제공하는 서비스가 클라우드 네트워킹이기 때문입니다. AWS의 네트워크 환경을 이해하기에 앞서 기본적으로 네트워크에서 자주 사용되는 용어를 알아보겠습니다.

2.1.1 네트워크란 무엇인가?

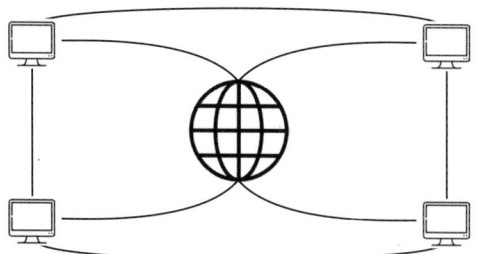

네트워크Network는 쉽게 생각하면 두 대 이상의 컴퓨터가 연결되어 통신할 수 있는 형태를 의미합니다. 즉 여러 대의 컴퓨터가 통신 기술을 이용하여 그물망처럼 상호 연결되어 있는 구조를 가리키며, 여러 대의 컴퓨터는 각각 다른 컴퓨터와 직접적으로 연결되어 통신합니다. 네트워크 상에 있는 컴퓨터들은 서로 데이터를 전송하거나 파일을 공유할 수 있으며, 디지털 미디어를 네트워크를 통해 재생할 수 있으며 광대역 인터넷 연결을 공유를 통해 인터넷에 접속하여 정보를 검색하고 전송할 수 있습니다. 이런 데이터 통신을 가능하게 하기 위해 네트워크에서는 다양한 프로토콜과 기술을 사용합니다.

2.1.2 통신 규약, 프로토콜

프로토콜Protocol은 컴퓨터에서 데이터를 교환하기 위해 정해진 순서나 규약, 신호의 전기적 규칙, 통신에서의 송수신 순서 등을 정한 규칙의 체계를 말합니다. 즉, 프로토콜은 '통신하기 위해 지켜야 할 약속이자 규칙'입니다. 예를 들어 한국어로 인사를 건넸을 때 상대방이 영어 혹은 외국어로 대답한다면 알아들을 수 있을까요? 인사를 주고받는 상황에서 서로 사용하는 언어가 다를 경우 상대방의 언어를 알아들을 수 없기 때문에 의사소통에 문제가 발생할 수 있습니다.

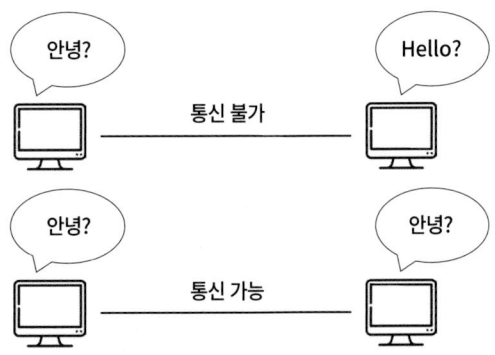

컴퓨터 간의 통신에서도 마찬가지로 서로 다른 규칙을 가진 때에는 데이터를 올바르게 해석하기 어려울 수 있습니다. 컴퓨터나 전자기기의 원활한 통신을 위해 교환되는 자료형식에 대해 상호 합의를 하고 어떤 프로토콜을 사용할지 규칙을 정했습니다. 이런 규칙을 통신 프로토콜이라고 합니다. 예를 들어 이메일을 보낼 때는 SMTP Simple Mail Transfer Protocol 프로토콜을 사용하여 이메일 서버에 이메일을 전송합니다. 홈페이지를 열람할 때는 웹브라우저가 HTTP HyperText Transfer Protocol 프로토콜을 사용하여 웹 서버로부터 웹페이지를 요청하고 받아옵니다.

자주 사용되는 통신 프로토콜은 무엇이 있는지 다음 표를 통해 알아봅시다.

이름	용도
IP(Internet Protocol)	인터넷에서 데이터를 주고받는 프로토콜로 인터넷과 연결된 모든 장치에 고유한 IP 주소를 부여하여 통신합니다.
FTP(File Transfer Protocol)	파일 전송용 프로토콜입니다.
SMTP(Simple Mail Transfer Protocol)	인터넷을 통해 이메일을 주고받는 데 사용되는 프로토콜입니다.
HTTP(Hypertext Transfer Protocol)	인터넷에서 데이터를 주고받기 위해 사용되는 프로토콜입니다. 흔히 웹페이지를 전송에 사용합니다.
TCP(Transmission Control Protocol)	서버와 클라이언트 간에 데이터를 안정적으로 전송하는 연결형 프로토콜입니다. 신뢰성 있는 통신을 보장합니다.
UDP(User Datagram Protocol)	신속한 데이터 전송용 비연결형 프로토콜로 속도를 중시하는 애플리케이션에 적합합니다.

DHCP(Dynamic Host Configuration Protocol)	네트워크에 연결된 장치에 자동으로 IP, 서버, 게이트웨이 주소를 할당하는 프로토콜입니다. 일정 기간 주소를 동적 할당 방식으로 임대를 합니다.
ARP(Address Resolution Protocol)	IP 주소를 MAC 주소로 대응하는 프로토콜입니다.
RARP(Reverse Address Resolution Protocol)	MAC 주소를 IP 주소로 변환하는 프로토콜입니다.
NTP(Network Time Protocol)	네트워크로 연결된 장치들이 같은 시간을 유지하는 데 사용되는 프로토콜로 네트워크를 통해 컴퓨터 간 시간을 동기화합니다.

이 외에도 다양한 통신 프로토콜이 존재하며 통신에 필요한 상황과 요구사항을 고려하여 적절한 프로토콜을 선택하고 활용하는 것이 중요합니다. 적절한 프로토콜을 이용하여 효율적이고 안전한 통신을 할 수 있으며 원활한 네트워크 환경을 구축할 수 있습니다. 이 책에서는 AWS 클라우드를 잘 이해하기 위해 꼭 알아야 하는 프로토콜인 IP를 자세히 설명합니다. IP는 서버 간 통신의 핵심이며, 웹 서버와 같은 서비스를 운영하거나 이해하기 위해 꼭 알아야 하는 내용입니다. 이어서 IP를 자세히 알아봅시다.

2.1.3 IP

IP^{Internet Protocol}는 인터넷에 연결된 장치를 식별할 수 있도록 각각에 부여된 고유 주소입니다. 각 IP 주소는 해당 컴퓨터의 신원을 나타내며 이를 기반으로 데이터를 주고받을 수 있습니다. IP 주소는 IPv4와 IPv6 두 가지 버전이 있습니다. 각 버전이 왜 생겼고 특징은 무엇인지 상세히 알아봅시다.

IPv4와 IPv6

IPv4는 version 4의 약자로 32비트 주소로 약 43억 개의 IP 주소를 제공합니다. IPv4는 전 세계적으로 사용된 첫 번째 인터넷 프로토콜이자 현재까지 가장 널리 사용되는 버전으로, 전 세계가 공용으로 사용하고 인터넷 사용자 수가 급증하면서 IPv4가 고갈될 문제 상황에 처했습니다. 이런 문제를 해결하기 위해 등장한 것이 IPv6입니다. IPv6는 IP version 6의 약자로 IPv4의 주소 체계를 128비트 크기로 확장하여 제공하는 차세대 인터넷 프로토콜 주소로 340간 개의 IP 주소를 제공합니다. **그러나 현재 대다수의 웹사이트와 네트워크가 아직은 IPv4를 주로 사용하고 있어서 기존의 인프라와 호환성 문제 등이 아직 많습니다.** 또한 IPv6를 지원하지 않는 웹사이트들이 많이 있기 때문에 IPv6의 보급과 전환은 아직까지 완전히 이루어지지 않았습니다. 그렇기 때문에 IPv4와 IPv6를 동시에 지원하는 이중 스택 방식을 사용하여 네트워크를 운영하는 경우도 있습니다. AWS도 IPv4와 IPv6 두 가지 버전을 지원하고 있지만 아직까지 IPv4의 네트워크 환경 구성이 주를 이루고 있습니다. 이 책에서는 현재 대다수 웹사이트와 네트워크가 주로 사용하는 IPv4 주소를 IP 주소라 칭하겠습니다.

IP 주소 구조 살펴보기

컴퓨터를 사용하는 사람이라면 누구나 IP 주소를 가지고 있습니다. 다음 그림은 IPv4 주소 형태로, 가장 널리 사용되고 있기 때문에 이를 바탕으로 IP 주소 구조가 어떻게 이루어져 있는지 살펴보겠습니다.

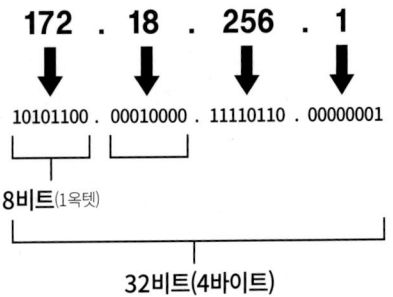

우리가 보는 IP 주소는 그림처럼 사람이 이해하고 기억하기 쉽도록 10진수로 변환하여 사용하고 있습니다. 하지만 IP 주소는 사실 0과 1로만 표기하는 이진수 32자리로 구성되어 있습니다. IP는 일반적으로 4개의 숫자 사이에 마침표로 구분하여 표시하며, 이 4개의 숫자는 각각 8비트씩 4그룹으로 나누어진 것으로 이렇게 8개의 비트가 한데 모인 것을 옥텟octet이라 합니다.

> 이진수로 표기된 IP 주소는 사람이 알아보기 어렵기 때문에 10진수로 변환하여 사용합니다.

2.1.4 IP 주소 체계

IP 주소 체계에서는 네트워크 주소와 브로드캐스트 주소가 존재하며, 이 주소들은 사용할 수 없는 주소로 간주됩니다. 네트워크 주소는 해당 네트워크의 첫 번째 주소를 나타내며, 네트워크 전체 대역대를 의미하기 때문에 사용할 수 없는 주소입니다. 예를 들어 192.168.1.0은 네트워크의 첫 번째 주소로 '192.168.1.1 ~ 192.168.1.5는 192.168.1.0의 네트워크에 속해 있다'라고 말할 수 있습니다. 브로드캐스트 주소는 해당 네트워크의 마지막 주소를 나타내며, 이 주소는 해당 네트워크 상의 모든 장치에게 데이터를 전송하는 데 사용되는 주소입니다. 따라서 브로드캐스트 주소 또한 사용할 수 없는 주소로 간주됩니다. 예를 들어 192.168.1.255는 네트워크 마지막 주소인 브로드캐스트 주소를 나타냅니다.

IP의 종류

IP 주소는 공인 IP 주소와 사설 IP 주소로 나누어지게 되며, 공인 IP 주소는 인터넷에서 전 세계적으로 유일한 주소로 사용됩니다. 이런 IP 주소는 인터넷 서비스 제공업체에 의해 할당되며, 인터넷을 통해 직접 접근할 수 있는 주소입니다. 공인 IP 주소와 사설 IP 주소로 나누어진 이유는 IPv4의 주소 고갈 문제 때문입니다. 이로 인해 모든 네트워크 장치에 공인 IP 주소를 할당하는 것은 현실적으로 불가능합니다. 따라서 인터넷에 직접 연결되는 컴퓨터나 라우터에는 인터넷 서비스 제공업체를 통해 공인 IP 주소를 할당받고, 가정이나 회사 내부의 컴퓨터와 장치들은 사설 IP 주소를 사용하는 방식이 도입되었습니다. 사설 IP 주소는 비공개적인 네트워크에서 사용되는 주소입니다. 이 주소는 개인적인 네트워크나 회사 내부 네트워크에서 사용됩니다.

네트워크 규모로 나눈 IP 클래스 이해하기

IP 주소는 네트워크 규모에 따라 A ~ E 클래스로 나누어져 있습니다.

클래스	네트워크 ID	공인 IP 주소 범위	사설 IP 주소 범위	할당 가능한 호스트 ID 수 (IP 수)	용도
A 클래스	8비트	0.0.0.0.~ 127.255.255.255	10.0.0.0.~ 10.255.255.255	16,777,214 개	대규모 네트워크
B 클래스	16비트	128.0.0.0.~ 191.255.255.255	172.16.0.0.~ 172.31.255.255	65,534 개	중형 네트워크
C 클래스	24비트	192.0.0.0.~ 223.255.255.255	192.168.0.0.~ 192.168.255.255	254 개	소규모 네트워크

일반적으로는 A ~ C 클래스까지 사용합니다. D와 E 클래스는 멀티캐스트 혹은 연구 및 특수 용도로 사용되는 주소이기 때문에 일반적으로 A ~ C 클래스만을 사용하고 있습니다.

클래스와 네트워크 ID와 호스트 ID 관계

클래스에서 네트워크 ID는 특정 네트워크를 식별하는 데 사용되는 부분입니다. 예를 들어 회사에서 C 클래스의 192.168.1.0 네트워크 주소를 할당했다면, 이 네트워크를 식별하는 네트워크 ID는 **192.168.1.0**입니다. 호스트 ID는 네트워크 내에서 특정한 컴퓨터를 식별하는 데 사용됩니다.

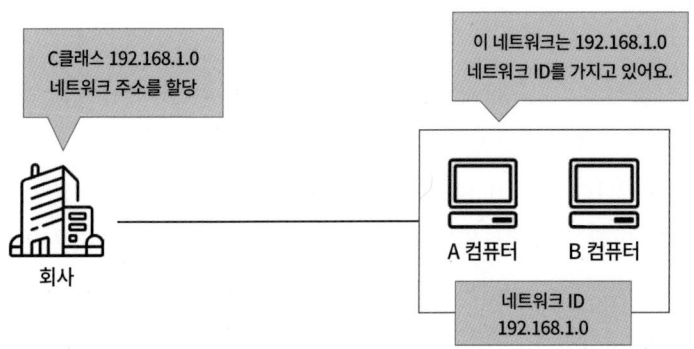

예를 들어 네트워크 주소가 192.168.1.0이라면, 네트워크 주소(192.168.1.0)와 브로드캐스트 주소(192.168.1.255)를 제외하고 192.168.1.1~192.168.1.254까지의 IP 주소를 호스트에 할당할 수 있습니다. 따라서 이 192.168.1.0/24 네트워크 대역에서 A 컴퓨터에는 192.168.1.1 IP 주소를 할당하고, B 컴퓨터에는 192.168.1.2 IP 주소를 할당하여 네트워크 내에서 각 컴퓨터를 식별하는 데 사용됩니다. 여기서 192.168.1.1과 192.168.1.2는 각각 완전한 IP 주소이며, 이 중 호스트 부분에 해당하는 1과 2가 각 컴퓨터를 구별하는 호스트 ID입니다.

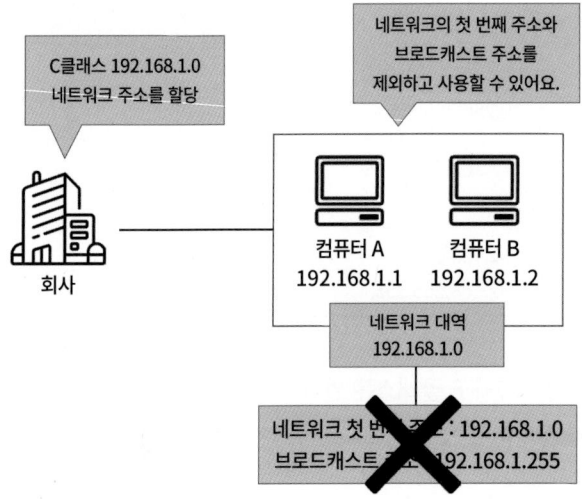

2.1.5 서브넷팅

A 클래스는 매우 큰 네트워크 주소 범위를 가지고 있어 IP 주소 16,777,214개를 할당할 수 있습니다. 그러나 실제로 하나의 네트워크에서 이렇게 많은 IP 주소를 할당하거나 많은 컴퓨터를 운영하는 일은 드물며, 이로 인해 네트워크가 혼잡해지는 문제가 발생할 수 있습니다. 각 클래스의 네트워크를 작은 단위로 나누어 운영해 이런 문제를 해결할 수 있으며, 이런 기술을 서브넷팅 Subneting이라고 합니다.

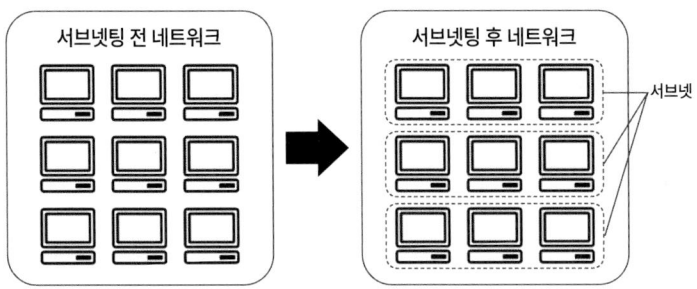

서브넷팅은 주어진 IP 주소 범위를 여러 작은 네트워크로 나누는 과정을 의미하며, 이렇게 나누어진 각 네트워크를 서브넷Subnet이라고 합니다. 서브넷팅을 통해 작은 단위로 나누어진 서브넷은 네트워크를 더욱 효율적으로 관리할 수 있게 하며, 네트워크를 더욱 보안성 있게 구성할 수 있고, 트래픽을 분산시켜 성능을 향상시킬 수 있습니다.

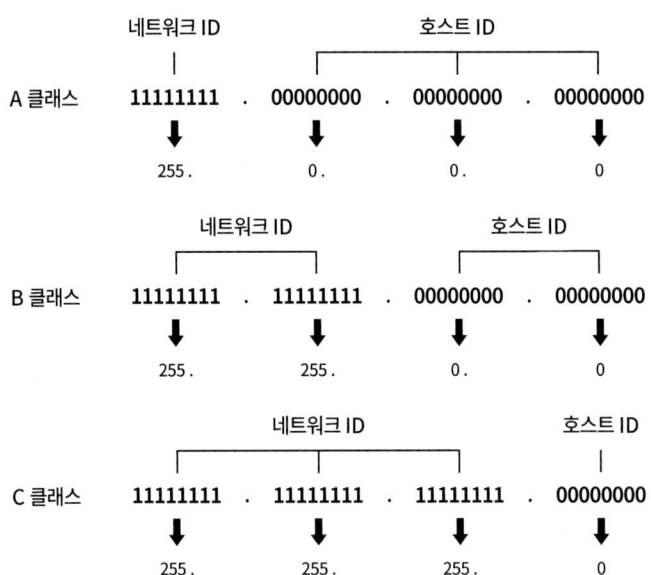

서브넷팅을 했다면 IP 주소는 어떻게 표현될까요? 서브넷팅을 하면 일반적인 클래스의 네트워크가 더 작은 단위로 나뉘어 IP 주소로 표현됩니다. 이렇게 작은 단위로 나눈 네트워크는 IP 주소만으로는 네트워크 ID와 호스트 ID를 구분하기 어려울 수 있습니다. 이를 해결하기 위해 서브넷 마스크를 사용합니다. 서브넷 마스크는 IP 주소와 함께 사용되어 네트워크 ID와 호스트 ID를 구분하는 데 사용됩니다. 서브넷 마스크는 2진수로 표현되며, IP 주소의 각 비트를 네트워크 ID와 호스트 ID로 식별할 수 있게 나누어줍니다. 서브넷 마스크는 32비트로 A 클래스는 255.0.0.0.0, B 클래스는 255.255.0.0, C 클래스는 255.255.255.0으로 식별됩니다. 서브넷 마스크를 2진수와 10진수로 표기하면 복잡하고 알아보기 어려울 수 있기 때문에 일반적으로 프리픽스prefix 표기법을 사용합니다. 프리픽스 표기법은 서브넷 마스크를 2진수로 표기한 후, 이진수에서 연속된 1 개수를 세어서 해당 값을 /로 표기하는 방법입니다.

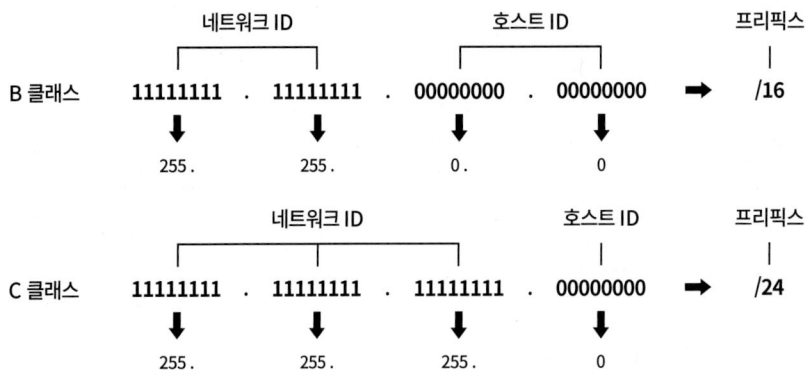

예를 들어 B 클래스의 서브넷 마스크 255.255.0.0을 프리픽스 표기법으로 나타내면 /16이 되고, C 클래스 255.255.255.0을 프리픽스 표기법으로 나타내면 /24가 됩니다.

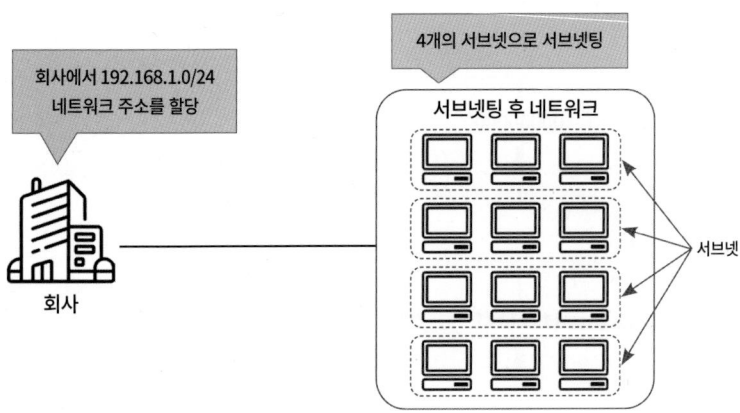

예를 들어 회사에서 할당받은 IP 주소가 192.168.1.0/24이고 4개의 서브넷으로 나눈다고 가정합니다.

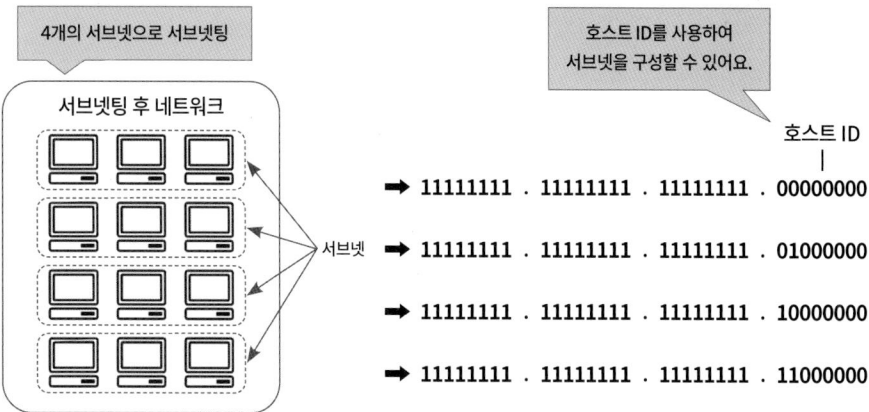

현재 할당받은 IP 주소는 32비트 중 24비트를 사용하고 있으며, 네트워크 범위는 192.168.1.0 ~ 192.168.1.255 범위까지 사용할 수 있습니다. 서브넷팅을 할 때는 호스트 ID를 사용하여 서브넷을 구성할 수 있습니다.

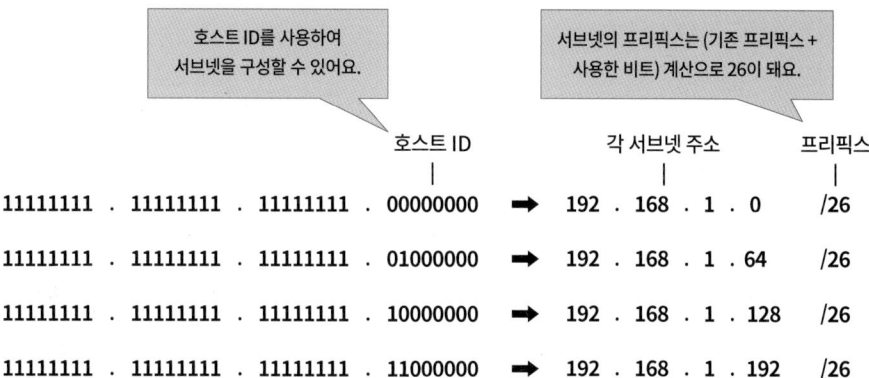

현재 할당받은 IP 주소는 C 클래스이므로 사용할 수 있는 비트는 4옥텟 8비트에 해당합니다. 이 8개의 비트를 사용하여 각 서브넷에 할당하면, 2개의 비트를 사용하여 4개의 서브넷을 구성할 수 있습니다. 2개의 비트만을 사용했으므로 프리픽스에 2를 더하고, 각 서브넷에 할당한 비트를 계산합니다. 서브넷 B의 경우 '128 x 0 + 64 x 1 + 32 x 0 + 16 x 0 + 8 x 0 + 4 x 0 + 2 x 0 + 1 x 0 = 64'와 같이 계산할 수 있습니다. 이렇게 계산한 결과로 서브넷 주소를 나타낼 수 있습니다.

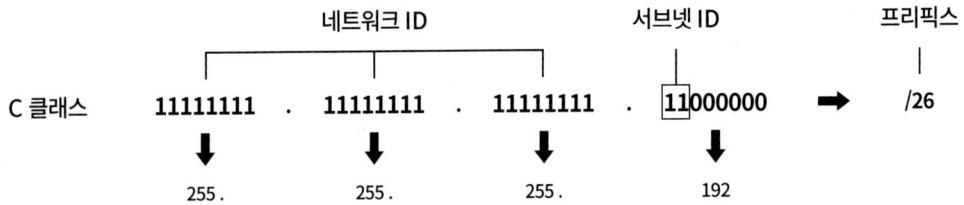

호스트 ID에서 2개 비트를 사용하여 서브넷을 구성했으므로 이 2개 비트를 서브넷 ID라고 합니다 (2개 비트를 사용한 이유는, 그래야 00, 01, 10, 11 4가지 경우가 나와 서브넷을 4개 가질 수 있기 때문입니다).

서브넷 마스크와 네트워크 개수에 따른 네트워크 범위는 다음 표에서 확인할 수 있습니다. 여기서 네트워크 개수는 서브넷을 의미합니다.

서브넷 마스크 (2진수)	0	10000000	11000000	11100000	11110000	11111000	11111100	11111110	11111111
서브넷 마스크 (10진수)	0	128	196	224	240	248	252	254	255
네트워크 개수	1	2	4	8	16	32	64	128	125
네트워크 범위	255	128	64	32	16	8	4	2	0

4개 서브넷으로 나누었다면 서브넷 마스크는 11000000이 되며, 각 서브넷은 64개의 IP 주소를 할당받을 수 있습니다. 각 서브넷당 64개의 IP를 할당받는다고 생각하면, 서브넷을 다음과 같이 나눌 수 있습니다.

- **서브넷 A** : 0부터 63까지의 IP 주소를 할당받습니다.
- **서브넷 B** : 64부터 127까지의 IP 주소를 할당받습니다.
- **서브넷 C** : 128부터 191까지의 IP 주소를 할당받습니다.
- **서브넷 D** : 192부터 255까지의 IP 주소를 할당받습니다.

이렇게 각 서브넷은 서로 겹치지 않는 IP 주소 범위를 할당받아 서브넷팅을 완료할 수 있습니다.

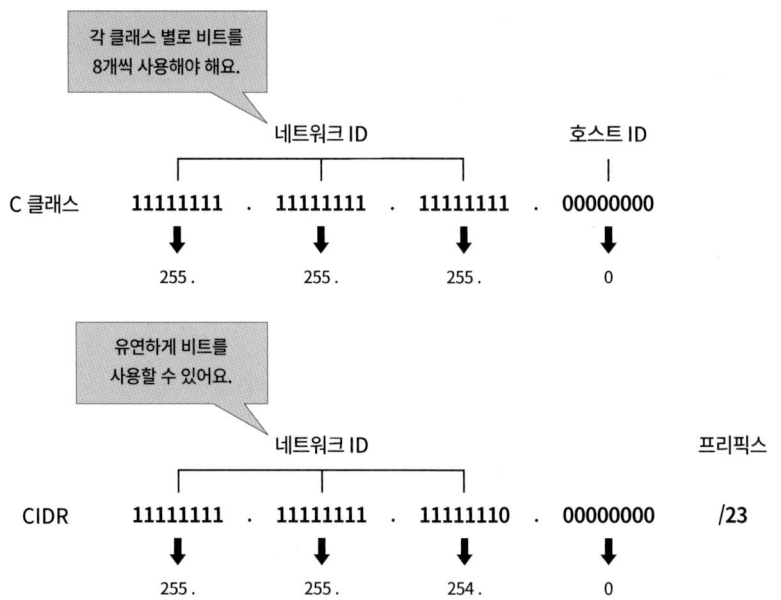

하지만 이런 클래스에도 단점은 있습니다. 클래스 기반의 IP 주소 할당 방식은 주소 공간의 일부를 네트워크 ID로, 나머지를 호스트 ID로 나누어 할당하는 방식입니다. 이 방식은 간단하고 직관적이지만, 주소 공간의 사용이 효율적이지 않을 수 있습니다.

예를 들어 클래스 A는 대규모 네트워크에 사용되지만 필요 이상으로 많은 IP 주소를 가지고 있어 IP 낭비가 발생하거나 클래스 C는 작은 네트워크를 위한 것이지만 사용할 수 있는 IP 수가 매우 제한적일 수 있습니다. 이런 문제를 해결하기 위해 CIDR[Classless Inter-Domain Routing]라는 기술을 이용합니다. CIDR은 IP 주소 할당에 있어 클래스 기반의 제한된 구조를 극복하기 위한 기술입니다. CIDR을 사용하면 IP 주소를 클래스에 의존하지 않고 유연하게 할당할 수 있으며, 이를 통해 IP 주소의 낭비를 줄일 수 있습니다.

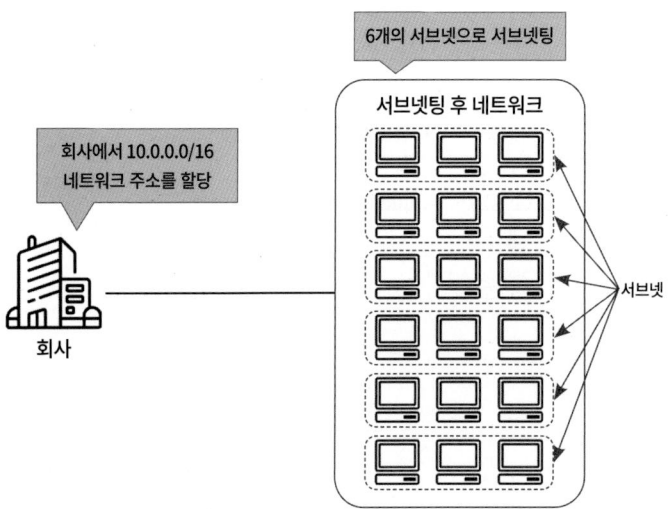

CIDR을 활용한 서브넷팅도 조금 전 설명했던 계산 방법과 같습니다. 10.0.0.0/16이라는 CIDR 이 주어졌을 때, 6개 서브넷으로 나눈다고 가정합니다.

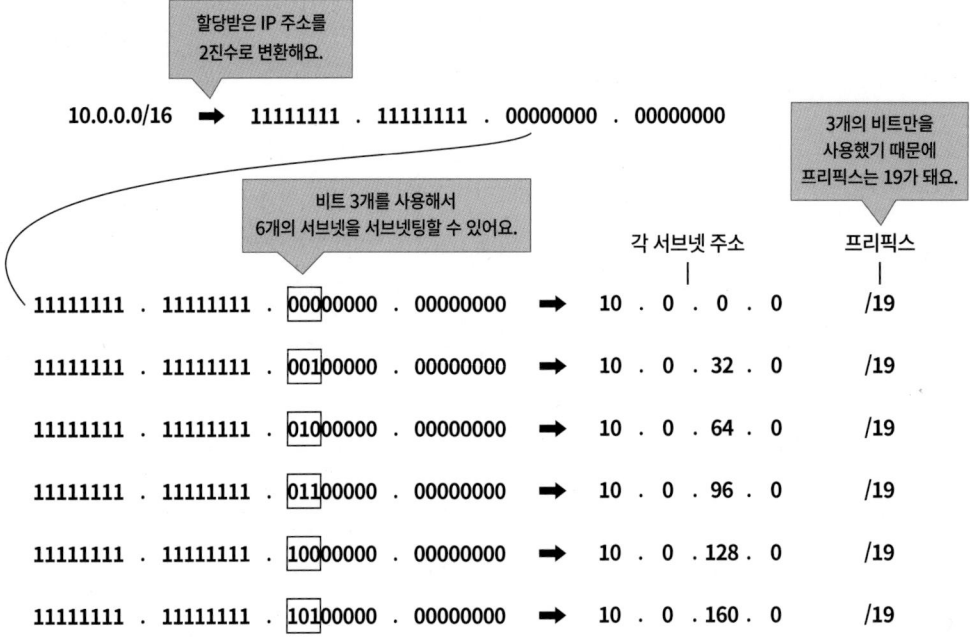

6개의 서브넷으로 나누는 데 3개의 비트를 사용하기 때문에 프리픽스는 19가 되고, 2진수를 10 진수로 변환하면 각 서브넷은 32개 IP 주소를 할당받을 수 있습니다.

- **서브넷 A** : 0부터 31까지의 IP 주소를 할당받습니다.
- **서브넷 B** : 32부터 63까지의 IP 주소를 할당받습니다.
- **서브넷 C** : 64부터 95까지의 IP 주소를 할당받습니다.
- **서브넷 D** : 96부터 127까지의 IP 주소를 할당받습니다.
- **서브넷 E** : 128부터 159까지의 IP 주소를 할당받습니다.
- **서브넷 F** : 160부터 191까지의 IP 주소를 할당받습니다.

이런 CIDR 기술은 AWS에서 Amazon VPC를 생성하고 클라우드 환경에서 네트워크 환경을 구성할 때 사용됩니다.

라우팅

IP만으로는 데이터를 주고받을 수 없습니다. 어떤 경로로 데이터를 보낼지 설정할 필요가 있는데, 이것을 라우팅Routing이라고 합니다. 라우팅은 일반적으로 라우터Router라는 장비가 수행하며, 라우터를 사용하면 다른 네트워크로 데이터를 보낼 수 있습니다. 라우터에는 라우팅 테이블Routing Table이 있어서 경로를 저장하고 관리합니다.

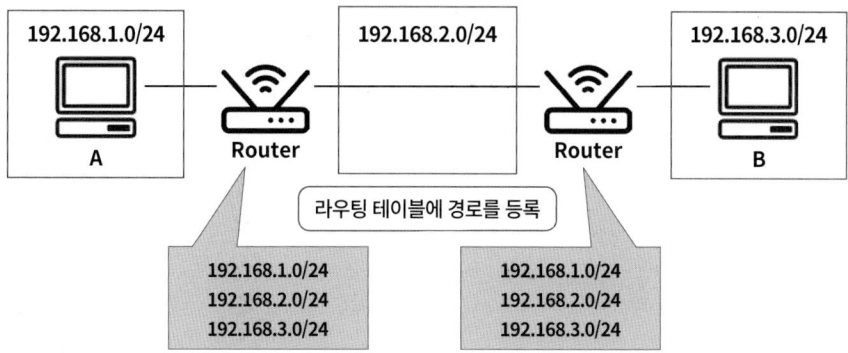

예를 들어 192.168.1.0의 IP 주소를 가진 A 컴퓨터에서 B 컴퓨터로 데이터를 전송하려면 라우팅 테이블에 전송하고자 하는 경로를 등록해야 합니다. AWS에서는 라우터 장비 대신 라우팅 테이블을 별도로 생성하여 라우팅을 관리할 수 있습니다. 이를 통해 사용자는 네트워크 트래픽을 관리하고 효율적으로 라우팅할 수 있습니다.

2.2 아마존 VPC란?

아마존 VPC^{Virtual Private Cloud}는 사용자 전용 가상 네트워크로 AWS의 클라우드 환경에서 네트워크를 구성하고 관리할 수 있는 서비스입니다. 쉽게 말해 사용자가 원하는 대로 라우팅 테이블 구성, IP 주소 범위 선택, 서브넷 생성 등으로 구성해 가상 네트워크 환경인 VPC를 생성할 수 있습니다. 이렇게 생성된 네트워크는 리소스를 효율적으로 관리하고 보안 및 접근 제어를 강화할 수 있도록 여러 개의 부분 네트워크로 나눕니다. 이렇게 나눈 부분 네트워크를 서브넷이라고 하며, 이 안에서도 독립적으로 리소스를 생성하고 관리할 수 있습니다.

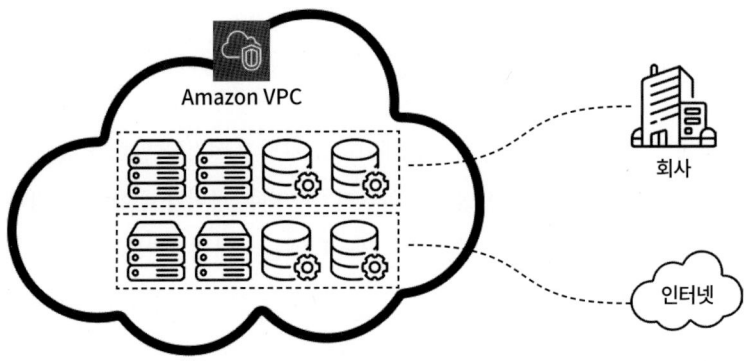

또한 VPC를 이용하면 인터넷과 통신할 수 있는 환경을 만들거나 회사 내부 네트워크를 통해서만 접속할 수 있도록 설정할 수 있으며, AWS에서 제공하는 다양한 서비스를 배치하여 운영하고 관리할 수 있습니다. 자 이제 아마존 VPC를 사용하기 앞서 어떤 것들로 구성되어 있는지 살펴봅시다.

2.2.1 아마존 VPC 구성 요소 살펴보기

클라우드 환경에서 네트워크를 구성하는 아마존 VPC에 어떤 구성 요소가 있고, 어떤 역할을 하는지 알아보겠습니다. 우선 여기에서는 각각 어떤 기능을 하는지 간단히 표에 정리했습니다.

▶ 아마존 VPC 구성 요소

VPC 요소 이름	기능
서브넷	서브넷은 아마존 VPC 내에서 네트워크를 더 작은 단위로 나눈 부분 네트워크입니다.
인터넷 게이트웨이	인터넷 게이트웨이는 VPC와 인터넷 간의 통신을 가능하게 하는 네트워크 게이트웨이입니다.

NAT 게이트웨이	NAT 게이트웨이는 프라이빗 서브넷 내의 리소스가 VPC 외부 서비스에는 연결할 수 있지만 외부 서비스에서 이 리소스와는 연결을 할 수 없도록 합니다.
라우팅 테이블	라우팅 테이블은 VPC 안에서 발생한 네트워크 요청을 어디로 전송해야 하는지 알려주는 역할을 합니다.
VPC 엔드포인트	VPC 엔드포인트는 VPC 내 리소스들이 S3, 다이나모DB(DynamoDB)와 같이 다른 AWS나 외부 리소스에 접근할 때 내부 네트워크를 통해 안전하게 접근할 수 있도록 도와줍니다.

2.2.2 서브넷

서브넷Subnet은 네트워크를 더 작은 단위로 나눈 것으로 AWS의 VPC 안에서도 네트워크를 부분으로 나눌 수 있으며 VPC 하나는 서브넷 N개를 가질 수 있습니다. AWS에서 VPC를 생성할 때 사용자는 VPC에 할당할 CIDR 범위를 지정하고 이를 기반으로 서브넷을 나눌 수 있습니다. 서브넷은 퍼블릭 서브넷Public Subnet과 프라이빗 서브넷Private Subnet으로 나누어집니다.

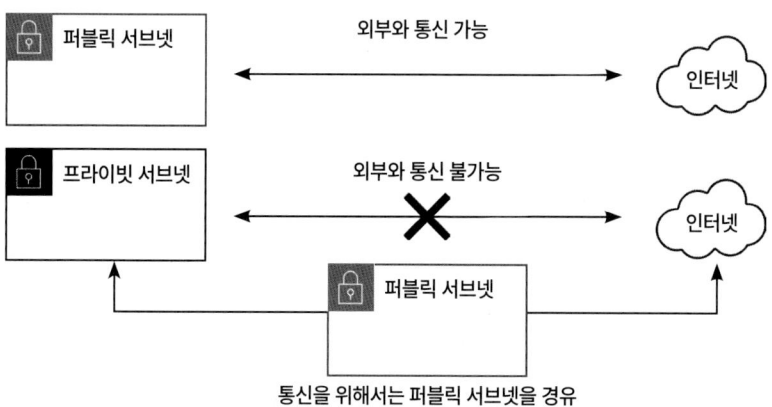

퍼블릭 서브넷은 인터넷과 연결되어 있어 직접 통신이 가능한 서브넷으로, 외부에서 접근 가능한 리소스를 호스팅하는 데 사용됩니다. 퍼블릭 서브넷은 외부에서 접근 가능하기 때문에 서버나 데이터베이스와 같은 중요 리소스를 배치할 때 보안 관리에 신중해야 합니다. 반면 프라이빗 서브넷은 외부와의 통신이 불가능하여 주로 내부 서버나 데이터베이스와 같은 중요한 리소스를 배치합니다. 프라이빗 서브넷은 외부에서의 직접 접근을 제한할 수 있기 때문에 보안에 민감한 데이터를 주로 저장하여 내부 시스템이나 데이터의 보안을 유지합니다. 프라이빗 서브넷은 직접적으로 외부와 통신이 불가능하기 때문에 외부와 통신하려면 퍼블릭 서브넷을 거쳐야 합니다. 그렇다면 AWS의 VPC에서 퍼블릭 서브넷과 프라이빗 서브넷을 어떻게 생성하는 게 좋을까요?

VPC 안에서 퍼블릭 서브넷과 프라이빗 서브넷을 생성할 때는 일반적으로 가용 영역에 서브넷을 최소한 두 개를 생성합니다. 앞서 말했듯 VPC 하나는 서브넷 N개를 가질 수 있으며, 서브넷은 하나의 가용 영역 내부에만 생성이 가능하여 여러 가용 영역에 걸쳐서 생성하는 것은 불가능합니다. 다음과 같이 구성하면 서브넷이 여러 가용 영역에 분산되어 있기 때문에 한 가용 영역에서 장애가 발생해도 다른 가용 영역에 있는 서브넷을 통해 서비스를 지속할 수 있으므로 가용성이 향상됩니다. 또한 다중 가용 영역 서브넷을 구성하면 서버의 분산과 확장이 가능해지므로 트래픽이나 리소스의 증가에 유연하게 대응할 수 있어 확장성을 가집니다. 따라서 퍼블릭 서브넷과 프라이빗 서브넷을 여러 가용 영역에 생성함으로써 안정적인 인프라를 구축할 수 있습니다.

▼ 퍼블릭 서브넷과 프라이빗 서브넷 구성 예

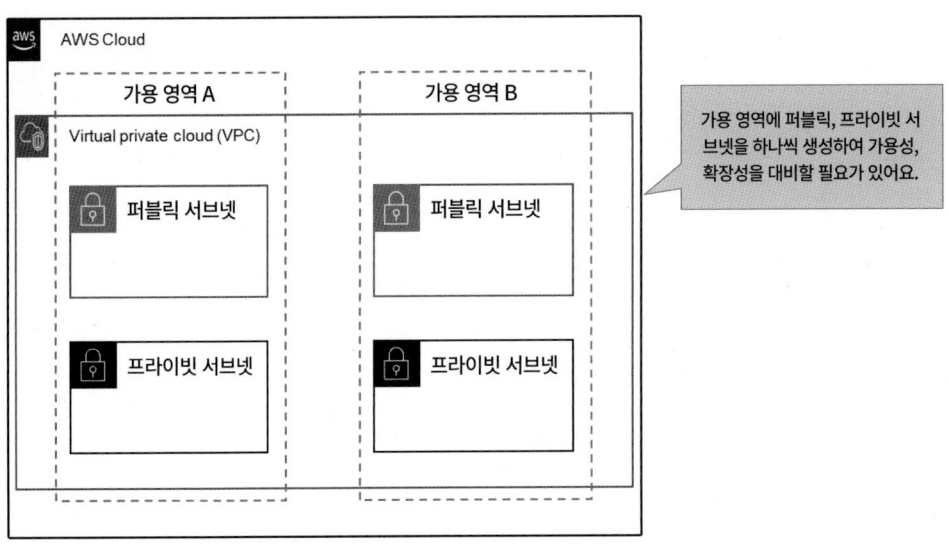

그렇다면 퍼블릭 서브넷과 프라이빗 서브넷이라는 이름을 가진 서브넷을 AWS에서 생성할 수 있을까요? 앞의 그림을 보면 퍼블릭 서브넷과 프라이빗 서브넷이 있지만 이름만 저렇게 설정한 것이고, 실제로는 프라이빗 서브넷이 4개 있는 것과 마찬가지입니다. AWS에서는 서브넷을 생성할 때 퍼블릭 서브넷이나 프라이빗 서브넷으로 직접 지정하여 생성할 수 없습니다. 대신 서브넷을 생성한 다음 해당 서브넷에 대한 네트워크 설정을 통해 서브넷이 퍼블릭이나 프라이빗 서브넷으로 동작하도록 설정할 수 있습니다. 그렇다면 인터넷과 통신이 가능한 퍼블릭 서브넷은 어떻게 생성해야 할까요? 바로 인터넷 게이트웨이를 통해 네트워크 설정을 합니다.

2.2.3 인터넷 게이트웨이

VPC는 기본적으로 격리된 네트워크 환경으로 VPC 내에서 생성된 리소스는 인터넷과 통신을 할수 없습니다. 이때 VPC의 리소스를 인터넷과 통신하는 것이 인터넷 게이트웨이입니다. 인터넷 게이트웨이Internet Gateway는 리전 단위로 생성되는 서비스로 특정 VPC나 서브넷에 속하지 않으며, 해당 리전 내에서 인터넷 연결을 제공하는 역할을 합니다.

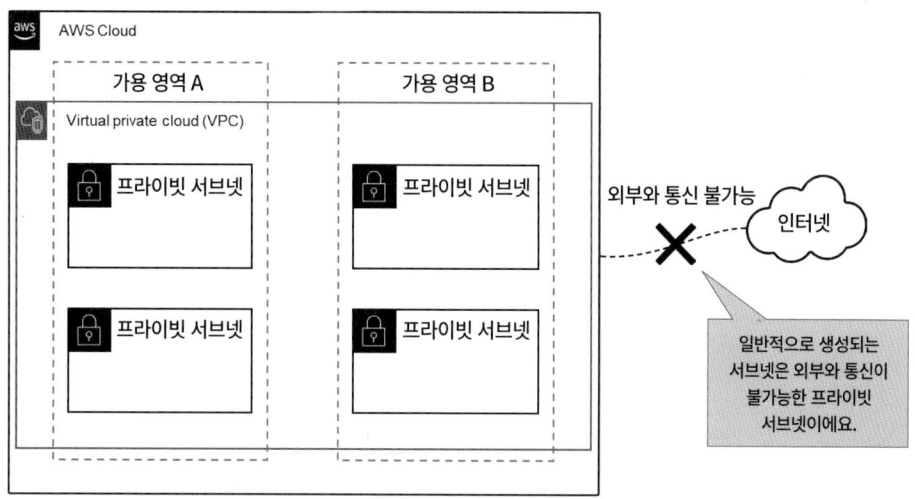

VPC에 생성한 서브넷은 모두 프라이빗 서브넷이기 때문에 퍼블릭 서브넷으로 바꾸는 작업이 필요합니다. 다음 그림은 VPC에서 인터넷과 통신하는 구조입니다.

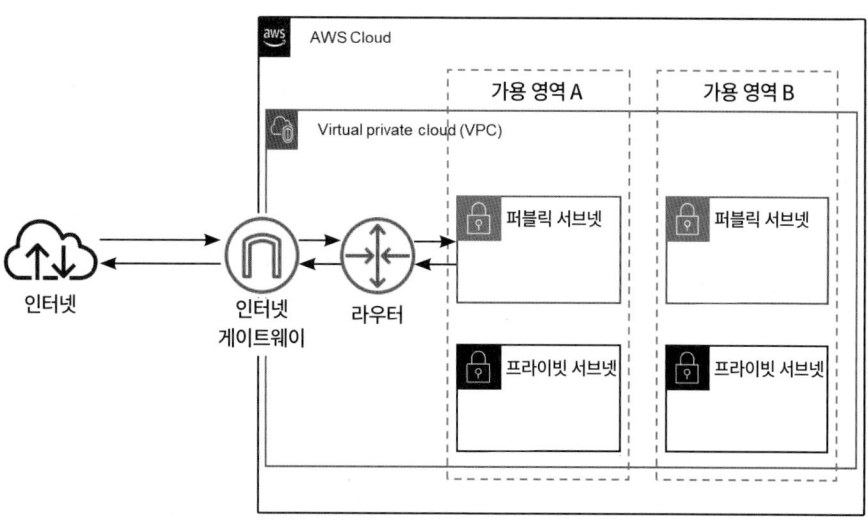

AWS에서 인터넷 게이트웨이를 생성하고 서브넷에 인터넷 게이트웨이의 라우팅을 설정하면 해당 서브넷은 인터넷과 통신이 가능한 퍼블릭 서브넷이 됩니다. 서브넷이 인터넷 게이트웨이로 향하는 라우팅이 있는 경우 퍼블릭 서브넷입니다.

2.2.4 NAT 게이트웨이

NAT 게이트웨이Network Address Translation Gateway는 프라이빗 서브넷에 있는 리소스가 외부 인터넷과 통신하는 데 사용하는 퍼블릭 서브넷에 있는 서비스입니다. 프라이빗 서브넷의 리소스는 NAT 게이트웨이를 통해서 인터넷과 통신하며 필요한 데이터를 주고받습니다. 그래서 NAT 게이트웨이는 프라이빗 서브넷 내의 리소스가 외부 리소스에 접근할 수 있도록 하면서도 외부의 직접적인 접근을 제한하여 보안을 유지하는 효과도 있습니다.

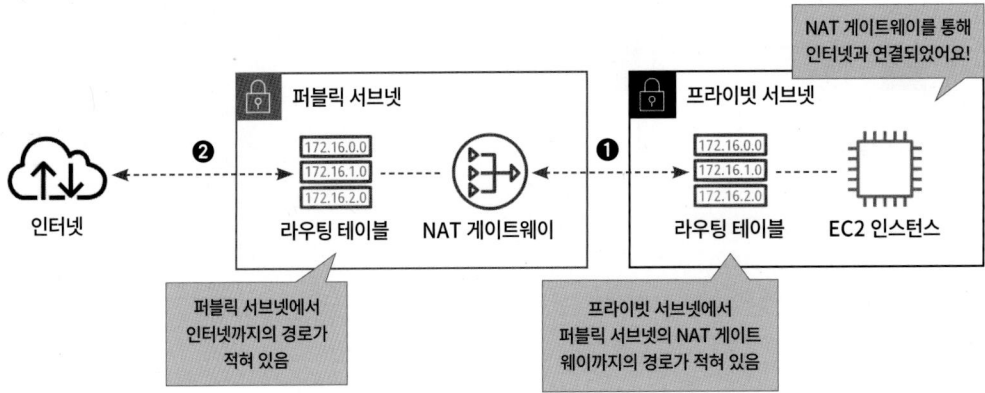

그림을 보면 NAT 게이트웨이는 퍼블릭 서브넷에 있고, 퍼블릭 서브넷은 라우팅 테이블을 통해 인터넷과 연결되어 있습니다. 이때 프라이빗 서브넷과 인터넷의 연결을 NAT 게이트웨이가 중개합니다. 어떻게 중개하는지 살펴보겠습니다. ❶ 우선 프라이빗 서브넷에서 라우팅 테이블을 통해 NAT 게이트웨이로 접근합니다. ❷ 그런 다음 NAT 게이트웨이에서는 다시 라우팅 테이블을 통해 인터넷과 연결합니다. 이렇게 NAT 게이트웨이를 거쳐 인터넷에 연결되므로 프라이빗 서브넷은 인터넷과 직접적으로 연결되지는 않으면서도 필요한 데이터나 리소스를 안전하게 가져올 수 있습니다.

> 프라이빗 서브넷에 있는 라우팅 테이블에는 NAT 게이트웨이까지의 경로가 적혀 있습니다. 이를 참고하여 NAT 게이트웨이와 프라이빗 서브넷의 서비스가 서로 연결될 수 있습니다.

보통 가용성을 위해 NAT 게이트웨이는 생성된 퍼블릭 서브넷마다 하나씩 생성하는 것이 권장됩니다. 그러나 요금과 관련하여 주의해야 할 점이 있습니다. 기본적으로 VPC 구성 요소 중 서브넷, 보안 그룹, NACL, 인터넷 게이트웨이에 대해서는 따로 사용료가 없지만 NAT 게이트웨이는 예외입니다. NAT 게이트웨이는 기본적으로 트래픽이 발생할 때 데이터 처리 요금이 발생하여 계속 돌려놓고만 있어도 시간당 요금이 청구되는 서비스입니다. 2025년 기준으로 NAT 게이트웨이는 시간당 USD 0.059의 요금이 발생하므로 비용과 가용성 중 어떤 것을 더 우선할지에 따라 균형 있게 고려한 최적의 결정을 내리는 것이 중요합니다.

2.2.5 라우팅 테이블

서브넷은 각각 서로 다른 네트워크 영역을 가지기 때문에 한 서브넷에서 발생한 요청이 다른 서브넷으로 전송되려면 라우팅이 필요합니다. 라우팅 테이블Routing Table은 VPC 안에서 발생한 네트워크 요청이 서브넷 내의 어디로 전송되어야 하는지를 알려주는 역할을 합니다. 즉 네트워크에서 목적지에 도달하게 하기 위해 목적지 주소를 네트워크 노선으로 변환시키는 역할을 합니다. 이를 통해 서브넷 간의 통신 및 외부 리소스와의 연결을 관리할 수 있습니다. 또한 앞서 살펴본 인터넷과 연결하는 통로 역할을 하는 인터넷 게이트웨이와 외부 인터넷과 통신에 사용하는 NAT 게이트웨이를 사용하려면 해당 게이트웨이로의 라우팅을 설정해야 합니다. 그렇다면 라우팅 테이블은 어떻게 연결되어 있는지 다음 그림을 통해 확인해봅시다.

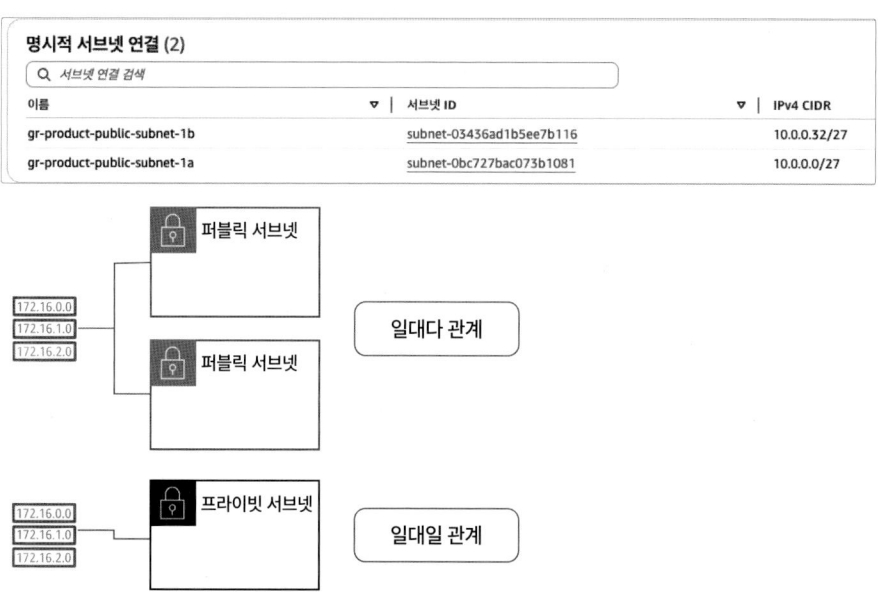

그림에서 보는 것처럼 라우팅 테이블에서는 서브넷을 연결할 수 있습니다. 퍼블릭 서브넷으로 사용하고자 하는 서브넷을 해당 라우팅 테이블에 연결하고, 인터넷 게이트웨이로의 라우팅을 설정하면 이 라우팅 테이블에 연결된 서브넷은 인터넷에서 접속이 가능한 퍼블릭 서브넷이 됩니다. 서브넷과 라우팅은 다양한 관계를 가질 수 있습니다. 일반적으로 퍼블릭 서브넷은 인터넷 게이트웨이를 통해 외부 인터넷과 통신하며, 인터넷 게이트웨이 이외의 별도의 라우팅 설정이 없기 때문에 하나의 라우팅 테이블에 여러 퍼블릭 서브넷을 연결하여 일대다 관계를 유지하는 것이 일반적입니다. 반면에 프라이빗 서브넷에는 서버, 데이터베이스 등 다양한 리소스가 존재하며, 각 리소스마다 다른 라우팅 대상을 가질 수 있습니다. 이런 때에는 각 서브넷에 대해 별도의 라우팅 설정을 할 수 있으며, 일대일 관계를 유지하는 것이 일반적입니다. 하지만 같은 라우팅을 공유해야 하는 때에는 프라이빗 서브넷에도 일대다 관계를 설정할 수 있습니다. 이런 구성을 통해 서브넷과 라우팅을 유연하게 관리하여 네트워크 아키텍처를 최적화할 수 있습니다.

라우팅에는 라우팅 대상을 설정합니다. 라우팅 테이블에서는 기본적으로 VPC CIDR이 지정되어 있으며, 이는 라우팅 테이블 생성과 함께 자동으로 지정되는 항목입니다. 퍼블릭 서브넷의 라우팅 테이블에는 인터넷 게이트웨이의 라우팅을 설정하며 0.0.0.0/0을 지정합니다. 여기서 0.0.0.0/0은 모든 통신을 허용하겠다는 것을 의미합니다. 프라이빗 서브넷의 라우팅 테이블에는 NAT 게이트웨이를 지정하고 인터넷 게이트웨이와 마찬가지로 0.0.0.0/0을 지정합니다.

> NAT 게이트웨이가 없는 환경도 존재할 수 있으며, 이는 외부와의 통신이 제한된 폐쇄적인 네트워크 환경에서 자주 사용됩니다.

2.2.6 VPC 엔드포인트

VPC 엔드포인트VPC Endpoint는 VPC의 외부 서비스나 다른 서비스와 안전하게 연결하는 데 도움을 주는 서비스입니다. 이런 VPC 엔드포인트에는 인터페이스 엔드포인트Interface Endpoint와 게이트웨이 엔드포인트Gateway Endpoint 두 가지 유형이 있습니다.

인터페이스 엔드포인트

인터페이스 엔드포인트Interface Endpoint는 사설 IP 주소를 할당받아 AWS에서 제공하는 프라이빗 연결 공간인 프라이빗링크PrivateLink를 통해 VPC 내의 서버가 인터넷을 거치지 않고도 AWS의 다른 서비스와 안전하게 통신할 수 있게 도와줍니다.

▼ 인터페이스 엔드포인트 구성 예

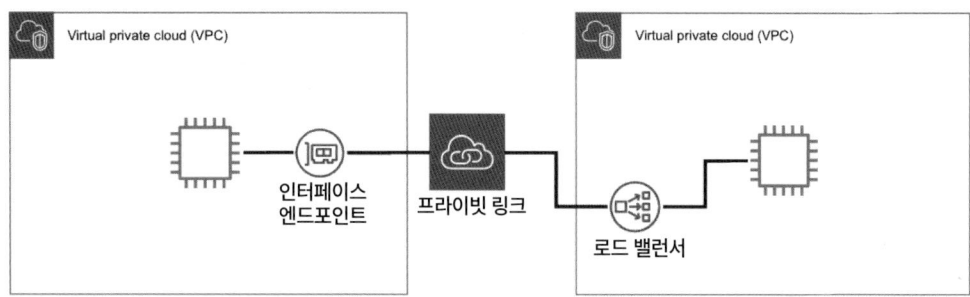

게이트웨이 엔드포인트

게이트웨이 엔드포인트Gateway Endpoint는 인터넷 게이트웨이와 NAT 게이트웨이 없이 아마존 S3와 아마존 다이나모DB에 연결하는 엔드포인트 유형입니다. 게이트웨이 엔드포인트에서는 아마존 S3와 아마존 다이나모DB만 지원하고 있으며 다른 서비스는 선택할 수 없습니다. 하지만 인터페이스 엔드포인트에서도 아마존 S3와 아마존 다이나모DB를 지원하고 있습니다. 이 두 유형의 차이는 무엇일까요? 인터페이스 엔드포인트는 VPC의 사설 IP 주소 즉, 프라이빗 IP 주소를 사용하여 아마존 S3와 아마존 다이나모DB에 접근하며, 온프레미스 네트워크와 다른 AWS 리전의 VPC에서도 접근할 수 있으며, 데이터 전송량에 따라 비용이 발생합니다. 반면 게이트웨이 엔드포인트에는 공용 IP 즉 퍼블릭 IP가 할당되기 때문에 아마존 S3와 아마존 다이나모DB에는 퍼블릭 IP로 접근합니다. 온프레미스 네트워크와 다른 AWS 리전에서의 접근은 허용되지 않습니다. 이런 게이트웨이 엔드포인트를 사용하는 때에는 별도의 비용이 발생하지 않습니다.

> 온프레미스 환경과 다른 리전에서의 사용, 비용, 비공개 IP로의 접근을 고려하여 인터페이스 엔드포인트와 게이트웨이 엔드포인트를 결정합니다.

▼ 게이트웨이 엔드포인트 구성 예

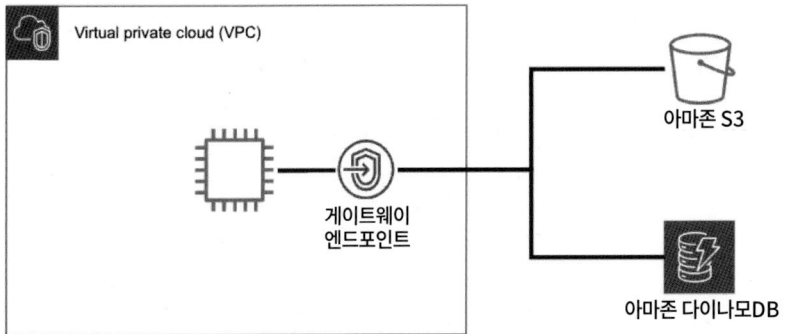

2.3 AWS 네트워크 설계 시 고려사항

AWS에서 네트워크를 생성하고 서비스를 운영할 때 잘못된 네트워크 설계로 인해 발생하는 문제는 복구가 어려울 수 있습니다. 한 번 생성된 네트워크는 수정되거나 되돌릴 수 있는 기능이 제한적이므로 신중한 네트워크 설계가 중요합니다. 특히, VPC와 서브넷의 경우 잘못된 네트워크 설계로 인해 IP 주소가 부족하더라도 네트워크 설정을 되돌릴 수 없으며, 이는 서비스 운영에 치명적인 영향을 끼칠 수 있습니다. 이에 따라 초기에 올바르게 구축된 네트워크 아키텍처는 시스템의 안정성과 신뢰성을 유지하는 데 중요한 역할을 합니다. 이번에는 AWS 네트워크 설계 시 고려해야 하는 사항을 알아보겠습니다.

2.3.1 CIDR은 어떻게 나누어야 할까?

먼저 할당받은 IP 주소를 바탕으로 현재 구축할 환경에 서브넷을 몇 개 생성해야 할지 생각해야 합니다. 예를 들어 VPC에 172.100.16.0/24를 할당하고 이 VPC를 8개의 서브넷으로 나누고 싶다면 다음과 같이 정확하게 8개 서브넷으로 나눌 수 있으며 각 서브넷은 27개 사용 가능한 호스트 ID 즉 IP 주소를 가질 수 있습니다.

서브넷	호스트 ID
172.100.16.0/27	27
172.100.16.32/27	27
172.100.16.64/27	27
172.100.16.96/27	27
172.100.16.128/27	27
172.100.16.160/27	27
172.100.16.192/27	27
172.100.16.224/27	27

하지만 /27로 설정하여 서브넷을 나눈다면 서브넷을 추가할 수 없는 상황이 발생할 수 있으므로, 항상 여유분을 고려하여 CIDR을 설정하는 것이 중요합니다. 다음과 같이 /28로 설정하여 여유분을 가지고 만들어두는 것이 좋습니다.

서브넷	호스트 ID
172.100.16.0/28	11
172.100.16.16/28	11
172.100.16.32/28	11
172.100.16.48/28	11
172.100.16.64/28	11
172.100.16.80/28	11
172.100.16.96/28	11
172.100.16.112/28	11
172.100.16.128/28	11
172.100.16.144/28	11
172.100.16.160/28	11
172.100.16.176/28	11
172.100.16.192/28	11
172.100.16.208/28	11

서브넷을 생성할 때는 사용할 IP 주소의 양과 서브넷의 확장 가능성을 고려해야 합니다. 만약 IP 주소보다 서브넷 확장을 고려하고 있는 환경이라면 /28로 설정하여 여유분을 가지고 만들어두는 것이 좋습니다. 그러나 서브넷 확장이 불필요하고 IP 주소 수가 중요한 때에는 /27로 서브넷을 생성하는 것이 더 적합할 수 있습니다. 이렇듯 서브넷을 나눌 때 IP 주소를 우선시할지, 서브넷 확장을 우선시할지 결정하는 것이 중요합니다. 또한 AWS에서 서브넷의 CIDR 중 다음 5가지는 사용할 수 없습니다.

- **10.94.4.0** : 네트워크 주소입니다.
- **10.94.4.1** : AWS가 VPC 라우터용으로 예약했습니다.
- **10.94.4.2** : AWS에서 예약
- **10.94.4.3** : 향후 사용을 위해 AWS에서 예약합니다.
- **10.94.4.255** : 네트워크 브로드캐스트 주소입니다.

이 외, IP 사용이 필요하게 되는 케이스는 다음과 같습니다.

- EC2 인스턴스 생성
- 탄력적Elastic IP 할당
- NAT 게이트웨이 생성
- VPC 엔드포인트 생성
- 로드 밸런서Load Balancer 생성

ELB를 배치하는 서브넷은 /27 이상의 CIDR이며, 적어도 빈 IP를 8개 준비해야 합니다. 서브넷 여유분까지 고려했다면 이제 VPC CIDR을 생각할 차례입니다. 복수의 VPC를 생성할 때에도 VPC CIDR의 중복에 주의해야 합니다. 예를 들어 VPC CIDR가 172.100.16.0/20으로 설정된 경우, 이는 172.100.16.0부터 172.100.31.255까지의 IP 주소 범위를 포함합니다. 만약 두 번째 VPC의 세 번째 옥텟을 16 ~ 31 사이로 지정한다면 IP 주소 범위가 중복됩니다. 따라서 VPC를 생성할 때는 이미 생성된 다른 VPC의 CIDR 범위와 겹치지 않는지를 확인해야 합니다.

2.3.2 VPC 분할 패턴

AWS를 사용함에 있어 복수의 VPC를 구성할 수 있고, 목적에 따라 VPC를 나누거나 계정별로 VPC를 나눌 필요가 있습니다. 이번에는 VPC를 분할하는 패턴을 알아보겠습니다.

단일 계정으로 VPC 분할

단일 계정을 사용한다면 네 가지 패턴으로 나누어볼 수 있습니다.

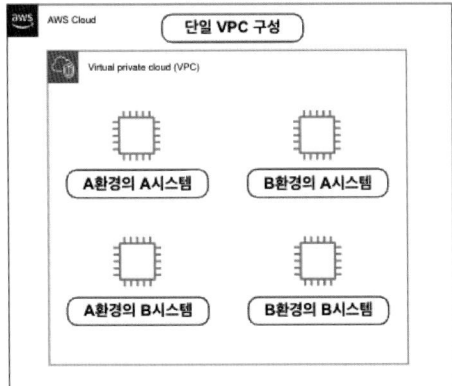
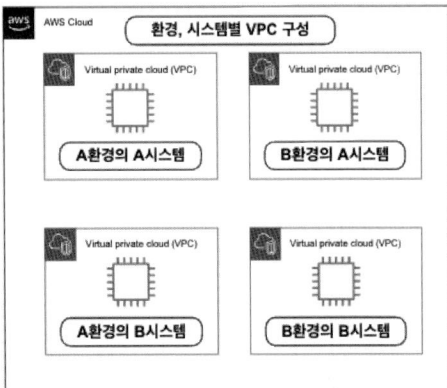
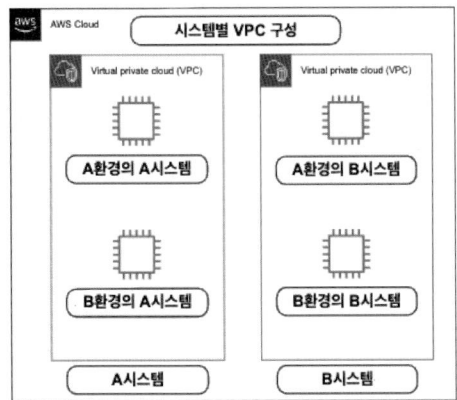
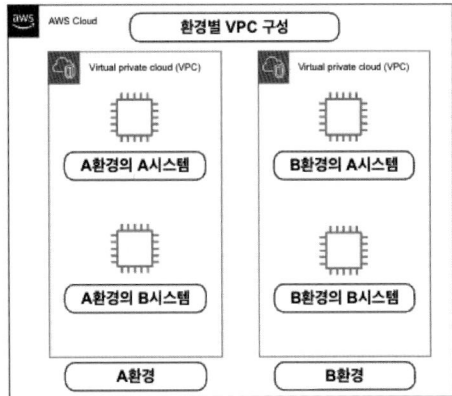

- **단일 VPC 구성** : 단일 VPC에 복수의 환경과 시스템을 구성하는 방법입니다.
- **환경, 시스템별 VPC 구성** : 환경, 시스템에 따라서 VPC를 나누어 구성하는 방법입니다.
- **시스템별 VPC 구성** : 여러 시스템을 각 VPC로 나누는 방법입니다.
- **환경별 VPC 구성** : 각 환경(예 : 개발, 테스트, 운영)을 별도의 VPC로 나누어 구성하는 방법입니다.

환경별 AWS 계정 분할

환경별로 AWS 계정을 분할하면 두 가지 패턴으로 나누어볼 수 있습니다.

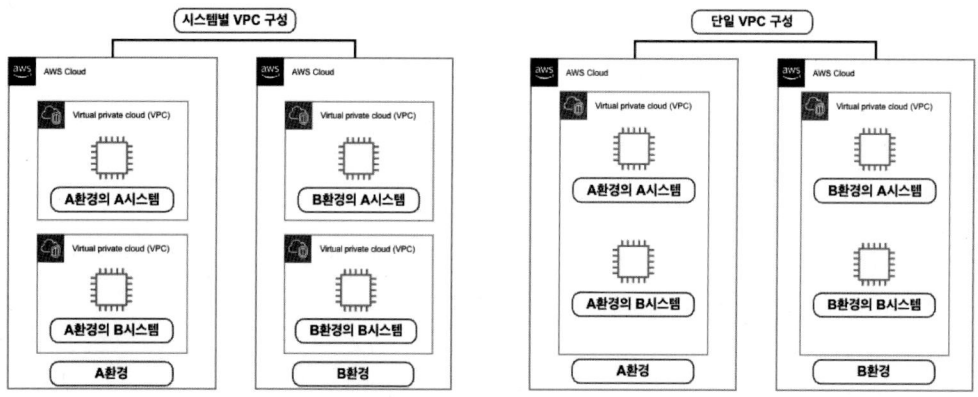

- **시스템별 VPC 구성** : 환경별로 AWS 계정을 나누고, 시스템별로 VPC를 나누어 구성하는 방법입니다.
- **단일 VPC 구성** : 환경별로 AWS 계정을 나누고, 단일 VPC에 시스템을 구성하는 방법입니다.

시스템별 AWS 계정 분할

환경별로 AWS 계정을 분할하면 두 가지 패턴으로 나누어볼 수 있습니다.

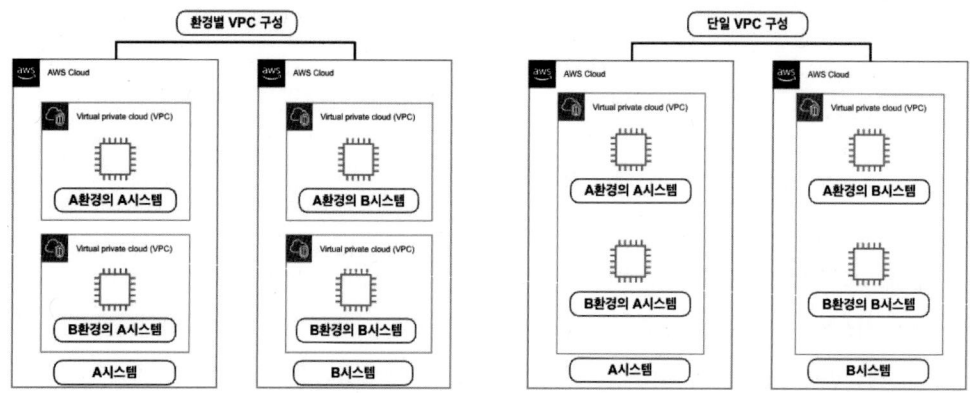

- **환경별 VPC 구성** : 시스템별로 AWS 계정을 나누고, 환경별로 VPC를 나누어 구성하는 방법입니다.
- **단일 VPC 구성** : 시스템별로 AWS 계정을 나누고, 단일 VPC에 환경을 구성하는 방법입니다.

2.4 AWS 네트워크 구축을 위한 다양한 서비스 알아보기

AWS에서 네트워크를 구축함에 있어 VPC뿐만 아니라 다양한 서비스를 제공하고 있습니다. 온프레미스 환경과 VPC를 연결하고 싶다면 어떻게 해야 할까요? 또, 서로 다른 VPC를 연결하여 송수신을 하고 싶다면 어떻게 해야 할까요? 이번에는 이런 문제를 해결하는 다양한 서비스를 알아보겠습니다.

2.4.1 VPC 피어링

VPC 피어링VPC Peering은 서로 다른 VPC를 연결하여 데이터 송수신을 도와주는 서비스입니다. 이 서비스는 복수의 VPC를 연결할 수 없으며, 일대일 관계를 가집니다. 같은 계정 내 VPC 간 연결과 계정과 계정 사이의 VPC 연결을 지원합니다. 또한 VPC 피어링 생성에 대한 비용은 무료이며, VPC 피어링을 통한 데이터 전송도 무료로 이용할 수 있습니다.

▼ VPC 피어링 구성 예

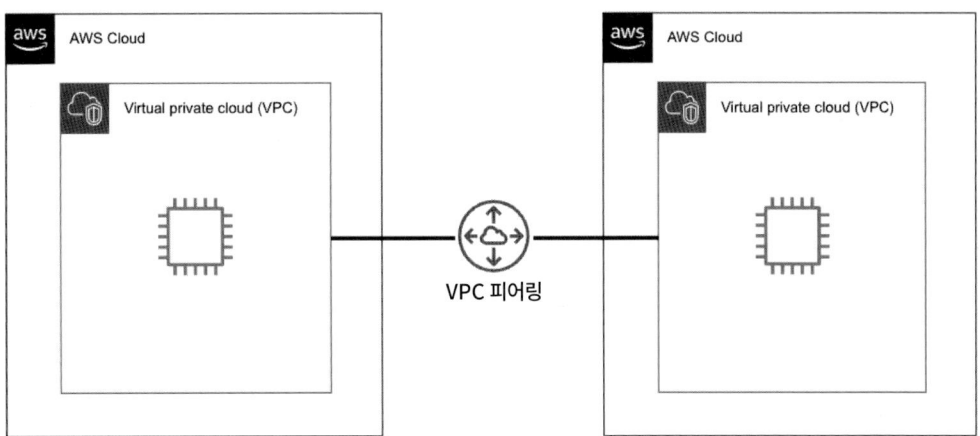

2.4.2 Site to Site VPN

AWS에서는 온프레미스와의 연결을 위한 다양한 방법을 제공하고 있으며, 그중 Site-to-Site VPN은 AWS와 온프레미스 간에 안전한 연결을 생성하는 서비스입니다. 이 서비스를 통해 온프레미스 네트워크와 AWS 클라우드 간에 암호화된 터널을 설정하여 데이터를 안전하게 전송할 수 있습니다. Site-to-Site VPN은 IPsec 프로토콜을 사용하여 터널을 설정하며, 고유한 공인 IP 주소를 사용하여 두 지점 간의 통신을 보호합니다. 이를 통해 민감한 데이터의 안전한 전송과 온프레미스 및 AWS 리소스 간의 확장 가능한 네트워크 연결이 가능해집니다. 2025년 서울 리전 기준으로 시간당 USD 0.05 요금이 발생합니다.

▼ Site to Site VPN 구성 예

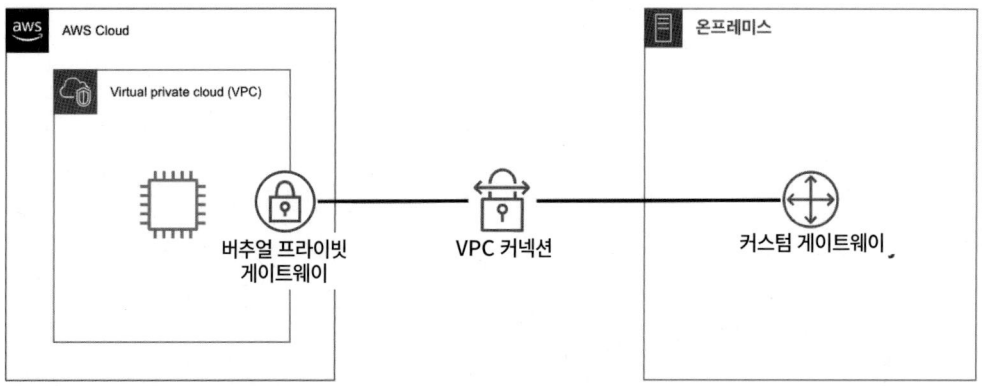

2.4.3 트랜짓 게이트웨이

VPC 피어링은 VPC간 일대일 연결을 지원합니다. 그렇다면 VPC가 점점 늘어난다면 어떻게 될까요? VPC가 늘어나는 만큼 VPC 피어링 생성하여 연결한다면 네트워크 구성이 복잡해집니다. AWS에서는 이런 문제점을 해결할 수 있는 트랜짓 게이트웨이Transit Gateway를 제공하고 있습니다. 트랜짓 게이트웨이를 사용하면 여러 VPC 간의 연결을 중앙 집중화하여 관리할 수 있으며 Site to Stie VPN을 이용하여 다수의 VPC와 온프레미스가 상호작용할 수도 있습니다. 이를 통해 네트워크 관리 및 보안 정책 적용이 간편해지며, 확장성과 유연성을 제공합니다. 따라서 VPC 수가 늘어나더라도 네트워크 구성을 효율적으로 관리할 수 있습니다. 트랜짓 게이트웨이는 시간당 요금이 발생하며, 2025년 서울 리전 기준으로 연결당 0.07 USD이고, 트랜짓 게이트웨이를 통해 처리된 데이터는 GB당 0.02 USD 요금이 발생합니다.

▼ 트랜짓 게이트웨이 구성 예

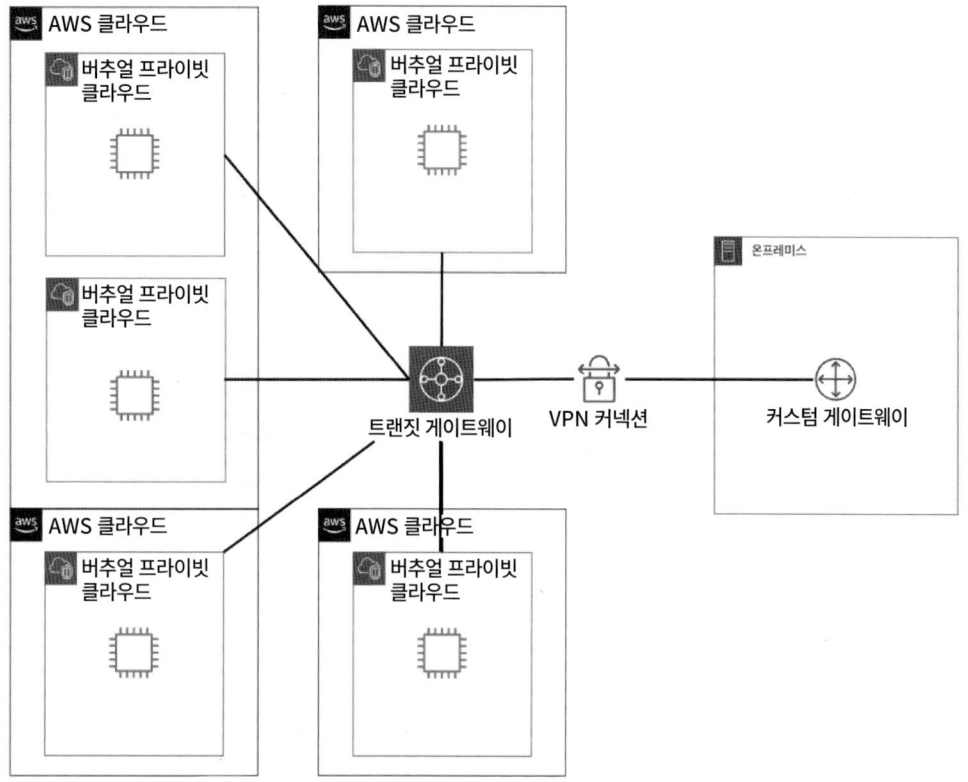

2.4.4 다이렉트 커넥트

다이렉트 커넥트Direct Connect는 Site-to-Site VPN과 유사하게 AWS 환경과 온프레미스를 연결하는 서비스입니다. Site-to-Site VPN은 온프레미스와 AWS 사이에 VPN 터널을 설정하여 안전한 연결을 제공하는 반면, 다이렉트 커넥트는 물리 전용선을 통해 비공개 접속을 시도하며, 고속 네트워크 대역에서 안정적인 통신을 제공합니다. Site-to-Site VPN은 단기간에 도입이 가능하고 비용이 비교적 낮다는 장점이 있습니다. 반면에 다이렉트 커넥트는 물리 전용선을 사용하여 고속 및 안정적인 연결을 제공하나, 초기 설정 및 구축에는 시간과 비용이 더 많이 소요될 수 있습니다. 이런 다이렉트 커넥트의 접속 방식은 두 가지로 나누어볼 수 있습니다.

▼ 단일 가상 프라이빗 게이트웨이를 통한 다이렉트 커넥트 구성

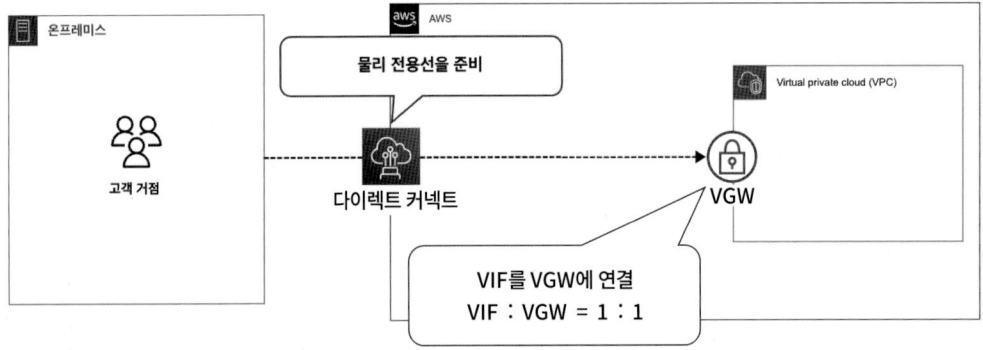

먼저 단일 가상 프라이빗 게이트웨이Virtual Private Gateway를 통한 다이렉트 커넥트 구성입니다. 데이터센터 운영 업체 등 별도의 전문 업체를 통해 전용선을 구성하면 AWS에서는 가상 인터페이스Virtual Interface가 생성됩니다. 가상 인터페이스는 AWS 환경과 온프레미스 환경을 원활하게 연결하게 도와줍니다. 이런 가상 인터페이스와 가상 프라이빗 게이트웨이를 연결하는 것으로 온프레미스와 AWS 환경을 연결할 수 있습니다. 가상 프라이빗 게이트웨이 구성 자체에 비용은 발생하지 않습니다. 단일 가상 프라이빗 게이트웨이의 장단점은 다음과 같습니다.

	장점	단점
단일 가상 프라이빗 게이트웨이	• 단일 VPC를 사용하거나 단순한 네트워크 구성 환경의 경우 가상 프라이빗 게이트웨이만 사용하는 것이 간단하고 효율적입니다. • VPC마다 통신을 완전히 나누고 싶다면 단일 가상 프라이빗 게이트웨이 구성이 유용합니다.	• 하나의 VPC에 대해 하나의 가상 프라이빗 게이트웨이밖에 연결할 수 없기 때문에 확장성에 제한이 있습니다. • 여러 VPC를 이용하려면 가상 프라이빗 게이트웨이마다 가상 인터페이스를 생성해야 합니다. • VPC를 추가할 때마다 가상 인터페이스를 만들어야 하기 때문에 그만큼 비용이 증가합니다.

다음은 다이렉트 커넥트 게이트웨이Direct Connect Gateway와 가상 프라이빗 게이트웨이를 통한 다이렉트 커넥트 구성입니다.

▼ 다이렉트 커넥트 게이트웨이와 가상 프라이빗 게이트웨이를 통한 다이렉트 커넥트 구성

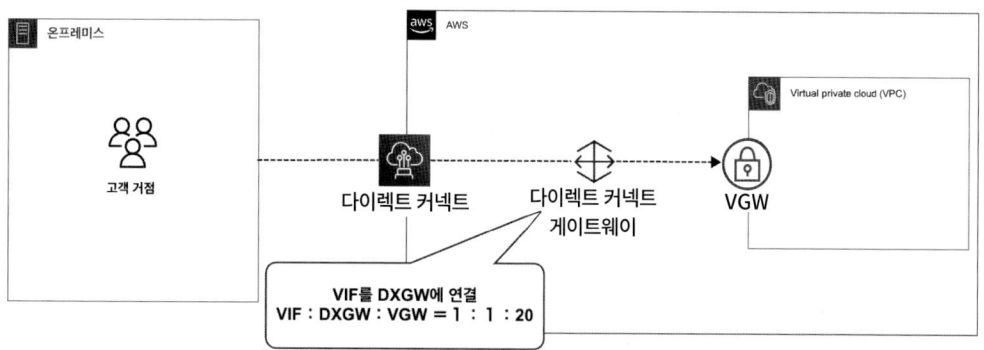

다이렉트 커넥트 구성은 가상 프라이빗 게이트웨이와 유사하게 동작하지만 가상 프라이빗 게이트웨이 앞에 다이렉트 커넥트 게이트웨이를 추가하는 차이가 있습니다. 다이렉트 커넥트 게이트웨이는 가상 인터페이스와 일대일 관계를 갖지만, 최대 20개의 가상 프라이빗 게이트웨이를 연결할 수 있어서 하나의 가상 인터페이스로 여러 VPC를 연결할 수 있습니다. 이를 통해 네트워크 구성을 더욱 유연하게 관리할 수 있습니다. 다이렉트 커넥트 게이트웨이 구성 자체에 비용은 발생하지 않습니다. 다이렉트 커넥트 게이트웨이와 가상 프라이빗 게이트웨이 구성의 장점은 다음과 같습니다.

	장점	단점

다이렉트 커넥트 게이트웨이와 가상 프라이빗 게이트웨이	• 하나의 가상 인터페이스마다 여러 개의 VPC를 이용할 수 있습니다(최대 20개).
	• 다이렉트 커넥트 게이트웨이 자체에는 비용이 들지 않기 때문에 단일 가상 프라이빗 게이트웨이 구성과 같은 비용으로 이용할 수 있습니다.
	• 다이렉트 커넥트 게이트웨이는 멀티 계정 지원할 수 있습니다.
	  ◦ 다이렉트 커넥트 게이트웨이를 별도 계정과 공유할 수 있으며, 별도 계정의 가상 프라이빗 게이트웨이에 직접 연결할 수 있습니다.
	  ◦ 계정마다 가상 인터페이스를 만들 필요는 없습니다.
		• 없음

이 구성에는 이렇다할 단점은 없기 때문에 현재 AWS에서는 다이렉트 커넥트 게이트웨이와 가상 프라이빗 게이트웨이 구성으로 다이렉트 커넥트를 구성하는 것을 권장하고 있습니다.

2.5 AWS 네트워크 환경 구축하기

이번에는 앞에서 살펴본 내용을 바탕으로 AWS 클라우드포메이션을 이용하여 AWS 상에서 네트워크 환경을 구축하겠습니다.

2.5.1 클라우드포메이션으로 네트워크 환경 구축하기

To do 01 네트워크 환경 구축을 위한 클라우드포메이션의 yml 파일은 다음과 같습니다.

> 네트워크 환경 구축을 위한 클라우드포메이션 yml 파일
> - **파일 이름** : VPC.yml
> - **클라우드포메이션 스택 생성 순서** : VPC.yml

클라우드포메이션 전체 코드는 깃허브 리포지터리 「chapter2」 → 「VPC」 폴더에서 확인할 수 있습니다. 이번에 구축할 네트워크 환경은 다음과 같습니다.

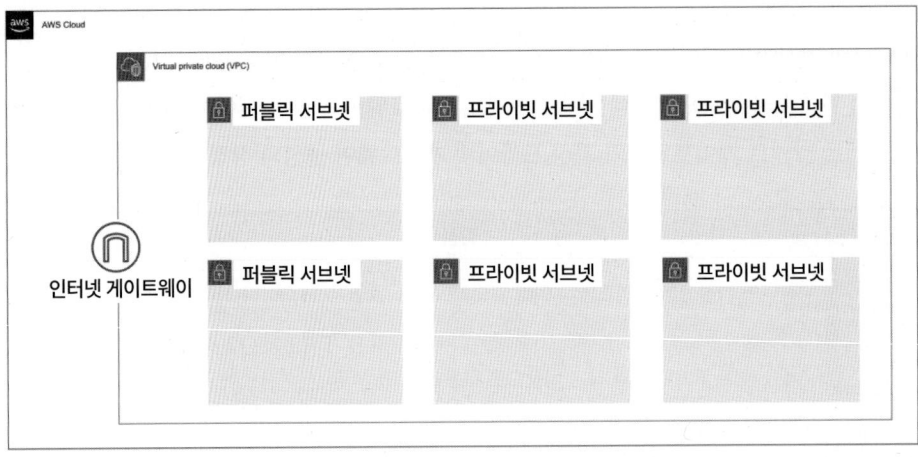

네트워크 구성은 2개의 퍼블릭 서브넷과 4개의 프라이빗 서브넷으로 구성되며, 인터넷 게이트웨이를 배치하여 퍼블릭 서브넷에서 인터넷과 송수신할 수 있도록 합니다.

02 단계부터는 클라우드포메이션 코드에 대해 설명하며, 클라우드포메이션으로 네트워크 환경을 구축하고 결과를 확인하고 싶다면 **2.6.5절 'UI로 불러와 AWS 네트워크 환경 구축하기'**부터 진행하시기 바랍니다.

02 VPC.yml 파일에 네트워크 환경 구축에 사용할 파라미터를 추가하겠습니다.

```
                                                                    VPC.yml
Parameters: # ❶
  SystemName: # ❷
    Description: "System name of each resource names."
    Type: String
    Default: "gr"
  EnvName: # ❸
    Description: "Environment name of each resource names."
    Type: String
    Default: "product"
  VPCParam: # ❹
    Description: gr-product-vpc
    Type: String
    Default: 10.0.0.0/24
  PublicSubnet1aParam: # ❺
    Description: gr-product-public-subnet-1a
    Type: String
    Default: 10.0.0.0/27
  PublicSubnet1bParam:
    Description: gr-product-public-subnet-1b
    Type: String
    Default: 10.0.0.32/27
  WebSubnet1aParam: # ❻
    Description: gr-product-web-subnet-1a
    Type: String
    Default: 10.0.0.64/27
  WebSubnet1bParam:
    Description: gr-product-web-subnet-1b
    Type: String
    Default: 10.0.0.96/27
  DatastoreSubnet1aParam: # ❼
    Description: gr-product-datastore-subnet-1a
    Type: String
    Default: 10.0.0.128/27
  DatastoreSubnet1bParam:
    Description: gr-product-datastore-subnet-1b
    Type: String
    Default: 10.0.0.160/27
```

❶ 클라우드포메이션에서는 파라미터를 이용해 각 항목에 사용자 지정 값을 입력할 수 있습니다. 하드 코딩을 피하고 코드를 간결하게 유지하고자 파라미터를 이용합니다. 파라미터 이름은 SystemName과 같이 임의로 지정할 수 있으며 String문자열, Number정수와 같은 여러 입력 타입을 지원합니다. ❷ 구축할 환경의 시스템 이름을 정의하는 파라미터입니다. ❸ 구축할 환경의 이름을 정의하는 파라미터입니다. ❹ VPCParam이라는 파라미터 이름을 정의하여 VPC의 CIDR을 정의합니다. ❺ 퍼블릭 서브넷의 CIDR을 정의합니다. ❻ 프라이빗 서브넷의 CIDR을 정의합니다. 이 프라이빗 서브넷은 웹 서버를 배치하기 때문에 주로 NAT 게이트웨이의 라우팅을 설정합니다. ❼ DatastoreSubnet이라고 정의한 프라이빗 서브넷은 외부와의 연결이 완전히 차단되어 있으며, 인터넷 게이트웨이, NAT 게이트웨이의 라우팅 설정 또한 없습니다. 이런 서브넷에는 주로 데이터베이스와 같이 외부와의 연결을 완전히 차단하고자 하는 서비스를 배치합니다.

03 VPC.yml 파일에 VPC와 서브넷 생성을 위한 Resources를 추가하겠습니다.

VPC.yml

```
Resources: # ❶
  VPC: # ❷
    Type: "AWS::EC2::VPC" # ❸
    Properties: # ❹
      CidrBlock: !Ref VPCParam
      EnableDnsSupport: "true"
      EnableDnsHostnames: "true"
      InstanceTenancy: default
      Tags: # ❺
        - Key: Name
          Value: !Sub ${SystemName}-${EnvName}-vpc
        - Key: Env
          Value: !Sub ${EnvName}
  PublicSubnet1a: # ❻
    Type: "AWS::EC2::Subnet"
    Properties: # ❼
      AvailabilityZone:
        Fn::Select:
          - 0
          - Fn::GetAZs: ""
      CidrBlock: !Ref PublicSubnet1aParam # ❽
      VpcId: !Ref VPC # ❾
```

```
      Tags: # ❿
        - Key: Name
          Value: !Sub ${SystemName}-${EnvName}-public-subnet-1a
        - Key: Env
          Value: !Sub ${EnvName}
```

❶ 클라우드포메이션에서는 Resources를 이용해 생성하고자 하는 리소스를 정의할 수 있습니다. ❷ 생성할 리소스의 이름은 VPC와 같이 임의로 지정할 수 있습니다. ❸ Resources 내에서 Type을 이용해 생성할 서비스를 정의합니다. ❹ Properties에서는 생성할 리소스의 속성을 정의할 수 있습니다. CidrBlock 항목은 VPC의 CIDR을 의미하는 것으로, VPC CIDR을 입력했던 파라미터를 불러와 CIDR을 정의합니다. !Ref 내장 함수를 사용하여 불러올 수 있는데, Ref는 reference의 약자로 파라미터 혹은 리소스에 대한 정보를 반환할 때 사용합니다. ❺ 생성할 리소스의 이름과 환경 이름을 입력합니다. 태그는 키밸류 형식으로 입력할 수 있습니다. 입력한 파라미터의 문자열 변수를 불러오기 위해서 내장 함수 !Sub를 이용합니다. ❻ 이어서 서브넷을 정의하는데, VPC와 마찬가지로 PublicSubnet1a라는 임의의 리소스 이름을 지정하고, Type에는 생성할 서비스 즉 서브넷을 정의합니다. ❼ 서브넷 속성을 지정합니다. 먼저 서브넷을 생성할 가용 영역을 지정합니다. 클라우드포메이션에서는 Fn::GetAZs 내장 함수로 간단하게 가용 영역을 지정할 수 있으며, 이 내장 함수에는 지정된 지역의 가용 영역을 알파벳순으로 나열하고 있습니다. 예를 들어 서울 리전을 기준으로는 ap-northeast-2a, ap-northeast-2b, ap-northeast-2c, ap-northeast-2d와 같은 가용 영역이 저장되어 있으며 0은 배열의 첫 번째 값을 의미하므로 ap-northeast-2a가 됩니다. ❽ 파라미터를 불러와 서브넷의 CIDR을 정의합니다. ❾ VPC에서 작은 네트워크 단위로 나눈 서브넷은 VPC에 속해 있어야 하기 때문에 속할 VPC를 지정합니다. ❿ 마지막으로 서브넷의 이름과 환경명을 지정합니다. 나머지 서브넷들도 이와 같은 형식으로 정의합니다.

04 VPC.yml 파일에 인터넷 게이트웨이 생성과 연결을 위한 Resources를 추가하겠습니다.

VPC.yml
```
  InternetGateway: # ❶
    Type: "AWS::EC2::InternetGateway" # ❷
    Properties: # ❸
      Tags:
```

```
          - Key: Name
            Value: !Sub ${SystemName}-${EnvName}-igw
          - Key: Env
            Value: !Sub ${EnvName}
    InternetGatewayAttachment: # ❹
      Type: "AWS::EC2::VPCGatewayAttachment" # ❺
      Properties: # ❻
        InternetGatewayId: !Ref InternetGateway
        VpcId: !Ref VPC
```

❶ 인터넷 게이트웨이를 생성하기 위해 임의의 리소스 이름을 지정합니다. ❷ Type을 이용해 생성할 인터넷 게이트웨이를 정의합니다. ❸ 인터넷 게이트웨이는 태그 이외에는 지정할 속성값이 없으므로 태그를 이용해 인터넷 게이트웨이의 이름과 환경명만을 지정합니다. ❹ 인터넷 게이트웨이를 생성했다면 VPC에 연결할 필요가 있기 때문에 연결을 위한 리소스를 별도로 생성합니다. ❺ Type에는 인터넷 게이트웨이 연결을 위해 VPCGatewayAttachment를 정의합니다. ❻ 인터넷 게이트웨이와 연결하고자 하는 VPC를 입력합니다. 인터넷 게이트웨이는 서브넷 단위가 아닌 VPC 단위에서 생성되는 서비스입니다.

05 VPC.yml 파일에 라우팅 테이블 생성하는 데 사용할 Resources를 추가하겠습니다.

VPC.yml
```
    PublicRTB: # ❶
      Type: "AWS::EC2::RouteTable" # ❷
      Properties: # ❸
        VpcId: !Ref VPC
        Tags: # ❹
          - Key: Name
            Value: !Sub ${SystemName}-${EnvName}-public-rtb
          - Key: Env
            Value: !Sub ${EnvName}
```

❶ 라우팅 테이블을 생성하기 위해 임의의 리소스 이름을 지정합니다. ❷ Type을 이용해 생성할 라우팅 테이블을 정의합니다. ❸ 라우팅 테이블은 VPC 단위에서 생성되는 서비스이기 때문에 라우팅 테이블을 생성할 VPC를 지정합니다. ❹ 마지막으로 라우팅 테이블의 태그를 입력합니다.

06 VPC.yml 파일에 생성한 라우팅 테이블에 인터넷 게이트웨이 경로를 추가하는 Resources를 추가하겠습니다.

```
                                                                    VPC.yml
PublicRoute: # ❶
    Type: "AWS::EC2::Route" # ❷
    Properties: # ❸
      RouteTableId: !Ref PublicRTB
      DestinationCidrBlock: "0.0.0.0/0"
      GatewayId: !Ref InternetGatew
```

❶ 라우팅을 위한 임의의 리소스 이름을 지정합니다. ❷ Type을 이용해 라우팅 작업에 사용할 Route를 정의합니다. ❸ 라우팅 설정을 하고자 하는 라우팅 테이블을 입력하고, 목적지 CIDR을 입력하고 마지막으로 게이트웨이에는 인터넷 게이트웨이를 입력합니다.

07 VPC.yml 파일에 라우팅 테이블과 서브넷을 연결하는 Resources를 추가하겠습니다.

```
                                                                    VPC.yml
PublicRTBAssociation1: # ❶
    Type: "AWS::EC2::SubnetRouteTableAssociation" # ❷
    Properties: # ❸
      SubnetId: !Ref PublicSubnet1a
      RouteTableId: !Ref PublicRTB
```

❶ 라우팅 테이블과 서브넷 연결을 위한 임의의 리소스 이름을 지정합니다. ❷ Type에는 라우팅 테이블과 서브넷 연결에 사용할 SubnetRouteTableAssociation을 정의합니다. ❸ 속성에는 서로 연결할 서브넷과 라우팅 테이블을 입력합니다. 나머지 서브넷들도 같은 방식으로 서브넷과 연결합니다.

08 VPC.yml 파일에 템플릿의 출력을 반환하는 Outputs를 추가하겠습니다.

```
                                                                    VPC.yml
Outputs: # ❶
# VPC
  VPC: # ❷
```

```
      Value: !Ref VPC # ❸
      Export: # ❹
        Name: !Sub ${EnvName}-vpc
```

❶ Resources는 클라우드포메이션 템플릿에서 생성할 서비스의 리소스를 생성하는 속성들을 정의하는 것이었다면, Outputs는 템플릿에서 생성한 리소스를 출력하고 반환하는 역할을 합니다. Outputs를 이용하여 리소스를 출력한다면, 출력한 리소스를 다른 템플릿에서 사용할 수 있습니다. ❷ VPC를 출력하기 위해 임의의 이름을 지정합니다. ❸ Value에는 출력할 리소스를 지정합니다. ❹ Export에서는 어떤 이름으로 리소스를 출력할지 지정합니다. 나머지 서브넷을 포함한 리소스들도 같은 방법으로 출력을 진행합니다.

2.5.2 UI로 불러와 AWS 네트워크 환경 구축하기

다음은 AWS 네트워크 환경 구축을 어떻게 하는지 UI를 통해 확인해봅시다.

To do 01 우선 클라우드포메이션 스택을 생성합니다. ❶ 클라우드포메이션 스택 이름을 입력합니다. ❷ 클라우드포메이션 템플릿에서 입력했던 파라미터들이 UI로 반환되어 자동으로 파라미터가 완성됩니다. 필요에 따라 UI에서 파라미터 값을 변경할 수 있습니다. ❸ 스택 이름과 파라미터 값을 확인했다면 [다음]을 클릭합니다.

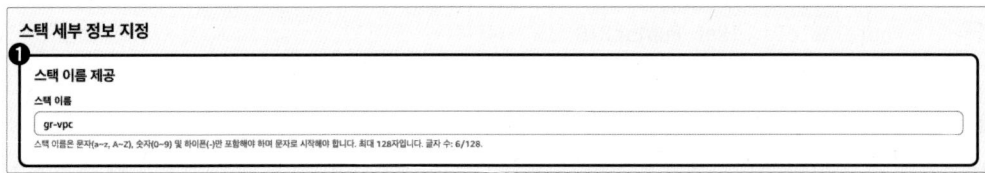

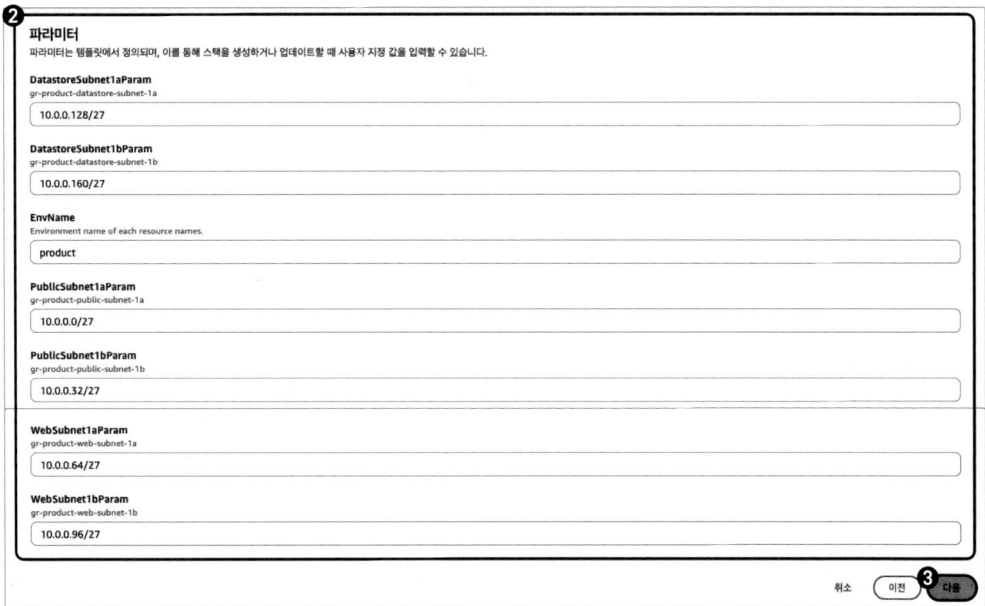

02 스택 옵션 구성을 확인합니다.

스택 옵션 구성은 기본값을 유지한 상태로 ❶ [다음]을 클릭합니다.

03 생성할 템플릿을 확인하고 클라우드포메이션 스택을 생성합니다. 검토 및 작성 화면에서 입력한 스택 이름과 파라미터 값을 확인하고 ❶ [전송] 버튼을 클릭하여 스택을 생성합니다.

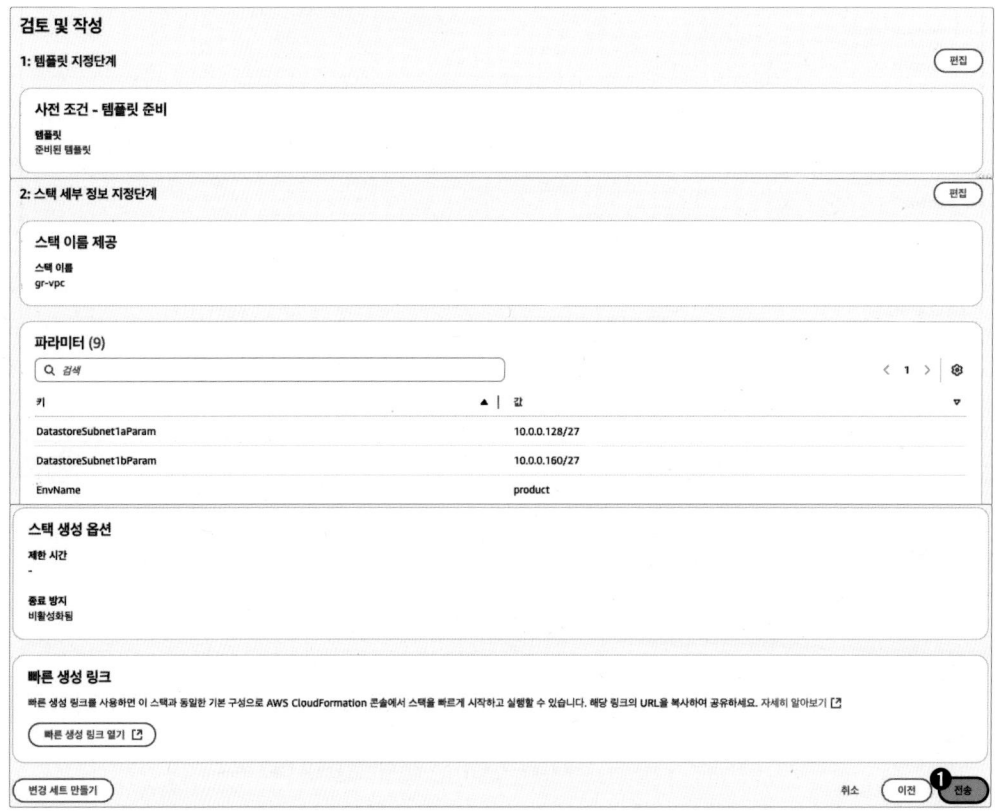

04 클라우드포메이션 스택 생성을 확인합니다. 스택 생성은 'CREATE_IN_PROGRESS'를 거쳐 'CREATE_COMPLETE'로 변경되는 과정을 확인할 수 있습니다. ❶ 이벤트 탭에서 생성된 리소스를 확인할 수 있으며 ❷ 출력 탭을 통해서 Outputs를 이용해 출력한 리소스 목록을 확인할 수 있습니다.

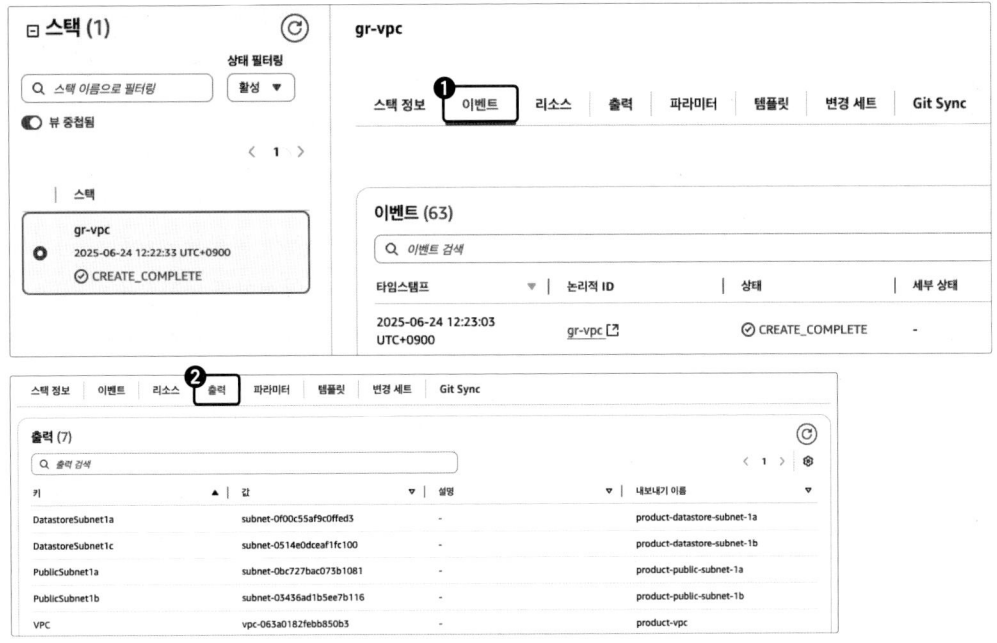

05 VPC 콘솔 화면에서 구축한 네트워크 환경을 확인합니다. VPC 콘솔 화면으로 이동하면 생성된 네트워크 리소스를 확인할 수 있습니다.

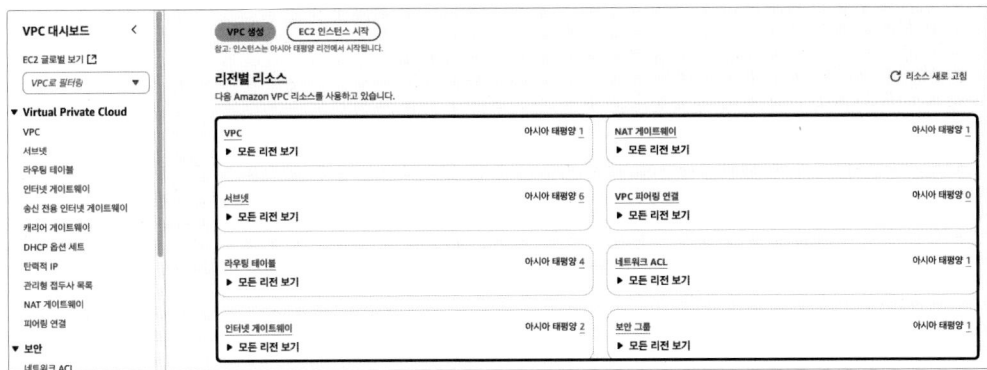

학습 마무리

이번 장에서는 네트워크의 기본적인 지식을 배워보고, 이 네트워크 지식을 바탕으로 AWS에서 어떻게 활용하는지 살펴보았습니다. 이번 장에서 살펴본 내용은 AWS에서 환경을 구축하고 운영하는 데 중요한 역할을 합니다. 올바른 네트워크 설계를 통해 서비스의 안정성과 확장성을 유지할 수 있습니다. 잘못된 네트워크 설계로 서비스를 중단하거나 재구축을 해야 하는 치명적인 문제가 발생할 수 있기 때문에 네트워크를 여러 상황을 고려하여 신중히 설계할 필요가 있습니다.

핵심 요약

1 **네트워크**는 컴퓨터들이 통신 기술을 이용하여 상호 연결되어 있는 구조를 가리킵니다. 컴퓨터 간 올바른 데이터 해석을 위해 프로토콜이라는 규칙을 사용하며, 이런 규칙을 **통신 프로토콜**이라고 합니다.

2 네트워크를 작은 단위로 나누는 것을 **서브넷팅**이라고 하며, 서브넷팅을 통해 나누어진 작은 단위의 네트워크를 **서브넷**이라고 합니다.

3 서브넷에서는 네트워크 ID만으로 네트워크 ID와 호스트 ID를 구분하기 어렵기 때문에 **서브넷 마스크**를 사용합니다. 서브넷 마스크는 2진수로 표기되며, 2진수로 표기하면 복잡하고 어렵기 때문에 일반적으로 프리픽스 표기법을 사용합니다.

4 IP 주소는 네트워크 규모에 따라 A ~ E 클래스로 나누어져 있으며 일반적으로 A ~ C 클래스를 사용합니다. **A 클래스**는 대규모 네트워크, **B 클래스**는 중형 네트워크, **C 클래스**는 소규모 네트워크 용도로 사용됩니다.

5 이런 클래스 사용은 주소 공간 사용에 있어 효율적이지 못하기 때문에 **CIDR**라는 기술을 이용합니다. CIDR은 IP 주소를 클래스에 의존하지 않고 유연하게 할당할 수 있으며 IP 주소의 낭비를 줄일 수 있습니다.

6 AWS 클라우드 환경에서 네트워크를 구성하고 관리할 수 있는 VPC와 더불어 네트워크를 구성하는 데 필요한 서비스는 서브넷, 인터넷 게이트웨이, NAT 게이트웨이, 라우팅 테이블, VPC 엔드포인트 등이 있습니다.

연습문제

1 회사에서 CIDR 172.22.48.0/24를 할당받아 172.22.48.0/24 대역의 VPC를 생성했습니다. 그런 다음 6개의 서브넷을 생성해야 했습니다. 각 서브넷 크기를 균등하게 분할하여 CIDR을 나열해보세요.

2 웹페이지를 전송하기 위한 프로토콜은 무엇일까요?

❶ TCP(Transmission Control Protocol)
❷ UDP(User Datagram Protocol)
❸ HTTP(Hypertext Transfer Protocol)
❹ FTP(File Transfer Protocol)

3 클라우드 환경에서 네트워크를 구성하기 위해 필요한 서비스가 아닌 것은?

❶ 인터넷 게이트웨이   ❷ 서브넷
❸ 아마존 VPC   ❹ AWS 트랜스퍼 패밀리

4 다음 서브넷에 대한 틀린 설명을 고르세요.

❶ 퍼블릭 서브넷은 인터넷과 직접 송수신이 가능한 서브넷을 의미한다.
❷ 서브넷은 네트워크를 서브넷팅을 통해 작은 단위로 나눈 네트워크를 의미한다.
❸ AWS에서 퍼블릭 서브넷과 프라이빗 서브넷 명칭을 가진 서브넷을 직접 생성할 수 있다.
❹ 프라이빗 서브넷은 인터넷과 직접 송수신이 불가능한 서브넷을 의미한다.

연습문제

5 인터넷 게이트웨이와 NAT 게이트웨이의 차이점을 올바르게 설명한 것은?

❶ NAT 게이트웨이 사용에는 요금이 발생하지 않지만, 인터넷 게이트웨이 사용에는 요금이 발생한다.

❷ 인터넷 게이트웨이는 프라이빗 서브넷에 생성되며, NAT 게이트웨이는 퍼블릭 서브넷에 생성된다.

❸ NAT 게이트웨이와 인터넷 게이트웨이는 AWS 리전 단위로 생성되는 서비스이다.

❹ 인터넷 게이트웨이는 퍼블릭 서브넷에 있는 리소스가 외부와 통신하기 위한 서비스이고, NAT 게이트웨이는 프라이빗 서브넷에 있는 리소스가 외부와 통신하기 위한 서비스이다.

---

1 **정답** 서브넷 A: 172.22.48.0/27, 서브넷 B: 172.22.48.32/27, 서브넷 C: 172.22.48.64/27, 서브넷 D: 172.22.48.96/27, 서브넷 E: 172.22.48.128/27, 서브넷 F: 172.22.48.160/27

2 **정답** ❸ HTTP(Hypertext Transfer Protocol)

3 **정답** ❹ AWS 트랜스퍼 패밀리

4 **정답** ❸ AWS에서 퍼블릭 서브넷과 프라이빗 서브넷 명칭을 가진 서브넷을 직접 생성할 수 있다.

5 **정답** ❹ 인터넷 게이트웨이는 퍼블릭 서브넷에 있는 리소스가 외부와 통신하기 위한 서비스이고, NAT 게이트웨이는 프라이빗 서브넷에 있는 리소스가 외부와 통신하기 위한 서비스이다.

Level 02

AWS를 잘 쓰려면 알아야 하는 기본 서비스 짚어보기

학습 목표

3장부터 AWS의 기본 서비스를 알아봅니다. AWS에서 사용자와 서비스의 권한을 관리하기 위한 서비스부터 시작하여, AWS에서 제공하는 가상 클라우드 서버 등 기본적인 서비스들의 개념을 학습합니다. 이어서 실습을 통해 직접 클라우드 환경을 구축해보며, 각 서비스의 활용 방법을 익혀봅시다.

03장 AWS를 잘 쓰려면 알아야 하는 기본 서비스
04장 가상 클라우드 서버 파악하기
05장 관계형 데이터베이스 서비스 파악하기
06장 객체 스토리지 서비스 파악하기

Chapter 03

AWS를 잘 쓰려면 알아야 하는 기본 서비스

학습 목표

AWS는 제공하는 서비스가 다양하기 때문에 어떤 종류가 있고 어떤 서비스를 제공하는지 파악하는 게 중요합니다. 이번 장에서는 AWS 클라우드의 기본적인 구조와 원리를 파악하고 AWS 권한을 관리하는 서비스를 알아봅시다.

핵심 키워드

`AWS 웹 서비스 구조` `AWS IAM` `IAM 사용자` `IAM 그룹` `IAM 정책` `AWS 관리형 정책`
`고객 관리형 정책` `인라인 정책` `IAM 역할` `AWS CLI`

학습 코스

❶ AWS 동작 원리 이해하기 → ❷ 권한 관리 서비스, AWS IAM 파악하기 → ❸ AWS IAM 생성하기

3.1 AWS에서 동작하는 웹 서비스 구조와 원리 파악하기

3장은 AWS에서 동작하는 웹 서비스의 구조와 원리를 학습합니다. AWS의 웹 서비스는 기본적으로 클라우드 기반으로 구축되며, 그 중심이 되는 서비스는 다음과 같은 구성 요소들이 포함됩니다.

- **AWS IAM** : 사용자 및 AWS 리소스에 대한 액세스를 제어하는 권한 관리 서비스
- **아마존 EC2** : AWS에서 제공하는 가상 클라우드 서버
- **아마존 RDS** : 다양한 데이터베이스 엔진을 제공하는 관계형 데이터베이스
- **아마존 S3** : 객체(파일 및 데이터)를 저장하는 객체 스토리지 서비스

4가지 서비스는 클라우드에서 웹 서비스를 구성하는 기본 서비스입니다. 클라우드 기반 서버와 스토리지, 데이터베이스, 보안 등의 다양한 기능과 옵션을 제공하여 사용자가 필요한 웹 서비스를 구축하고 운영할 수 있도록 합니다. 다음 그림을 통해 AWS의 4가지 기본 서비스를 이용한 웹 서비스의 구성을 살펴봅시다.

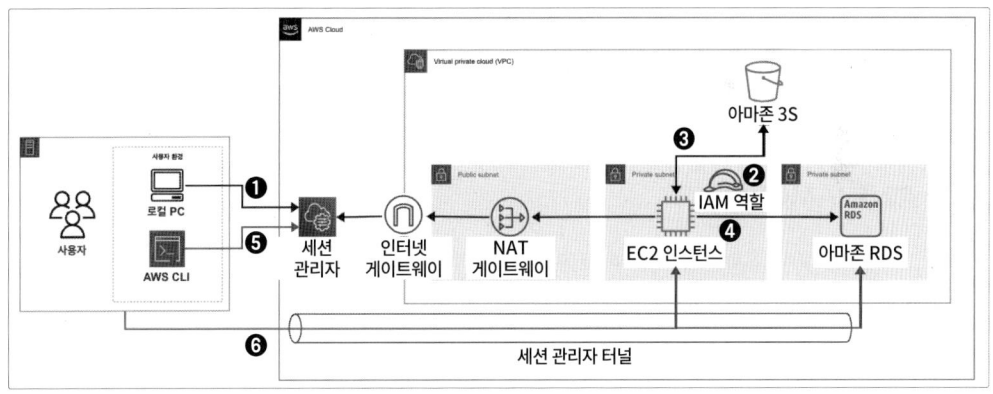

앞의 그림은 AWS의 4가지 기본 서비스(IAM, EC2, RDS, S3)를 이용하여 간단하게 웹 서비스를 구성한 구조입니다.

❶ 사용자가 AWS 서비스인 세션 관리자Session Manager를 이용하여 EC2 인스턴스로 안전하게 접속을 시도합니다. ❷ EC2 인스턴스에서는 세션 관리자를 이용할 수 있는 권한과 아마존 S3에 대한 액세스 권한을 가진 IAM 역할을 추가합니다. ❸ 아마존 S3에서는 정적 데이터를 관리하거나, EC2 인스턴스와의 상호작용을 통해 데이터를 주고받습니다. ❹ EC2 인스턴스에서 RDS로 접근하여 데이터베이스를 관리하거나 쿼리를 관리할 수 있습니다. ❺ 사용자는 설치한 AWS CLI를 이

용하여 접속하고자 하는 AWS 환경으로 세션 관리자 포트 포워딩 세션을 생성합니다. ❻ 포트 포워딩을 세션을 생성하면 사용자 환경과 AWS를 이어주는 세션 관리자 터널 Session Manager Tunnel이 생성되며, 생성된 터널을 이용하여 사용자 환경에서 EC2 인스턴스 혹은 RDS로 접속할 수 있습니다.

이렇게 4가지 서비스를 이용하여 간단한 웹 서비스 구성을 살펴봤습니다. 그 외 다양한 AWS 서비스를 통해 고가용성, 확장성, 보안 등의 기능을 제공받아 웹 서비스 구축에 도움을 받을 수 있습니다. 이제부터 AWS 4가지 기본 서비스가 제공하는 기능을 파악하고 실습을 통해 구성 및 운영하는 방법을 알아보겠습니다.

3.2 권한 관리 서비스, AWS IAM 파악하기

AWS에서 권한 관리는 주로 AWS IAM을 활용하여 이루어집니다. 예외로 데이터 관리와 보안에 아마존 S3와 백업과 복원 등을 지원하는 AWS 백업 AWS Backup의 백업 볼트 Backup Vault와 같은 서비스를 이용해 자체적인 액세스 정책을 설정하여 관리할 수도 있습니다. 이번에는 AWS IAM을 중심으로 AWS 리소스에 대한 액세스 및 권한 관리 방법을 살펴보겠습니다.

3.2.1 AWS IAM이란?

IAM은 Identity and Access Management의 약자로 AWS 계정 내에서 각 사용자, 그룹 또는 리소스에 대한 권한을 중앙 집중적으로 관리합니다. 이를 통해 AWS 리소스에 대한 액세스를 제어하고 각 사용자에게 필요한 작업만 수행할 수 있는 권한을 부여합니다. 예를 들어 AWS IAM을 구성하는 서비스 중 하나인 IAM 정책을 사용하여 특정 작업 혹은 리소스에 대한 접근을 세부적으로 제어하고 관리할 수 있습니다. AWS IAM에서 사용자 혹은 리소스에 권한을 어떻게 할당는지 그림을 통해 살펴봅시다.

❶ A 사용자에게는 EC2 인스턴스에만 접속할 수 있고 다른 작업은 제한하는 권한만을 부여합니다. ❷ B 사용자는 RDS에 접근할 수 있는 권한을 부여받고, 다른 작업은 할 수 없습니다. ❸ 권한을 사용자뿐 아니라 리소스에게도 부여하여 특정 작업을 허용할 수도 있습니다. 이제부터 이런 AWS IAM을 구성하는 기능을 살펴보겠습니다.

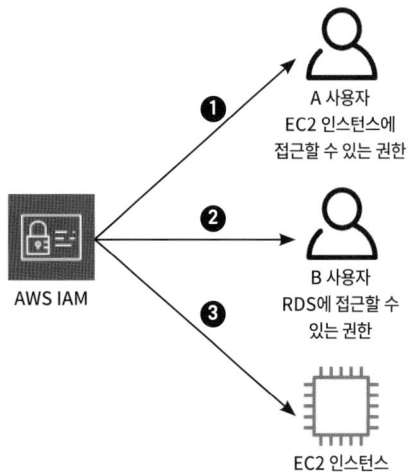

3.2.2 AWS IAM 살펴보기

AWS IAM을 구성하는 서비스는 크게 4가지로 나눌 수 있습니다.

- **IAM 사용자(IAM User)** : 개별적으로 식별되는 사용자를 의미하며, AWS 리소스에 접근하는 자격증명을 보유하고 있습니다.
- **IAM 그룹(IAM Group)** : IAM 사용자를 그룹으로 묶어서 정리하는 서비스입니다.
- **IAM 정책(IAM Policy)** : 어떤 사용자 혹은 리소스에 대해 어떤 작업이 허용되는지를 정의하는 서비스입니다.
- **IAM 역할(IAM Role)** : IAM 정책을 담고 있으며, AWS 서비스에 권한을 부여하는 데 사용되는 서비스입니다.

이제부터 AWS IAM의 4가지 서비스의 특징과 AWS 내에서 각각 어떤 활용 방식을 가지는지 살펴보겠습니다.

IAM 사용자

IAM 사용자는 특정 역할과 권한을 갖는 개별 사용자입니다. IAM 사용자는 개별적으로 식별되며, 부여받은 권한을 바탕으로 AWS 리소스를 제어할 수 있습니다. 일반적으로 루트 사용자에 의해 생성 및 관리되며 AWS 내에서 세분화된 권한 관리와 보안 강화에 사용되는 서비스입니다.

루트 사용자와 IAM 사용자의 관계

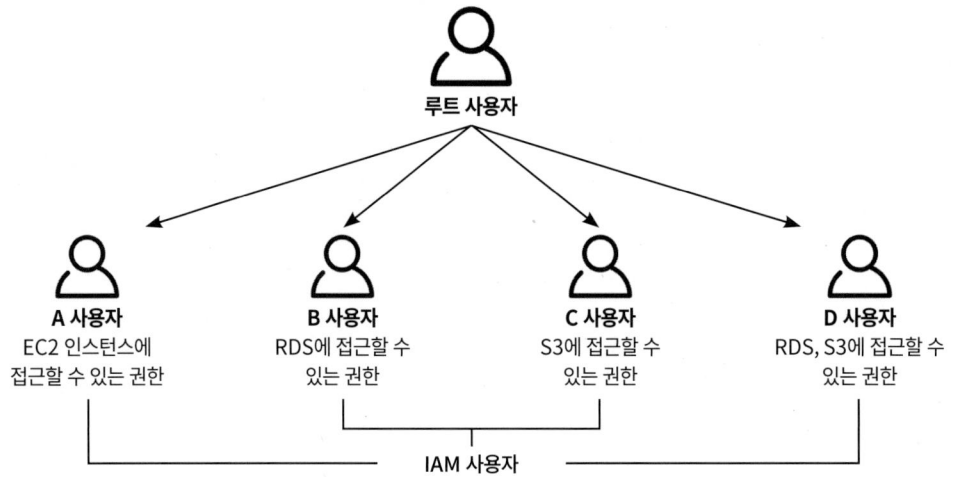

AWS를 이용할 수 있는 사용자는 루트 사용자와 IAM 사용자로 나눌 수 있습니다. 루트 사용자는 모든 사용자의 최상위 계층에 있으며 관리자administrator 권한을 가지고 있기 때문에 AWS의 모든 작업을 수행할 수 있습니다. 그러나 보안 목적을 위해 루트 사용자의 권한을 최소화하고자 할 때가 있습니다. 이런 루트 사용자에게서 최소한의 권한만을 부여받아 특정 리소스에 접근할 수 있는 것이 IAM 사용자입니다. 조직이나 그룹에서 AWS를 이용할 때 보안과 권한 관리에 루트 사용자를 사용하는 것은 권장하지 않습니다. 각 개별 사용자에게 필요한 권한을 부여하는 것이 일반적이기 때문에 IAM 사용자를 생성하고 해당 사용자에게 필요한 최소한의 리소스에 대한 권한을 부여하는 것이 권장됩니다.

IAM 사용자 접속 방법

그렇다면 IAM 사용자는 어떻게 AWS에 접속을 할까요?

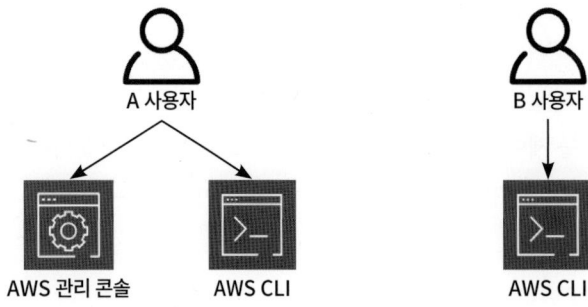

기본적으로 AWS CLI^{command line interface} 접속 방법을 지원하며, 추가적으로 AWS 관리 콘솔_{AWS Management Console} 접속 방법을 선택할 수 있습니다.

> AWS CLI와 AWS 관리 콘솔이란? AWS CLI는 명령 프롬프트(CMD)에서 AWS 리소스를 관리는 통합 도구입니다. AWS 관리 콘솔은 모든 리소스를 시각적으로 관리할 수 있는 웹 인터페이스이며, 0장에서 AWS에 가입할 때 이용했던 웹사이트가 바로 AWS 관리 콘솔입니다.

IAM 그룹

여기서 같은 권한을 가진 IAM 사용자가 20명, 30명 늘어난다면 어떻게 관리해야 할까요? AWS에서는 같은 권한을 가진 사용자를 묶어 관리하는 서비스인 IAM 그룹을 제공합니다.

▼ IAM 사용자 관리를 위한 IAM 그룹 예시

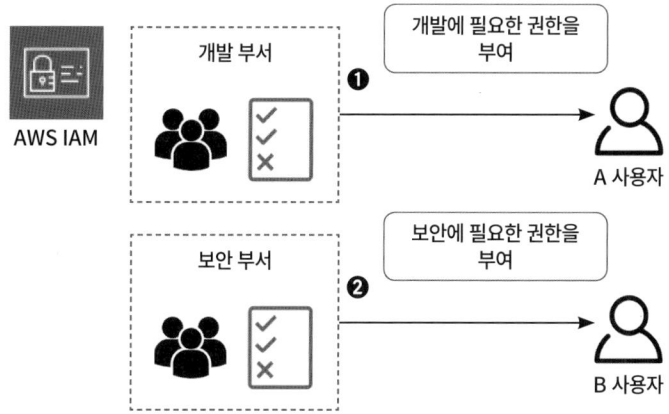

❶ 개발 부서는 개발에 필요한 권한만을 부여받습니다. 이 권한은 해당 부서에 속한 모든 사용자에게 상속되며 이를 통해 개발 부서는 개발에 필요한 리소스에 접근하고 업무를 수행할 수 있습니다.
❷ 보안 부서도 마찬가지로 보안에 필요한 권한만을 부여받으며, 해당 부서에 속한 모든 사용자에게 권한이 상속됩니다. IAM 그룹 기능을 활용하면 권한에 따라 그룹으로 분리하여 효율적으로 권한 부여와 관리를 할 수 있도록 도와줍니다.

> 실제 운영하는 AWS 계정이라면 IAM 그룹을 만들어 IAM 유저를 관리하는 것을 권장합니다.

IAM 정책

IAM 정책을 통해 IAM 사용자 또는 IAM 그룹, 리소스에 부여할 권한을 생성할 수 있습니다. IAM 정책에서는 AWS 관리형 정책과 고객 관리형 정책, 인라인 정책 3가지로 나누어볼 수 있습니다. 각각 어떤 특징을 가지고 있는지 살펴봅시다.

AWS 관리형 정책은 AWS가 생성 및 관리하는 정책으로 사용자가 직접 정책을 수정할 수 없으며 정해진 권한만 사용할 수 있습니다. 반면에 고객 관리형 정책은 사용자가 생성하고 관리할 수 있는 정책으로 시각적인 형식이나 JSON 형식으로 권한을 정의할 수 있습니다. 리소스에 대한 특정 액세스 권한을 부여하거나 제한하고 싶을 때 고객 관리형 정책을 사용하는 것이 유용합니다. 마지막으로 인라인 정책은 IAM 사용자, IAM 그룹, IAM 역할에 대해 일대일 관계를 유지하는 정책입니다. 즉 하나의 IAM 사용자, IAM 그룹, IAM 역할에 적용되는 기능이며 각 IAM 사용자, IAM 그룹, IAM 역할이 삭제될 때 적용된 인라인 정책도 함께 삭제됩니다.

IAM 역할

IAM 역할은 IAM 정책을 담을 수 있는 그릇 역할을 하며 IAM 정책이 IAM 사용자, IAM 그룹, IAM 역할에만 적용되는 기능이라면 IAM 역할은 AWS 리소스에 적용되는 기능입니다. 이는 다른 AWS 서비스에서 IAM 역할을 가지고 특정 작업을 수행할 수 있도록 권한을 부여하거나 제한할 때 사용됩니다. 일반적으로 복수의 IAM 정책을 생성하고 IAM 역할에 추가한 다음 해당 IAM 역할을 특정한 리소스에 추가합니다. 복수의 IAM 정책은 각 다른 권한을 정의하는 데 사용할 수 있습니다. IAM 역할이 특정한 권한을 가진 하나의 서비스에만 적용되도록 보장하기 위한 제약조건으로 IAM 역할과 AWS의 서비스는 일대일 대응 관계를 가지며, 생성된 리소스는 한 가지 IAM 역할 만을 부여받을 수 있습니다. IAM 역할이 어떻게 적용되는지 다음 그림으로 이해해봅시다.

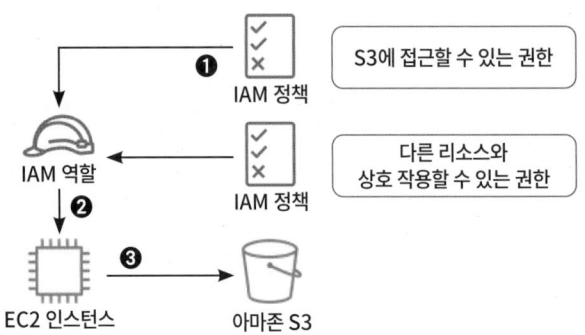

❶ AWS에서 제공하는 객체 스토리지 서비스인 S3에 액세스할 수 있는 IAM 정책과 다른 리소스와 상호 작용할 수 있는 정책을 생성하고, IAM 역할에 추가합니다. ❷ IAM 역할을 AWS 클라우드의 가상 서버인 EC2 인스턴스에 추가합니다. ❸ EC2 인스턴스에서 S3로 액세스할 수 있게 됩니다.

> IAM 사용자, IAM 역할에는 최대 20개의 정책을 연결할 수 있습니다.

3.3 AWS IAM 생성하기

이제 AWS 관리 콘솔을 통해 직접 IAM 사용자를 생성하여 로그인을 시도하겠습니다. IAM 사용자를 생성한 다음 사용자 보안을 위한 MFA 설정과 AWS CLI를 이용할 수 있는 환경을 차례대로 구성하겠습니다.

3.3.1 클라우드포메이션으로 AWS 사용자 생성하기

To do 01 IAM 사용자 생성을 위한 클라우드포메이션의 전체 코드와 해설입니다. IAM 사용자 생성을 위한 클라우드포메이션 전체 코드는 깃허브 리포지터리 [chapter3] → [IAM] 폴더에서 참고하세요.

IAM_User.yml

```
#IAM 사용자 파라미터
Parameters: # ❶
  UserName:
    Description: IAM User Name.
    Type: String
  UserPassword: # ❷
    Description: IAM User Password.
    Type: String
    NoEcho: true # ❸
```

❶ 먼저 IAM 사용자의 이름과 비밀번호를 입력받을 파라미터를 준비합니다. ❷ 비밀번호의 경우 AWS 콘솔 환경에서의 노출을 피하기 위해 클라우드포메이션 코드 내에서 직접 입력하기보다는 파라미터로 입력받는 것이 좋습니다. ❸ NoEcho를 이용해서 콘솔, 명령줄 도구 또는 API에

표시되지 않도록 입력한 파라미터값을 숨길 수 있으므로 비밀번호 등을 입력할 때는 파라미터와 NoEcho를 활용하도록 합니다.

02 IAM_User.yml 파일에 사용자 생성을 위한 Resources를 추가하겠습니다.

IAM_User.yml

```
#IAM 사용자 생성
Resources:
  IAMUser:
    Type: AWS::IAM::User # ❶
    Properties: # ❷
      UserName: !Ref UserName # 파라미터에서 입력한 유저 이름을 참조
      LoginProfile:
        Password: !Ref UserPassword # 파라미터에서 입력한 비밀번호를 참조
      ManagedPolicyArns:
        - arn:aws:iam::aws:policy/AdministratorAccess # IAM 사용자에게 관리자 권한
을 할당
```

❶ IAM 사용자 생성을 위해 Type에는 AWS::IAM::User를 입력합니다. ❷ Properties에 사용자 이름과 비밀번호, 할당할 권한을 지정합니다. 여기서 진행하는 실습은 개인 환경에서의 테스트이기 때문에 관리자 권한을 선택합니다. 개인 환경이 아니라면 작업을 수행할 수 있는 최소한의 권한만을 선택합니다.

03 AWS CLI 환경을 구축하기 위해 IAM 사용자의 액세스 키와 시크릿 키가 필요합니다. AWS 계정에 접근하기 위한 인증 정보로 액세스 키와 시크릿 키가 있습니다. 액세스 키와 시크릿 키는 AWS CLI를 활용하거나 AWS 리소스에 접근, API를 호출할 때 사용합니다. 먼저 IAM 사용자의 액세스 키를 생성하겠습니다.

IAM_User.yml

```
#IAM 사용자의 액세스 키와 시크릿 키 생성
  IAMUserAccessKey:
    Type: AWS::IAM::AccessKey # ❶
    Properties:
      UserName: !Ref IAMUser
```

❶ Type에 AWS::iam::AccessKey를 넣어 액세스 키를 생성합니다. 액세스 키를 생성하면 '.SecretAccessKey' 형태로 시크릿 키를 불러올 수 있습니다. 그 외 방법으로 클라우드포메이션에서 Outputs를 활용하여 AWS 콘솔에서도 액세스 키와 시크릿 키를 출력할 수 있습니다. 그러나 액세스 키와 시크릿 키는 IAM 사용자의 로그인과 직결되는 정보이므로 유출된다면 예상치 못한 액세스와 보안 문제가 발생할 수 있습니다. 이런 이유로 액세스 키와 시크릿 키는 Outputs이 아닌 AWS 시크릿 관리자^{Secrets Manager}에 저장하여 관리합니다.

04 생성한 액세스 키와 시크릿 키는 AWS 시크릿 관리자로 관리하고 보관합니다. AWS 시크릿 관리자는 데이터베이스, 애플리케이션의 보안 인증 및 암호를 관리하는 서비스로 AWS는 시크릿 관리자에 보안 암호를 생성하여 암호를 저장하고 관리할 수 있습니다. 보안 암호는 액세스 키와 시크릿 키를 키^{Key}와 값^{Value} 형태로 저장합니다.

IAM_User.yml

```yml
#AWS 시크릿 관리자에 액세스 키와 시크릿 키 저장
  AccessKeySecretManager:
    Type: AWS::SecretsManager::Secret # ❶
    Properties: # ❷
      Name: !Sub ${IAMUser}-credentials
      SecretString: !Sub "{\"accessKeyId\":\"${IAMUserAccessKey}\",\"secretKeyId\":\"${IAMUserAccessKey.SecretAccessKey}\"}"
```

❶ AWS 시크릿 관리자의 보안 암호를 생성하기 위해 Type에 AWS::SecretsManager::Secret을 넣습니다. ❷ Properties에는 생성할 보안 암호의 이름과 저장할 암호를 입력합니다. 보안 암호는 키와 값을 가지며, {"Key":"Value"} 형태로 저장합니다.

3.3.2 UI로 불러와 AWS 사용자 리소스 생성하기

다음은 AWS IAM 사용자 생성을 어떻게 하는지 UI를 통해 확인해봅시다.

To do **01** 우선 클라우드포메이션 스택을 생성합니다. ❶ 클라우드포메이션 스택 이름을 입력합니다. ❷ 파라미터 부분의 사용자 이름과 비밀번호를 입력합니다. 본인이 설정하고자 하는 IAM 사용자의 이름과 비밀번호를 입력합니다. ❸ IAM 리소스를 생성하려면 해당 항목을 체크할 필요가 있습니다. 해당 항목을 체크하고 클라우드포메이션 스택 생성을 진행합니다.

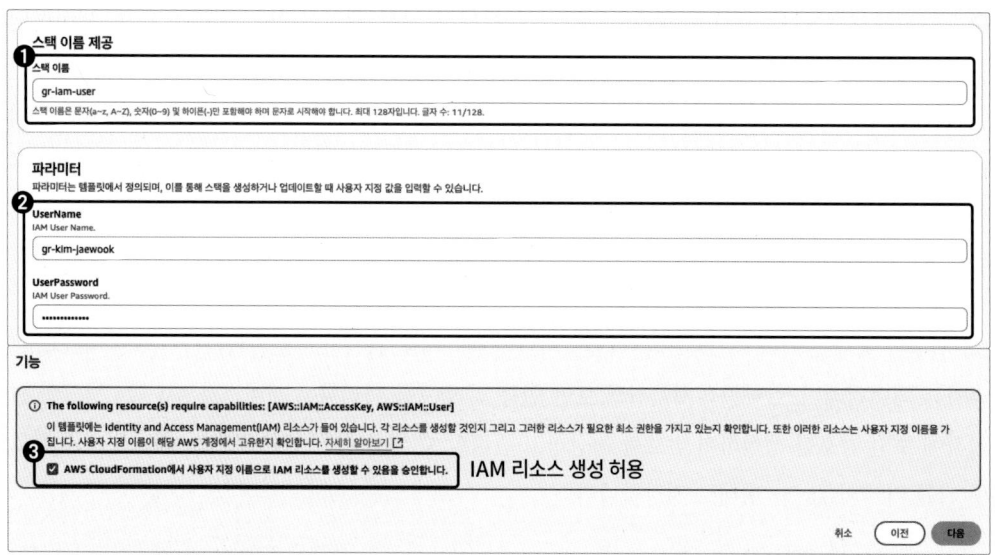

02 스택 생성 이후 생성된 IAM 사용자 및 권한을 확인합니다. ❶ IAM 콘솔 화면에서 [사용자]를 클릭합니다. ❷ 생성된 IAM 사용자를 확인할 수 있습니다. ❸ IAM 사용자를 클릭하고 권한 탭에서 IAM 사용자에게 부여한 권한을 확인할 수 있습니다.

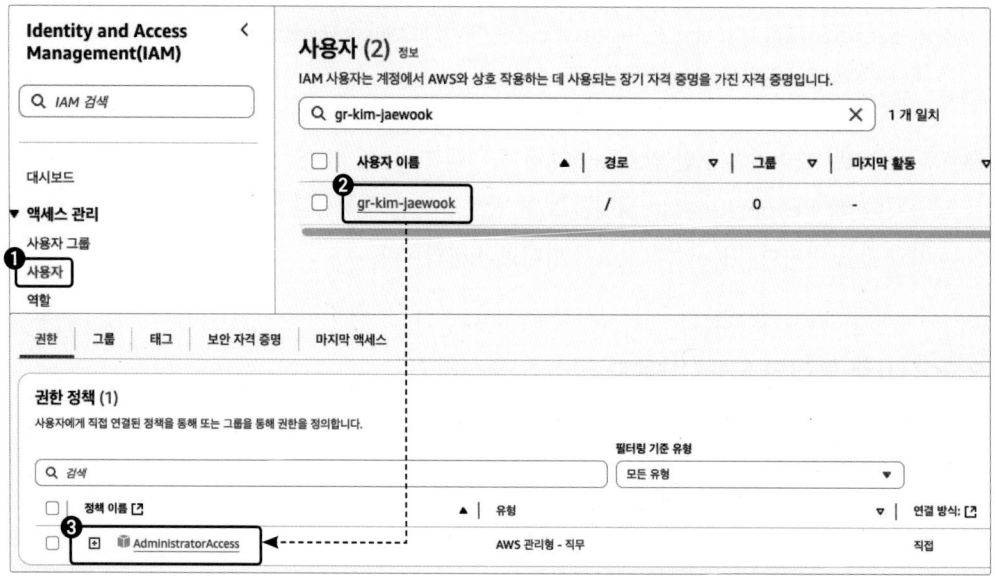

03 IAM 사용자의 액세스 키 및 시크릿 키를 확인합니다. ❶ AWS 시크릿 관리자 콘솔 화면으로

접속하면, IAM 사용자와 같은 이름의 보안 암호가 생성되어 있으며, 이를 확인하면 IAM 사용자의 액세스 키와 시크릿 키를 확인할 수 있습니다.

04 로그인을 위한 계정 ID를 확인합니다. ❶ 오른쪽 상단에 있는 아이디를 클릭합니다. ❷ 계정 ID를 확인하고 복사합니다.

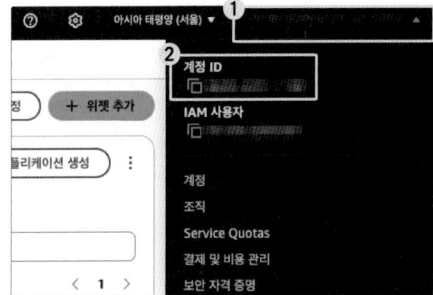

05 AWS에 로그인을 시도합니다. ❶ 로그인 화면에서 [IAM 사용자]를 클릭합니다. ❷ 조금 전 확인한 계정 ID를 입력합니다. ❸ 사용자 이름과 암호를 입력하고 로그인을 시도합니다. ❹ 생성한 IAM 사용자로 로그인에 성공한 것을 확인할 수 있습니다.

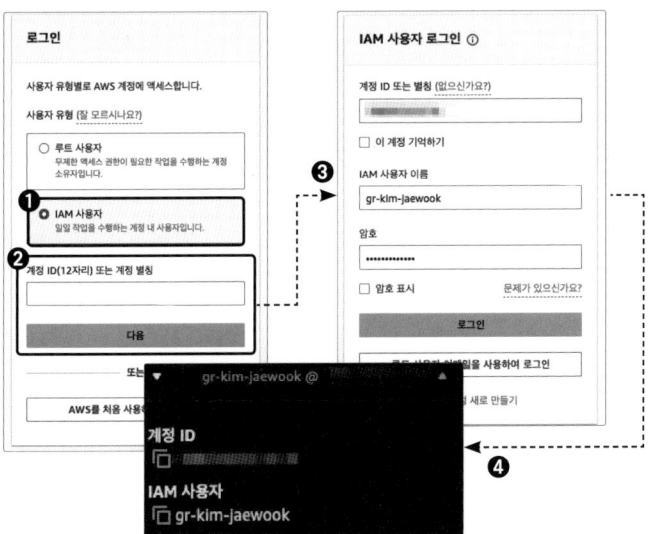

이제 IAM 사용자를 생성하고 활용할 수 있게 되었습니다. 더 나아가 IAM 사용자의 역할 및 권한 설정을 통해 AWS 리소스에 대한 효율적이고 안전한 접근을 구성하는 방법을 익힐 수 있습니다. 정책 생성과 역할 및 권한 설정에 대해서는 **04장 '가상 클라우드 서버 파악하기'**에서 중점적으로 다루겠습니다.

3.3.3 AWS CLI 환경 구성하기

이번에는 루트 사용자를 이용해 맥OS와 윈도우에서 AWS CLI 환경을 구성해보는 시간을 갖겠습니다. 먼저 맥OS에서 AWS CLI 환경을 구성해봅시다. 윈도우는 다음 절인 **'윈도우에서의 CLI 환경 구성'**을 참고 바랍니다.

맥OS에서의 AWS CLI 환경 구성

AWS CLI 환경을 구성하기에 앞서 먼저 터미널을 이용해 AWS CLI를 로컬 환경에 설치해야 합니다.

To do **01** AWS CLI 설치 명령어를 맥OS 터미널에 입력해줍니다.

▼ AWS CLI 설치 명령어

```
// ❶ AWS CLI 패키지 파일 다운로드
curl "https://awscli.amazonaws.com/AWSCLIV2.pkg" -o "AWSCLIV2.pkg"

// ❷ AWS CLI 설치
sudo installer -pkg AWSCLIV2.pkg -target /

// ❹ AWS CLI 버전 확인
aws --version
```

❶ AWS CLI 설치 파일은 AWS에서 공식적으로 제공하고 있기 때문에 'curl' 명령을 사용하여 패키지 파일을 다운로드합니다. '-o' 옵션은 내려받은 패키지 파일 이름을 지정하는 옵션입니다. ❷ 맥OS의 설치 프로그램을 이용하여 내려받은 AWS CLI 패키지 파일을 설치합니다. '-target' 은 패키지를 설치할 경로를 의미합니다. ❸ 마지막으로 'aws -version' 명령으로 AWS CLI가 로컬 환경에 설치되었는지 확인합니다.

AWS CLI가 잘 설치된 것을 확인한 다음 AWS 관리 콘솔에서 액세스 키와 시크릿 키를 확인합니다. IAM 사용자를 이용한다면 AWS 시크릿 관리자 콘솔 화면의 보안 암호에 저장되어 있는 액세스 키와 시크릿 키를 이용합니다. 루트 사용자를 이용한다면 액세스 키와 시크릿 키를 AWS 관리 콘솔에서 생성할 필요가 있습니다. 생성 과정은 다음을 참고 바랍니다.

02 AWS 콘솔 화면에서 액세스 키를 생성합니다. ❶ AWS 관리 콘솔에서 [보안 자격증명]을 누르고 [AWS IAM 자격증명] 탭을 클릭하면 액세스 키 만들기 화면이 나옵니다. ❷ 액세스 키와 시크릿 키를 생성하기 위해 [액세스 키 만들기] 버튼을 누릅니다.

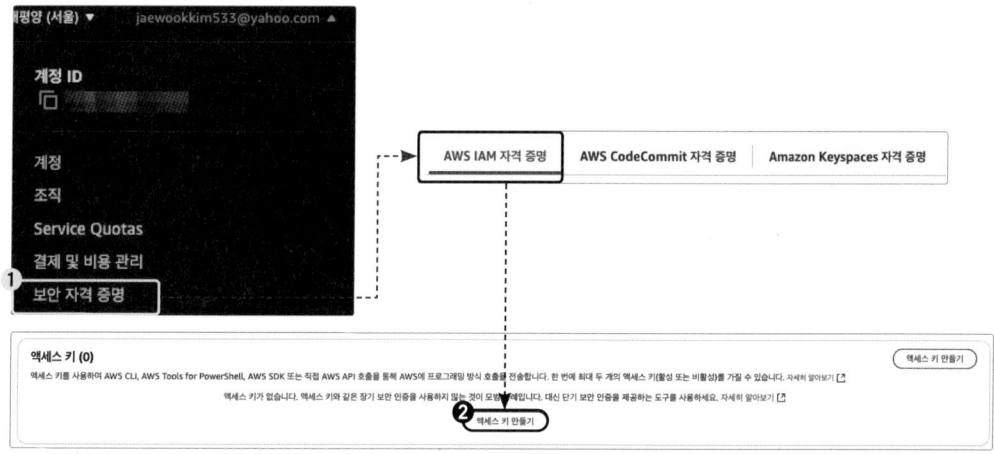

03 AWS CLI 사용을 위한 액세스 키를 설정합니다. ❶ '사용 사례'에서 CLI를 선택하면 간단하게 액세스 키와 시크릿 키를 생성할 수 있습니다. 생성한 액세스 키와 시크릿 키는 별도로 보관하거나 시크릿 관리자에 저장하여 관리하며 외부에 공개하지 않도록 주의합니다.

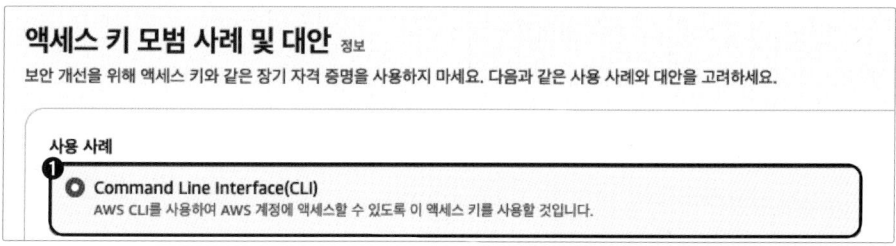

04 액세스 키 및 시크릿 키를 생성했다면 이제 구성 및 자격증명 파일을 설정합니다.

▼ AWS Configure 설정

```
// ❶ AWS 설정 확인
aws configure list
```

```
// ❷ AWS 구성 설정 진행
aws configure

// ❸ 액세스 키, 시크릿 키, 리전, 포맷 형식 입력
    AWS Access Key ID [None]: 액세스 키
    AWS Secret Access Key [None]: 시크릿 키
    Default region name [None]: ap-northeast-2
    Default output format [None]: json

// ❹ AWS 구성 설정 확인
aws configure list
```

먼저 터미널에서 ❶ 'aws configure list' 명령어를 입력하면 아무것도 설정되어 있지 않은 것을 확인할 수 있습니다. ❷ 'aws configure' 명령어를 통해 구성 설정을 진행합니다. ❸ 구성 설정에는 액세스 키, 시크릿 키, 리전(ap-northeast-2는 서울 리전), 포맷 형식을 입력합니다. ❹ 'aws configure list'를 한 번 더 입력하여 구성이 설정된 것을 확인할 수 있습니다.

▼ 자격증명 파일 설정

```
// ❶ 자격증명 확인(액세스 키와 시크릿 키)
vi ~/.aws/credentials

// ❷ 자격증명 확인(리전과 포맷 형식)
vi ~/.aws/config

// ❸ AWS 사용자 정보 요청
aws sts get-caller-identity
```

구성 설정이 끝났다면, 맥OS의 '~/.aws/' 경로에 자격증명 파일이 만들어지게 됩니다. 자격증명 파일은 credentials 파일과 config 파일로 나눠지는데 ❶ credentials 파일은 민감한 정보를 저장하는 파일로 액세스 키, 시크릿 키에 대한 정보를 저장합니다. ❷ config 파일은 중요하지 않은 정보 즉 리전, 포맷과 같은 정보를 저장합니다. 각 파일에 대한 정보는 'aws configure' 명령어를 통해 자동으로 설정되었기 때문에 별다른 설정은 불필요합니다. ❸ 마지막으로 'aws sts get-caller-identity' 명령어를 입력해 AWS 사용자 정보를 요청하고, 반환된 정보를 확인합니다. 반환된 정보가 있으면, 맥OS 환경에서의 AWS CLI 환경 구성이 완료됩니다.

윈도우에서의 CLI 환경 구성

이번에는 윈도우에서 AWS CLI 환경을 구성해봅시다.

To do 01 다음 '설치 URL'을 이용하여 AWS에서 제공하는 AWS CLI 설치 파일을 다운로드합니다. AWS CLI 설치 과정은 별다른 설정 없이 Next를 눌러 진행하면 됩니다.

- **설치 URL** : https://awscli.amazonaws.com/AWSCLIV2.msi

▼ AWS CLI 버전 확인

```
aws --version
```

AWS CLI 설치가 끝났다면, 파워셸에서 CLI 버전을 확인하여 AWS CLI가 설치되었는지 확인합니다.

AWS CLI가 잘 설치된 것을 확인한 다음 AWS 관리 콘솔에서 액세스 키와 시크릿 키를 확인합니다. IAM 사용자를 이용한다면 AWS 시크릿 관리자 콘솔 화면의 보안 암호에 저장되어 있는 액세스 키와 시크릿 키를 이용합니다. 루트 사용자를 이용한다면 액세스 키와 시크릿 키를 AWS 관리 콘솔에서 생성할 필요가 있습니다. 생성 과정은 다음을 참고 바랍니다.

02 AWS 콘솔 화면에서 액세스 키를 생성합니다. ❶ AWS 관리 콘솔에서 [보안 자격증명]을 누르고 [AWS IAM 자격증명] 탭을 클릭하면 액세스 키 만들기 화면이 나옵니다. ❷ 액세스 키와 시크릿 키를 생성하기 위해 [액세스 키 만들기] 버튼을 누릅니다.

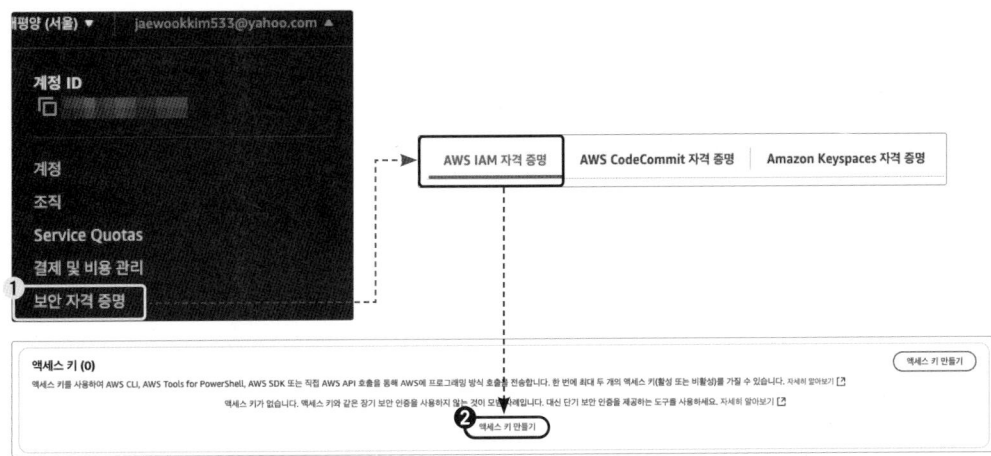

03 AWS CLI 사용을 위한 액세스 키를 설정합니다. ❶ 사용 사례에는 CLI를 선택하면 간단하게 액세스 키와 시크릿 키를 생성할 수 있습니다. 생성한 액세스 키와 시크릿 키는 별도로 보관하거나 시크릿 관리자에 저장하여 관리하며 외부에 공개하지 않도록 주의합니다.

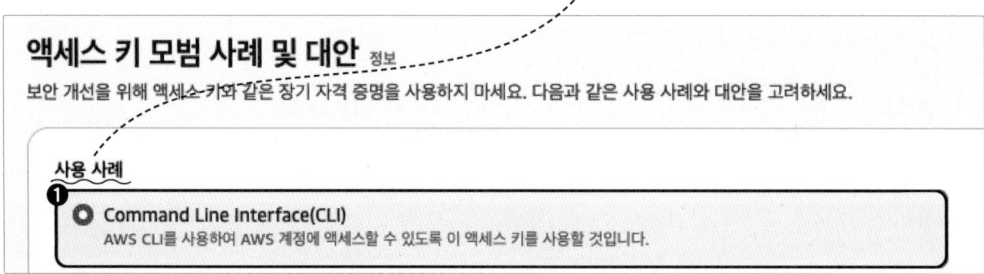

04 액세스 키 및 시크릿 키를 생성했다면 이제 구성 및 자격증명 파일을 설정합니다.

▼ AWS Configure 설정

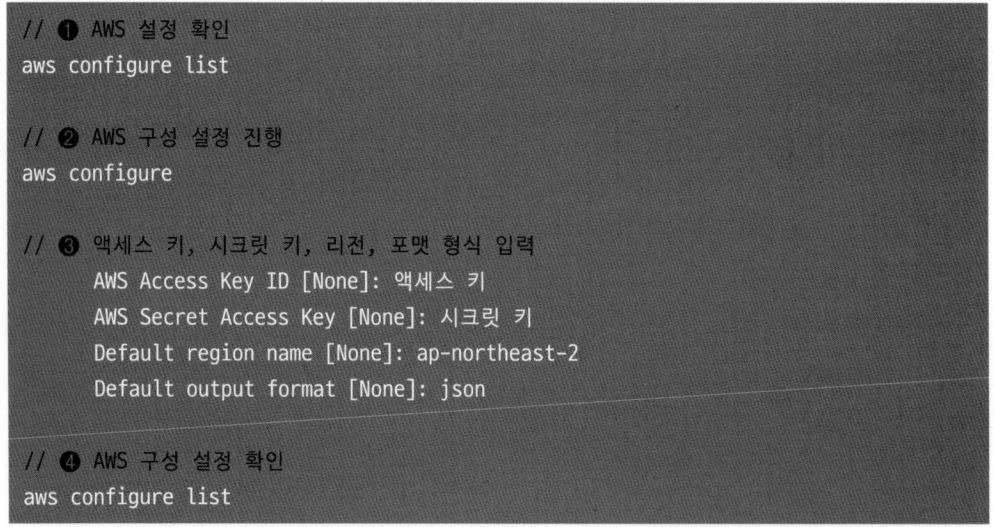

액세스 키 및 시크릿 키를 생성했다면 이제 구성 및 자격증명 파일을 설정해야 합니다. ❶ power shell에서 'aws configure list' 명령어를 입력하면 아무것도 설정되어 있지 않은 것을 확인할 수 있습니다. ❷ 'aws configure' 명령어를 통해 구성 설정을 진행합니다. ❸ 구성 설정에는 액세스 키, 시크릿 키, 리전(ap-northeast-2는 서울 리전), 포맷 형식을 입력합니다. ❹ 'aws configure list'를 한 번 더 입력하여 구성이 설정된 것을 확인할 수 있습니다.

▼ AWS 사용자 정보 요청

```
aws sts get-caller-identity
```

구성 설정이 끝났다면, 윈도우는 'C:\Users\Administrator\.aws' 혹은 'C:\Users\사용자명\.aws' 경로에 자격증명 파일이 만들어지게 됩니다. 자격증명 파일은 credentials 파일과 config 파일로 나눠지는데 credentials 파일은 민감한 정보를 저장하는 파일로 액세스 키, 시크릿 키에 대한 정보를 저장합니다. config 파일은 중요하지 않은 정보 즉 리전, 포맷과 같은 정보를 저장합니다. 각 파일에 대한 정보는 'aws configure' 명령어를 통해 자동으로 설정되었기 때문에 별다른 설정은 불필요합니다. 마지막으로 파워셸에서 'aws sts get-caller-identity' 명령어를 입력해 AWS 사용자 정보를 요청하고, 반환된 정보를 확인합니다. 반환된 정보가 있으면, 윈도우 환경에서의 AWS CLI 환경 구성이 완료됩니다.

3.3.4 AWS MFA 설정하기

To do **01** AWS에서는 루트 사용자 또는 IAM 사용자를 이용할 때 보안을 고려해 MFA 설정이 필수입니다. 조금 전 실습을 통해 AWS CLI 환경을 구성했으며, 이를 이용하여 MFA를 설정하겠습니다. 아직 AWS CLI 환경 구성이 되지 않았다면 '**맥OS에서의 AWS CLI 환경 구성**' 혹은 '**윈도우에서의 CLI 환경 구성**'을 참고하여 AWS CLI 환경을 구성을 진행합니다.

▼ AWS 사용자 정보 요청

```
aws sts get-caller-identity
```

AWS CLI로 MFA를 설정하기 위해 AWS 사용자를 호출합니다.

02 액세스 키 및 시크릿 키를 생성했다면 이제 구성 및 자격증명 파일을 설정합니다.

▼ AWS 사용자 정보 요청

```
aws iam create-virtual-mfa-device --virtual-mfa-device-name jaewook-kim-mfa
 --bootstrap-method QRCodePNG --outfile C:\Users\user\Desktop\jaewook-kim-mfa.png
```

'aws iam create-virtual-mfa-device' 명령어로 가상 MFA 디바이스를 생성합니다. '--virtual-mfa-device-name' 옵션을 통해 가상 디바이스의 이름을 지정합니다. '--bootstrap-method QRCodePNG' 옵션으로 가상 디바이스의 QR 코드의 이미지를 다운로드합니다. 마지막으로 '--outfile' 옵션으로 내려받을 QR 코드 이미지의 경로를 지정합니다.

03 가상 MFA 디바이스의 시리얼 넘버를 확인합니다.

▼ 가상 MFA 디바이스 시리얼 넘버 확인

```
"VirtualMFxDevice": {
    "SerialNumber": "arn:aws:iam::xxxxxxxxxxxx:mfa/jaewook-kim-mfa"
}
```

가상 MFA 디바이스를 생성하면 시리얼 넘버가 표시됩니다. 다음 단계에 필요하므로 시리얼 넘버를 복사합니다. 그리고 지정한 경로에 QR 코드 이미지가 다운로드되었으며, 해당 QR 코드를 이용해 MFA 디바이스 설정을 진행합니다.

04 가상 MFA 디바이스의 시리얼 넘버를 확인했다면, IAM 사용자에게 MFA 디바이스를 설정합니다.

▼ 사용자에게 MFA 디바이스 설정

```
aws iam enable-mfa-device --user-name jaewook-kim --serial-number
arn:aws:iam::xxxxxxxxxxxx:mfa/jaewook-kim-mfa --authentication-code1 123456
--authentication-code2 789012
```

'aws iam enable-mfa-device' 명령어를 이용하여 사용자에게 MFA 디바이스를 설정합니다. '--user-name' 옵션에 MFA 디바이스를 설정할 사용자 이름을 지정합니다. '--serial-number' 옵션은 조금 전 복사한 시리얼 넘버를 지정하고, code1과 code2는 내려받은 QR 코드 이미지를 이용해, 약 30초마다 갱신되는 MFA 코드를 연속 두 번 입력합니다.

> Google Authenticator 앱을 이용하면 더 편리하게 QR 코드 스캔 및 MFA 코드를 관리할 수 있습니다.

05 AWS에 로그인을 시도하여 MFA 코드를 요구하는지 확인합니다. MFA 설정 이후 로그인을 시도하면, MFA 코드를 요구하는 것을 확인할 수 있습니다. MFA 코드는 QR 코드를 스캔한 구글 인증 도구 Google Authenticator와 같은 앱을 통해 일회용 MFA 코드를 입력합니다.

06 로그인한 사용자 정보를 확인하면, MFA가 설정되어 있습니다. 이로써 더 안전하게 AWS 계정을 보호할 수 있습니다. 지금까지 AWS IAM에 대한 기본적인 구성과 실습을 다루어보았습니다.

학습 마무리

AWS에서의 웹 서비스 구조와 권한 관리에 대해 살펴보았습니다. AWS IAM을 통해 권한을 관리하고 AWS를 효율적으로 제어하기 위한 IAM 사용자와 AWS CLI, MFA 설정 방법을 배웠습니다. 이번 학습 내용을 토대로 다음 장에서는 가상 클라우드 서버인 아마존 EC2를 학습하겠습니다.

핵심 요약

1 AWS의 웹 서비스 구조는 기본적으로 클라우드 기반으로 구축되며 AWS IAM, 아마존 EC2, 아마존 RDS, 아마존 S3와 같은 핵심 서비스를 이용하여 웹 서비스를 구성하고 운영합니다.

2 **AWS IAM**은 AWS 계정 내에서 사용자와 그룹 또는 리소스에 대한 권한을 중앙 집중적으로 관리합니다.

3 AWS를 이용하는 사용자는 루트 사용자와 IAM 사용자로 나눌 수 있습니다. 루트 사용자는 모든 사용자의 최상위 계층에 위치하며 AWS의 모든 작업을 수행할 수 있는 관리자administrator 권한을 가지고 있습니다.

4 보안을 위해 관리자 권한을 가진 루트 사용자를 직접 사용하기보다는 최소한의 필요한 권한만 부여된 IAM 사용자 사용을 권장합니다.
   - **IAM 그룹**을 사용하여 같은 권한을 가진 사용자를 묶어 관리할 수 있습니다.
   - **IAM 정책**을 사용하면 IAM 사용자나 IAM 그룹 그리고 리소스에 부여할 권한을 정의할 수 있습니다.
   - IAM 정책은 정책을 생성하여 IAM 사용자와 그룹에 권한을 추가할 수 있으며 리소스에 권한을 추가하고자 할 때는 IAM 역할을 이용합니다.

연습문제

1. AWS에서 웹 서비스를 구축하고 운영하는 4가지 기본 서비스는 무엇일까요?

2. AWS 계정 내에서 권한을 중앙 집중적으로 관리하는 서비스는 무엇일까요?
   ❶ 아마존 EC2   ❷ 아마존 RDS   ❸ 아마존 IAM   ❹ 아마존 S3

3. IAM 정책은 3가지 정책 유형으로 나누어지는 데, 이 3가지 유형의 IAM 정책은 무엇일까요?

4. IAM 정책으로는 IAM 사용자와 그룹에만 권한을 부여할 수 있습니다. 리소스에 권한을 부여하려면 어떤 IAM 서비스를 사용해야 할까요?
   ❶ IAM 그룹   ❷ IAM 사용자   ❸ 고객 관리형 정책   ❹ IAM 역할

5. 사용자에게 암호 이외의 추가 정보를 입력하도록 요구하며 보안을 위해 루트 사용자와 IAM 사용자에게 설정해야 하는 보안 방식은 무엇일까요?

---

1 **정답** AWS IAM, 아마존 EC2, 아마존 RDS, 아마존 S3
2 **정답** ❸ 아마존 IAM
3 **정답** AWS 관리형 정책, 고객 관리형 정책, 인라인 정책
4 **정답** ❹ IAM 역할
5 **정답** MFA

Chapter 04

가상 클라우드 서버 파악하기

학습 목표

AWS에서 제공하는 가상 클라우드 서버의 구조를 살펴봅니다. 또 한, 실습을 통해 가상 클라우드 서버를 구축하는 방법과 다양한 접속 패턴을 알아봅시다.

핵심 키워드

가상 클라우드 서버 | 아마존 EC2 | AMI | 인스턴스 유형 | 스토리지 | 보안 그룹 | 키 페어
EC2 인스턴스 연결 엔드포인트 | 세션 관리자

학습 코스

❶ 가상 클라우드 서버, 아마존 EC2란? → ❷ 가상 클라우드 서버, 아마존 EC2 살펴보기 → ❸ 아마존 EC2 구축하기 → ❹ 아마존 EC2 접속 패턴 살펴보기

4.1 가상 클라우드 서버, 아마존 EC2란?

아마존 EC2는 Amazon Elastic Compute Cloud의 약자로 AWS에서 제공하는 가상 클라우드 서버를 의미합니다. 아마존 EC2를 이용하면 단 몇 분으로 서버를 구축할 수 있으며, 물리 서버 구축과 환경 구축의 어려움을 해소할 수 있습니다.

> 아마존 EC2는 EC2, EC2 서버, EC2 인스턴스 라고도 불립니다.

AWS에서의 서버 관리는 주로 가상 클라우드 서버인 아마존 EC2를 활용해 이루어집니다.

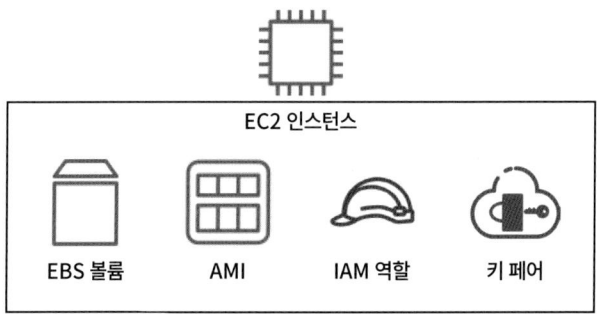

이번에는 아마존 EC2 서비스를 중심으로 아마존 EC2를 구성하는 옵션(인스턴스 유형, 스토리지 옵션, 보안 그룹, 키 페어)을 살펴보며, 실습으로 아마존 EC2를 구축해보고, 다양한 접속 패턴을 살펴보겠습니다.

> AWS 컨테이너 서비스인 아마존 ECS에서 지원하는 ECS on EC2 또한 아마존 EC2를 기반으로 생성하는 서버입니다. 아울러 람다(Lambda), AWS 파게이트(AWS Fargate)와 같은 서버가 필요 없는 서버리스 서비스도 AWS에서 제공하고 있습니다. 이와 관련된 내용은 13장에서 다룰 예정입니다.

4.2 가상 클라우드 서버, 아마존 EC2 살펴보기

이번에는 아마존 EC2를 구성하는 대표적인 기능과 옵션을 살펴보겠습니다. 아마존 EC2를 구성하는 기능과 옵션은 다음과 같이 나눌 수 있습니다.

- **AMI(Amazon Machine Image)** : EC2 인스턴스를 시작하는 템플릿
- **인스턴스 유형** : CPU, 메모리와 같은 하드웨어의 조합
- **스토리지 옵션** : 인스턴스 스토어 볼륨, EBS 볼륨으로 구분되며, EC2 인스턴스의 저장 공간
- **보안 그룹** : EC2 인스턴스에 대한 네트워크 트래픽을 제어하는 가상 방화벽
- **키 페어** : EC2 인스턴스 접속에 사용되는 키

4.2.1 AMI

AMI는 Amazon Machine Image의 약자로 아마존 EC2를 시작하는 데 필요한 소프트웨어 구성을 담고 있는 템플릿입니다.

소프트웨어 구성에는 OS, 애플리케이션 등을 구성하여 제공하고 있으며, 대표적으로 윈도우, 맥 OS, 우분투, 레드헷 같은 OS를 제공하고 있습니다. AMI를 선택할 수 있는 방법은 다음 4가지 분류로 나누어볼 수 있습니다.

- **Quickstart AMIs** : 빠른 아마존 EC2 구축을 위해 선택할 수 있는 AMI입니다.
- **내 AMI** : 내가 직접 만든 AMI입니다.
- **AWS Marketplace AMI** : 기업이 만든 AMI이며, OS를 포함하여, 워드프레스와 같은 다양한 소프트웨어가 설치된 AMI를 사용해볼 수 있습니다.
- **커뮤니티 AMI** : 사용자가 만든 AMI이며, AWS에 의해 검토를 받은 AMI가 아니기 때문에 사용에 주의가 필요합니다.

4.2.2 인스턴스 유형

아마존 EC2에서 사용할 AMI(OS 및 애플리케이션)를 선택했다면, 다음은 어떤 인스턴스 유형을 사용할지 고려해야 합니다. 인스턴스 유형은 CPU, 메모리와 같은 하드웨어 조합을 의미합니다.

> 인스턴스 유형 혹은 인스턴스 타입이라고도 합니다.

인스턴스 유형에는 범용, 컴퓨팅 최적화, 메모리 최적화, 스토리지 최적화, 가속화된 컴퓨팅 등 다양한 사례에 최적화된 인스턴스 유형을 제공하고 있습니다.

인스턴스 유형	특징	사용 사례
m, t 계열 인스턴스 유형 제공	균형 있는 컴퓨팅, 메모리 및 네트워킹 리소스를 제공	범용
c 계열 인스턴스 유형 제공	높은 계산 능력을 가지며, 일괄 처리, 동영상 인코딩에 적합	컴퓨팅 최적화
r, x, z 계열 인스턴스 유형 제공	다른 인스턴스 유형에 비해 많은 메모리를 탑재하고 있으며, 고성능 DB, 빅데이터 처리와 같은 대규모 데이터 처리에 적합	메모리 최적화
h, i, d 계열 인스턴스 유형 제공	높은 I/O(입출력)와 대용량 스토리지를 가지며, 높은 I/O가 요구 되는 분산 파일시스템, NoSQL 데이터베이스 작업에 적합	스토리지 최적화
p, g, f 계열 인스턴스 유형 제공	CPU에서 실행되는 소프트웨어를 보다 효율적으로 처리하며, 기계 학습, 고성능 컴퓨팅, 실시간 비디오 처리에 적합	가속화된 컴퓨팅

인스턴스 유형에서 나타내는 m, t, c, r, x, z와 같은 계열을 인스턴스 패밀리라고 합니다.

c5a.xlarge
❶ ❷ ❸ ❹

c 계열의 인스턴스 유형 중 c5a.xlarge로 예를 들겠습니다. ❶ 인스턴스 패밀리라고 하며 인스턴스 패밀리는 사용 사례를 기준으로 범용, 컴퓨팅 최적화, 메모리 최적화, 스토리지 최적화, 그리고 가속화된 컴퓨팅과 같은 다양한 유형으로 분류됩니다. ❷ 인스턴스 세대를 의미하며, 숫자가 큰 쪽이 최신 세대입니다. ❸ 인스턴스 옵션을 의미하며, 옵션이 없는 인스턴스 유형도 있습니다. 인스

턴스 옵션은 다음 표를 참고 바랍니다. ❹ 인스턴스 크기를 의미하며, CPU와 메모리에 따라 인스턴스 크기가 분류됩니다. 인스턴스 크기는 nano → micro → medium → small → large → xlarge → 2xlarge 순으로 이어집니다.

인스턴스 유형에 따라 옵션이 존재하며, 다음과 같은 기능을 제공합니다.

인스턴스 옵션	특징
a	AMD 프로세서
g	AWS 그라비톤(Graviton) 프로세서
i	인텔 프로세서
d	인스턴스 스토어 볼륨(임시 스토리지)
n	네트워크 및 EBS 최적화
e	추가 스토리지 또는 메모리
z	고성능
flex	Flex 인스턴스(인스턴스의 저비용 버전(ex : M7iFlex)

4.2.3 스토리지 옵션

아마존 EC2에서는 두 가지 스토리지 옵션을 선택할 수 있습니다.

- 인스턴스 스토어 볼륨
- EBS 볼륨

인스턴스 스토어 볼륨은 휘발성 스토리지이며, EBS 볼륨보다 높은 IOPS 및 처리량, 낮은 대기 시간으로, 높은 I/O 성능이 필요한 스토리지에 이상적인 옵션입니다. 하지만 어디까지나 휘발성이기 때문에 임시 스토리지로 활용되며, 디스크에 장애가 발생하거나, EC2 인스턴스가 중지 혹은 삭제된 경우 데이터가 손실됩니다. EBS처럼 별도로 백업이 불가능하기 때문에 한 번 손실된 데이터는 복원할 수 없고, EC2 인스턴스에서 분리하는 것이 불가능합니다.

> EC2 인스턴스 중지가 아닌 재부팅의 경우 데이터 손실은 발생하지 않습니다. IOPS는 스토리지의 성능 지표로서 1초간 읽고 쓸 수 있는 횟수를 의미하며, IOPS가 높을수록 고속으로 데이터를 읽고 쓸 수 있습니다.

인스턴스 유형	vCPU	아키텍처	메모리(GiB)	스토리지(GB)	스토리지 유형
c6gd.medium	1	arm64	2	59	ssd
c6gd.large	2	arm64	4	118	ssd
c6gd.xlarge	4	arm64	8	237	ssd
c6gd.2xlarge	8	arm64	16	474	ssd

인스턴스 유형을 선택할 시, 인스턴스 스토어 볼륨의 사용 유무를 확인할 수 있으며, 스토리지 용량과 유형을 확인할 수 있습니다.

> 인스턴스 스토어 볼륨을 사용할 수 없는 인스턴스 유형일 때 스토리지와 스토리지 유형은 공백으로 출력됩니다.

인스턴스 스토어 볼륨이 EC2 인스턴스의 내장 디스크라면 EBS 볼륨은 EC2 인스턴스와는 별개로 독립적으로 관리되는 서비스이며, EC2 인스턴스 없이 유지되는 서비스이기 때문에 별도 비용이 발생하게 됩니다.

EBS 볼륨은 독립적으로 관리되는 서비스이기 때문에 복수의 EBS 볼륨을 생성해서 EC2 인스턴스에 연결할 수 있으며, 백업 및 복원을 통해 데이터 손실을 방지할 수 있습니다. 또한 EBS 볼륨은 비휘발성이므로 EC2 인스턴스를 중지하거나 삭제해도 데이터 손실이 발생하지 않기 때문에 특수한 상황이 아니라면 EBS 볼륨 사용이 권장됩니다.

> 독립적으로 관리되는 EBS 볼륨이라 할지라도 EC2 인스턴스가 삭제될 때 연결된 볼륨을 자동으로 삭제할 수 있는 옵션을 선택할 수 있으며, AWS 관리 콘솔에서 EC2 인스턴스를 생성했다면 루트 볼륨(예 : 윈도우에서는 C 드라이브)은 EC2 인스턴스 삭제 시 자동으로 삭제됩니다. 필요에 따라 해당 EC2 인스턴스만 삭제하고 연결된 EBS 볼륨을 유지할 수 있습니다.

EBS 볼륨 유형

EBS 볼륨 유형에는 크게 다음 2가지가 있습니다.

- SSD 볼륨
- HDD 볼륨

SSD 볼륨과 HDD 볼륨에서도 다음과 같이 유형이 나누어집니다.

볼륨 유형	특징	비고
범용 SSD(gp2, gp3)	기본 EBS 볼륨 유형이며, 비용과 성능면에서 밸런스가 좋고 폭넓은 용도로 사용 가능	SDD 볼륨
프로비저닝된 IOPS(io1, io2)	미션 크리티컬하고 높은 I/O 성능이 요구되는 데이터베이스, 애플리케이션에 적합	SDD 볼륨
처리량에 최적화된 HDD(st1)	고속 HDD를 기반으로 사용하며 안정적인 처리량이 필요한 시스템에 적합한 볼륨 유형이며, 로그 관리, 스트리밍, 빅데이터에 최적화	HDD 볼륨
Cold HDD(sc1)	저비용 볼륨 유형으로 액세스 빈도가 적은 대용량 데이터를 저장하는 용도에 적합	HDD 볼륨

일반적으로 널리 사용되는 EBS 볼륨 유형은 범용 SSD(gp2 및 gp3)입니다. 만약 어떤 볼륨 유형을 선택해야 할지 망설여진다면 범용 SSD(gp2 및 gp3) 선택이 권장됩니다. 또한 gp2와 gp3를 비교했을 때 gp3는 GB당 최대 20%의 비용 절감을 제공하며, 저렴한 비용으로 더 적은 볼륨을 프로비저닝할 수 있어 더 높은 성능을 유지하는 데 도움이 됩니다. 따라서 볼륨 유형은 SSD gp3의 사용을 권장하고 있습니다.

 마그네틱(표준)이라는 볼륨 유형도 존재하며, 데이터의 액세스 빈도가 낮은 상황에서 사용하지만 구 세대 볼륨 유형이기 때문에 사용을 권장하지는 않습니다.

디바이스 이름

EC2 인스턴스에서 사용하는 볼륨을 식별하는 데 사용하는 디바이스 이름이 있습니다.

▼ EBS 볼륨을 EC2 인스턴스에 연결할 때 확인할 수 있는 디바이스 이름

EBS 볼륨을 EC2 인스턴스에 연결할 때, 대상 인스턴스와 디바이스 이름을 지정할 수 있습니다. 디바이스 이름은 OS 및 드라이버 타입 혹은 가상화, AMI에 따라 다르며, 크게는 윈도우와 리눅스로 나누어집니다.

OS	드라이버 타입	가상화	사용 가능	루트용으로 예약됨	EBS 볼륨으로 권장
윈도우	AWS PV	HVM	xvd[bz] xvd[bc][az] /dev/sda1 /dev/sd[be]	/dev/sda1	xvd[fz]*
리눅스	-	HVM	/dev/sd[az] /dev/sd[az][1-15] /dev/hd[az] /dev/hd[az][1-15]	/dev/sda1	/dev/sd[fp] /dev/sd[fp][1-6]
리눅스	-	PV(paravirtual)	/dev/sd[a-z] /dev/xvd[a-d][a-z] /dev/xvd[e-z]	/dev/sda1 또는 /dev/xvda	/dev/sd[fp]*

먼저 윈도우는 사용 가능한 디바이스 이름을 알기 위해서는 내가 사용하는 혹은 사용할 드라이버 타입을 확인할 필요가 있습니다. EC2 인스턴스에서 AWS가 제공하는 윈도우 서버는 초기 상태에서 반가상화 드라이버 등의 특수 드라이버가 설치되어 있습니다. 현재 표준으로 AWS PV 드라이버가 설치되어 있으며, C 드라이브 즉 루트 볼륨으로 /dev/sda1 디바이스 이름을 사용할 수 있게 예약되어 있습니다. 리눅스는 가상화로 디바이스 이름이 나누어지며, 가상화는 전가상화[HVM]와 반가상화[PV]로 나누어집니다. 간단히 설명하자면 전 가상화는 하드웨어 전체를 가상화하며, 반가상화는 하드웨어를 일부 가상화하는 방식입니다. 차이점은 반가상화는 하이퍼바이저를 통해 하드웨어

를 제어하기 때문에 좋은 퍼포먼스를 낼 수 있으며, 전가상화는 OS를 수정 없이 사용할 수 있어, 설치와 구성이 용이하지만 하드웨어 자체가 완전가상화를 지원해야 하기 때문에 퍼포먼스가 PV에 비해 떨어집니다.

하지만 전가상화가 반가상화에 비해 퍼포먼스가 떨어진다고 해도 큰 차이가 있는 것은 아닙니다. AWS에서는 현재 전가상화를 적극 지원하고 있으며, 최고의 퍼포먼스를 위해서 인스턴스를 시작할 때 최신 세대의 인스턴스 유형과 전가상화 사용을 권장하고 있습니다.

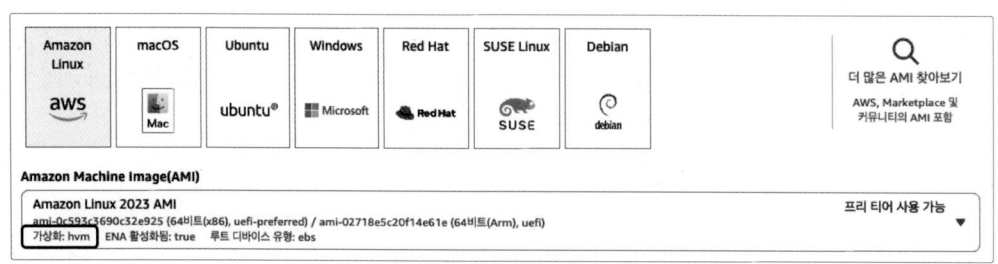

AMI를 선택할 때 가상화를 확인할 수 있습니다.

4.2.4 보안 그룹

보안 그룹은 네트워크 트래픽을 관리하는 서비스로, 특정 IP 주소, IP 범위, 포트 및 프로토콜을 기반으로 특정 리소스에 대한 접근을 허용하거나 거부할 수 있습니다.

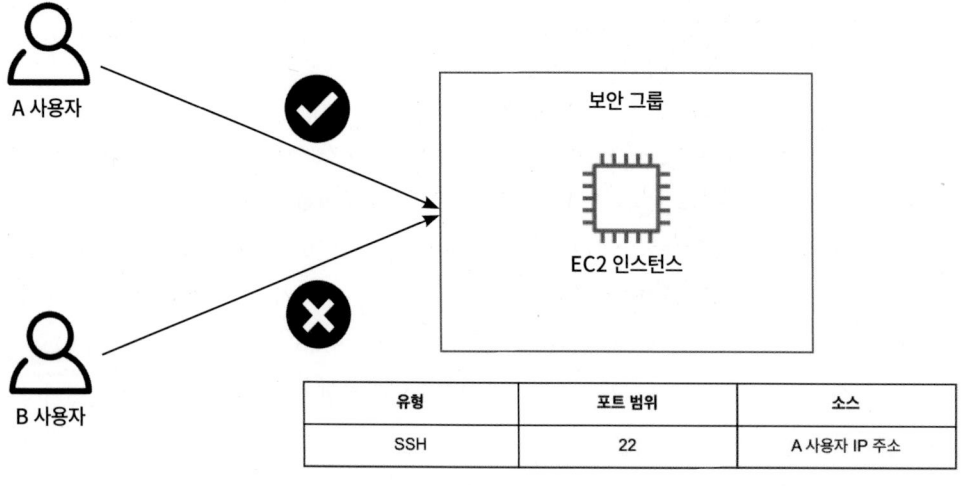

예를 들어 보안 그룹에서 22번 포트 접속에 대해 A 사용자의 IP 주소만을 허용했다면, 해당 포트로의 접근 권한이 A 사용자에게만 주어지며, B 사용자는 이 포트를 통한 접속이 차단됩니다. 이로써 A 사용자만 해당 포트를 통해 접속할 수 있고, B 사용자는 접근할 수 없는 상태가 되므로, 보안 그룹을 통한 EC2 인스턴스로의 접근을 제어할 수가 있습니다.

이런 접속 허용, 차단을 보안 그룹의 인바운드 규칙, 아웃바운드 규칙을 통해 설정할 수 있습니다.

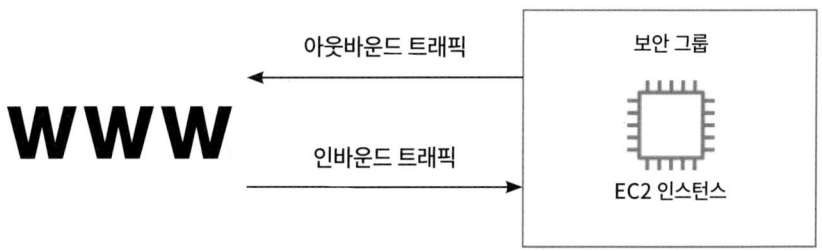

예를 들어 EC2 인스턴스에 대한 액세스(인바운드 트래픽)와 인스턴스에서의 액세스(아웃바운드 트래픽)에 대해 방화벽 역할을 하는 것이 보안 그룹입니다. 일반적으로 보안 그룹을 구성할 때 주로 주의를 기울이는 부분은 인바운드 규칙입니다.

인바운드 규칙을 통해 외부에서 EC2 인스턴스로의 접근을 어떻게 허용 또는 제한할지를 결정합니다. 아웃바운드 트래픽은 기본적으로 EC2 인스턴스에서 외부로 모든 트래픽을 내보낼 수 있도록 설정되어 있습니다. 이런 설정은 EC2 인스턴스가 기본적으로 인터넷으로 트래픽을 보낼 수 있도록 구성되어 있다는 것을 의미합니다. 따라서 보안 그룹 설정에서 아웃바운드 트래픽에 대한 특별한 제한이나 규칙이 없다면 EC2 인스턴스는 외부로의 통신에 필요한 모든 네트워크 연결을 수행할 수 있도록 설정됩니다.

마지막으로 각 EC2 인스턴스는 IP 주소를 가지며, 이런 EC2 인스턴스의 IP 주소를 이용하여 온프레미스에서 EC2 인스턴스의 접근을 허용할 수 있습니다. 이를 통해 EC2 인스턴스가 온프레미스 시스템으로 접근할 수 있도록 허용하거나, 온프레미스 시스템에서 EC2 인스턴스로의 접근을 가능하게 할 수 있습니다. 또한 EC2 인스턴스는 퍼블릭 IP 주소(공인 IP 주소)와 프라이빗 IP 주소(사설 IP 주소)가 할당되어 있습니다.

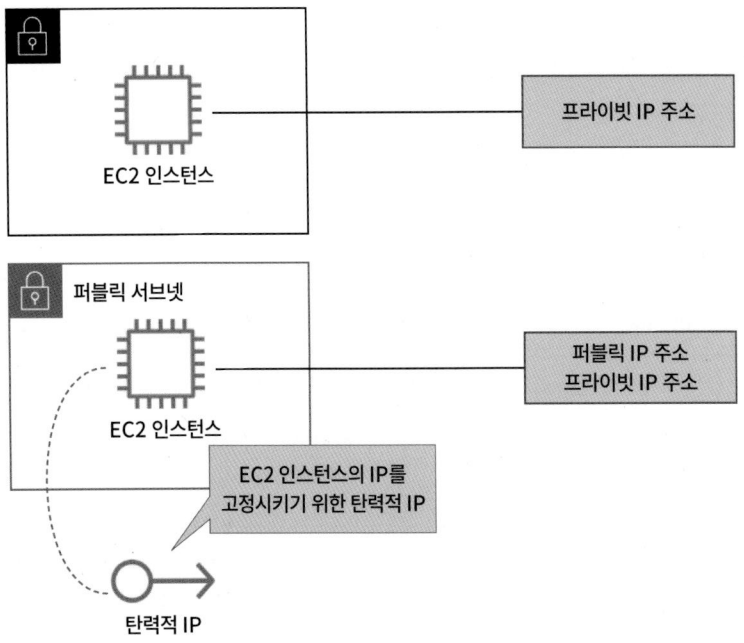

프라이빗 서브넷에 생성된 EC2 인스턴스는 외부에 직접 노출되지 않기 때문에 프라이빗 IP 주소만 할당됩니다. 이 프라이빗 IP 주소는 해당 서브넷 내에서 고정되어 있어서 변하지 않습니다. 반면에 퍼블릭 서브넷에 생성된 EC2 인스턴스는 외부에서 접근할 수 있어야 하므로 퍼블릭 IP 주소와 프라이빗 IP 주소가 모두 할당됩니다. 그러나 퍼블릭 IP 주소는 EC2 인스턴스를 재부팅하거나 재시작할 때마다 변경될 수 있습니다. 이것은 AWS에서 자원을 효율적으로 관리하기 위한 일종의 동적 IP 할당 방식입니다. AWS에서는 이런 IP 주소를 고정시키는 기능을 제공하는데, 바로 탄력적 IP 주소를 제공합니다. 이름 그대로 IP 주소를 고정시키는 기능이며, 이 IP 주소를 EC2 인스턴스에 할당함으로써 재부팅 혹은 재시작을 하더라도 IP 주소는 변하지 않고 고정됩니다. 이런 탄력적 IP 주소를 사용하면 EC2 인스턴스를 안정적으로 식별하고, IP 주소가 변경되는 문제를 해결할 수 있습니다.

4.2.5 키 페어

보안 그룹에서 특정 IP 주소가 허용되었다고 해서 EC2 인스턴스에 접속할 수 있는 것은 아닙니다. EC2 인스턴스의 또 하나의 보안 장치로서 보안 그룹 설정과 더불어 키 페어가 필요합니다. 키 페어는 EC2 인스턴스에 안전하게 접속하는 필수적인 요소로, 해당 키 페어가 없으면 EC2 인스턴스에 로그인하거나 접속하는 것이 불가능합니다.

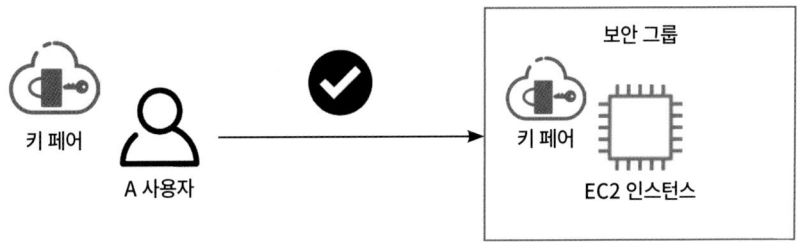

키 페어 유형에는 RSA와 ED25519 유형이 있습니다. RSA는 이전부터 이용되어 왔던 범용 키 페어 형식이며, 어떤 OS에서도 이용 가능한 키 페어입니다. ED25519 유형은 2021년 공개된 키 페어 유형으로 리눅스와 맥OS에서만 사용 가능하며, 윈도우에서는 사용이 불가능합니다. RSA와 같은 안전성을 보장하며, RSA보다 키 길이가 짧고 고속으로 처리할 수 있어 뛰어난 퍼포먼스를 보여줍니다.

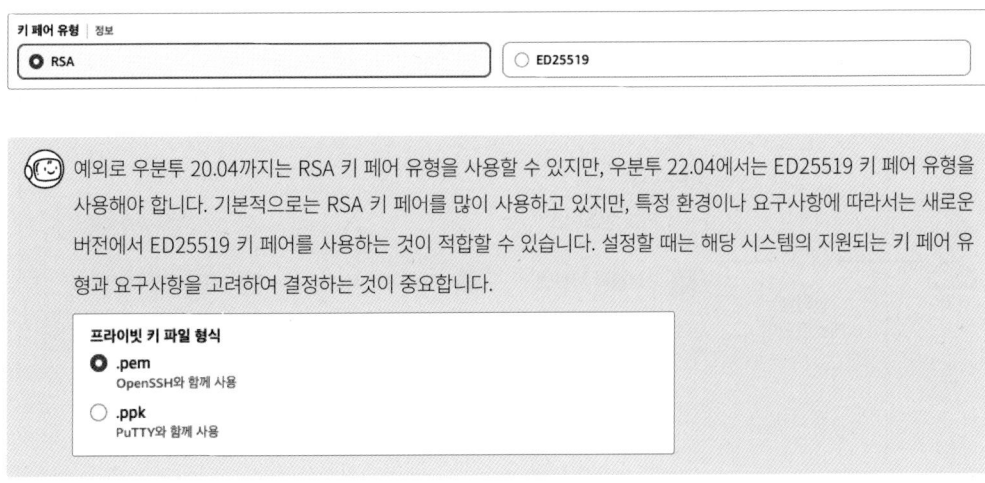

> 예외로 우분투 20.04까지는 RSA 키 페어 유형을 사용할 수 있지만, 우분투 22.04에서는 ED25519 키 페어 유형을 사용해야 합니다. 기본적으로는 RSA 키 페어를 많이 사용하고 있지만, 특정 환경이나 요구사항에 따라서는 새로운 버전에서 ED25519 키 페어를 사용하는 것이 적합할 수 있습니다. 설정할 때는 해당 시스템의 지원되는 키 페어 유형과 요구사항을 고려하여 결정하는 것이 중요합니다.

키 파일 형식은 .ppm과 .ppk로 나누어집니다. .pem(Privacy Enhanced Mail) 프라이빗 키 파일 형식은 OpenSSH를 사용하는 환경에서 사용됩니다. 반면에 .ppk(PuTTY Private Key) 프라이빗 키 파일 형식은 PuTTY에서 사용할 수 있는 키 파일 형식입니다. 각 형식의 파일은 각 환경에 맞게 키를 생성하고 저장할 필요가 있습니다.

4.3 아마존 EC2 구축하기

이번에는 앞서 살펴본 내용을 바탕으로 EC2 인스턴스를 구축하겠습니다. EC2 인스턴스를 구축한 다음, EC2 인스턴스로 접속할 수 있는 다양한 접속 패턴을 알아보겠습니다.

4.3.1 클라우드포메이션으로 EC2 인스턴스 구축하기

To do 01 EC2 인스턴스를 생성하는 클라우드포메이션의 yml 파일은 다음과 같습니다.

> **EC2 생성하는 클라우드포메이션 yml 파일**
> - **파일 이름** : VPC.yml, Security_Group.yml, EC2.yml
> - **클라우드포메이션 스택 생성 순서** : VPC.yml → Security_Group.yml → EC2.yml

클라우드포메이션 전체 코드는 깃허브 리포지터리 [chapter4] → [EC2] → [chapter4.3.1-Create-EC2] 폴더에서 확인할 수 있습니다. 이번에 구축할 구성은 다음과 같습니다.

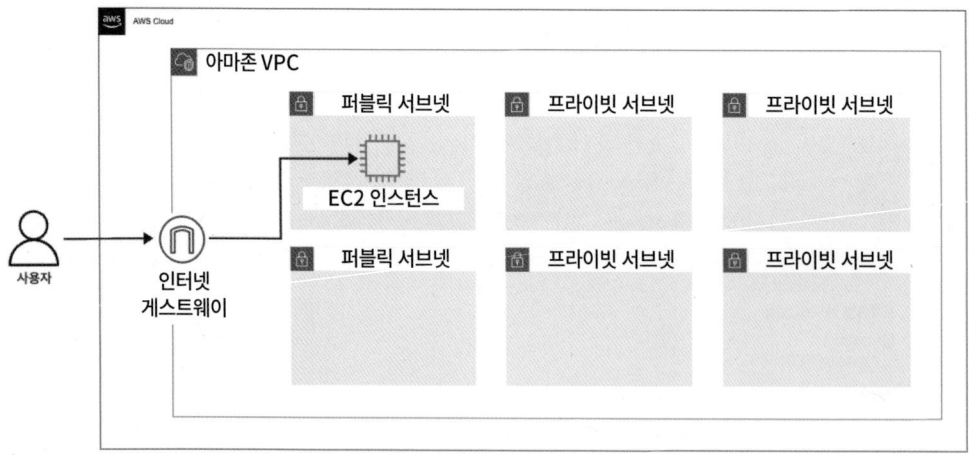

네트워크 구성은 2개의 퍼블릭 서브넷과 4개의 프라이빗 서브넷으로 구성되며, 퍼블릭 서브넷에 EC2 인스턴스를 배치하고 인터넷 게이트웨이를 통해 EC2 인스턴스로 접속합니다.

02 Security_Group.yml 파일에 보안 그룹 생성에 필요한 리소스를 추가하겠습니다.

Security_Group.yml
```
Type: AWS::EC2::SecurityGroup # ❶
  Properties: # ❷
    GroupDescription: !Sub ${SystemName}-${EnvName}-ec2-sg
    GroupName: !Sub ${SystemName}-${EnvName}-ec2-sg
    SecurityGroupIngress:
        - IpProtocol: tcp
          FromPort: 22
          ToPort: 22
          CidrIp: 0.0.0.0/0
    VpcId:
      Fn::ImportValue: !Sub ${EnvName}-vpc
```

❶ 타입에는 AWS::EC2::SecurityGroup을 입력하여, 보안 그룹을 생성합니다. ❷ 보안 그룹 속성을 설정합니다. GroupName에 보안 그룹의 이름을 지정합니다. GroupDescription에 보안 그룹 설명을 입력합니다. SecurityGroupIngress는 인바운드 규칙으로 접속을 허용할 IP 주소와 포트를 입력합니다. 마지막으로 보안 그룹이 생성될 VPC를 지정합니다.

03 EC2.yml 파일에 EC2 인스턴스 생성에 필요한 파라미터를 추가하겠습니다.

EC2.yml
```
KeyPairName: # ❶
  Description: gr-product-ec2 EC2 Key Pair
  Type: String
  Default: gr-product-ec2-key
EC2AMI: # ❷
  Description: gr-product-ec2 EC2 AMI
  Type: String
  Default: ami-02d081c743d676996
InstanceType: # ❸
  Description: gr-product-ec2 EC2 instance type
  Type: String
  Default: t2.micro
```

❶ EC2 인스턴스 생성에 필요한 파라미터로는 키 페어 이름을 지정하는 KeyPairName과 ❷ AMI를 지정하는 EC2 AMI ❸ 인스턴스 유형을 지정하는 InstanceType으로 구성되어 있습

니다. AMI와 인스턴스 유형은 아마존 리눅스 2와 저렴한 비용으로 이용할 수 있는 인스턴스 유형 t2.micro를 선택했습니다.

04 EC2.yml 파일에 EC2 인스턴스 키 페어 생성에 필요한 리소스를 추가하겠습니다.

EC2.yml
```
NewKeyPair:
    Type: AWS::EC2::KeyPair # ❶
    Properties:
      KeyName: !Ref KeyPairName
    Default: t2.micro
```

❶ EC2 인스턴스 키 페어를 생성합니다. 키 페어는 AWS 관리 콘솔에서 직접 생성할 필요가 있었으나, 2022년 업데이트를 통해 클라우드포메이션으로도 생성할 수 있게 되었습니다. AWS 관리 콘솔로 키 페어를 생성하면, 생성한 키 페어가 로컬 PC로 즉시 다운로드되지만 클라우드포메이션으로 키 페어를 생성하면 파라미터 스토어에 저장됩니다.

05 EC2.yml 파일에 EC2 인스턴스 생성을 위한 Resources를 추가하겠습니다.

EC2.yml
```
Type: AWS::EC2::Instance # ❶
    Properties: # ❷
      ImageId: !Ref EC2AMI
      InstanceType: !Ref InstanceType
      KeyName: !Ref NewKeyPair
      NetworkInterfaces: # ❸
        - DeviceIndex: 0
          SubnetId: { "Fn::ImportValue": !Sub "${EnvName}-public-subnet-1a" }
          GroupSet:
          - Fn::ImportValue: !Sub ${EnvName}-ec2-sg
          AssociatePublicIpAddress: true
      BlockDeviceMappings: # ❹
        - DeviceName: /dev/xvda
          Ebs:
            VolumeSize: 100
            VolumeType: gp3
            Encrypted : true
```

❶ EC2 인스턴스 생성을 위해 AWS::EC2::Instance 타입을 입력합니다. ❷ EC2 인스턴스 속성을 설정합니다. 먼저 AMI 지정을 위한 ImageId와, 인스턴스 유형을 지정하기 위한 InstanceType, 키 페어 사용을 위한 KeyName을 설정합니다. ❸ EC2 인스턴스의 네트워크를 설정을 위해 NetworkInterfaces를 이용합니다. NetworkInterfaces에는 EC2 인스턴스를 배치할 서브넷과 사용할 보안 그룹을 지정할 수 있습니다. 이번에는 인터넷 게이트웨이를 통해 EC2 인스턴스에 접속할 생각이므로 AssociatePublicIpAddress을 이용해 퍼블릭 IP 주소를 할당합니다. ❹ EBS 볼륨을 사용하기 위해 BlockDeviceMappings 속성을 추가합니다. 해당 속성에서 EBS 볼륨 크기와 타입, 암호화를 설정할 수 있습니다.

> 디바이스 이름은 리눅스 OS에 HVM 전가상화이므로 /dev/sda1 혹은 /dev/xvda 사용할 수 있지만, AMI에 따라 디바이스 이름이 나누어질수 있으며, 이번에 선택한 AMI는 /dev/xvda 디바이스 이름을 지정해야 합니다. 디바이스 이름으로 /dev/sda1를 지정한다면, 루트 볼륨을 인식하지 못하고, EC2 인스턴스가 중지됩니다.

UI로 불러와 EC2 인스턴스 리소스 생성하기

다음은 EC2 인스턴스 생성을 어떻게 하는지 UI를 통해 확인해봅시다.

To do **01** 우선 클라우드포메이션 스택을 생성합니다. EC2.yml 스택을 생성하면 다음과 같은 파라미터 값이 입력되어 있으며, 별다른 수정 없이 스택을 생성합니다.

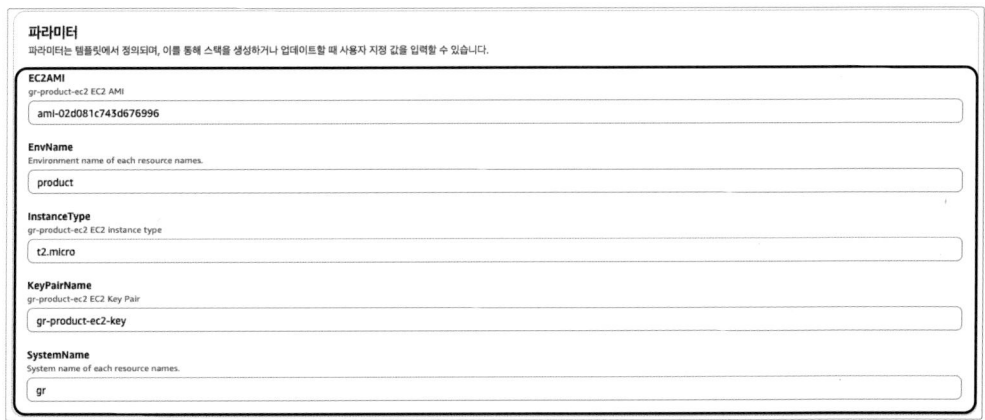

02 EC2 콘솔 화면에서 보안 그룹으로 들어와 보면, 생성된 보안 그룹을 확인할 수 있습니다.

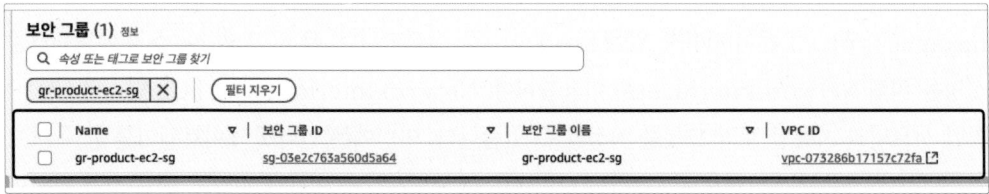

03 인바운드 규칙에서는 개방한 22번 포트와 IP 주소를 확인할 수 있습니다.

04 클라우드포메이션으로 키 페어를 생성하면 파라미터 스토어에 키 페어가 저장됩니다.

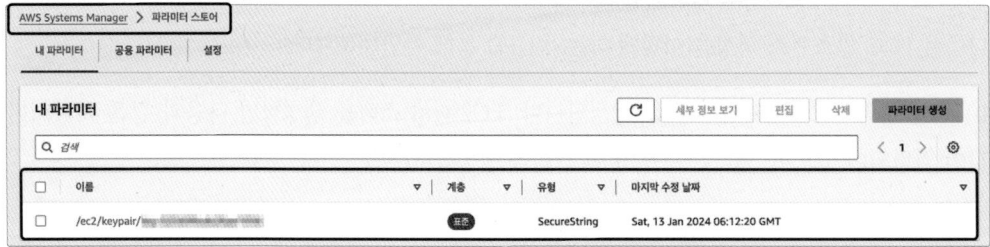

05 파라미터 스토어에 저장된 파라미터를 클릭하면, 파라미터에 대한 정보를 확인할 수 있으며, 여기에 키 페어를 사용하는 복호화된 암호를 확인할 수 있습니다.

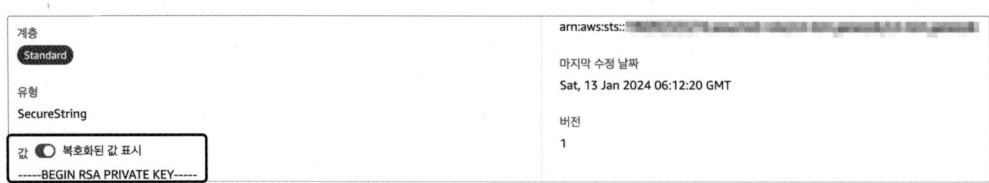

복호화된 암호는 'BEGIN RSA PRIVATE KEY'부터 시작하여 'END RSA PRIVATE KEY'까지 텍스트 형식으로 지정되어 있습니다. 키 페어를 사용하려면 별도로 파일을 생성해야 하며, 맥 OS은 vi 명령어를 사용하여 vi gr-product-ec2-key.pem 형식으로 파일을 만든 다음, 복호화

된 암호를 붙여넣습니다.

06 gr-product-ec2-key.pem 파일을 생성한 다음, 다음과 같이 복호화된 암호를 넣으면 키 페어를 이용하여 EC2 인스턴스에 접속할 수 있습니다.

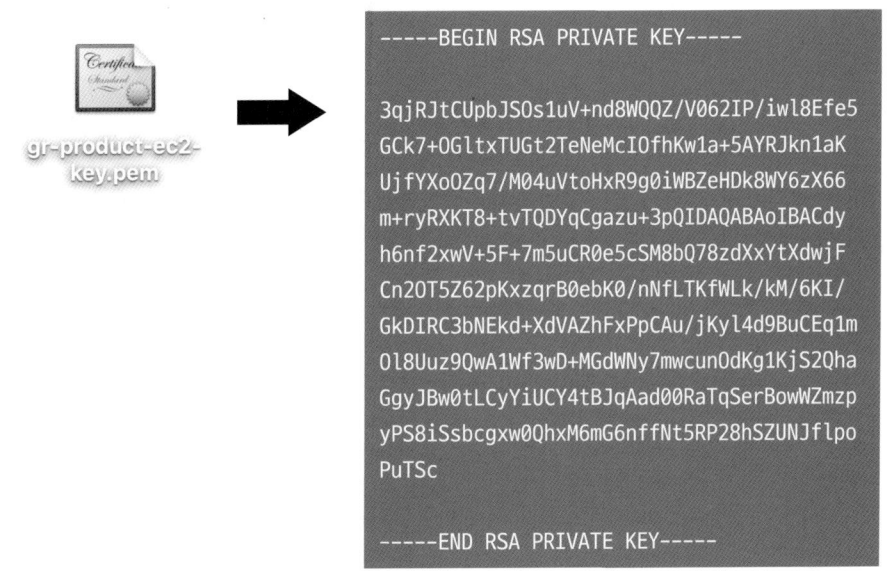

윈도우의 경우 텍스트 파일을 생성하여 암호를 입력하고, 확장자를 pem으로 바꾸어주면 됩니다.

07 마지막으로 EC2 콘솔 화면에서 생성한 EC2 인스턴스를 확인할 수 있습니다.

EC2 인스턴스의 상태는 실행, 중지, 종료(삭제) 3가지 상태로 나눌 수 있으며, 인스턴스 상태를 클릭해서 인스턴스를 실행, 중지, 종료(삭제) 할 수 있습니다.

4.3.2 맥OS 환경에서 EC2 인스턴스 접속

맥OS 환경은 터미널을 이용해서 EC2 인스턴스에 접속합니다.

To do 01 ❶ 접속할 대상 EC2 인스턴스를 선택합니다. ❷ [연결]을 클릭합니다.

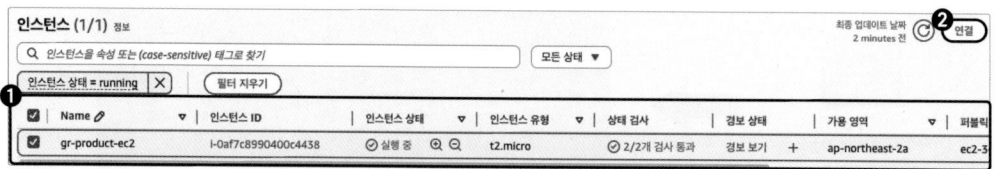

02 ❶ [SSH 클라이언트]를 클릭합니다. ❷ SSH 클라이언트로 접속하는 방법을 확인합니다.

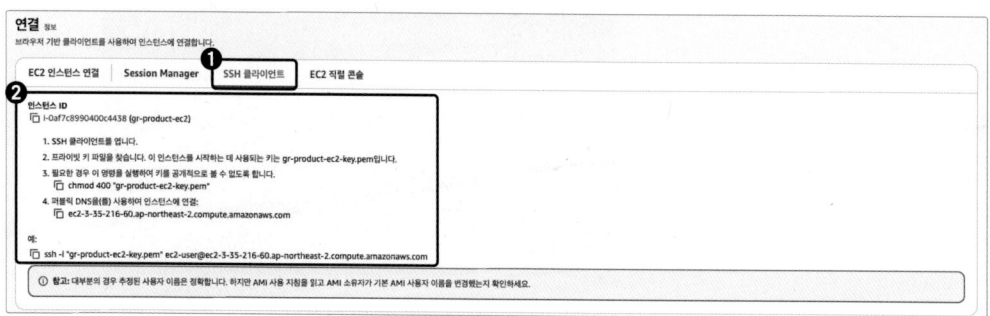

03 초기 키 페어는 너무 많은 권한을 가지고 있기 때문에, 이 상태에서 접속을 시도한다면 접속이 거부될 수 있습니다. 따라서 키 페어의 권한을 축소시킨 후에 접속을 시도해야 합니다.

▼ 키 페어 권한 할당 명령어

터미널을 열고 키 페어가 있는 경로에서 chmod 명령어를 실행합니다.

▼ SSH 접속 명령어

```
// ❶ SSH 접속
ssh -i "gr-product-ec2-key.pem" ec2-user@ec2-x-xx-xxx-xxx.ap-northeast-2.compute.
amazonaws.com
Are you sure you want to continue connecting (yes/no/[fingerprint])? yes
```

❶ SSH 명령어 중에서 -i 옵션을 사용하여 내려받은 키 페어를 지정하고 EC2 인스턴스에 접속을 시도합니다. 이 명령어를 사용하여 원격 인스턴스에 접속할 수 있습니다. 'Are you sure you want to continue connecting'라는 문구가 나온다면 'yes'를 입력합니다.

04 맥OS 환경에서 EC2 인스턴스로의 접속이 성공적으로 확인되었습니다. 이제 원격 인스턴스에 접속하여 필요한 작업을 수행할 수 있습니다.

▼ 맥OS 환경에서 EC2 인스턴스에 접속에 성공한 화면 예

```
Are you sure you want to continue connecting (yes/no[fingerprint])? yes
Warning: Permanently added 'ec2-xxx-xxx-xxx.xxx.ap-northeast-2.compute.amazonaws.
com' (ED25519) to the list of known hosts.

Amazon Linux 2

AL2 End of Life is 2025-06-30.

A newer version of Amazon Linux is available!
Amazon Linux 2023, GA and supported until 2028-03-15. https://aws.amazon.com/
linux/amazon-linux-2023/
-bash: warning: setlocale: LC_CTYPE: cannot change locale (UTF-8): No such file
or directory
[ec2-user@ip-xxx.xxx.xxx.xxx~]$
```

4.3.3 윈도우 환경에서 EC2 인스턴스 접속

To do 01 ❶ URL로 들어가서 https://tera-term.softonic.kr/ 테라텀 설치 파일을 다운로드합니다. 윈도우에서는 SSH 접속을 위해 테라텀^Tera Term이라는 프로그램을 사용합니다.

02 언어 설정에는 ❶ 한국어를 선택하고, 나머지는 기본값을 유지한 채로 ❷ [Next]를 클릭하여 테라텀 설치를 끝마칩니다. ❸ 설치가 완료되었다면 테라텀을 실행하고, 호스트에는 접속할 EC2 인스턴스의 IP 주소(퍼블릭 IP 주소)를 입력합니다. ❹ IP를 입력했다면 [확인]을 클릭합니다.

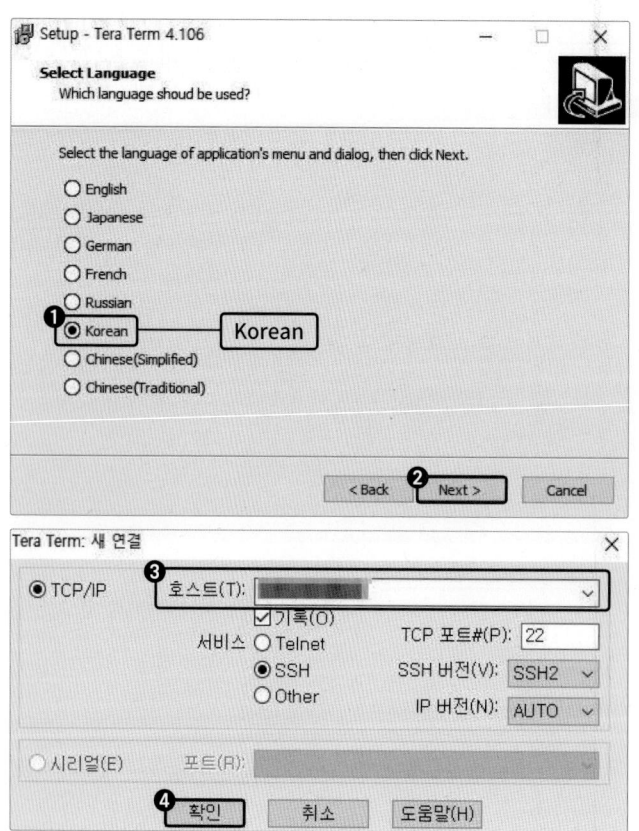

03 처음으로 접속하는 EC2 인스턴스에 접속 시, '이 컴퓨터와 키를 known-host 목록에 추가(A)'라는 경고 문구가 표시됩니다. 이는 접속하고자 하는 EC2 인스턴스의 정보가 테라텀에 없다는 문구로 'known-host 목록에 추가'의 ❶ [계속] 버튼을 클릭합니다. 이처럼 EC2 인스턴스 정보를 테라텀에 추가하면 다음 접속을 시도할 때는 경고 문구가 뜨지 않습니다.

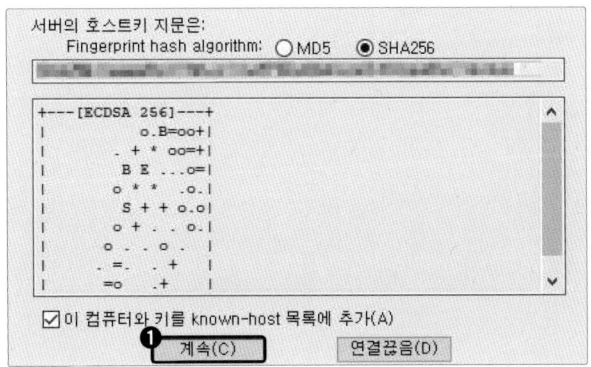

04 ❶ 사용자 이름을 입력합니다. EC2 리눅스 환경의 기본 이름은 ec2-user입니다. ❷ 접속 EC2 인스턴스의 키 페어를 업로드합니다. ❸ 접속을 위해 [확인]을 클릭합니다.

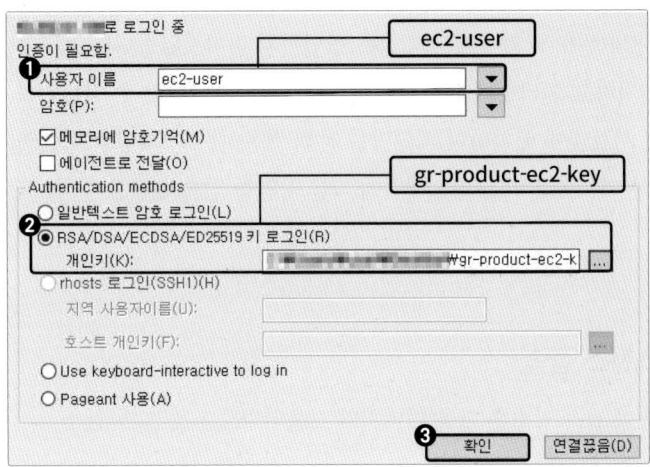

05 윈도우 환경에서 테라텀을 이용해 EC2 인스턴스로의 접속을 시도합니다. 다음과 같은 텍스트가 출력되면 성공입니다.

▼ 테라텀에서 EC2 인스턴스에 접속에 성공한 화면 예

```
Are you sure you want to continue connecting (yes/no[fingerprint])? yes
Warning: Permanently added 'ec2-xxx-xxx-xxx.xxx.ap-northeast-2.compute.amazonaws.
com' (ED25519) to the list of known hosts.

Amazon Linux 2

AL2 End of Life is 2025-06-30.

A newer version of Amazon Linux is available!
Amazon Linux 2023, GA and supported until 2028-03-15. https://aws.amazon.com/
linux/amazon-linux-2023/
-bash: warning: setlocale: LC_CTYPE: cannot change locale (UTF-8): No such file
or directory
[ec2-user@ip-xxx.xxx.xxx.xxx ~]$
```

4.4 아마존 EC2 접속 패턴 살펴보기

EC2 인스턴스를 구축해보고, 맥OS와 윈도우 환경에서의 접속 방법까지 알아보았습니다. 하지만 EC2 인스턴스를 퍼블릭 환경에 배치하고 인터넷에 노출시키면 보안 문제가 발생할 수 있습니다. 이럴 때 EC2 인스턴스를 프라이빗 서브넷에 배치하여 폐쇄망을 통해 접속하는 등 다양한 배치 방법에 따라 접속 방법이 달라지게 되는데, EC2 인스턴스 배치에 따른 다양한 접속 패턴을 알아보겠습니다.

4.4.1 인터넷을 통한 EC2 인스턴스 접속

조금 전 맥OS과 윈도우에서 시도했던 접속 방법은 다음 이미지와 같습니다.

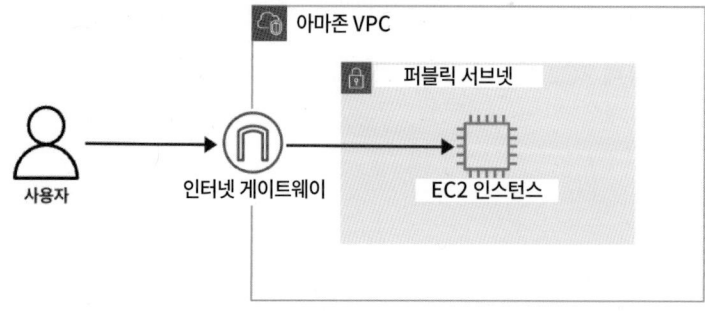

터미널 혹은 테라텀을 이용해서 인터넷을 통해 EC2 인스턴스로 접근합니다. 이외에도 EC2 인스턴스 연결을 이용하여 접속할 수도 있습니다.

To do 01 ❶ EC2 인스턴스 연결 화면에서 [EC2 인스턴스 연결]을 클릭합니다. ❷ [퍼블릭 IP를 사용하여 연결]을 선택하고 [연결]을 클릭하여 접속을 시도합니다.

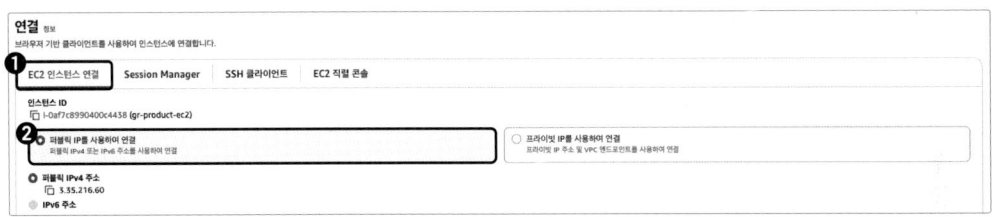

해당 연결 방법을 통해 AWS 관리 콘솔에서 키 페어 없이 EC2 인스턴스에 접속할 수 있습니다. 별도로 키 페어를 사용할 필요가 없어 편리해보이지만, EC2 인스턴스에 퍼블릭 IP 주소가 할당되어 있어야 하며, 반드시 EC2 인스턴스가 퍼블릭 서브넷에 배치되어 있어야 합니다. 인터넷을 통한 접속 방법은 가장 심플한 접속 방법이지만 EC2 인스턴스를 인터넷에 노출시키고 있기 때문에 권장 방법은 아닙니다.

> [퍼블릭 IP를 사용하여 연결] 기능은 과거에는 [EC2 Instance Connect]라는 이름으로 불렸으며, 현업에서는 여전히 이 명칭으로 자주 사용됩니다.

4.4.2 EC2 인스턴스 연결 엔드포인트 이용

이어서 소개할 방법은 EIC^(EC2 Instance Connect Endpoint)를 활용한 접속 방법입니다. EIC는 2023년 6월 공개된 엔드포인트 서비스로 인터넷 게이트웨이, NAT 게이트웨이 없이 EC2 인스턴스로 접속할 수 있는 서비스입니다. EIC 사용에 대한 추가 비용은 없으며 표준 데이터 전송 요금만 적용됩니다.

▼ EC2 인스턴스 연결 엔드포인트 접속 예

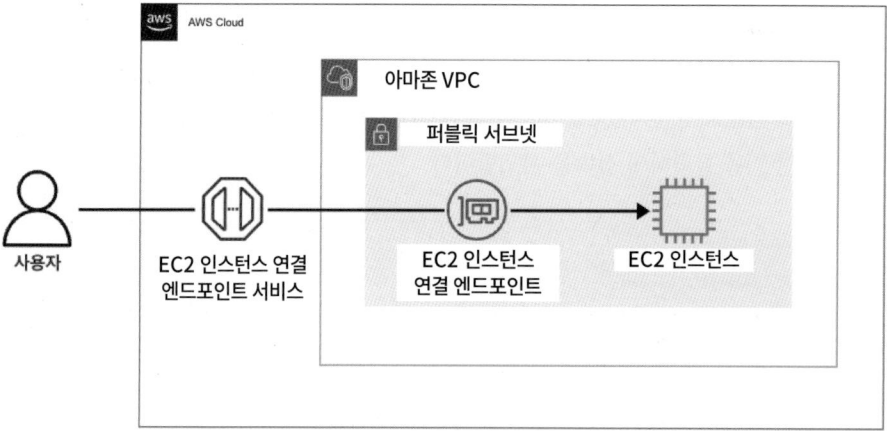

To do 01 EC2 인스턴스 연결 엔드포인트를 생성하는 클라우드포메이션 yml 파일은 다음과 같습니다.

> **EC2 인스턴스 연결 엔드포인트를 생성하는 클라우드포메이션 yml 파일**
>
> - **파일 이름** : VPC.yml, Security_Group.yml, EC2.yml
> - **클라우드포메이션 스택 생성 순서** : VPC.yml → Security_Group.yml → EC2.yml

EC2 인스턴스를 생성하는 클라우드포메이션 전체 코드는 깃허브 리포지터리에서 [chapter4] → [EC2] → [chapter4.4.2-Create-EIC] 폴더에서 확인할 수 있습니다.

클라우드포메이션으로 생성할 구성은 다음과 같습니다.

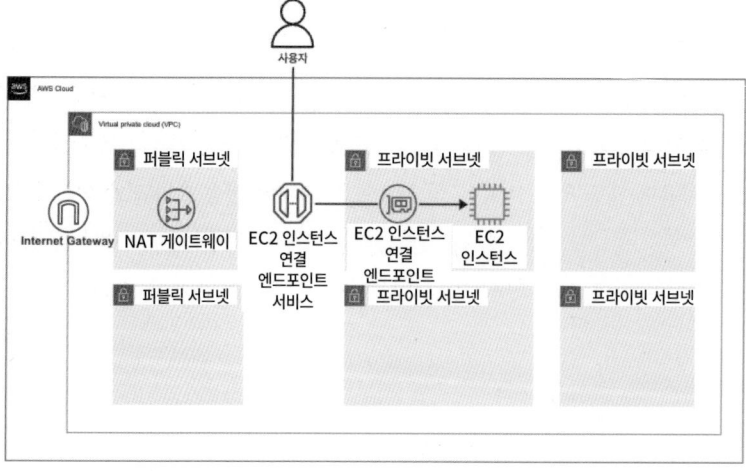

사용자는 인터넷 게이트웨이 혹은 NAT 게이트웨이를 통해 EC2 인스턴스로 접근하는 것이 아닌, EC2 인스턴스 연결 엔드포인트를 통해 EC2 인스턴스로 접근합니다. EIC를 이용한다면 인터넷 게이트웨이와 NAT 게이트웨이 생성은 불필요하지만 외부와의 통신이 완전히 차단된 상황이기 때문에 yum 패키지 사용 등이 필요하다면 NAT 게이트웨이를 생성해야 합니다. 이런 이유로 NAT 게이트웨이를 함께 배치하거나, 더 이상 yum 패키지 사용이 불필요하다면 생성한 NAT 게이트웨이를 제거하여, 비용 문제를 해결하거나 외부와의 통신을 차단할 수 있습니다.

02 이번에 생성할 클라우드포메이션 스택의 경우 전체적으로 구성이 변하는 것은 없습니다. 다만, EC2 인스턴스가 퍼블릭 서브넷에서 프라이빗으로 이동되었기 때문에 더 이상 퍼블릭 IP를 할당할 필요가 없습니다.

EC2.yml
```
      SecurityGroupIds: # ❶
        - Fn::ImportValue: !Sub ${EnvName}-ec2-sg
      SubnetId: # ❷
        Fn::ImportValue: !Sub ${EnvName}-web-subnet-1a
```

❶ 퍼블릭 IP를 할당하는 NetworkInterfaces의 AssociatePublicIpAddress을 사용할 필요가 있었으나, 퍼블릭 IP 할당이 불필요하게 되었으므로 NetworkInterfaces와 AssociatePublicIpAddress를 삭제하여 서브넷과 보안 그룹을 개별적으로 설정합니다. ❷ EC2 인스턴스를 프라이빗 서브넷으로 배치하기 위해 ${EnvName}-public-subnet-1a을 ${EnvName}-web-subnet-1a로 변경합니다.

03 EC2 인스턴스 연결 엔드포인트에서 사용할 보안 그룹을 생성합니다.

VPC.yml
```
  EicSg:
    Type: AWS::EC2::SecurityGroup # ❶
    Properties: # ❷
      GroupName: !Sub ${SystemName}-${EnvName}-sg-eic
      GroupDescription: !Sub ${SystemName}-${EnvName}-sg-eic
      VpcId: !Ref VPC
      SecurityGroupEgress:
        - IpProtocol: -1
          CidrIp: 0.0.0.0/0
```

❶ EC2 인스턴스 연결 엔드포인트의 보안 그룹을 생성합니다. ❷ EC2 인스턴스 연결 엔드포인트의 보안 그룹은 아웃바운드로 제어하기 때문에 인바운드 규칙은 지정할 필요 없습니다. 반대로 아웃바운드 0.0.0.0으로 모든 트래픽을 허용해도 상관없지만, 접속하고자 하는 특정 EC2 인스턴스의 보안 그룹만을 허용하여 범위를 좁힐 수도 있습니다.

04 EC2 인스턴스 연결 엔드포인트를 생성합니다.

```
                                                              VPC.yml
Eic:
  Type: AWS::EC2::InstanceConnectEndpoint # ❶
  Properties: # ❷
    SecurityGroupIds:
      - !Ref EicSg
    SubnetId: !Ref WebSubnet1a
```

❶ EC2 인스턴스 연결 엔드포인트 생성을 위해 타입에는 AWS::EC2::InstanceConnectEndpoint를 입력합니다. ❷ EC2 인스턴스 연결 엔드포인트 속성을 입력합니다. 속성은 보안 그룹을 지정할 SecurityGroupIds와 서브넷 지정을 위한 SubnetId가 있습니다. 보안 그룹은 조금 전 생성한 EC2 인스턴스 연결 엔드포인트의 보안 그룹을 지정하고, 서브넷은 프라이빗 서브넷에 EIC가 생성되도록 프라이빗 서브넷을 지정합니다.

05 EC2 인스턴스 연결 엔드포인트의 접속을 허용하도록 EC2 인스턴스의 보안 그룹을 수정합니다.

```
                                                     Security_Group.yml
      SecurityGroupIngress: # ❶
        - IpProtocol: tcp
          FromPort: 22
          ToPort: 22
          SourceSecurityGroupId:
            Fn::ImportValue: !Sub ${EnvName}-sg-eic
```

❶ 마지막으로 EC2 인스턴스의 보안 그룹을 수정합니다. 이전에는 0.0.0.0을 설정하여 모든 트래픽을 허용했지만 이번에는 EC2 인스턴스 연결 엔드포인트의 보안 그룹을 허용하여, EC2 인스턴스 연결 엔드포인트 접속만을 허용합니다.

> 퍼블릭과 프라이빗 서브넷 배치에 상관없이 엔드포인트는 모든 EC2 인스턴스에서 접근할 수 있습니다.

06 생성한 EC2 인스턴스의 보안 그룹과 EIC의 보안 그룹을 확인할 수 있습니다.

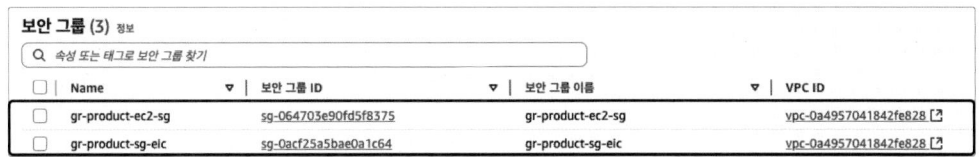

07 EIC의 아웃바운드 규칙에서 EC2 인스턴스의 보안 그룹만을 허용하여 접속을 제한할 수도 있습니다.

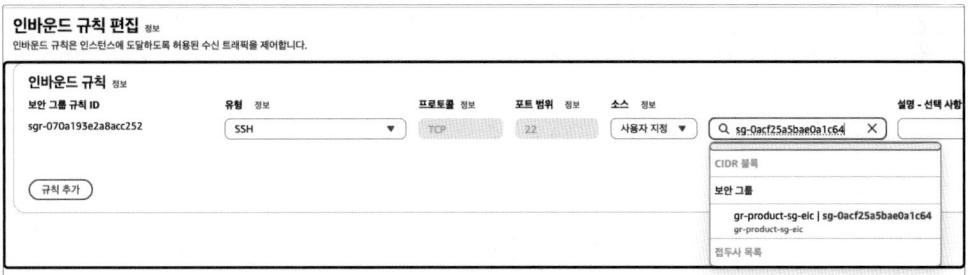

08 마지막으로 VPC 콘솔 화면에서 엔드포인트 카테고리로 들어가, 생성된 EIC를 확인할 수 있습니다.

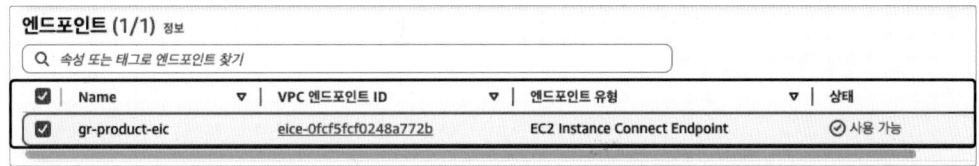

09 ❶ [프라이빗 IP를 사용하여 연결]을 클릭합니다. ❷ 조금 전 생성한 엔드포인트를 선택합니다.

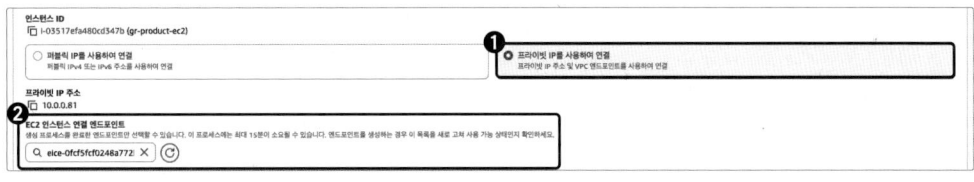

> [프라이빗 IP를 사용하여 연결] 명칭은 [EC2 인스턴스 연결 엔드포인트], 즉 [EIC]라는 이름으로 불리며, 현업에서는 여전히 이 명칭으로 자주 사용됩니다.

10 ❶ 사용자 이름은 기본값을 유지합니다. 터널 기간(EC2 인스턴스에 연결할 수 있는 시간)은 최대 1시간으로 1시간이 지나면 연결이 끊어집니다. 이어서 조금 전 생성한 엔드포인트를 선택합니다. ❷ [연결]을 클릭합니다.

11 EC2 인스턴스 연결 엔드포인트를 생성하여 EC2 인스턴스로의 접속이 성공적으로 확인되었습니다.

▼ EC2 인스턴스 연결 엔드포인트를 통해 EC2 인스턴스에 접속에 성공한 화면 예

```
Are you sure you want to continue connecting (yes/no[fingerprint])? yes
Warning: Permanently added 'ec2-xxx-xxx-xxx.xxx.ap-northeast-2.compute.amazonaws.
com' (ED25519) to the list of known hosts.

Amazon Linux 2

AL2 End of Life is 2025-06-30.

A newer version of Amazon Linux is available!
Amazon Linux 2023, GA and supported until 2028-03-15. https://aws.amazon.com/
linux/amazon-linux-2023/
-bash: warning: setlocale: LC_CTYPE: cannot change locale (UTF-8): No such file
or directory
[ec2-user@ip-xxx.xxx.xxx.xxx ~]$
```

4.4.3 세션 관리자 이용한 콘솔에서의 접속

이번에는 퍼블릭 서브넷에 NAT 게이트웨이를 생성하고, EC2 인스턴스에서는 세션 관리자^{Session Manager}를 사용할 수 있는 권한을 부여합니다. 세션 관리자는 AWS 시스템 관리자^{AWS Systems Manager}라는 AWS 내 리소스 구성 및 변경 관리, 파라미터 중앙 집중식 관리와 같은 다양한 관리 시스템 기능이 집합된 서비스 내에서 운영되는 서비스로 EC2 인스턴스로의 접속을 도와주는 서비스입니다.

▼ 세션 관리자 통신 예

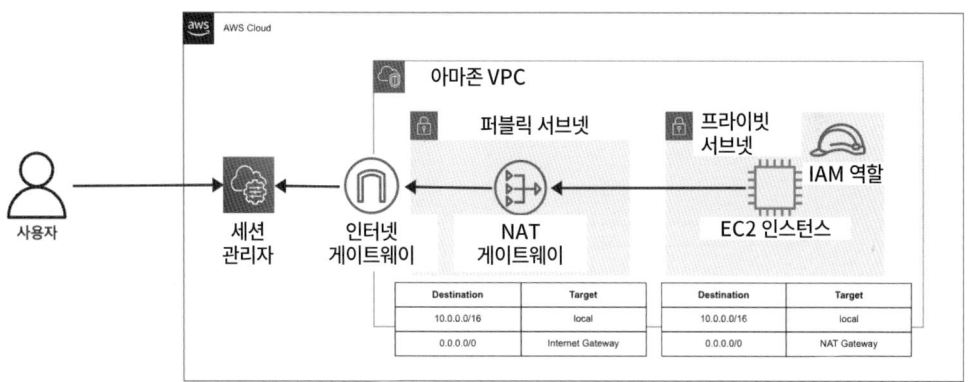

세션 관리자를 사용하려면 EC2 인스턴스에 권한을 부여해야 하며, 외부에서 인터넷을 통해 EC2 인스턴스에 직접 접속하는 것이 아닌, AWS 시스템 관리자의 세션 관리자를 통해 EC2 인스턴스에 안전하게 접속하는 겁니다. 세션 관리자를 사용한다면 EC2 인스턴스 내부에서 AWS 시스템 관리자와 통신할 수 있어야 합니다. 인터넷 게이트웨이를 통해 EC2 인스턴스가 인터넷에 직접 연결되어 있거나, NAT 게이트웨이를 통해 인터넷에 연결할 수 있어야 합니다. 퍼블릭 서브넷의 라우팅 테이블에는 인터넷 게이트웨이의 라우팅을 설정하고 있으며, 프라이빗 서브넷에서는 NAT 게이트웨이의 라우팅을 설정하고 있습니다.

> 세션 관리자를 이용하는 데 있어, 별도의 보안 그룹 설정(인바운드 규칙)은 필요 없습니다.

세션 관리자 접속을 위한 클라우드포메이션의 yml 파일은 다음과 같습니다.

세션 관리자 접속을 위한 클라우드포메이션 yml 파일

- **파일 이름** : VPC.yml, IAM.yml, Security_Group.yml, EC2.yml
- **클라우드포메이션 스택 생성 순서** : VPC.yml → IAM.yml → Security_Group.yml → EC2.yml

세션 관리자 접속을 위한 클라우드포메이션 전체 코드는 깃허브 리포지터리 [chapter4] → [EC2]
→ [chapter4.4.3-Create-EC2-SessionManager] 폴더에서 확인할 수 있습니다.
클라우드포메이션으로 생성할 구성은 다음과 같습니다.

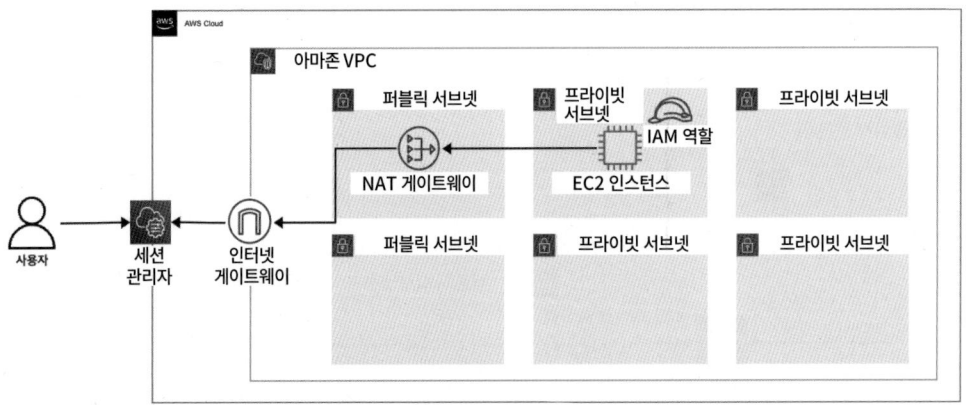

To do **01** 세션 관리자를 사용하기 위해 IAM 역할을 생성합니다.

IAM.yml
```
EC2IAMRole:
    Type: AWS::IAM::Role # ❶
    DeletionPolicy: Delete
    Properties:
      RoleName: !Sub ${SystemName}-${EnvName}-ec2-role
```

❶ IAM 역할을 생성하는 타입으로 AWS::IAM::Role을 입력하고, DeletionPolicy 옵션을 지정합니다. DeletionPolicy는 클라우드포메이션으로 생성한 스택을 삭제할 때 리소스가 함께 삭제되길 원한다면 DeletionPolicy 옵션에 Delete를 입력합니다. 반대로 삭제되지 않고 유지되길 원한다면 Retaion을 입력합니다. 기본적으로 클라우드포메이션에서는 DeletionPolicy 설정이 Delete로 설정되어 있기 때문에 스택을 삭제하면 리소스도 함께 삭제됩니다.

> 스택 업데이트 시, 기존 리소스를 삭제 혹은 유지할 선택할 수 있는 UpdateReplacePolicy 옵션도 있습니다.

02 세션관리자를 사용하기 위한 정책을 IAM 역할에 추가합니다.

```yaml
AssumeRolePolicyDocument: # ❶
    Version: "2012-10-17"
    Statement:
      - Effect: "Allow"
        Principal:
          Service:
            - "ec2.amazonaws.com"
        Action:
          - "sts:AssumeRole"
Path: "/"
ManagedPolicyArns: # ❷
  - "arn:aws:iam::aws:policy/AmazonSSMManagedInstanceCore"
```

❶ IAM 역할에 추가할 정책을 설정합니다. ❷ 정책은 AWS 관리형 정책으로 세션 관리자 접속을 도와주는 AmazonSSMManagedInstanceCore 정책을 추가합니다.

03 EC2 인스턴스에 세션 관리자를 통한 접속 권한을 부여하기 위해 IAM 역할을 생성했다면, 이를 EC2 인스턴스에 연결할 IAM 인스턴스 프로파일을 설정합니다.

```yaml
Type: AWS::IAM::InstanceProfile # ❶
  Properties:
    InstanceProfileName: !Sub ${SystemName}-${EnvName}-ec2-role
    Path: "/"
    Roles:
      - Ref: EC2IAMRole
```

❶ EC2 인스턴스에 IAM 역할을 추가한다면 IAM 인스턴스 프로파일을 생성해야 합니다. 인스턴스 프로파일은 EC2 인스턴스에 IAM 역할을 전달하는 역할을 수행합니다. AWS 관리 콘솔에서 생성할 때 자동으로 IAM 역할과 같은 이름으로 인스턴스 프로파일이 생성되기 때문에 인스턴스 프로파일을 수동으로 생성할 필요 없이 바로 EC2 인스턴스에 IAM 역할을 추가할 수 있습니다. 하지만 클라우드포메이션에서는 IAM 역할을 생성해도, 인스턴스 프로파일이 자동으로 생성되지 않기 때문에 수동으로 생성할 필요가 있습니다.

04 EC2 인스턴스에 IAM 역할을 추가하여 세션 관리자를 활성화합니다.

```
                                                                    EC2.yml
    IamInstanceProfile: # ❶
      Fn::ImportValue: !Sub ${EnvName}-ec2-role
```

❶ EC2 인스턴스에 생성한 IAM 역할을 추가합니다.

05 IAM 콘솔 화면에서 역할 카테고리로 들어오면 생성된 IAM 역할을 확인할 수 있습니다.

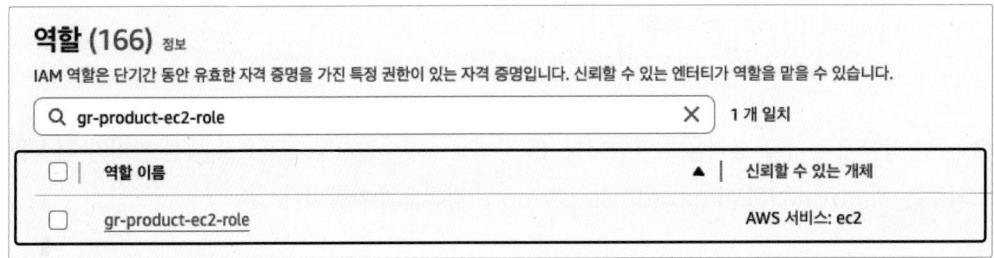

06 세션 관리자 접속을 위해 IAM 역할에 AmazonSSMManagedInstanceCore 정책이 추가되어 있습니다.

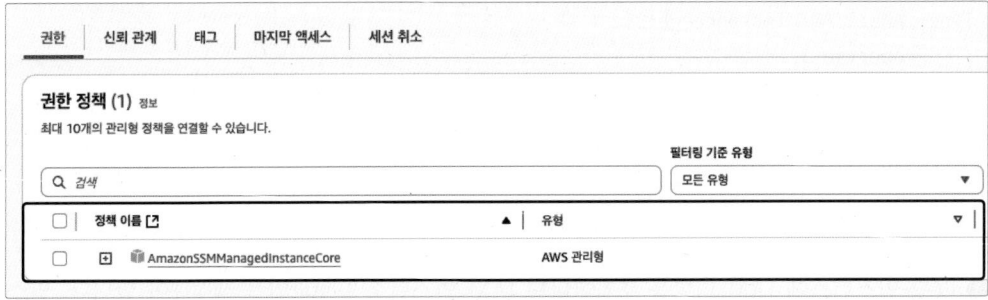

07 EC2 인스턴스에 추가한 IAM 역할을 확인하려면 EC2 인스턴스 콘솔 화면으로 진입합니다. ❶ 이어서 [작업]을 클릭하고 ❷ [보안]을 클릭합니다. ❸ 마지막으로 [IAM 역할 수정]을 클릭하여, EC2 인스턴스에 추가한 IAM 역할을 확인하거나 수정할 수 있습니다.

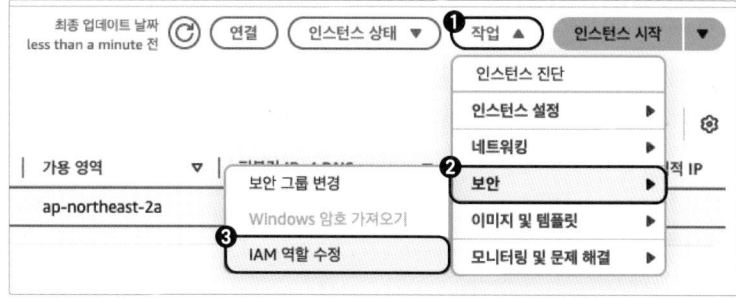

08 EC2 인스턴스에 생성한 IAM 역할이 추가되어 있습니다.

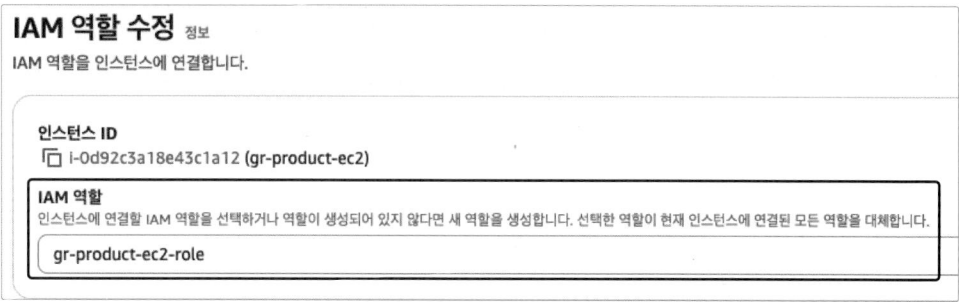

09 ❶ 인스턴스 연결에서 [세션 관리자]를 클릭합니다. ❷ [연결]을 클릭합니다.

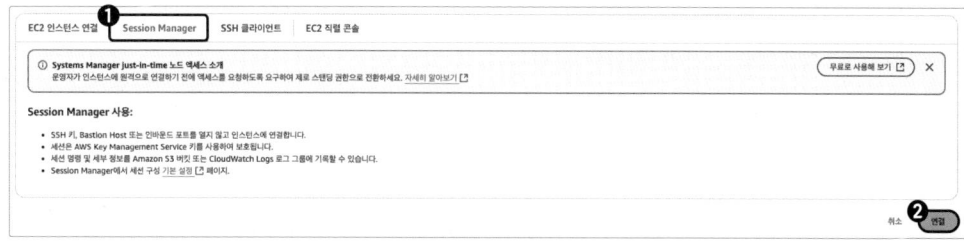

10 세션 관리자를 통해 성공적으로 접속된 것을 확인할 수 있습니다.

▼ 세션 관리자를 통해 EC2 인스턴스에 접속에 성공한 화면 예

```
sh-4.2$
```

4.4.4 세션 관리자 이용한 포트 포워딩 접속

인터넷에서 접속을 시도하는 패턴을 제외하고는 AWS 관리 콘솔을 이용해 접속할 수밖에 없었습니다. 하지만 포트 포워딩을 이용한다면, AWS 관리 콘솔에 로그인할 필요 없이 로컬 PC에서 EC2 인스턴스로 접속할 수 있습니다.

▼ 세션 관리자 이용한 포트 포워딩 접속 예

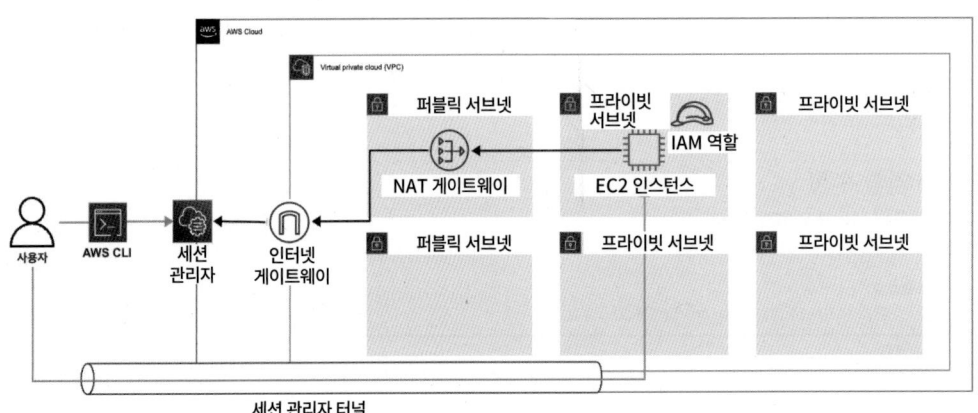

로컬 PC에서 포트 포워딩 세션을 생성하려면 AWS CLI를 이용해야 합니다. AWS CLI는 **3.3.3 절 'AWS CLI 환경 구성'**에서 다운로드 방법을 소개하고 있습니다. AWS CLI를 이용하여 세션 관리자 포트 포워딩 세션을 생성하면 로컬 PC와 AWS를 이어주는 세션 관리자 터널이 생성되며 로컬 PC에서 EC2 인스턴스로 안전한 통신을 활성화할 수 있습니다. 포트 포워딩 접속을 하기에 앞서 **4.4.3절 '세션 관리자 이용한 콘솔에서의 접속'**을 통해 세션 관리자가 구성되어 있다는 가정하에 포트 포워딩을 접속을 실시하겠습니다.

> **To do** 01 포트 포워딩 세션을 생성하기 위해 터미널 혹은 파워셸을 열어서 자격증명을 호출합니다.

▼ 자격증명 호출 명령어

```
aws sts get-caller-identity  # ❶
```

❶ 자격증명을 호출합니다.

02 AWS CLI를 이용하여 세션을 생성하고 포트 포워딩을 실시합니다.

▼ 세션 생성 및 포트 포워딩 실시

```
// ❶ 세션 생성
aws ssm start-session --target EC2인스턴스ID --document-name AWS-
StartPortForwardingSession --parameters "portNumber=22,localPortNumber=8080"
Amazon Linux 2
// ❷ 세션 시작
Starting session with SessionId: botocore-session-xxxxxxx
Port 8080 opened for sessionId botocore-session-xxxxxxx
Waiting for connections...
```

❶ 터미널 또는 파워셸에서 aws ssm start-session 명령어로 포트 포워딩을 위한 세션을 생성합니다. –target 옵션으로는 접속하고자 하는 EC2 인스턴스의 ID를 입력하고, portNumber에는 EC2 인스턴스 접속 시 사용하는 포트 번호(리눅스는 22번, 윈도우는 3389번)를 지정합니다. 마지막으로 로컬 PC에서 사용할 포트 번호를 지정합니다. ❷ 세션을 생성하면 세션 아이디를 확인할 수 있으며, 연결 대기 중이라는 문구를 확인할 수 있습니다.

맥OS에서 접속하는 방법은 03 단계부터 윈도우에서 접속하는 방법은 05 단계부터 확인할 수 있습니다.

03 맥OS에서 접속을 시도할 때는 새로운 터미널 창을 열고, 이전 SSH 접속 명령어와는 달리 EC2 인스턴스의 IP 대신 localhost를 사용하며, -p 옵션을 사용하여 방금 전에 지정한 포트 번호를 명시합니다.

▼ SSH 접속 시도

```
ssh -i "gr-product-ec2-key.pem" ec2-user@localhost -p 8080 # ❶
```

❶ 세션이 시작됐다면, ssh 접속 명령어로 접속을 시도합니다.

04 맥OS 환경에서 로컬 PC로 대상 EC2 인스턴스에 성공적으로 접속할 수 있습니다.

▼ 포트 포워딩을 통해 EC2 인스턴스에 접속에 성공한 화면 예

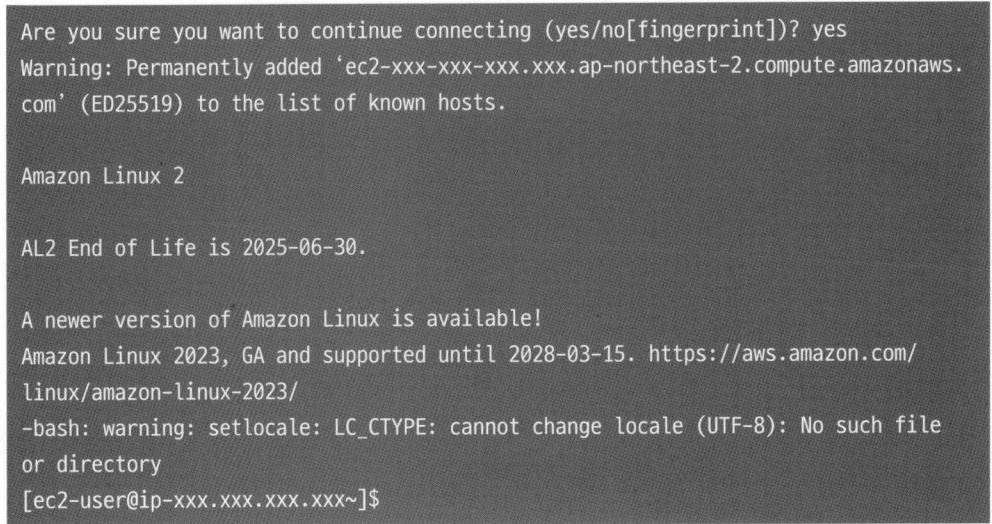

05 맥OS에서는 터미널을 이용해 곧바로 접속할 수 있었지만, 윈도우는 테라텀을 이용해야 합니다. ❶ 호스트에는 [localhost], 포트에는 8080 포트 번호를 입력합니다. ❷ [확인]을 클릭합니다.

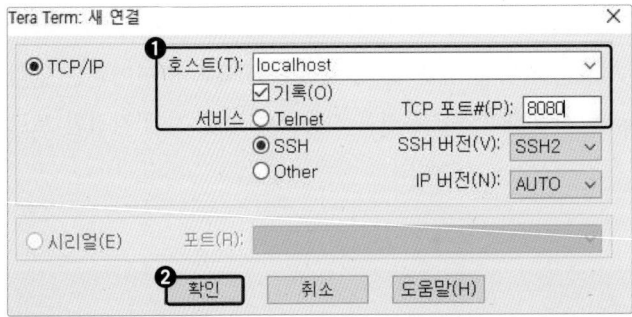

06 ❸ 사용자 이름을 입력합니다. EC2 리눅스 환경의 기본 이름은 ec2-user입니다. ❹ 접속에 필요한 키 페어를 선택합니다. ❺ [확인]을 클릭합니다.

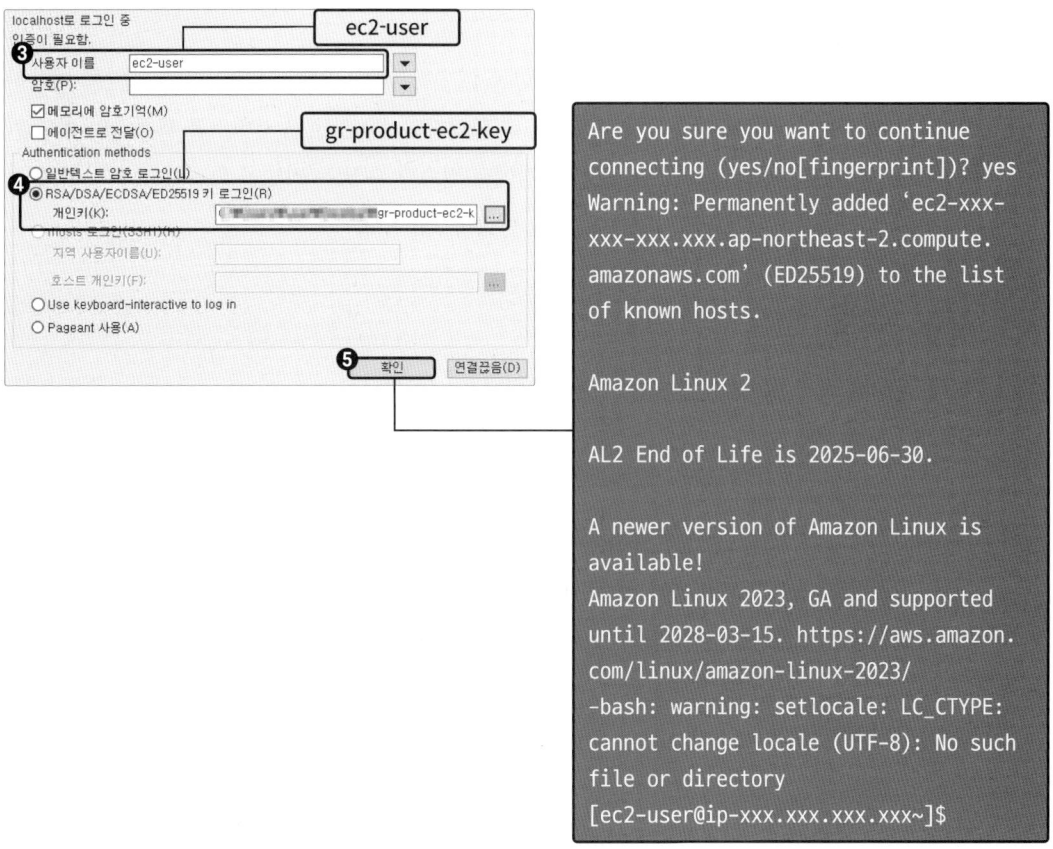

윈도우 환경에서 로컬 PC로 대상 EC2 인스턴스에 성공적으로 접속할 수 있습니다. 지금까지 아마존 EC2를 구성하는 옵션(인스턴스 유형, 스토리지 옵션, 보안 그룹, 키 페어)과 아마존 EC2를 어떻게 구축하고, 접속하는지에 대한 패턴 또한 알아보았습니다.

> **학습 마무리**

AWS에서 제공하는 가상 클라우드 서버인 아마존 EC2를 살펴보았습니다. 아마존 EC2를 이용하여 가상 클라우드 서버를 구축하고, AWS 시스템 관리자와 AWS IAM 서비스를 활용하여 세션 관리자로 안전하게 접속하는 방법 등 다양한 환경에서 접속할 수 있는 방법을 학습했습니다. 다음 장에서는 관계형 데이터베이스인 아마존 RDS을 학습하겠습니다.

> **핵심 요약**

1 **아마존 EC2**는 AWS에서 제공하는 가상 클라우드 서버입니다.
2 아마존 EC2를 구성하는 기능과 옵션으로는 AMI, 인스턴스 유형, 스토리지 옵션, 보안 그룹, 키 페어가 있습니다.
   - 인스턴스 유형에는 컴퓨팅 최적화, 메모리 최적화, 스토리지 최적화, 가속화된 컴퓨팅과 같이 다양한 사례에 최적화된 인스턴스 유형이 있습니다.
   - 아마존 EC2에서는 인스턴스 스토어 볼륨, EBS 볼륨 두 가지 스토리지 옵션이 있습니다.
   - 인스턴스 스토어 볼륨은 휘발성 스토리지이며, EBS 볼륨은 비휘발성 스토리지로 독립적으로 관리되는 서비스입니다.
   - 보안 그룹은 네트워크 트래픽을 관리하는 서비스로 IP 주소와 포트, 프로토콜을 기반으로 특정 리소스에 대한 접근을 허용하거나 거부할 수 있습니다.
   - 보안 그룹과 더불어 EC2 인스턴스에 접근하려면 키 페어가 필요합니다.
3 EC2 인스턴스에 접속하는 방법으로는 터미널 혹은 테라텀을 이용한 인터넷 접속 방법과, EC2 인스턴스 연결 엔드포인트 이용한 접속 방법, AWS 시스템 관리자의 세션 관리자를 통해 EC2 인스턴스에 접근하는 방법이 있습니다.

연습문제

1. 단 몇 분만에 서버를 구축할 수 있으며, AWS에서 제공하는 이 가상 클라우드 서버는 무엇일까요?

2. EC2 인스턴스를 시작하는 템플릿은 무엇일까요?

3. 다음 인스턴스 스토어 볼륨과 EBS 볼륨에 대한 설명중 틀린 것은?
   1. 인스턴스 스토어 볼륨은 휘발성 스토리지다.
   2. EBS 볼륨은 비휘발성 스토리지다.
   3. 인스턴스 스토어 볼륨은 휘발성 스토리지로 별도로 백업하여 손실된 데이터를 복원할 수 있다.
   4. EBS 볼륨은 독립적으로 관리되는 서비스로, EC2 인스턴스를 중지하거나 삭제해도 데이터 손실이 발생하지 않는다.

4. 보안 그룹에서 설정할 수 있는 두 가지 규칙은 무엇일까요?

5. 보안 그룹을 통과하고 최종적으로 EC2 인스턴스에 접근하기 위해 '이것'이 필요합니다. '이것'은 범용 형식인 RSA와 리눅스와 맥OS에서만 사용 가능한 ED25519 유형으로 나누어졌는데, '이것'은 무엇일까요?

---

1. **정답** 아마존 EC2
2. **정답** AMI(Amazon Machine Image)
3. **정답** ❸ 인스턴스 스토어 볼륨은 휘발성 스토리지로 별도로 백업하여 손실된 데이터를 복원할 수 있다.
4. **정답** 인바운드 규칙, 아웃바운드 규칙
5. **정답** 키 페어

Chapter 05

관계형 데이터베이스 서비스 파악하기

학습 목표

AWS에서 제공하는 관계형 데이터베이스 서비스의 구조를 살펴봅니다. 실습을 통해 관계형 데이터베이스 서비스를 구축하는 방법과 다양한 접속 패턴에 대해 알아봅시다.

핵심 키워드

관계형 데이터베이스 아마존 RDS 아마존 RDS 엔진 유형 확장성 고가용성

학습 코스

❶ 관계형 데이터베이스, 아마존 RDS란? → ❷ 관계형 데이터베이스, 아마존 RDS 살펴보기 → ❸ 아마존 RDS 구축하기 → ❹ 아마존 RDS 접속 패턴 살펴보기

5.1 관계형 데이터베이스, 아마존 RDS란?

데이터베이스는 일정한 형식과 구조를 가진 데이터를 저장하고 관리하는 데 사용됩니다. 데이터베이스의 형식과 구조를 단위별로 나눈 것을 테이블이라고 합니다.

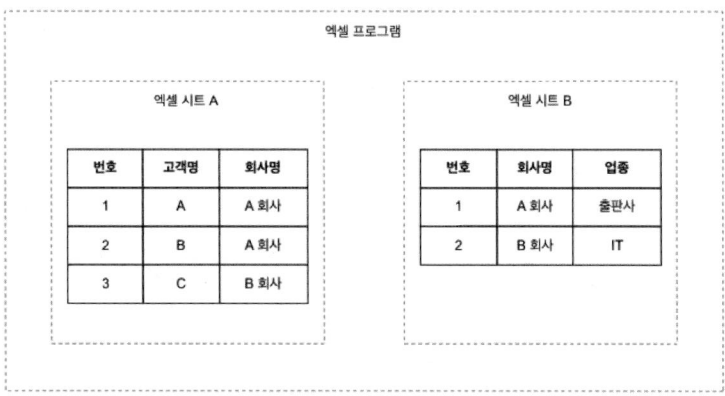

예를 들어 고객 정보를 관리하는 테이블이 존재하고, 고객 정보에는 회사명, 고객명이 담긴 데이터가 보관되어 있습니다.

데이터베이스와 엑셀은 구조적 유사성으로 인해 종종 비교되곤 합니다. 엑셀 프로그램은 데이터베이스와 유사한 역할을 수행합니다. 엑셀의 각 시트는 테이블과 유사한 형식으로 데이터를 저장하고 관리하며, 행과 열로 구성된 데이터를 포함합니다. 데이터베이스에는 다양한 유형의 데이터베이스가 존재하는데, 이 중에서 흔히 사용되는 마리아DB^{MariaDB}, 마이에스큐엘^{MySQL}, 오라클^{Oracle}과 같은 데이터베이스 유형을 관계형 데이터베이스$^{Relational\ Database}$라고 합니다.

> 데이터베이스 유형에는 관계형 데이터베이스, NoSQL 데이터베이스, 데이터 웨어하우스 등 다양한 데이터베이스 유형이 존재하며, AWS에서는 아마존 RDS, 아마존 다이나모DB(DynamoDB), 아마존 레드시프트(Redshift)라는 서비스로 제공하고 있습니다.

관계형 데이터베이스는 테이블 형식의 복수 데이터를 관련지어 사용할 수 있는 데이터베이스입니다. 즉 테이블에서 필요한 데이터를 조합하여 추출할 수 있습니다.

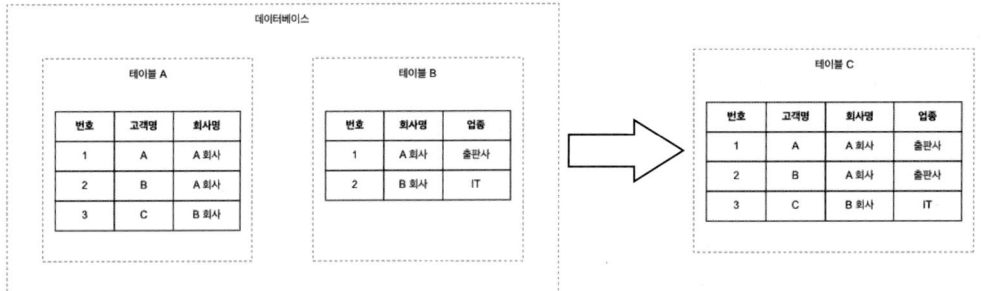

예를 들어 고객을 관리하는 테이블 A와 회사를 관리하는 테이블 B로 나누어져 있으며, 각 테이블의 데이터를 조합하여 테이블 C를 생성할 수 있습니다. 이렇듯 테이블 간의 관계를 설정하여 필요한 데이터를 결합하거나 추출할 수 있습니다. 이를 통해 데이터를 구조화하고 효과적으로 관리할 수 있으며, 필요한 정보를 원하는 형태로 얻을 수 있습니다.

아마존 RDS는 Amazon Relational Database Service 약자로 AWS에서 관계형 데이터베이스를 제공하는 서비스를 말합니다. 아마존 RDS는 관리형 서비스로, 대부분의 작업과 관리를 AWS에서 담당합니다. 예를 들어 데이터베이스의 백업, 소프트웨어 패치, 장애 감지 및 복구를 자동으로 관리해주며, 사용자는 애플리케이션에만 집중할 수 있도록 도와줍니다.

> 아마존 RDS는 RDS, RDS 인스턴스, DB 인스턴스라고도 부릅니다.

5.2 관계형 데이터베이스, 아마존 RDS 살펴보기

이번에는 아마존 RDS를 구성하는 기능 및 옵션을 살펴보겠습니다. 아마존 RDS를 구성하는 기능과 옵션은 다음과 같이 나눌 수 있습니다.

- 아마존 RDS 엔진 유형
- 아마존 RDS의 DB 인스턴스 클래스
- 아마존 RDS의 스토리지 유형
- 아마존 RDS를 구성하는 DB 그룹

5.2.1 아마존 RDS 엔진 유형

아마존 RDS에서는 다양한 엔진 유형을 제공하고 있습니다.

엔진 유형	특징	비고
아마존 오로라 (Amazon Aurora)	고성능 및 안정성을 제공하는 완전 관리형 관계형 데이터베이스	아마존 오로라에서는 MySQL, PostgreSQL만 지원
아마존 RDS for PostgreSQL	PostgreSQL의 관리형 서비스로, AWS에서 PostgreSQL 데이터베이스를 운영할 수 있도록 지원	
아마존 RDS for MySQL	AWS에서 제공하는 MySQL 데이터베이스의 관리형 서비스	
아마존 RDS for MariaDB	AWS에서 제공하는 MariaDB의 관리형 서비스	
아마존 RDS for SQL Server	Microsoft SQL Server의 관리형 서비스로, SQL Server 기능과 호환성을 유지하면서 관리를 지원	
아마존 RDS for 오라클	오라클 데이터베이스의 관리형 서비스로, 오라클의 기능과 안정성을 유지하면서 관리를 지원	
아마존 RDS for Db2	IBM Db2의 관리형 서비스로, Db2 데이터베이스의 기능과 호환성을 유지하면서 관리를 지원	

아마존 오로라는 아마존 RDS에서 선택할 수 있는 엔진 유형의 옵션 중 하나이며, 아마존 RDS for MySQL, 아마존 RDS for PostgreSQL보다 높은 성능을 자랑하며, 각 엔진 유형보다 3배 혹은 5배 높은 초당 SELECT 수와 UPDATE 수를 제공합니다. 아마존 EC2와 더불어 아마존 RDS와 아마존 오로라에서도 인스턴스 유형을 선택할 수 있으며, 인스턴스 유형만을 고려할 때는 오로라가 더 비용이 높게 책정됩니다. 하지만 스토리지 관점에서는 상황이 달라집니다. 오로라는 복제된 인스턴스를 추가해도 스토리지 비용에 영향을 주지 않기 때문에 스토리지 관점에서 보면 오로라를 더 저렴하게 이용할 수 있습니다. 따라서 스토리지 용량이 많을수록, RDS보다는 오로라를 더 저렴한 요금으로 활용할 수 있는 가능성이 있습니다.

> 현재 구성하고자 하는 데이터베이스를 충분히 검토 후 상황에 맞게 아마존 RDS, 아마존 오로라를 선택할 필요가 있습니다. 이번 장에서는 아마존 오로라가 아닌 아마존 RDS를 중점으로 다루고 있습니다.

5.2.2 아마존 RDS의 DB 인스턴스 클래스

아마존 RDS에서는 EC2 인스턴스와 마찬가지로 사용할 수 있는 인스턴스 유형이 준비되어 있습니다. 먼저 사용 가능한 DB 인스턴스 클래스는 다음과 같습니다.

- **스탠다드** : 범용 DB 인스턴스 클래스
- **메모리 최적화** : 메모리에서 대용량 데이터 집합을 처리하는 애플리케이션에 최적화된 DB 인스턴스 클래스
- **버스터블** : 최대 CPU 사용량까지 버스트 가능한 DB 인스턴스 클래스

DB 인스턴스 클래스 유형	인스턴스 클래스(인스턴스 유형)	특징
스탠다드	db.m3, db.m4, db.m5와 같은 m 유형을 포함한 인스턴스 클래스	범용 DB 인스턴스 클래스
메모리 최적화	db.r4, db.r5, db.r6i, db.x1, db.x2i, db.z1d 와 같은 r,x,z 유형을 포함한 인스턴스 클래스	메모리 소비가 높은 애플리케이션에 최적화된 DB 인스턴스 클래스
버스터블	db.t2, db.t3, db.t4g와 같은 t 유형을 포함한 인스턴스 클래스	최대 CPU 사용량까지 버스트 가능한 DB 인스턴스 클래스

t 계열의 인스턴스 유형에서는 다른 인스턴스 유형과는 달리 미리 결정된 CPU 사용률이 정의됩니다. 이런 기준선을 넘어서 CPU를 사용할 수 있는 기능을 버스트 기능(버스터블)이라고 합니다. 이런 버스트 기능을 사용하는 데 CPU 크레딧이 필요하며, CPU 크레딧은 t 계열의 인스턴스를 실행시키면 시간당 6개의 크레딧이 모이며, 최대 144까지 모을 수 있습니다. 이렇게 모은 CPU 크레딧을 소모해서 CPU 성능을 높일 수 있습니다.

> 버스트 기능(버스터블)은 아마존 RDS뿐 아니라 아마존 EC2 인스턴스 t 계열 유형에서도 사용할 수 있는 기능입니다.

마지막으로 DB 인스턴스 클래스, 인스턴스 클래스 혹은 인스턴스 유형과 같은 여러 용어가 나와서 헷갈릴 수 있기 때문에 잠시 정리하고 넘어가고자 합니다.

db.t3.small

❶ DB 인스턴스 유형 혹은 DB 인스턴스 클래스 유형이라고도 불립니다. ❷ 크기라고 합니다.

더 나아가서 db.t3.small을 아울러서 표현할 때는 DB 인스턴스 클래스 혹은 DB 인스턴스 유형, 인스턴스 유형이라고 표현합니다.

5.2.3 아마존 RDS의 스토리지 유형

아마존 RDS에서 선택할 수 있는 스토리지 유형은 다음과 같습니다.

1. **범용 SSD(gp2, gp3)** : 비용, 성능 면에서 밸런스가 잡혀 있으며, 폭 넓게 사용 가능
2. **프로비저닝된 IOPS(io1)** : 낮은 대기 시간과 높은 I/O 성능이 요구되는 데이터베이스에 적합
3. **마그네틱** : 데이터의 액세스 빈도가 낮은 상황에서 사용하지만 구 세대 유형이기 때문에 권장하지 않음

아마존 RDS의 스토리지 유형은 EC2 인스턴스에서 설명한 스토리지와 유사한 구조를 갖고 있습니다. 이런 스토리지는 각각 범용 SSD, 프로비저닝된 IOPS, 마그네틱으로 분류되며, 이는 EC2 인스턴스의 스토리지와 유사한 용도 및 특성을 갖고 있습니다. 그렇다면 범용 스토리지를 사용하고 싶다면 EC2 인스턴스와 동일하게 gp3를 사용하면 될까요? EC2 인스턴스에서는 비용, 성능면을 고려해 gp3 사용을 권장하고 있으며, gp2를 사용하는 유저 혹은 고객에게 gp3로 변경을 권해드리고 있습니다. 아마존 RDS에서는 스토리지 요금을 비교하면 EC2 인스턴스의 스토리지와 차이점이 있습니다.

서울 리전에서 계산된 gp2와 gp3의 요금표는 다음과 같습니다.

스토리지 유형	요금
범용 SSD(gp2)	GB-월당 0.131 USD
범용 SSD(gp3)	GB-월당 0.131 USD
범용 SSD(gp3) IOPS	기준 초과 시 IOPS-월당 0.023 USD
범용 SSD(gp3) 처리량(throughput)	기준 초과 시 MB/s-월당 0.091 USD

범용 SSD에서 gp2와 gp3의 요금이 같습니다. 여기서 gp3는 400GB의 스토리지 용량을 초과하면, IOPS 및 처리량throughput을 개별적으로 구성하여 추가 요금이 청구됩니다. 400GB 기준을 초

과할 시 요금이 추가되기 때문에 아마존 RDS에서는 gp3보다 gp2를 더 저렴한 요금으로 이용할 수도 있습니다. 그렇기 때문에 환경을 구성하기에 앞서, gp2와 gp3를 충분히 비교해보기를 권장합니다.

> 아마존 EC2에서의 gp3는 2020년 12월경, 아마존 RDS에서의 gp3는 2022년 11월경 지원하기 시작했습니다.

5.2.4 아마존 RDS를 구성하는 DB 그룹

아마존 RDS에서는 다음과 같은 DB 그룹을 구성하고 있습니다.

- **서브넷 그룹** : 서브넷의 집합을 의미하며, 해당 그룹에 속한 서브넷에 아마존 RDS가 생성됩니다.
- **파라미터 그룹** : DB 엔진의 파라미터 집합을 의미하며, 시간(time_zone), 문자 집합(character set) 등을 관리하고 있습니다.
- **옵션 그룹** : 연결된 데이터베이스의 스냅샷을 관리하고, 옵션을 추가해 다른 AWS 서비스와의 상호작용을 도우며, 데이터를 더 쉽게 관리하고 보안을 강화할 수 있습니다.

아마존 RDS를 생성할 때, 사용자가 별도로 생성하지 않으면 디폴트로 DB 그룹들이 생성됩니다. 서브넷 그룹은 디폴트 서브넷 그룹에 모든 서브넷이 속해 있어서, 자칫 퍼블릭 서브넷에 RDS를 생성하는 문제가 발생할 수 있으므로 되도록이면 DB 그룹은 직접 생성하는 것을 권장하고 있습니다.

> AWS 관리 콘솔에서는 PostgreSQL의 옵션 및 옵션 그룹 생성을 지원하지 않기 때문에 사용자가 직접 생성할 수 없으며, 디폴트 옵션 그룹을 사용해야 합니다. 하지만 클라우드포메이션을 사용한다면, PostgreSQL의 옵션 그룹을 생성하여 아마존 RDS에 설정할 수 있습니다.

5.2.5 확장성과 고가용성을 위한 옵션들

아마존 RDS에서는 확장성과 고가용성을 지원하는 읽기 전용 복제본$^{Read\ Replica}$과 다중 AZ$^{Multi\ Availability\ Zone}$ 기능을 지원합니다. 읽기 전용 복제본은 데이터베이스의 부하 분산을 위해 생성된 복제본입니다. 데이터베이스의 내용을 복제하여, 데이터의 읽기, 검색만을 수행할 수 있습니다.

▶ 읽기 전용 복제본 예

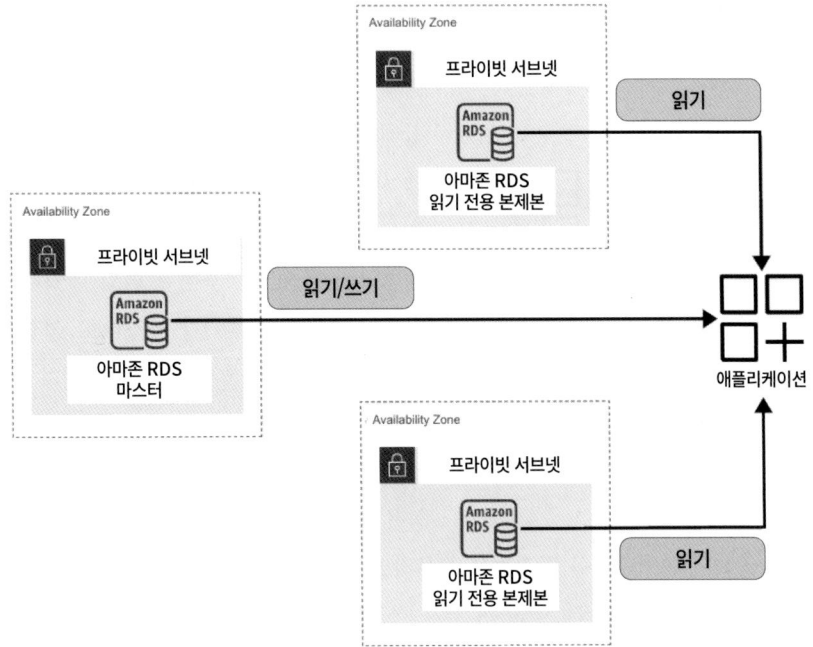

읽기 전용 복제본는 복제 대상이 되는 원본의 데이터베이스를 마스터(Master 혹은 Primary)라고 합니다. 마스터를 기준으로 각 가용 영역에 읽기 전용 복제본을 생성할 수 있습니다. 읽기 전용 복제본을 통해 읽기read 작업을 분산시킴으로써 시스템 전체의 성능을 향상시킬 수 있습니다. 또한 확장성뿐만 아니라 고가용성도 지원하는데, 각 가용 영역에 읽기 전용 복제본을 생성함으로써 고가용성도 실현됩니다. 하지만 주의할 점은 어디까지나 읽기 작업만 가능한 복제본이기 때문에 읽기 전용 복제본의 목적인 확장성 향상, 부하 분산이라는 것에 유의해야 합니다.

> 아마존 RDS에서는 교차 리전 읽기 전용 복제본(Cross-Region Read Replica)를 지원하고 있으며, MariaDB, MySQL, 오라클, PostgreSQL, SQL 서버는 다른 리전에 읽기 전용 복제본을 생성하여 재해 복구 능력 향상과 다른 리전으로의 읽기 작업 확장을 지원합니다.

▼ 다중 AZ 예

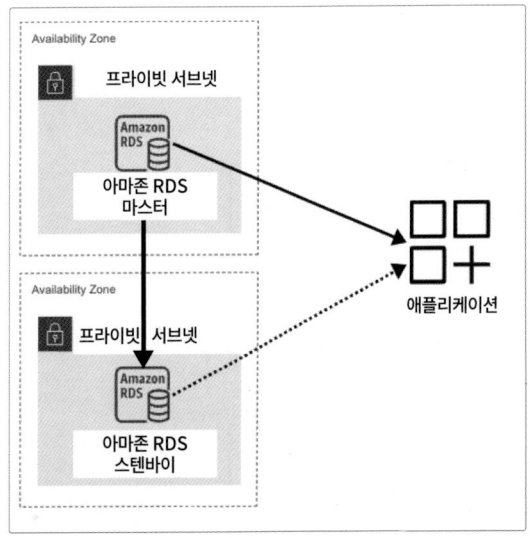

아마존 RDS에서의 다중 AZ는 고가용성을 위해 원본 데이터베이스를 다른 AZ로 복제하여, 원본 데이터베이스의 가동 중지, 장애 발생에 대비하기 위한 기능입니다. 예를 들어 원본 데이터베이스(Master 혹은 Primary)의 운영이 중단되거나 장애가 발생한다면 다중 AZ 구성된 백업 데이터베이스(스텐바이Standby)가 마스터로 승격되어 서비스를 계속 운영할 수 있습니다. 장애 조치는 자동으로 이루어지며, 약 60초에서 120초의 시간이 소요됩니다. 이런 기능은 높은 가용성과 신뢰성을 제공하며, 시스템 장애에 대비하여 중요한 운영환경을 안정적으로 유지할 수 있도록 도와줍니다. 아마존 RDS에서 스텐바이는 어디까지나 대기 중인 리소스이며 읽기, 쓰기 작업을 할 수는 없습니다.

▼ 다중 AZ 클러스터 예

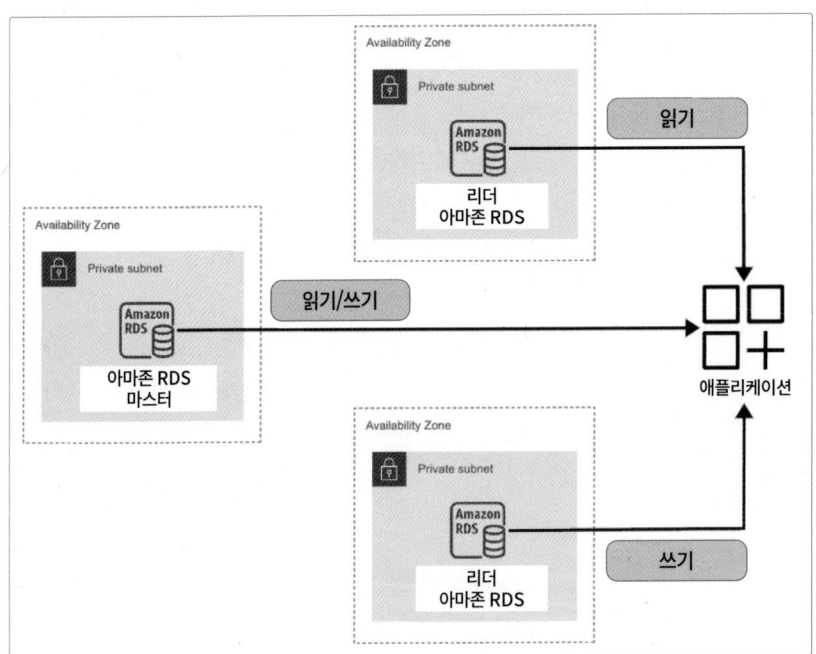

PostgreSQL, MySQL에서는 다중 AZ의 기능이 다중 AZ 인스턴스와 다중 AZ 클러스터로 나누어져 있습니다. 다중 AZ 인스턴스는 조금 전 설명한 내용과 같습니다. 다중 AZ 클러스터는 읽기, 쓰기가 불가능했던 스텐바이 리소스에서 읽기 기능을 지원합니다. 원본 데이터베이스(Master 혹은 Primary)에 장애가 발생했다면 두 대의 리소스 중 하나가 마스터로 승격되어 읽기, 쓰기 작업을 담당합니다. 이런 장애 조치 또한 35초 미만으로 이루어집니다. 여기까지만 본다면 다중 AZ를 이용하기보다 다중 AZ 클러스터를 이용하는 것이 더 좋지 않을까요?

하지만 이런 다중 AZ 클러스터에도 제약조건은 있습니다. 현재 PostgreSQL, MySQL에서만 이용 가능하며, 2대의 읽기 DB 인스턴스만 생성할 수 있어, 추가 인스턴스는 생성할 수 없습니다. 스토리지는 프로비저닝된 IOPS SSD(io1)만 지원하고 있으며, 단일 AZ$^{\text{Single Availability Zone}}$ 배포 혹은 다중 AZ 배포 중인 인스턴스를 다중 AZ 클러스터로 변경할 수 없으며 반대로 다중 AZ 클러스터에서 단일 AZ 배포 혹은 다중 AZ 배포로 변경할 수 없습니다. 그 외에도 많은 제약조건들이 존재하기 때문에 다중 AZ 클러스터를 선택할 때 신중한 검토가 필요합니다.

> 원본 데이터베이스를 여러 AZ로 복제하여 고가용성을 확보하는 것을 다중 AZ 배포라고 하며, 하나의 AZ만을 이용하는 것을 단일 AZ 배포라고 합니다.

5.3 아마존 RDS 구축하기

이번에는 앞서 살펴본 내용을 바탕으로 아마존 RDS를 구축하겠습니다. 아마존 RDS를 구축한 다음 RDS 접속 패턴을 알아보겠습니다.

5.3.1 클라우드포메이션으로 아마존 RDS 구축하기

To do **01** 아마존 RDS 생성을 위한 클라우드포메이션의 yml 파일은 다음과 같습니다.

아마존 RDS 생성을 위한 클라우드포메이션 yml 파일

- **파일 이름**: VPC.yml, Security_Group.yml, IAM.yml, EC2.yml, RDS.yml
- **클라우드포메이션 스택 생성 순서**: VPC.yml → Security_Group.yml → IAM.yml → EC2.yml → RDS.yml

RDS 생성을 위한 클라우드포메이션 전체 코드는 깃허브 리포지터리에서 [chapter5] → [RDS] → [chapter5.3.1-Create-RDS] 폴더에서 확인할 수 있습니다. 이번에 구축할 구성은 다음과 같습니다.

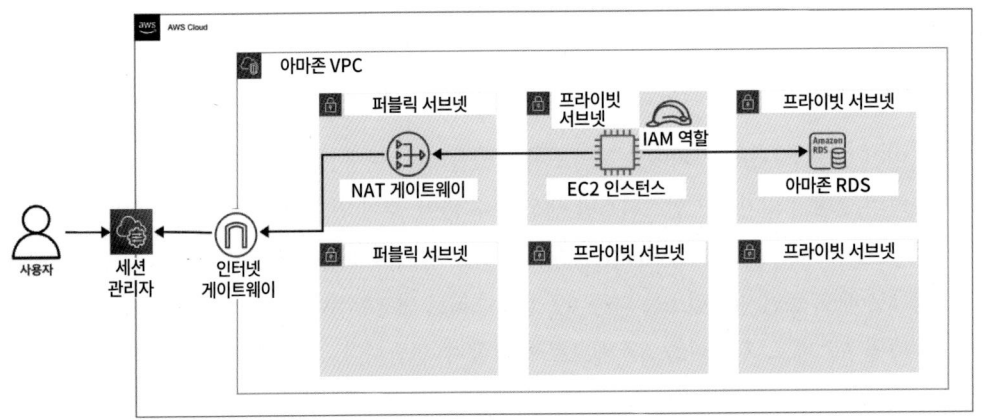

이번에 생성할 아마존 RDS는 EC2 인스턴스와 마찬가지로 프라이빗 서브넷에 배치됩니다. 하지만 EC2 인스턴스는 NAT 게이트웨이를 통해 외부와의 소통이 가능하지만 RDS가 배치된 프라이빗 서브넷에는 외부와의 소통이 차단된 상태입니다. RDS와 같이 중요한 데이터를 포함하는 데이터베이스 혹은 서버는 외부와 차단된 서브넷에 배치하여 관리하는 것이 좋습니다.

02 Security_Group.yml 파일에 RDS 보안 그룹 생성에 필요한 리소스를 추가하겠습니다.

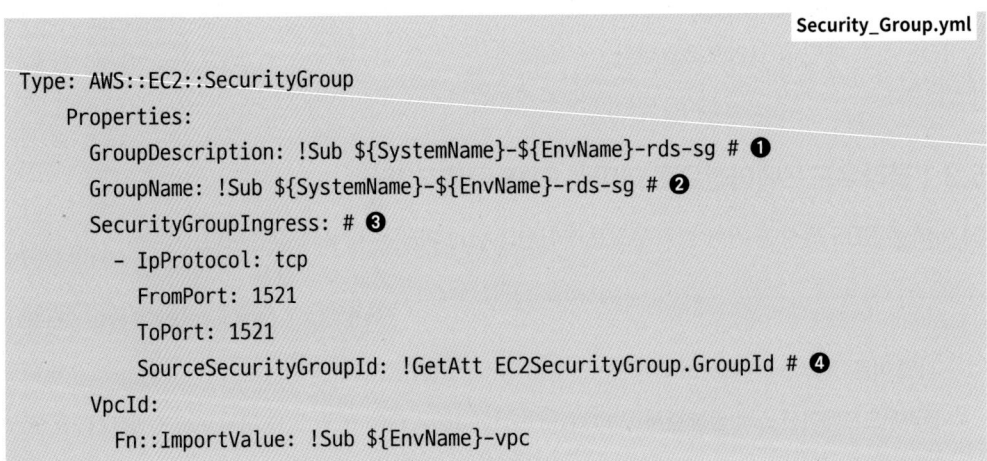

186 **LEVEL 02** AWS를 잘 쓰려면 알아야 하는 기본 서비스 짚어보기

EC2 인스턴스와 마찬가지로 RDS에서도 보안 그룹을 이용해 트래픽을 제어할 수 있습니다. ❶ 먼저 보안 그룹의 설명과 ❷ 보안 그룹의 이름을 입력합니다. ❸ 이번에는 RDS에서는 오라클을 이용하므로 오라클의 포트인 1521 포트를 개방하며 ❹ EC2 인스턴스에서의 접속을 허용합니다. EC2 인스턴스의 접속을 허용하려면 해당 인스턴스의 IP 주소를 설정해도 상관없지만, IP 주소가 노출되는 것은 좋지 않으므로 보안 그룹을 설정하는 것이 일반적입니다. RDS 보안 그룹에서 EC2 인스턴스의 보안 그룹을 허용함으로써 EC2 인스턴스에서 1521 포트를 통해 RDS로 접근할 수 있습니다.

03 RDS.yml 파일에 서브넷 그룹 생성에 필요한 리소스를 추가하겠습니다. 먼저 RDS를 어떤 서브넷에 배치할지 결정하는 서브넷 그룹을 생성합니다. EC2 인스턴스에서는 별도의 그룹 생성없이 SubnetId만으로 서브넷을 설정할 수 있지만, RDS는 별도로 서브넷을 그룹화한 서브넷 그룹을 생성하여 관리합니다.

RDS.yml
```yaml
Type: AWS::RDS::DBSubnetGroup # ❶
  Properties: # ❷
    DBSubnetGroupName: !Sub ${SystemName}-${EnvName}-dbsub
    DBSubnetGroupDescription: !Sub ${SystemName}-${EnvName}-dbsub Subnet Group
    SubnetIds: # ❸
      - Fn::ImportValue: !Sub ${EnvName}-datastore-subnet-1a
      - Fn::ImportValue: !Sub ${EnvName}-datastore-subnet-1b
```

❶ 서브넷 그룹을 생성하기 위한 타입 이름은 AWS::RDS::DBSubnetGroup입니다. ❷ 속성에는 서브넷 그룹의 이름과 설명, 아마존 RDS를 배치할 서브넷을 설정합니다. ❸ 이번에 생성할 아마존 RDS는 프라이빗 서브넷에 생성할 예정이므로 SubnetIds에는 프라이빗 서브넷을 지정합니다.

04 RDS.yml 파일에 파라미터 그룹 생성에 필요한 리소스를 추가하겠습니다. 서브넷 그룹 생성 다음은 파라미터 그룹을 생성합니다. 파라미터 그룹은 데이터베이스에서 적용되는 파라미터 모음을 의미하며, 시간, 날짜와 같은 값들을 설정할 수 있습니다.

RDS.yml
```yaml
Type: AWS::RDS::DBParameterGroup # ❶
  Properties: # ❷
    DBParameterGroupName: !Sub ${SystemName}-${EnvName}-dbpg19
```

```
      Description: !Sub ${SystemName}-${EnvName}-dbpg19 Parameter
      Family: 'oracle-se2-19' # ❸
```

❶ 파라미터 그룹을 생성하는 타입 이름은 AWS::RDS::DBParameterGroup입니다. ❷ 속성에는 파라미터 그룹 이름과 설명, 패밀리를 지정합니다. ❸ 파라미터 그룹 패밀리에는 생성할 RDS 엔진 유형과 같은 패밀리를 선택합니다. 이번에는 오라클을 생성할 생각이므로그룹 패밀리에는 'oracle-se2-19'를 입력합니다.

05 RDS.yml 파일에 옵션 그룹 생성에 필요한 리소스를 추가하겠습니다. 옵션 그룹은 아마존 RDS에서 사용할 수 있는 다양한 옵션을 설정할 수 있습니다. 예를 들어 아마존 S3와 연동을 위한 옵션 혹은 아마존 EFS와 연동을 위한 옵션을 설정할 수 있습니다.

RDS.yml
```
Type: AWS::RDS::OptionGroup # ❶
    Properties: # ❷
      OptionGroupName: !Sub ${SystemName}-${EnvName}-dbog19
      OptionGroupDescription: !Sub ${SystemName}-${EnvName}-dbog19 Option Group
      EngineName: "oracle-se2"
      MajorEngineVersion: "19"
```

❶ 옵션 그룹을 생성하기 위한 타입 이름은 AWS::RDS::OptionGroup입니다. ❷ 속성에는 옵션 그룹의 이름과 설명, 아마존 RDS에서 사용하는 엔진 유형과 엔진 버전을 선택합니다. 이번에 생성할 RDS는 oracle-se2와 19버전을 이용합니다.

06 RDS.yml 파일에 아마존 RDS 생성에 필요한 파라미터를 추가하겠습니다.

RDS.yml
```
  RDSMasterUserName: # ❶
    Description: Staging RDS DB Master User Name.
    Default: "grsys"
    Type: String
  RDSMasterPassword: # ❷
    Description: Staging RDS DB Master Password.
    Type: String
    NoEcho: true
```

```
  RDSMaintenanceWindow: # ❸
    Description: Staging Enter MaintenanceWindow(UTC)
    Type: String
    Default: "sat:18:00-sat:19:00" # KST : [日] 03:00 - 04:00
```

❶ 아마존 RDS 생성을 위한 파라미터에는 아마존 RDS의 관리자 이름과 ❷ 비밀번호를 설정합니다. ❸ 이어서 RDS Maintenance Window 시간을 설정할 수 있는데, Maintenance Window는 AWS에서 진행하는 패치 혹은 유저가 직접 설정한 값을 적용하기 위한 시간을 의미합니다. 일반적으로 RDS 사용 시간이 적은 시간대를 설정하며, UTC를 기반으로 시간이 설정됩니다.

07 RDS.yml 파일에 아마존 RDS 생성에 필요한 리소스를 추가하겠습니다.

RDS.yml
```
Type: AWS::RDS::DBInstance # ❶
  Properties: # ❷
    DBInstanceIdentifier: !Sub ${SystemName}-${EnvName}-rds
    DBName: "grdb"
    CharacterSetName: KO16MSWIN949
    DBInstanceClass: db.t3.xlarge
```

❶ 아마존 RDS 생성을 위해 AWS::RDS::DBInstance 타입을 입력합니다. ❷ 속성에는 아마존 RDS의 이름과 생성될 초기 데이터베이스 이름(grdb), 캐릭터 셋, DB 인스턴스 유형을 지정합니다.

08 RDS.yml 파일에 아마존 RDS 생성에 필요한 추가 속성을 입력하겠습니다.

RDS.yml
```
    Engine: oracle-se2 # ❶
    EngineVersion: '19.0.0.0.ru-2023-10.rur-2023-10.r1'
    Port: 1521 # ❷
    PubliclyAccessible: false # ❸
    AvailabilityZone: # ❹
      Fn::Select:
      - 0
      - Fn::GetAZs: ""
    StorageType: "gp3" # ❺
    AllocatedStorage: "200"
```

```
            StorageEncrypted: true
            MasterUsername: !Ref RDSMasterUserName # ❻
            MasterUserPassword: !Ref RDSMasterPassword
            PreferredMaintenanceWindow: !Ref RDSMaintenanceWindow # 유지보수
            VPCSecurityGroups: # ❼
              - Fn::ImportValue: !Sub ${EnvName}-rds-sg
            DBSubnetGroupName: !Ref RDSSubnetGroup
            DBParameterGroupName: !Ref RDSParameterGroup
            OptionGroupName: !Ref RDSOptionGroup
```

❶ 엔진과 엔진 버전을 설정합니다. ❷ 포트는 사용자 임의로 설정할 수 있지만 이번에는 오라클 디폴트 포트인 1521를 이용합니다. ❸ 외부와의 접근을 차단하기 위해 PubliclyAccessible를 false로 설정합니다. ❹ AvailabilityZone은 서브넷의 가용 영역을 지정하며 서울 리전을 기준으로 Fn::Select 속성에는 ap-northeast-2a, ap-northeast-2b, ap-northeast-2c가 설정되어 있습니다. 이번에는 가용 영역 ap-northeast-2a를 이용할 생각이므로 0을 설정합니다. ❺ 이어서 StorageType을 시작으로 스토리지 유형과 크기, 암호화를 설정합니다. ❻ MasterUsername과 MasterUserPassword, PreferredMaintenanceWindow에는 파라미터에서 지정한 관리자 이름과 비밀번호, MaintenanceWindow 시간을 지정합니다. ❼ 마지막으로 보안 그룹과 서브넷 그룹, 파라미터 그룹, 옵션 그룹을 지정합니다.

5.3.2 UI로 불러와 RDS 리소스 생성하기

다음은 RDS 생성을 어떻게 하는지 UI 기반으로 확인해봅시다.

To do 01 우선 클라우드포메이션 스택을 생성합니다. 아마존 RDS 클라우드포메이션 스택 생성 시 관리자 비밀번호를 입력하고 스택을 생성합니다.

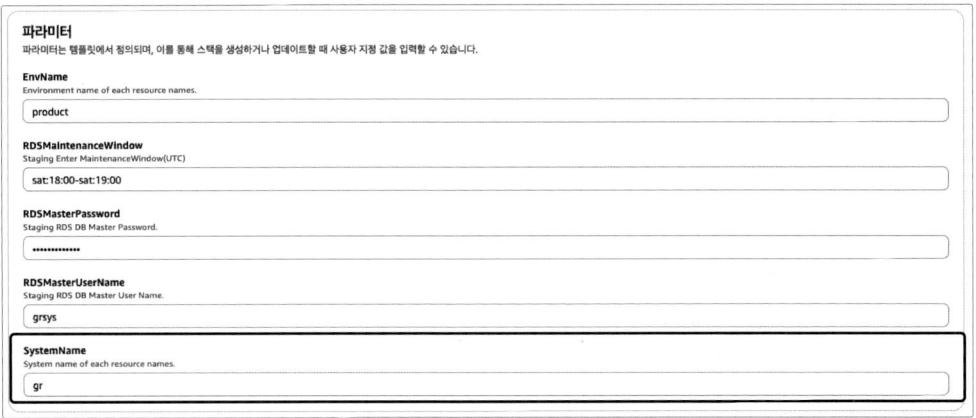

02 RDS 콘솔 화면에서 서브넷 그룹으로 이동하면 생성된 서브넷 그룹을 확인할 수 있습니다.

▼ 생성된 서브넷 그룹 확인

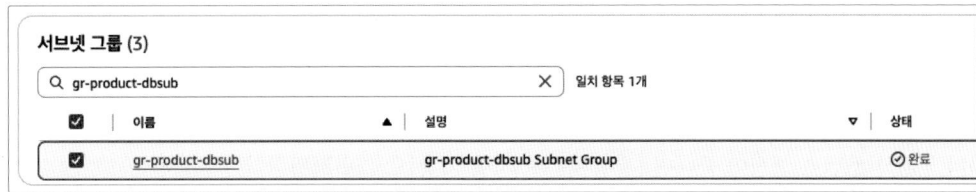

03 파라미터 그룹에서는 생성된 파라미터 그룹을 확인할 수 있습니다.

▼ 생성된 파라미터 그룹 확인

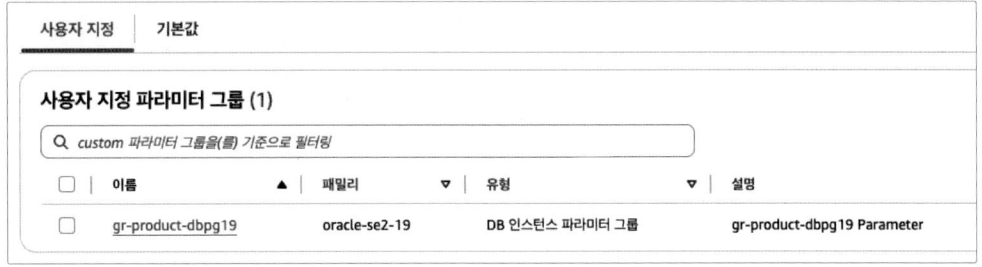

04 옵션 그룹으로 이동하면 생성된 옵션 그룹을 확인할 수 있습니다.

▼ 생성된 옵션 그룹 확인

05 보안 그룹에서는 생성된 [gr-product-rds-sg] RDS 보안 그룹을 확인할 수 있으며 인바운드 규칙을 확인하면 소스에는 EC2 인스턴스 보안 그룹이 설정되어 있습니다.

▼ 생성된 보안 그룹 확인

06 RDS 콘솔 화면에서 데이터베이스로 이동하면 생성되고 있는 DB 인스턴스를 확인할 수 있습니다. DB 인스턴스 생성이 끝나면 [생성 중] → [사용 가능]으로 변경됩니다.

▼ 생성된 아마존 RDS 확인

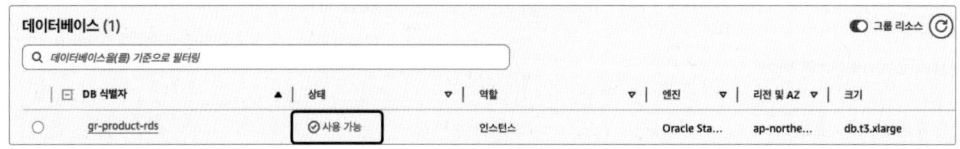

5.4 아마존 RDS 접속 패턴 살펴보기

아마존 RDS를 생성했으니 이번에는 아마존 RDS에 접속하는 방법을 살펴보겠습니다.

5.4.1 EC2 인스턴스를 이용한 RDS 접속

클라우드포메이션으로 RDS를 생성했거나 지금까지의 구축 흐름을 따라왔다면 다음과 같은 AWS 환경이 구축되어 있을 겁니다.

▼ EC2 인스턴스를 이용한 RDS 접속 예

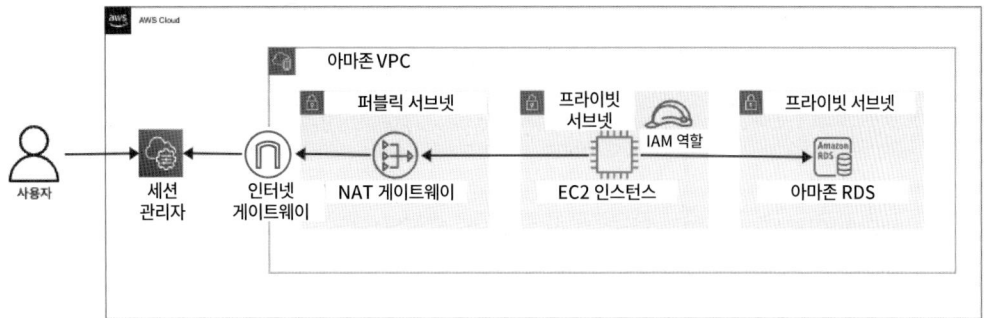

세션 관리자 설정에 대한 내용은 **4.4.3절 '세션 관리자 이용한 콘솔에서의 접속'**에서 설명하고 있습니다.

이번에 소개할 접속 방법은 가장 기본적인 RDS 접속 방법이며, 프라이빗 서브넷에 있는 EC2 인스턴스에 오라클 클라이언트를 설치해 RDS로 접속하는 방법입니다.

> RDS가 생성된 프라이빗 서브넷에는 NAT 게이트웨이, 인터넷 게이트웨이와 연결되어 있는 환경이 아니기 때문에 외부와의 접근이 완전히 차단된 상태입니다. 이런 환경에서 프라이빗 서브넷에 있는 EC2 인스턴스에서 RDS로 접근하는 것은 가장 이상적인 접근 방식입니다.

To do **01** RHEL 환경을 이용한다면 wget이 설치되어 있지 않기 때문에 먼저 wget부터 설치합니다.

wget 설치
```
sudo yum install wget
```

리눅스 환경에서는 wget이 설치되어 있기 때문에 해당 명령어를 스킵해도 상관없습니다.

Oracle Instant Client 설치 프로그램을 다운로드
```
sudo wget https://download.oracle.com/otn_software/linux/instantclient/19600/oracle-instantclient19.6-basic-19.6.0.0.0-1.x86_64.rpm

sudo wget https://download.oracle.com/otn_software/linux/instantclient/19600/oracle-instantclient19.6-sqlplus-19.6.0.0.0-1.x86_64.rpm
```

02 wget 명령어로 Oracle Instant Client 설치 프로그램을 다운로드합니다.

Oracle Instant Client 설치
```
sudo yum install -y oracle-instantclient19.6-basic-19.6.0.0.0-1.x86_64.rpm
sudo yum install -y oracle-instantclient19.6-sqlplus-19.6.0.0.0-1.x86_64.rpm
```

03 내려받은 파일로 오라클 인스턴트 클라이언트를 설치합니다. SQL플러스 Sqlplus는 SQL 문의 실행 및 결과를 볼 수 있게 오라클에서 제공하는 도구입니다.

환경 변수 설정 및 버전 확인
```
export PATH=/usr/lib/oracle/19.6/client64/bin:$PATH
export LD_LIBRARY_PATH=/usr/lib/oracle/19.6/client64/bin:$LD_LIBRARY_PATH
sqlplus64 -v
```

04 환경 변수를 설정하고, 버전을 확인합니다.

환경 변수 설정 및 버전 확인
```
sudo yum install  libnsl
sqlplus64 -v
```

여기서 RHEL 환경은 sqlplus64 -v 명령어를 입력하면, libnsl.so.1 라이브러리의 디렉터리를 찾을 수 없다는 에러가 발생할 수 있습니다. 해당 명령어로 libnsl 라이브러리를 설치하고 다시 버전을 확인하면, Sqlplus 버전이 출력되는 것을 확인할 수 있습니다.

05 ❶ RDS로 접근하려면 엔드포인트와 포트를 확인할 필요가 있습니다. 생성한 DB 인스턴스를 클릭하여 연결 및 보안에서 엔드포인트 및 포트를 확인할 수 있습니다.

06 EC2 인스턴스에서 다음 명령어를 입력해 RDS로 접근을 시도합니다. grsys는 RDS를 생성할 때 입력했던 관리자 이름이며, grdb는 초기 데이터베이스 이름을 의미합니다.

EC2에서 RDS로 접속

```
sudo sqlplus64 grsys@엔드포인트:1521/grdb
```

07 명령어를 입력하면 비밀번호 입력을 요구하며, RDS 클라우드포메이션 스택 생성 시 설정했던 비밀번호를 입력하면 성공적으로 RDS의 grdb 데이터베이스로 접근할 수 있습니다.

```
SQL*Plus: Release 19.0.0.0.0 - Production on Fri Dec 29 11:30:56 2023 Version
19.6.0.0.0
Copyright (c) 1982, 2019, Oracle. All rights reserved.
Enter password:
Connected to:
Oracle Database 19c Standard Edition 2 Release 19.0.0.0.0 Version 19.21.0.0.0 -
Production
SQL>
```

5.4.2 포트 포워딩을 이용한 RDS 접속

RDS에서도 포트 포워딩 세션을 생성해 접속할 수 있습니다. 다만, RDS에 직접 접근할 수 없기 때문에 EC2 인스턴스를 대상으로 포트 포워딩 세션을 생성하여 RDS로 접근할 필요가 있습니다.

▼ 포트 포워딩을 이용한 RDS 접속 예

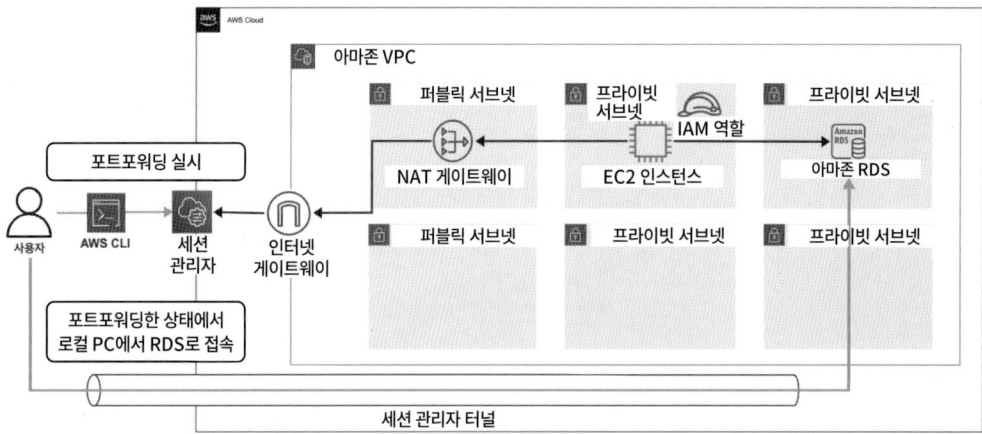

사용자는 AWS CLI를 이용하여 EC2 인스턴스를 대상으로 세션 관리자 포트 포워딩 세션을 생성합니다. 포트 포워딩 세션을 생성하면 세션 관리자 터널을 통해 로컬 PC에서 접속 클라이언트를 이용해 RDS로 접속할 수 있습니다. 구성하는 AWS 환경에 EC2 인스턴스가 없다면, 별도로 EC2 인스턴스를 생성할 필요가 있지만 외부와 완전히 차단된 상태에서 접속할 수 있어 보안상 이점이 있습니다.

To do **01** 터미널 혹은 파워셸에서 자격증명을 호출합니다.

자격증명 호출
```
aws sts get-caller-identity
```

02 이어서 포트 포워딩을 실시합니다. EC2 인스턴스를 경유하므로 target에는 경유할 (이번에는 생성한 EC2 인스턴스) EC2 인스턴스의 ID를 입력하고, RDS의 엔드포인트, 포트 번호, 로컬 환경에서 사용할 임의의 포트 번호를 입력합니다.

포트 포워딩 실시
```
aws ssm start-session \
--target 인스턴스ID \
--document-name AWS-StartPortForwardingSessionToRemoteHost \
--parameters '{"host":["RDS 엔드포인트"],"portNumber":["1521"],
"localPortNumber":["13306"]}'
```

03 명령어를 입력했다면 다음과 같이 세션이 시작되고, 로컬 PC에 설치한 클라이언트를 통해 RDS로 접속할 수 있습니다.

```
Starting session with SessionId: botocore-session-xxxxxxx
Port 8080 opened for sessionId botocore-session-xxxxxxx
Waiting for connections...
```

5.4.3 인터넷 게이트웨이를 통해 RDS로 접속

가장 심플한 방법으로는 RDS를 퍼블릭 서브넷에 배치해서 인터넷 게이트웨이를 통해 접속하는 방법입니다.

▼ 포트 포워딩을 이용한 RDS 접속 예

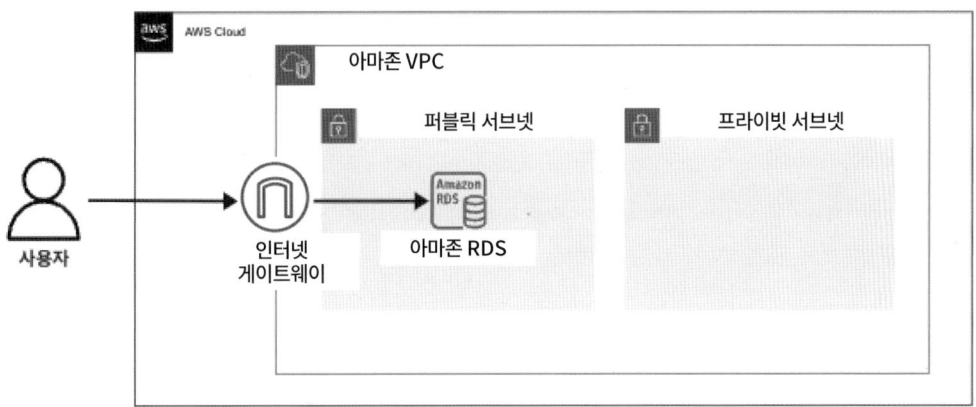

아마존 RDS를 퍼블릭 서브넷에 배치하여 퍼블릭 액세스를 허용할지 거부할지에 대한 옵션을 선택할 수 있습니다. 퍼블릭 액세스를 허용하면 데이터베이스에 퍼블릭 IP가 할당됩니다. 클라우드 포메이션에서는 PubliclyAccessible를 추가하여 퍼블릭 액세스를 설정할 수 있습니다. 데이터베이스에 대한 액세스는 데이터베이스와 연결된 보안 그룹에 의해 제어되기 때문에, 접속을 허용할 IP 주소를 설정하면 해당 IP 주소로만 접속할 수 있게 됩니다. 간편하게 RDS로 접근할 수 있다는 장점이 있지만, 반대로 데이터베이스가 인터넷에 노출되기 때문에 보안상 문제가 발생할 수 있고, 불필요한 보안 위험을 유발할 수 있으며, 공격의 대상이 될 수 있으므로 권장하는 방법은 아닙니다.

5.4.4 Site to Site VPN을 통해 RDS로 접속

다음은 Site to Site VPN 혹은 다이렉트 커넥트Direct Connect 통한 접속입니다. 기존 접속 방법과는 다르게, EC2 인스턴스를 경유하지 않고, Site to Site VPN 혹은 다이렉트 커넥트를 설정하여 프라이빗 네트워크를 통해 RDS에 접속할 수 있습니다. AWS 환경과 사용자 환경이 Site to Site VPN, 다이렉트 커넥트와 연결되어 있다면 로컬 PC에서 접속 클라이언트를 이용해 RDS로 접속할 수 있습니다. Site to Site VPN 혹은 다이렉트 커넥트를 도입하는 환경이라면 EC2 인스턴스 경유, 포트 포워딩을 통한 접속보다 간편하고 안전한 접속 방법을 제공합니다.

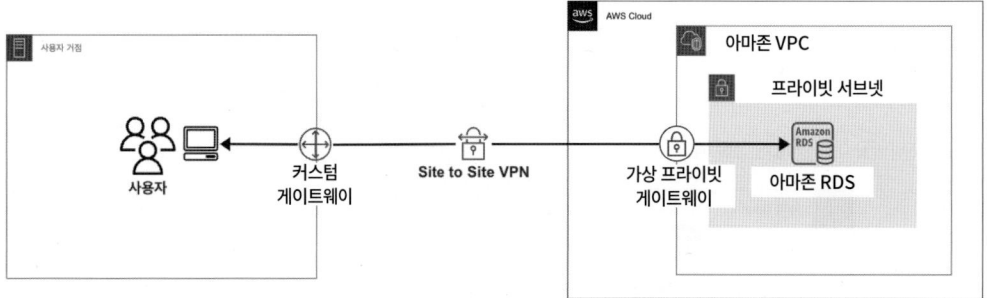

> 개인 환경에서는 Site to Site VPN 혹은 다이렉트 커넥트 환경을 구성하기 힘들기 때문에 본인 환경에 맞는 접속 방법을 찾는 것이 중요합니다.

학습 마무리

AWS에서 제공하는 관계형 데이터베이스 서비스인 아마존 RDS를 살펴보았습니다. 데이터베이스와 관계형 데이터베이스가 무엇인지 대해 알아보았으며, 이번 학습을 통해 확장성과 고가용성을 위한 옵션과 다양한 접속 패턴을 학습했습니다. 다음 장에서는 객체 스토리지 서비스인 아마존 S3를 학습하겠습니다.

핵심 요약

1 **데이터베이스**는 일정한 형식과 구조를 가진 데이터를 저장하고 관리합니다. 데이터베이스의 형식과 구조를 단위별로 나눈 것을 **테이블**이라고 합니다.
2 **관계형 데이터베이스**는 테이블 형식의 복수 데이터를 관련지어 사용할 수 있는 데이터베이스입니다.
3 **아마존 RDS**는 AWS에서 제공하는 관계형 데이터베이스 서비스입니다.
4 데이터베이스 엔진 유형으로는 아마존 오로라를 포함하여, PostgreSQL, MySQL, MariaDB, 오라클과 같은 엔진 유형을 제공합니다.
5 DB 인스턴스 클래스로는 범용 DB 인스턴스 클래스인 스탠다드와, 대용량 데이터를 처리하는 메모리 최적화, 최대 CPU 사용량까지 버스트 가능한 버스터블 DB 인스턴스 클래스가 있습니다.
6 아마존 RDS의 스토리지 유형으로는 범용 SSD(gp2, gp3)와 프로비저닝된 IOPS(io1), 마그네틱이 있습니다. 아마존 RDS는 서브넷 그룹, 파라미터 그룹, 옵션 그룹 세 가지 그룹으로 DB 그룹을 구성합니다.
7 DB 인스턴스로 접속하기 위한 방법으로는 EC2 인스턴스를 통한 접속 방법, 포트 포워딩을 이용한 접속 방법, 인터넷 게이트웨이를 이용한 접속 방법, Site to Site VPN 혹은 다이렉트 커넥트를 이용한 접속 방법이 있습니다.

연습문제

1 다음 관계형 데이터베이스가 아닌 것은?

❶ MySQL   ❷ 오라클
❸ NoSQL   ❹ MariaDB

2 다음 아마존 RDS에 대한 설명으로 틀린 것은?

❶ 아마존 RDS는 AWS에서 제공하는 관계형 데이터베이스 서비스를 말합니다.
❷ 데이터베이스의 백업과 유지보수, 소프트웨어의 패치는 사용자가 담당합니다.
❸ 아마존 RDS는 관리형 서비스로 대부분의 작업과 관리를 AWS에서 담당합니다.
❹ 완전 관리형 서비스로 사용자는 애플리케이션에만 집중할 수 있습니다.

3 다음 엔진 유형에 대한 설명중 틀린 것은?

❶ 아마존 오로라는 고성능 및 안정성을 제공하는 완전 관리형 관계형 데이터베이스입니다.
❷ 아마존 RDS for MySQL은 AWS에서 제공하는 MySQL 데이터베이스의 관리형 서비스입니다.
❸ 아마존 오로라는 MySQL, PostgreSQL를 포함하여 다양한 데이터베이스 엔진 유형을 제공합니다.
❹ 아마존 RDS for MariaDB는 AWS에서 제공하는 MariaDB의 관리형 서비스입니다.

4 t 계열 인스턴스 유형은 다른 인스턴스 유형과는 달리 미리 결정된 CPU 사용률이 정의됩니다. 이 기준선을 넘어서 CPU를 사용할 수 있는 기능은 무엇일까요?

5 다음 아마존 RDS를 구성하는 DB 그룹 중 틀린 것은?

　❶ 서브넷 그룹　　　　　　❷ 파라미터 그룹
　❸ 데이터베이스 엔진 그룹　❹ 옵션 그룹

6 고가용성을 위해 원본 데이터베이스를 다른 AZ로 복제하여, 원본 데이터베이스의 가동 중지와 장애 발생에 대비하기 위한 기능은 무엇일까요?

1　**정답**　❸ NoSQL
2　**정답**　❷ 데이터베이스의 백업과 유지보수, 소프트웨어의 패치는 사용자가 담당한다.
3　**정답**　❸ 아마존 오로라는 MySQL, PostgreSQL를 포함하여 다양한 데이터베이스 엔진 유형을 제공한다.
4　**정답**　버스트 기능
5　**정답**　❸ 데이터베이스 엔진 그룹
6　**정답**　다중 AZ

Chapter 06

객체 스토리지 서비스 파악하기

학습 목표

AWS에서 제공하는 객체 스토리지 서비스의 구조를 살펴봅니다. 객체 관리 방법을 학습해보며, 객체 스토리지 서비스를 구축하는 방법과 활용 방법을 실습합니다.

핵심 키워드

객체 스토리지   아마존 S3   스토리지 클래스   버저닝   생명주기

학습 코스

❶ 객체 스토리지 서비스, 아마존 S3란? → ❷ 객체 스토리지 서비스 아마존 S3 살펴보기 → ❸ 아마존 S3 생성하기 → ❹ 아마존 S3 활용하기

6.1 객체 스토리지 서비스, 아마존 S3란?

AWS의 4가지 기본 서비스(IAM, EC2, RDS, S3) 중 IAM, EC2, RDS 3가지 서비스를 알아보았습니다. 이제 마지막으로 객체 스토리지 서비스인 아마존 S3을 알아보겠습니다.

객체 스토리지는 객체^{Object}라고 하는 일정한 형태나 형식, 틀이 정해지지 않은 비정형 형식의 데이터를 저장하고 관리하는 스토리지를 의미합니다. 비정형 데이터를 저장하기 때문에 어떠한 파일 형식이든 상관없이 저장할 수 있습니다.

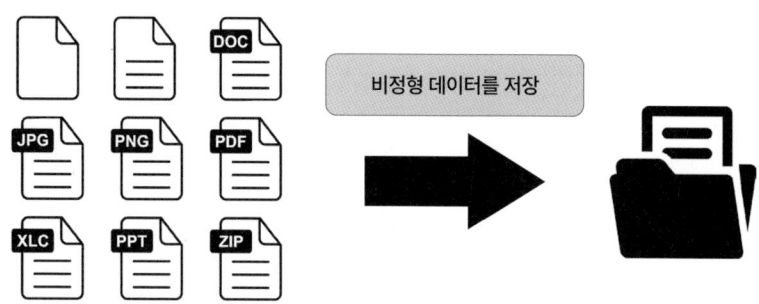

예를 들어 텍스트 파일, 이미지, 비디오, 음악 파일 등 다양한 유형의 파일을 저장할 수 있습니다. 이런 객체 스토리지 서비스를 AWS에서 아마존 S3라는 이름으로 제공하고 있습니다. 즉, 아마존 S3는 비정형 데이터 즉 객체를 저장 및 관리하는 서비스입니다. 아마존 S3를 사용하면 객체를 안정적으로 저장하며 쉽게 검색하고 다양한 방법으로 관리할 수 있는 옵션들을 제공합니다.

아마존 S3는 버킷^{Bucket}이라는 스토리지에 객체를 저장합니다. 버킷은 전 리전에 걸쳐 고유한 이름을 가지며, 다른 리전에서 같은 이름의 버킷을 사용할 수 없습니다. 객체 또한 버킷 내부에서 고유한 키^{Key}를 가지며, 버킷 내부에서 같은 이름의 키 객체를 저장하면 덮어쓰기가 일어납니다.

여기서 객체의 고유한 키는 객체의 이름을 의미합니다. 객체 이름, 객체 키, 키 이름이라고도 표현합니다.

▼ 관리 콘솔에서의 아마존 S3 버킷 화면 예

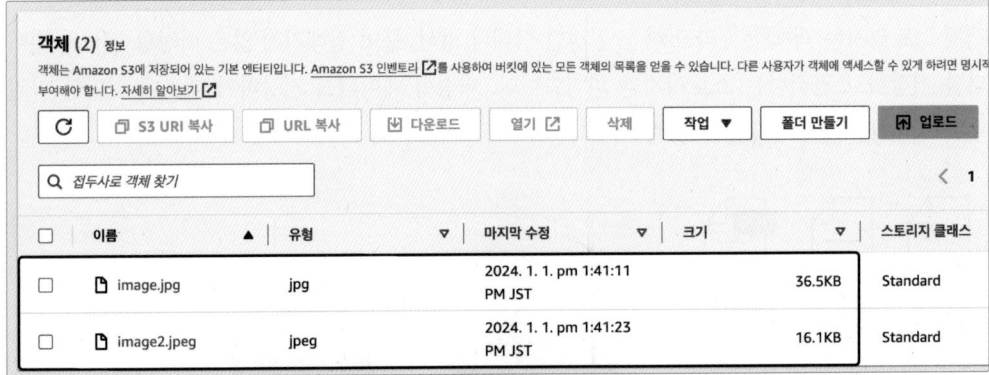

아마존 S3에는 하나의 버킷에 저장할 수 있는 용량과 객체 수는 무제한으로 얼마든지 저장할 수 있으며, 객체는 최소 0바이트에서 최대 5TB까지 저장할 수 있습니다. 하지만 제약조건은 존재하는데, 버킷은 계정당 최대 100개까지 생성할 수 있으며, 관리 콘솔 환경에서 버킷으로 객체를 저장한다면 160GB의 객체 크기만 저장할 수 있습니다.

> 160GB 이상의 객체를 저장하고 싶다면 AWS CLI를 이용하는 방법이 있습니다.

아마존 S3 버킷에 저장한 객체는 다양한 용도로 활용될 수 있습니다.

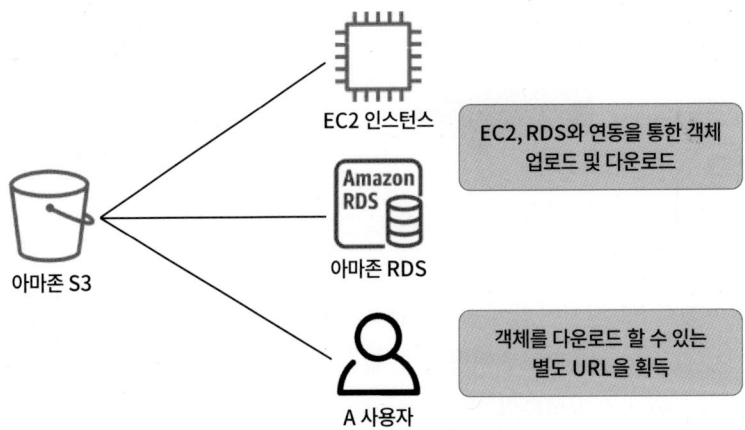

단순 저장 용도로만 사용할 수도 있지만, EC2, RDS와의 연동을 통해 객체를 주고받을 수 있으며, 서버의 로그를 저장하거나, 서버의 백업을 S3 버킷에 저장해 안정적인 백업 솔루션으로 활용할 수도 있습니다. 객체는 기본적으로 비공개이지만, 미리 서명된 URL[presigned URL]을 이용해 지정된 기간 동안 객체를 내려받을 수 있는 URL을 생성해 사용자에게 공유할 수도 있습니다.

6.2 객체 스토리지 서비스, 아마존 S3 살펴보기

아마존 S3 버킷에는 객체를 관리하는 다양한 옵션을 제공하고 있습니다. 이번에는 저장된 객체를 관리하는 다양한 스토리지 클래스와 객체의 버전 관리용 버저닝 기능, 객체의 보존 기간을 관리하는 생명주기 규칙을 알아보겠습니다.

6.2.1 스토리지 클래스

아마존 S3에서는 다양한 스토리지 클래스를 제공하고 있으며, 객체의 GET, PUT, POST, LIST, COPY 등의 요청 수에 따른 요금이 발생합니다. 객체에 대한 액세스 빈도가 높을수록 요청 수도 증가하므로 이에 따른 요금이 발생하는 겁니다. 따라서 액세스 빈도와 요청 수를 고려해 적절한 스토리지 클래스를 선택할 필요가 있으며, 액세스 빈도가 낮은 객체는 저렴한 스토리지 클래스로 이동해 요금을 절약할 수 있습니다. 이번에는 사용 사례에 적합한 스토리지 클래스를 소개하는 시간을 갖겠습니다.

스토리지 클래스 종류

아마존 S3에서 자주 사용되는 스토리지 클래스별 특징과 용도는 다음과 같습니다.

- **S3 Standard** : 범용으로 사용되며, 동적 웹사이트, 콘텐츠 배포, 모바일 및 게임 애플리케이션, 빅데이터 분석 등의 다양한 사용 사례에 적합
- **S3 Infrequent Access** : 액세스 빈도가 낮은 객체를 위한 스토리지 클래스이며, 백업, 재해 대책 파일 등에 적합
- **S3 One Zone-IA** : 액세스 빈도가 낮은 객체를 위한 스토리지 클래스이며, 로그, 자주 액세스 하지 않는 데이터의 재생성 등에 적합

- **S3 Glacier Instant Retrieval** : S3 Infrequent Access와 비교해서 액세스 빈도가 현저히 낮으며, 의료 이미지, 미디어 자산 등에 적합
- **S3 Glacier Flexible Retrieval** : S3 Infrequent Access와 비교해서 액세스 빈도가 현저히 낮으며 백업, 재해 복구 사용 사례에 적합
- **S3 Glacier Deep Archive** : 규제 규정 준수 요건을 충족하기 위해 7~10년 이상 보관할 필요가 있는 객체 혹은 백업, 재해 복구 사용 사례에 적합
- **S3 Intelligent-Tiering** : 액세스 빈도에 따라 스토리지 요금을 최적화 함

다양한 스토리지 클래스가 존재하기 때문에, 어떤 상황에서 어떤 스토리지 클래스를 선택하는 게 베스트인지 망설여질 수 있습니다. 그렇다면 다음 스토리지 클래스 예시를 따라 적합한 스토리지 클래스를 선택하는 것을 권장드립니다.

▼ 스토리지 클래스 선택 예

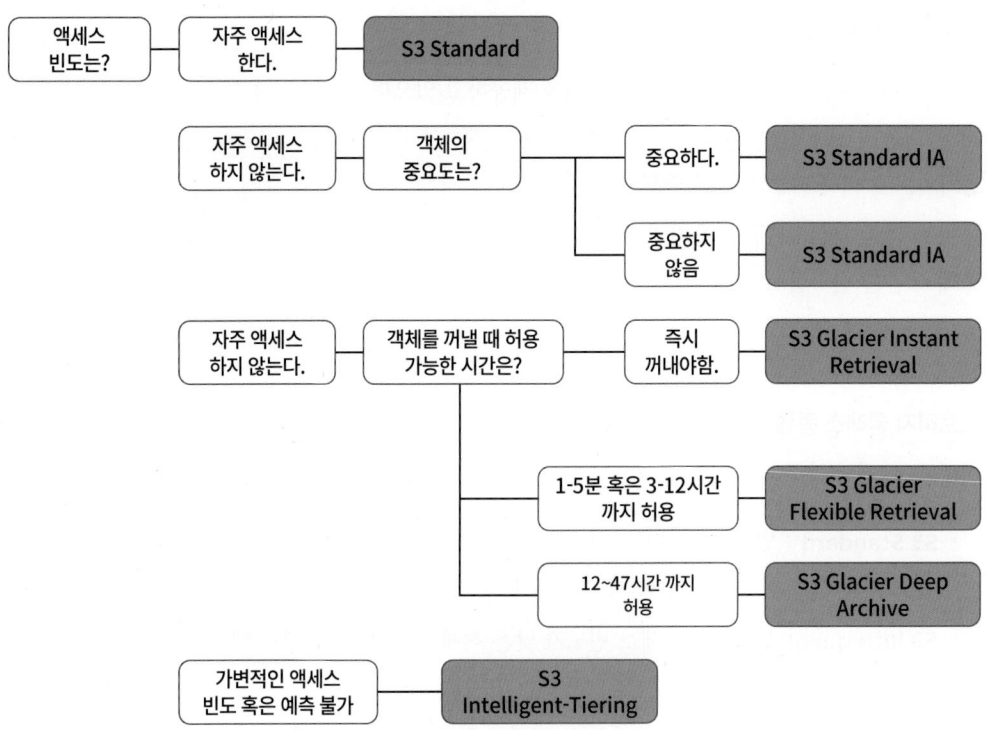

액세스 빈도와 객체의 중요도 그리고 꺼낼 때의 허용 시간으로 나누어 현재 상황에 맞는 스토리지 클래스를 선택할 수 있습니다.

스토리지 클래스 설정

스토리지 클래스는 객체를 업로드할 때 혹은 업로드한 객체를 편집해서 스토리지 클래스를 설정할 수 있습니다. 객체 업로드 시 속성에서 스토리지 클래스를 설정할 수 있습니다. 스토리지 클래스는 기본값으로 S3 Standard가 선택되어 있습니다.

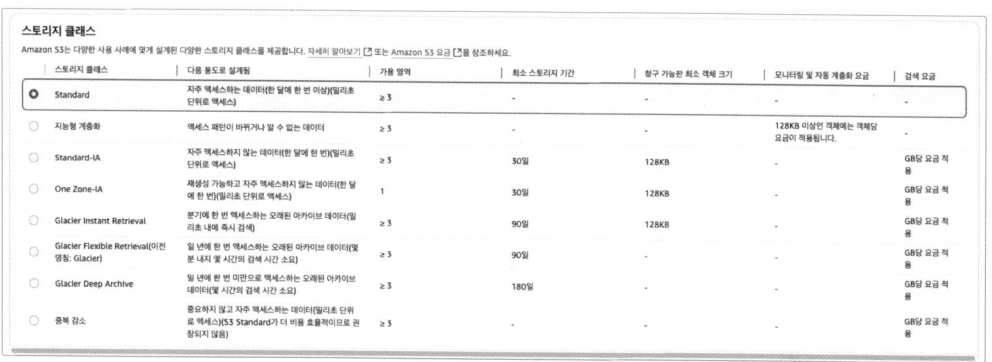

업로드한 객체에서 ❶ [작업] → ❷ [스토리지 클래스 편집]을 클릭해 스토리지 클래스를 변경할 수 있습니다.

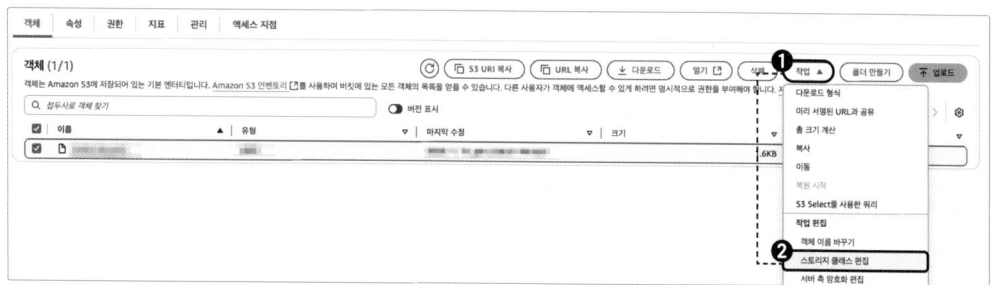

6.2.2 버전 관리를 위한 버저닝 기능

버저닝Versioning 즉 버전 관리를 사용하면 단일 객체의 여러 버전을 유지할 수 있습니다. 조작 미스로 삭제한 데이터도 간단하게 복구할 수 있는 수단을 제공해줍니다.

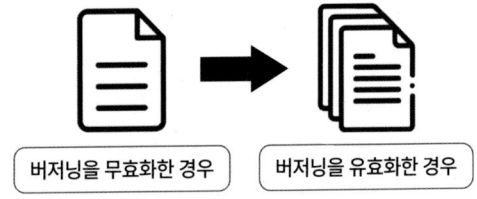

버저닝을 설정하지 않다면 업로드한 객체는 단일 객체로 저장되며, 삭제 혹은 덮어쓰기가 발생할 시 객체를 복구하거나 되돌릴 수 없습니다. 하지만 버저닝을 유효화하면 객체를 업로드할 때마다 새로운 버전이 생성되므로, 이전 버전으로 되돌릴 수 있고 삭제된 객체를 복구할 수 있습니다. 하지만 새 버전이 만들어지면 그만큼 사용료가 늘어납니다.

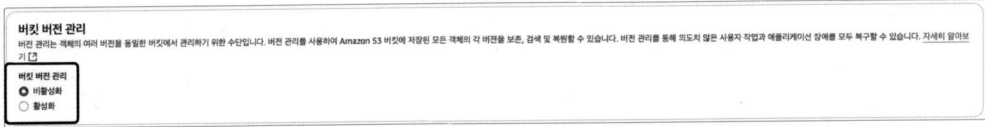

아마존 S3를 생성할 때 버킷 버전 관리 항목에서 버저닝 활성 유무를 선택할 수 있습니다.

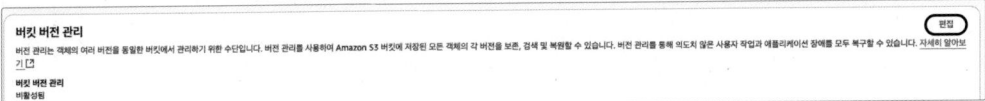

아마존 S3를 생성하고 나서 버킷 버전 관리 항목에서 편집을 통해 버저닝 활성 유무를 변경할 수 있습니다.

버저닝 활용 예시

이번에는 버저닝을 활성화해 버킷 내에서 버저닝이 어떻게 움직이는지 확인하겠습니다.

To do 01 버저닝 테스트를 위해 3개의 이미지 파일을 업로드한 상태입니다.

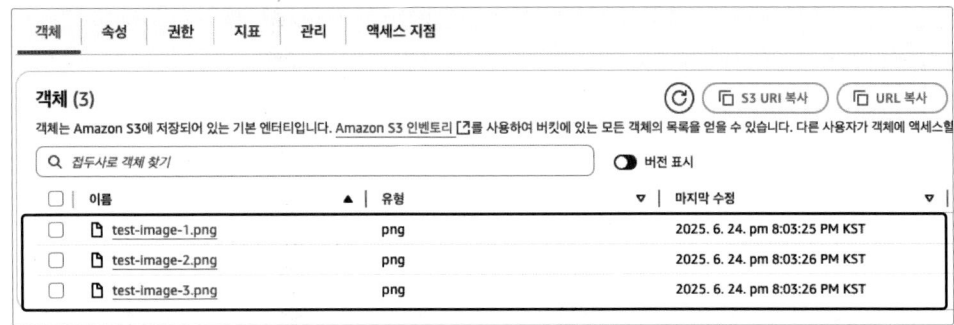

02 버저닝을 유효화한 상태에서 객체를 업로드하고, test-image-1.jpg 객체의 버전을 확인하면 현재 버전을 확인할 수 있습니다.

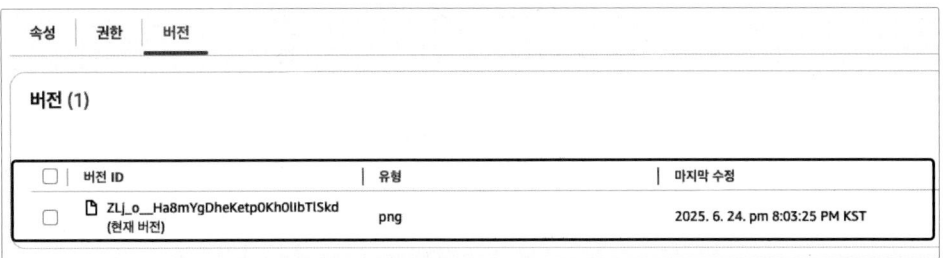

03 test-image-1 파일을 덮어쓰면 현재 덮어쓴 버전과 덮어쓰기 이전 버전으로 나누어집니다. ❶ [객체 작업], ❷ [작업]을 클릭해 덮어쓰기 이전 버전을 복사하거나 다운로드해 내용을 확인할 수 있습니다.

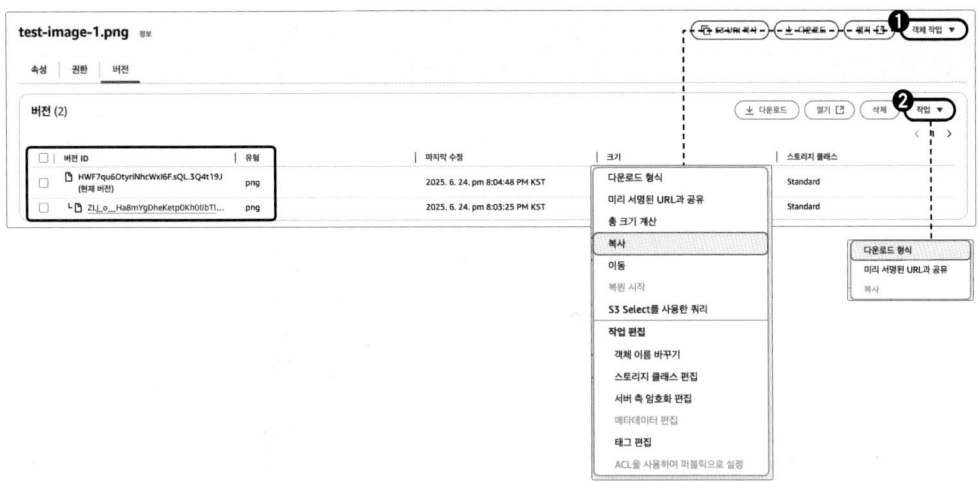

04 버저닝에서 삭제 마커를 활용하면 삭제한 객체를 복원할 수 있습니다. 테스트 차원에서 test-image-3 객체를 삭제했습니다.

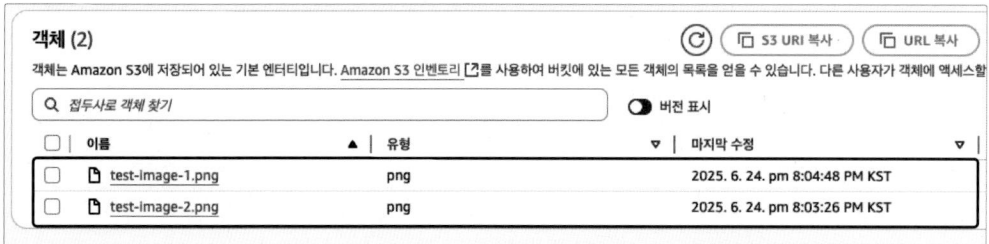

05 버전 표시를 체크하면 객체의 모든 버전이 표시됩니다. 버저닝을 활성화한다면 삭제한 객체에 [삭제 마커]가 붙은 객체를 확인할 수 있으며, 삭제 마커를 삭제하면 해당 객체를 복원할 수 있습니다.

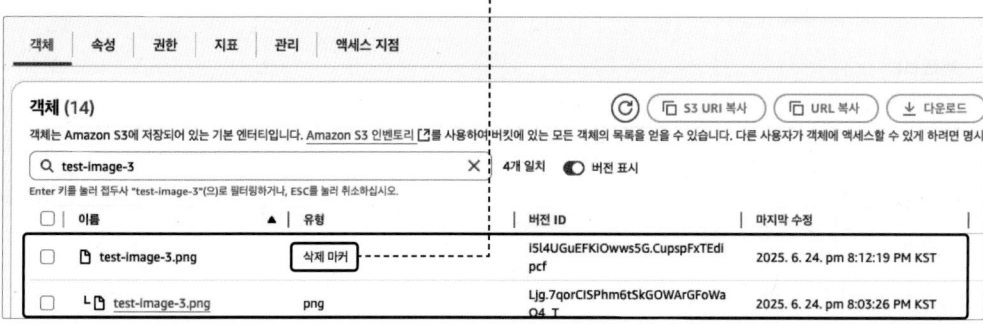

06 삭제 마커를 삭제하면, 객체가 복원된 것을 확인할 수 있습니다.

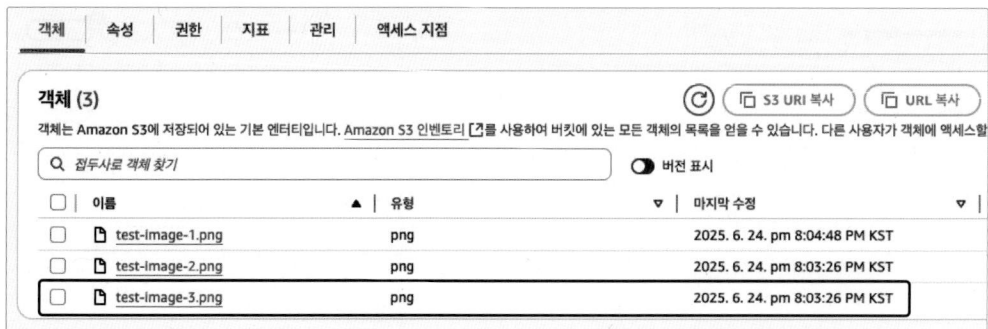

6.2.3 생명주기 규칙을 활용한 객체 관리

생명주기를 활성화하면, 객체를 생성한 날로부터 지정한 기간이 경과한 객체를 자동 삭제합니다. 생명주기를 사용하도록 설정하면 최소 1일 최대 2147483647일을 지정해보존 기간을 설정할 수 있습니다.

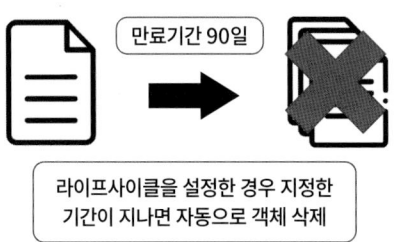

예를 들어 생명주기를 90일로 설정했다면, 생성일로부터 90일이 지난 객체는 자동으로 삭제됩니다. 이런 기능을 이용해 장기간 보존하는 불필요한 객체들을 정리할 수 있으며 비용을 절약할 수 있습니다.

생명주기 활용 예시

이번에는 생명주기를 활성화해 버킷 내에서 생명주기이 어떻게 움직이는지 확인하겠습니다.

To do 01 생명주기는 S3 버킷 내 ❶ 관리탭에서 확인할 수 있으며 ❷ [생명주기 규칙 생성]을 클릭해 생명주기 규칙을 생성할 수 있습니다.

02 ❶ 생명주기 규칙 이름을 입력합니다. ❷ 규칙 범위를 선택합니다. [하나 이상의 필터를 사용해 이 규칙의 범위 제한]은 지정된 경로에 규칙을 적용합니다. [버킷의 모든 객체에 적용]은 버킷 내부의 모든 디렉터리에 규칙을 적용합니다. ❸ [하나 이상의 필터를 사용해 이 규칙의 범위 제한]을 선택한다면 규칙을 적용할 S3 버킷의 경로를 지정합니다. 예를 들어 Images/ 형식으로 Images 디

렉터리 내부에 규칙을 지정할 수 있습니다. Images/test.txt와 같은 특정 객체를 지정할 수는 없습니다.

수명 주기 규칙 구성

❶ 수명 주기 규칙 이름
gr-lifecycle-bucket
최대 255자

❷ 규칙 범위 선택
● 하나 이상의 필터를 사용하여 이 규칙의 범위 제한
○ 버킷의 모든 객체에 적용

❸ 필터 유형
접두사, 객체 태그, 객체 크기 또는 사용 사례에 적합한 조합을 기준으로 객체를 필터링할 수 있습니다.

접두사
이 규칙의 범위를 단일 접두사로 제한하는 필터를 추가합니다.

접두사 입력

접두사에 버킷 이름을 포함하지 마십시오. 키 이름에 특정 문자를 사용하면 일부 애플리케이션 및 프로토콜에 문제가 발생할 수 있습니다. 자세히 알아보기

03 [최소 객체 크기]는 특정 크기 이상의 객체에만 생명주기 규칙이 적용되도록 지정합니다. [최대 객체 크기]는 특정 크기 이하의 객체에만 생명주기 규칙이 적용되도록 지정합니다. 필수 옵션은 아니기 때문에 기본값으로는 모두 해제되어 있으며, 지정하지 않아도 상관없습니다.

객체 크기
이 규칙을 객체의 크기에 따라 적용하도록 범위를 제한할 수 있습니다. 자세히 알아보기

☐ 최소 객체 크기 지정
☐ 최대 객체 크기 지정

04 ❶ 생명주기 규칙 작업을 선택합니다. 특정 기간이 지나면 객체가 삭제 혹은 만료되도록 설정하고 싶다면 [객체의 현재 버전 만료]를 체크합니다. ❷ 객체 생성 후 경과 일수를 입력합니다. 지정한 기간이 지난 객체는 삭제됩니다.

여기서 생명주기 규칙 작업 리스트를 확인하면 [객체의 현재 버전 만료]와 [객체의 이전 버전 영구 삭제]는 어떤 차이점이 있을까 의문점이 생길 수 있습니다. '두 항목을 모두 체크한다면, 지정한 기간이 지난 객체가 만료되어 이전 버전으로 전환되고, 이전 버전의 영구 삭제가 이루어지는 건가?' 라는 생각이 들 수 있습니다. 여기서 나오는 것이 조금 전 설명했던 버전 관리 즉 버저닝입니다. 버저닝을 유효화한 상태에서 [객체의 현재 버전 만료]만을 체크했다면, 일정 기간이 경과한 객체는 삭제되지 않고 이전 버전으로 유지됩니다. 이전 버전으로 설정된 객체를 삭제하려면 [객체의 이전 버전 영구 삭제]를 체크할 필요가 있습니다.

6.3 아마존 S3 생성하기

이번에는 앞서 살펴본 내용을 바탕으로 아마존 S3를 구축하겠습니다. 아마존 S3를 생성한 다음 EC2 인스턴스와 상호작용할 수 있는 방법을 알아보겠습니다.

6.3.1 클라우드포메이션으로 S3 생성하기

To do **01** S3 버킷 생성에 사용할 클라우드포메이션의 yml 파일은 다음과 같습니다.

S3 버킷 생성용 클라우드포메이션 yml 파일

- **파일 이름** : S3.yml

아마존 S3 생성용 클라우드포메이션 전체 코드는 깃허브 리포지터리에서 [chapter6] → [S3] →

[chapter6.3.1-Create-S3] 폴더에서 확인할 수 있습니다.

02 S3.yml 파일에 S3 생성에 사용할 파라미터를 추가하겠습니다.

```
                                                                    S3.yml
Parameters: # ❶
  BucketName:
    Description: "Bucket name."
    Type: String
    Default: "bucket"
```

❶ 버킷 이름은 AWS의 모든 리전과 모든 계정에서 고유해야 하므로 클라우드포메이션 스택 생성 시 버킷 이름을 변경할 수 있도록 파라미터를 지정했습니다.

03 S3.yml 파일에 S3 생성에 사용할 리소스를 추가하겠습니다.

```
                                                                    S3.yml
Type: AWS::S3::Bucket # ❶
  Properties: # ❷
    BucketName: !Sub ${BucketName}-${EnvName}-${BucketName}
    PublicAccessBlockConfiguration: # ❸
      BlockPublicAcls: true
      BlockPublicPolicy: true
      IgnorePublicAcls: true
      RestrictPublicBuckets: true
```

❶ S3 버킷 생성에 사용할 AWS::S3::Bucket 타입을 입력합니다. ❷ 속성에는 S3 버킷 이름을 지정하는 BucketName을 설정합니다. ❸ 외부 액세스를 차단하는 PublicAccessBlockConfiguration을 설정합니다. 이번에 생성할 S3 버킷에서는 모든 퍼블릭 액세스를 차단합니다.

04 S3.yml 파일에 생명주기 규칙 생성하는 옵션을 추가하겠습니다.

```
                                                        S3 버킷 생명주기 규칙 생성
    LifecycleConfiguration: # ❶
      Rules:
        - Id: !Sub ${SystemName}-lifecycle-bucket # ❷
```

```
# Prefix: Backup/  # ❸
  Status: Enabled  # ❹
  ExpirationInDays: 90  # ❺
```

❶ LifecycleConfiguration을 이용해 생명주기 규칙을 생성합니다. ❷ Id에는 생명주기 규칙의 이름을 입력합니다. ❸ Prefix에는 생명주기 규칙을 적용할 경로를 지정할 수 있습니다. 예를 들어 S3 버킷 Backup 폴더에만 생명주기 규칙을 적용하고 싶다면 Prefix: Backup/를 입력해 지정한 경로에 규칙을 적용할 수 있습니다. ❹ Status를 Enabled로 설정하면 생명주기 규칙을 활성화하게 되며, 비활성화하고자 한다면 Disabled을 입력합니다. ❺ 마지막으로 객체 만료 기간은 90일로 지정합니다.

6.3.2 UI로 불러와 S3 리소스 생성하기

다음은 S3 생성을 어떻게 하는지 UI 기반에서 확인해봅시다.

To do 01 우선 클라우드포메이션 스택을 생성합니다. 아마존 S3 클라우드포메이션 스택 생성 시 S3 버킷의 이름을 입력하고 스택을 생성합니다.

▼ S3 클라우드포메이션 스택 생성 및 생성된 리소스 확인

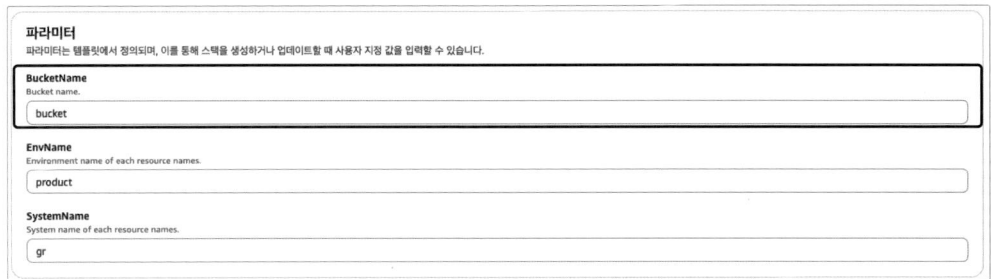

02 아마존 S3 콘솔 화면으로 이동해, 생성된 S3 버킷을 확인할 수 있습니다.

▼ 생성된 S3 버킷 확인

03 생성된 S3 버킷의 관리 화면으로 들어와 보면 생명주기 규칙을 확인할 수 있습니다.

▼ 생성된 생명주기 규칙 확인

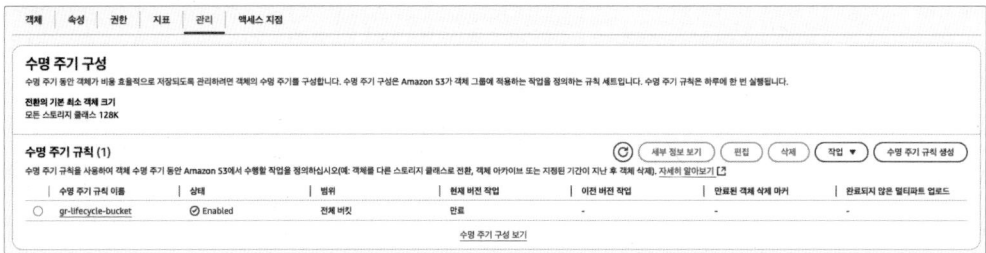

6.4 아마존 S3 활용하기

이번에는 생성한 S3 버킷과 EC2 인스턴스와의 연동을 통해 객체를 다운로드 및 업로드를 하겠습니다. S3 버킷과 EC2 인스턴스 연동을 위한 클라우드포메이션의 yml 파일은 다음과 같습니다.

> **연동을 위한 클라우드포메이션 yml 파일**
>
> - **파일 이름**: VPC.yml, Security_Group.yml, IAM.yml, EC2.yml, S3.yml
> - **클라우드포메이션 스택 생성 순서**: VPC.yml → Security_Group.yml → IAM.yml → EC2.yml → S3.yml

연동을 위한 클라우드포메이션 전체 코드는 깃허브 리포지터리에서 [chapter6] → [S3] → [chapter6.4-Create-S3] 폴더에서 확인할 수 있습니다.

To do **01** EC2 인스턴스에서 S3 버킷에 대한 액세스 권한 없이 접근을 시도하면 Access Denied 에러가 발생합니다. 이런 이유로 S3 버킷에 대한 접근 권한을 부여하는 IAM 정책을 생성할 필요가 있습니다.

IAM.yml
```
Type: AWS::IAM::ManagedPolicy # ❶
    Properties: # ❷
      ManagedPolicyName: !Sub ${SystemName}-${EnvName}-policy-ec2
      PolicyDocument:
```

```
Version: "2012-10-17"
Statement:
  - Effect: Allow # ❸
    Action: # ❹
      - s3:ListAllMyBuckets
    Resource: # ❺
      - arn:aws:s3:::*
```

❶ IAM 정책을 생성하는 AWS::iam::ManagedPolicy 타입을 입력합니다. ❷ 속성에는 IAM 정책 이름을 지정하는 ManagedPolicyName과 권한을 설정하는 PolicyDocument가 있습니다. PolicyDocument에서 ❸ Effect는 지정한 Action을 허용할지 거부할지를 선택할 수 있으며 ❹ Action은 해당 권한이 어떤 AWS 서비스의 어떤 작업들을 수행할지 지정합니다. 먼저 EC2 인스턴스에서 S3 버킷 리스트를 불러오는 s3:ListAllMyBuckets를 추가합니다. ❺ 이어서 Resource는 권한을 적용할 리소스를 지정합니다. 생성된 모든 S3 버킷의 리스트를 불러오는 arn:aws:s3:::*를 입력합니다.

02 조금 전 생성한 S3 버킷에 대한 권한을 지정합니다.

IAM.yml
```
      - Effect: Allow
        Action: # ❶
          - s3:Get*
          - s3:Delete*
          - s3:Put*
        Resource:
          - "arn:aws:s3:::gr-product-bucket/*"
    Roles: # ❷
      - !Ref EC2IAMRole
```

❶ S3 버킷에 대한 Get, Delete, Put 권한을 지정합니다. 이로써 EC2 인스턴스에서 지정한 S3 버킷에 대한 Get, Delete, Put 작업을 수행할 수 있습니다. ❷ 마지막으로 해당 정책을 IAM 역할에 추가합니다.

03 클라우드포메이션 스택 생성이 끝났다면, EC2 인스턴스로 접속해 aws s3 ls 명령어를 입력합

니다. 해당 명령어를 입력하면 현재 생성된 모든 S3 버킷 리스트를 불러올 수 있습니다.

```
aws s3 ls
```

04 touch 명령어로 gr-text.txt 텍스트 파일을 생성합니다. aws s3 cp 명령어를 이용해 생성한 텍스트 파일을 S3 버킷으로 업로드합니다. [gr-product-bucket]에는 업로드할 버킷 이름을 입력합니다.

```
sudo touch gr-text.txt
aws s3 cp gr-text.txt s3://gr-product-bucket/
```

05 S3 버킷에 gr-text.txt 텍스트 파일이 업로드된 것을 확인할 수 있습니다.

▼ 업로드된 텍스트 파일 확인

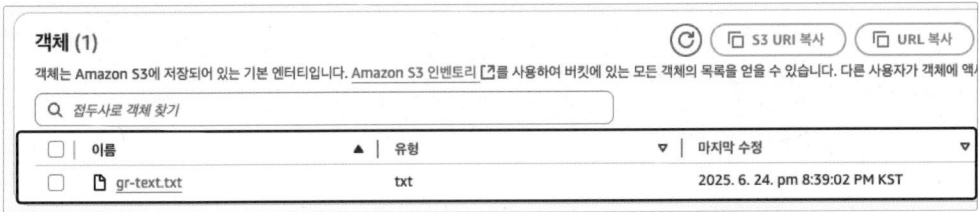

06 EC2 인스턴스에서 S3 버킷의 객체를 내려받기 위해 임의의 테스트 파일 [test-image.png]을 업로드합니다.

▼ 객체 업로드

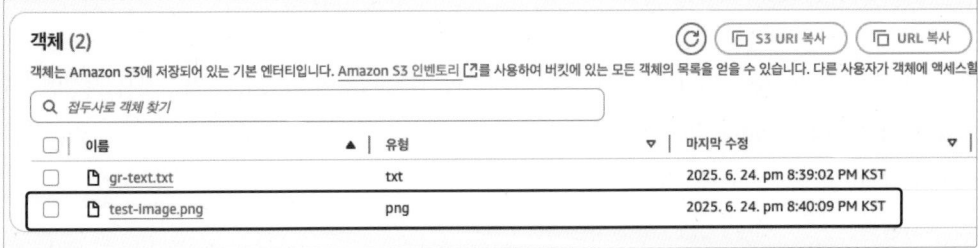

07 EC2 인스턴스에서 S3 버킷의 객체를 다운로드합니다. 다운로드 명령어는 업로드와 동일하게 aws s3 cp 명령어를 사용합니다. EC2 인스턴스에 파일을 쓸 수 있는 권한이 필요하기 때문에 sudo를 추가하거나, sudo -i 명령어를 이용해 관리자 권한으로 로그인합니다. 그리고 **[s3://버킷명/내려받을 객체 명 경로/다운로드 시 지정할 파일 이름]**으로 명령어를 입력하고 ls 명령어를 통해 내려받은 객체를 확인합니다.

EC2 인스턴스에 버킷에 저장된 객체 다운로드
```
sudo -i
sudo aws s3 cp s3://gr-product-bucket/test-image.png ./test-image.png
ls
```

08 S3 버킷에서 파일을 내려받은 것을 확인할 수 있습니다.

```
sh-4.2$ sudo -i
[root@ip-xxx-xxx-xxx-xxx ~ ]# aws s3 cp s3://gr-product-bucket/test-image.png ./
test-image.png
download : s3://gr-product-bucket-test-image.png to ./test-image.png
[root@ip-xxx-xxx-xxx-xxx ~ ] ls
test-image.png
```

학습 마무리

AWS에서 제공하는 스토리지 서비스인 아마존 S3를 살펴보았습니다. 이번 학습을 통해 스토리지 클래스 종류에 대해 이해할 수 있었으며, 객체 관리를 위한 버저닝과 생명주기를 활용하는 방법을 학습했습니다. 이런 학습 내용을 바탕으로 실무에서 더 비용 효율적으로 버킷을 관리할 수 있으며, 레벨 2의 학습 내용을 바탕으로 기본적인 AWS 환경을 구축할 수 있게 되었습니다.

핵심 요약

1 **아마존 S3**는 객체라고 하는 일정한 형태나 형식, 틀이 정해지지 않은 비정형 데이터를 저장하고 관리하는 객체 스토리지를 제공합니다. 아마존 S3는 **버킷**이라고 하는 스토리지에 객체를 저장합니다. **객체**는 버킷 내부에서 고유한 키를 가지며, 여기서 고유한 키는 객체의 이름을 의미합니다.

2 하나의 버킷에 저장할 수 있는 용량과 객체 수는 무제한이며, 최소 0바이트에서 최대 5TB까지 저장할 수 있습니다.

3 아마존 S3에서는 객체의 GET, PUT, POST, LIST, COPY 등의 요청 수에 따른 요금이 발생하며, 액세스 빈도와 요청 수를 고려해 적절한 스토리지 클래스를 선택해야 합니다.

4 자주 사용되는 스토리지 클래스는 S3 Standard, S3 Infrequent Access, S3 One Zone-IA, S3 Glacier Instant Retrieval, S3 Glacier Flexible Retrieval, S3 Glacier Deep Archive, S3 Intelligent-Tiering가 있습니다.

5 아마존 S3에서는 단일 객체의 여러 버전을 유지하고 관리하는 버저닝 기능을 제공합니다.

6 생명주기 규칙을 사용해 불필요한 객체를 자동으로 삭제할 수 있으며 비용을 절약할 수 있습니다.

연습문제

1 다음 아마존 S3에 대한 설명으로 틀린 것은?

① 객체 스토리지는 객체라고 하는 비정형 형식의 데이터를 저장하고 관리하는 스토리지이다.
② 하나의 버킷에 저장할 수 있는 용량과 객체 수는 무제한이다.
③ 관리 콘솔을 이용한다면 최대 160GB의 객체 크기를 저장할 수 있다.
④ 160GB 이상의 객체 크기는 저장할 수 없다.

2 다음 스토리지 클래스 종류로 틀린 것은?

① S3 Standard Flexible ② S3 One Zone-IA
③ S3 Glacier Deep Archive ④ S3 Standard

3 객체는 기본적으로 비공개이지만, '이것'을 이용해 지정된 기간 동안 객체를 내려받을 수 있는 URL을 사용자에게 공유할 수 있습니다. '이것'은 무엇일까요?

① S3 Standard Flexible ② S3 One Zone-IA
③ 미리 서명된 URL ④ S3 Standard

4 다음 버저닝에 대한 설명 중 옳은 것은?

① 버저닝은 단일 객체의 단일 버전만을 유지할 수 있다.
② 버저닝을 설정하지 않으면, 업로드한 객체는 단일 객체로 저장되며, 객체를 복구할 수 없다.
③ 버저닝은 무료로 이용할 수 있다.
④ 삭제 혹은 덮어쓰기가 발생하더라도 객체를 복구할 수 있다.

연습문제

5 다음 생명주기 규칙에 대한 설명 중 틀린 것은?

❶ 생명주기는 최소 1일에서 최대 2147483647일을 지정해 보존 기간을 설정할 수 있다.

❷ 버전 관리를 유효화한 상태에서 생명주기의 [객체의 현재 버전 만료]를 체크하면, 일정 기간이 경과한 객체는 삭제된다.

❸ 생명주기를 활용해 불필요한 객체들을 정리하고 비용을 절약할 수 있다.

❹ 버전 관리를 유효화한 상태에서 이전 버전의 객체를 삭제하려면 [객체의 이전 버전 영구 삭제]를 체크해야 한다.

---

1 **정답** ❹ 160GB 이상의 객체 크기는 저장할 수 없다.
2 **정답** ❶ S3 Standard Flexible
3 **정답** ❸ 미리 서명된 URL
4 **정답** ❹ 삭제 혹은 덮어쓰기가 발생더라도 객체를 복구할 수 있다.
5 **정답** ❷ 버전 관리를 유효화한 상태에서 생명주기의 [객체의 현재 버전 만료]를 체크하면, 일정 기간이 경과한 객체는 삭제된다.

Level 03

AWS 핵심 서비스 짚어보기

학습 목표

앞서 AWS의 기본이 되는 서비스를 살펴보았다면, 7장부터는 AWS의 핵심 서비스를 알아봅니다. AWS에서 제공하는 프론트엔드 서비스와 백엔드 서비스로 구분해 각 서비스가 어떤 식으로 상호작용 하는지 살펴봅시다.

- **07장** 프론트엔드를 위한 서비스 이해하기
- **08장** 콘텐츠 전송을 위한 프론트 서비스 파악하기
- **09장** 웹 애플리케이션 배포를 위한 프론트 서비스 파악하기
- **10장** 사용자 인증을 위한 프론트 서비스 파악하기
- **11장** 백엔드를 위한 서비스 이해하기
- **12장** 클라우드 서버 최적화를 위한 백엔드 서비스 파악하기
- **13장** 컨테이너를 위한 백엔드 서비스 파악하기
- **14장** 이벤트 기반 코드 실행 백엔드 서비스 파악하기
- **15장** API 관리를 위한 백엔드 서비스 파악하기
- **16장** 유연한 NoSQL 데이터베이스 서비스 파악하기

Chapter 07

프론트엔드를 위한 서비스 이해하기

학습 목표

프론트엔드에 대한 기본적인 개념과 더불어 도메인 관리 서비스인 아마존 라우트53(Amazon Route53)를 학습해 보며, 이를 바탕으로 실습을 통해 웹 서버에 도메인을 할당해 접근해봅시다.

핵심 키워드

`프론트엔드` `웹 서버` `클라이언트` `HTTP` `HTTPS` `도메인` `DNS` `FQDN` `호스트`
`아마존 라우트53` `호스팅 영역` `퍼블릭 호스팅` `프라이빗 호스팅`

학습 코스

❶ 프론트엔드 서비스 유형 파악하기 → ❷ 도메인 관리 서비스, 아마존 라우트53 파악하기 → ❸ 아마존 라우트53 활용하기

7.1 프론트엔드 서비스 유형 살펴보기

7장에서는 AWS 클라우드에서 제공하는 다양한 프론트엔드 서비스 유형을 학습합니다. 7장부터 도메인 관리 서비스인 아마존 라우트53를 살펴보고, AWS 클라우드에서 제공되는 다른 프론트엔드 서비스 유형에 대해 순차적으로 학습해나갑니다. 이를 통해 AWS 환경에서 프론트엔드 서비스를 효과적으로 구축하고 관리하는 방법에 대한 이해를 높일 수 있습니다. AWS에서 제공하는 프론트엔드 서비스를 파악하기 전에, 프론트엔드가 무엇인지 이야기해보고자 합니다. 프론트엔드는 사용자가 서비스를 이용할 때 볼 수 있는 화면을 의미합니다.

▼ 프론트엔드 예

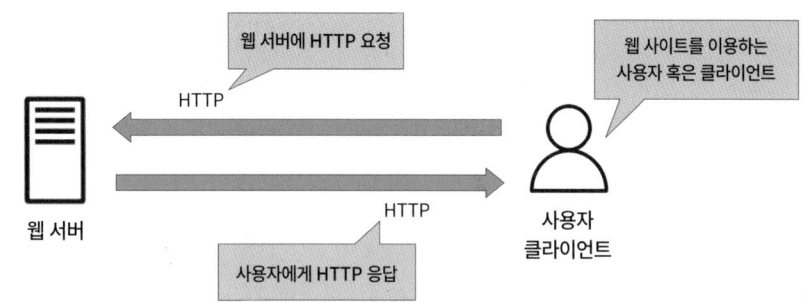

예를 들어 웹 시스템은 웹 서버와 클라이언트 두 가지로 나누어지는데, 클라이언트는 웹사이트를 이용하는 사용자를 의미합니다. 클라이언트는 웹사이트를 통해 로그인과 같은 작업을 수행할 수 있으며, 로그인을 시도하면 이 요청이 웹 서버로 전달되고, 서버는 해당 요청을 처리해 로그인 성공 또는 실패에 대한 결과를 클라이언트에게 반환해 결과를 웹사이트에 보여줍니다. 이렇듯 사용자가 직접적으로 볼 수 있는 화면을 프론트엔드라고 하며, AWS에서는 이 프론트엔드를 위한 다양한 서비스를 제공하고 있습니다.

▼ AWS에서 제공하는 프론트엔드 서비스

아마존 라우트53와 아마존 클라우드프론트는 AWS가 제공하는 프론트엔드의 대표적인 서비스이며, 환경에 따라 AWS 앰플리파이, 아마존 코그니토와 같은 서비스를 사용하기도 합니다. 이런 서비스들은 사용자가 웹사이트를 보다 효과적으로 이용할 수 있게 도와줍니다. 이번 7장부터 이런 서비스를 파악해보고, 실습을 통해 각 서비스가 어떤 식으로 동작하는지 학습합니다.

7.2 도메인 관리 서비스, 아마존 라우트53 파악하기

이번에는 AWS에서의 도메인 관리 서비스인 아마존 라우트53를 알아보겠습니다. 또한 아마존 라우트53를 이해하는 데 필요한 용어도 학습하겠습니다.

7.2.1 도메인 관리 서비스, 아마존 라우트53란?

AWS에서는 도메인 관리를 위한 서비스로 아마존 라우트53를 제공합니다. 이 서비스를 사용해 도메인을 구매하고, AWS에서 구축한 웹 서버와 연결해 효율적으로 트래픽을 전달할 수 있습니다. 또한 아마존 라우트53는 다양한 라우팅 정책을 지원해 웹사이트의 안정성과 가용성을 높이고 필요에 따라 트래픽을 관리할 수 있도록 도와줍니다. 아마존 라우트53는 회사 내부에서 사용할 수 있는 비공개 도메인과 인터넷에서 사용할 수 있는 공용 도메인을 지정할 수 있습니다.

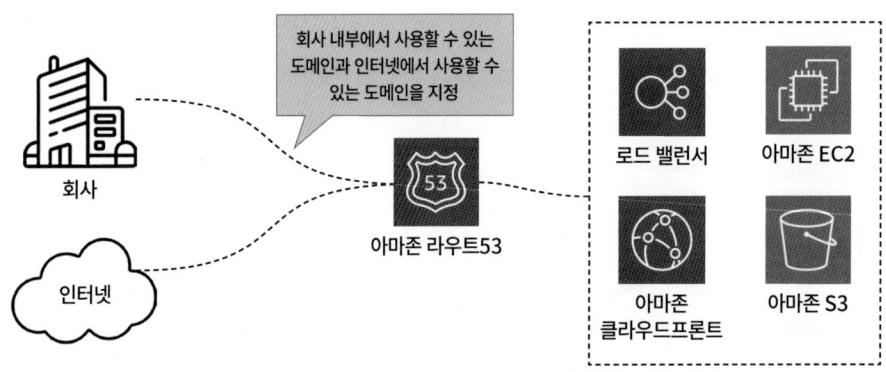

예를 들어 회사 내부에서 사용되는 웹사이트는 비공개 도메인을 사용해 외부에서 접속할 수 없도록 제한할 수 있습니다. 또한 네이버나 구글과 같은 웹사이트와 같이 공용 도메인을 사용해 여러 이용자가 해당 웹사이트에 접속할 수 있도록 할 수 있습니다. 아마존 라우트53는 다양한 AWS 서비스와 연계해 사용할 수 있는데, 대표적으로는 로드밸런서, 아마존 EC2, 아마존 클라우드프론트, 아마존 S3와 같은 서비스와 연계해 구축한 웹 서버로의 접속을 지원합니다. 이용자는 회사 내부나 인터넷에서 아마존 라우트53를 통해 AWS의 서비스로 접근할 수 있습니다.

7.2.2 도메인 관리 서비스, 아마존 라우트53 살펴보기

먼저 아마존 라우트53를 이해하려면 도메인, 호스트, DNS와 같은 개념을 이해할 필요가 있습니다. 이런 개념을 이해하고, 아마존 라우트53에서 제공하는 기능을 살펴보며 실제로 어떻게 활용되는지 실습하며 알아보겠습니다.

FQDN 구성 이해하기

FQDN^{Fully Qualified Domain Name}은 ❷ (웹 서버) 호스트 이름과 ❸ 도메인 이름을 포함한 전체 이름을 의미합니다. FQDN 앞에는 ❶ 프로토콜을 표시합니다.

▼ FQDN 전체 계층도

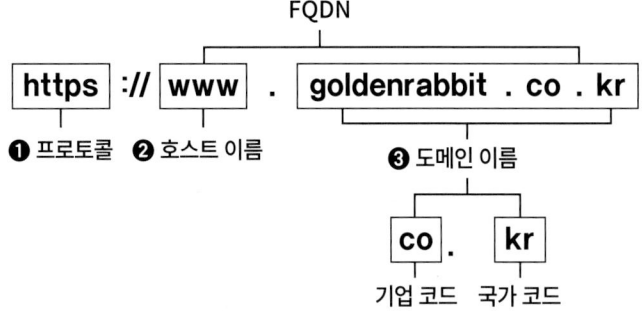

다음 그림을 통해 도메인 이름과 호스트 이름이 왜 사용되는지 확인해봅시다.

▼ 도메인을 사용하지 않았을 때의 불편한 점

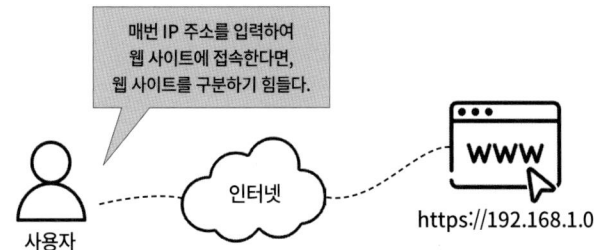

먼저 1장에서 인터넷에서 데이터를 주고받는 데 고유한 IP 주소를 부여해서 통신을 한다고 설명했습니다. 웹사이트에서 작동하는 웹 서버는 IP 주소를 이용해 사용자와 상호작용합니다. 이때 사용자가 매번 10진수로 구성된 숫자를 입력해서 웹사이트에 접근을 한다면, 웹사이트를 구분하기 쉽지 않을 겁니다. 이 문제를 해결하는 것이 바로 도메인Domain입니다. 도메인은 인간이 쉽게 이해하고 기억할 수 있는 문자열로 IP 주소를 대체합니다.

> 웹사이트는 웹페이지 전송에 HTTP 프로토콜을 사용합니다. HTTPS는 HTTP를 더안전하게 사용할 수 있게 보안을 강화한 프로토콜입니다.

▼ 도메인을 사용했을 때의 이점

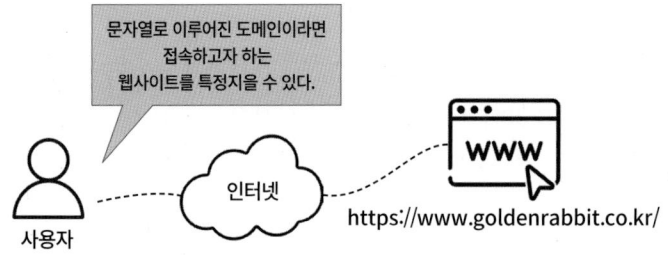

즉, 문자열로 이루어진 도메인을 사용함으로써 사용자는 IP 주소를 외울 필요 없이, 접속하고자 하는 웹사이트의 주소를 쉽게 외울 수 있습니다. 이는 사용자들이 웹사이트 주소를 기억하고 특정 짓는 데 도움을 줍니다. 도메인은 문자열로 이루어져 있으며, FQDN은 도메인과 호스트를 포함합니다. 그럼 호스트는 어떤 역할을 할까요?

▼ 호스트 이름 예

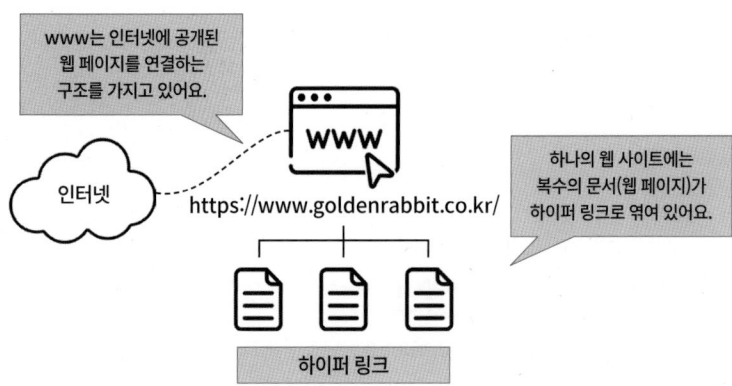

호스트 이름은 FQDN에서 www$^{World\ Wide\ Web}$가 호스트 부분에 해당합니다. www는 인터넷에 공개된 웹페이지를 연결시키는 구조를 의미합니다. www는 웹페이지에 필요한 HTML 기술이나 전송에 필요한 HTTP 프로토콜이 사용되며, 하이퍼 링크에 의해 웹페이지끼리 상호작용할 수 있는 구조로 되어 있습니다. 하지만 호스트 이름에 반드시 www를 사용해야 하는 것은 아닙니다. https://goldenrabbit.co.kr과 같이 www를 생략할 수도 있으며, https://web.goldenrabbit.co.kr과 같이 호스트 이름을 변경할 수도 있습니다. 여기서 주의할 점은 https://www.goldenrabbit.co.kr과 https://web.goldenrabbit.co.kr처럼 호스트를 나누어 여러 웹사이트를 운영할 수도 있습니다(그러면 별개의 웹사이트로 인식됩니다). goldenrabbit.co.kr이 도메인 이름에 해당합니다.

> 호스트 이름은 생략해도 되며, https:/goldenrabbit.co.kr 형식으로 구성할 수도 있습니다.

▼ 하위 도메인 활용 예

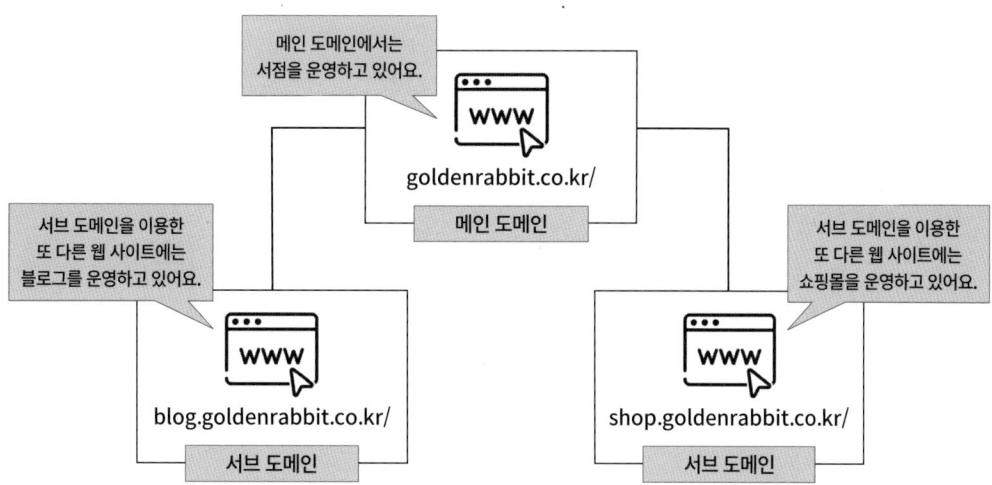

goldenrabbit.co.kr는 메인 도메인으로 하위 도메인을 만들어 여러 도메인을 생성하고 관리할 수 있습니다. blog.goldenrabbit.co.kr과 shop.goldenrabbit.co.kr과 같은 하위 도메인을 추가하여 독립적인 웹사이트를 운영할 수 있으며, 메인 도메인의 인지도를 유지하면서 다양한 웹사이트 혹은 서비스를 제공할 수 있기 때문에 하위 도메인 활용은 현재 많은 회사가 사용하는 방법입니다. 마지막으로 co.kr는 국가 코드입니다. 꼭 해당 국가 코드를 써야 하는 것은 아닙니다. 가령 네이버는 국가 코드 대신 .com을 사용해 www.naver.com을 씁니다.

DNS와 DNS 서버 이해하기

조금 전 도메인을 이용해 IP 주소 대신 문자열로 웹사이트에 접근할 수 있다고 설명했습니다. 하지만 이 도메인만으로는 접속하고자 하는 웹사이트를 특정할 수 없습니다. 여기서 말하는 웹사이트는 웹사이트를 구축하고 가동하는 컴퓨터 즉 서버를 의미합니다. 여기서 접근하고자 하는 대상 서버를 식별하려면 DNS^{Domain Name System}가 필요합니다. DNS는 IP 주소와 도메인 이름을 변환하는 역할을 하는데, 이 역할을 통해 사용자는 도메인 이름을 입력하면 해당 웹사이트에 접근할 수 있게 됩니다. DNS는 계층적으로 구성되어 있으며, 전 세계적으로 동작하는 수많은 DNS 서버가 존재해 서로 계층적으로 연결되어 있습니다. 이 DNS 서버에서 도메인을 관리하며, 사용자가 도메인을 입력하면 DNS 서버에서는 해당 도메인을 IP 주소로 변환하고 반환합니다. 이렇게 반환된 IP 주소를 바탕으로 웹사이트에 접근할 수 있습니다.

▼ DNS 흐름 예

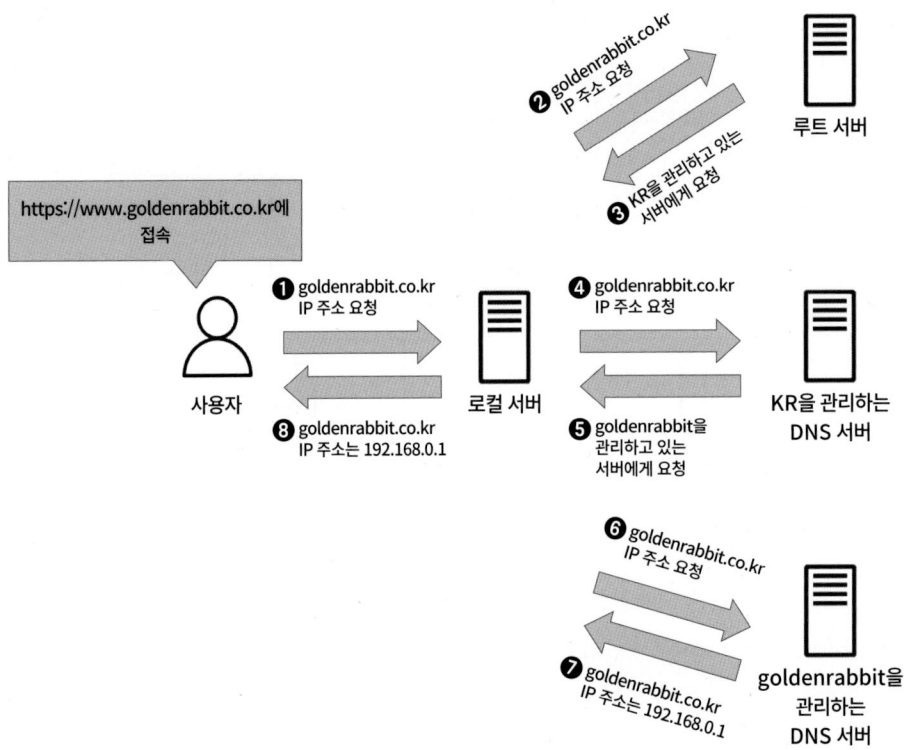

예를 들어 ❶ 사용자가 https://www.goldenrabbit.co.kr로 접근을 시도합니다. 접근을 시도하면서 가장 가까운 로컬 서버(DNS 서버)에게 www.goldenrabbit.co.kr의 IP 주소를 요청합

니다. ❷ 로컬 서버에 정보가 없으면 루트 서버로 IP 주소를 요청합니다. ❸ 루트 서버에서는 직접적으로 최종 IP 주소를 제공하지 않으므로 KR을 관리하는 DNS 서버에게 물어보라고 합니다. ❹ 다음으로 KR을 관리하는 DNS 서버에게 www.goldenrabbit.co.kr의 IP 주소를 요청합니다. ❺ KR을 관리하는 DNS 서버는 goldenrabbit.co.kr을 관리하는 DNS 서버에게 물어보라고 안내합니다. ❻ 마지막으로 goldenrabbit을 관리하는 DNS 서버에게 IP 주소를 요청합니다. ❼ goldenrabbit을 관리하는 이 DNS 서버는 www.goldenrabbit.co.kr의 IP 주소를 반환합니다. ❽ 사용자는 반환받은 IP 주소를 바탕으로 www.goldenrabbit.co.kr를 운영하는 서버에 접근해, 해당 웹사이트를 표시할 수 있습니다. 이렇듯 IP 주소를 반환하는 DNS의 역할은 인터넷에서는 필수적이며, 도메인 이름에서 IP 주소로 변환하는 것을 [이름 해결]이라고 합니다.

> 사용자는 브라우저에 도메인을 입력할 뿐이지만, 실제로는 도메인을 IP 주소로 변환해 웹사이트에 접근하도록 작업을 수행하고 있습니다.

아마존 라우트53 호스팅 영역 이해하기

아마존 라우트53에서는 도메인을 관리하는 호스팅 영역^{Hosted Zone}을 생성합니다. 이 호스팅 영역에 저장된 도메인을 활용해 웹사이트로 사용할 서버에 도메인을 할당하거나 하위 도메인을 생성하는 등 다양한 작업을 수행할 수 있습니다.

▼ 아마존 라우트53 호스팅 영역 예

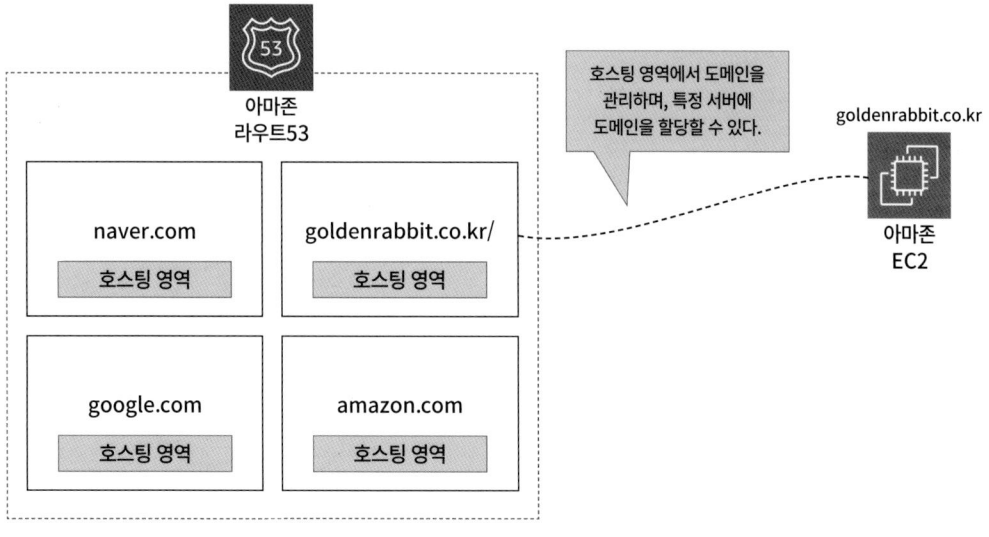

예를 들어 한 호스팅 영역에는 goldenrabbit.co.kr이라는 도메인을 관리하고 있으며, 웹사이트를 호스팅할 EC2 인스턴스를 구축했다고 가정합시다. 이후 호스트 영역에서는 EC2 인스턴스에 goldenrabbit.co.kr 도메인뿐만 아니라 web.goldenrabbit.co.kr과 같은 하위 도메인도 할당할 수 있습니다. 이렇게 할당된 도메인에 사용자는 브라우저를 사용해 접근할 수 있습니다.

이런 호스팅 영역은 다음 두 가지로 나누어집니다.

- **퍼블릭 호스팅 영역** : 공개 도메인을 사용
- **프라이빗 호스팅 영역** : 비공개 도메인을 사용

▼ 퍼블릭 호스팅 영역 예

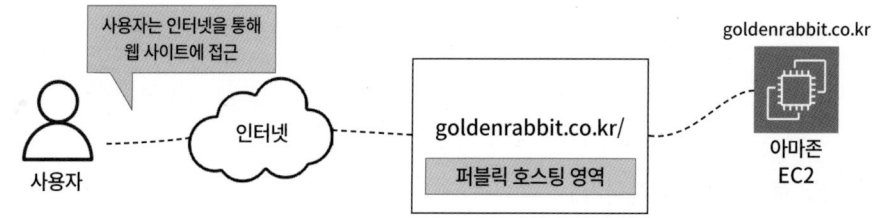

퍼블릭 호스팅 영역은 공개 도메인을 사용해 웹사이트를 호스팅합니다. 이로 인해 해당 웹사이트는 인터넷을 통해 접근할 수 있습니다.

▼ 프라이빗 호스팅 영역 예

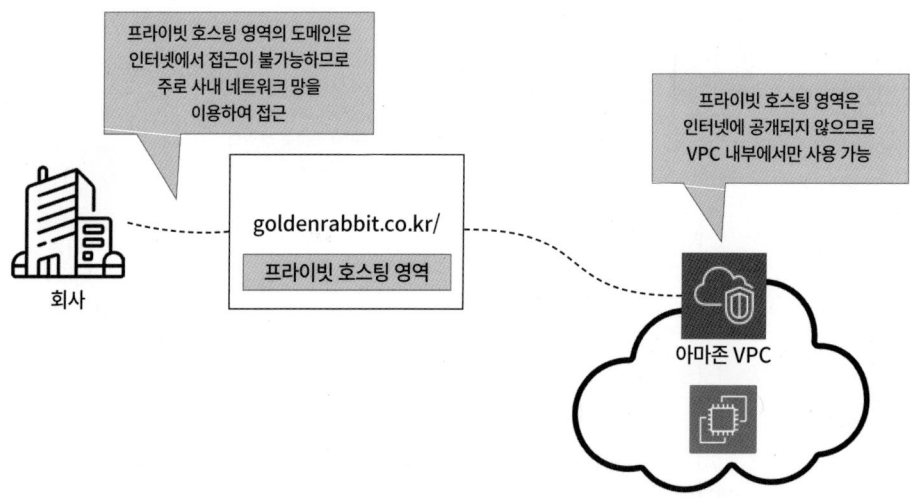

반대로 프라이빗 호스팅 영역은 인터넷에 공개되지 않는 도메인을 사용합니다. 이로 인해 해당 도메인은 주로 사내 네트워크에서 접근하며, 외부에서는 접근할 수 없습니다. 프라이빗 호스팅 영역의 도메인은 VPC 내부에서만 유효하여, VPC 내부에서만 해당 도메인을 활용할 수 있습니다. 주의할 점은 이미 공개되어 사용 중인 도메인도 프라이빗 호스팅 영역에서는 이용할 수 있다는 점입니다. 예를 들어 우리 회사가 아마존이 아니더라도 프라이빗 호스팅 영역에서는 amazon.com, 네이버가 아니더라도 naver.com과 같이 공개된 도메인을 사용할 수 있습니다. 사용은 자유입니다만 자칫 피싱 사이트로 오인받을 수 있기에 이런 도메인은 피하는 것이 좋습니다.

> 내부에서만 사용 가능한 도메인이기 때문에 프라이빗 호스팅 영역에서의 도메인 제한은 없지만 주의하도록 합시다.

아마존 라우트53 라우팅 정책 이해하기

아마존 라우트53에서는 라우팅 정책을 통해 트래픽을 리소스로 라우팅하는 방식을 선택할 수 있습니다. 2025년 기준으로 다음 8개의 라우팅 정책을 지원하고 있습니다.

- 단순 라우팅
- 가중치 기반
- 지리적 위치
- 지연 시간
- 장애 조치
- 다중값 응답
- IP 기반
- 지리 접근성

라우팅 방식은 예를 들어 장애 조치 라우팅 정책을 선택하면 메인 서버와 하위 서버를 선택해 메인 서버에서 문제가 발생할 경우 자동으로 하위 서버로 트래픽을 전환할 수 있습니다. 아마존 라우트53 콘솔 화면에서는 다음과 같이 라우팅 정책을 그림과 글로 안내하고 있습니다.

▼ 관리 콘솔에서 안내하는 라우팅 정책 화면

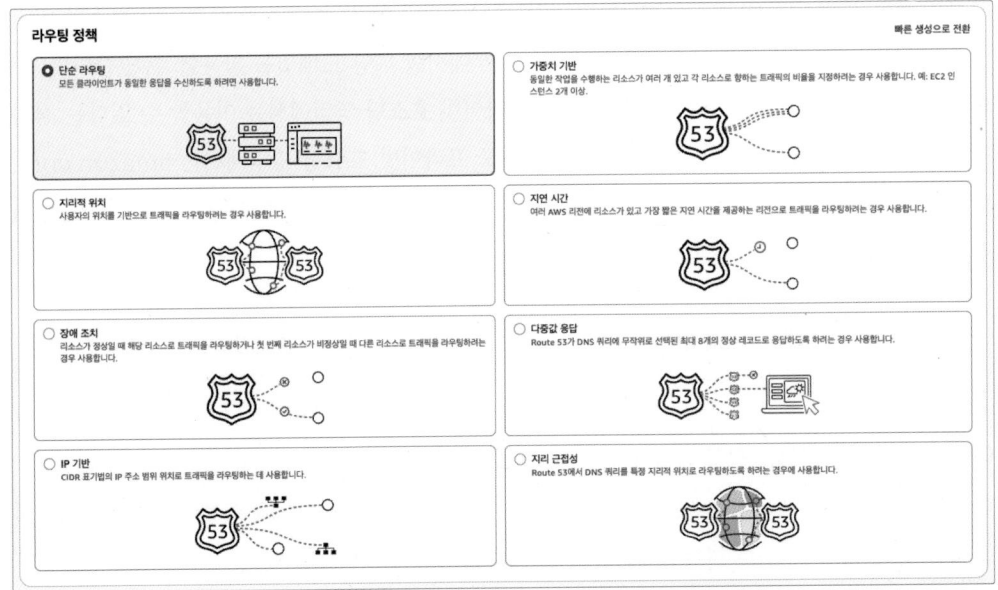

많은 라우팅 정책 중 가장 많이 사용되는 라우팅 정책은 단순 라우팅 정책Simple Routing Policy으로 모든 사용자가 같은 응답을 받을 수 있도록 합니다.

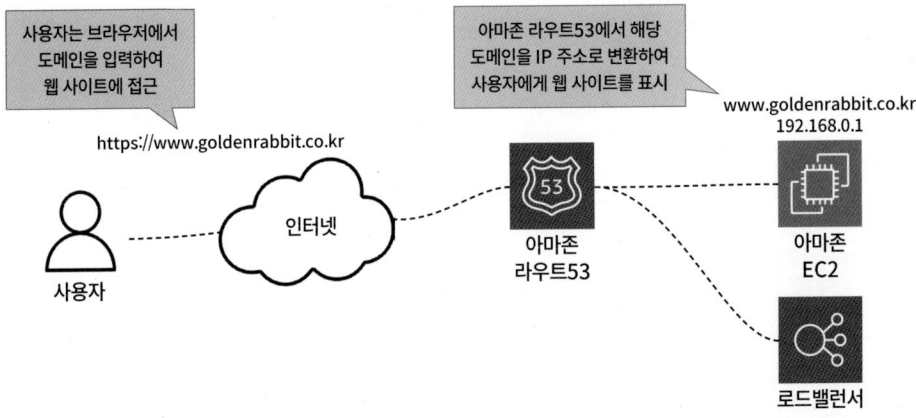

단순 라우팅 정책은 하나의 리소스만 반환하도록 구성됩니다. 예를 들어 EC2 인스턴스에서 웹사이트를 구축하는 경우, www.goldenrabbit.co.kr 도메인을 사용해 운영한다고 가정합시다. 사용자가 브라우저에서 www.goldenrabbit.co.kr 도메인으로 접근할 때, DNS 구조를 통해 아마존 라우트53는 도메인을 해당 EC2 인스턴스의 IP 주소로 변환해 반환합니다. 사용자는 이 반환된 IP 주소를 기반으로 웹사이트를 표시할 수 있습니다. 이는 조금 전 DNS에서 설명했던 사용자가 도메인 이름을 입력하면 해당 리소스에 대한 IP 주소를 찾아 접근하는 과정과 유사합니다. 또, 단순 라우팅 정책과 함께 자주 사용되는 서비스는 로드 밸런서입니다. 로드 밸런서는 여러 서버를 부하 분산할 수 있게 도와주는 서비스로 로드 밸런서에 다수의 EC2 인스턴스를 연결해 부하 분산을 수행할 수 있기 때문에 단일 도메인으로 여러 서버에 접근할 수 있도록 도와줍니다.

> 로드 밸런서는 11장 [백엔드를 위한 AWS 서비스 이해하기]에서 더 상세하게 다루겠습니다.

다음으로 자주 사용되는 라우팅 정책은 장애 조치 라우팅 정책Failover Routing Policy입니다. 이 라우팅 정책은 조금 전 설명했던 것처럼 메인 서버에서 문제가 발생할 경우 자동으로 하위 서버로 트래픽을 전환할 수 있는 정책입니다.

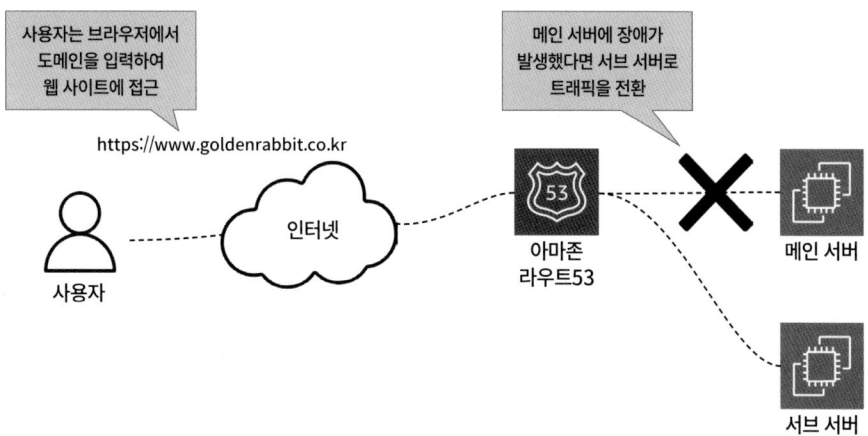

사용자는 브라우저에서 www.goldenrabbit.co.kr 도메인으로 접근한다면 기본적으로 메인 서버의 웹사이트에 접근하게 됩니다. 하지만 메인 서버에 문제가 발생해 가동 중지 상태가 된다면, 트래픽을 하위 서버로 전환해 하위 서버로 접근할 수 있게 합니다. 장애 조치 라우팅 정책을 사용하면 다양한 상황에 대응할 수 있습니다. 예를 들어 메인 서버에 이상이 발생했을 때, 장애 조치 라우팅을 통해 트래픽을 메인터넌스 중이라고 표시하는 페이지로 배분할 수 있습니다. 또한 미리 메인 서버와 같은 기능을 가진 하위 서버를 준비해두고, 메인 서버에 장애가 발생하면 하위 서버에서 같은 서비스를 제공할 수도 있습니다. 이런 방식으로 장애 조치 라우팅은 시스템의 가용성을 높이고 사용자에게 끊김 없는 서비스를 제공할 수 있습니다. 그 외 라우팅 정책은 다음과 같습니다.

라우팅 정책	용도	비고
가중치 기반 (Weighted Routing Policy)	리소스로 향하는 트래픽의 특정 비율(예 : 8:2)을 지정할 때 사용합니다.	트래픽의 비율을 지정하기 때문에 리소스가 복수 준비되어 있어야 합니다(예 : EC2 두 대 이상).
지리적 위치 (Geolocation Routing Policy)	사용자의 위치를 기반으로 라우팅합니다.	사용자의 위치에 따라 다른 응답을 제공, 지역별로 다른 콘텐츠를 제공(사용자 위치에 따라 사이트 언어를 전환)
지연 시간 (Latency-based Routing Policy)	여러 AWS 리전에 리소스가 있고 응답 속도가 가장 짧은 서버에 대응시킵니다.	
다중값 응답 (Multivalue answer Routing Policy)	여러 개의 등록된 값에 임의로 응답합니다.	다중값 응답을 사용하면 여러 개의 값을 돌려줄 수 있기 때문에 부하 분산, 장애 조치 및 성능 최적화 등의 목적으로 활용할 수 있습니다.
IP 기반 (IP-based Routing Policy)	특정 소스의 IP 주소에 대해 세밀한 설정을 하고 싶은 때에 사용합니다.	
지리 근접성 (Geoproximiti Routing Policy)	특정 지리적 위치로 라우팅합니다.	사용자와 가장 가까운 서버나 리소스를 선택해 응답을 제공

아마존 라우트53는 다양한 라우팅 정책을 제공합니다. 이를 통해 서비스의 가용성, 성능, 비용 효율성 등을 최적화할 수 있습니다. 사용자는 사용 환경에 맞는 적절한 라우팅 정책을 선택하는 것이 중요합니다.

7.3 아마존 라우트53 활용하기

이번에는 아마존 라우트53에서 비공개 도메인을 사용해 웹 서버로 접속하는 방법을 다루어보겠습니다. 앞서 설명했던 프라이빗 호스팅 영역을 활용해 도메인을 생성하고 웹 서버에 해당 도메인을 할당해 접근하겠습니다.

7.3.1 아마존 라우트53 프라이빗 호스팅 영역 생성하기

To do 01 프라이빗 호스팅 영역을 구축하기 위한 클라우드포메이션의 yml 파일은 다음과 같습니다.

프라이빗 호스팅 영역 구축을 위한 클라우드포메이션 yml 파일

- **파일 이름** : VPC.yml, IAM.yml, Security_Group.yml, EC2.yml, Private_Hosted_Zone.yml
- **클라우드포메이션 스택 생성 순서** : VPC.yml → IAM.yml → Security_Group.yml → EC2.yml → Private_Hosted_Zone.yml

---

클라우드포메이션 전체 코드는 깃허브 리포지터리의 [chapter7] → [Route53] → [chapter7.3.1-Create-Private-Hosted-Zone] 폴더에서 확인할 수 있습니다. 이번에 구축할 환경은 다음과 같습니다.

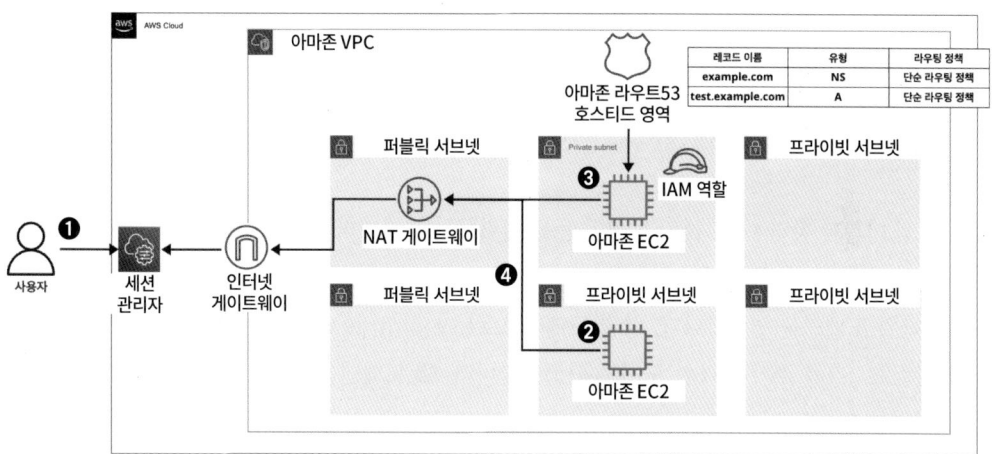

❶ 사용자는 세션 관리자를 사용해 ❷ EC2 인스턴스(gr-product-ec2-b)로 접근합니다. ❸ 다른 하나의 EC2 인스턴스(gr-product-ec2-a)에는 아파치가 웹 서버로 동작하고 있으며, 프라이빗 호스팅 영역에서 test.example.com이라는 도메인을 할당받은 상태입니다. ❹ 사용자는 EC2 인스턴스(gr-product-ec2-b)에서 다른 하나의 EC2 인스턴스(gr-product-ec2-a)에 접근해 test.example.com 도메인이 문제없이 작동하는지 확인합니다.

이어서 클라우드포메이션 코드에 대해 설명합니다. 클라우드포메이션으로 구축한 환경의 결과를 확인하고 싶다면 다음 절로 넘어가 **7.3.2절 'UI로 불러와 아마존 라우트53 호스팅 영역 생성하기'**부터 확인하시기 바랍니다.

02 Private_Hoted_Zone.yml 파일에 아마존 라우트53를 구축하는 데 사용할 파라미터를 추가하겠습니다.

```
                                                          Private_Hosted_Zone.yml
Parameters: # ❶
  SystemName: # ❷
    Description: "System name of each resource names."
    Type: String
    Default: "gr"
  EnvName: # ❸
    Description: "Environment name of each resource names."
    Type: String
    Default: "product"
  SubDomain: # ❹
    Description: FQDN of the certificate
    Type: String
    Default: "test.example.com" #domain address to be used
  EC2InstanceAIPAddress: # ❺
    Type: CommaDelimitedList
```

❶ 시스템 이름과 환경 이름, 하위 도메인 등을 입력하는 파라미터를 이용하겠습니다. ❷ 구축할 환경의 시스템 이름을 정의하는 파라미터입니다. ❸ 구축할 환경의 이름을 정의하는 파라미터입니다. ❹ 하위 도메인을 입력합니다. 상위 도메인으로는 example.com을 사용할 생각이기 때문에 test라는 호스트를 추가해 하위 도메인을 생성합니다. ❺ 도메인을 할당하고자 하는 EC2 인스턴스를 식별할 필요가 있기 때문에 EC2 인스턴스의 IP 주소를 입력합니다. EC2.yml 파일로 EC2 인스턴스를 구축하고 난 다음, 아파치 서버가 설치된 gr-product-ec2-a의 IP 주소를 확인해 입력합니다.

03 Private_Hoted_Zone.yml 파일에 프라이빗 호스팅 영역 생성에 필요한 리소스를 추가하겠습니다.

```
                                                          Private_Hosted_Zone.yml
Resources:
  DNS: # ❶
    Type: "AWS::route53::HostedZone" # ❷
    Properties: # ❸
```

```
        Name: "example.com" # ❹
        VPCs: # ❺
          - VPCId:
              Fn::ImportValue: !Sub ${EnvName}-vpc
            VPCRegion:
              Fn::Sub: "${AWS::Region}"
        HostedZoneTags: # ❻
          - Key: Name
            Value: !Sub ${SystemName}-${EnvName}-zone
          - Key: Env
            Value: !Sub ${EnvName}
```

❶ 생성할 리소스 이름을 DNS로 지정합니다. ❷ 호스팅 영역을 생성할 타입을 AWS::route53::HostedZone으로 정의합니다. ❸ 호스팅 영역의 속성을 정의합니다. ❹ Properties에서 상위 도메인의 이름으로 example.com을 입력합니다. ❺ 프라이빗 호스팅 영역에 정의된 도메인은 설정한 VPC 내부에서만 활용할 수 있기 때문에 프라이빗 호스팅 영역을 생성하려 하면 반드시 VPC를 설정해야 하며, 설정값으로는 VPC의 ID와 리전이 필요합니다. ❻ 마지막으로 호스팅 영역의 태그를 지정합니다.

04 Private_Hoted_Zone.yml 파일에 레코드를 생성하고, EC2 인스턴스에 도메인을 할당하겠습니다.

Private_Hosted_Zone.yml

```
DnsRecord: # ❶
    Type: AWS::route53::RecordSet # ❷
    Properties: # ❸
        HostedZoneId: !Sub ${DNS} # ❹
        Comment: "DNS for EC2" # ❺
        Name: !Sub ${SubDomain} # ❻
        Type: A # ❼
        TTL: "300" # ❽
        ResourceRecords: !Ref EC2InstanceAIPAddress # ❾
```

❶ 생성할 리소스 이름을 DnsRecord로 지정합니다. ❷ EC2 인스턴스에 할당할 도메인 타입을 AWS::route53::RecordSet으로 정의합니다. 호스팅 영역에 정의된 도메인을 포함한 값들이 레

코드라는 이름으로 생성됩니다. ❸ 레코드의 속성을 정의합니다. ❹ Properties에서 상위 도메인을 관리하는 호스팅 영역의 ID를 입력합니다. ❺ 생성할 레코드의 설명을 입력합니다. ❻ 하위 도메인의 이름을 입력합니다. ❼ 레코드의 타입을 입력합니다. 레코드 타입은 DNS의 응답을 반환하는 형식을 결정하는 것으로, A 타입의 경우 DNS가 IP 주소 혹은 특정 AWS 리소스를 반환합니다. ❽ TTLTime to Live는 레코드의 변경 사항이 DNS 시스템에 적용되는 데 걸리는 시간을 의미합니다. DNS 서버는 DNS 레코드를 일정 기간 동안 캐시하고 이 캐시된 값은 TTL값에 따라 유지됩니다. 따라서 레코드의 변경 사항이 적용되려면 이전 TTL값만큼의 시간이 경과해야 합니다. 예를 들어 만약 TTL이 3600초로 설정되어 있다면, DNS 레코드의 변경 사항이 적용되기까지 최대 1시간이 소요됩니다. 이 기간 동안 DNS 서버는 변경된 정보가 아닌 캐시된 정보를 제공할 겁니다. ❾ 마지막으로 EC2 인스턴스의 IP 주소를 입력합니다.

05 EC2.yml 파일에 EC2 인스턴스를 생성하고, 사용자 데이터를 활용해 아파치를 설치합니다.

```yaml
                                                                    EC2.yml
UserData: !Base64 | # ❶
          #!/bin/bash
          yum update -y
          yum install httpd-2.4.51 -y
          systemctl start httpd
          systemctl enable httpd
          httpd -v
          cp /usr/share/httpd/noindex/index.html /var/www/html/index.html
    Tags: # ❷
      - Key: Name
        Value: !Sub ${SystemName}-${EnvName}-ec2-a
      - Key: Env
        Value: !Sub ${EnvName}
```

❶ EC2 인스턴스에서는 UserData를 사용해 인스턴스가 처음 시작될 때 실행할 스크립트나 명령을 지정할 수 있습니다. gr-product-ec2-a의 EC2 인스턴스에는 아파치가 설치되도록 지정합니다. ❷ 태그에는 gr-product-ec2-a라는 이름의 EC2 인스턴스 이름을 지정합니다. 이외에도 아파치가 설치되지 않은 사용자가 접속을 시도할 EC2 인스턴스를 하나 더 생성합니다.

7.3.2 UI로 불러와 아마존 라우트53 프라이빗 호스팅 영역 생성하기

다음은 아마존 라우트53 프라이빗 호스팅 영역을 어떻게 생성 하는지 UI를 통해 확인해봅시다.

To do 01 먼저 VPC.yml → IAM.yml → Security_Group.yml → EC2.yml 순으로 클라우드포메이션 스택을 생성합니다. 이어서 클라우드포메이션으로 프라이빗 호스팅 영역을 생성하기에 앞서 ❶ EC2 인스턴스(gr-product-ec2-a)의 IP 주소를 복사해 ❷ EC2InstanceAIPAddress 파라미터에 입력합니다.

▼ 생성한 EC2 인스턴스의 IP 주소 복사

▼ 프라이빗 호스팅 영역의 파라미터에 복사한 IP 주소 붙여넣기

Chapter 07 프론트엔드를 위한 서비스 이해하기 241

02 프라이빗 호스팅 영역 확인을 위해 라우트53 콘솔 화면으로 진입합니다. ❶ 라우트53 콘솔 화면에서 ❷ [호스팅 영역]을 클릭합니다. ❸ 생성된 호스팅 영역을 확인할 수 있으며, 상세 정보를 확인하기 위해 호스팅 영역을 클릭합니다.

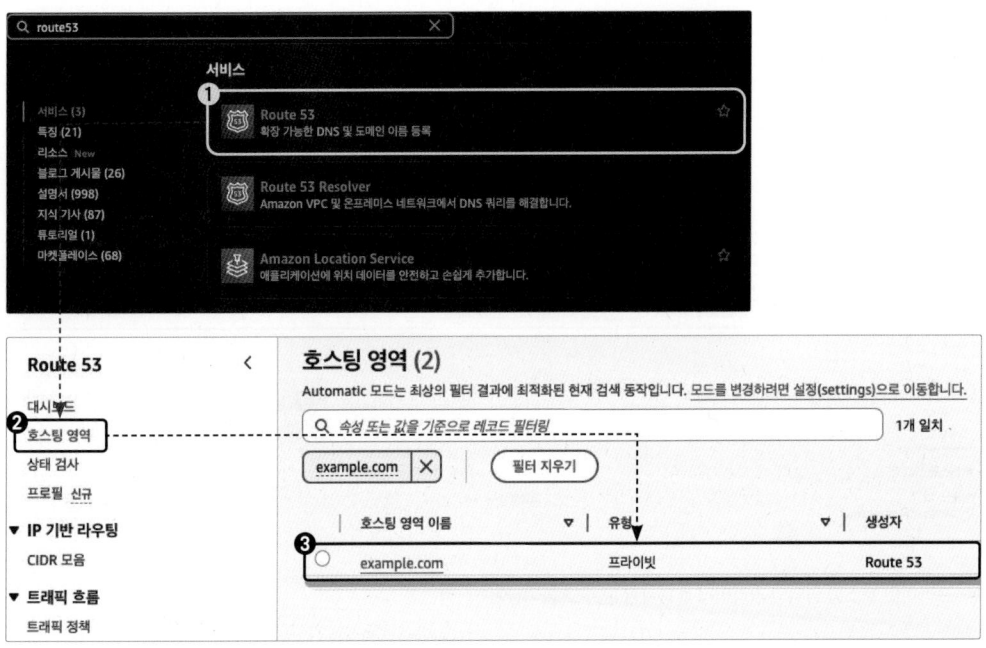

03 호스팅 영역에서 생성된 레코드를 확인합니다.

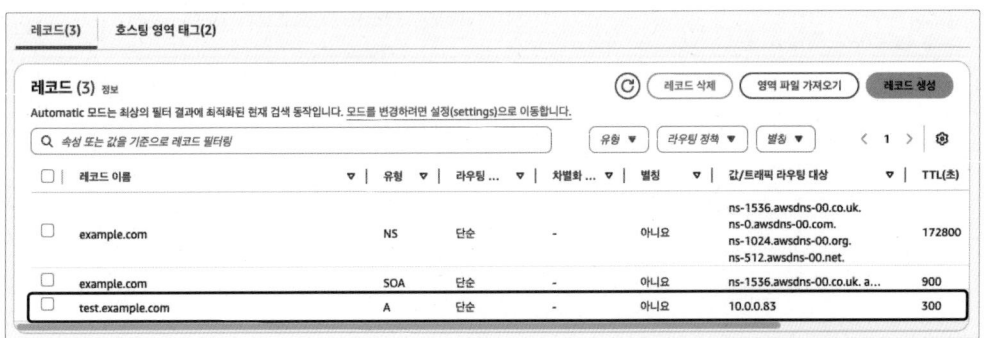

여기서 눈여겨볼 곳은 test.example.com입니다. 하위 도메인으로 생성되어 있으며, 값/트래픽 라우팅 대상에 gr-product-ec2-a의 IP 주소가 입력되어 있습니다. 즉, test.example.com 도메인을 이용해 해당 웹 서버로 접근할 수 있다는 것을 의미합니다.

04 gr-product-ec2-b 서버에 접속해 test.example.com으로 접근하기 위해 먼저 세션 관리자로 gr-product-ec2-b에 접속합니다.

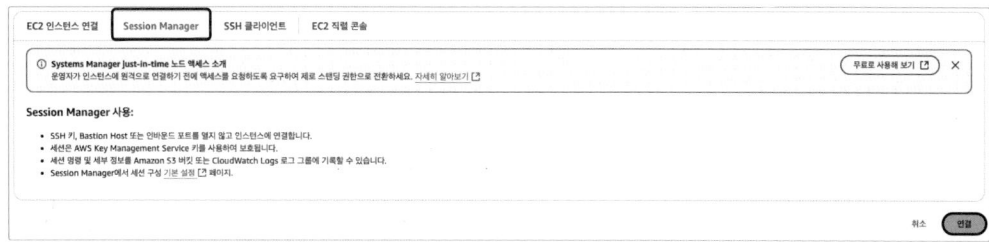

05 gr-product-ec2-b에 접속했다면 curl 명령어와 nslookup 명령어를 입력해 결과를 확인합니다.

▼ curl, nslookup 명령어를 실행

```
curl test.example.com
nslookup test.example.com
```

▼ curl 명령어 실행 결과 확인

```
h-4.2$ curl test.example.com
<!DOCTYPE html PUBLIC "-//W3C//DTD XHTML 1.1//EN" "h
<html xmlns="http://www.w3.org/1999/xhtml"
xml:lang="en">
        <head>
                <title>Test Page for the Apache HTTP
Server</title>
                <meta http-equiv="Content-Type"
content="text/html; charset=UTF-8" />
                <style type="text/css">
                        /*<![CDATA[ */
                        body {
                                background-color:
#fff;
                                color: #000;
                                font-size: 0.9em;
                                font-family: sans-
serif,helvetica; margin: 0;
                                padding: 0;
                        }
```

```
sh-4.2$ nslookup test.
example.com
Server: 10.0.0.2
Address: 10.0.0.2#53

Non-authoritative
answer:
Name: test.example.com
Address: 10.0.0.83
sh-4.2$
```

curl 명령어를 입력하면 test.example.com 도메인이 설정된 gr-product-ec2-a의 아파치 HTML 코드가 표시됩니다. nslookup 명령어를 이용하면 test.example.com 도메인에 대한 IP 주소가 반환되어 오는 것을 확인할 수 있습니다. 해당 EC2 인스턴스 모두 프라이빗 호스팅 영역에서 지정한 VPC 내부에 생성된 EC2 인스턴스이므로 문제없이 해당 도메인을 이용할 수 있지만, 외부에서 test.example.com에 대한 curl, nslookup 명령어를 입력하면 다른 값이 반환될 겁니다.

> gr-product-ec2-b를 윈도우 서버로 구축했다면, 브라우저에서 아파치 웹페이지를 열 수 있습니다.

▼ nslookup 명령어 실행 결과 확인

```
% nslookup test.example.com
Server:		xx.x.x.x
Address:	xx.x.x.x

** server can't find test.example.com: NXDOMAIN
% curl test.example.com
curl: (6) Could not resolve host: test.example.com
```

실제로 결과를 확인하면, text.example.com에 대한 서버를 찾을 수 없다는 메시지가 표시되는 것을 확인할 수 있습니다.

학습 마무리

AWS에서 제공하는 프론트엔드 서비스 유형과 도메인 관리에 사용하는 아마존 라우트53 서비스를 살펴보았습니다. 이번 학습을 통해 AWS에서 제공하는 프론트엔드 서비스에 대해 알게 되었으며, 실제 도메인이 어떠한 구조로 움직이는지 이해할 수 있게 되었습니다. 또한 AWS에서는 어떠한 구조로 서버에 도메인을 제공하는지 실습을 해보았으며, 이를 통해 기본적인 AWS 도메인 환경을 구축할 수 있게 되었습니다.

핵심 요약

1 웹 시스템은 웹 서버와 클라이언트로 나누어지며, 클라이언트를 웹사이트를 이용하는 사용자를 의미하며, 웹 서버는 웹사이트를 제공하는 서버를 의미합니다.

2 **프론트엔드**는 사용자가 서비스를 이용할 때 볼 수 있는 화면을 의미합니다.

3 AWS에서는 **AWS 앰플리파이**$^{AWS\ Amplify}$, 아마존 라우트53, 아마존 코그니토$^{Amazon\ Cognito}$, 아마존 클라우드프론트와 같은 다양한 프론트엔드 서비스를 제공합니다.

4 AWS에서는 도메인 관리를 위해 **아마존 라우트53**를 사용하며, 회사 내부에서 사용할 수 있는 비공개 도메인과 인터넷에서 사용할 수 있는 공용 도메인을 지정할 수 있습니다.

5 도메인은 호스트 이름, 도메인 이름, 국가 코드로 구성되어 있으며 이 전체 도메인을 **FQDN**이라고 합니다.

6 웹사이트에 접근하려면 **DNS**가 필요합니다. DNS는 IP 주소와 도메인 이름을 변환하는 역할을 합니다.

7 **DNS 서버**에서는 도메인을 관리하고 있으며, 사용자가 브라우저에 도메인을 입력하면 DNS 서버에서 해당 도메인을 IP 주소로 변환하고 사용자에게 반환합니다. 이 과정을 거쳐 웹사이트에 접근할 수 있습니다.

8 아마존 라우트53에서는 도메인을 관리하는 호스팅 영역을 생성합니다.
  - 호스팅 영역에는 퍼블릭 호스팅 영역과 프라이빗 호스팅 영역으로 나누어집니다.
  - 아마존 라우트53는 라우팅 정책을 통해 트래픽을 리소스로 라우팅하는 방식을 선택할 수 있으며, 현재 단순 라우팅 정책과 장애 조치 라우팅 정책을 포함해 총 8개의 라우팅 정책을 지원하고 있습니다.

연습문제

1 다음 AWS에서 지원하는 프론트엔드 서비스가 아닌 것은?

　❶ 아마존 클라우드프론트　　❷ 아마존 RDS
　❸ 아마존 라우트53　　❹ AWS 앰플리파이

2 FQDN을 구성하는 2가지 요소는?

3 다음 DNS와 DNS서버에 대한 설명으로 틀린 것은?

　❶ 사용자가 하위 도메인으로 접근하는 경우 하위 도메인을 관리하는 DNS 서버만을 참조한다.
　❷ 사용자가 브라우저에 도메인을 입력하면 DNS 서버에서 도메인의 IP 주소를 변환해 반환한다.
　❸ 사용자가 하위 도메인으로 접근하는 경우 하위 도메인과 상위 도메인의 DNS 서버를 참조한다.
　❹ DNS는 IP 주소와 도메인 이름을 변환하는 역할을 한다.

4 다음 호스팅 영역에 대한 설명으로 틀린 것은?

　❶ 호스팅 영역은 퍼블릭 호스팅 영역과 프라이빗 호스팅 영역 두 가지가 있다.
　❷ 퍼블릭 호스팅 영역은 공개 도메인을 사용해 외부에서 접근할 수 있다.
　❸ 프라이빗 호스팅 영역은 비공개 도메인을 사용해 외부에서 접근할 수 없다.
　❹ 프라이빗 호스팅 영역은 비공개 도메인을 사용하며, VPC 외부에서 접근할 수 있다.

5 다음 라우팅 정책 중 잘못된 것은?

❶ 지연 시간 라우팅 정책은 사용자의 위치를 기반으로 라우팅한다.

❷ 장애 조치 라우팅 정책은 메인 서버에서 문제가 발생할 경우 자동으로 하위 서버로 트래픽을 전환한다.

❸ 가중치 기반 라우팅 정책은 리소스로 향하는 트래픽의 특정 비율을 지정할 때 사용한다.

❹ 단순 라우팅 정책은 모든 사용자가 같은 응답을 받을 수 있도록 한다.

1 **정답** ❷ 아마존 RDS
2 **정답** 호스트, 도메인
3 **정답** ❶ 사용자가 하위 도메인으로 접근하는 경우 하위 도메인을 관리하는 DNS 서버만을 참조한다.
4 **정답** ❹ 프라이빗 호스팅 영역은 비공개 도메인을 사용하며, VPC 외부에서 접근할 수 있다.
5 **정답** ❶ 지연 시간 라우팅 정책은 사용자의 위치를 기반으로 라우팅한다.

Chapter 08

콘텐츠 전송을 위한 프론트 서비스 파악하기

학습 목표

1장에서 살펴본 CDN을 제공하는 아마존 클라우드프론트에 대해 학습합니다. 이번 장에서는 아마존 클라우드프론트를 구성하는 다양한 옵션들에 대해 학습합니다. 또한 아마존 클라우드프론트를 생성해보며, 아마존 S3와의 연동을 통해 직접 CDN을 제공하는 환경을 구축해봅니다.

핵심 키워드

아마존 클라우드프론트 | CDN | 오리진 | 캐시

학습 코스

❶ 콘텐츠 전송 서비스, 아마존 클라우드프론트란? → ❷ 콘텐츠 전송 서비스, 아마존 클라우드프론트 살펴보기 →
❸ 아마존 클라우드프론트 활용하기

8.1 콘텐츠 전송 서비스, 아마존 클라우드프론트란?

아마존 클라우드프론트는 사용자에게 동영상, 이미지와 같은 정적 콘텐츠를 사용자에게 빠르고 안전하게 배포하는 CDN^{Content Delivery Network} 서비스입니다. 사용자는 에지 로케이션에서 콘텐츠를 빠른 속도로 안전하게 전송받을 수 있으며, 이 아마존 클라우드프론트는 AWS에서 제공하는 다양한 서비스와 연동할 수 있습니다.

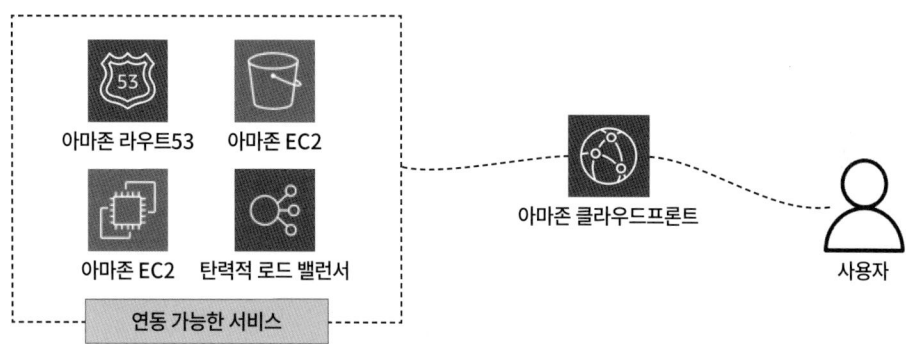

아마존 클라우드프론트에서는 아마존 라우트53, 아마존 S3, 아마존 EC2, 탄력적 로드밸런서와 같은 서비스와 연동할 수 있으며, 사용자는 아마존 클라우드프론트를 통해보다 빠르게 콘텐츠를 전송받아볼 수 있습니다.

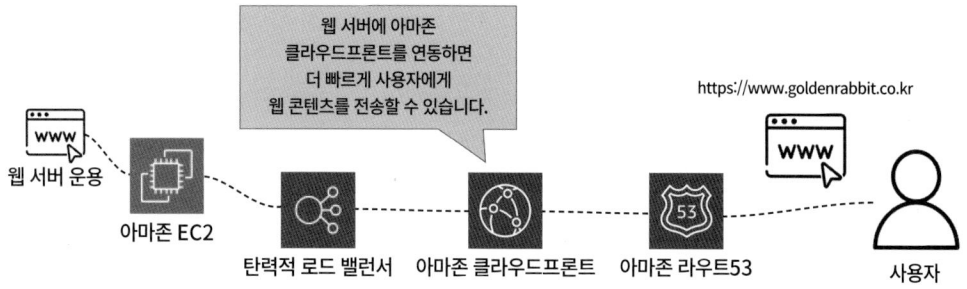

한 가지 예를 들어보면, 아마존 클라우드프론트에 아마존 라우트53와 웹사이트를 운영하는 아마존 EC2에 백 엔드 서비스인 로드 밸런서를 연동합니다. 사용자는 브라우저에 https://www.goldenrabbit.co.kr 웹사이트에 접속을 시도하면, 아마존 라우트53을 통해 해당 도메인 이름이 연결된 아마존 클라우드프론트의 엔드포인트로 이동하며, 사용자가 위치한 가장 가까운 에지 로케이션에서 콘텐츠를 안전하고 빠르게 전송합니다. 또한 캐시 서버가 있으므로 사용자는 오리진 서버(EC2 인스턴스)에 직접 접근할 필요 없으며, 캐시 서버에 저장된 데이터를 바탕으로 에지 로케이션에서 바로 접근해 사용자에게 제공할 수 있습니다.

8.2 콘텐츠 전송 서비스, 아마존 클라우드프론트 살펴보기

아마존 클라우드프론트를 사용하면 사용자에게 콘텐츠를 안전하고 빠르게 전송한다고 하는데, 그렇다면 아마존 클라우드프론트를 사용했을 때와 사용하지 않았을 때 어떤 차이가 있을까요? 이번에는 아마존 클라우드프론트를 사용했을 때의 속도 차이에 대해서 확인해보고자 합니다.

8.2.1 콘텐츠 전송 서비스, 아마존 클라우드프론트 속도 비교

속도를 테스트할 환경은 다음과 같습니다.

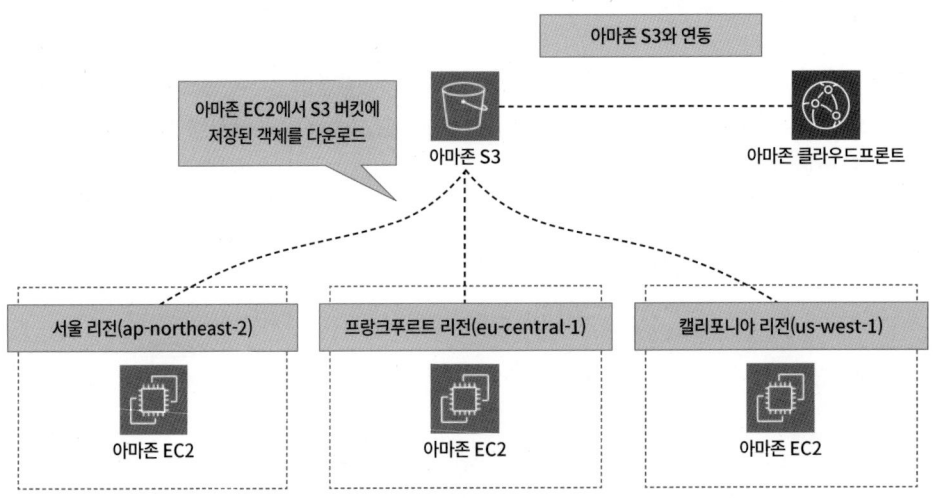

서울 리전에 아마존 S3를 생성해 아마존 클라우드프론트와 연동하고, 서울 리전, 프랑크푸르트 리전, 캘리포니아 리전에 아마존 EC2를 생성해 각 EC2 인스턴스에서 S3 버킷에 저장되어 있는 객체를 다운로드합니다. 이 과정에서 아마존 S3와 아마존 클라우드프론트를 연동했을 때의 객체 다운로드 속도와 연동하지 않았을 때의 객체 다운로드 속도를 비교하겠습니다.

먼저 아마존 클라우드프론트를 사용하지 않고, EC2 인스턴스에서 S3 버킷의 객체를 다운로드합니다.

▼ 각 리전별 다운로드 결과

서울 리전(ap-northeast-2)
```
Length: 10469466 (10.0M) [video/mp4]
Saving to: 'test.webn.mp4
100%[===================================>] 10,469,466  ---X/8 --.-K/s in 0.08s
```

프랑크푸르트 리전(eu-central-1)
```
Length: 10469466 (10.0M) [video/mp4]
Saving to: 'test.webn.mp4
100%[===================================>] 10,469,466  ---X/8 --.-K/s in 11s
```

캘리포니아 리전(us-west-1)
```
Length: 10469466 (10.0M) [video/mp4]
Saving to: 'test.webn.mp4
100%[===================================>] 10,469,466  ---X/8 --.-K/s in 1.8s
```

서울 리전은 10MB 파일을 내려받기까지 0.08초가 걸렸으며, 프랑크푸르트은 11초, 캘리포니아 리전은 1.8초가 걸렸습니다. 각 리전별로 다운로드 속도가 차이나는 것을 확인할 수 있으며, 서울 리전에 버킷을 생성한 만큼 서울 리전의 경우 다른 리전보다 빠르게 객체를 내려받을 수 있습니다.

▼ 아마존 S3만을 이용했을 때 다운로드 흐름 예

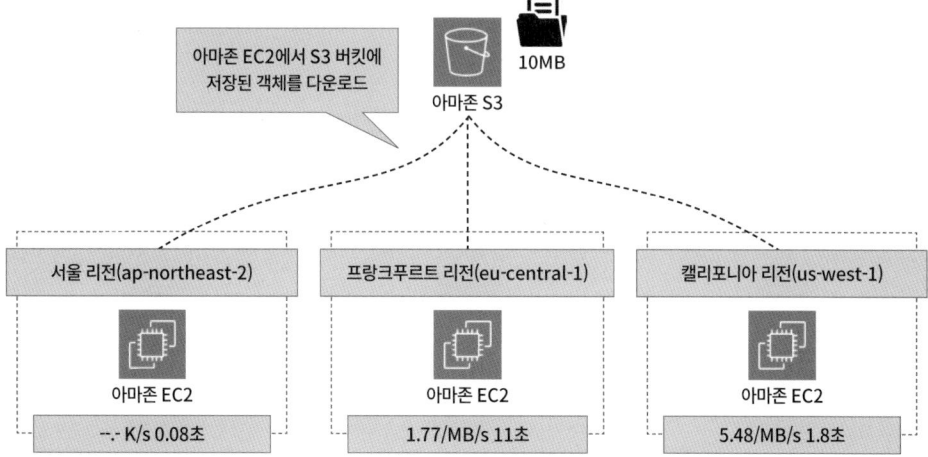

Chapter 08 콘텐츠 전송을 위한 프론트 서비스 파악하기

서울 리전은 다운로드 속도가 표시되기도 전에 다운로드가 끝나버렸고, 프랑크푸르트 리전은 1.77/MB/s의 다운로드 속도를 보였으며, 캘리포니아 리전은 5.48/MB/s의 다운로드 속도를 보였습니다. 그렇다면 아마존 클라우드프론트를 연동한 상태에서 다운로드를 진행한다면 얼마만큼 빨라지는 걸까요?

▼ 아마존 클라우드프론트를 연동한 상태에서 각 리전별 다운로드 결과

서울 리전(ap-northeast-2)

```
Length: 10469466 (10.0M) [video/mp4]
Saving to: 'test.webn.mp4
100%[===============================>] 10,469,466 ---X/8 --.-K/s in 0.07s
```

프랑크푸르트 리전(eu-central-1)

```
Length: 10469466 (10.0M) [video/mp4]
Saving to: 'test.webn.mp4
100%[===============================>] 10,469,466 ---X/8 --.-K/s in 0.1s
```

캘리포니아 리전(us-west-1)

```
Length: 10469466 (10.0M) [video/mp4]
Saving to: 'test.webn.mp4
100%[===============================>] 10,469,466 ---X/8 --.-K/s in 0.1s
```

아마존 S3와 아마존 클라우드프론트를 연동하고 각 리전에 생성된 EC2 인스턴스에서 객체를 내려받면, 확연히 속도 차이가 나는 것을 확인할 수 있습니다. 서울 리전은 객체를 내려받는 데 0.07초가 걸렸으며, 같은 리전에 생성된 S3 버킷에 객체를 내려받고 있으므로 속도에 크게 차이가 없는 것을 확인할 수 있습니다. 하지만 프랑크푸르트 리전과 캘리포니아 리전을 확인하면, 차이점을 명확히 확인할 수 있습니다. 프랑크푸르트는 객체 다운로드에 11초가 걸렸지만, 아마존 클라우드프론트를 연동하고서는 0.1초만에 다운로드가 되었으며, 캘리포니아 리전도 마찬가지로 1.8초에서 0.1초로 더 빠른 속도로 다운로드가 진행되었습니다.

> 다운로드 속도는 상황에 따라 조금씩 달라질 수 있습니다.

▼ 아마존 S3와 아마존 클라우드프론트를 연동했을 때 다운로드 흐름 예

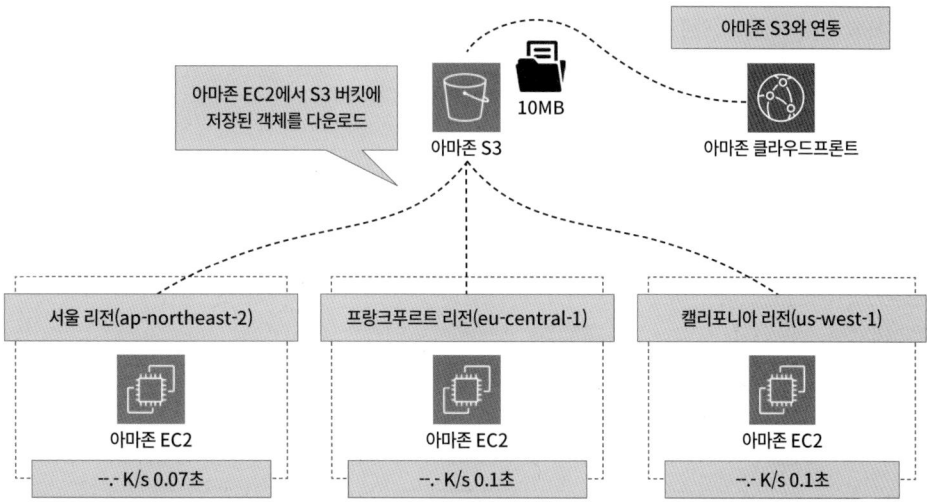

결과적으로 아마존 S3와 아마존 클라우드프론트를 연동했을 때, 더 빠르게 각 리전으로 콘텐츠를 전송한다는 사실을 확인할 수 있었습니다. 아마존 S3만을 사용했을 때와 아마존 S3와 아마존 클라우드프론트를 연동했을 때의 결과를 비교한 표는 다음과 같습니다.

리전	아마존 S3만 사용	아마존 클라우드프론트 연동
서울	--.- K/s 0.08초	--.- K/s 0.07초
프랑크푸르트	1.77/MB/s 11초	-.- K/s 0.1초
캘리포니아	5.48/MB/s 1.8초	-.- K/s 0.1초

8.2.2 콘텐츠 전송 서비스, 아마존 클라우드프론트를 구성하는 옵션

이번에는 아마존 클라우드프론트를 구성하는 옵션들을 살펴보겠습니다.

오리진 도메인

오리진 도메인은 사용자에게 제공할 콘텐츠의 리소스를 의미하며, 이 도메인은 주로 웹 서버 등의 콘텐츠 제공자가 위치한 서버를 가리킵니다. 조금 전 살펴보았던 아마존 S3와 아마존 클라우드프론트 연동의 경우 사용자에게 콘텐츠를 제공할 아마존 S3가 이 오리진 도메인에 해당합니다.

오리진 경로와 오리진 액세스

아마존 클라우드프론트를 생성하면, 배포 도메인 이름이 생성되며 사용자는 이 배포 도메인 이름을 사용해 콘텐츠에 접근할 수 있습니다. 또한 아마존 클라우드프론트에서는 오리진 경로를 설정할 수 있습니다.

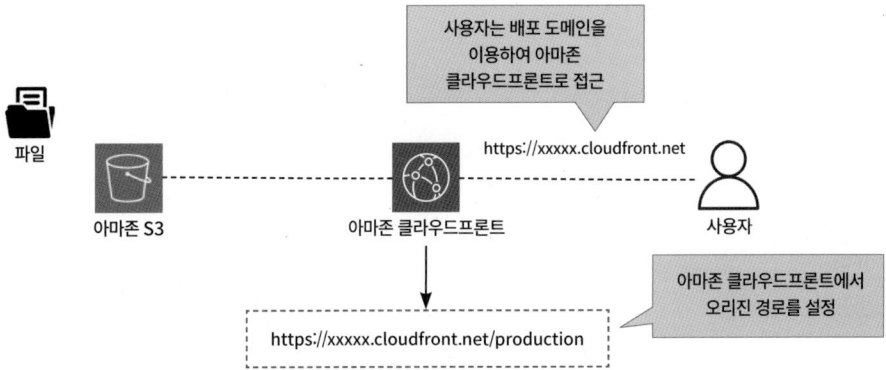

기본적으로 오리진 경로는 상위 경로가 설정되어 있습니다. 예를 들어 아마존 S3의 파일 객체에 접근하려면 [배포 도메인 이름] + [파일] 형식, 즉 https://xxxxx.cloudfront.net/파일 형식으로 접근을 합니다. 여기서 아마존 S3의 production 폴더를 기본 오리진 경로로 지정했다면, [배포 도메인 이름] + [파일]에 대한 접근을 요청했을 때, 실제로는 [배포 도메인 이름] + [프로덕션] + [파일]에 대한 요청이 이루어집니다.

이어서, 아마존 클라우드프론트는 OAI를 설정해 아마존 클라우드프론트를 통해서만 접근할 수 있도록 설정할 수 있습니다.

> **OAI, Origin Access Identity(원본 접근 ID)**
> 아마존 클라우드프론트에서 S3 버킷에 대한 직접적인 공개 액세스를 차단하고 클라우드프론트를 통해서만 접근할 수 있도록 설정하는 식별자

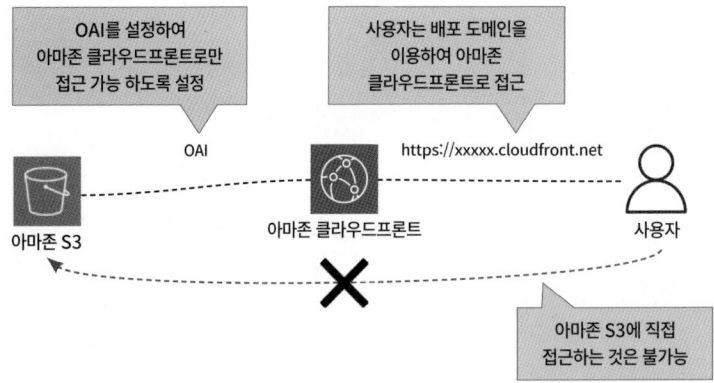

OAI는 아마존 클라우드프론트의 에지 로케이션과 오리진 서버 사이의 인증을 관리합니다. OAI를 설정하는 이유는 외부로부터 S3 버킷에 대한 직접적인 접근을 금지하고 아마존 클라우드프론트를 통해서만 액세스 권한을 수행하도록 하기 위함입니다. 이렇게 함으로써 보안을 강화하고, 콘텐츠에 대한 액세스를 클라우드프론트를 통해 제어할 수 있습니다. 사용자는 클라우드프론트를 통해 콘텐츠에 접근할 때 OAI를 사용해 인증되며, 클라우드프론트는 이를 통해 오리진 서버에 대한 요청을 전달합니다. 따라서 OAI를 설정함으로써 외부로부터의 직접적인 접근을 차단하고 콘텐츠에 대한 보안을 강화할 수 있습니다.

2022년에는 OAC^{Origin Access control}가 출시되어, 더 강화된 보안 기능을 제공하고 있으며, OAI를 사용하는 사용자들에게도 OAC로 변경할 것을 권장하고 있습니다. 이 OAI와 OAC는 아마존 클라우드프론트와 함께 아마존 S3를 사용할 때만 설정할 수 있는 기능입니다.

> 보안 모범 사례로 가장 최근 업데이트 혹은 업그레이드된 기능을 사용하는 것을 권장하며, 기존에 OAI를 사용하는 사용자도 OAC로 마이그레이션하는 것을 권하고 있습니다.

도메인 설정

그렇다면 아마존 클라우드프론트를 사용할 때는 https://xxxxx.cloudfront.net 형식의 도메인을 계속 사용해야 할까요? 7장에서 학습했던 아마존 라우트53 서비스를 사용한다면 이런 도메인 문제를 해결할 수 있습니다. 아마존 라우트53를 사용하면 사용자 정의 도메인을 클라우드프론트 배포에 연결할 수 있습니다. 이를 통해 사용자는 자신의 도메인을 사용해 아마존 클라우드프론트를 통해 콘텐츠를 제공받을 수 있습니다.

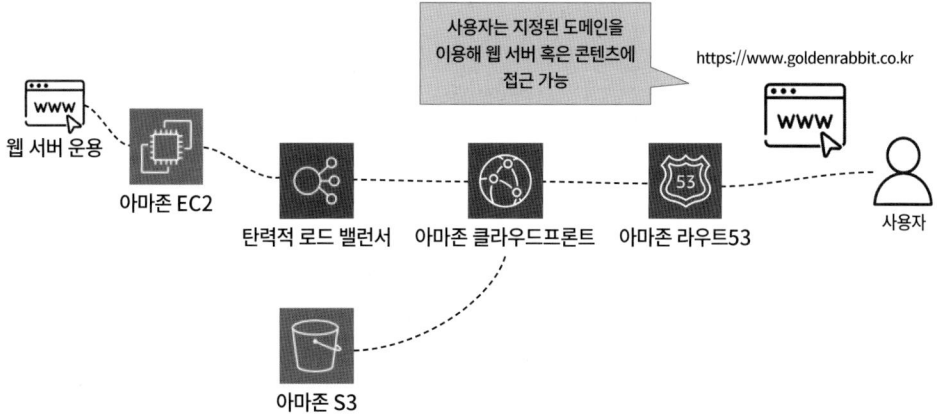

예를 들어 https://xxxxx.cloudfront.net 형식의 도메인이 아닌 https://www.goldenrabbit.co.kr와 같은 사용자 지정 도메인을 배포할 수 있으며 아마존 라우트53를 사용해 필요에 따라 트래픽을 다른 리전 또는 에지 로케이션으로 라우팅할 수 있습니다. 따라서 아마존 클라우드프론트와 아마존 라우트53을 함께 사용하면 보다 유연하고 안정적인 웹 서비스를 구축할 수 있습니다.

> **에지 로케이션(Edge Location)**
> 클라우드 서비스 제공자가 사용자와 가까운 위치에서 콘텐츠를 캐싱하고 빠르게 제공할 목적으로 배포하는 데이터센터

경로 패턴과 뷰어

아마존 클라우드프론트에서는 경로 패턴을 설정해서 접근할 수 있는 콘텐츠를 전환할 수 있습니다.

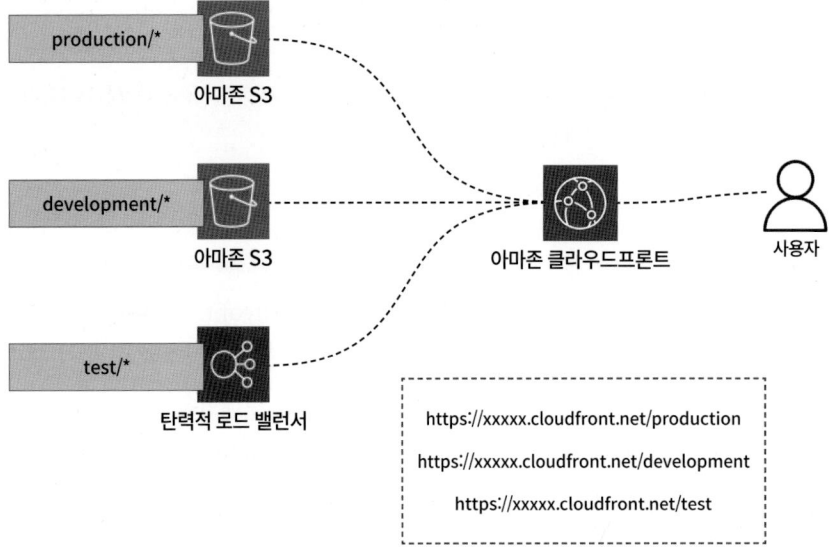

경로 패턴은 오리진 경로와 달리 경로 패턴을 설정하면 경로에 따라 원하는 파일이 저장된 S3 버킷으로 라우팅하거나 로드 밸런서로 라우팅하는 등 경로를 기반으로 라우팅할 수 있습니다.

뷰어에는 다음과 같은 설정을 실시할 수 있습니다.

- 뷰어 프로토콜 정책
- 허용된 HTTP 메서드
- 뷰어 액세스 제한

먼저 뷰어 프로토콜 정책은 다음 옵션을 지정할 수 있습니다.

- **HTTP and HTTPS** : HTTP 혹은 HTTPS로의 접근을 허용합니다. 사용자는 HTTP와 HTTPS 프로토콜로 접근할 수 있습니다.
- **Redirect HTTP to HTTPS** : HTTP로 접근할 시 HTTPS로 리다이렉션해 보안 연결을 강제합니다.
- **HTTPS only** : HTTPS 접근만을 허용합니다.

허용된 HTTP 메서드에서는 GET, HEAD, POST, PUT, DELETE, OPTIONS와 같은 허용할 HTTP 메서드를 지정합니다. 예를 들어 GET의 경우 리소스의 정보를 요청하는 메서드이며, 서버에서 클라이언트로 데이터를 전달합니다. 선택할 수 있는 옵션은 다음과 같습니다.

- GET, HEAD
- GET, HEAD, OPTIONS
- GET, HEAD, OPTIONS, PUT, POST, PATCH, DELETE

뷰어 액세스 제한은 No, Yes를 선택할 수 있으며, 기본적으로 뷰어 액세스 제한은 No로 설정되어 있습니다. 뷰어 액세스를 제한하는 때는 서명된 URL 또는 서명된 쿠키를 사용해 콘텐츠에 접근해야 합니다. 서명된 URL은 일정 시간 동안 콘텐츠에 접근할 수 있는 URL 혹은 쿠키를 의미하며, 설정한 시간이 지나면 사용할 수 없기 때문에 다시 서명된 URL 혹은 쿠키를 받을 필요가 있습니다. 이런 뷰어 액세스 제한은 기간 한정으로 공개하는 웹사이트나 특정 회원을 대상으로 하는 사이트에 적합합니다.

캐시 정책과 가격 분류

캐시 정책에서는 TTL, 헤더, 쿼리 문자열, 쿠키를 설정할 수 있습니다. TTL은 아마존 클라우드프론트가 콘텐츠를 캐시하는 시간을 나타냅니다. TTL을 길게 설정하면, 사용자가 콘텐츠에 대한 요청을 할 때 아마존 클라우드프론트가 로컬 캐시에서 해당 콘텐츠를 찾을 가능성이 높아지기 때문에 웹사이트의 성능을 향상시킬 수 있습니다.

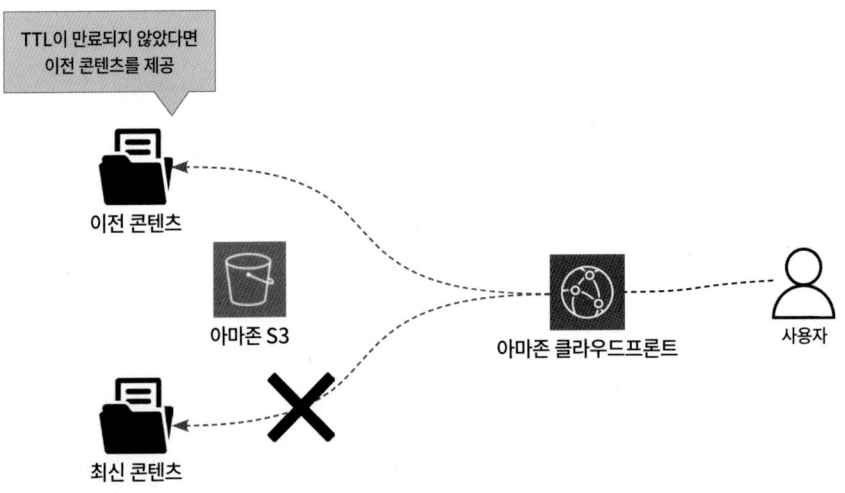

하지만 TTL을 길게 설정하면 서버 측에서 콘텐츠를 업로드해도 아마존 클라우드프론트에서 캐시한 콘텐츠가 업데이트되지 않을 수 있습니다. 즉, 사용자에게 새로운 콘텐츠가 제공되지 않고 이전 콘텐츠가 제공될 가능성이 있습니다. 이런 캐시 정책을 고려할 때 캐시 히트 비율을 생각해야 합니다. 캐시 히트 비율은 아마존 클라우드프론트가 캐시한 파일을 사용자에게 반환하면 캐시 적중률이 높아지며, 사용자가 요청한 파일이 없으면 오리진 서버에 파일을 요청하기 때문에 캐시 적중률이 감소합니다. 이것을 캐시 히트 비율이라고 하며, 이 캐시 히트를 높이려면 TTL로 캐시하는 시간을 적절하게 늘리거나 더 상세하게 캐시 설정을 수행할 필요가 있습니다. 캐시 정책에서 헤더, 쿼리 문자열, 쿠키를 설정하면 더 상세하게 캐시 설정할 수 있습니다.

예를 들어 다음과 같은 정보가 요청에 포함된 때에만 캐시를 수행하는 설정할 수 있습니다.

- **헤더** : User-Agent라고 하며, 클라이언트의 정보를 확인해 특정 브라우저나 디바이스에서 요청된 때만 캐시를 수행합니다.
- **쿼리 문자열** : 요청된 URL에 특정 쿼리 문자열이 포함된 때에만 캐시를 수행할 수 있습니다.
- **쿠키** : 요청된 쿠키에 특정 세션 식별자가 포함된 때만 캐시를 수행할 수 있습니다.

이렇게 헤더, 쿼리 문자열, 쿠키를 상세하게 설정하는 것도 가능하지만 아마존 클라우드프론트에서는 총 다섯 가지 관리형 캐시 정책을 지원하며, 간단하게 캐시 정책을 설정할 수 있습니다. 이 관리형 캐시 정책을 설정하면 사용자가 캐시 정책을 직접 커스텀하거나 유지, 관리할 필요가 없습니다.

아마존 클라우드프론트에서는 다음 세 가지 가격 분류를 선택할 수 있습니다.

- **모든 에지 로케이션에서 사용(최고의 성능)** : 모든 지역의 에지 로케이션에서 서비스를 제공받을 수 있습니다.
- **북미 및 유럽만 사용** : 북미와 유럽 지역의 에지 로케이션에서만 서비스를 받을 수 있습니다.
- **북미, 유럽, 아시아, 중동 및 아프리카에서 사용** : 북미, 유럽, 아시아, 중동 및 아프리카 지역의 에지 로케이션에서 서비스를 받을 수 있습니다.

모든 에지 로케이션은 다른 옵션에 비해 높은 비용을 필요로 하지만 모든 지역에서 에지 로케이션을 사용할 수 있어 모든 사용자에게 빠르게 콘텐츠를 제공할 수 있는 장점이 있습니다. 비용을 생각한다면 일부 리전을 포기하는 것도 하나의 방법이며, 이런 가격 분류 옵션을 통해 사용자는 서비스의 지역적 범위를 선택해 필요에 맞게 비용을 최적화할 수 있습니다.

8.3 아마존 클라우드프론트 활용하기

이번에는 앞서 살펴본 내용을 바탕으로 아마존 S3와 아마존 클라우드프론트를 생성하고 연동해 S3 버킷에 저장된 콘텐츠에 접근하겠습니다.

8.3.1 아마존 S3와 아마존 클라우드프론트 연동하기

To do **01** 아마존 S3와 아마존 클라우드프론트를 연동하는 클라우드포메이션의 yml 파일은 다음과 같습니다.

> 프라이빗 호스팅 영역 구축을 위한 클라우드포메이션 yml 파일
> - **파일 이름** : CloudFront.yml

클라우드포메이션 전체 코드는 깃허브 리포지터리 [chapter8] → [CloudFront] → [chapter8.3.1-Create-CloudFront] 폴더에서 확인할 수 있습니다. 이번에 구축할 환경은 다음과 같습니다.

사용자는 배포 도메인 이름을 사용해 S3 버킷에 저장된 콘텐츠에 접근할 수 있습니다. S3 버킷은 외부와의 연결을 차단하고 있으므로 직접적으로 S3 버킷의 콘텐츠에는 접근이 불가능한 상태입니다.

02 단계부터는 클라우드포메이션 코드에 대해 설명하며, 클라우드포메이션으로 구축한 환경의 결과를 확인하고 싶다면 여기 내용은 건너뛰고 바로 다음 절인 '**UI로 불러와 아마존 S3와 아마존 클라우드프론트 연동하기**'부터 확인하시기 바랍니다.

02 CloudFront.yml 파일에 아마존 클라우드프론트와 아마존 S3를 연동하는 파라미터를 추가하겠습니다.

CloudFront.yml

```
Parameters: # ❶
  SystemName: # ❷
    Description: "System name of each resource names."
    Type: String
    Default: "gr"
  EnvName: # ❸
    Description: "Environment name of each resource names."
    Type: String
    Default: "product"
  BucketName: # ❹
    Description: "Bucket name."
    Type: String
    Default: "bucket"
```

❶ 시스템 이름과 환경 이름, 버킷 이름을 입력하는 파라미터를 이용합니다. ❷ 구축할 환경의 시스템 이름을 정의하는 파라미터입니다. ❸ 구축할 환경의 이름을 정의하는 파라미터입니다. ❹ 버킷 이름을 입력합니다.

03 CloudFront.yml 파일에 아마존 클라우드프론트에서 접근할 수 있도록 S3 버킷 정책을 추가하겠습니다.

CloudFront.yml

```yaml
BucketPolicy: # ❶
    Type: "AWS::s3::BucketPolicy"
    Properties:
      Bucket: !Ref S3Bucket
      PolicyDocument:
        Statement:
          - Effect: Allow
            Principal: # ❷
              Service: cloudfront.amazonaws.com
            Action: "s3:GetObject" # ❸
            Resource: !Sub ${S3Bucket.Arn}/* # ❹
            Condition: # ❺
              StringEquals:
                AWS:SourceArn:
                  - !Join
                    - ' '
                    - - !Sub 'arn:aws:cloudfront::${AWS::AccountId}:distributi
on/'
                      - !Ref CloudFrontDistribution
```

S3 버킷을 생성할 때 버킷 정책을 클라우드프론트에서 접근할 수 있도록 허용할 필요가 있습니다. ❶ 생성하고자 하는 리소스의 이름을 BucketPolicy로 지정합니다. ❷ Principal은 어떠한 행동을 허용하거나 거부할 서비스를 선택합니다. 이번에는 아마존 클라우드프론트가 대상이 되므로 아마존 클라우드프론트를 입력합니다. ❸ Action에는 행동 정의합니다. 이번에는 콘텐츠에 접근하는 것이기 때문에 GetObjet만 정의합니다. ❹ GetObjet의 대상이 되는 리소스를 지정합니다. 아마존 클라우드프론트는 S3 버킷에 저장된 객체에 접근하므로 리소스에는 S3 버킷을 지정합니다. ❺ !Join 내장 함수를 사용합니다. 이 내장 함수는 정의한 리소스의 반환값을 이용할 때 사용합니다. OAC에 대해 액세스를 허용하려면 AWS 계정 ID와 아마존 클라우드프론트 배포 ID가 필요합니다. 아마존 클라우드프론트가 생성되어 반환되는 값을 지정하는 데 !Join 내장 함수를 사용합니다.

04 CloudFront.yml 파일에 OAC를 생성하는 코드를 작성하겠습니다.

CloudFront.yml
```yaml
CloudFrontOriginAccessControl:
    Type: AWS::cloudfront::OriginAccessControl # ❶
    Properties: # ❷
      OriginAccessControlConfig:
        Description: Access Control
        Name: !Sub "${SystemName}-${EnvName}-${BucketName}-OAC" # ❸
        OriginAccessControlOriginType: s3 # ❹
        SigningBehavior: always # ❺
        SigningProtocol: sigv4 # ❻
```

❶ OAC를 생성하기 위해 타입을 지정합니다. ❷ OAC의 속성을 정의합니다. ❸ OAC의 이름을 정의합니다. ❹ OAC의 대상 타입을 지정합니다. 이번에는 아마존 S3와 연동하기 때문에 s3를 입력합니다. ❺ 오리진에 대한 요청에 인증하는 설정 always는 모든 오리진 요청에 인증하며, 일반적으로 always를 사용합니다. ❻ 클라우드프론트가 요청에 인증하는 방법을 결정하는 원본 액세스 제어의 서명 프로토콜이며 sigv4 이외에는 설정할 수 없습니다.

05 CloudFront.yml 파일에 클라우드프론트를 생성하는 코드를 작성하겠습니다.

CloudFront.yml
```yaml
CloudFrontDistribution:
    Type: "AWS::cloudfront::Distribution" # ❶
    Properties:
      DistributionConfig:
        Origins:
        - DomainName: !GetAtt S3Bucket.RegionalDomainName # ❷
          Id: !Sub "${SystemName}-${EnvName}-S3origin" # ❸
          OriginAccessControlId: !GetAtt CloudFrontOriginAccessControl.Id
          S3OriginConfig: # ❹
            OriginAccessIdentity: ""
        DefaultCacheBehavior: # ❺
          TargetOriginId: !Sub "${SystemName}-${EnvName}-S3origin" # ❻
          ViewerProtocolPolicy: allow-all # ❼
```

❶ 아마존 클라우드프론트를 생성하는 타입을 지정합니다. ❷ S3 버킷의 도메인 이름을 입력합니다. ex) example.s3.ap-northeast-2.amazonaws.com ❸ 오리진 이름을 정의합니다. ❹ 웹사이트 호스팅으로 지정되지 않은 S3 버킷을 지정하는 코드이며, 클라우드프론트를 통해 S3 버킷의 객체에만 액세스할 수 있도록 OAI ID를 사용해 구성할 필요가 있지만, OAC에는 불필요한 요소이므로 공백을 유지합니다. ❺ 캐시 동작을 설정합니다. ❻ 대상 오리진을 설정합니다. ❼ HTTP, HTTPS를 사용할 수 있도록 allow-all을 지정합니다.

8.3.2 UI로 불러와 아마존 S3와 아마존 클라우드프론트 연동하기

다음은 아마존 S3와 아마존 클라우드프론트를 어떻게 연동하는지 UI 기반으로 확인해봅시다.

To do 01 우선 클라우드포메이션 스택을 생성합니다. ❶ 스택 이름을 입력하고, 파라미터를 확인합니다. ❷ 파라미터에서는 BucketName 항목에 적절하게 S3 버킷의 이름을 입력하고 스택을 생성합니다.

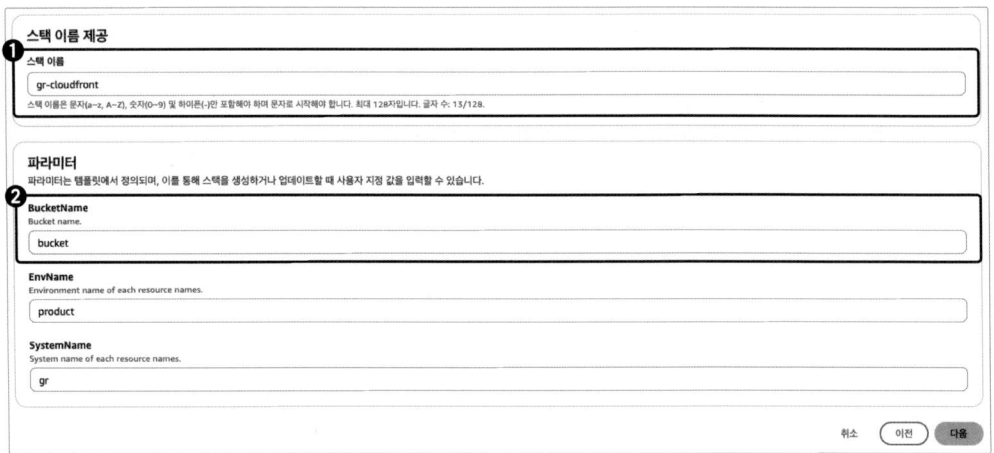

02 ❶ 생성한 S3 버킷을 확인하고, ❷ S3 버킷에 이미지, 텍스트 혹은 동영상과 같은 임의의 파일을 업로드합니다.

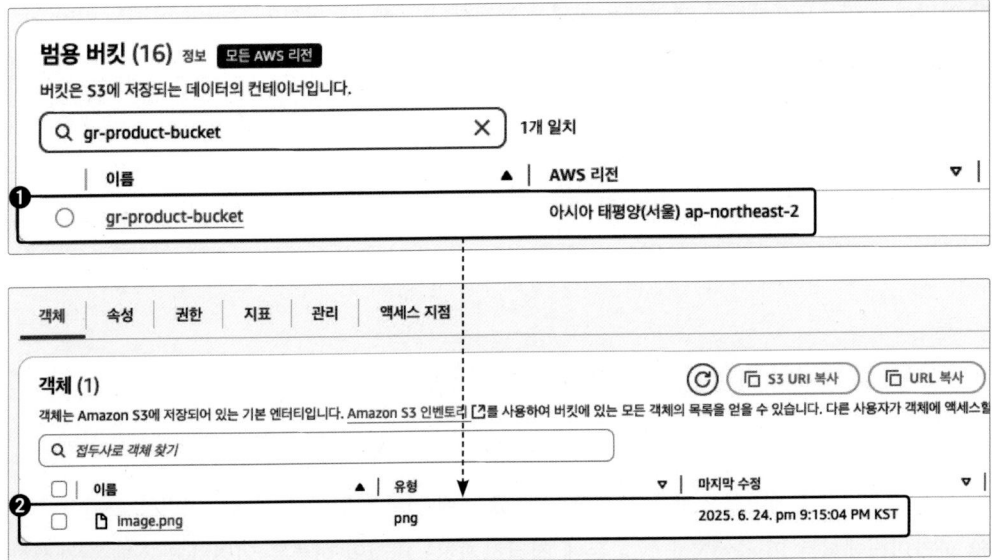

03 ❶ 아마존 클라우드프론트 콘솔 화면에서 배포 도메인 이름을 확인합니다. ❷ ID를 클릭해 세부 정보에서도 도메인 이름을 확인할 수 있습니다.

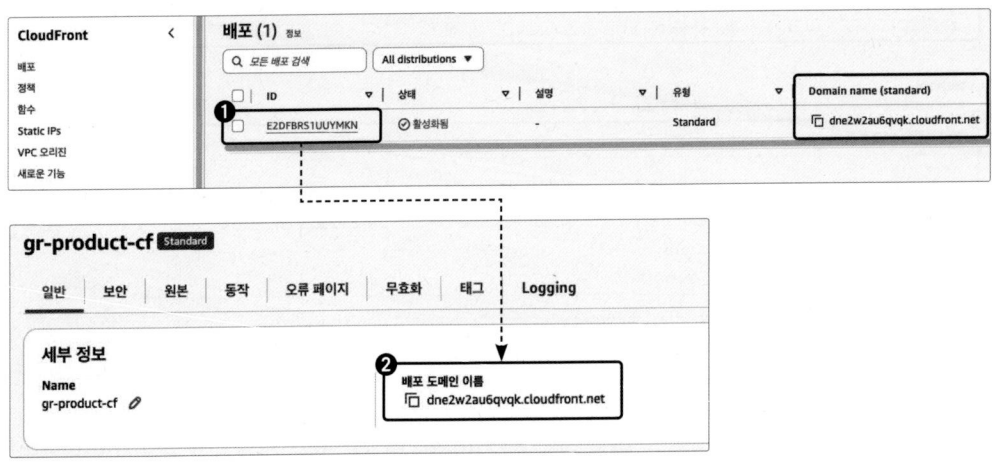

04 배포 도메인을 이용해 콘텐츠에 접근합니다.

브라우저에 배포 도메인을 입력해 콘텐츠에 접근합니다. 콘텐츠에 접근하려면 [**배포 도메인 이름**]+[**콘텐츠 이름**]으로 접근합니다. 현재 S3 버킷에 업로드한 객체 이름은 image.png이므로 [**배포 도메인 이름**]+[**image.png**]로 접근하면 이미지가 출력되는 것을 확인할 수 있습니다.

학습 마무리

이번 장에서는 콘텐츠 전송 서비스인 아마존 클라우드프론트를 학습해보았습니다. 아마존 클라우드프론트이 무엇인지와, 아마존 클라우드프론트를 사용했을 때와 사용하지 않았을 때의 차이점을 꼭 기억해두기 바랍니다.

핵심 요약

1. **아마존 클라우드프론트**는 사용자에게 동영상, 이미지와 같은 정적 콘텐츠를 사용자에게 빠르고 안전하게 배포할 수 있는 CDN(Content Delivery Network) 서비스입니다. 아마존 클라우드프론트에서는 아마존 라우트53, 아마존 S3, 아마존 EC2, 탄력적 로드밸런서와 같은 서비스와 연동할 수 있습니다.

2. **오리진 도메인**은 사용자에게 제공할 콘텐츠의 리소스를 의미하며, 이 도메인은 주로 웹 서버 등의 콘텐츠 제공자가 위치한 서버를 가리킵니다.

3. **OAI**는 아마존 클라우드프론트의 에지 로케이션과 오리진 서버 사이의 인증을 관리합니다. 2022년에는 OAC가 출시되어, 보다 강화된 보안 기능을 제공하고 있으며, OAI를 사용하는 사용자들에게도 OAC로 변경하는 것을 권장하고 있습니다.

4. **경로 패턴**은 오리진 경로와 달리 원하는 파일이 저장된 S3 버킷으로 라우팅하거나 로드 밸런서로 라우팅하는 등 경로를 기반으로 라우팅을 할 수 있습니다.

5. **TTL**은 아마존 클라우드프론트가 콘텐츠를 캐시하는 시간을 나타냅니다. TTL을 길게 설정하면, 사용자가 콘텐츠에 대한 요청을 할 때 아마존 클라우드프론트가 로컬 캐시에서 해당 콘텐츠를 찾을 가능성이 높아지기 때문에 웹사이트의 성능을 향상시킬 수 있습니다. 하지만 TTL을 길게 설정하면 서버 측에서 콘텐츠를 업로드해도 아마존 클라우드프론트에서 캐시한 콘텐츠가 업데이트되지 않을 가능성이 있습니다.

6. **캐시 히트 비율**은 아마존 클라우드프론트가 캐시한 파일을 사용자에게 반환하는 비율입니다.

7. 아마존 클라우드프론트에서는 총 다섯 가지의 관리형 **캐시 정책**을 지원하며, 간단하게 캐시 정책을 설정할 수 있습니다. 이 관리형 캐시 정책을 설정하면 사용자가 캐시 정책을 직접 커스텀하거나 유지, 관리할 필요가 없습니다.

8 아마존 클라우드프론트에서는 '모든 에지 로케이션에서 사용(최고의 성능)', '북미 및 유럽만 사용', '북미, 유럽, 아시아, 중동 및 아프리카에서 사용' 세 가지 가격 분류를 선택할 수 있으며, **모든 에지 로케이션**은 다른 옵션에 비해 높은 비용을 필요로 하지만 모든 지역에서 에지 로케이션을 사용할 수 있어 모든 사용자에게 빠르게 콘텐츠를 제공할 수 있는 장점이 있습니다.

연습문제

1 다음 오리진에 대한 설명 중 틀린 것은?

  ❶ 오리진 도메인은 사용자에게 제공할 콘텐츠의 리소스를 의미하며, 이 도메인은 웹 서버 등의 콘텐츠 제공자가 위치한 서버를 가리킨다.
  ❷ 아마존 클라우드프론트를 생성하면 아마존 라우트53에 도메인이 추가되며, 사용자는 이 도메인을 사용해 콘텐츠에 접근할 수 있다.
  ❸ 기본적으로 오리진 경로는 상위 경로가 설정되어 있으며 **[배포 도메인 이름] + [file]** 형식으로 접근할 수 있다.
  ❹ 오리진 도메인으로 아마존 S3, 탄력적 로드밸런서 등을 설정할 수 있다.

2 다음 OAI와 OAC에 대한 설명으로 옳은 것은?

  ❶ 현재 OAI보다 보안이 강화된 OAC를 사용하는 것을 권장한다.
  ❷ OAI와 OAC는 아마존 S3를 포함해 탄력적 로드밸런서와 같은 서비스에도 사용할 수 있다.
  ❸ 기존에 OAI를 사용합니다. OAC로 전환하는 것보다 OAI를 지속적으로 사용하는 것을 권장한다.
  ❹ OAC가 등장하고서 OAI는 아마존 클라우드프론트에서 더는 설정할 수 없는 기능이다.

3 다음 OO OO OO에 들어갈 알맞는 단어는?

> OO OO OO은 아마존 클라우드프론트가 캐시한 파일을 사용자에게 반환하면 캐시 적중률이 높아지며, 사용자가 요청한 파일이 없으면 오리진 서버에 파일을 요청하기 때문에 캐시 적중률이 감소합니다. 이것을 OO OO OO이라고 합니다.

4 다음 캐시 정책에서 세 가지 정보가 요청에 포함된 때에만 캐시를 수행하는 설정할 수 있습니다. 이 세 가지는 무엇일까요?

5 다음 TTL에 대한 설명으로 옳은 것은?

❶ TTL을 길게 설정해 사용자가 장시간 같은 캐시에 접근하는 것이 바람직하다.
❷ TTL을 짧게 설정해 매번 사용자가 오리진 서버에 파일을 요청하도록 하는 것이 바람직하다.
❸ TTL을 길게 설정하면 캐시 적중률이 증가하기 때문에 TTL을 길게 설정하는 것이 좋다.
❹ TTL을 설정할 때는 캐시 히트 비율을 생각해 적절한 시간을 선택하는 것이 좋다.

1 **정답** ❷ 아마존 클라우드프론트를 생성하면 아마존 라우트53에 도메인이 추가되며, 사용자는 이 도메인을 사용해 콘텐츠에 접근할 수 있다.
2 **정답** ❶ 현재 OAI보다 보안이 강화된 OAC를 사용하는 것을 권장한다.
3 **정답** 캐시 히트 비율
4 **정답** 헤더, 쿼리 문자열, 쿠키
5 **정답** ❹ TTL을 설정할 때는 캐시 히트 비율을 생각해 적절한 시간을 선택하는 것이 좋다.

aws

Chapter 09

웹 애플리케이션 배포용 프론트 서비스 파악하기

학습 목표

이번 장에서는 웹 애플리케이션 배포에 사용하는 AWS 앰플리파이 서비스에 대해서 학습합니다. AWS 앰플리파이에서는 웹 애플리케이션 개발과 배포를 제공하는 앰플리파이 스튜디오와 앰플리파이 호스팅 기능을 살펴보며, 학습한 내용을 바탕으로 웹사이트를 호스팅하겠습니다.

핵심 키워드

`AWS 앰플리파이` `앰플리파이 스튜디오` `앰플리파이 호스팅` `AWS 앰플리파이 CLI`
`AWS 앰플리파이 UI` `서버리스`

학습 코스

❶ 웹 애플리케이션 배포를 위한 프론트 서비스, AWS 앰플리파이란? → ❷ 웹 애플리케이션 배포용 프론트 서비스, AWS 앰플리파이 살펴보기 → ❸ AWS 앰플리파이 활용하기

9.1 웹 애플리케이션 배포를 위한 프론트 서비스, AWS 앰플리파이란?

AWS에서는 앰플리파이Amplify라는 웹 애플리케이션 배포용 프론트 서비스를 제공하고 있으며, 이 서비스를 사용하면 AWS 클라우드에 쉽고 빠르게 웹 애플리케이션을 배포할 수 있습니다.

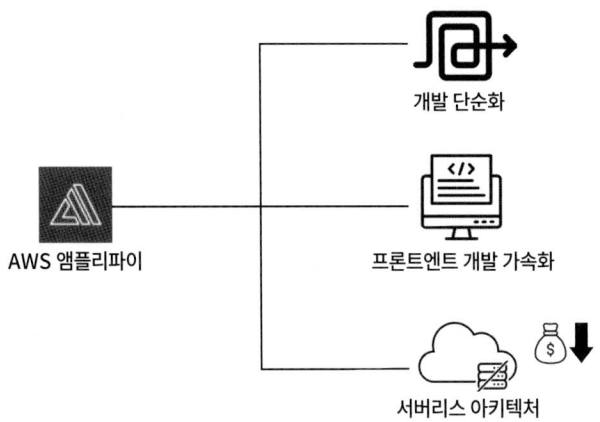

AWS 앰플리파이를 사용함으로써 개발자는 프론트엔드 개발을 가속화할 수 있으며, 서버리스 아키텍처로 인한 비용 절감과 웹 애플리케이션 개발을 단순화할 수 있습니다. 또한 다른 클라우드 기능과의 간편한 연동할 수 있습니다.

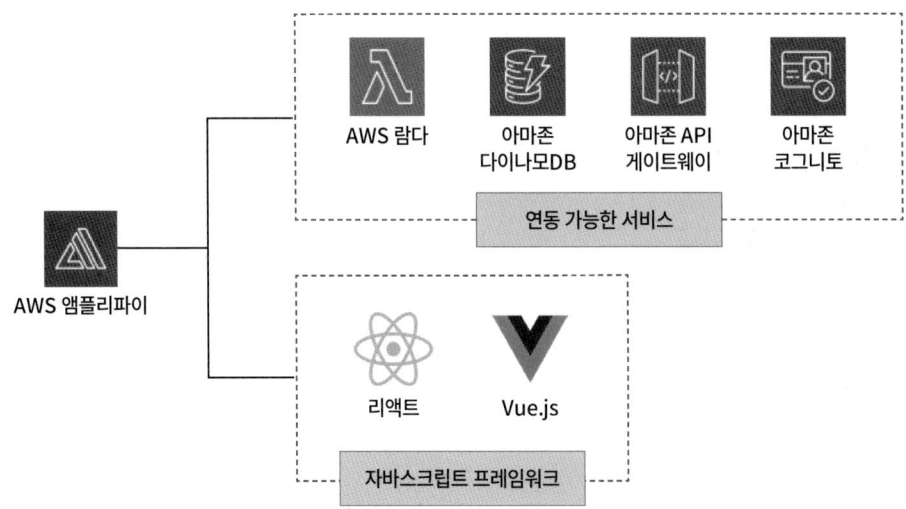

AWS 앰플리파이는 리액트, Vue.js와 같은 다양한 자바스크립트 프레임워크와 함께 사용할 수 있

으며, AWS 람다^(AWS Lambda)와 같은 서버리스 서비스와 연동해 웹 애플리케이션을 개발할 수 있습니다. 이 서비스는 AWS 클라우드포메이션을 작성하는 데 능숙하지 않거나 번거로운 사용자들을 위한 솔루션이기도 합니다. AWS 앰플리파이를 사용하면 사용자는 간단한 명령어 또는 UI 기반에서 애플리케이션을 설정하고 관리할 수 있으며, 배포 및 관리 프로세스를 자동화할 수 있습니다. 덕분에 개발자는 복잡한 클라우드포메이션 템플릿을 작성하지 않고도 애플리케이션을 빠르게 개발하고 배포할 수 있습니다.

9.2 웹 애플리케이션 배포를 위한 프론트 서비스, AWS 앰플리파이 살펴보기

AWS 앰플리파이를 시작할 때는 앱 구축에 사용하는 앰플리파이 스튜디오와 웹 앱 호스팅에 사용하는 앰플리파이 호스팅 두 가지를 선택해 시작할 수 있습니다. 2024년 5월 6일 기준으로 AWS 앰플리파이 Gen 2가 발표되면서 이전보다 더 간소화된 접근 방식으로 개발을 가속화해줍니다.

AWS 앰플리파이 관리 콘솔 화면에서 ❶ [앱 배포]를 클릭하면 앰플리파이 호스팅 화면으로 이동해 앰플리파이 호스팅을 시작할 수 있습니다. 또는 ❷ [1세대로 앱 만들기]를 클릭하면 앰플리파이 스튜디오를 사용할 수 있습니다.

▼ AWS 앰플리파이 관리 콘솔 화면

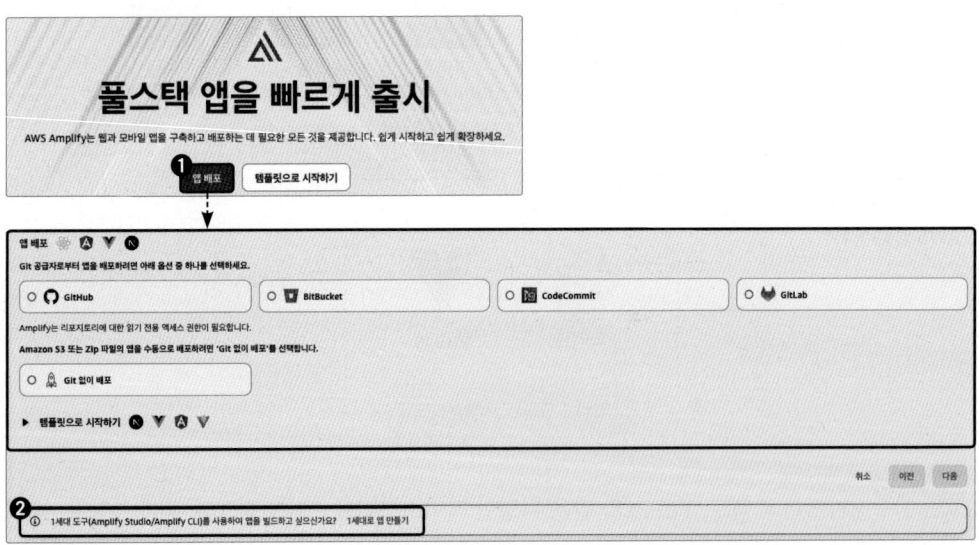

9.2.1 웹 애플리케이션 배포를 위한 프론트 서비스, 앰플리파이 스튜디오 살펴보기

앰플리파이 스튜디오는 앱 구축을 지원한다고 했는데, 정확히 어떤 부분을 지원하는 걸까요? 먼저 AWS 앰플리파이는 관리 콘솔 화면에서 단 몇 번의 버튼 클릭만으로 앱을 구축할 수 있는 환경을 준비해주거나, 웹 애플리케이션 호스팅 환경을 준비해줍니다. ❶ 앰플리파이 스튜디오는 앱 이름을 입력하면 앱이 생성되며 ❷ [Staging]를 클릭하고 ❸ [Amplify Studio 설정]에서 URL을 클릭하면 앰플리파이 스튜디오 화면으로 이동할 수 있습니다. 이 화면에서 앱 개발 작업들을 수행할 수 있습니다. 무엇보다 인터페이스에서 드래그 앤 드롭을 사용해 웹 애플리케이션을 개발하고, 백엔드, 프론트엔드, 데이터베이스, 인증 등의 기능을 구성할 수 있다는 장점이 있습니다.

▼ 앰플리파이 스튜디오 관리 콘솔 화면

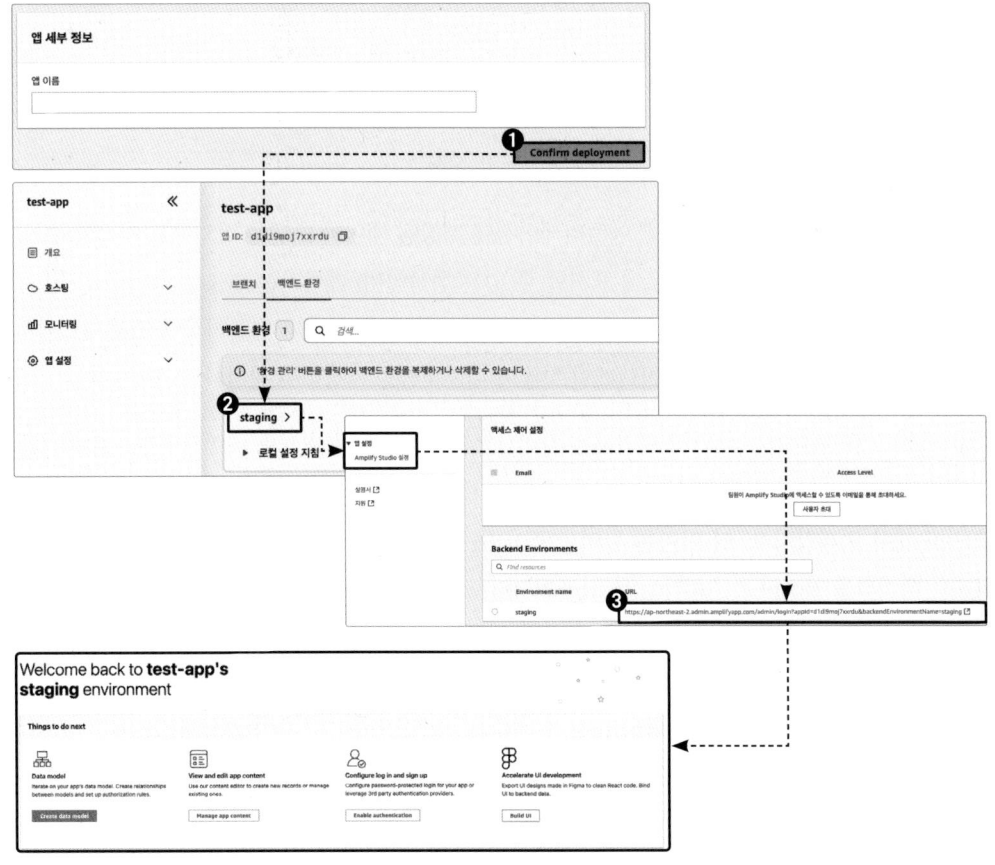

이제부터 앰플리파이 스튜디오에서 웹 애플리케이션 구축 흐름을 살펴보겠습니다.

▼ 데이터 모델을 정의하는 관리 콘솔 화면

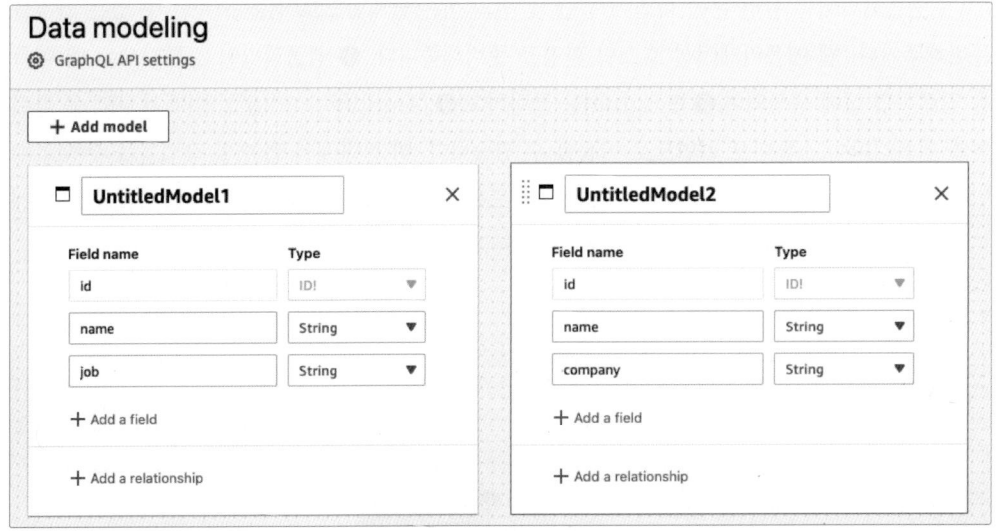

먼저 앰플리파이 스튜디오에서는 웹 애플리케이션에 저장될 데이터 모델을 정의하고 저장할 수 있습니다. 이 데이터 모델은 웹사이트에 표시할 수 있는 항목이며, 개발자는 별도로 데이터베이스를 생성하고, 데이터베이스에 접근해 데이터를 생성 및 저장할 필요 없이 앰플리파이 스튜디오에서 텍스트를 입력하는 것만으로도 데이터베이스에 이 데이터들을 저장하고 관리할 수 있습니다.

그렇다면 데이터베이스는 어디서 관리하는 걸까요? AWS에서는 서버리스 데이터베이스로 아마존 다이나모DB를 제공하고 있으며, 앰플리파이 스튜디오에서 정의한 데이터 모델은 이 아마존 다이나모DB에서 관리합니다. 이 아마존 다이나모DB는 NoSQL 데이터베이스로, 주로 Key-Value 형태의 데이터를 저장하고 조회하는 데 사용됩니다. 앰플리파이 스튜디오에서 정의한 데이터 모델은 AWS 앱싱크^AWS AppSync를 거쳐 아마존 다이나모DB로 저장됩니다. 이 AWS 앱싱크는 아마존 다이나모DB에서 데이터를 검색해 클라이언트 측으로 반환합니다. 여기서 AWS 앱싱크는 데이터를 쉽게 관리하고, 실시간 데이터 쿼리하거나 데이터 동기화, 데이터 소스 간 연동 등을 수행하는 서비스입니다. AWS 앰플리파이는 AWS 앱싱크를 이용해 아마존 다이나모DB에 데이터를 저장하고, 클라이언트에게 데이터를 반환할 수 있습니다.

▼ 앰플리파이 스튜디오 데이터 관리 예

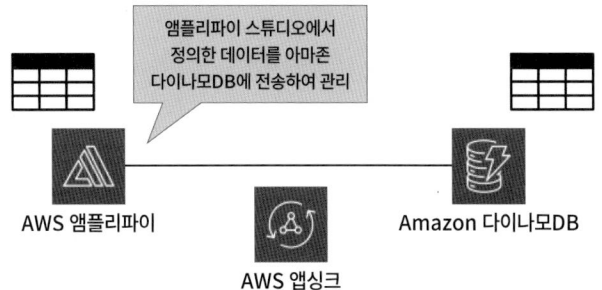

이어서 확인해볼 기능은 웹 애플리케이션에 표시할 UI 기능입니다. 앰플리파이 스튜디오는 피그마Figma와 연동해 간단하게 웹사이트의 UI를 구성할 수 있습니다. 여기서 피그마는 브라우저에서 디자인을 하는 도구입니다.

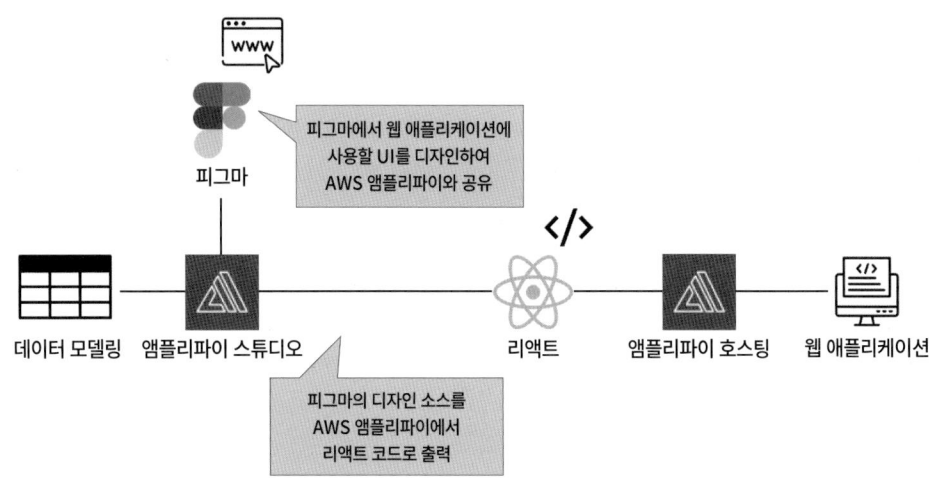

흐름을 살펴보면, 먼저 피그마에서 웹 애플리케이션에서 사용할 UI를 디자인하고 AWS 앰플리파이로 공유합니다. 이후 공유된 UI를 앰플리파이 스튜디오에서 수정 단계를 거치며, 이 단계에서는 데이터 모델링에서 정의한 데이터를 UI에 직접 연동해 추가할 수 있습니다. 이렇게 완성된 디자인 소스를 리액트 코드로 출력할 수 있습니다. 마지막으로 출력된 리액트 코드를 바탕으로 앰플리파이 호스팅을 이용해 웹 애플리케이션을 호스팅할 수 있습니다. 이런 흐름을 통해 개발자는 UI 디자인부터 웹 애플리케이션 배포까지를 효과적으로 관리하고 개발할 수 있습니다.

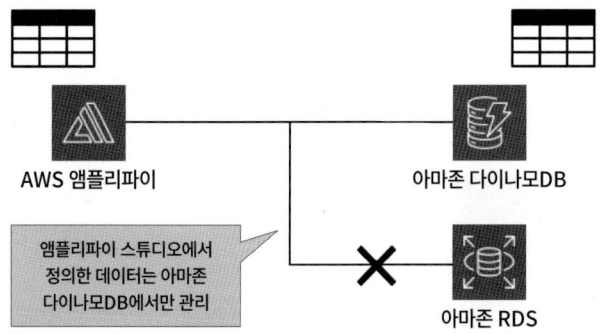

하지만 AWS 앰플리파이를 사용하는 데 있어서 신중해야 합니다. 앰플리파이 스튜디오에서 데이터 모델링을 정의하면 아마존 다이나모DB에서 관리한다는 부분에 사용자는 주목해야 합니다. 앰플리파이 스튜디오를 이용해 데이터 모델링을 정의한다면 아마존 다이나모DB에서만 관리하며, 다른 데이터베이스 서비스는 사용할 수 없습니다. 아마존 다이나모DB는 아마존 RDS와 비교해 가용성 문제가 발생하지 않으며, 언제든지 사용할 수 있습니다. 또한 NoSQL 데이터베이스이므로 데이터의 구조가 사전에 정의되어 있지 않고 자유롭게 데이터를 관리할 수 있습니다. 하지만 아마존 다이나모DB에서는 기본적으로 키를 사용해 데이터를 조회합니다. 따라서 키 이외의 다른 속성을 기준으로 데이터를 검색하려면 전체 데이터를 조회한 후 조건에 맞는 항목을 필터링해야 합니다. 이는 퍼포먼스 면에서 불리할 수 있습니다. 특히 큰 규모의 데이터베이스에 대해 전체 스캔을 수행하는 경우, 처리 시간과 비용이 증가할 수 있습니다. 이외에도 다른 제약사항이 존재하며, 아마존 다이나모DB와 아마존 RDS와 같은 데이터베이스 서비스를 비교해보고 현재 개발하고자 하는 환경에 적합한지 검토할 필요가 있습니다.

9.2.2 웹 애플리케이션 배포를 위한 프론트 서비스, 앰플리파이 호스팅이란?

앰플리파이 호스팅은 정적 웹 애플리케이션을 호스팅하는 기능입니다. 정적 웹페이지, 리액트, Vue.js 등의 자바스크립트 프레임워크로 작성된 웹 애플리케이션을 쉽게 배포하고 관리할 수 있습니다. 앰플리파이 호스팅을 선택하면, 웹 애플리케이션 호스팅을 위한 다양한 옵션을 선택할 수 있습니다.

▼ 앰플리파이 호스팅 관리 콘솔 화면

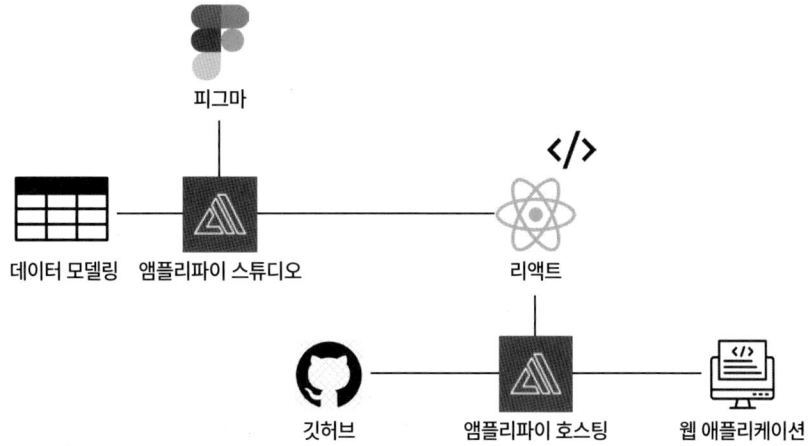

예를 들어 깃허브GitHub를 선택했다면, AWS 앰플리파이와 깃허브 리포지터리를 연동하고, 깃허브의 리포지터리에 있는 코드가 앰플리파이에서 자동으로 빌드 및 배포되는 과정을 거칩니다. 이후 깃허브의 리포지터리에 코드를 커밋하면 자동으로 AWS 앰플리파이에도 배포가 이루어지며, 이를 통해 AWS에서 CI/CD 환경을 구축할 수 있습니다. 이런 연동을 활용하면 손쉽게 애플리케이션의 변경 사항을 반영하고, 지속적인 통합 및 배포를 자동화할 수 있습니다. 그렇다면 앰플리파이 스튜디오와 다른 점은 무엇일까요?

앰플리파이 스튜디오는 프론트엔드, 백엔드를 AWS 앰플리파이 UI를 통해 편집을 할 수 있으며, 피그마와도 연동할 수 있습니다. 엠플리파이 호스팅은 앰플리파이 스튜디오에서 편집한 결과물을 바탕으로 웹 애플리케이션을 호스팅하거나, 사용자가 별도로 작성한 프로그래밍 코드를 바탕으로 웹 애플리케이션을 호스팅할 수 있습니다. 즉, 한마디로 요약하자면 다음과 같습니다.

- **앰플리파이 스튜디오** : 프론트엔드를 포함해 웹 애플리케이션을 간편하게 호스팅할 수 있는 기능
- **앰플리파이 호스팅** : 프론트엔드와 백엔드 개발용 UI 편집기로 피그마와 연동할 수 있는 기능

9.2.3 웹 애플리케이션 배포용 프론트 서비스, AWS 앰플리파이를 위한 다양한 도구들

AWS 앰플리파이에서는 웹 애플리케이션을 개발하는 다양한 도구를 제공하고 있습니다. 이번에는 AWS 앰플리파이에서는 어떠한 도구를 지원하는지 확인해봅시다.

관리 콘솔 환경

앞서 말했던 것처럼 AWS 앰플리파이는 클라우드포메이션을 작성하는 데 능숙하지 않은 사용자들을 위한 솔루션입니다. AWS 앰플리파이의 콘솔 화면의 UI도 직관적이기 때문에, UI가 변경되더라도 쉽게 웹 애플리케이션을 구축하거나 호스팅할 수 있습니다.

관리 콘솔을 이용한다면 단 몇 번의 버튼 클릭으로 웹 애플리케이션을 배포하고 필요한 서비스를 설정할 수 있습니다. 개발자들이 애플리케이션의 배포 및 관리에 필요한 복잡한 작업을 최소화하고, 빠르게 개발에 집중할 수 있도록 도와줍니다.

AWS 앰플리파이 CLI

AWS 앰플리파이 CLI는 AWS 앰플리파이 서비스를 사용해 웹 애플리케이션을 더욱 효율적으로 관리하는 도구입니다. 이 CLI 도구를 사용하면 명령줄을 통해 프로젝트를 설정하고 관리할 수 있습니다. 또한 AWS 앰플리파이에서 제공하는 다양한 서비스인 아마존 S3, 아마존 다이나모DB 등을 설정하고 관리할 수 있습니다. 또한 AWS 앰플리파이 CLI는 개발자가 개발 환경을 로컬에서 구축하고 테스트할 수 있도록 도와주며, 깃허브와의 연동을 통해 CI/CD 환경을 구축하고 애플리케이션을 자동으로 배포할 수 있습니다. 이를 활용해 개발자는 웹 애플리케이션의 개발, 테스트, 배포를 더 효율적으로 수행할 수 있습니다.

AWS 앰플리파이 UI

AWS 앰플리파이에서는 웹 애플리케이션 개발용 UI 라이브러리를 제공하고 있습니다. 리액트, Vue.js와 같은 자바스크립트 프레임워크 등을 다양하게 지원하고 있으며, 제공되는 코드를 바탕으로 AWS 클라우드와 직접 연결할 수 있습니다.

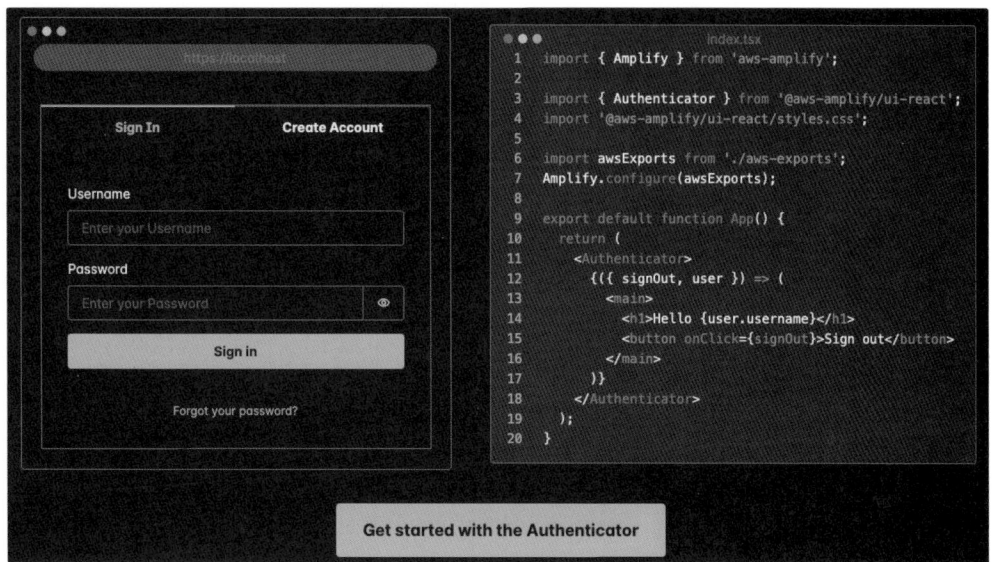

이 UI 라이브러리는 AWS 앰플리파이에서 제공하는 다양한 기능과 서비스를 활용할 수 있도록 구성되어 있습니다. 예를 들어 사용자 인증, 데이터베이스 연동, 파일 스토리지 등과 같은 AWS 서비스와의 통합을 쉽게 할 수 있도록 도와줍니다. 또한 AWS 앰플리파이에서 제공하는 UI 라이브러리는 개발자들이 프로젝트를 빠르게 시작할 수 있도록 다양한 템플릿과 컴포넌트를 제공합니다. 이를 통해 개발자들은 기본적인 UI 요소를 구성하고 AWS 클라우드와 직접 연결해 애플리케이션을 빠르게 개발할 수 있습니다.

> UI 라이브러리에 대한 정보는 https://ui.docs.amplify.aws/에서 확인할 수 있습니다.

9.3 AWS 앰플리파이 활용하기

이번 실습에서는 앰플리파이 호스팅을 사용해 깃허브와 연동해 CI/CD 환경을 구축하겠습니다. 이를 위해서는 깃허브 계정과 리포지터리가 필요합니다. 깃허브 가입은 https://github.com/에서 진행할 수 있습니다. 또한 클라우드포메이션을 작성하는 데 능숙하지 않은 사용자들을 위한 솔루션이라고 설명했던 만큼, 이번에는 AWS 관리 콘솔 화면에서 작업을 진행하겠습니다.

9.3.1 앰플리파이 호스팅으로 CI/CD 환경 구축하기

To do **01** 웹사이트 호스팅을 위한 html 파일은 다음과 같습니다.

웹사이트 호스팅을 위한 html 파일

- **파일 이름** : index.html

---

html 전체 코드는 깃허브 리포지터리 [chapter9] → [Amplify] → [chapter9.3.1-Create-Amplify-Hosting] 폴더에서 확인할 수 있습니다. 이번에 구축할 환경은 다음과 같습니다.

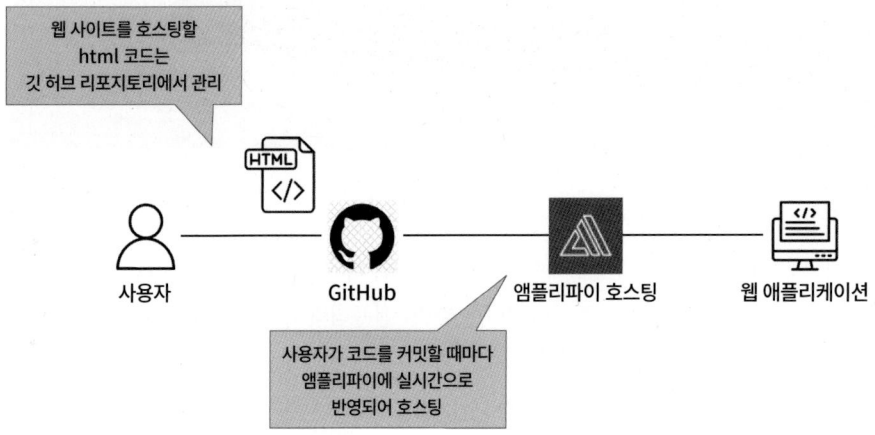

사용자가 깃허브 리포지터리에 호스팅할 html 코드를 업로드한 후, 깃허브와 앰플리파이 호스팅을 연동해 CI/CD 환경을 구축합니다. 이렇게 구축된 환경에서는 사용자가 깃허브에 코드를 커밋할 때마다 앰플리파이 호스팅에서 자동으로 웹사이트를 빌드하고 배포합니다. 이로써 웹사이트는 실시간으로 업데이트되어 사용자에게 반영됩니다.

> 깃허브를 연동하려면 개인 깃허브 계정과 리포지터리를 준비해주세요.

02 깃허브 리포지터리에 html 코드를 준비합니다. [chapter9.3.1-Create-Amplify-Hosting] 폴더에서 내려받은 html 코드를 개인 리포지터리에 업로드합니다.

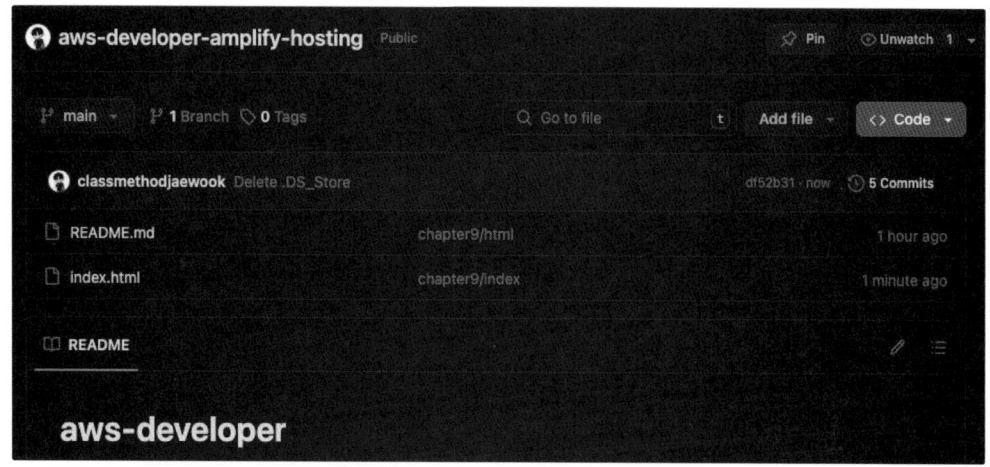

03 웹사이트 호스팅을 위해 앰플리파이 호스팅을 설정합니다. AWS 앰플리파이 콘솔 화면에서 [앱 배포]를 클릭합니다.

04 깃허브를 연동합니다. ❶ 앰플리파이 호스팅 설정 단계에서 깃허브를 선택한 후 ❷ [다음]을 클릭합니다. ❸ 그리고 깃허브 팝업창이 표시된다면 그대로 연동을 진행합니다. ❹ 이어서 [GitHub 권한 업데이트]를 클릭해 깃허브 리포지터리 접근 권한을 설정합니다.

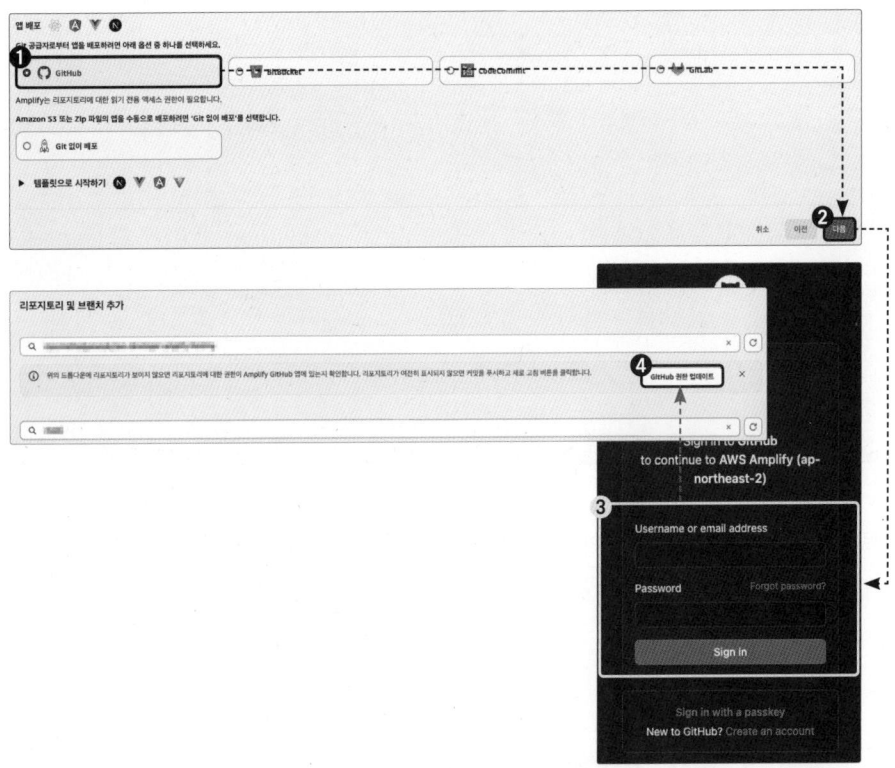

05 AWS에 리포지터리에 대한 접근 권한을 설정합니다. [GitHub 권한 업데이트]를 클릭하면 깃허브 페이지로 이동합니다. 여기서 모든 리포지터리에 대한 접근 권한을 허용(All repositories)할지, 지정한 리포지터리에 대한 접근 권한을 허용(Only Select repositories)할지 선택할 수 있습니다. ❶ [Only Select repositories]를 선택하여 html 파일을 업로드한 리포지터리를 선택합니다. ❷ 접근 권한을 선택했다면 [Save]를 클릭하고, ❸ 다시 AWS 콘솔 화면으로 돌아와 접근 권한을 허용한 리포지터리를 선택하고 ❹ [다음]을 클릭합니다.

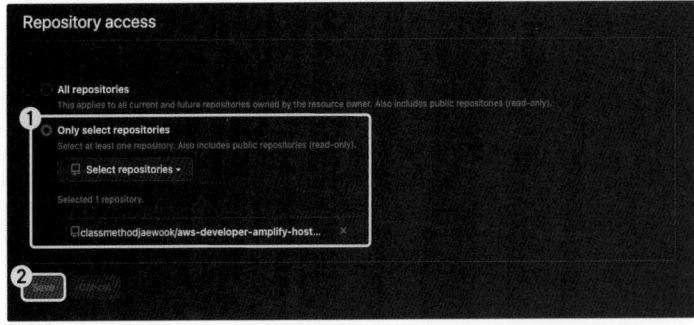

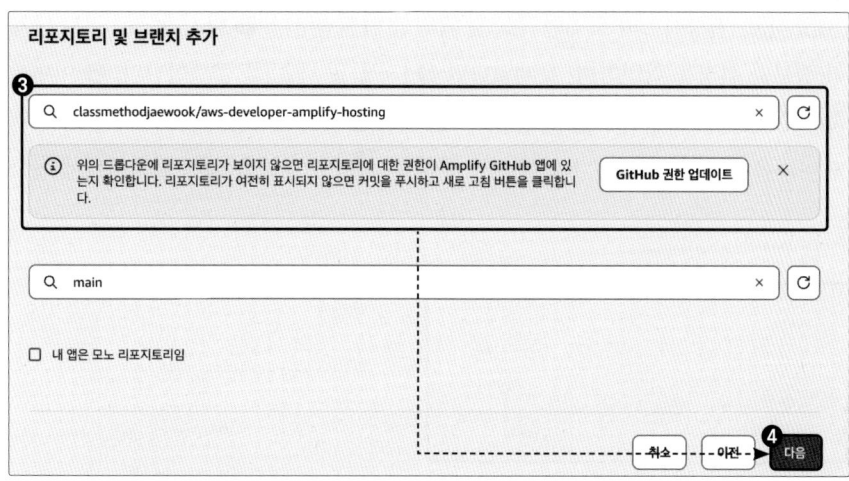

06 웹사이트의 이름을 입력합니다. ❶ [앱 이름]에 웹사이트 이름을 입력합니다. ❷ 깃허브와 연동했다면 [빌드 설정]에 빌드 설정이 자동으로 감지되었다는 메시지가 출력됩니다. ❸ [다음]을 클릭합니다.

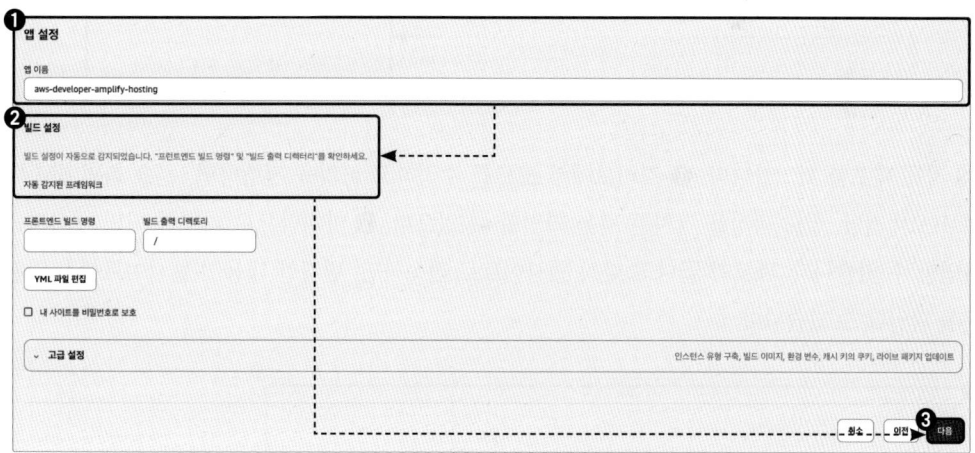

AWS 앰플리파이 Gen 1에서는 [AWS 앰플리파이가 프로젝트 루트 디렉터리에 호스팅된 모든 파일을 자동으로 배포하도록 허용]을 체크해 사용자가 직접 자동 배포를 설정해야 했지만, AWS 앰플리파이 Gen 2에서는 사용자가 직접 설정할 필요 없이 처음부터 자동 배포가 설정되어 있습니다. 이런 자동 배포는 깃허브 리포지터리에 커밋 작업을 수행하면 앰플리파이 호스팅에서 자동으로 웹사이트를 빌드하고 배포합니다.

07 웹사이트를 배포하고, 웹사이트의 도메인 주소를 확인할 차례입니다. ❶ 마지막으로 검토 단계에서 리포지터리 정보와 설정을 확인하며, 문제없다면 ❷ [저장 및 배포]를 클릭합니다. ❸ 이어서 웹사이트에 접속할 수 있는 도메인 주소를 확인할 수 있으며, ❹ 프로비저닝, 빌드 과정을 거쳐 웹사이트가 배포되는 것을 확인할 수 있습니다. 배포가 끝나면, 해당 도메인을 통해 웹사이트에 접속할 수 있습니다.

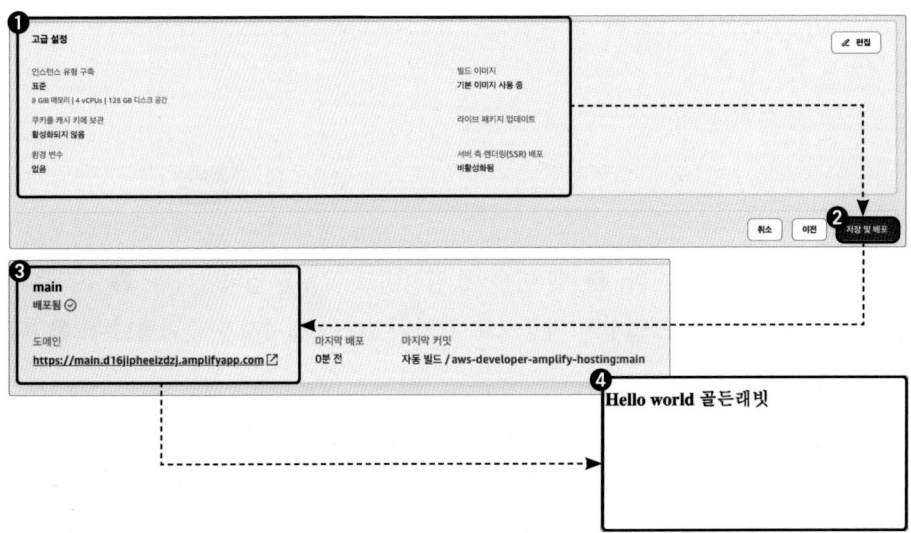

08 자동 배포를 확인합니다. ❶ 깃허브에서 코드를 수정하고 커밋을 진행하면, 콘솔 화면에서 다시 프로비저닝, 빌드 과정을 거치는 것을 확인할 수 있으며, ❷ 마지막으로 커밋한 커밋 메시지를 확인할 수 있습니다. 배포가 끝나고 다시 웹사이트로 접속하면, 변경한 내용이 웹사이트에 반영된 것을 확인할 수 있습니다.

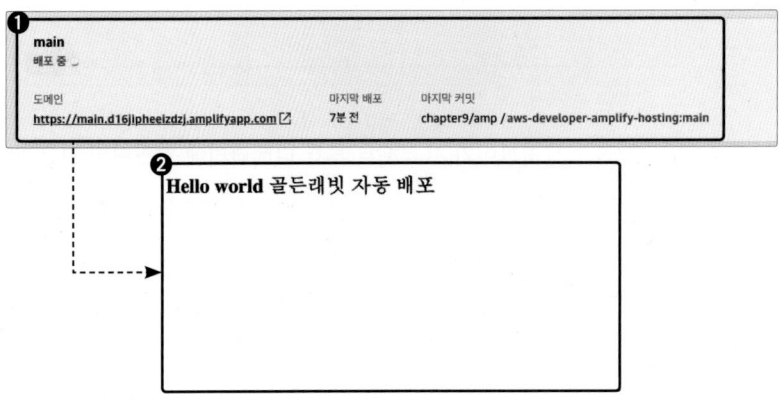

학습 마무리

9장에서는 AWS 앰플리파이 서비스를 사용해 웹 애플리케이션을 배포하는 방법을 학습했습니다. 앰플리파이 스튜디오를 사용한 프론트엔드와 백엔드 개발의 흐름과 앰플리파이 호스팅을 활용한 웹 애플리케이션 호스팅을 배웠습니다. 이를 통해 AWS 앰플리파이를 활용해 웹사이트를 간편하고 신속하게 호스팅할 수 있는 능력을 키웠습니다. 다음 장에서는 아마존 코그니토를 학습하고, 아마존 코드니토와 AWS 앰플리파이를 활용해 사용자를 관리하는 방법을 배워보도록 합니다.

핵심 요약

1 **AWS 앰플리파이**를 이용해 AWS 클라우드에 쉽고 빠르게 웹 애플리케이션을 배포할 수 있습니다. AWS 앰플리파이를 사용함으로써 얻을 수 있는 장점은 프론트엔드 개발의 가속화, 서버리스 아키텍처로 인한 비용 절감, 웹 애플리케이션의 단순화가 있습니다.

2 **앰플리파이 스튜디오**는 인터페이스에서 드래그 앤 드롭을 사용해 백엔드와 프론트엔드 개발을 진행할 수 있습니다.

3 **앰플리파이 호스팅**은 정적 웹 애플리케이션을 호스팅하는 기능입니다.

4 AWS에서는 AWS 앰플리파이를 활용할 수 있는 관리 콘솔 환경, AWS 앰플리파이 CLI, AWS 앰플리파이 UI와 같은 다양한 도구를 제공합니다.

연습문제

1 다음 AWS 앰플리파이에 대한 설명 중 틀린 것은?

❶ AWS 앰플리파이는 리액트, Vue.js와 같은 자바스크립트 프레임워크를 사용할 수 있다.
❷ AWS 앰플리파이는 웹 애플리케이션 배포용 프론트 서비스이다.
❸ AWS 앰플리파이는 앰플리파이 스튜디오와 앰플리파이 호스팅 기능이 있다.
❹ AWS 앰플리파이는 앰플리파이 스튜디오에서는 아마존 RDS를 연동할 수 있다.

2 다음 AWS 앰플리파이에서 제공하는 기능이 아닌 것은?

❶ 앰플리파이 스튜디오　　❷ 앰플리파이 CLI
❸ 앰플리파이 호스팅　　　❹ 앰플리파이 리액트

3 다음 AWS 앰플리파이 사용의 장점이 아닌 것은?

❶ 클라우드 연동이 없는 단일 서비스로 인한 간편 관리
❷ 개발 단순화
❸ 서버리스 아키텍처 사용으로 인한 비용 절감
❹ 프론트엔드 개발 가속화

4 다음 앰플리파이 UI를 지원하지 않는 프론트엔드 프레임워크는?

❶ 리액트　　　❷ 리액트 네이티브
❸ Vue.js　　　❹ 라라벨

---

1 **정답** ❹ AWS 앰플리파이는 앰플리파이 스튜디오에서는 아마존 RDS를 연동할 수 있다.
2 **정답** ❹ 앰플리파이 리액트
3 **정답** ❶ 클라우드 연동이 없는 단일 서비스로 인한 간편 관리
4 **정답** ❹ 라라벨

aws

Chapter 10

사용자 인증을 위한 프론트 서비스 파악하기

학습 목표

이번 장에서는 사용자 인증에 사용하는 아마존 코그니토를 학습합니다. 아마존 코그니토가 무엇인지 살펴보고, 아마존 코그니토를 구성하는 사용자 풀, 자격증명 풀이란 무엇인지도 학습합니다. 마지막으로 학습한 내용을 바탕으로 아마존 코그니토를 활용해 간단한 로그인과 회원 가입 로직을 구현해봅시다.

핵심 키워드

`아마존 코그니토` `사용자 인증` `사용자 관리` `사용자 풀` `자격증명 풀` `AWS SDK` `서버리스`

학습 코스

❶ 사용자 인증을 위한 프론트 서비스, 아마존 코그니토란? → ❷ 사용자 인증을 위한 프론트 서비스, 아마존 코그니토 살펴보기 → ❸ 아마존 코그니토 활용하기

10.1 사용자 인증을 위한 프론트 서비스, 아마존 코그니토란?

아마존 코그니토는 AWS에서 사용자 관리와 인증 기능을 제공하는 서비스입니다. 아마존 코그니토를 사용하면 별도로 사용자를 관리할 프로그램을 구성할 필요 없이 AWS에서 사용자를 관리할 수 있습니다.

▼ 아마존 코그니토 사용자 관리 예

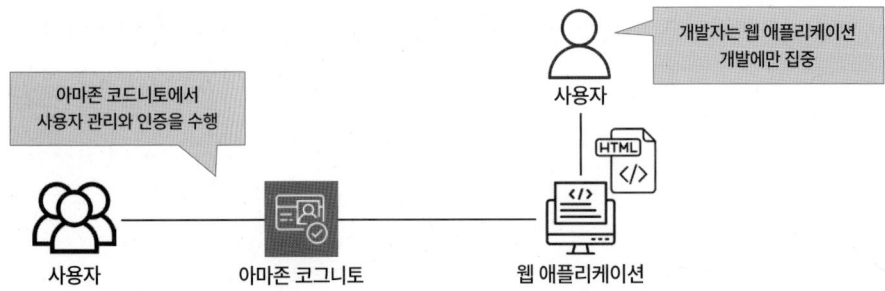

또한 사용자는 웹 애플리케이션에 로그인할 시, 아마존 코그니토를 사용해 사용자의 인증 정보를 검증할 수 있으므로, 개발자는 보안 및 사용자 관리에 대한 부담을 줄이고 효율적으로 웹 애플리케이션을 구축할 수 있습니다.

▼ 아마존 코그니토와 함께 사용할 수 있는 서비스

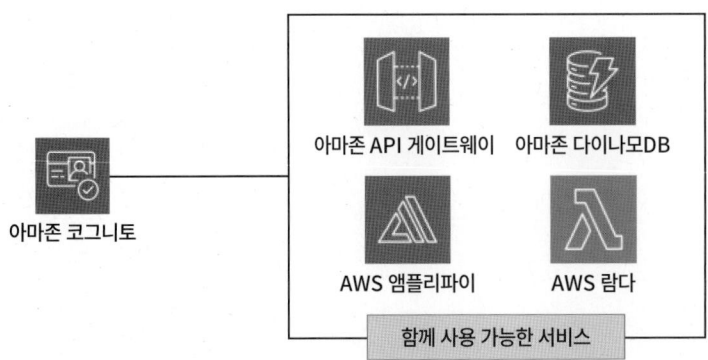

아마존 코그니토는 AWS에서 제공하는 다양한 서비스와 함께 사용할 수 있습니다. 주로 서버리스 서비스와 함께 사용할 수 있으며, 이런 서버리스 아키텍처와 함께 사용되어 사용자 인증 및 권한 관리를 간편하게 처리할 수 있도록 지원합니다. 또한 아마존 코그니토는 자바스크립트용 AWS SDK를 활용해 자바스크립트 코드에서 아마존 코그니토 서비스로 접근할 수 있습니다. 이를 통해 사용자 인증과 사용자 권한 관리 및 소셜 로그인 등의 기능을 자바스크립트에서 구현할 수 있습니다. 'AWS SDK for 자바스크립트'는 여러 AWS 서비스에 대한 라이브러리를 제공하고 있으며, 아마존 코그니토도 그중 하나입니다. 이 AWS SDK를 사용해 자바스크립트 코드에서 코그니토 서비스를 초기화하고 사용자를 관리할 수 있습니다.

> AWS SDK는 자바, 자바스크립트, 파이썬 등 자주 사용되는 언어를 바탕으로 AWS를 호출해 웹, 모바일 웹 애플리케이션을 구축할 수 있도록 도와줍니다.

10.2 사용자 인증을 위한 프론트 서비스, 아마존 코그니토 살펴보기

아마존 코그니토에서는 사용자 관리과 인증을 위해 두 가지 기능을 제공하고 있습니다.

- 사용자 풀 User Pool
- 자격증명 풀 Identity Pool

사용자 풀은 사용자 관리와 인증을 담당하고, 자격증명 풀은 사용자가 인증 과정을 거친 다음, 토큰 혹은 임시 보안 인증 정보를 발급해 AWS 리소스에 접근할 수 있도록 합니다. 지금부터 사용자 풀과 자격증명 풀이 AWS에서 어떤 식으로 동작하는지 확인하겠습니다.

10.2.1 사용자 풀이란?

사용자 풀은 어떠한 방식으로 로그인을 진행할지 설정하며, 간단하게 로그인 환경을 구현할 수 있습니다.

1 애플리케이션에 대한 정보 제공
2 새 코그니토 사용자 디렉터리 생성
3 애플리케이션 배포 및 업데이트

회원 가입 시 사용자 정보는 코그니토 사용자 풀에 저장되며, 이메일 주소, 전화번호, 사용자 이름을 사용해 로그인할 수 있습니다. 추가적으로 선택 가능한 로그인 방법은 페이스북, 구글, 아마존과 같은 소셜 자격증명을 통해 로그인할 수 있습니다.

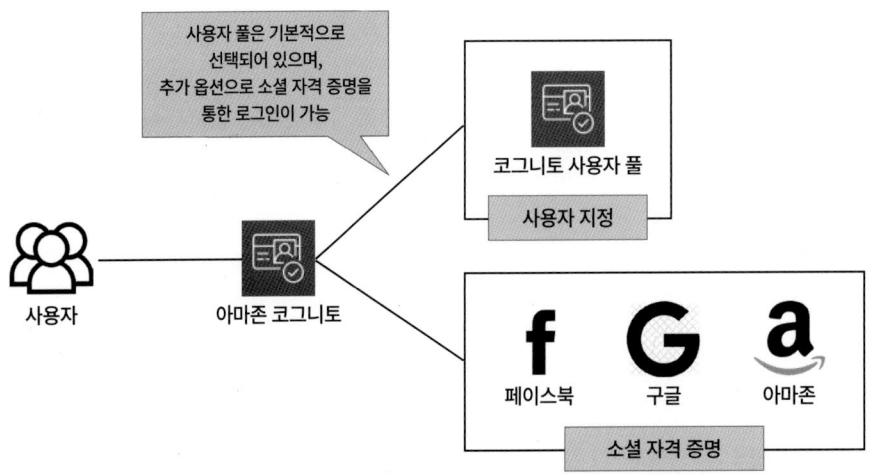

▼ 아마존 코그니토 사용자 풀 관리 콘솔 화면

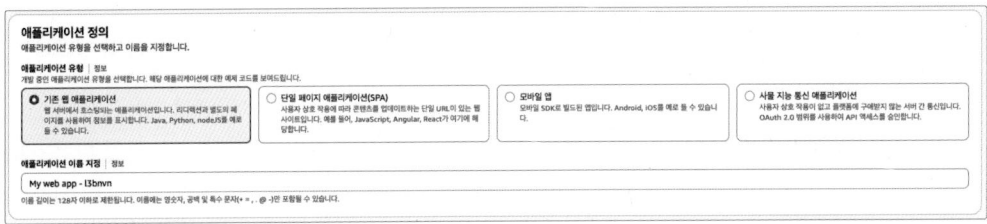

먼저 애플리케이션 정의 항목에서 개발 중인 애플리케이션 유형을 선택할 수 있습니다.

▼ 아마존 코그니토 옵션 구성을 선택하는 관리 콘솔 화면

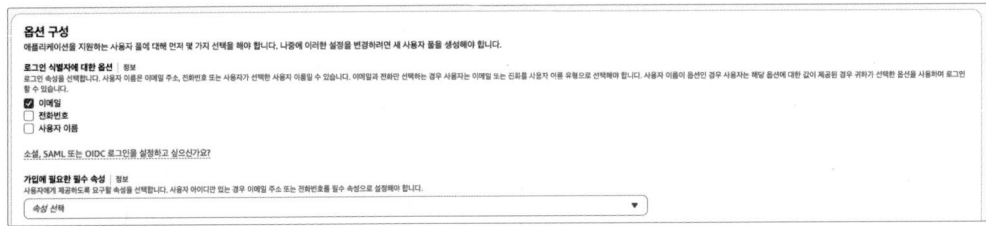

옵션 구성에서는 로그인 방식을 설정합니다. 사용자는 선택한 옵션을 사용하여 로그인할 수 있습니다.

10.2.2 자격증명 풀이란?

앞서 사용자 풀은 어떠한 방식으로 로그인을 진행할지 총 3단계로 나누어서 설정한다고 설명했습니다. 그렇다면 자격증명 풀은 무엇일까요? 자격증명 풀은 AWS 리소스에 대한 접근 권한을 부여하며 사용자 풀, 페이스북, 구글, 아마존과 같은 자격증명 공급자를 사용해 외부에서 AWS 리소스에 접근할 수 있게 구성합니다.

▼ 아마존 코그니토 자격증명 풀 예

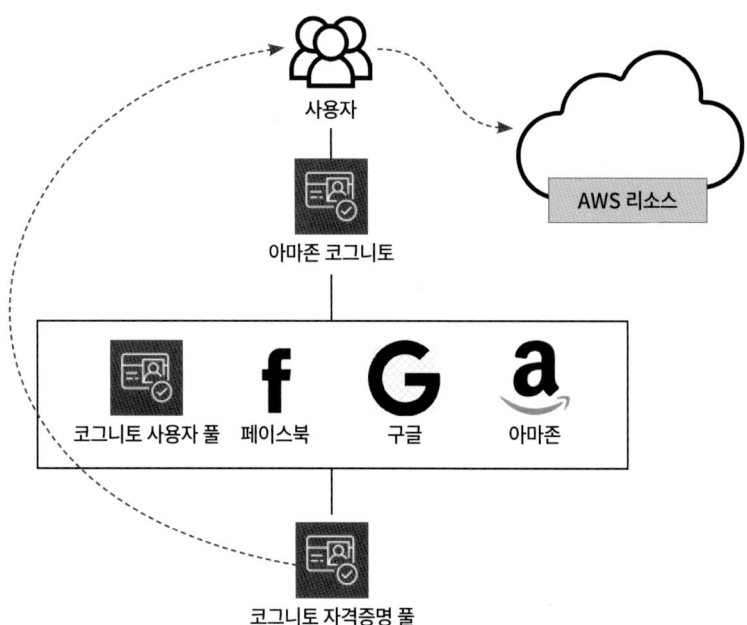

자격증명 풀의 흐름으로는 먼저 사용자 풀로 지정한 로그인 혹은 소셜 로그인 기능을 통해 로그인을 시도합니다. 이어서 자격증명 풀에서 로그인한 사용자에게 AWS 리소스에 접근할 수 있는 권한을 부여합니다. 이를 통해 사용자는 AWS 리소스에 접근할 수 있습니다. 자격증명 풀에 대한 설정은 총 5단계로 나누어볼 수 있습니다.

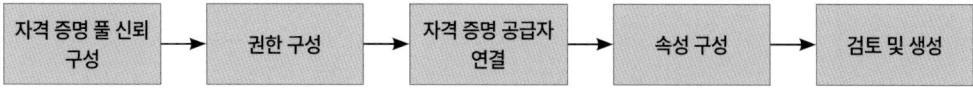

먼저 자격증명 풀 신뢰 구성에서는 인증된 사용자 혹은 인증되지 않은 사용자에게 보안 인증 정보를 생성합니다.

▼ 아마존 코그니토 자격증명 풀 인증 방법을 선택하는 관리 콘솔 화면

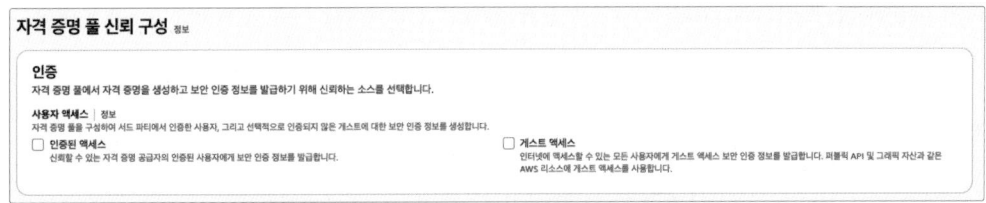

인증된 액세스를 선택하면 코그니토 사용자 풀, 소셜 자격증명을 통한 사용자에게 보안 인증 정보를 발급하게 되며, 게스트 액세스를 선택하면 인증되지 않은 사용자에게 보안 인증 정보를 발급해 AWS 리소스에 접근할 권한을 부여합니다. 이어서 권한 구성에서는 로그인한 사용자에게 AWS 리소스에 접근할 수 있는 권한을 설정합니다.

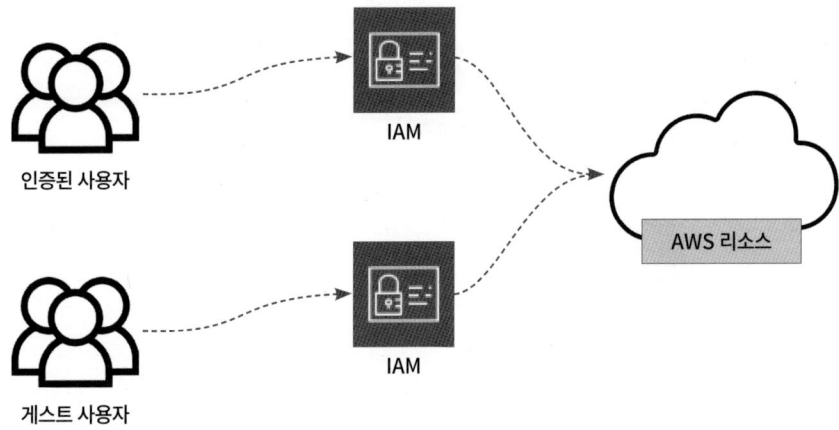

예를 들어 인증된 사용자가 접근할 수 있는 AWS 리소스와 게스트 사용자가 접근할 수 있는 AWS 리소스 권한을 각각 설정해 접근을 제어할 수 있으며, 이런 IAM 권한을 설정하는 단계입니다. 3단계 자격증명 공급자 연결에서는 로그인 환경을 구성한 사용자 풀을 연결하고, 각 사용자에게 어떠한 권한을 할당할지 설정할 수 있습니다. 예를 들어 인증된 사용자와 인증되지 않은 사용자에게 2단계에서 설정한 IAM 권한을 동일하게 할당할 수 있으며, 규칙을 설정해 인증된 사용자와 인증되지 않은 사용자에게 서로 다른 권한을 할당할 수 있습니다.

▼ 아마존 코그니토 자격증명 풀 이름을 입력하는 관리 콘솔 화면

```
자격 증명 풀 이름
자격 증명 풀에 대해 기억하기 쉬운 이름을 생성합니다.
Name
이름 입력
자격 증명 풀 이름은 128자 이하로 제한됩니다. 이름에는 영숫자, 공백 및 특수 문자 + = , . @ - 만 포함할 수 있습니다.
```

4단계에서는 자격증명 풀의 이름을 입력하고, 마지막 검토 및 생성 단계에서 지금까지 설정한 내용을 재차 검토하고 자격증명 풀을 생성할 수 있습니다. 이렇게 사용자 풀과 자격증명 풀을 이용해 AWS에서 간단하게 사용자의 로그인 및 인증, 회원 가입을 관리할 수 있습니다.

10.3 아마존 코그니토 활용하기

아마존 코그니토를 활용해 로그인 및 회원 가입 로직을 구현하겠습니다. 지난번 AWS 앰플리파이에서는 html을 사용해 간단하게 hello world를 출력했지만, 이번에는 자바스크립트까지 활용해 AWS 리소스를 연동하는 과정을 진행합니다. 즉, 아마존 코그니토를 생성하기 위한 클라우드포메이션 코드와 아마존 코그니토와 자바스크립트를 연동하기 위한 AWS SDK를 활용할 예정입니다.

10.3.1 아마존 코그니토로 로그인 및 회원 가입 구현하기

To do 01 로그인 및 회원 가입을 구현할 파일은 다음과 같습니다.

> **로그인 및 회원 가입을 위한 파일**
> - **파일 이름** : cognito.yml, login.html, signup.html, confirm.html, main.html, main.js
> - **클라우드포메이션 스택 생성 순서** : cognito.yml

로그인과 회원 가입을 위한 기본적인 파일들이며, 자바스크립트에서 아마존 코그니토와 연동을 하려면, 즉 AWS SDK를 사용하려면 별도의 파일이 필요합니다.

> **AWS SDK를 사용하기 위한 파일**
> - **파일 이름** : aws-cognito-sdk.min.js, amazon-cognito-identity.min.js, aws-sdk.js, aws-sdk.min.js

이 4개의 파일은 AWS 깃허브 리포지터리에서 별도로 내려받을 수 있습니다. 클라우드포메이션 전체 코드는 깃허브 리포지터리 [chapter10] →[Cognito] →[chapter10.3.1-Create-Cognito] 폴더에서 확인할 수 있습니다. 02 단계부터는 클라우드포메이션 코드와 자바스크립트 코드에 대해 설명하며, 클라우드포메이션으로 구축한 환경의 결과를 확인하고 싶다면 이 내용을 건너뛰어 다음 절 'UI로 불러와 아마존 코그니토로 로그인 및 회원 가입 구현하기'부터 확인하시기 바랍니다.

02 사용자 풀 생성을 위한 코드를 작성합니다.

```yaml
                                                                cognito.yml
UserPool: # ❶
  Type: AWS::cognito::UserPool
  Properties:
    UserPoolName: !Sub ${SystemName}-${EnvName}-UserPool # ❷
    AdminCreateUserConfig: # ❸
      AllowAdminCreateUserOnly: false
      UnusedAccountValidityDays: 7
    UsernameAttributes: # ❹
    - email
    Policies: # ❺
      PasswordPolicy:
        MinimumLength: 8
        RequireLowercase: true
        RequireNumbers: true
        RequireSymbols: false
        RequireUppercase: true
    MfaConfiguration: 'OFF' # ❻
```

먼저 사용자 풀을 생성하기 위한 코드를 작성합니다. ❶ 생성할 리소스의 이름을 UserPool로 지정합니다. ❷ 사용자 풀의 이름을 정의합니다. ❸ AllowAdminCreateUserOnly를 ture로 설정하면, 관리자만 계정을 생성할 수 있으며, false를 설정하면 사용자 스스로 회원 가입을 할 수 있습니다. ❹ 사용자 이름으로 이메일을 사용합니다. ❺ 로그인에 사용할 암호를 설정하는데, 기본값으로 설정합니다. ❻ MFA 설정은 무효화합니다.

03 사용자 풀 생성을 위한 코드를 작성합니다.

```yaml
                                                                    cognito.yml
ccountRecoverySetting: # ❶
    RecoveryMechanisms:
      - Name: verified_email
        Priority: 1
  AutoVerifiedAttributes: # ❷
    - email
  UserAttributeUpdateSettings: # ❸
    AttributesRequireVerificationBeforeUpdate:
      - email
  Schema: # ❹
    - Name: email
      AttributeDataType: String
      Required: true
      Mutable: true
  EmailConfiguration: # ❺
    EmailSendingAccount: COGNITO_DEFAULT
    ReplyToEmailAddress: no-reply@verificationemail.com
```

❶ 계정 복구에 사용할 방법을 설정합니다. 이메일을 통한 복구를 설정합니다. ❷ 사용자가 계정에 대한 업데이트를 실시할 때 이메일을 통해 확인을 받아볼 수 있도록 설정합니다. ❸ 로그인, 계정 복구 등에 사용할 인증 방법을 선택합니다. ❹ 사용자 속성을 커스텀합니다. 이번에는 이메일로만 로그인을 시도하기 때문에, 이메일만 설정합니다. ❺ 사용자에게 인증 코드를 보낼 때 사용할 이메일을 지정합니다. 아마존 SES와 같은 서비스를 활용해 사용자 정의 이메일을 설정할 수도 있으며, no-reply와 같이 회신이 불가능한 가상 이메일을 설정할 수도 있습니다.

04 앱 클라이언트를 구성합니다.

```yaml
                                                                    cognito.yml
UserPoolClient: # ❶
  Type: AWS::cognito::UserPoolClient
  Properties:
    ClientName: !Sub ${SystemName}-${EnvName}-ClientPool # ❷
    UserPoolId: !Ref UserPool # ❸
```

```
            GenerateSecret: false # ❹
            ExplicitAuthFlows: # ❺
              - ALLOW_USER_SRP_AUTH
              - ALLOW_REFRESH_TOKEN_AUTH
            SupportedIdentityProviders: # ❻
              - COGNITO
```

앱 클라이언트는 퍼블릭 클라이언트 기준에 맞추어 코드를 작성합니다. ❶ 생성하고자 하는 리소스의 이름을 UserPoolClient로 지정합니다. ❷ 앱 클라이언트의 이름을 정의합니다. ❸ 앱 클라이언트를 설정할, 사용자 풀을 지정합니다. ❹ 클라이언트에 대한 암호를 생성할지 여부를 지정하며, 퍼블릭 클라이언트는 기본적으로 생성하지 않기 때문에 false로 지정합니다. ❺ 인증 프로세스를 설정하며, 사용자 이름과 암호를 지정해 인증할 수 있도록 합니다. 퍼블릭 클라이언트에는 ALLOW_REFRESH_TOKEN_AUTH와 ALLOW_USER_SRP_AUTH가 설정되어 있습니다. ❻ 클라이언트에서 지원하는 IdP 공급자를 지정합니다. 페이스북, 구글과 같은 로그인 방식은 이번 실습에서 사용하지 않기 때문에 COGNITO를 설정합니다.

05 자격증명 풀을 생성을 위한 코드를 작성합니다.

cognito.yml

```
IdentityPool: # ❶
    Type: AWS::cognito::IdentityPool
    Properties:
      IdentityPoolName: !Sub ${SystemName}-${EnvName}-IdentityPool # ❷
      AllowUnauthenticatedIdentities: false # ❸
      CognitoIdentityProviders: # ❹
        - ClientId: !Ref UserPoolClient
          ProviderName: !GetAtt UserPool.ProviderName
```

자격증명 풀 생성을 위한 코드를 작성합니다. ❶ 생성하고자 하는 리소스의 이름을 IdentityPool로 지정합니다. ❷ 자격증명 풀의 이름을 정의합니다. ❸ 게스트 로그인을 허용할지 설정합니다. 인증된 사용자만 로그인하길 원하는 경우 false를 설정합니다. ❹ 사용자 풀과 해당 클라이언트 ID를 설정합니다.

06 자격증명 풀에 IAM 역할을 연결합니다.

cognito.yml

```yaml
IdentityPoolRoleAttachment: # ❶
    Type: AWS::cognito::IdentityPoolRoleAttachment
    Properties:
      IdentityPoolId: !Ref IdentityPool # ❷
      Roles:
        authenticated: !GetAtt IdentityPoolRole.Arn # ❸
```

자격증명 풀에 IAM 역할을 연결합니다. 생성한 IAM 역할의 권한은 자격증명 풀에 의해 생성되는 IAM 역할과 똑같은 권한을 가지고 있습니다. 권한에 대해 궁금한 분들은 깃허브 코드를 확인해주세요. ❶ 생성할 리소스의 이름을 IdentityPoolRoleAttachment로 지정합니다. ❷ 자격증명 풀의 ID를 지정합니다. ❸ IAM 역할을 지정합니다.

07 로그인과 회원 가입용 자바스크립트 코드를 작성합니다. 이번 실습에서 HTML, CSS와 같이 화면에 보여지는 부분의 코드는 생략합니다.

main.js - 회원 가입

```javascript
function SignUp() { # ❶
  var username = document.getElementById("email").value; # ❷
  var password = document.getElementById("password").value;
  var userPool = new AmazonCognitoIdentity.CognitoUserPool(poolData); # ❸

  userPool.signUp(username, password, null, null, function( # ❹
    err
  ) {
    if (err) {
    alert(err.message || JSON.stringify(err));
      return;
    }
    윈도우.location.href = 'confirm.html';
  });
}
```

❶ 회원 가입을 위해 SignUp 함수를 선언합니다. ❷ username과 password 변수에 사용자로

부터 입력받은 값을 저장합니다. ❸ 이어서 사용자 풀에 사용자를 생성 및 인증 정보를 담습니다. poolData에는 인증에 필요한 사용자 정보를 담고 있습니다. ❹ userPool.signUp에서는 입력한 사용자의 정보를 담고, 인증 화면으로 넘어갑니다. 입력한 사용자 정보가 없다면 에러 메시지를 표시하며, 입력한 정보가 문제 없다면 인증 화면인 confirm.html로 이동합니다.

08 인증을 위한 자바스크립트 코드를 작성합니다. 이번 실습에서 아마존 코그니토는 미인증 상태로 사용자가 생성되어 있습니다. 그러므로 로그인하려면 인증 단계를 거쳐야 합니다.

main.js - 사용자 인증

```
function ConfirmRegistration() { # ❶
  var userPool = new AmazonCognitoIdentity.CognitoUserPool(poolData);
  var username = document.getElementById("email").value;
  var code = document.getElementById("ConfirmCode").value;
  var userData = { # ❷
    Username: username,
    Pool: userPool,
  };
  var cognitoUser = new AmazonCognitoIdentity.CognitoUser(userData); # ❸

  cognitoUser.confirmRegistration(code, true, function(err, result) { # ❹
    if (err) {
      alert(err.message || JSON.stringify(err));
      return;
    }
    console.log('call result: ' + result);
    윈도우.location.href = 'login.html';
  });
}
```

❶ function ConfirmRegistration( )에서 인증 코드를 작성합니다. 이 인증 화면에서는 입력한 이메일 주소로 인증 코드가 발송됩니다. 발송된 인증 코드와 이메일 주소를 입력하면 ❷ userData에 사용자 정보를 담고 ❸ cognitoUser에서 사용자가 입력한 이메일 주소와 인증 코드를 수집해 해당 정보를 사용해 사용자 풀에서 사용자를 확인합니다. ❹ cognitoUser.confirmRegistration에서는 인증 코드가 일치하지 않다면 에러 메시지를 출력하며, 올바른 인증 코드를 입력했다면 로그인 페이지로 넘어갑니다.

09 로그인을 위한 자바스크립트 코드를 작성합니다. 로그인 단계에서는 사용자로부터 이메일과 비밀번호를 입력받고 로그인을 시도합니다.

main.js - 로그인

```
function Login() {
  var username = document.getElementById("email").value;
  var password = document.getElementById("password").value;
cognitoUser.authenticateUser(authenticationDetails, { # ❶
        onSuccess: function (result) { # ❷
            윈도우.location.href = 'main.html';
        },
        onFailure: function(err) { # ❸
            // 로그인에 실패 했을 경우 에러 메시지 표시
            console.log(err);
            alert("로그인 실패")
        }
    });
```

❶ cognitoUser.authenticateUser를 통해서 로그인에 성공했는지 실패했는지 확인합니다. ❷ onSuccess: function (result)를 통해 로그인에 성공해 사용자 정보를 가져올 수 있다면, result라는 매개변수에 인증 결과를 포함시킵니다. 이 인증 결과에는 사용자의 ID 토큰, 액세스 토큰, 갱신 토큰이 담겨졌으며, 메인 페이지로 넘어가게 됩니다. ❸ onFailure: function(err)는 로그인에 실패했을 시 실행되는 콜백 함수로 사용자 정보를 받아오지 못했을 경우 에러 메시지가 표시됩니다.

10 사용자 정보 표시 및 로그아웃용 자바스크립트 코드를 작성합니다.

main.js - 로그아웃과 로그인한 사용자의 정보를 표시

```
function main() {
    const userPool = new AmazonCognitoIdentity.CognitoUserPool(poolData);
    const cognitoUser = userPool.getCurrentUser(); # ❶
    const currentUserData = {};
  if (cognitoUser != null) { # ❷
    cognitoUser.getSession((err, session) => {
      if (err) { # ❸
        console.log(err);
```

```
      location.href = "login.html";
    } else { # ❹
      cognitoUser.getUserAttributes((err, result) => {
        if (err) {
          location.href = "login.html";
        }
        for (i = 0; i < result.length; i++) {
          currentUserData[result[i].getName()] = result[i].getValue();
        }

        document.getElementById("email").value = currentUserData["email"];

        // 로그아웃
        const signoutButton = document.getElementById("signout"); # ❺
        signoutButton.addEventListener("click", event => {
          cognitoUser.signOut();
          location.reload();
        });
        signoutButton.hidden = false;
      });
    }
  });
} else {
  location.href = "login.html";
}
}
```

❶ cognitoUser에 현재 사용자 정보를 받아옵니다. ❷ 현재 cognitoUser가 null이 아니라면 세션 정보를 받아옵니다. ❸ 반대로 세션 정보가 없다면 로그인 페이지로 이동시킵니다. ❹ 세션 정보가 유효하다면, cognitoUser에서 사용자 속성을 확인하고, 만약 사용자 속성이 없다면 로그인 페이지로 이동시킵니다. 그리고 for문을 사용해 취득한 사용자 정보를 화면에 출력합니다. ❺ 마지막으로 로그아웃 버튼을 클릭하면 cognitoUser.signOut();를 호출해 세션을 종료시키고 로그인 페이지로 이동하게 합니다.

10.3.2 UI로 불러와 아마존 코그니토로 로그인 및 회원 가입 구현하기

다음은 아마존 코그니토를 생성하고, UI를 통해서 회원 가입과 로그인을 시도해봅시다.

To do 01 우선 클라우드포메이션 스택을 생성합니다. ❶ 스택 이름을 입력하고 [다음]을 누릅니다. ❷ IAM 리소스 생성에 대해 동의한 다음 [다음]을 눌러 스택을 생성합니다.

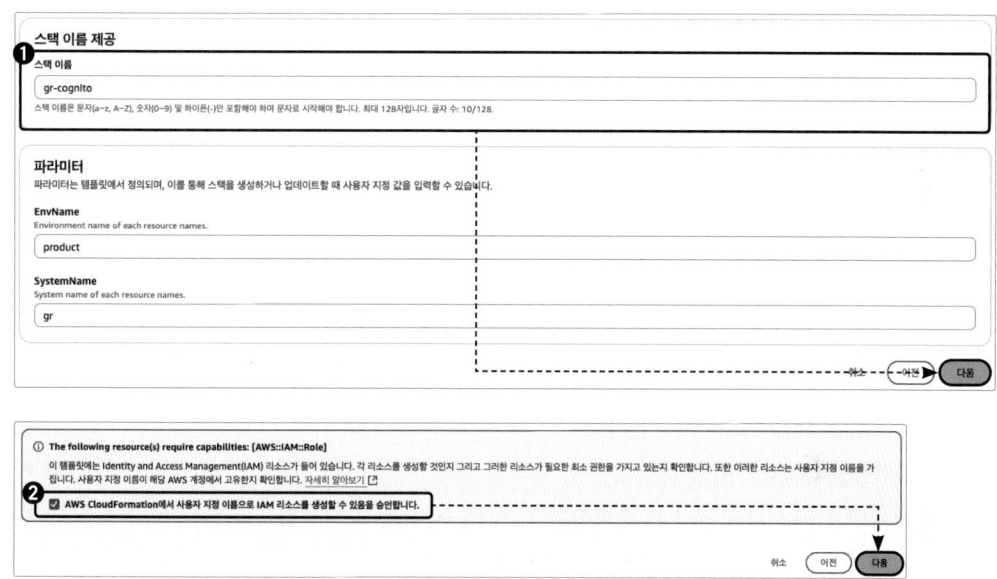

02 우선 사용자 풀 ID와 클라이언트 ID를 확인합니다. ❶ 아마존 코그니토 관리 콘솔 화면에서 사용자 풀 ID를 확인하고 복사합니다. ❷ 이어서 생성한 사용자 풀을 클릭하고 ❸ 권장 사항에서 [앱 설정]을 클릭해 ❹ 클라이언트 ID를 확인하고 복사합니다. ❺ 마지막으로 main.js에 UserPoolId와 ClientId에 각각 복사해둔 사용자풀 ID와 클라이언트 ID를 입력하고 저장합니다.

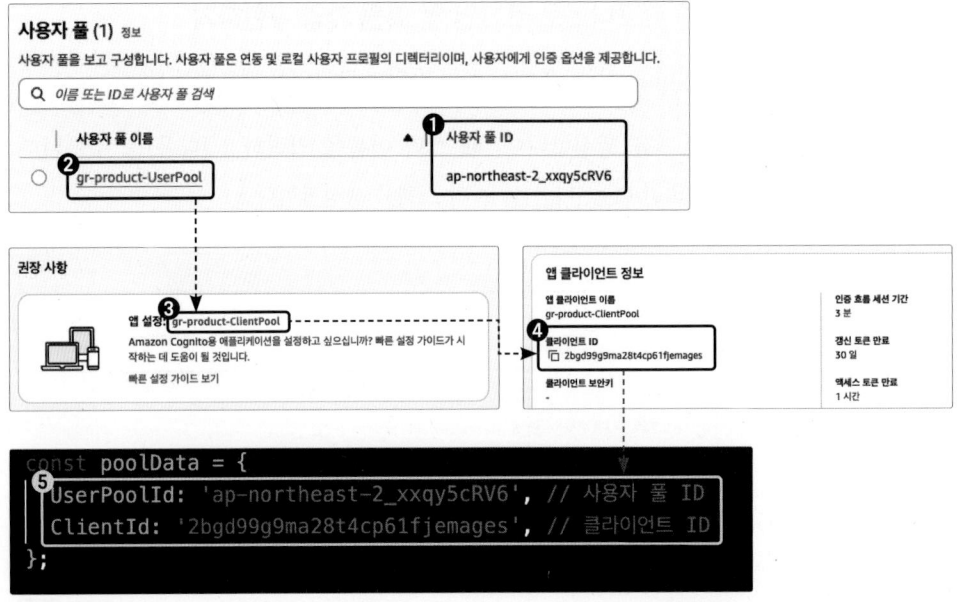

03 signup.html 페이지를 열어서 회원 가입을 시작합니다. ❶ 회원 가입 페이지에서 이메일과 암호를 입력하고 [Sign Up]를 클릭합니다. 입력한 이메일 주소로 인증 코드가 발송됩니다. ❷ 해당 인증 코드와 함께 이메일 주소를 입력하고 [Confirm] 버튼을 클릭합니다.

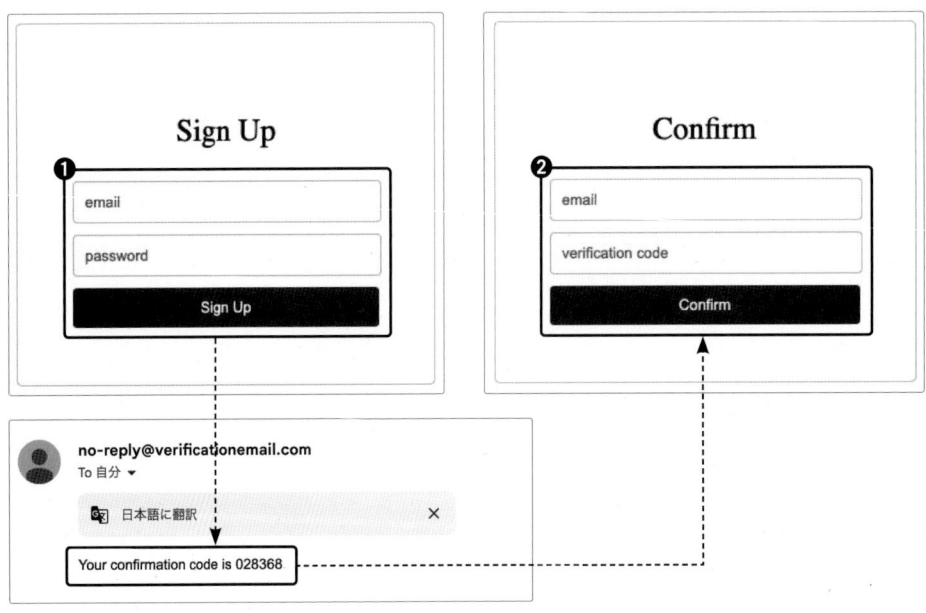

04 로그인을 시도합니다. 인증이 완료되면, 로그인 페이지로 넘어가게 되며, ❶ 로그인 페이지에서 이메일 주소와 암호를 입력해 로그인을 시도합니다. ❷ 로그인에 성공했다면 메인 페이지로 넘어가게 되며, 로그인에 사용한 이메일 주소가 화면에 출력된다면 성공입니다. 마지막으로 [Sign Out] 버튼을 클릭하면 ❸ 세션이 종료되어 다시 로그인 페이지로 넘어갑니다. 이런 사용자 정보는 사용자 풀에서 확인할 수 있습니다.

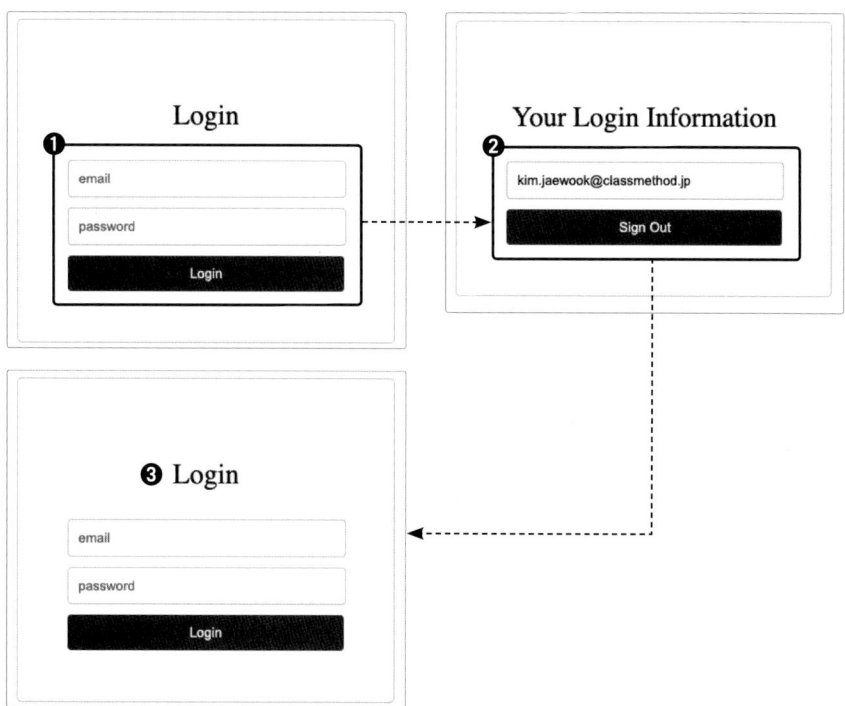

05 아마존 코그니토 관리 콘솔 화면에서 사용자 풀로 들어가 사용자 카테고리를 확인하면, 조금 전 회원 가입한 사용자의 정보를 확인할 수 있습니다.

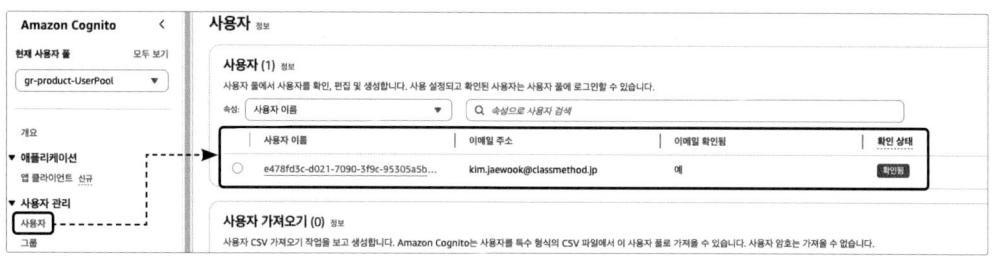

학습 마무리

이번 장에서는 사용자 인증을 위한 아마존 코그니토에 대해 학습했습니다. 아마존 코그니토를 구성하는 사용자 풀과 자격증명 풀에 대해 학습해보고, 어떠한 방식으로 로그인과 인증이 이루어지는지 살펴보았습니다. 이런 학습 내용을 바탕으로 아마존 코그니토와 더불어 다른 서비스와의 연동을 통해보다 간편한 사용자 인증 서비스를 구현할 수 있을 겁니다.

핵심 요약

1. **아마존 코그니토**는 AWS에서 사용자를 관리하고 인증할 수 있게 도와주는 서비스입니다. 아마존 코그니토를 사용함으로써 개발자는 보안 및 사용자 관리에 대한 부담을 줄일 수 있으며, 효율적으로 웹 애플리케이션을 구축할 수 있습니다.
   - 아마존 코그니토는 주로 서버리스 서비스와 함께 사용할 수 있으며, 서버리스 아키텍처와 함께 사용되어 사용자 인증 및 권한 관리를 간편하게 처리할 수 있도록 지원합니다.
   - 아마존 코그니토는 사용자 풀은 사용자 관리와 인증을 담당하며, 자격증명 풀은 사용자가 인증 과정을 거친 다음, 토큰 혹은 임시 보안 인증 정보를 발급해 AWS 리소스에 접근할 수 있도록 합니다.
   - 사용자 인증으로는 이메일 주소, 전화번호, 사용자 이름을 사용해 회원 가입 후 로그인을 할 수 있으며, 추가적으로 페이스북, 구글, 아마존과 같은 소셜 자격증명을 통해서도 로그인할 수 있습니다.
   - 아마존 코그니토는 AWS SDK를 활용해 자바스크립트에서 아마존 코그니토 서비스로 접근할 수 있습니다. 이를 통해 사용자 인증과 사용자 권한 관리 및 소셜 로그인 등의 기능을 자바스크립트에서 구현할 수 있습니다.

연습문제

1 아마존 코그니토의 장점으로 올바른 것은?

   ❶ 아마존 코그니토에서는 사용자 풀, 자격증명 풀, 소셜 증명 풀 세 가지 기능을 제공한다.
   ❷ 아마존 코그니토는 자바스크립트용 AWS SDK만을 활용하기 때문에 AWS 클라우드포메이션 사용은 불가능하다.
   ❸ 아마존 코그니토를 사용함으로써 개발자는 보안 및 사용자 관리에 대한 부담을 줄이고 효율적으로 웹 애플리케이션을 구축할 수 있다.
   ❹ 사용자 풀은 총 6단계로 나누어지며, 로그인 환경 구성 → 보안 요구사항 구성 → 가입 환경 구성 → 연동 자격증명 공급자 연결 → 앱 통합 → 검토 및 생성 단계를 거친다.

2 다음 자격증명 풀의 생성 단계로 올바른 것은?

   ❶ 자격증명 풀 신뢰 구성 → 권한 구성 → 자격 증명 공급자 구성 → 속성 구성 → 검토 및 생성
   ❷ 자격증명 풀 신뢰 구성 → 자격 증명 공급자 구성 → 권한 구성 → 속성 구성 → 검토 및 생성
   ❸ 자격증명 풀 신뢰 구성 → 속성 구성 → 권한 구성 → 검토 및 생성
   ❹ 자격증명 공급자 연결 → 자격증명 풀 신뢰 구성 → 속성 구성 → 권한 구성 → 검토 및 생성

3 다음 자격증명 풀에 대한 설명으로 틀린 것은?

   ❶ 인증 단계에서 인증된 액세스, 게스트 액세스 두 가지 방법을 선택할 수 있다.
   ❷ 인증된 액세스는 코그니토 사용자 풀, 소셜 자격증명을 통한 사용자에게 보안 인증 정보를 발급한다.
   ❸ 게스트 액세스는 인증되지 않은 사용자에게 보안 인증 정보를 발급한다.
   ❹ 인증된 사용자와 게스트 사용자에게는 같은 권한만을 할당할 수 있다.

연습문제

1 **정답** ❸ 아마존 코그니토를 사용함으로써 개발자는 보안 및 사용자 관리에 대한 부담을 줄이고 효율적으로 웹 애플리케이션을 구축할 수 있다.

2 **정답** ❶ 자격증명 풀 신뢰 구성 → 권한 구성 → 속성 구성 → 검토 및 생성

3 **정답** ❹ 인증된 사용자와 게스트 사용자에게는 같은 권한만을 할당할 수 있다

Chapter 11

백엔드 서비스 이해하기

학습 목표

AWS에서 제공하는 백엔드 서비스를 학습합니다. 백엔드가 무엇인지, AWS에서 제공하는 백엔드 서비스 종류를 살펴보고, 백엔드 서비스 중 하나인 부하 분산을 위한 탄력적 로드 밸런서 서비스를 학습합니다.

핵심 키워드

`백엔드` `부하 분산` `로드 밸런서` `탄력적 로드 밸런서` `ALB` `NLB` `대상 그룹` `리스너` `부하 분산 알고리즘`

학습 코스

❶ 백엔드 서비스 유형 파악하기 → ❷ 부하 분산 서비스, 탄력적 로드 밸런서란? → ❸ 부하 분산을 위한 서비스, 탄력적 로드 밸런서 살펴보기 → ❹ 탄력적 로드 밸런서 활용하기

11.1 백엔드 서비스 유형 파악하기

AWS에서 제공하는 서비스를 학습하기에 앞서, 백엔드가 무엇인지 살펴봅시다. 앞서 프론트엔드는 사용자가 서비스를 이용할 때 볼 수 있는 화면을 의미한다고 배웠습니다. 그렇다면 백엔드는 무엇을 의미할까요? 프론트엔드가 앞에서 사용자에게 보여질 시각적인 부분을 담당한다면, 백엔드는 사용자가 볼 수 없는 데이터 처리, 보안과 같은 부분을 담당합니다.

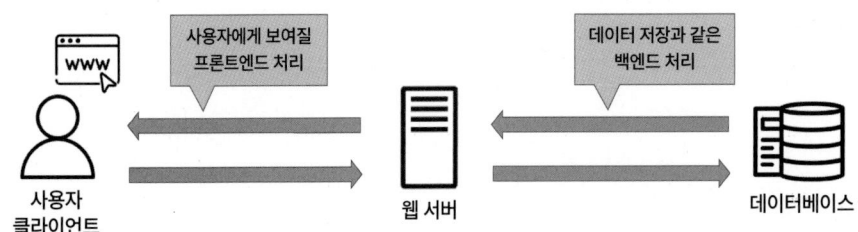

예를 들어 사용자는 웹 애플리케이션(프론트엔드)에서 로그인 같이 시각적으로 보여지는 화면에서 기능을 사용하게 됩니다. 이 과정에서 사용자는 백엔드에서 어떠한 작업이 이루어지는지는 확인할 수 없습니다. 백엔드는 데이터베이스로부터 데이터를 처리하거나 호출하는 등 사용자가 확인할 수 없는 작업을 수행합니다. 그렇다면 AWS에서는 어떠한 백엔드 서비스를 제공하고 있을까요? 지금까지 수없이 거론한 아마존 EC2 오토스케일링, 아마존 ECS, 아마존 다이나모DB, 아마존 API 게이트웨이, AWS 람다, 탄력적 로드 밸런서 등을 제공합니다.

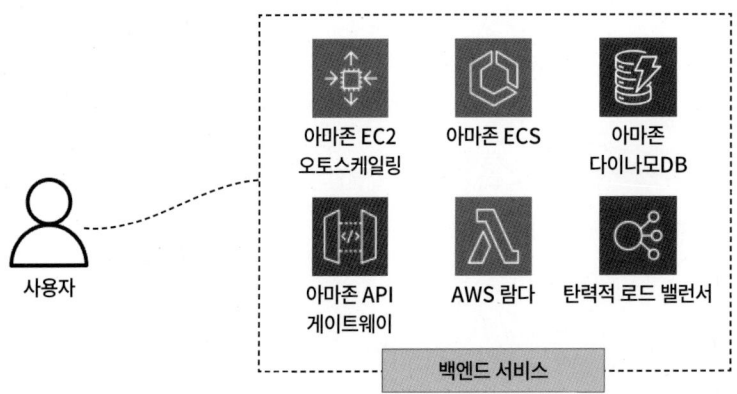

사용자들은 시각적으로 확인할 수는 없지만, 이런 서비스들을 운영함으로써 서비스의 안정성, 효율성, 확장성을 보장하고 사용자에게 보다 안정적인 서비스를 제공할 수 있습니다. 이번 장에서는 부하 분산을 위한 탄력적 로드 밸런서를 살펴보며, 어떻게 동작하는지 실습도 하겠습니다.

11.2 부하 분산 서비스, 탄력적 로드 밸런서란?

부하 분산 서비스인 탄력적 로드 밸런서에서 제공하는 다양한 로드 밸런서 종류와 알고리즘, 로드 밸런서를 구성하는 기능에 대해 학습해봅시다.

AWS에서는 부하 분산을 위한 서비스로 탄력적 로드 밸런서를 제공하고 있습니다. 탄력적 로드 밸런서를 사용한다면, 사용자가 급증하더라도 적절하게 트래픽을 부하 분산할 수 있어, 안정적으로 서버를 운영할 수 있습니다.

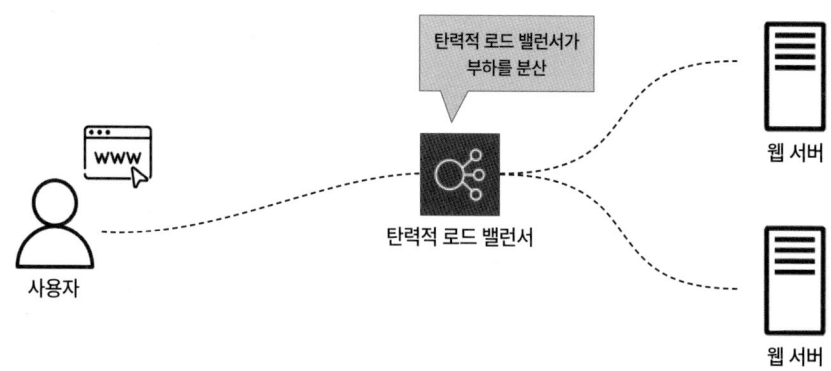

탄력적 로드 밸런서는 웹 서버 앞에 배치되며, 사용자는 이 탄력적 로드 밸런서를 경유해 웹사이트로 접근하게 됩니다. 지금까지는 사용자가 직접 웹 서버를 통해 웹사이트에 접근하는 것을 가정했다면, 이제부터는 더 안정적인 접근 방법을 고려해 탄력적 로드 밸런서를 사용할 필요가 있습니다. 이런 방법으로 외부로 웹 서버를 공개할 필요가 없어지며, 사용자는 탄력적 로드 밸런서를 통해서만 웹 서버에서 제공하는 웹사이트에 접근할 수 있습니다. 이 덕분에 개발자는 웹 서버에서 작업을 안전하게 수행할 수 있습니다. 그 결과 서버의 보안을 강화하고 사용자에게 안정적인 서비스를 제공할 수 있습니다.

그렇다면 실제로 사용자는 어떤 식으로 탄력적 로드 밸런서를 경유해 웹 서버의 웹사이트에 접근하게 되는 걸까요?

▼ 탄력적 로드 밸런서를 경유해 웹 서버에 접속하는 예

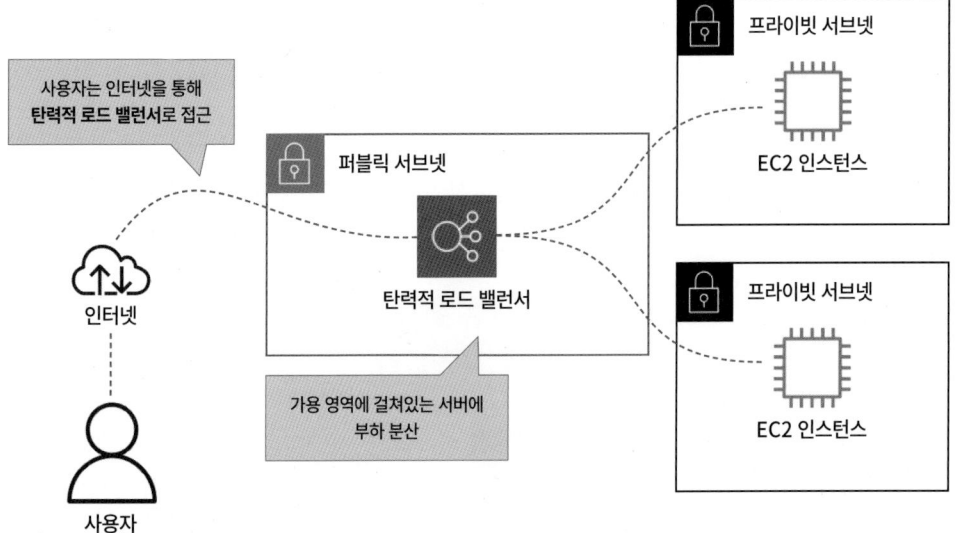

사용자가 인터넷을 통해 웹사이트에 접근할 수 있도록 탄력적 로드 밸런서는 퍼블릭 서브넷에 배치됩니다. 탄력적 로드 밸런서에서는 이 서비스에 접근할 수 있는 DNS 이름을 별도로 제공하고 있으며, 아마존 라우트53와 연동해 별도로 도메인을 할당할 수 있습니다. 즉, EC2 인스턴스에 도메인을 할당하는 것이 아닌 탄력적 로드 밸런서에 goldenrabbit.co.kr이라는 도메인을 할당하여, 사용자는 탄력적 로드 밸런서의 도메인을 사용해 웹사이트에 접근하면서도 사용자와 EC2 인스턴스 간 직접적인 접근을 완전히 차단할 수 있습니다.

탄력적 로드 밸런서에서는 프라이빗 서브넷에 있는 EC2 인스턴스로 부하 분산을 시도하며, 여러 가용 영역에 걸쳐 부하 분산을 실시할 수 있기 때문에 하나의 가용 영역이 무너지더라도, 다른 가용 영역에서 서비스를 지속할 수 있습니다. 탄력적 로드 밸런서는 아마존 라우트53뿐 아니라 아마존 EC2, 아마존 EC2 오토스케일, 아마존 클라우드프론트, 아마존 S3 서비스와도 연동할 수 있습니다.

▼ 탄력적 로드 밸런서와 연동 가능한 서비스

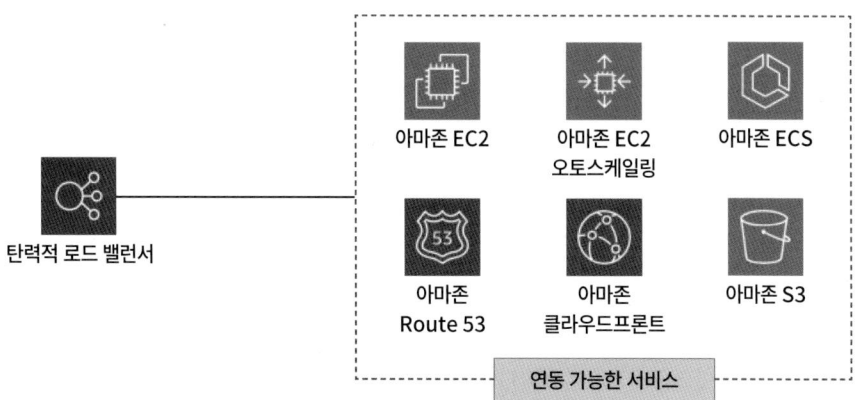

탄력적 로드 밸런서는 조금 전 그림에서 살펴본 것처럼 아마존 EC2와 연동이 가능하며, 서버를 확장하기 위한 서비스인 오토스케일링과 컨테이너 서비스인 아마존 ECS와 같은 서비스와도 연동할 수 있습니다. 또한 아마존 라우트53와 아마존 클라우드프론트와의 연동을 통해 도메인 라우팅 및 고속 콘텐츠 전송 지원, 아마존 S3와의 연동을 통해 접속 로그를 기록하는 등 다양한 연동을 통해 안정적이고 확장 가능한 웹 애플리케이션을 구축할 수 있습니다.

11.3 탄력적 로드 밸런서 살펴보기

탄력적 로드 밸런서에서는 ALB, NLB, GWLB 유형을 제공합니다.

▼ 탄력적 로드 밸런서 유형

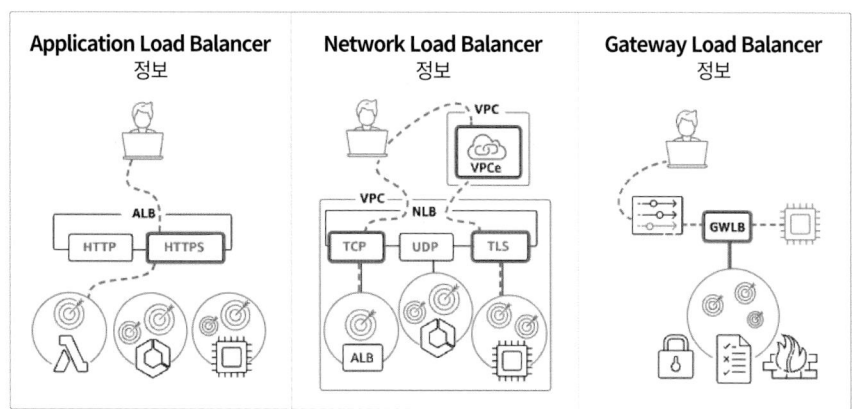

각 로드 밸런서 유형에 따라 부하 분산이 이루어지는 계층이 결정됩니다

애플리케이션 로드 밸런서Application Load Balancer, ALB는 OSI 7계층 중 응용 계층을 사용해 부하 분산을 수행하며, 네트워크 로드 밸런서Network Load Balancer, NLB는 4계층인 전송 계층을 사용해 부하 분산을 수행합니다. ALB는 HTTP 혹은 HTTPS의 트래픽을 라우팅하며, NLB는 TCP 혹은 UDP 트래픽을 라우팅합니다. 게이트웨이 로드 밸런서Gateway Load Balancer, GWLB는 2020년 11월에 추가된 로드 밸런서로 3계층인 네트워크 계층을 사용하며, 주로 타사 제품을 AWS로 마이그레이션할 때 사용됩니다. 예를 들어 타사 제품을 AWS에 배포할 때 배포한 서버에 대해 VPC 피어링VPC Peering 혹은 트랜짓 게이트웨이Transit Gateway 등으로 네트워크를 연결해 라우팅을 수행합니다. 이 GWLB의 목적은 타사 제품을 AWS로 마이그레이션하는 데 사용되며, ALB, NLB와 달리 웹 애플리케이션이나 웹사이트 구축의 용도에는 적합하지 않습니다. 또한 개인이 타사 제품을 준비해 AWS로 마이그레이션하는 것은 어려운 일이므로 이번에는 가장 자주 사용되는 ALB와 NLB를 중점으로 학습해보도록 합니다.

TCP/IP	OSI 모델	프로토콜
응용 계층(Application Layer)	응용(Application)	HTTP, SMTP, FTP, NFS, Telnet
	표현(Presentation)	JPEG, MPEG, DCR, SMB, AFP
	세션(Session)	TLS, SSH, ISO, 8327, RPC
전송 계층(Transport Layer)	전송(Transport)	TCP, UDP, RTP, SCTP, SPX
네트워크 계층(Network Layer)	네트워크(Network)	IP, ICMP, ARP, BGP, IPX
데이터 링크 계층(Data Link Layer)	데이터 링크(Data Link)	Ethernet, ATM, LAN, Wifi
물리 계층(Physical Layer)	물리(Physical)	Modem, Cable, Fiber

11.3.1 로드 밸런서의 작동 방식

로드 밸런서에서는 로드 밸런서를 퍼블릭 서브넷에 생성할지, 프라이빗 서브넷에 생성할지 선택할 수 있습니다. 퍼블릭 서브넷과 프라이빗 서브넷에 생성하는 예시는 다음 그림과 같습니다. ❶ 퍼블릭 서브넷에 로드 밸런서를 생성하는 패턴은 goldenrabbit.co.kr처럼 외부 사용자에게 웹사이트를 공개해 웹 서비스를 제공하고 싶을 때 로드 밸런서를 퍼블릭 서브넷에 생성해 인터넷으로 공개합니다. ❷ 프라이빗 서브넷에 생성하는 패턴은 사내에서만 특정 웹 서비스를 제공하고 싶을 때

가 이에 해당합니다. 로드 밸런서를 생성할 때 외부로 공개할지, 내부에서만 사용할지 설계 단계에서 반드시 고민해야 합니다.

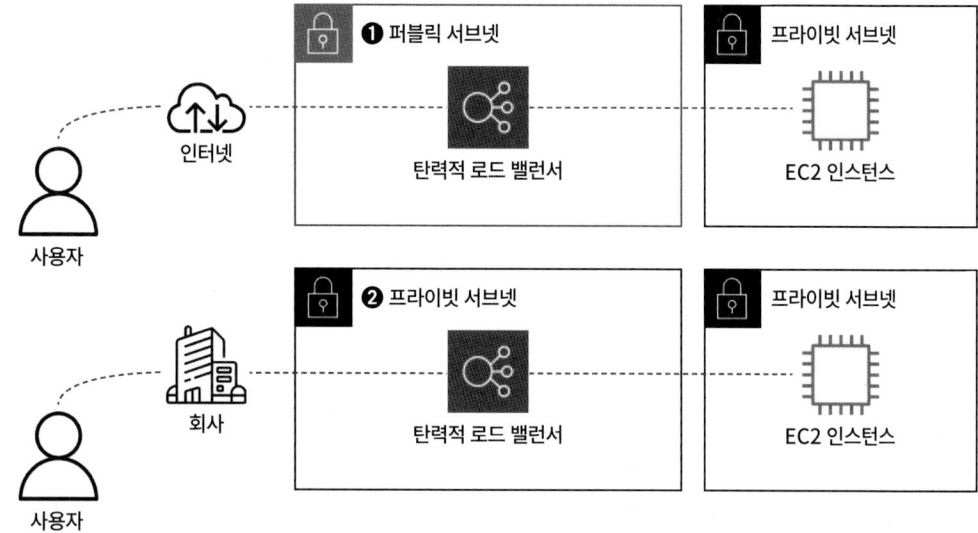

로드 밸런서는 여러 가용 영역에 걸쳐 부하 분산을 실시한다고 했는데, 로드 밸런서는 이 가용 영역을 어떻게 구분하고 부하 분산을 실시하는 걸까요? 가용 영역을 구분하고 부하 분산을 실시할 수 있었던 이유는 각 가용 영역에 로드 밸런서의 부하 분산을 도와주는 로드 밸런서 노드가 생성되기 때문입니다. 로드 밸런서를 생성하면, 선택한 서브넷에 로드 밸런서 노드가 생성되며, 이 로드 밸런서 노드로 인해 각 가용 영역을 구분지를 수 있으며, 부하 분산을 수행할 수 있게 됩니다. 인터넷을 통해 웹 서비스에 접근해야 하는 경우를 가정해봅시다. ❶ 만약 퍼블릭 서브넷을 선택했다면, 퍼블릭 서브넷에 로드 밸런서 노드가 생성되어 인터넷을 통해 웹 서비스에 접근할 수 있습니다. 하지만 반대로 ❷ 프라이빗 서브넷을 선택했다면 로드 밸런서 노드가 프라이빗 서브넷에 생성되므로 인터넷을 통한 외부와의 통신은 불가능한 상황이 발생해 웹 서비스에 접근할 수 없습니다. 이런 이유로 현재 구축하고자 하는 웹 서비스의 환경에 맞게 서브넷을 선택해야 합니다.

▼ 탄력적 로드 밸런서 부하 분산 예

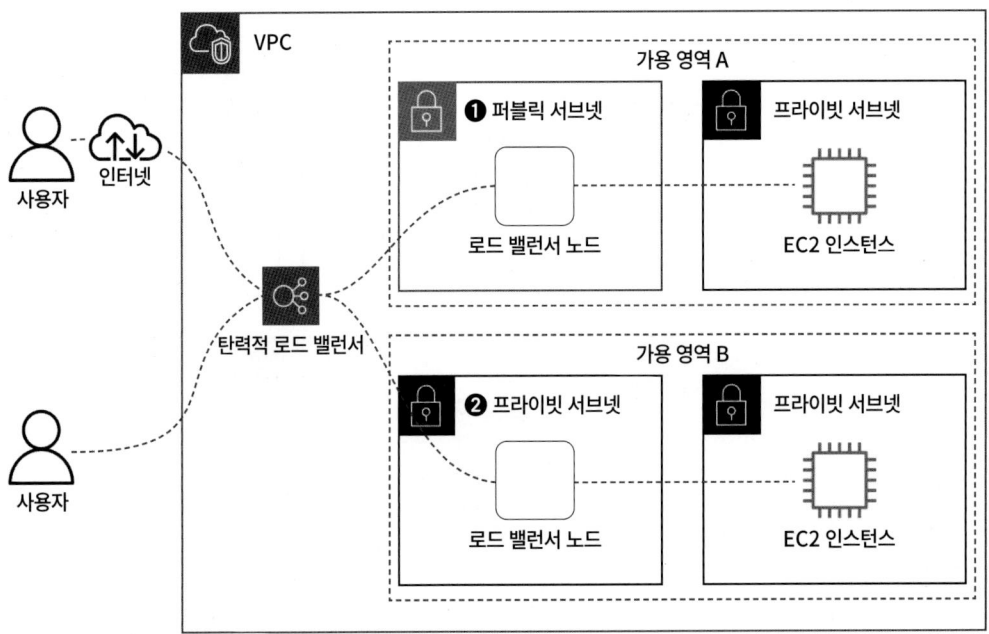

로드 밸런서는 EC2 인스턴스와 동일하게 보안 그룹을 설정할 수 있으며, 이 보안 그룹을 통해 로드 밸런서로 접근하고자 하는 사용자를 제한할 수 있습니다. 일반적으로 외부에 공개되는 웹사이트의 경우 보안 그룹을 완전히 오픈해 모든 사용자가 접근할 수 있도록 설정합니다. 이후에 EC2 인스턴스의 보안 그룹을 수정해 로드 밸런서의 접근만을 허용하면, 외부에서 접근하는 사용자는 로드 밸런서에만 접근할 수 있고 직접적으로 EC2 인스턴스에는 접근할 수 없는 환경이 구성됩니다. 또는 특정 사용자 그룹만 로드 밸런서에 접근하도록 제한하고 싶은 때는 보안 그룹을 그에 맞게 수정할 수 있습니다. 더불어 EC2 인스턴스에는 개발자나 관리자와 같은 특정 사용자 그룹만 접근하도록 보안 그룹을 설정한다면, 보안성을 높일 수 있습니다. 이렇게 구성된 보안 그룹은 외부에서의 불필요한 접근을 차단하고, 시스템을 안전하게 유지하는 데 도움이 됩니다.

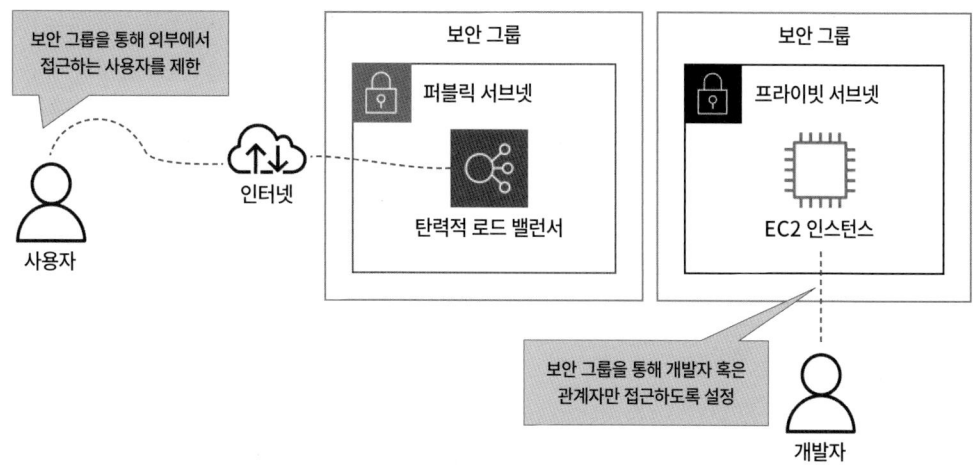

11.3.2 로드 밸런서의 대상 그룹과 리스너

로드 밸런서의 작동 방식에 대해 이해했다면, 이번에는 로드 밸런서에서 중요한 역할을 하는 대상 그룹Target Group과 리스너Listener를 알아봅시다.

앞에서 가용 영역을 구분하고 부하 분산을 실시하는 데 각 가용 영역에 로드 밸런서 노드가 생성된 다고 설명했습니다. 그렇다면 각 가용 영역에 있는 EC2 인스턴스는 로드 밸런서가 어떻게 구분하는 걸까요?

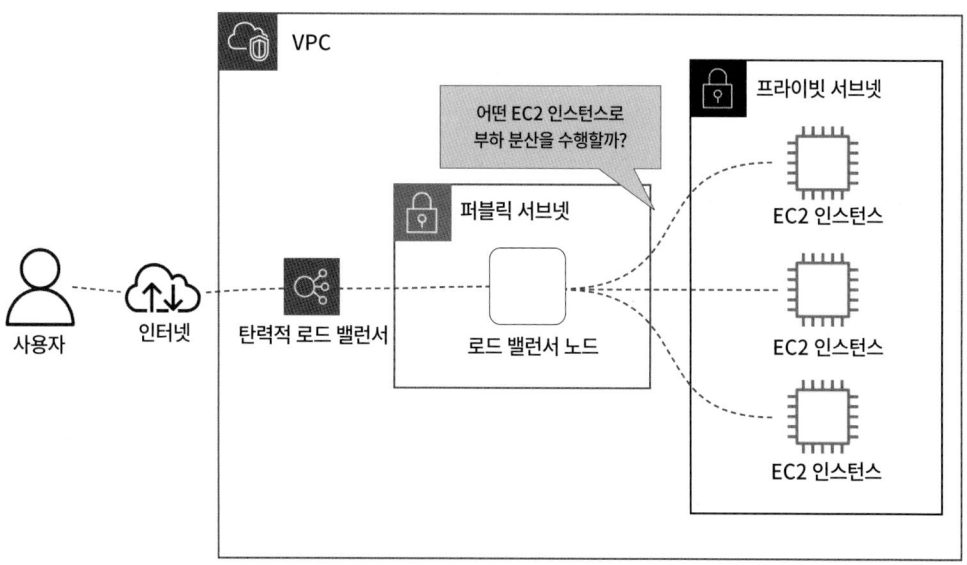

서브넷에 존재하는 모든 EC2 인스턴스에 부하 분산을 하는 것이 아닌, 웹 서비스를 제공하는 EC2 인스턴스만을 선택해 부하 분산을 해야 할 겁니다. 하지만 로드 밸런서 노드는 어디까지나 가용 영역을 구분하는 용도로 생성되는 것이며, 부하 분산을 할 EC2 인스턴스를 선택할 수는 없습니다. 이런 문제를 해결할 용도로 사용하는 것이 대상 그룹입니다. ❶ 대상 그룹은 로드 밸런서 노드와 EC2 인스턴스 사이의 중간 다리 역할을 하며, 부하 분산을 시도할 EC2 인스턴스를 등록 하고 관리합니다.

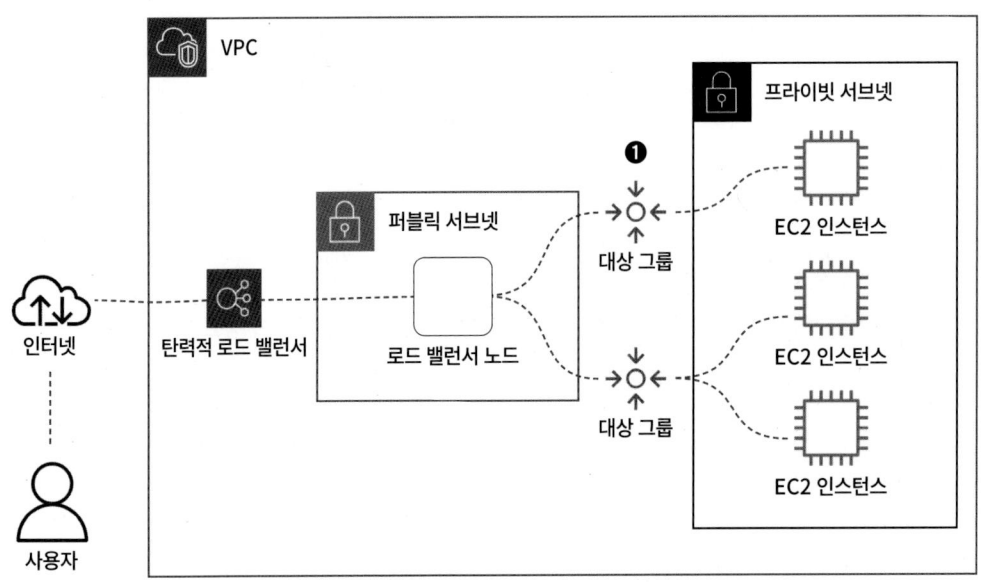

대상 그룹에는 EC2 인스턴스를 등록해 관리할 수 있으며, 로드 밸런서는 로드 밸런서 노드를 통해 가용 영역을 구분하고, 대상 그룹을 통해 부하 분산을 수행하고자 하는 EC2 인스턴스를 구분할 수 있습니다. 여기서 대상 그룹은 n개로 나누어 생성할 수 있으며, EC2 인스턴스의 역할에 따라 대상 그룹을 구분하는 것이 바람직합니다. 예를 들어 하나의 대상 그룹에는 웹 서비스를 제공하는 EC2 인스턴스를 등록하고, 또 다른 하나의 대상 그룹에는 API를 처리하는 EC2 인스턴스를 등록하는 등, 각 EC2 인스턴스의 역할에 맞추어 대상 그룹을 등록하는 것이 바람직합니다. ❶ 대상 그룹에서는 EC2 인스턴스를 등록 하고, 해당 EC2 인스턴스의 상태 확인Health Check를 할 수 있으며, 상태 확인을 위해 대상 그룹에 포트를 설정할 수 있습니다.

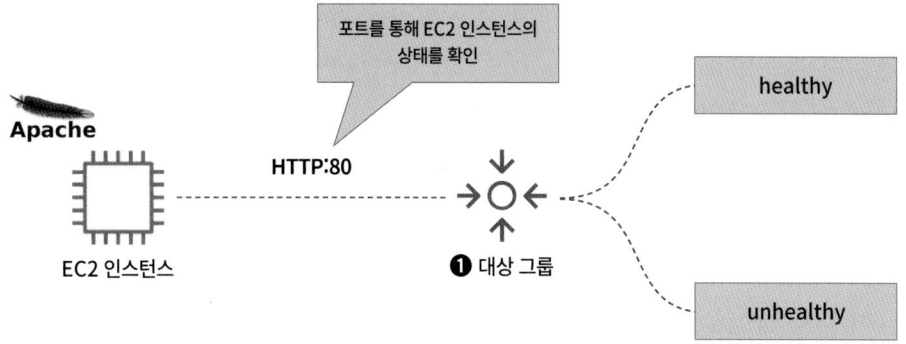

예를 들어 아파치Apache가 설치된 EC2 인스턴스를 가정해봅시다. 아파치는 기본적으로 80번 포트를 사용하므로, 대상 그룹에서도 이와 같은 포트를 설정합니다. 이렇게 함으로써 대상 그룹은 EC2 인스턴스의 웹 서버 동작을 확인할 수 있게 됩니다. EC2 인스턴스가 80번 포트를 통해 문제없이 웹 서버로써의 기능을 하면 대상 그룹은 healthy를 반환할 것이며, 80번 포트를 통해 웹 서버가 동작하지 않다면 unhealthy를 반환할 겁니다. 그런데 EC2 인스턴스가 HTTP를 사용한다면 접속하는 사용자도 HTTP를 사용해야 하는 걸까요? 더 안전한 프로토콜인 HTTPS 프로토콜은 사용할 수 없는 걸까요?

로드 밸런서에서는 더 안전한 통신인 HTTPS 즉 443 포트 사용을 지원합니다. ❶ ALB에서는 443 포트를 사용하는 HTTPS 프로토콜을 지정할 수 있으며, ❷ NLB에서는 443 포트를 사용하는 TLS 프로토콜을 지정할 수 있습니다.

▼ 탄력적 로드 밸런서 리스너에서 프로토콜을 선택하는 관리 콘솔 화면

이런 프로토콜을 사용하려면 사용자 컴퓨터와 서버 사이의 암호화된 연결을 수립해야 합니다.

그러려면 SSL/TLS 인증서를 발급받아 설정할 필요가 있습니다. AWS에서는 AWS ACM^AWS Certificate Manager이라는 서비스를 사용해 SSL/TLS 인증서를 발급받을 수 있으며, AWS 이외 다른 외부 업체를 통해 인증서를 발급받아 불러올 수도 있습니다.

그렇다면 이런 HTTPS 혹은 TLS 프로토콜을 지정했을 때의 로드 밸런서는 어떤 식으로 동작하는 걸까요? ❶ 사용자는 브라우저에서 HTTPS 프로토콜을 이용해 웹사이트(https://goldenrabbit.co.kr)에 접근할 수 있습니다. 이렇게 HTTPS 프로토콜을 통해 웹사이트에 접근할 수 있는 이유는 AWS ACM 혹은 외부 인증서를 로드 밸런서에 등록했기 때문입니다. 이어서 ❷ 로드 밸런서 노드를 이용해 부하 분산할 가용 영역을 구분짓고, ❸ 대상 그룹에서는 부하 분산을 시도할 EC2 인스턴스를 관리하며 상태를 확인합니다. 이런 과정을 통해 사용자는 로드 밸런서를 포함해 클라우드 내부에서의 작동에 대해 걱정할 필요 없이 안전하게 웹사이트에 접근할 수 있습니다.

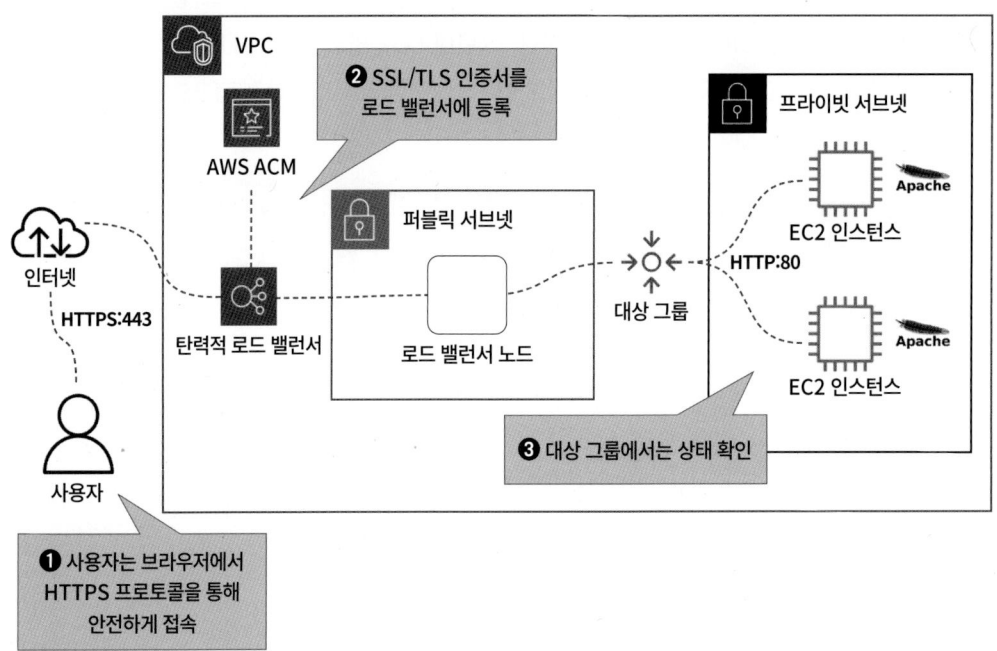

이번에는 조금 더 나아가서 n개의 대상 그룹을 생성했고, 이 대상 그룹은 각각 웹 서비스를 제공하는 EC2 인스턴스와 API를 처리하는 EC2 인스턴스로 구분하고 있습니다. 이때 https://goldenrabbit.co.kr 도메인으로 로드 밸런서에 접근한다고 가정하면 '웹 서비스를 제공하는 EC2 인스턴스에 접근하게 되는 걸까요? 아니면 API를 처리하는 EC2 인스턴스에 접근하게 되는 걸까요? 이렇게 n개의 대상 그룹을 운영할 때 어떠한 방식으로 접근을 할지 설정할 수 있는 기능이 리스너입니다.

리스너에서는 리스너 규칙을 설정할 수 있으며, 이 규칙에서는 프로토콜과 포트를 지정하고 대상 그룹을 연결지를 수 있습니다. ❶ HTTPS:443 프로토콜로 접속하면 대상 그룹 A에 등록되어 있는 EC2 인스턴스로, ❷ HTTPS:444 프로토콜로 접속하면 대상 그룹 B에 등록되어 있는 EC2 인스턴스로 사용자가 접근하도록 설정할 수 있습니다. 이와 같이 포트를 이용해 접근 방법을 설정할 수 있으며 이 외에도 리스너에는 다양한 규칙을 설정할 수 있습니다.

▼ 탄력적 로드 밸런서에서 대상 그룹을 선택하는 관리 콘솔 화면

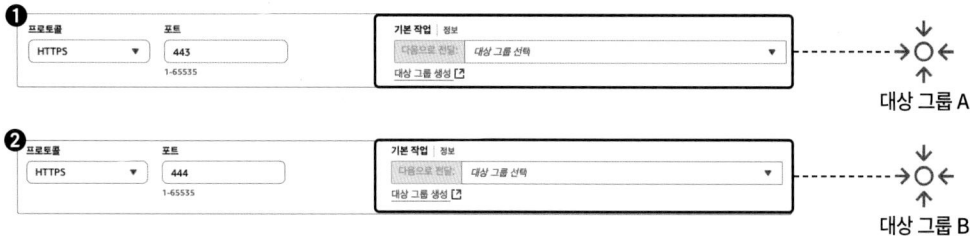

자주 사용되는 리스너 규칙 두 가지를 더 살펴봅시다. 조금 전 살펴보았던 것은 포트 기반 라우팅이라고 하며, HTTPS:443, HTTPS:444의 포트 기반으로 어떠한 EC2 인스턴스로 접근할지 라우팅을 설정합니다. 다음으로 살펴볼 것은 경로 기반 라우팅입니다. 경로 기반 라우팅은 이름 그대로 경로를 기반으로 해 특정 서버로 라우팅하는 방법입니다.

예를 들어 HTTPS로 접근하면 EC2 인스턴스 A로 접근하게 되며, 사용자 혹은 개발자가 해당 포트로 접속해 웹 서비스를 제공받을 수 있습니다. 이어서 /web 경로로 접근을 하면, EC2 인스턴스 A의 /web 경로에 설정되어 있는 페이지 혹은 파일이 열리게 됩니다. 마지막으로 /api 경로로 접근하면 EC2 인스턴스 B의 /api 경로에 설정되어 있는 페이지와 파일이 열리게 됩니다. 이렇게 경로 기반 라우팅을 사용해 서로 다른 서비스를 관리할 수 있으며, 각 경로는 개별적으로 관리되며, 필요에 따라 수정이나 업데이트가 가능합니다. 그 외에도 포트 기반 라우팅과 함께 사용한다면 특정 경로에 대한 접근 권한을 제어해 보안을 강화할 수 있습니다. 예를 들어 /admin 경로는 관리자 전용 기능에만 접근할 수 있도록 설정할 수 있습니다.

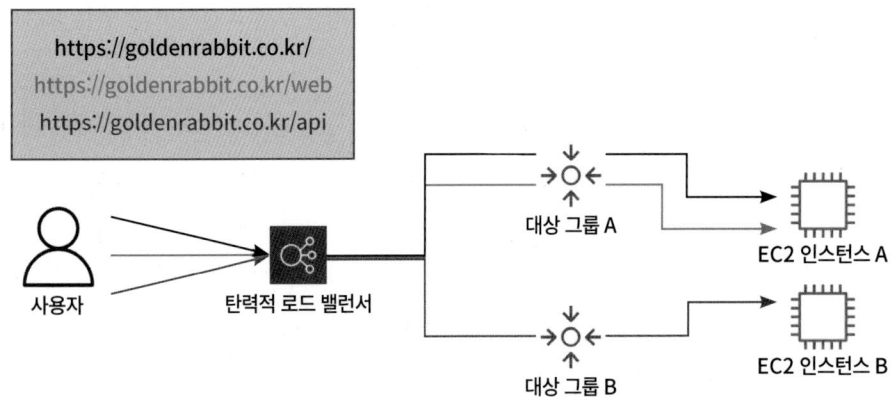

다음으로 살펴볼 것은 고정 응답 반환 규칙입니다. 고정 응답 반환 규칙은 특정 경로에 접근하고자 하는 사용자에게 응답 코드와 텍스트를 반환하는 규칙입니다.

고정 응답 반환 규칙은 잘못된 URL로 접근했을 경우 혹은 웹 서버가 점검 중이면 주로 사용됩니다. 예를 들어 사용자가 https://goldenrabbit.co.kr/ 도메인이 아닌 https://goldenrabbit.co.kr/web과 같은 도메인으로 접근을 시도했을 경우 503 에러 코드와 텍스트를 반환할 수 있습니다. 여기서 반환할 수 있는 텍스트는 HTML, 자바스크립트, JSON 등 다양하게 선택해 반환할 수 있습니다.

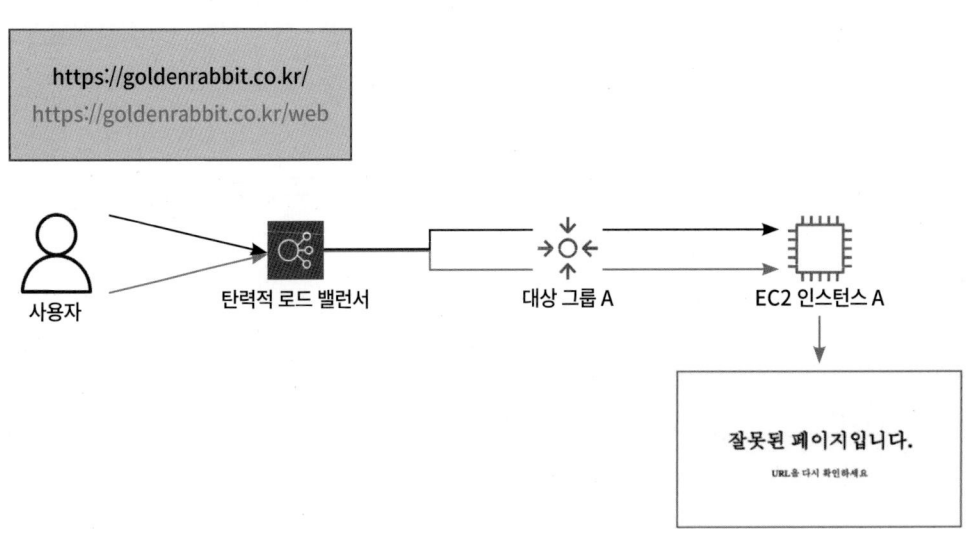

11.3.3 부하 분산을 위한 로드 밸런서의 알고리즘

로드 밸런서는 다양한 방법으로 부하 분산을 시도하고 있으며, 이런 부하 분산 방법을 결정 짓는 로드 밸런서 알고리즘이 있습니다. 이번에는 이런 알고리즘을 학습해봅시다.

먼저 라운드 로빈 방식Round Robin Method은 클라이언트로부터 받은 요청을 로드밸런싱 대상 서버에 순서대로 할당받는 방식입니다. 첫 번째 요청은 첫 번째 서버, 두 번째 요청은 두 번째 서버에 할당합니다. 부하 분산할 대상 서버의 성능이 동일하고 처리 시간이 짧은 애플리케이션의 경우, 균등하게 분산이 이루어지기 때문에 주로 이 방식을 사용합니다.

▼ 라운드 로빈 방식 예

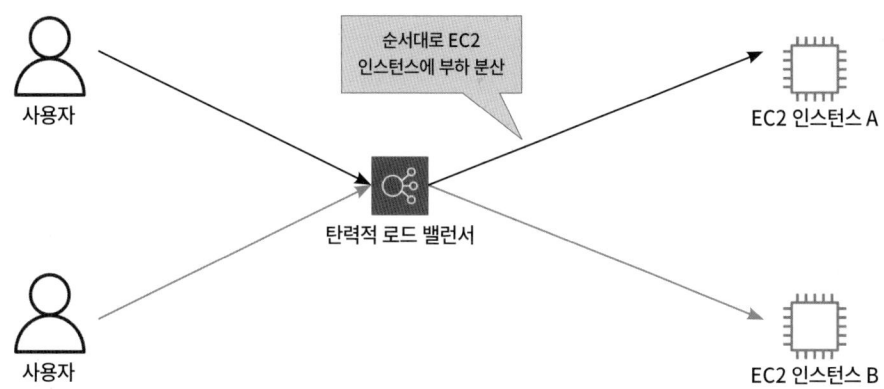

가중치 랜덤Weighted random Method은 정상 작동하는 서버에 임의의 순서로 요청을 라우팅합니다. 이 가중치 랜덤 알고리즘은 ATWAutomatic Target Weights를 대응하며, 이는 ALB 뒤에 있는 대상 서버의 장애, 성능 저하를 감지해 다른 서버로 자동으로 트래픽을 전달하는 기능입니다. 가중치 랜덤이라는 부하 분산 알고리즘과 함께 사용되어, 비정상적인 대상을 식별하고 트래픽을 삭제하고 오류가 발생하지 않은 대상에 자동으로 트래픽을 전달합니다.

마지막으로 최소 미해결 요청Least outstanding requests은 연결 수가 가장 적은 서버로 라우팅합니다. 동적인 분산 알고리즘으로 각 서버에 대한 현재 연결 수를 동적으로 카운트할 수 있고, 동적으로 변하는 요청에 대한 부하를 분산시킬 수 있습니다.

이런 로드 밸런서 알고리즘은 ALB에서 사용되며, NLB에서는 AWS 하이퍼플레인AWS Hyperplane이라는 AWS의 독자적인 부하 분산 기술을 사용하고 있으며, ALB와 NLB에서 교차 영역 로드 밸런싱Cross Zone Load Balancer을 이용할 수 있는데, ALB는 항상 교차 영역 로드 밸런싱이 유효화되어 있는 상태로 무효화시킬 수 없습니다. 반대로 NLB는 교차 영역 로드 밸런싱을 유효화할지 무효화할지 선택할 수 있습니다. 교차 영역 로드 밸런싱을 무효화한 상태라면 다음과 같이 부하 분산을 실시합니다. 먼저 두 개의 가용 영역이 나누어졌다고 가정하며, 하나의 가용 영역에 생성되어 있는 EC2 인스턴스에는 50%, 또 다른 가용 영역에 생성되어 있는 EC2 인스턴스에는 각각 12.5%로 부하 분산을 실시하며, 가용 영역에 따라 균등하게 부하 분산을 수행하고 있지 않은 모습입니다.

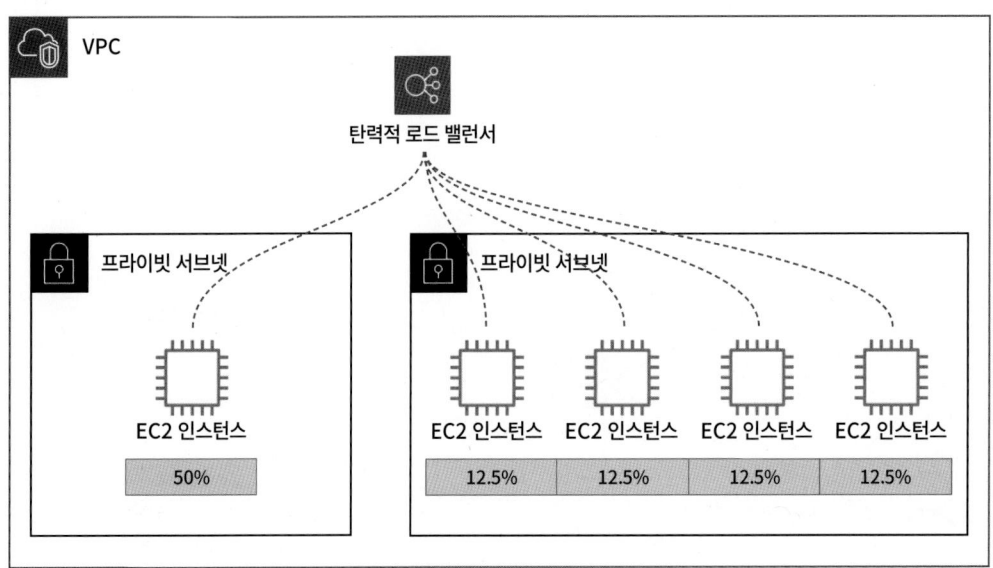

그렇다면 교차 영역 로드 밸런싱을 유효화하면 어떻게 될까요? 교차 영역 로드 밸런싱을 유효화하면 균등하게 각 가용 영역으로 부하 분산을 수행하는 것을 확인할 수 있습니다.

> NLB에서는 교차 영역 로드 밸런싱이 무효화로 설정되어 있으며, 가용 영역별로 균등한 부하 분산을 원한다면 별도로 유효화를 설정해야 합니다.

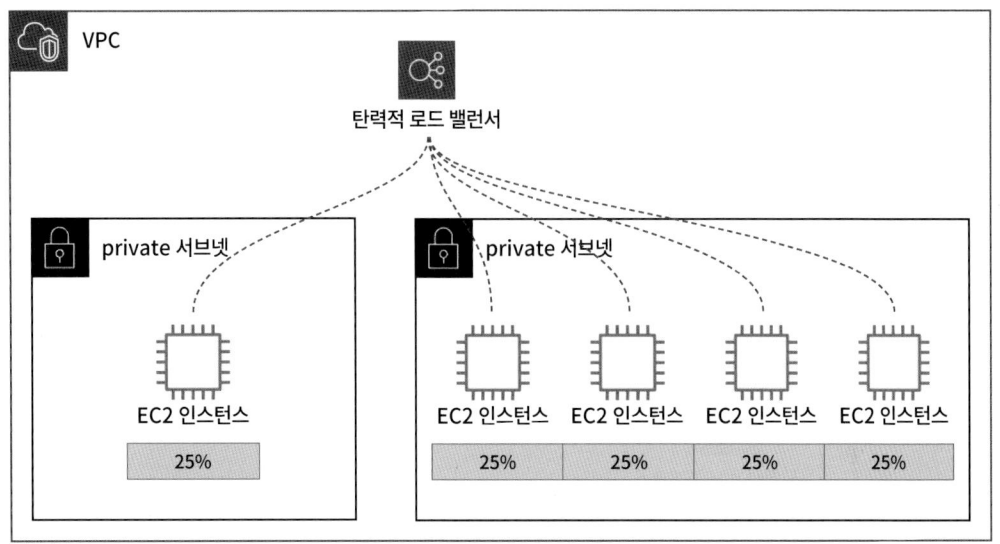

> **고정 IP 필요 시 NLB와 ALB의 활용**
>
> 또한 NLB는 ALB와 달리 고정 IP 주소를 사용할 수 있습니다. 보안 요구사항으로 연결 대상을 IP로 제한하거나, 고객이 항상 같은 IP 주소로 액세스할 수 있도록 설정하는 등 고정 IP를 사용해야 하는 상황에서 유용합니다. NLB는 네트워크 레벨에서 동작하여 TCP, UDP, TLS 트래픽을 처리할 수 있지만, ALB처럼 웹 요청을 해석하고 응용 계층에서 라우팅하는 고급 웹 기능을 제공하지 않고 단순한 로드 밸런싱에 중점을 둡니다. 이런 차이로 인해 과거에는 ALB 대신 NLB 사용에 신중해야 했습니다. 그러나 현재는 NLB와 ALB를 함께 사용할 수 있어, NLB를 ALB 앞단에 배치하여 사용자들이 고정 IP로 접근하면서도 ALB의 고급 기능을 활용할 수 있게 되었습니다.

11.3.4 환경별 로드 밸런서 구성 패턴 살펴보기

서비스를 제공하기 전에 실전 환경에서 바로 개발하고 배포하지는 않습니다. 처음에는 개발 환경이나 테스트 환경에서 애플리케이션을 개발하고 테스트합니다. 이를 통해 코드의 안정성과 기능을 확인하고 예기치 않은 오류를 해결할 수 있습니다. 그런 다음, 애플리케이션이 제대로 동작하는 것을 확인하고 나서 실전 환경으로 배포해 사용자에게 서비스를 제공합니다. 이렇게 하면 안정성을 확보하고 사용자 경험을 향상시킬 수 있습니다. 이렇게 각 환경별로 나누어서 개발을 진행할 때 로드 밸런서는 어떻게 구현하는 게 좋을까요? 이번에는 환경별 로드 밸런서 구성 패턴을 살펴봅시다. 먼저 첫 번째로 환경별로 로드 밸런서를 나누는 패턴입니다. 다음 그림에서 보는 것처럼 실전 환경과 개발 환경에 로드 밸런서를 생성했으며, 각 환경별로 로드 밸런서를 생성해 관리합니다.

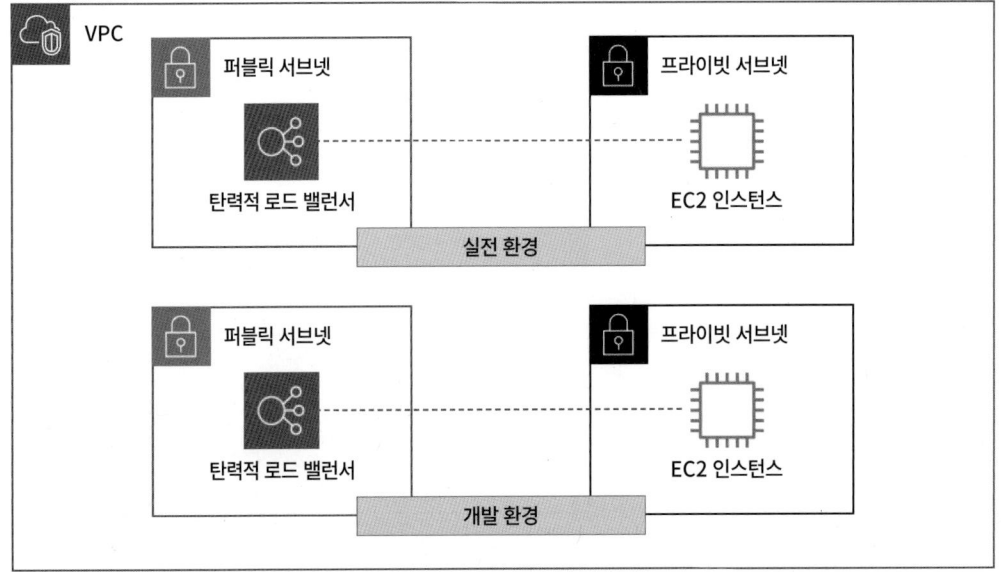

상황에 따라 다르겠지만 별도의 리스너 규칙을 추가할 필요 없이 실전 환경과 개발 환경을 나누어 접속할 수 있습니다. 이렇게 환경별로 탄력적 로드 밸런서를 나누면 다음과 같은 이점이 있습니다.

- 각 환경마다 로드 밸런서를 나눔으로써 각 환경에 발생하는 문제를 분산시킬 수 있습니다. 예를 들어 개발 환경에서 발생한 문제를 실전 환경에 영향을 미치지 않도록 할 수 있습니다.
- 각 환경별로 로드 밸런서를 나눔으로써 트래픽과 리소스 사용률을 분리하고 관리할 수 있습니다.
- 각 환경에 맞는 액세스 제어 정책을 적용할 수 있습니다. 실전 환경, 개발 환경을 나누어 보안 등급을 나누어 설정할 수 있습니다. 특히 실전 환경의 경우 더 엄격하게 적용할 수 있습니다.
- 독립적인 확장할 수 있습니다. 각 환경별로 로드 밸런서를 독립적으로 확장할 수 있으며, 각 환경에 따라 성능을 조절할 수 있습니다.

이렇게 환경별로 로드 밸런서를 나눈다면 다양한 이점을 가질 수 있으며, 가장 일반적이며 이상적인 패턴입니다.

다음 살펴볼 패턴은 하나의 로드 밸런서로 실전 환경과 개발 환경을 제어하는 패턴입니다.

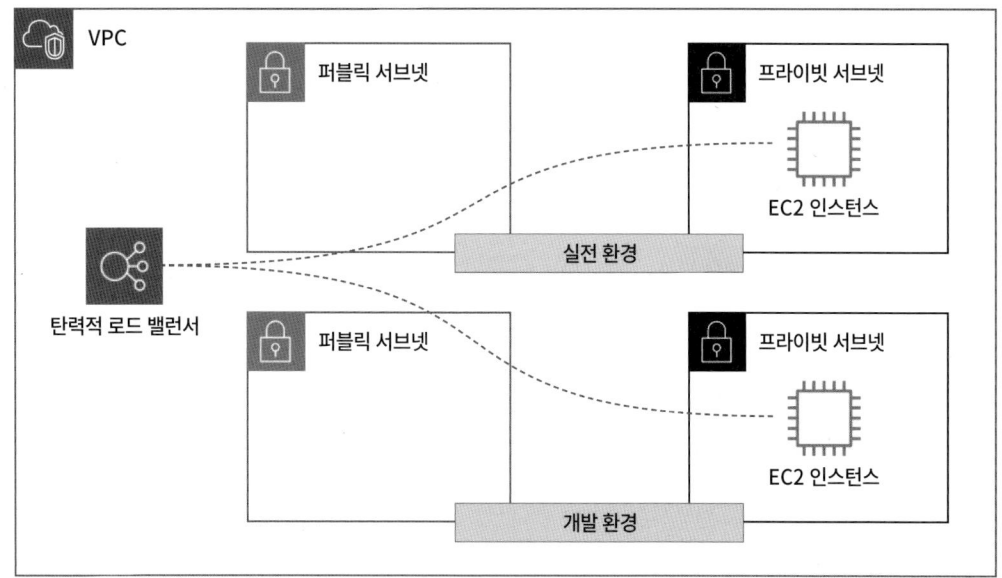

이 패턴은 하나의 로드 밸런서로 실전 환경과 개발 환경을 제어해야 하기 때문에 로드 밸런서에 장애가 발생했을 때 실전 환경과 개발 환경 모두에 영향을 미칩니다.

이 하나의 로드 밸런서로 실전 환경과 개발 환경에 접근하려면 포트 기반 라우팅을 통해 실전 환경은 443번 포트, 개발 환경은 444번 포트와 같이 리스너 규칙을 추가해서 접근할 수 있으며, 또는 경로 기반 라우팅을 사용해 개발 환경에 접속할 때는 goldenrabbit.co.kr/dev/와 같은 경로로 접속할 수 있도록 리스너 규칙을 추가할 필요가 있습니다.

하지만 이런 방식은 리스너 규칙을 복잡하게 만들 수 있고, 관리가 어려울 수 있습니다. 결과적으로는 두 방법 모두 가능하지만 환경별로 로드 밸런서를 나누는 것이 더 이점이 있습니다. 포트 기반 라우팅과 경로 기반 라우팅은 같은 EC2 인스턴스나 같은 환경에서 여러 경로로 나누고 싶을 때 유용합니다.

11.4 탄력적 로드 밸런서 활용하기

이번 실습에서는 탄력적 로드 밸런서를 생성하고, EC2 인스턴스와 연동해 탄력적 로드 밸런서를 통해 EC2 인스턴스로 접속하는 과정을 진행합니다.

11.4.1 탄력적 로드 밸런서를 생성하고 EC2 인스턴스와 연동하기

To do 01 탄력적 로드 밸런서와 EC2 인스턴스 연동하는 클라우드포메이션의 yml 파일은 다음과 같습니다.

> 탄력적 로드 밸런서를 생성하고 EC2 인스턴스와 연동하기 위한 yml 파일
>
> - **파일 이름** : VPC.yml, IAM.yml, Security_Group.yml, EC2.yml, ALB.yml
> - **클라우드포메이션 스택 생성 순서** : VPC.yml → IAM.yml → Security_Group.yml → EC2.yml → ALB.yml

클라우드포메이션 전체 코드는 깃허브 리포지터리 [chapter11] → [Elastic-Load-Balancer] → [chapter11.4.1-Create-Elasitc-Load-Balancer] 폴더에서 확인할 수 있습니다. 이번에 구축할 환경은 다음과 같습니다. 클라우드포메이션으로 구축한 환경의 결과를 확인하고 싶다면 이번 내용은 건너뛰고, 이 다음 절인 'UI로 불러와 탄력적 로드 밸런서를 생성하고 EC2 인스턴스와 연동하기' 부터 확인하기 바랍니다.

퍼블릭 서브넷에 로드 밸런서를 생성하며, 대상 그룹에는 아파치가 인스톨된 EC2 인스턴스가 등록되어 있습니다. 사용자는 HTTP 80번 포트를 이용해 로드 밸런서로 접근하면 아파치 웹페이지가 출력될 겁니다.

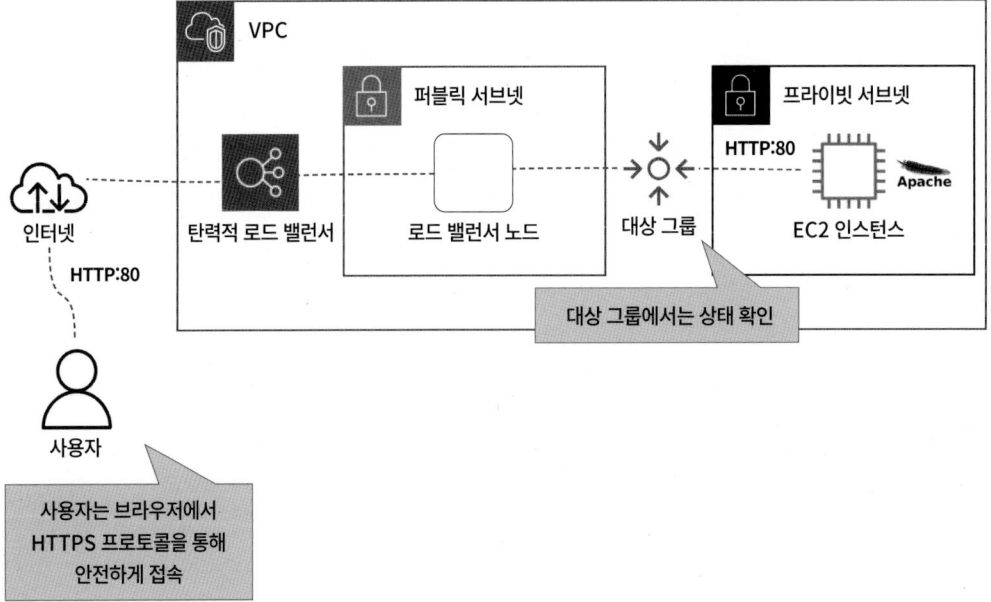

02 Security_Group.yml 파일에 로드 밸런서와 EC2 인스턴스의 보안 그룹 생성하는 코드를 작성하겠습니다.

Security_Group.yml
```yaml
ALBSecurityGroup: # ❶
    Type: AWS::EC2::SecurityGroup # ❷
    Properties:
      GroupName: !Sub ${SystemName}-${EnvName}-alb-sg
      GroupDescription: !Sub ${SystemName}-${EnvName}-alb-sg
      SecurityGroupIngress: # ❸
           - IpProtocol: tcp
             FromPort: 80
             ToPort: 80
             CidrIp: 0.0.0.0/0
EC2SecurityGroup: # ❹
    Type: AWS::EC2::SecurityGroup
    Properties:
      GroupName: !Sub ${SystemName}-${EnvName}-ec2-sg
      GroupDescription: !Sub ${SystemName}-${EnvName}-ec2-sg
      SecurityGroupIngress: # ❺
           - IpProtocol: tcp
             FromPort: 80
             ToPort: 80
             SourceSecurityGroupId: !GetAtt ALBSecurityGroup.GroupId
```

먼저 보안 그룹을 생성하는 코드를 작성합니다. 보안 그룹은 로드 밸런서의 보안 그룹과 EC2 인스턴스의 보안 그룹 두 보안 그룹을 생성합니다. ❶ 먼저 로드 밸런서의 보안 그룹 리소스 이름을 ALBSecurityGroup으로 지정합니다. ❷ 보안 그룹을 생성할 타입을 지정합니다. ❸ HTTP 80번 포트로 인터넷을 통해 접근할 수 있도록 설정합니다. ❹ EC2 인스턴스의 보안 그룹입니다. ❺ EC2 인스턴스에서는 로드 밸런서를 통한 접근만을 허용하기 때문에 SourceSecurityGroupId에는 로드 밸런서의 보안 그룹을 지정합니다.

03 EC2.yml 파일에 아파치를 인스톨할 사용자 데이터를 추가하겠습니다.

EC2.yml
```yaml
UserData:
```

```
      Fn::base64: |
        #!/bin/bash
        # Use this for your user data (script from top to bottom)
        # install httpd (Linux 2 version)
        sudo yum update -y
        sudo yum install httpd-2.4.51 -y
        sudo systemctl start httpd
        sudo systemctl enable httpd
        sudo httpd -v
        sudo cp /usr/share/httpd/noindex/index.html /var/www/html/index.html
```

EC2 인스턴스에는 기존과 다른 코드가 삽입되는데, 바로 사용자 데이터입니다. 이 사용자 데이터를 활용해 사용자가 서버로 접속해 직접 인스톨하지 않아도, EC2 인스턴스가 생성됨과 동시에 아파치가 인스톨되도록 설정하고 있습니다.

04 ALB.yml 파일에 로드 밸런서의 대상 그룹을 생성할 코드를 작성하겠습니다.

ALB.yml
```
ALBTargetGroup: # ❶
  Type: AWS::ElasticLoadBalancingV2::TargetGroup # ❷
  Properties:
    VpcId: # ❸
      Fn::ImportValue: !Sub ${EnvName}-vpc
    Name: !Sub ${SystemName}-${EnvName}-tgp
    Protocol: HTTP # ❹
    Port: 80
    HealthCheckProtocol: HTTP
    HealthCheckPath: "/"
    HealthCheckPort: "traffic-port"
    HealthyThresholdCount: 5 # 정상 임곗값
    UnhealthyThresholdCount: 2 # 비정상 임곗값
    HealthCheckTimeoutSeconds: 5 # 제한 시간
    HealthCheckIntervalSeconds: 60 # 간격
    Matcher:
      HttpCode: 200 # 성공 코드
    Tags:
      - Key: Name
```

```
        Value: !Sub ${SystemName}-${EnvName}-tgp
      - Key: Env
        Value: !Sub ${EnvName}
    Targets: # ❺
      - Id:
          Fn::ImportValue: !Sub ${EnvName}-ec2
        Port: 80
```

로드 밸런서를 생성하기에 앞서 대상 그룹을 생성합니다. ❶ 먼저 로드 밸런서의 대상 그룹 리소스 이름을 ALBTargetGroup으로 지정합니다. ❷ 대상 그룹을 생성할 타입을 지정합니다. ❸ 대상 그룹이 생성될 VPC를 설정합니다. ❹ 대상 그룹에서 사용할 포트와 프로토콜, 상태 확인Health Check에 사용할 값들을 지정합니다. HealthCheckProtocol는 상태 확인에 사용할 프로토콜을 지정하며, 현재 EC2 인스턴스는 아파치가 설치되어 있으며, 이 아파치는 기본적으로 HTTP 80번 포트를 사용하기 때문에 상태 확인의 프로토콜에는 HTTP를 지정합니다. HealthCheckPath는 웹 서버의 메인 디렉터리 경로를 의미합니다. 아파치에서는 /var/www/html/가 메인 디렉터리 경로이며 대상 그룹에서 "/"를 지정하면 /var/www/html/ 경로를 통해 상태 확인을 실시합니다. 해당 경로에 index.html와 같은 파일이 없다면 상태 확인에 실패합니다. HealthCheckPort의 traffic-port는 전송 대상 포트를 의미하며, EC2 인스턴스에서 요청을 받는 포트를 의미합니다. 즉, 대상 EC2 인스턴스에서 서비스가 실행되고 있는 포트와 일치하기 때문에 HTTP 80번 포트를 의미하게 됩니다. 정상 임곗값은 대상을 정상 상태로 간주하기 전, 상태 확인의 성공 횟수입니다. 비정상 임곗값은 대상을 비정상 상태로 간주하기 전, 상태 확인 실패 횟수입니다. 시간 초과는 상태 확인 응답을 기다리는 시간입니다. 간격은 개별 인스턴스의 상태 확인 간격입니다. ❺ 대상 그룹에 추가할 EC2 인스턴스를 지정합니다.

05 ALB.yml 파일에 로드 밸런서를 생성할 코드를 작성하겠습니다.

ALB.yml
```
  InternetFacingALB: # ❶
    Type: AWS::ElasticLoadBalancingV2::LoadBalancer # ❷
    Properties:
      Name: !Sub ${SystemName}-${EnvName}-alb
      Tags:
        - Key: Name
```

```
        Value: !Sub ${SystemName}-${EnvName}-alb
      - Key: Env
        Value: !Sub ${EnvName}
    Scheme: "internet-facing" # ❸
    LoadBalancerAttributes: # ❹
      - Key: "deletion_protection.enabled"
        Value: false
      - Key: "idle_timeout.timeout_seconds"
        Value: 60
    SecurityGroups: # ❺
      - Fn::ImportValue: !Sub ${EnvName}-alb-sg
    Subnets: # ❻
      - Fn::ImportValue: !Sub ${EnvName}-public-subnet-1a
      - Fn::ImportValue: !Sub ${EnvName}-public-subnet-1b
    Type: application # ❼
```

로드 밸런서를 생성합니다. ❶ 로드 밸런서의 리소스 이름을 InternetFacingALB로 지정합니다. ❷ 로드 밸런서를 생성할 타입을 지정합니다. ❸ Scheme는 로드 밸런서를 외부로 공개할지, 내부에서만 사용할지 선택하는 옵션으로 이번에는 외부에 공개하도록 합니다. ❹ LoadBalancer Attributes 옵션을 통해 로드 밸런서의 속성값을 지정할 수 있는데, deletion_protection. enabled의 경우 true로 설정하면 실수로 인한 로드 밸런서 삭제를 방지할 수 있습니다. idle_timeout.timeout_seconds의 경우 EC2 인스턴스와 로드 밸런서의 연결 설정으로 해당 시간 동안 아무런 데이터를 보내지 않으면 연결을 종료합니다. 그 외에도 로그를 저장하는 설정 등 다양한 옵션을 설정할 수 있습니다. ❺ 로드 밸런서의 보안 그룹을 지정합니다. ❻ 서브넷을 지정합니다. 로드 밸런서는 외부 공개용으로 설정했기 때문에 퍼블릭 서브넷을 지정하며, 최소한 두 개 이상의 서브넷을 지정하도록 합니다. ❼ 마지막으로 로드 밸런서의 타입을 지정합니다.

06 ALB.yml 파일에 로드 밸런서의 리스너 규칙 추가를 위한 코드를 작성하겠습니다.

ALB.yml
```
ALBListenerHTTP: # ❶
  Type: AWS::ElasticLoadBalancingV2::Listener # ❷
  Properties: # ❸
    Port: 80
    Protocol: HTTP
```

```
        DefaultActions: # ❹
          - TargetGroupArn: !Ref ALBTargetGroup
            Type: forward
        LoadBalancerArn: !Ref InternetFacingALB # ❺
```

로드 밸런서의 리스너 규칙을 추가합니다. ❶ 로드 밸런서의 리스너 규칙 추가를 위한 리소스 이름을 ALBListenerHTTP로 지정합니다. ❷ 로드 밸런서의 리스너 규칙을 추가할 타입을 지정합니다. ❸ 먼저 접속하고자 하는 포트와 프로토콜을 지정합니다. 이번에는 HTTP 80번 포트를 지정합니다. ❹ DefaultActions에는 대상 그룹을 지정하며, 타입에는 forward를 지정하는데, 로드 밸런서에 도착한 요청을 대상 그룹으로 전달하는 방식을 지정하는 항목입니다. forward는 로드 밸런서에서 수신한 요청을 지정된 대상 그룹으로 직접 전달하는 것을 의미합니다. 즉, 로드 밸런서가 요청을 받으면 연결된 대상 그룹으로 전달해 대상 그룹에서 관리하는 EC2 인스턴스로 라우팅하게 됩니다. ❺ 리스너 규칙을 추가할 로드 밸런서를 지정합니다.

11.4.2 UI로 불러와 탄력적 로드 밸런서를 생성하고 EC2 인스턴스와 연동하기

다음은 탄력적 로드 밸런서와 EC2 인스턴스를 어떻게 연동하는지 UI 기반으로 확인해봅시다.

To do **01** 우선 클라우드포메이션 스택을 생성합니다. 스택 이름을 입력하고, 파라미터를 확인합니다. 이번에는 파라미터에 별다른 값은 없기 때문에 기본값을 유지하며 클라우드포메이션 스택을 생성합니다.

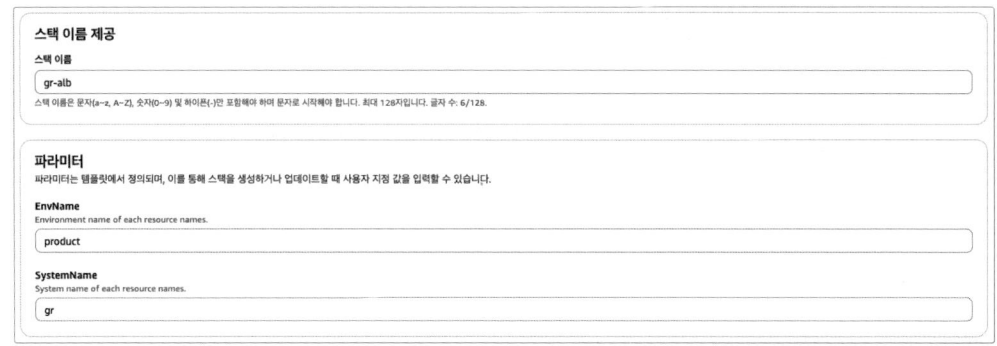

02 보안 그룹을 확인합니다. ❶ EC2 콘솔 화면에서 [보안 그룹] 카테고리를 확인하면 ❷ EC2 인스턴스와 로드 밸런서의 보안 그룹을 확인할 수 있으며, ❸ 로드 밸런서의 경우 HTTP 80번 포트

를 통해 누구나 접속할 수 있게 설정되어 있습니다. ❹ EC2 인스턴스의 보안 그룹은 로드 밸런서와 동일하게 HTTP 80번 포트가 설정되어 있지만, 소스에는 로드 밸런서의 보안 그룹만을 허용하는 것을 확인할 수 있습니다. 이런 설정으로 사용자는 외부에서 EC2 인스턴스로 직접 접근은 할 수 없습니다.

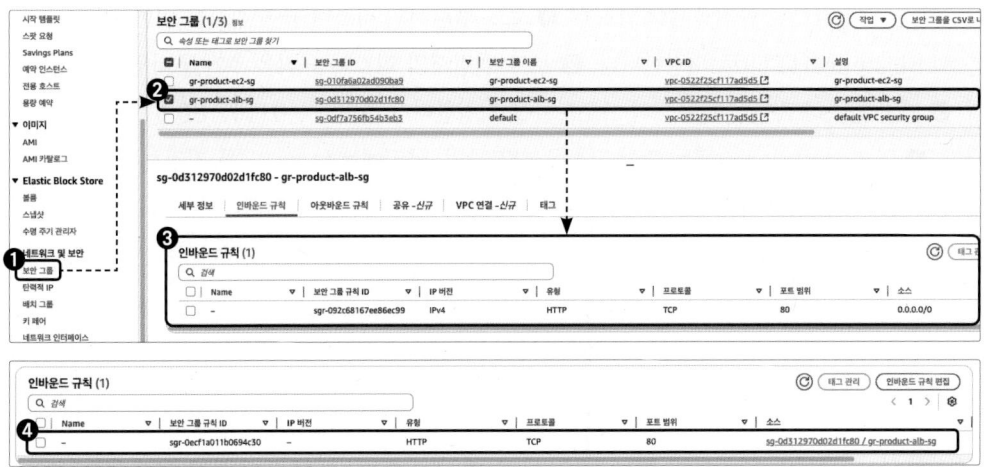

03 대상 그룹을 확인합니다. ❶ EC2 콘솔 화면에서 [대상 그룹] 카테고리를 통해 ❷ 생성한 대상 그룹을 확인할 수 있습니다. ❸ 등록된 대상을 확인하면, EC2 인스턴스가 등록되어 있으며 상태 확인에서 상태 확인에 성공했는지, 실패했는지 확인할 수 있습니다. 상태 확인에 성공했다면 Healthy가 표시되며, 상태 확인에 실패했다면 Unhealthy가 표시됩니다.

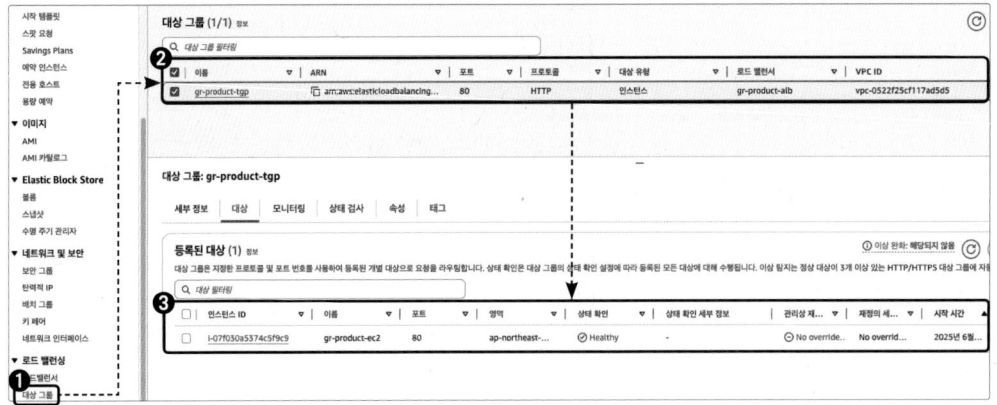

04 로드 밸런서를 확인합니다. ❶ EC2 콘솔 화면에서 [로드 밸런서] 카테고리를 통해 ❷ 생성한 로드 밸런서를 확인할 수 있습니다. ❸ 또한 리스너 및 규칙 탭을 클릭하면 ❹ 해당 로드 밸런서의 리스너 규칙을 확인할 수 있습니다.

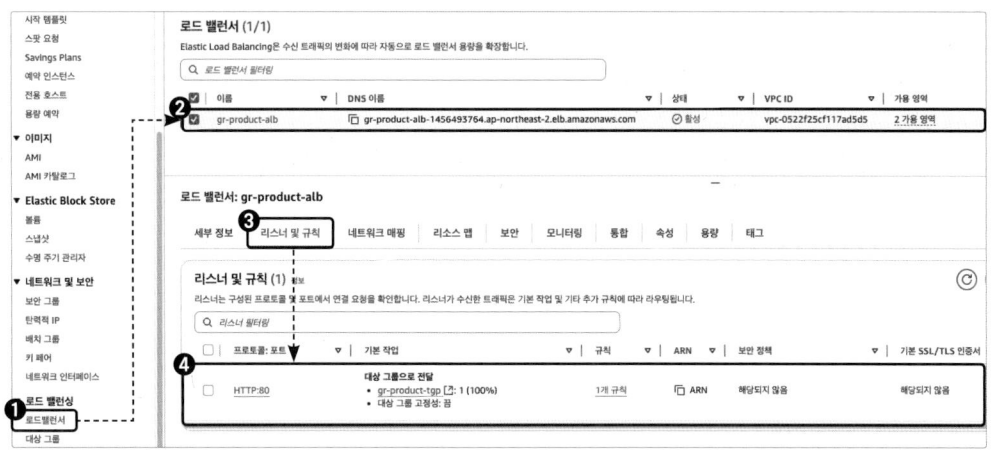

05 로드 밸런서를 통해 웹 서버로 접근합니다. ❶ 로드 밸런서의 DNS 이름을 복사하여 ❷ 브라우저에 입력하면 ❸ 아파치 페이지가 표시됩니다.

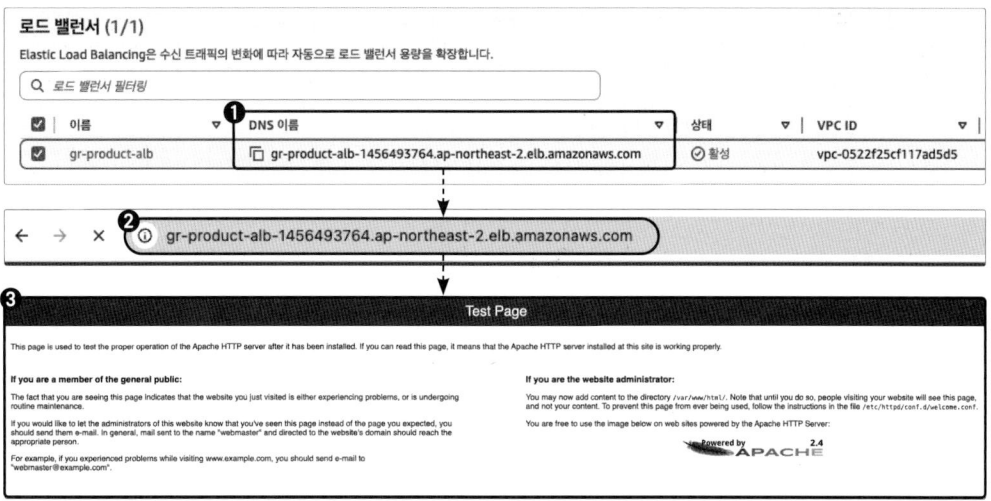

EC2 인스턴스에 설정해놓은 아파치 테스트 페이지인 index.html이 화면에 표시되는 것으로 로드 밸런서를 통해 성공적으로 웹 서버에 접근했음을 확인할 수 있습니다.

학습 마무리

이번 장에서는 백엔드에 대한 기본 개념과 AWS에서 제공하는 다양한 백엔드 서비스에 대해 살펴보았으며, 그중 부하 분산을 위한 서비스인 탄력적 로드 밸런서에 대해 학습했습니다. 이번 학습을 통해 로드 밸런서를 통해 부하 분산이 어떻게 이루어지는지에 대한 흐름을 익혔으며, 실습을 통해 로드 밸런서를 활용할 수 있게 되었습니다.

핵심 요약

1 백엔드는 사용자가 볼 수 없는 데이터 처리와 같은 부분을 담당합니다. 프론트엔드는 시각적으로 보여지는 화면이라고 한다면, 백엔드는 데이터를 처리하는 등 사용자가 확인할 수 없는 부분을 의미합니다.

2 AWS에서는 백엔드를 위한 여러 가지 서비스를 제공하고 있으며, 아마존 EC2 오토스케일링, 아마존 ECS, 아마존 다이나모DB, 아마존 API 게이트웨이, AWS 람다, 탄력적 로드 밸런서 등이 있습니다.

3 **탄력적 로드 밸런서**는 사용자가 급증하더라도 적절하게 트래픽을 부하 분산시킬 수 있으며, 이는 안정적으로 서버를 운영할 수 있도록 합니다. 탄력적 로드 밸런서는 ALB, NLB, GWLB 세 가지 로드 밸런서 유형을 제공합니다.

4 ALB는 7계층 응용 계층을 사용해 부하 분산을 수행하고, HTTP, HTTPS 등의 트래픽을 라우팅합니다. NLB는 4계층 전송 계층을 사용해 분산 분산을 수행하고, TCP 혹은 UDP 트래픽을 라우팅합니다. GWLB는 3계층인 네트워크 계층을 사용하며, 주로 타사 제품을 AWS로 마이그레이션할 때 사용합니다.

5 로드 밸런서에는 다양한 알고리즘이 존재하며, **라운드 로빈 방식**은 클라이언트로부터 받은 요청을 로드밸런싱 대상 서버에 순서대로 할당받는 방식이며, **가중치 랜덤**은 정상 작동하는 서버에 임의의 순서로 요청을 라우팅하며, **미해결 요청**은 연결 수가 가장 적은 서버로 라우팅합니다.

연습문제

1. AWS에서 제공하는 백엔드 서비스로 틀린 것은?
   - ❶ 아마존 클라우드프론트
   - ❷ 탄력적 로드 밸런서
   - ❸ AWS 람다
   - ❹ 아마존 다이나모DB

2. 탄력적 로드 밸런서에서 제공하는 로드 밸런서 유형 중 틀린 것은?
   - ❶ 애플리케이션 로드 밸런서(ALB)
   - ❷ 게이트웨이 로드 밸런서(GWLB)
   - ❸ 인터넷 로드 밸런서(ILB)
   - ❹ 네트워크 로드 밸런서(NLB)

3. 다음 로드 밸런서 유형에 대한 설명으로 올바른 것은?
   - ❶ ALB는 7계층인 응용 계층을 사용해 부하 분산을 수행하며, HTTP, HTTPS 트래픽을 라우팅합니다.
   - ❷ ALB는 TCP, UDP 트래픽을 라우팅한다.
   - ❸ NLB는 HTTP, HTTPS 트래픽을 라우팅한다.
   - ❹ GWLB는 AWS의 서비스를 온프레미스로 마이그레이션할 때 사용한다.

4. 로드 밸런서의 작동 방식에서 퍼블릭 서브넷에 로드 밸런서를 배치했을 때와, 프라이빗 서브넷에 로드 밸런서를 배치했을 때의 차이점은 무엇일까요?

5. 다음 부하 분산 알고리즘에 해당하지 않는 것은?
   - ❶ 라운드 로빈 방식
   - ❷ 가중치 랜덤
   - ❸ 미해결 요청
   - ❹ 지리적 위치

연습문제

1 **정답** ❶ 아마존 클라우드프론트
2 **정답** ❸ 인터넷 로드 밸런서(ILB)
3 **정답** ❶ ALB는 7계층인 응용 계층을 사용해 부하 분산을 수행하며, HTTP, HTTPS 트래픽을 라우팅한다.
4 **정답** 퍼블릭 서브넷은 인터넷을 통해 외부 사용자에게 공개할 목적으로 사용하며 프라이빗 서브넷은 사내 혹은 내부에 서만 사용할 목적으로 사용한다.
5 **정답** ❹ 지리적 위치

Chapter 12

클라우드 서버 최적화를 위한 백엔드 서비스 파악하기

> **학습 목표**

이번 장에서는 클라우드 서버 최적화용 백엔드 서비스를 학습합니다. AWS에서는 클라우드 서버를 최적화하는 아마존 EC2 오토스케일링 서비스를 제공하고 있습니다. 이 서비스가 무엇인지, 이 서비스를 바탕으로 어떻게 클라우드 서버를 최적화할 수 있는지 학습해봅시다.

> **핵심 키워드**

`오토 스케일링` `스케일업` `스케일아웃` `스케일인` `아마존 EC2 오토스케일링` `시작 템플릿` `오토 스케일링 그룹`

> **학습 코스**

❶ 클라우드 서버 최적화 서비스, 아마존 EC2 오토스케일링이란? → ❷ 클라우드 서버 최적화 서비스, 아마존 EC2 오토스케일링 살펴보기 → ❸ 아마존 EC2 오토스케일링 생성해보기

12.1 클라우드 서버 최적화, 아마존 EC2 오토스케일링이란?

오토 스케일링은 스케일업scale up과 스케일아웃scale out 그리고 스케일인scale In을 구현하는 데 사용됩니다. 이를 활용해 클라우드 서버를 최적화할 수 있습니다. 스케일업은 서버의 성능을 향상시킬 목적으로 기존 EC2 인스턴스의 사양을 업그레이드하는 것을 의미합니다. 이 작업에는 CPU, 메모리, 디스크 용량 등의 리소스를 늘리는 것을 포함할 수 있습니다. 스케일아웃은 시스템의 성능을 향상시킬 목적으로 같은 사양의 추가 서버를 추가하는 것을 의미합니다. 이런 스케일아웃은 시스템에 대한 부하를 분산시키고 가용성을 향상시키는 데 도움이 됩니다. 반대로 스케일아웃 목적으로 생성된 서버가 더는 필요 없다면 스케일인을 수행해 서버를 삭제할 수 있습니다. 오토 스케일링은 EC2 인스턴스와 함께 사용되며, 스케일업과 스케일아웃, 스케일인을 조절해 클라우드 서버를 최적화하는 데 사용됩니다.

그렇다면 AWS 오토스케일링과 아마존 EC2 오토스케일링은 무슨 차이일까요?

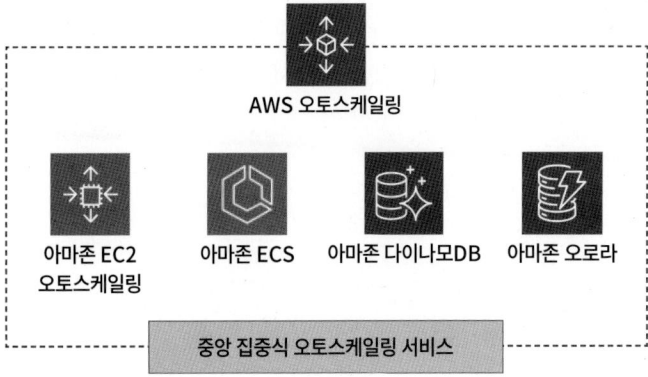

AWS 오토스케일링은 아마존 EC2 오토스케일링을 포함해 아마존 ECS, 아마존 다이나모DB, 아마존 오로라와 같은 다양한 서비스에 대한 스케일링 작업을 수행하는 서비스입니다. 이 서비스를 사용하면 다양한 AWS 서비스에 대한 오토 스케일링을 중앙 집중식으로 관리하고 통합할 수 있습니다. 이를 통해 애플리케이션 및 서비스 전반에 걸친 일관된 스케일링 전략을 구현할 수 있으며, 복잡성을 줄이고 운영을 간소화할 수 있습니다.

이번 장에서는 AWS 오토스케일링의 전반적인 내용보다는 클라우드 서버의 스케일업과 스케일아웃, 스케일인에 초점을 맞춰 학습합니다. 이제부터 EC2 인스턴스가 아마존 EC2 오토스케일링에 의해 어떠한 방식으로 움직이고 스케일되는지를 중심적으로 알아보겠습니다.

12.2 클라우드 서버 최적화 서비스, 아마존 EC2 오토스케일링 살펴보기

아마존 EC2 오토스케일링은 오토스케일링 그룹을 생성해 EC2 인스턴스에 대한 스케일업과 스케일아웃, 스케일인을 구현할 수 있으며, 오토스케일링 그룹을 생성하려면 기본적인 EC2 인스턴스의 구성(인스턴스 유형, 보안 그룹, AMI 등)을 설정할 필요가 있습니다. 이 EC2 인스턴스의 구성을 설정하려면 사용하는 것이 시작 템플릿Launch Template입니다. 오토스케일링 그룹을 생성하기까지의 과정은 다음과 같습니다.

❶ 시작 템플릿에서 EC2 인스턴스를 구성하는 설정을 적용합니다. EC2 인스턴스를 생성했을 때와 동일하게 AMI, 인스턴스 유형, EBS 볼륨, 네트워크 설정과 같은 값들을 입력합니다. 이렇게 설정된 값들을 바탕으로 시작 템플릿이 생성됩니다. ❷ 이렇게 생성한 시작 템플릿을 바탕으로 오토스케일링 그룹을 생성하면 시작 템플릿에 설정한 값과 같은 설정값을 가진 EC2 인스턴스가 생성됩니다. ❸ 또한 오토스케일링 그룹은 탄력적 로드 밸런서와 함께 사용될 수 있습니다.

▼ 탄력적 로드 밸런서를 경유해 웹 서버에 접속하는 예

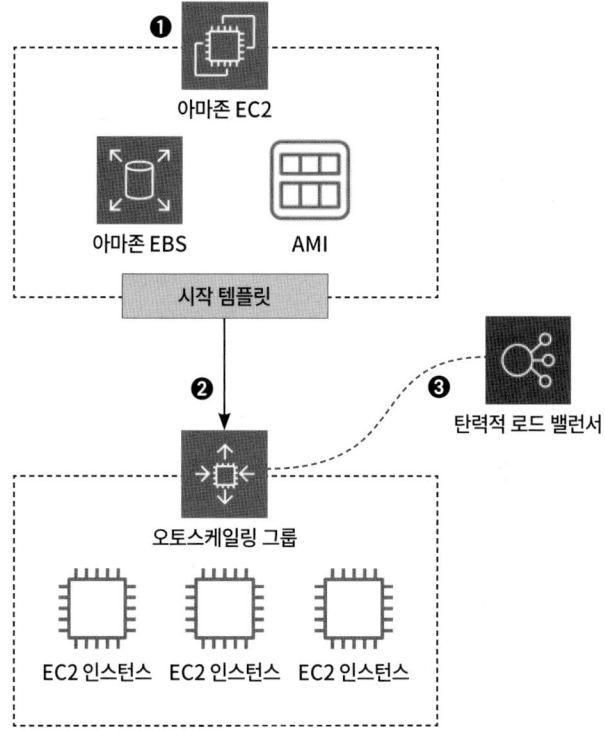

이런 EC2 인스턴스는 오토스케일링 그룹에 속하며 오토스케일링 그룹을 통해 EC2 인스턴스들을 관리할 수 있습니다. 또한 시작 템플릿은 복수의 버전을 만들어 관리할 수 있습니다.

서로 다른 설정을 가진 시작 템플릿의 버전을 생성하고, 상황에 맞추어 오토스케일링 그룹에 적용할 수 있습니다. 다양한 시작 템플릿 버전을 통해 스케일업으로 서버 인스턴스의 스펙을 업그레이드할 수 있으며, 생성되는 EC2 인스턴스에 다양한 설정을 적용할 수 있습니다.

▼ 오토스케일링 그룹에서의 서로 다른 시작 템플릿 버전 예

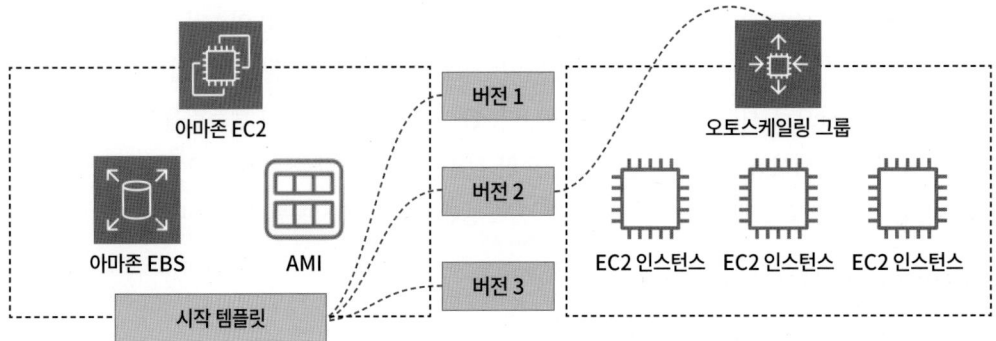

12.2.1 클라우드 서버 최적화 백엔드 서비스, 오토스케일링 그룹이란?

오토스케일링 그룹에서는 EC2 인스턴스를 관리하며, 다양한 기능을 제공해 EC2 인스턴스를 효율적으로 관리하고 운영할 수 있습니다. 이번에는 오토스케일링 그룹에서 어떠한 기능을 제공하는지 살펴보겠습니다.

오토스케일링 그룹 크기

오토스케일링 그룹에서는 생성하고자 하는 EC2 인스턴스의 원하는 용량$^{Desired\ capacity}$, 최소 용량$^{Minimum\ capacity}$, 최대 용량$^{Maximum\ capacity}$을 선택할 수 있습니다. 원하는 용량은 오토스케일링 그룹을 만들 때 생성할 초기 EC2 인스턴스 수입니다. 최소 용량은 최소 EC2 인스턴스 수입니다. 수동 또는 자동으로 최소 용량 보다 EC2 인스턴스를 작게 만들 수 없습니다. 최대 용량은 최대 EC2 인스턴스 수입니다. 수동 또는 자동으로 최대 용량보다 EC2 인스턴스를 늘릴 수 없습니다.

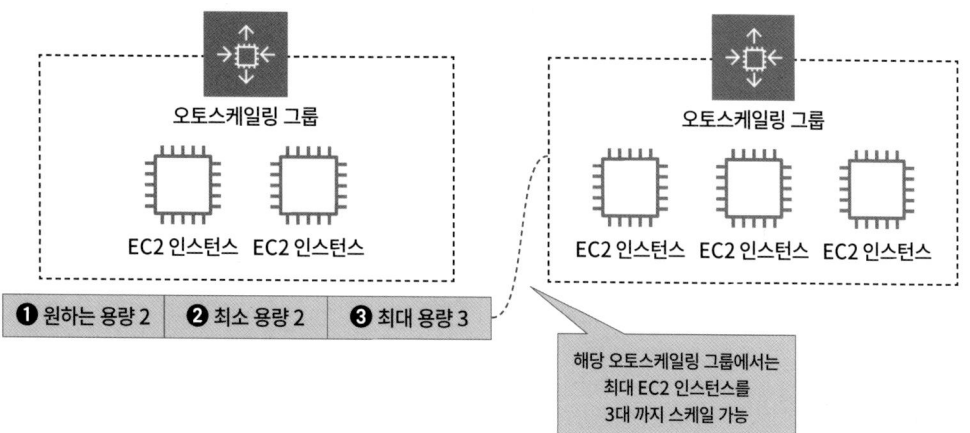

예를 들어 원하는 용량 2, 최소 용량 2, 최대 용량 3으로 설정하면 어떻게 될까요? ❶ 원하는 용량이 2로 설정되어 있으므로 오토스케일링 그룹이 생성될 때 2대의 EC2 인스턴스가 생성됩니다. 그리고 ❷ 최소 용량이 2로 설정되어 있기 때문에 이 그룹은 반드시 두 대 이상의 EC2 인스턴스를 유지해야 하며, 최소 용량보다 작게 만들 수 없습니다. 따라서 오토스케일링 그룹에 속한 EC2 인스턴스를 한 대 삭제하더라도 최소 용량을 유지하고자 새로운 EC2 인스턴스를 생성해 항상 EC2 인스턴스 두 대를 유지합니다. ❸ 최대 용량은 오토스케일링 그룹에서 EC2 인스턴스를 생성할 수 있는 최대 용량을 의미합니다. 이는 수동으로든 자동으로든 EC2 인스턴스가 생성되더라도 최대 용량을 초과해 세 대 이상의 EC2 인스턴스를 생성할 수 없음을 의미합니다. 따라서 최대 용량 설정을 넘어서는 인스턴스 생성은 제한됩니다. 하지만 이런 용량 설정은 고정되는 것은 아닙니다.

▼ 오토스케일링 그룹 용량을 선택하는 관리 콘솔 화면

오토스케일링 그룹은 생성 시점 및 생성 이후에도 용량을 업데이트할 수 있습니다.

오토스케일링 그룹과 로드 밸런서

오토스케일링 그룹은 로드 밸런서와 함께 사용할 수 있으며, 확장성과 가용성을 고려해 함께 사용하는 것을 권장하고 있습니다. 오토스케일링 그룹에서 로드 밸런서를 사용하려면 로드 밸런서를 개별적으로 생성한 다음, 연결할 수도 있으며 오토스케일링 그룹을 생성하면서 새 로드 밸런서를 생성해 연결 작업을 실시할 수도 있습니다.

▼ 오토스케일링 그룹 생성 시 로드 밸런서를 선택하는 관리 콘솔 화면

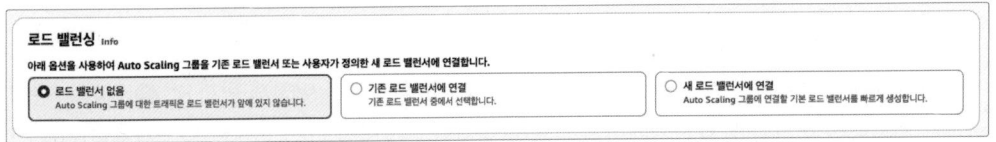

오토스케일링 그룹과 연결된 로드 밸런서는 별도로 [탄력적 로드 밸런서 상태 확인 켜기] 기능을 제공합니다. 이전 로드 밸런서에서 살펴보았던 상태 확인은 EC2 인스턴스가 정상적으로 작동하는지 확인하며 문제가 없다면 healthy를 반환하고, 문제가 있다면 unhealthy를 반환했던 것과 비슷한 기능을 제공합니다. 그렇다면 오토스케일링 그룹에서의 상태 확인은 무엇이 다른 걸까요?

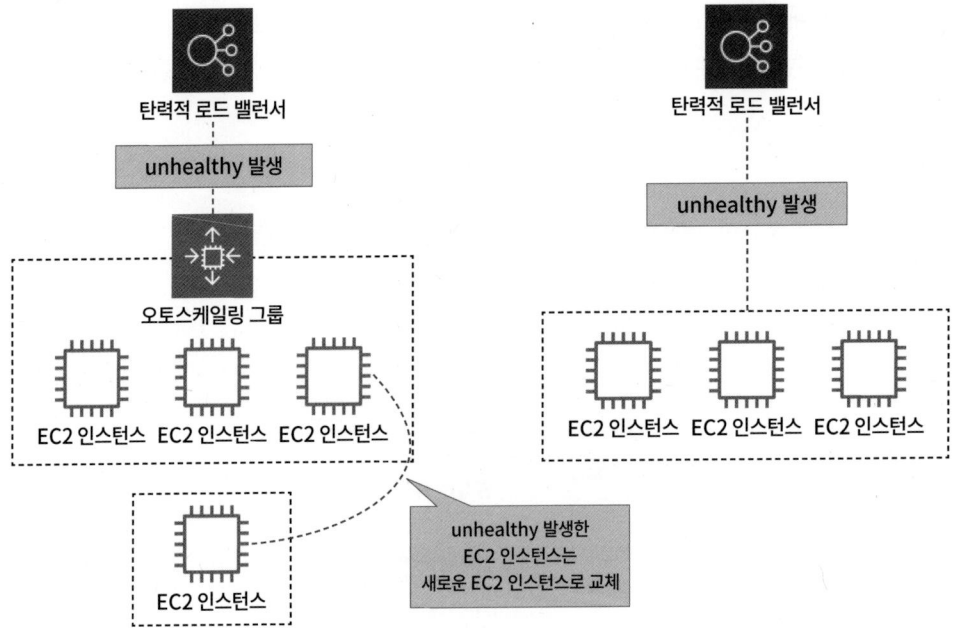

오토스케일링 그룹과 연결된 로드 밸런서는 상태 확인을 통해 EC2 인스턴스에서 unhealthy가 발생했다면 EC2 인스턴스를 오토스케일링 그룹에서 제외시키고 새로운 EC2 인스턴스를 가동하고 그룹에 추가합니다. 로드 밸런서만 사용하는 경우는 상태 확인에 실패하고 unhealthy가 발생하더라도 EC2 인스턴스의 교체 작업은 이루어지지 않습니다. 이렇듯 새로운 EC2 인스턴스로 교체해 서비스 중단을 막을 수 있으며, 교체되어 그룹에서 빠져나온 EC2 인스턴스는 삭제되지 않고 하나의 EC2 인스턴스로 분류됩니다. 로드 밸런서에서의 상태 확인은 선택할 수 있는 옵션이 아니었으나, 오토스케일링 그룹에서의 상태 확인 옵션은 사용자 임의로 선택할 수 있으며, 상태 확인 옵션을 해제한다면 unhealthy가 발생하더라도 EC2 인스턴스를 교체하지 않습니다.

오토스케일링 그룹 스케일 정책

오토스케일링 그룹에서는 사용자가 용량을 편집해 수동으로 EC2 인스턴스를 스케일할 수 있지만, 별도로 정책을 통해 자동으로 스케일할 수도 있습니다. 오토스케일링 그룹에서 제공하는 오토 스케일 정책으로는 동적 크기 조정 정책과 예측 크기 조정 정책으로 나눌 수 있습니다.

먼저 동적 크기 조정 정책은 대상 추적 크기 조정, 단계 크기 조정, 단순 크기 조정으로 나눌 수 있습니다. 대상 추적 크기 조정은 선택한 지표 유형을 기반으로 오토 스케일링 작업을 수행합니다.

▼ 오토스케일링 그룹 스케일 동적 크기 조정 정책 예

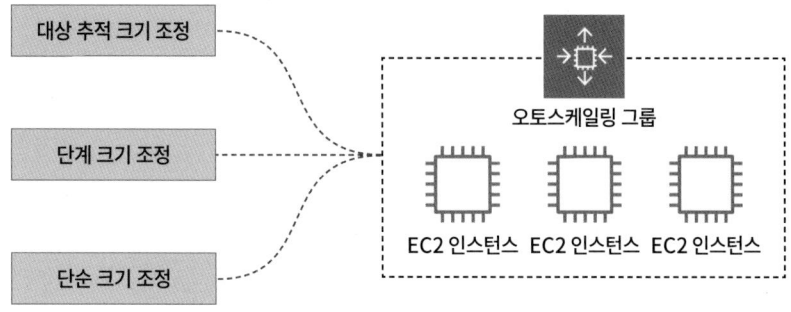

평균 CPU 사용률, 평균 네트워크 입력(바이트), 평균 네트워크 출력(바이트), 대상별로 ALB 요청 수 중 하나를 선택해 스케일링 작업을 설정할 수 있습니다. 예를 들어 평균 CPU 사용률이 70%를 초과하는 경우 EC2 인스턴스를 추가하도록 설정할 수 있습니다. 대상 추적 크기 조정은 선택한 항목을 기반으로 스케일링 작업을 실시할 수 있도록 도와줍니다.

▼ 오토스케일링 그룹 대상 추적 크기 조정 예

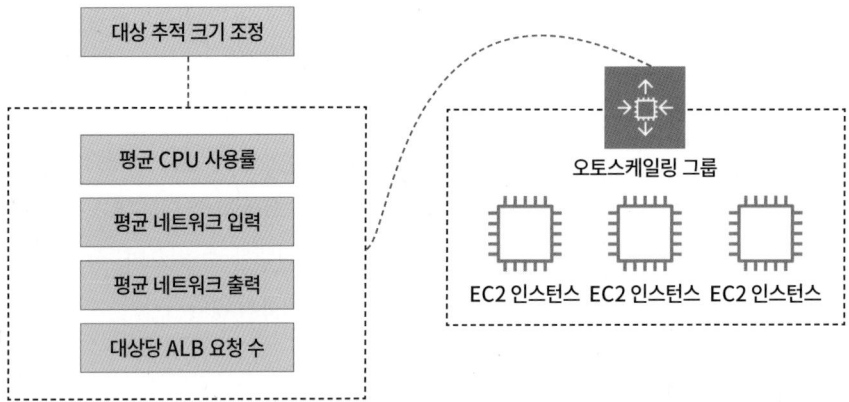

반면에, 단계 크기 조정은 클라우드워치 경보를 기반으로 스케일링 작업을 실행합니다. 클라우드워치 경보는 특정 지표(예 : CPU 사용률, 메모리 사용량 등)을 모니터링해 지정된 임곗값을 초과하면 사용자에게 경고를 보내는 서비스입니다.

▼ 오토스케일링 그룹 단계 크기 조정 예

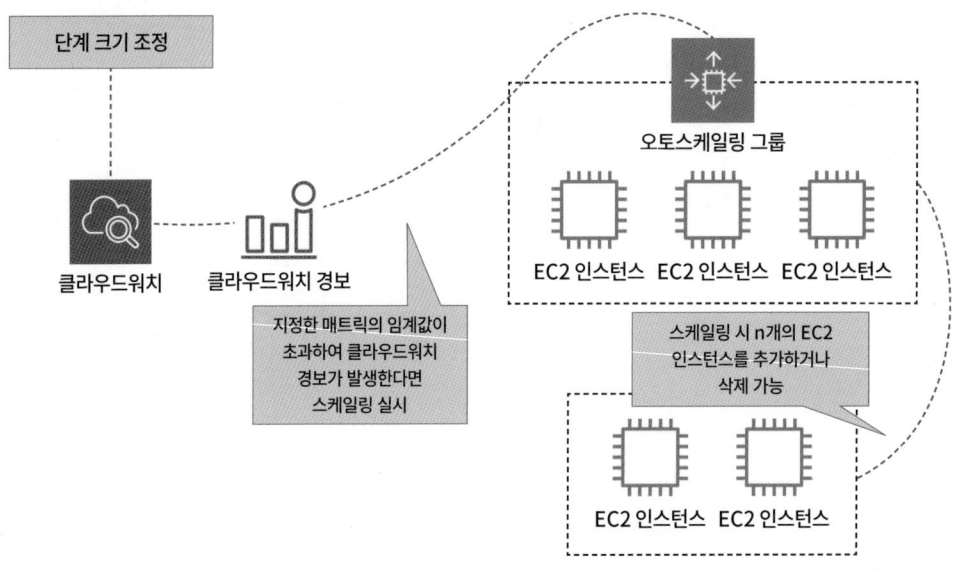

따라서 단계 크기 조정 정책은 이런 클라우드워치 알람를 바탕으로 스케일링을 조정합니다. 예를 들어 CPU 사용률이 70%를 초과하는 경우 EC2 인스턴스를 추가하거나 삭제하고, 추가 또는 삭제할 EC2 인스턴스 수를 설정할 수 있습니다.

▼ 오토스케일링 그룹 단순 크기 조정 예

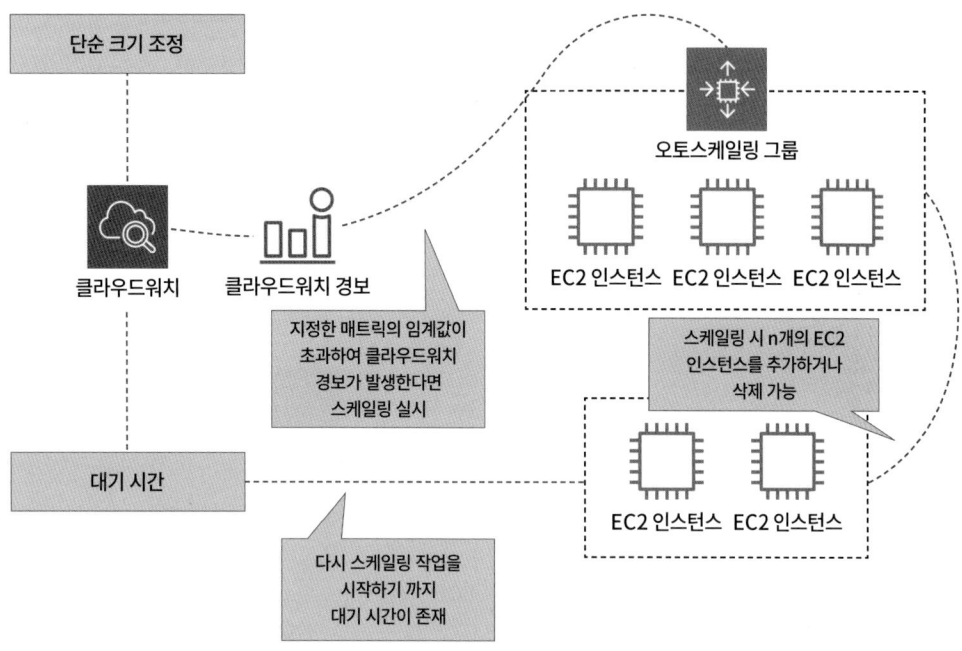

단순 크기 조정은 오토스케일링 그룹 서비스가 처음 만들어졌을 때부터 존재했던 정책으로, 동적 크기 조정 정책을 말합니다. 단순 크기 조정 정책도 단계 조정 정책과 마찬가지로 클라우드워치 경보CloudWatch Alarm를 기반으로 스케일링을 진행합니다. 단계 조정 정책과 달리 오토스케일링 그룹이 스케일링 상태거나 상태 확인 중인 상태 확인이 끝나기까지 기다려야 하는 대기 시간이 있습니다. 예를 들어 EC2 인스턴스가 스케일링으로 생성되고, 지정된 대기 시간이 끝날 때까지 스케일링 작업을 중지합니다. 대기 시간이 지나면 다시 클라우드워치 경보를 기반으로 스케일링 작업을 진행합니다. 현재는 이런 단순 크기 조정 정책의 사용을 권장하지 않으며, 대기 시간이 없는 단계 조정 정책의 사용을 권장하고 있습니다.

> 트래픽에 빠르게 대응해야 하는 만큼 대기 시간이 존재하는 것은 서비스를 제공하는 데 있어 치명적일 수 있습니다.

다음 살펴볼 정책은 예측 크기 조정 정책입니다. 예측 크기 조정 정책은 머신러닝을 사용해 클라우드워치의 24시간 기록 데이터를 기반으로 향후 필요한 수요를 미리 예측합니다. 특정 요일 혹은 시간에 트래픽이 증가하는 때에 적합한 정책입니다. 하지만 어디까지나 24시간 기록을 바탕으로 향후 필요한 수요를 예측해 스케일링 작업이 이루어지므로 예측보다 실제 트래픽이 적은 경우 혹은 예측보다 부하가 높은 때에 스케일링 작업이 이루어지지 않을 수도 있습니다. 이런 상황에 대응하기 위해 동적 크기 조정 정책을 예측 크기 조정 정책과 함께 사용할 수 있으며, 예측 크기 조정 정책으로 예상할 수 없었던 수요에 대응하기 위해 동적 크기 조정 정책을 함께 사용한다면 더 최적의 스케일 정책을 구성할 수 있을 겁니다.

마지막으로 오토스케일링 그룹 정책에서는 특정 날짜와 시간을 정해 스케일링 작업을 실시할 수 있습니다.

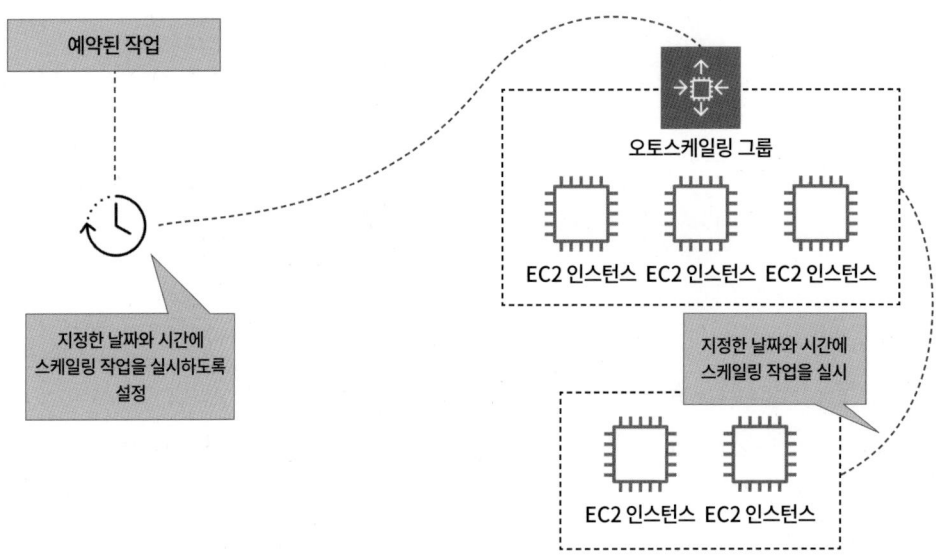

이 정책은 예약된 작업이라고 하며, 24시간 기록을 바탕으로 스케일링 작업을 실시하는 예측 크기 조정 정책과는 다르게 지정한 날짜와 시간에 스케일링 작업을 실시하기 때문에 급격하게 트래픽이 증가하는 시간대를 알고 있는 경우 유용하게 사용할 수 있는 정책입니다. 또한 반복 작업도 가능하기 때문에 매일, 매주, 또는 1시간마다와 같이 작업을 정기적으로 반복 설정할 수 있습니다.

오토스케일링 그룹과 AMI

오토스케일링 그룹을 사용하면 한 가지 의문점이 생깁니다. ❶ 오토스케일링 그룹을 통해서 EC2 인스턴스가 생성되고, ❷ 각 EC2 인스턴스에 필요한 소프트웨어를 설치합니다. 이 상황에서 스케일 작업을 통해 EC2 인스턴스가 생성되었다면, 생성된 EC2 인스턴스에도 소프트웨어가 설치된 상태로 생성되는 걸까요? 오토스케일링 그룹을 생성할 때 설정한 값을 바탕으로 EC2 인스턴스가 생성되기 때문에 ❸ 사용자가 수동으로 설치한 소프트웨어는 스케일 작업을 통해 생성된 EC2 인스턴스에는 적용되지 않습니다.

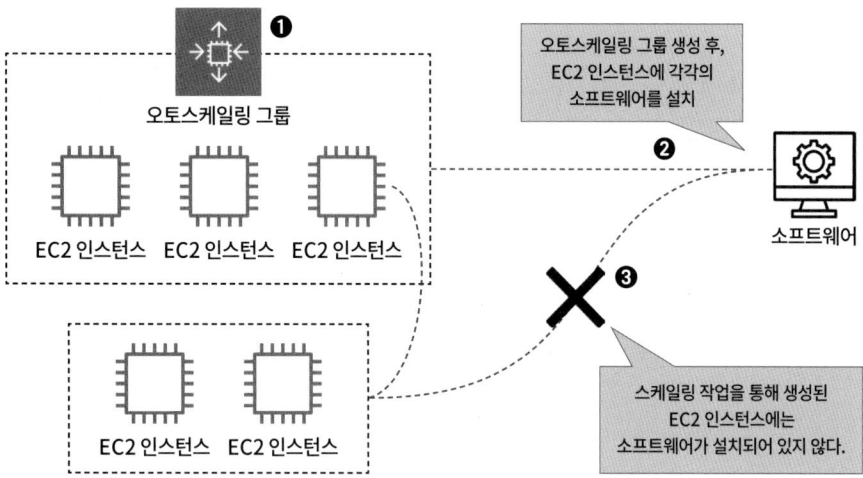

그렇다면 스케일 작업을 통해 생성된 EC2 인스턴스에 또 다시 소프트웨어를 설치하는 작업을 거쳐야 하는 걸까요? 이런 문제는 AMI를 교체하는 것으로 해결할 수 있습니다.

❶ 오토스케일링 그룹으로 생성된 EC2 인스턴스에 소프트웨어를 설치하고, ❷ 그 상태에서 이 EC2 인스턴스의 AMI를 생성합니다. 이렇게 생성된 AMI에는 설치한 소프트웨어 및 사용자가 설정한 값들이 포함되어 있습니다. 그리고 이런 AMI를 기반으로 새로운 EC2 인스턴스를 생성하면 이전 EC2 인스턴스와 같은 구성과 소프트웨어 환경을 가진 인스턴스가 생성됩니다. ❸ 이 점을 활용해 기존 오토스케일링 그룹의 AMI와 교체 작업을 실시한다면 새로 생성되는 EC2 인스턴스는 소프트웨어 및 사용자가 설정한 값들이 포함된 EC2 인스턴스가 생성될 겁니다. 이렇듯 오토스케일링 그룹을 사용할 때는 AMI를 어떻게 활용할지 고민하는 것도 중요합니다.

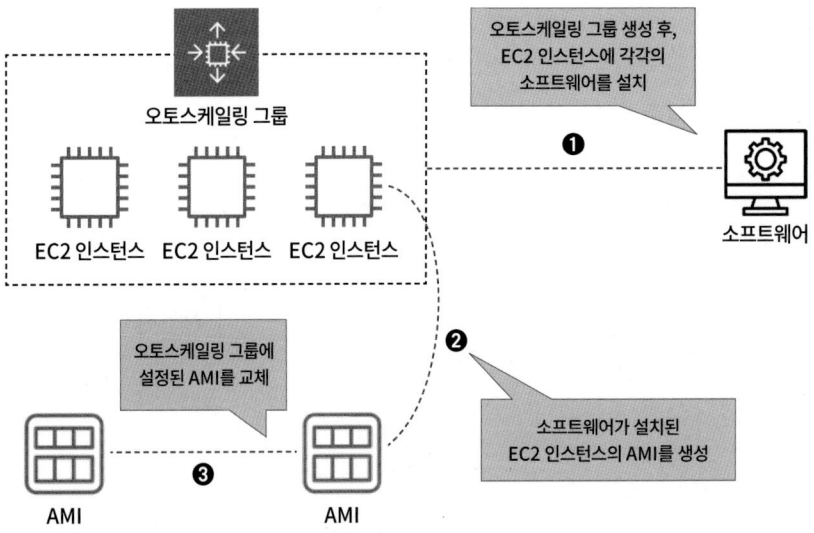

> AWS에서는 워드프레스가 설치된 AMI, MySQL이 설치된 AMI 등 미리 소프트웨어가 설치된 AMI를 배포하고 있습니다.

오토스케일링 그룹 종료 정책

오토스케일링 그룹에서 스케일인 작업을 실시할 때 어떤 EC2 인스턴스부터 삭제가 되는 걸까요? 오토스케일링 그룹에서는 스케일인 종료 정책을 제공하고 있습니다.

종료 정책	작업	비고
기본값	순서대로 조건에 일치하는 EC2 인스턴스를 찾아내는 종료 정책입니다. 먼저 가용 영역내에서 종료 방지 기능이 설정되지 않은 EC2 인스턴스를 찾아 삭제합니다. 혹은 가장 오래된 시작 템플릿이 있는 인스턴스를 찾아 삭제합니다. 이런 조건에 해당하는 EC2 인스턴스가 여러 대 존재할 경우 결제 시간이 가장 가까운 EC2 인스턴스를 찾아 삭제합니다.	
할당 전략	인스턴스의 유형(스팟 인스턴스 혹은 온디맨드 인스턴스)의 배포 전략에 맞추는 종료 정책입니다.	
가장 오래된 시작 템플릿	가장 오래된 시작 템플릿을 사용하는 EC2 인스턴스를 삭제합니다.	

가장 오래된 시작 구성	가장 오래된 시작 설정을 가진 EC2 인스턴스를 삭제합니다.	오래된 시작 설정이란 오래된 버전의 AMI, 인스턴스 유형, 보안 그룹 등이 이 시작 구성에 포함됩니다.
다음 인스턴스 시간과 가장 가까움	결제 시간에 가장 가까운 EC2 인스턴스를 삭제합니다.	
최신 인스턴스	오토스케일링 그룹 내에서 가장 최근 생성된 EC2 인스턴스를 찾아 삭제합니다.	
가장 오래된 인스턴스	오토스케일링 그룹 내에서 생성 시간이 가장 오래된 EC2 인스턴스를 찾아 삭제합니다.	

또한 사용자 지정 종료 정책을 선택해 종료 정책을 사용자 임의로 설정할 수도 있습니다. 이렇듯 오토스케일링 그룹에서는 다양한 종료 정책을 제공하고 있으며, 구성하고자 하는 환경에 맞추어 종료 정책을 선택할 필요가 있습니다.

12.3 아마존 EC2 오토스케일링 생성해보기

이번 실습에서는 오토스케일링 그룹을 생성해보며, 오토스케일링 그룹에서 어떻게 스케일 작업이 이루어지는지 확인해봅시다.

12.3.1 오토스케일링 그룹 생성해보기

To do **01** 오토스케일링 그룹을 생성하는 클라우드포메이션의 yml 파일은 다음과 같습니다.

> **오토스케일링 그룹을 생성하는 yml 파일**
>
> - **파일 이름**: VPC.yml, IAM.yml, Security_Group.yml, Auto_Scaling_Group.yml
> - **클라우드포메이션 스택 생성 순서**: VPC.yml → IAM.yml → Security_Group.yml → Auto_Scaling_Group.yml

클라우드포메이션 전체 코드는 깃허브 리포지터리 [chapter12] → [Auto-Scaling-Group] → [chapter12.3.1-Create-Auto-Scaling-Group] 폴더에서 확인할 수 있습니다. 이번에 구축할

환경은 다음과 같습니다. 클라우드포메이션으로 구축한 환경의 결과를 확인하고 싶다면 이번 내용을 건너뛰고, 이어지는 **'UI로 불러와 오토스케일링 그룹 생성하기'** 절부터 확인하시기 바랍니다.

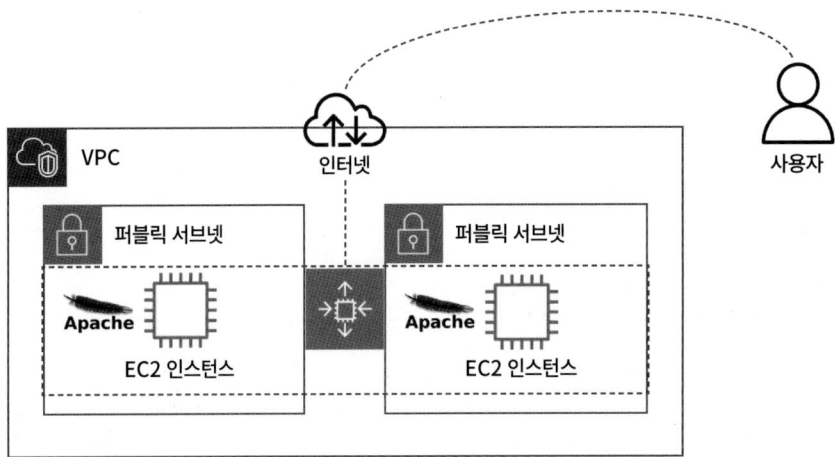

먼저 퍼블릭 서브넷에 EC2 인스턴스가 생성되도록 오토스케일링 그룹을 생성합니다. 각 EC2 인스턴스에는 아파치가 설치되어 있어 사용자는 해당 EC2 인스턴스로 접속하면 아파치 웹페이지가 표시됩니다.

02 Security_Group.yml 파일에 EC2 인스턴스의 보안 그룹 생성을 위한 코드를 작성하겠습니다.

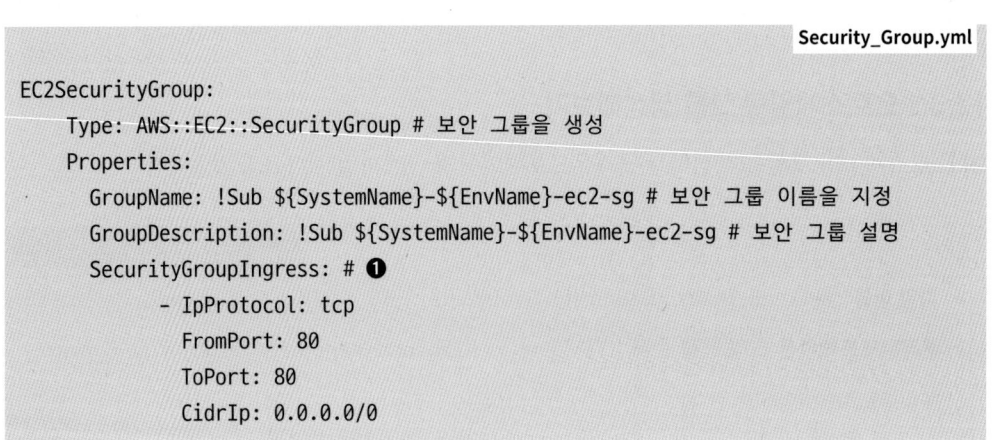

```
EC2SecurityGroup:
    Type: AWS::EC2::SecurityGroup # 보안 그룹을 생성
    Properties:
      GroupName: !Sub ${SystemName}-${EnvName}-ec2-sg # 보안 그룹 이름을 지정
      GroupDescription: !Sub ${SystemName}-${EnvName}-ec2-sg # 보안 그룹 설명
      SecurityGroupIngress: # ❶
        - IpProtocol: tcp
          FromPort: 80
          ToPort: 80
          CidrIp: 0.0.0.0/0
```

❶ 이번에 생성할 보안 그룹은 아파치가 설치된 EC2 인스턴스에 접속해 아파치 웹페이지가 출력되었는지 확인할 목적으로 HTTP 80번 포트를 열어두는 설정으로 생성합니다.

03 IAM.yml 파일에 IAM의 Arn을 내보내는 코드를 작성하겠습니다.

```yml
# IAM.yml
Outputs:
# IAM Profile
  InstanceProfile: # ❶
    Value: !Ref EC2InstanceProfile
    Export:
      Name: !Sub ${EnvName}-ec2-role
  InstanceProfileArn: # ❷
    Value: !GetAtt EC2InstanceProfile.Arn
    Export:
      Name: !Sub ${EnvName}-ec2-role-arn
```

EC2 인스턴스에 IAM 권한을 설정하는 방법은 두 가지가 있습니다. ❶ 내보낸 EC2Instance Profile을 EC2 인스턴스에 적용하거나 ❷ EC2InstanceProfile의 Arn을 적용할 수도 있습니다. Arn$^{\text{Amazon Resource Name}}$은 리소스의 이름을 의미하며 해당 리소스의 고유 식별자입니다. Arn을 추출하는 방법은 .Arn으로 해당 리소스의 Arn을 추출할 수 있습니다.

04 Auto_Scaling_Group.yml 파일에 오토스케일링 그룹을 생성하는 데 사용할 파라미터를 정의합니다.

```yml
# Auto_Scaling_Group.yml
Parameters:
  KeyPairName: # ❶
    Description: gr-product-ec2 EC2 Key Pair
    Type: String
    Default: gr-product-ec2-key
  EC2AMI: # ❷
    Description: gr-product-ec2 EC2 AMI
    Type: String
    Default: ami-02d081c743d676996
  InstanceType: # ❸
    Description: gr-product-ec2 EC2 instance type
    Type: String
    Default: t3.micro
```

오토스케일링 그룹을 생성하기에 앞서 파라미터를 정의합니다. ❶ 생성한 EC2 인스턴스에 사용할 키 페어 이름을 지정합니다. ❷ EC2 인스턴스의 AMI를 지정합니다. ❸ EC2 인스턴스 유형을 지정합니다. 이번에는 ap-northeast-2a, ap-northeast-2b 두 가용 영역에 EC2 인스턴스가 생성되는데, ap-northeast-2b 가용 영역에는 t2.micro를 사용할 수 없기 때문에 ap-northeast-2b에서도 사용할 수 있는 t3.micro를 지정합니다.

> 가용 영역마다 사용할 수 있는 인스턴스 유형이 다르므로 주의합시다.

05 Auto_Scaling_Group.yml 파일에 EC2 인스턴스에서 사용할 키 페어를 생성합니다.

Auto_Scaling_Group.yml
```
NewKeyPair:
  Type: AWS::EC2::KeyPair
  Properties:
    KeyName: !Ref KeyPairName
```

EC2 인스턴스에 사용할 키 페어를 생성합니다. 키 페어 이름은 파라미터에서 정의한 이름으로 지정합니다.

06 Auto_Scaling_Group.yml 파일에 EC2 인스턴스를 생성하는 데 사용할 시작 템플릿을 구성합니다.

Auto_Scaling_Group.yml
```
WebLaunchTemplate:
  Type: AWS::EC2::LaunchTemplate # ❶
  Properties: # ❷
    LaunchTemplateName: !Sub ${SystemName}-${EnvName}-AppLaunchConfiguration
    LaunchTemplateData:
      IamInstanceProfile:
        Arn:
          Fn::ImportValue: !Sub ${EnvName}-ec2-role-arn
      BlockDeviceMappings:
        - DeviceName: /dev/sda1
          Ebs:
            VolumeType: gp3
```

```
            VolumeSize: 100
            DeleteOnTermination: true
            Encrypted: true
      NetworkInterfaces:
      - AssociatePublicIpAddress: true
        DeviceIndex: 0
        Groups:
          - Fn::ImportValue: !Sub ${EnvName}-ec2-sg
      ImageId: !Ref EC2AMI
      InstanceType: !Ref InstanceType
      KeyName: !Ref KeyPairName
```

❶ 타입에는 AWS::EC2::LaunchTemplate을 입력해, 시작 템플릿을 생성합니다. ❷ 시작 템플릿의 속성에는 EC2 인스턴스에서 사용할 IAM 역할, 볼륨 크기, 네트워크, 보안 그룹과 같은 설정을 다루고 있습니다.

07 Auto_Scaling_Group.yml 파일에 EC2 인스턴스의 사용자 데이터를 사용해 아파치 서버를 설치합니다.

Auto_Scaling_Group.yml
```
UserData: !Base64 |
        #!/bin/bash
        # Use this for your user data (script from top to bottom)
        # install httpd (Linux 2 version)
        sudo yum update -y
        sudo yum install httpd-2.4.51 -y
        sudo systemctl start httpd
        sudo systemctl enable httpd
        sudo httpd -v
        sudo cp /usr/share/httpd/noindex/index.html /var/www/html/index.html
```

EC2 인스턴스 생성될 때 아파치가 설치되도록 사용자 데이터를 활용합니다. 이 사용자 데이터를 설정함으로써 앞으로 스케일 작업에 의해 EC2 인스턴스가 생성될 때 아파치가 설치된 EC2 인스턴스가 생성될 겁니다.

08 Auto_Scaling_Group.yml 파일에 오토스케일링 그룹을 생성하는 코드를 작성합니다.

Auto_Scaling_Group.yml
```yaml
WebAutoScalingGroup:
    Type: AWS::AutoScaling::AutoScalingGroup # ❶
    Properties:
        AutoScalingGroupName: !Sub ${SystemName}-${EnvName}-asg # ❷
        LaunchTemplate: # ❸
            LaunchTemplateId: !Ref WebLaunchTemplate
            Version: !GetAtt WebLaunchTemplate.LatestVersionNumber
        MetricsCollection:   # ❹
            - Granularity: 1Minute
              Metrics:
                  - GroupMinSize
                  - GroupMaxSize
        HealthCheckType : EC2 # ❺
        MaxSize: '3' # ❻
        MinSize: '2'
        DesiredCapacity: '2'
        HealthCheckGracePeriod : '300'
        VPCZoneIdentifier: # ❼
            - "Fn::ImportValue": !Sub ${EnvName}-public-subnet-1a
            - "Fn::ImportValue": !Sub ${EnvName}-public-subnet-1b
        Tags: # ❽
            - Key: Name
              Value: !Sub ${SystemName}-${EnvName}-ec2
              PropagateAtLaunch: true
            - Key: Env
              Value: !Sub ${EnvName}
              PropagateAtLaunch: true
```

❶ 오토스케일링 그룹을 생성할 타입을 지정합니다. ❷ 오토스케일링 그룹의 이름을 지정합니다. ❸ 오토스케일링 그룹에서 사용할 시작 템플릿을 지정하며, 최신 버전의 시작 템플릿을 사용하도록 합니다. ❹ MetricsCollection은 오토스케일링 그룹에서 집계된 데이터를 클라우드워치로 보낼 설정값을 지정할 수 있습니다. Granularity 항목은 클라우드워치로 보낼 빈도를 설정할 수 있으며 1분 간격으로 보내도록 설정합니다. Metrics에서는 어떠한 데이터를 집계해보낼지 설정하는 항목으로 오토스케일링 그룹의 최소 용량과 최대 용량을 집계 데이터로 전송합니다. ❺ 상태 확

인을 진행할 서비스를 선택할 수 있으며, 상태 확인에는 기본적으로 EC2 인스턴스를 선택할 수 있지만, 로드 밸런서가 있다면 로드 밸런서를 선택할 수도 있습니다. ❻ 오토스케일링 그룹에 의해 생성될 EC2 인스턴스의 용량을 설정합니다. 설정할 수 있는 항목은 원하는 용량, 최소 용량, 최대 용량 세 가지입니다. ❼ EC2 인스턴스가 생성될 서브넷을 지정합니다. ❽ 마지막으로 생성된 EC2 인스턴스에 추가할 태그를 지정합니다.

12.3.2 UI로 불러와 오토스케일링 그룹 생성하기

다음은 오토스케일링 그룹을 생성하고, 어떻게 스케일 작업이 이루어지는지 UI 기반에서 확인해 봅시다.

01 우선 클라우드포메이션 스택을 생성합니다. 스택 이름을 입력하고, 파라미터를 확인합니다. 파라미터에 입력된 기본값을 유지하며 클라우드포메이션 스택을 생성합니다.

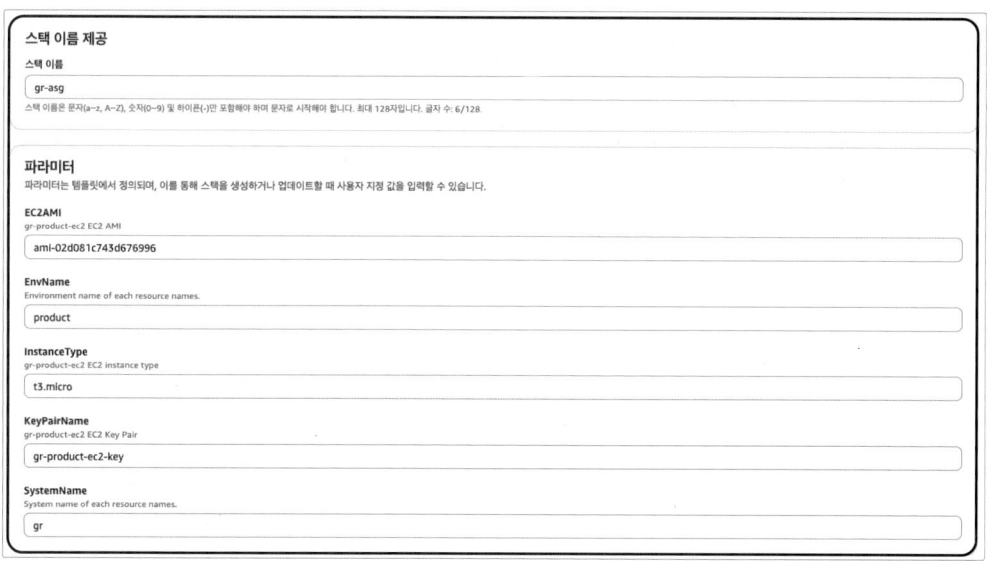

02 EC2 콘솔 화면에서 시작 템플릿을 확인합니다. ❶ EC2 콘솔 화면에서 [시작 템플릿] 카테고리를 선택하면 ❷ 생성된 시작 템플릿을 확인할 수 있습니다. ❸ 또한 작업 메뉴에서 해당 템플릿의 새로운 버전을 생성하는 등 여러 작업을 수행할 수 있습니다.

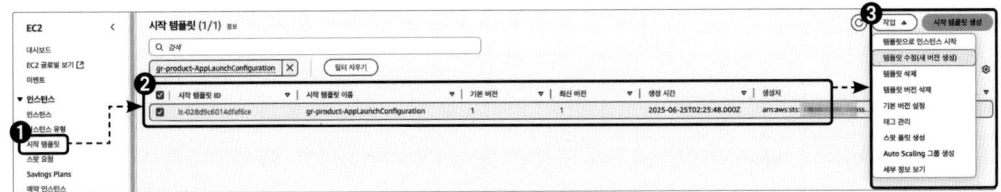

03 EC2 콘솔 화면에서 생성된 EC2 인스턴스를 확인합니다. ❶ [인스턴스] 카테고리를 클릭합니다. ❷ 두 대의 EC2 인스턴스가 생성된 것을 확인할 수 있으며, ap-northeast-2a, ap-northeast-2b에 생성된 것을 확인할 수 있습니다. ❸ 또한 EC2 인스턴스의 퍼블릭 DNS 혹은 퍼블릭 IP를 브라우저에 입력하면 ❹ 아파치 페이지가 표시되는 것을 확인할 수 있습니다.

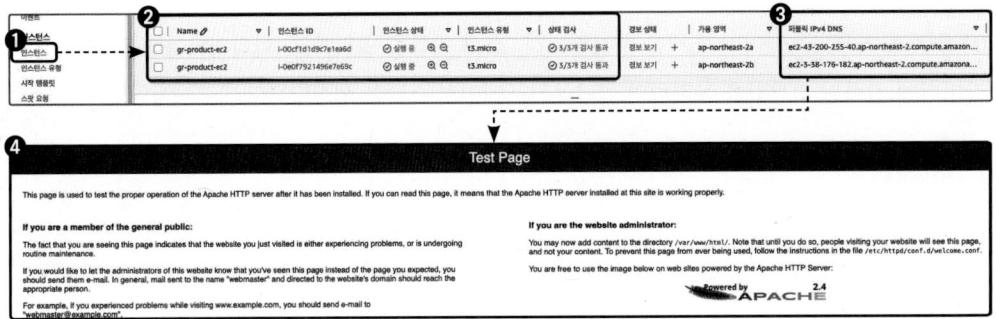

04 EC2 콘솔 화면에서 오토스케일링 그룹을 확인합니다. ❶ EC2 콘솔 화면에서 [Auto Scaling 그룹]을 선택하면 ❷ 생성된 오토스케일링 그룹을 확인할 수 있으며, 이 오토스케일링 그룹에 설정된 시작 템플릿과 버전, 생성된 인스턴스와 용량, 가용 영역 등을 확인할 수 있습니다.

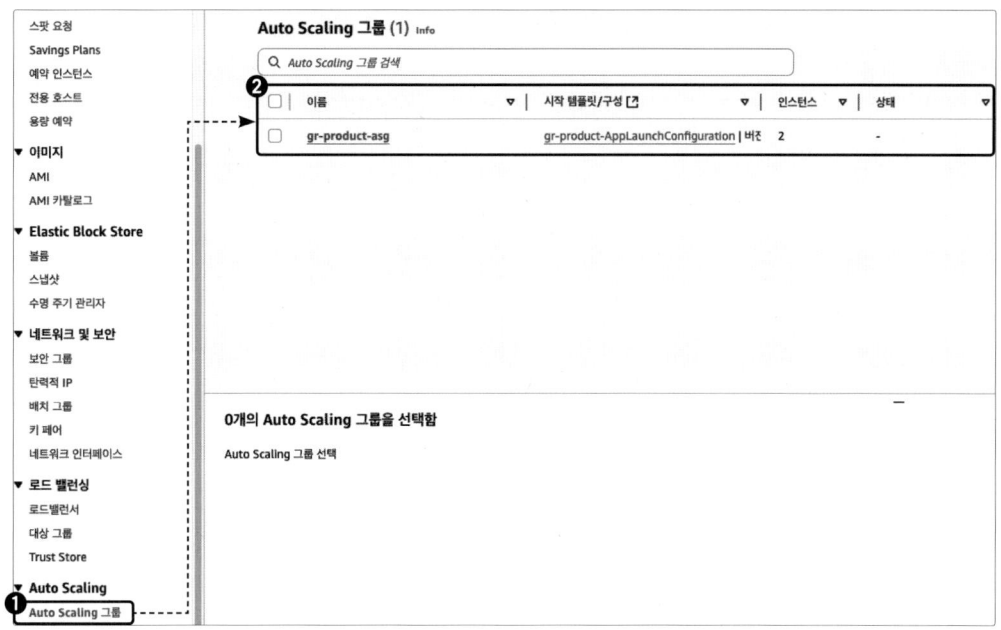

05 오토스케일링 그룹의 세부 정보를 확인합니다. 오토스케일링 그룹을 클릭하면 ❶ [세부 정보]를 포함해 생성된 EC2 인스턴스의 정보나 그룹 정책과 같은 정보를 확인할 수 있습니다. ❷ 또한 [편집]을 클릭하여 그룹 정책을 생성하거나 시작 템플릿의 버전을 변경하거나 생성하고자 하는 EC2 인스턴스의 용량을 변경하는 등 다양한 작업을 수행할 수 있습니다.

06 오토스케일링 그룹 스케일 작업을 위해 예약된 작업을 생성합니다. 스케일 작업을 테스트해보기 위해서 ❶ [Automatic scaling] 카테고리에서 ❷ [예약된 작업 생성]을 클릭합니다.

07 오토스케일링 그룹의 예약된 작업을 설정합니다. ❶ 이름에는 예약된 작업의 이름을 입력합니다. ❷ 그리고 용량을 설정하는데, 현재 오토스케일링 그룹에 설정되어 있는 용량은 원하는 용량 2, 최소 용량 2, 최대 용량 3으로 설정되어 있기 때문에 이 설정값을 예약된 작업에도 동일하게 설정하면 스케일링 작업이 실시되지 않습니다. EC2 인스턴스를 한 대 추가하려면 최소 용량을 늘릴 필요가 있으므로 최소 용량을 2에서 3으로 늘려줍니다. 원하는 용량의 경우 오토스케일링 그룹이 생성될 때 몇 대의 EC2 인스턴스가 생성될지 설정하는 값이므로 원하는 용량은 수정할 필요가 없지만, 최소 용량과 대수를 맞추기 원한다면 원하는 용량도 수정합니다. 그리고 최대 용량은 3으로 유지할 수도 있으며, 4로 올릴 수도 있습니다. ❸ 반복에서는 한 번만 실행하도록 설정하며, ❹ 표준 시간대는 서울을 기준으로 설정해 ❺ 시작할 시간을 지정하고 예약된 작업을 생성합니다.

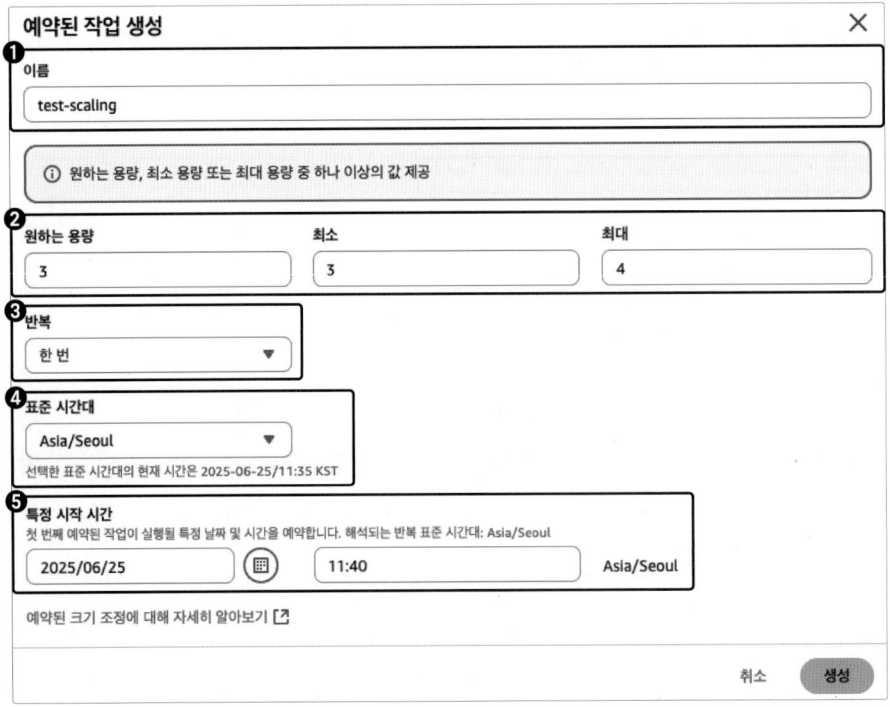

08 예약된 작업을 통한 EC2 인스턴스 스케일을 실시합니다. ❶ 지정한 시간이 되면, 스케일 작업을 실시하며 ❷ EC2 인스턴스가 한 대 추가된 것을 확인할 수 있습니다. ❸ 오토스케일링 그룹을 확인하면 용량이 변경된 것을 확인할 수 있습니다.

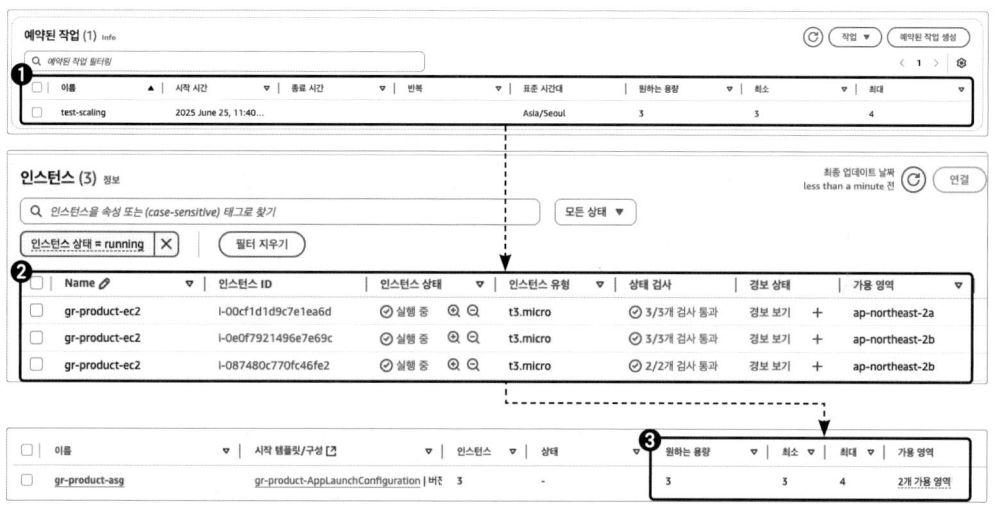

트래픽이 증가하는 시간대를 알고 있다면 예약된 작업을 사용해 EC2 인스턴스 대수를 추가하고, 해당 시간대 이후에는 원래의 용량으로 되돌리는 예약 작업을 통해 유연하게 사용자에게 서비스를 제공할 수 있습니다.

학습 마무리

이번 장에서는 클라우드 서버 최적화 서비스인 아마존 EC2 오토스케일링에 대해서 살펴봤습니다. AWS에서는 아마존 EC2 오토스케일링뿐만 아니라 중앙 집중 관리를 위해 AWS 오토스케일링 서비스도 제공합니다. 그중에서 EC2 인스턴스의 최적화를 위해 아마존 EC2 오토스케일링을 중점으로 살펴보았습니다. 오토스케일링 그룹이 무엇인지, 어떠한 스케일 정책을 가지며 어떻게 스케일인, 스케일아웃 작업을 수행하는지 학습했으며, 이런 내용을 바탕으로 기본적인 오토스케일링 개념을 숙지하고 활용할 수 있게 되었습니다.

핵심 요약

1 **오토 스케일링**은 스케일업과 스케일아웃을 구현하는 데 사용됩니다. 이를 통해 클라우드 서버를 최적화할 수 있습니다.
2 AWS에서는 AWS 오토스케일링을 제공하고 있으며, AWS 오토스케일링은 아마존 EC2 오토스케일링을 포함해 아마존 ECS, 아마존 다이나모DB, 아마존 오로라와 같은 다양한 서비스에 대한 스케일링 작업을 수행하는 서비스입니다.
3 아마존 EC2 오토스케일링은 오토스케일링 그룹을 생성해 EC2 인스턴스에 대한 스케일업과 스케일아웃을 구현할 수 있습니다.
4 **오토스케일링 그룹**은 로드 밸런서와 함께 사용할 수 있으며, 확장성과 가용성을 고려해 함께 사용할 것을 권장하고 있습니다.
   - 오토스케일링 그룹은 다양한 **스케일 정책**을 제공하고 있으며, 동적 크기 조정 정책은 대상 추적 크기 조정, 단계 크기 조정, 단순 크기 조정 세 가지로 나누어볼 수 있습니다. 그 외에도 예측 크기 조정 정책, 예약된 작업을 통해 스케일 작업을 실시할 수 있습니다.
   - 오토스케일링 그룹에서는 **스케일아웃** 작업을 위한 종료 정책을 제공하고 있으며, 기본값, 할당 전략, 가장 오래된 시작 템플릿, 가장 오래된 시작 구성, 다음 인스턴스 시간과 가장 가까움, 최신 인스턴스, 가장 오래된 인스턴스와 같은 종료 정책을 제공하고 있습니다.

연습문제

1 AWS 오토스케일링에 대한 설명으로 옳은 것은?

　❶ AWS 오토스케일링은 EC2 인스턴스만을 스케일하고 관리하는 서비스이다.

　❷ AWS 오토스케일링과 아마존 EC2 오토스케일링은 별개의 서비스로 작동하며, 두 서비스 간 관계성은 없다.

　❸ AWS 오토스케일링은 중앙 집중식 관리 서비스로 아마존 EC2 오토스케일링를 포함해 다양한 서비스에 대한 스케일링 작업을 수행할 수 있도록 한다.

　❹ AWS 오토스케일링은 아마존 ECS, 아마존 S3, 아마존 다이나모DB 서비스에 대한 스케일 작업을 수행할 수 있도록 도와준다.

2 다음 시작 템플릿에 대한 설명으로 틀린 것은?

　❶ 시작 템플릿은 EC2 인스턴스를 구성하는 설정을 적용한다.

　❷ 시작 템플릿은 다양한 버전을 나누어 관리할 수 있다.

　❸ 시작 템플릿이 없어도 오토스케일링 그룹은 기본값으로 EC2 인스턴스를 생성한다.

　❹ 시작 템플릿을 사용하면 다양한 버전을 활용해 스케일업으로 인스턴스의 스펙을 업그레이드 할 수 있다.

3 다음 오토스케일링 그룹에 대한 설명으로 틀린 것은?

　❶ 오토스케일링 그룹에서는 그룹 크기를 정해 원하는 용량, 최소 용량, 최대 용량으로 EC2 인스턴스 대수를 관리할 수 있다.

　❷ 오토스케일링 그룹에서는 다른 서비스와의 연동은 불가능하며, 오직 오토스케일링 그룹 하나만을 사용해야 한다.

　❸ 오토스케일링 그룹은 다양한 스케일 정책을 제공하고 있으며, 동적 크기 조정 정책과 예측 크기 조정 정책, 예약된 작업이 있다.

　❹ 예약된 작업은 트래픽이 증가하는 시간대를 알고 있는 경우 유용하게 사용할 수 있는 정책이다.

연습문제

4 오토스케일링 그룹 종료 정책의 설명 중 틀린 것은?

① 가장 오래된 시작 템플릿은 가장 오래된 시작 템플릿을 사용하는 EC2 인스턴스를 먼저 삭제한다.

② 최신 인스턴스는 오토스케일링 그룹 내에서 가장 최근 생성된 EC2 인스턴스를 찾아 삭제한다.

③ 가장 오래된 시작 구성은 가장 오래된 시작 설정을 가진 EC2 인스턴스를 찾아 삭제하는데, 이 시작 설정은 생성 시간이 가장 오래된 시작 템플릿을 의미한다.

④ 가장 오래된 인스턴스는 오토스케일링 그룹 내에서 생성 시간이 가장 오래된 EC2 인스턴스를 찾아 삭제한다.

5 오토스케일링 그룹에서 스케일아웃을 통해 생성된 EC2 인스턴스에도 소프트웨어가 설치된 상태로 생성되도록 하려면 어떠한 방법을 사용해야 하는지 설명해보세요.

6 AWS 오토스케일링과 아마존 EC2 오토스케일링 그룹의 차이점은 무엇일까요?

---

1 **정답** ❸ AWS 오토스케일링은 중앙 집중식 관리 서비스로 아마존 EC2 오토스케일링를 포함해 다양한 서비스에 대한 스케일링 작업을 수행할 수 있도록 한다.

2 **정답** ❸ 시작 템플릿이 없어도 오토스케일링 그룹은 기본값으로 EC2 인스턴스를 생성한다.

3 **정답** ❷ 오토스케일링 그룹에서는 다른 서비스와의 연동은 불가능하며, 오직 오토스케일링 그룹 하나만을 사용해야 한다.

4 **정답** ❸ 가장 오래된 시작 구성은 가장 오래된 시작 설정을 가진 EC2 인스턴스를 찾아 삭제하는데, 이 시작 설정은 생성 시간이 가장 오래된 시작 템플릿을 의미한다.

5 **정답** 소프트웨어가 미리 설치된 AMI를 활용한다.

6 **정답** AWS 오토스케일링은 아마존 EC2 오토스케일링을 포함해 아마존 ECS, 아마존 다이나모DB, 아마존 오로라와 같은 다양한 서비스에 대한 스케일링 작업을 수행할 수 있도록 서비스이며, 아마존 EC2 오토스케일링는 EC2 인스턴스의 스케일링 작업을 수행한다.

Chapter 13

컨테이너를 위한 백엔드 서비스 파악하기

학습 목표

이번 장에서는 컨테이너 백엔드 서비스를 학습합니다. 먼저 컨테이너가 무엇인지, 컨테이너로 사용하는 도커라는 오픈 소스 프로젝트가 무엇인지 학습합니다. 이를 바탕으로 AWS에서 제공하는 컨테이너 서비스를 학습해봅시다.

핵심 키워드

컨테이너 | 도커 | 도커파일 | 도커 이미지 | 환경 불일치 | 아마존 ECS | 아마존 ECS on EC2
아마존 ECS on 파게이트 | 아마존 ECR | 작업 정의 | 네트워크 모드 | 작업 | 서비스 | 클러스터

학습 코스

❶ 컨테이너 백엔드 서비스, 아마존 ECS란? → ❷ 컨테이너 백엔드 서비스, 아마존 ECS 살펴보기 → ❸ 아마존 ECS on 파게이트 생성해보기

13.1 컨테이너 서비스, 아마존 ECS란?

아마존 ECS^{Elastic Container Service}는 AWS에서 도커 컨테이너를 배포하고 운영, 관리하는 완전 관리형 컨테이너 서비스입니다. 아마존 ECS의 구성을 이해하기에 앞서 먼저 도커와 컨테이너를 학습해봅시다.

도커는 환경 불일치^{Environment Disparity}를 해결하는 오픈 소스 프로젝트입니다. 도커는 환경 불일치를 해결하는 오픈 소스 프로젝트입니다.

▼ 환경 불일치 예

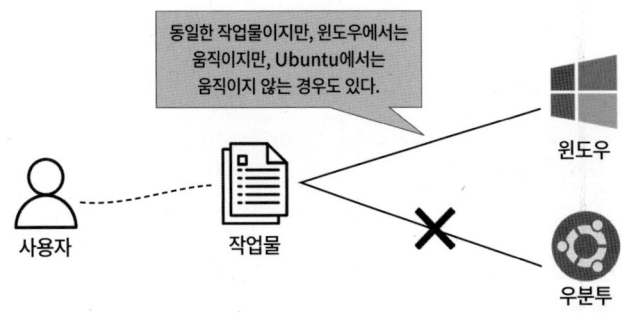

예를 들어 이 환경 불일치는 윈도우에서는 정상적으로 동작하지만 우분투 혹은 그 외 OS에서는 동작하지 않는 경우도 있습니다. 이런 상태를 환경 불일치라고 하며 도커는 이를 해결해줍니다. 그렇다면 도커는 환경 불일치를 어떻게 해결할 수 있을까요? 도커는 다른 컴퓨터에서도 같은 개발 환경을 구성할 수 있으며 이를 통해 환경 불일치를 해결할 수 있습니다. 도커에서 같은 개발 환경을 구성하는 방법으로는 도커파일^{Dockerfile}을 만드는 방법과 도커허브^{DockerHub}에서 도커 이미지를 내려받는 방법이 있습니다. 도커파일은 다음과 같습니다.

▼ 도커파일 예

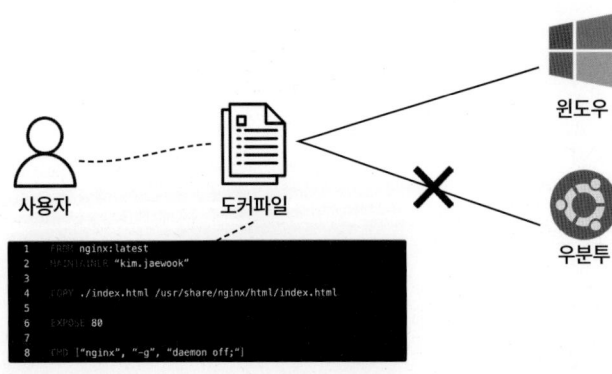

이 도커파일은 엔진엑스Nginx 환경을 구성하는 설정 파일입니다. 도커파일을 작성할 때는 반드시 파일명은 'Dockerfile' 혹은 'dockerfile'로 설정해야 합니다. 도커파일에서 사용하는 명령어 FROM은 베이스 이미지를 지정하는 것으로 엔진엑스의 최신 버전을 베이스 이미지로 지정하고 있습니다. MAINTAINER는 도커파일의 작성자 혹은 수정한 사람의 이름을 지정하는 부분이며 COPY는 호스트 파일을 지정된 디렉터리에 복사하는 명령으로 로컬 환경의 ./index.html 경로에 있는 파일을 컨테이너 내부에 있는 웹 서버의 경로(/usr/share/nginx/html/)에 복사하는 명령어가 됩니다. EXPOSE는 컨테이너가 노출할 포트를 지정하는 명령으로 해당 포트로 접속하면 엔진엑스의 /usr/share/nginx/html/index.html 파일이 열리게 될 겁니다. 마지막으로 CMD는 도커파일에서 사용되는 지시문으로, 컨테이너가 시작될 때 실행될 기본 명령을 지정하며, 이 도커파일에서는 엔진엑스를 시작하는 명령어를 사용하고 있습니다. 이렇게 설정한 도커파일을 사용해 하나의 컨테이너를 구성한다면 같은 개발 환경을 구성할 수 있으며 어떠한 OS에서도 문제없이 사용할 수 있습니다.

다음은 이런 구성을 만들기까지의 과정을 살펴보겠습니다.

▼ 컨테이너를 구성하기까지의 예

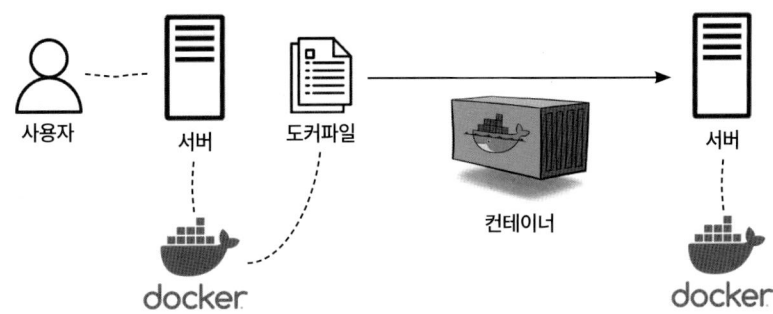

먼저 사용자는 로컬 환경 혹은 현재 개발을 진행하고자 하는 서버에 도커를 설치합니다. 이어서 사용자가 구성하고자 하는 환경을 바탕으로 도커파일을 작성합니다. 이렇게 작성한 도커파일을 다른 서버로 업로드하고 이 서버에도 동일하게 도커를 설치한 다음, 업로드된 도커파일을 빌드해 같은 개발 환경을 구성할 수 있습니다. 이렇게 구성한 가상의 개발 환경을 컨테이너Container라고 합니다. 이렇게 직접 사용자가 도커파일을 만드는 방법도 존재하지만 도커허브에 접속해 다른 사람들이 만들어둔 도커파일을 다운로드해 개발 환경을 구성할 수도 있습니다.

▼ 도커허브 사이트

도커허브는 자신이 만든 도커파일을 업로드할 수 있으며, 다른 업로더가 만든 도커파일을 내려받을 수도 있는 공유 플랫폼입니다. 이런 플랫폼을 이용해 사용자들은 서로의 도커 이미지를 공유하고 재사용함으로써 개발 환경을 효율적으로 관리할 수 있습니다. EC2 인스턴스의 커뮤니티 AMI 또한 사용자가 만든 AMI를 업로드하고 공유할 수 있다는 점에서 비슷한 목적을 가지며, 각 환경에서 소프트웨어를 관리하고 공유하는 데 사용됩니다.

다음은 컨테이너에 대해서 조금 더 학습해봅시다. 컨테이너는 호스트 OS에 컨테이너 전용 영역을 만들고 그 위에 애플리케이션을 실행하는 메커니즘이라고 설명할 수 있습니다. ❶ 도커파일을 만들고 ❷ 빌드하면 ❸ 도커 이미지가 되며, 이 도커 이미지는 도커파일에서 작성한 내용이 포함된 하나의 정적인 상태로 생성됩니다. 이런 정적인 도커 이미지를 컨테이너화하는 방법은 간단합니다. ❹ 도커 이미지를 실행시키면 정적인 상태에서 동적인 상태로 변하며 ❺ 컨테이너가 됩니다.

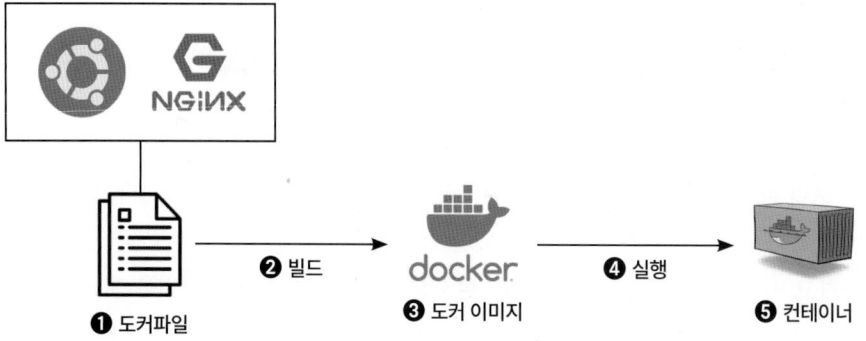

또한 컨테이너는 독립적입니다. 이런 특징 덕분에 하나의 서버에 복수의 컨테이너를 만들어 관리 및 서비스할 수 있습니다. 예를 들어 Ubuntu OS 환경을 위한 컨테이너와 엔진엑스 환경을 위한 컨테이너, 마지막으로 PHP 개발 환경의 컨테이너 등 각각 다른 환경의 컨테이너를 만들어 운영 및 관리할 수 있습니다. 이런 특징으로 컨테이너는 새 프로젝트를 진행할 때마다 AWS에서 EC2 인스턴스를 생성하거나 물리 서버를 구입해 설정할 필요가 없다는 겁니다.

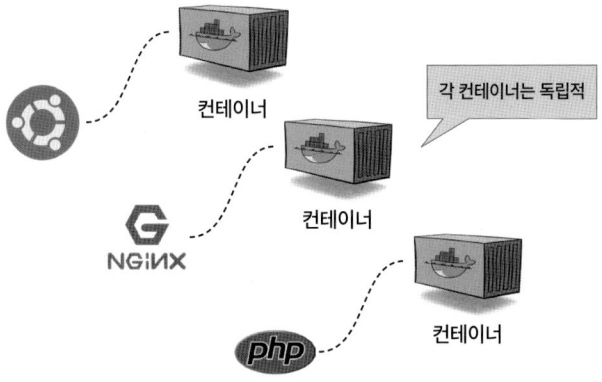

마지막으로 도커가 실행되고 종료되기까지의 생명주기를 살펴봅시다.

▼ 도커 생명주기 흐름

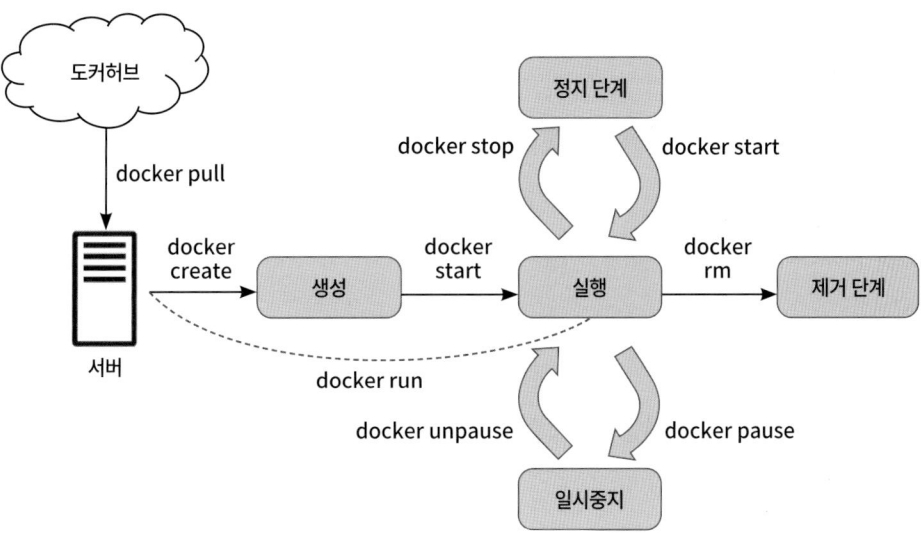

먼저 도커허브에서 도커 이미지를 찾아 다운로드합니다. 이 이미지를 내려받을 수 있는 방법은 docker pull과 docker run이라는 두 가지 명령으로 내려받을 수 있으며, docker pull 명령은 단지 도커허브에서 도커 이미지만을 다운로드합니다. 이 도커 이미지는 정적인 상태이므로 사용하려면 컨테이너화를 해야 합니다. 컨테이너화를 하려면 docker create 명령을 사용합니다. 그리고 docker start 명령을 사용해 컨테이너를 시작합니다. 만약 docker run 명령을 실행한다면 도커 이미지를 다운로드를 하고 곧 바로 컨테이너를 시작합니다.

> 여기서 주의할 점은 docker run 명령은 실행할 때마다 컨테이너를 생성합니다. 즉, 컨테이너화가 필요할 때에만 실행하는 것이 좋습니다.

컨테이너를 중지하려면 docker stop을 실행합니다. 시작하려면 docker start 명령어를 실행합니다. 그 외, 컨테이너의 내부 프로세스를 일시 정지시키고 싶은 때는 docker pause 명령을 실행하고, 재시작하려면 docker unpause 명령을 실행합니다. 마지막으로 컨테이너를 삭제하려면 docker rm 명령을 실행하고 도커 이미지를 삭제하려면 docker rmi 명령을 실행합니다.

여기까지가 도커와 컨테이너에 대한 설명이었습니다. 도커가 무엇인지, 도커를 왜 사용하는지에 대해 알아보았으며, 이를 바탕으로 독자적인 개발 환경을 구축하는 컨테이너에 대해 이해할 수 있게 되었습니다. 이런 학습 내용을 바탕으로 AWS에서 제공하는 아마존 ECS에 대해서 살펴보며, 아마존 ECS는 어떠한 구조를 가지고 동작하는지 살펴보겠습니다.

13.2 컨테이너 서비스, 아마존 ECS 살펴보기

앞서 도커와 도커를 이용한 컨테이너화를 하기까지의 과정을 살펴보았습니다. 이번에는 앞서 살펴본 내용을 바탕으로 아마존 ECS에서는 어떻게 이미지를 생성하고 컨테이너화가 이루어지는지 살펴보겠습니다.

13.2.1 컨테이너 서비스, 아마존 ECR 살펴보기

도커에서는 도커를 설치하고 도커파일을 작성해 정적인 도커 이미지를 생성한다고 했습니다. 그렇다면 아마존 ECS에서는 어떻게 정적인 이미지를 생성해 컨테이너화를 하는 걸까요? 아마존 ECS는 정적인 이미지를 보관하는 아마존 ECR^{Elastic Container Registry}라는 서비스를 제공하고 있습니다. 이 정적인 이미지를 보관하는 아마존 ECR에 어떻게 도커 이미지를 푸시해 관리하는지 다음 그림을 보면서 살펴봅시다.

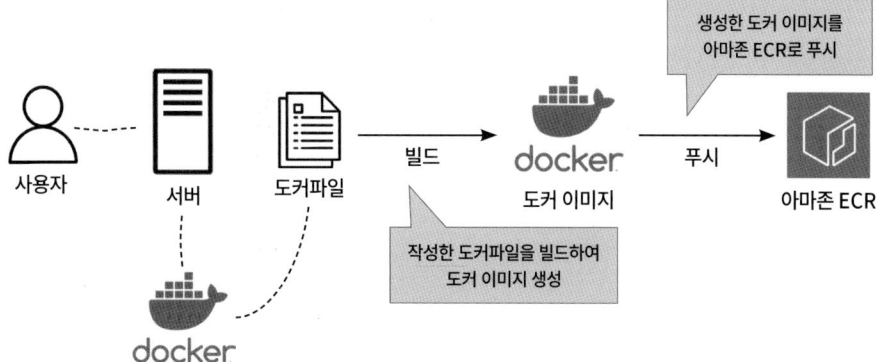

먼저 도커를 설치하고 도커파일을 작성해 정적인 도커 이미지를 생성하는 과정은 이전에 설명했습니다. 이 정적인 도커 이미지를 생성했다면, AWS CLI를 사용해 아마존 ECR로 푸시 작업을 수행합니다. 이렇게 푸시 된 정적인 도커 이미지는 아마존 ECR에서 관리할 수 있습니다. AWS에서는 아마존 ECR로 푸시하는 명령어를 아마존 ECR 콘솔 화면에서 제공하고 있습니다.

▼ 아마존 ECR 명령어를 확인할 수 있는 관리 콘솔 화면

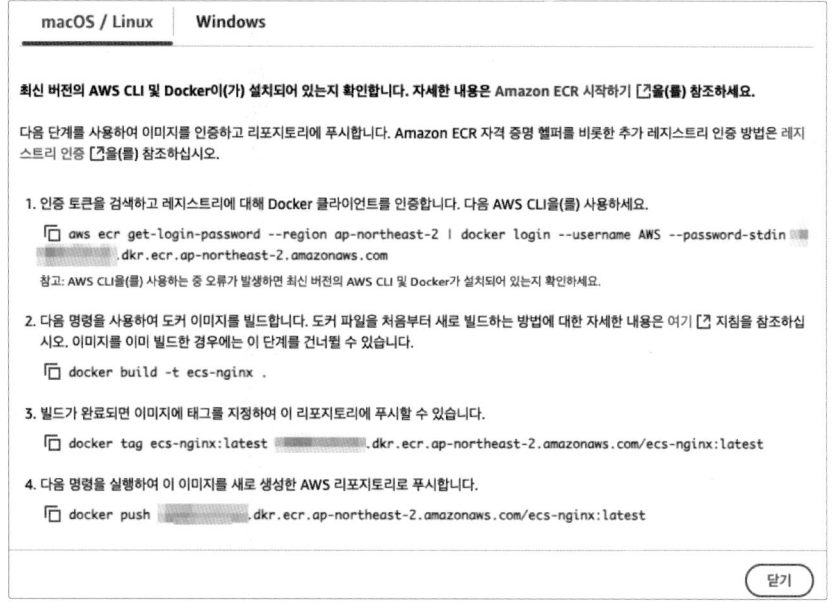

이렇게 제공받은 명령어를 바탕으로 푸시 작업을 수행한다면 별도의 환경에서 도커 이미지를 관리할 필요 없이 AWS에서 중앙집중식으로 이미지를 관리할 수 있을 겁니다. 이렇게 아마존 ECR에

정적인 이미지를 푸시하려면 아마존 ECR의 리포지터리를 별도로 생성해야 합니다. 이 리포지터리를 생성하는 방법은 아마존 ECR 콘솔 화면에서 생성할 수 있습니다.

ECR 콘솔 화면에서 프라이빗과 퍼블릭으로 나누어져 있습니다.

▼ 아마존 ECR 리포지터리를 생성하는 관리 콘솔 화면

프라이빗 리포지터리는 IAM 혹은 특정 권한이 할당된 사용자만이 사용할 수 있으며, 퍼블릭은 누구나 사용할 수 있습니다. 이런 리포지터리 설정은 리포지터리가 생성된 후 재설정하는 것은 불가능하기 때문에 사용하고자 하는 리포지터리의 목적을 명확히 생각해 설정할 필요가 있습니다.

13.2.2 컨테이너 서비스, 아마존 ECS 구성 요소

앞서 아마존 ECR에 정적인 이미지를 푸시하는 것까지 살펴보았습니다. 도커에서는 정적인 이미지를 대상으로 start 혹은 run 명령어를 수행해 컨테이너화를 할 수 있었지만, 아마존 ECR에서는 어떻게 컨테이너화를 할 수 있을까요? 아마존 ECR에 푸시한 정적인 이미지를 동적인 이미지로 변환해 하나의 컨테이너로 사용하기 위해 아마존 ECS를 사용합니다. 이 아마존 ECS의 구성에 대해서 살펴봅시다.

아마존 ECS 작업 정의

먼저 아마존 ECR의 리포지터리에 생성한 정적 이미지를 사용하려면 아마존 ECS에서 작업 정의를 작성해야 합니다.

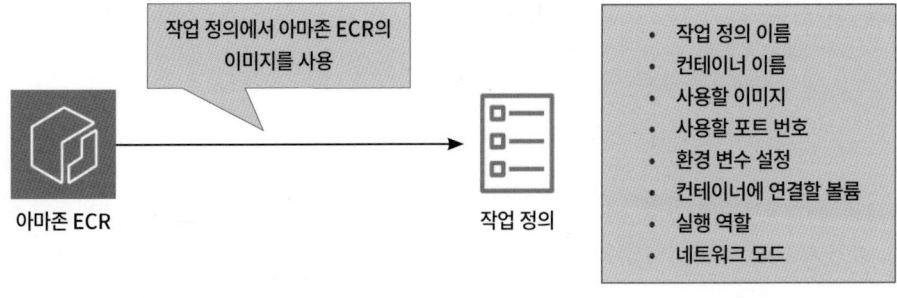

이 작업 정의task definition은 아마존 ECR의 이미지를 비롯한 컨테이너의 전체적인 구성을 정의하는 것으로, 어떤 컨테이너를 만들 것인지를 설정하는 작업입니다. 작업 정의에는 작업 이름, 컨테이너 이름, 사용할 이미지, 포트 등 컨테이너에 대한 전반적인 설정이 포함됩니다. 또한 네트워크 모드를 설정할 수 있는데, 이 네트워크 모드는 호스트, 브리지, awsvpc, 없음 네 가지 모드를 선택할 수 있습니다.

호스트 모드

먼저 '호스트' 모드는 호스트의 ENI^{Elastic network interface}를 사용해 컨테이너가 통신하는 모드입니다.

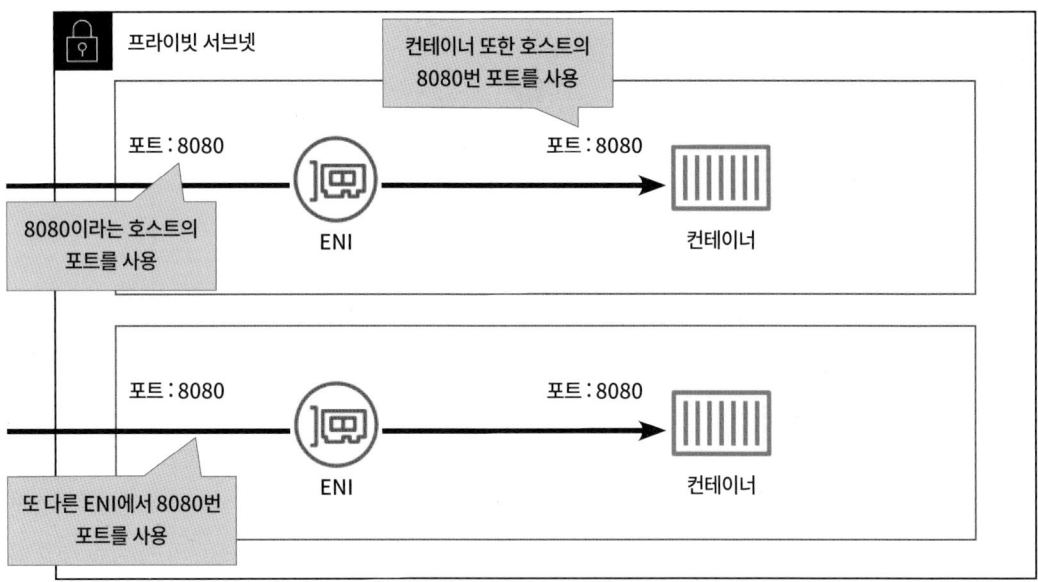

즉, 호스트 모드는 호스트에서 사용하는 포트가 컨테이너 포트가 됩니다. 호스트 모드의 경우 ENI를 나누어서 컨테이너를 구성한다면 그림처럼 같은 포트를 사용해도 문제없습니다. 하지만 같은 ENI를 사용하게 된다면 문제가 발생합니다.

> ENI는 가상 네트워크 인터페이스를 의미하며, 생성한 리소스에 연결되어 IP 주소를 부여합니다.

다음 그림처럼 호스트 모드에서는 이미 사용하는 포트를 중복해서 사용할 수 없습니다.

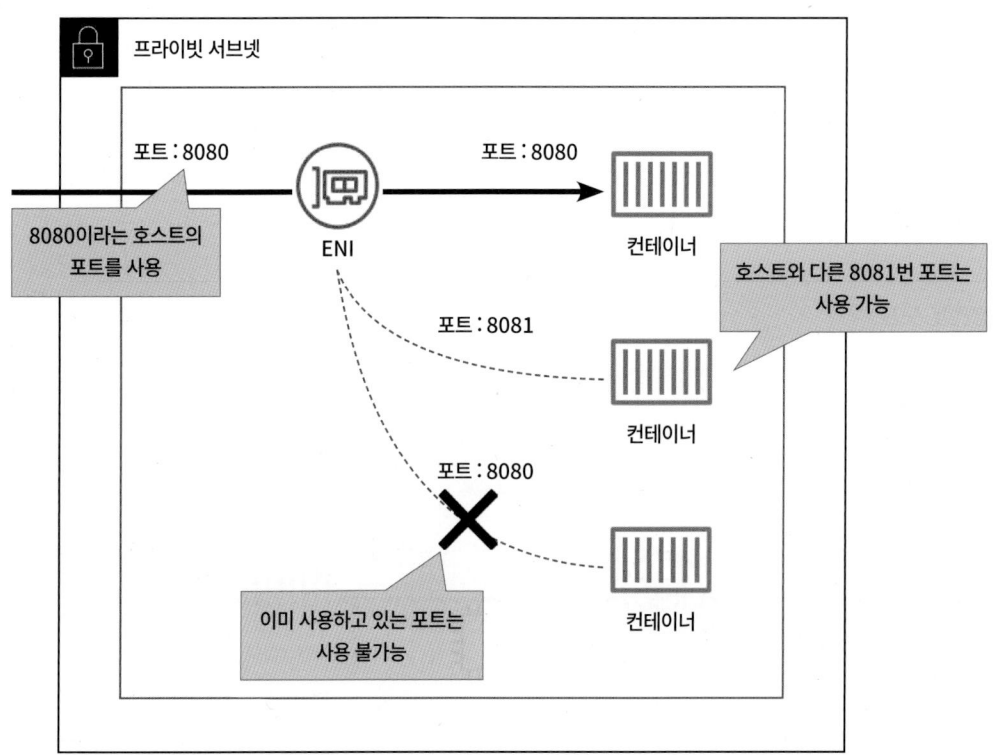

하나의 ENI만 사용한다고 가정할 때, 8080번 포트는 이미 다른 컨테이너에서 사용 중이므로 중복을 피하려면 8081과 같이 다른 포트 번호를 지정해야 합니다. 이런 처리 방식으로 호스트 모드에서는 부하 분산 구현이 불가능합니다. 호스트 모드에서는 컨테이너의 네트워크 네임스페이스가 호스트의 네트워크 네임스페이스와 공유되기 때문에 컨테이너의 포트가 호스트의 포트로 직접 매핑됩니다. 이런 구성에서는 하나의 포트 번호만 사용 가능하며, 로드 밸런서를 통한 여러 컨테이너 간의 부하 분산이 불가능합니다.

브리지 모드

다음으로 살펴볼 것은 [브리지] 모드입니다.

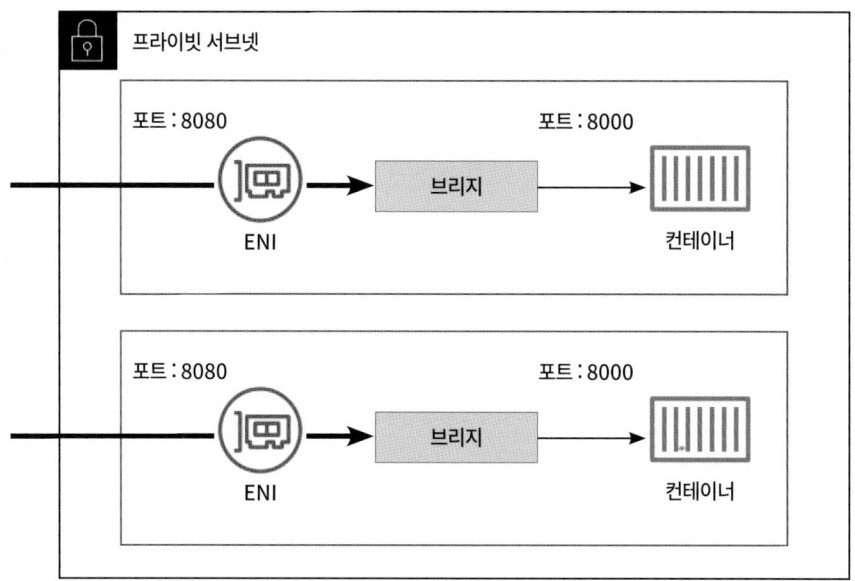

브리지 모드는 ENI와 컨테이너 사이에 브리지 레이어를 추가해, 호스트와 컨테이너를 다른 포트로 연결할 수 있도록 합니다. 이런 브리지 모드는 호스트와 컨테이너의 포트가 구분되어 있어 같은 포트로 여러 컨테이너를 가동시킬 수 있다는 장점이 있습니다.

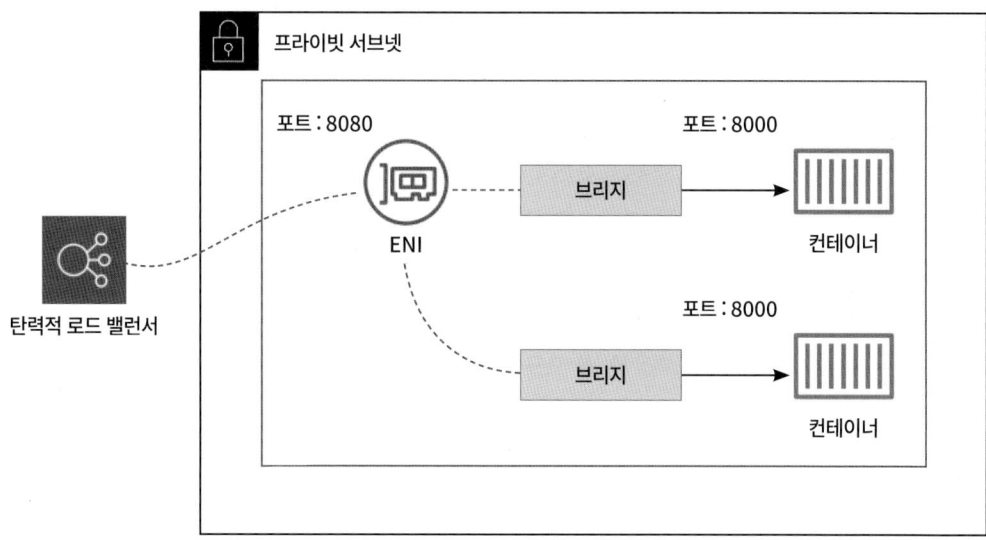

이렇게 같은 포트로 여러 컨테이너를 가동시킬 수 있어 로드 밸런서를 사용해 부하 분산을 수행할

수 있습니다. 여기서 호스트 포트는 브리지의 동적 매핑 기능에 의해 호스트 포트와 컨테이너 포트를 별도로 지정할 수 있습니다. 호스트 포트를 0으로 지정하면 컨테이너 인스턴스의 임시 포트 범위(32768 ~ 61000)에서 호스트 포트가 동적으로 매핑됩니다. 이런 임시 포트 범위를 에페메랄 포트(32768-61000)라고 합니다. 하지만 포트를 무작위로 할당한다면 포트를 제어하기 어렵기 때문에 사용에 주의가 필요합니다.

awsvpc 모드

다음으로 살펴볼 모드는 [awsvpc] 모드입니다.

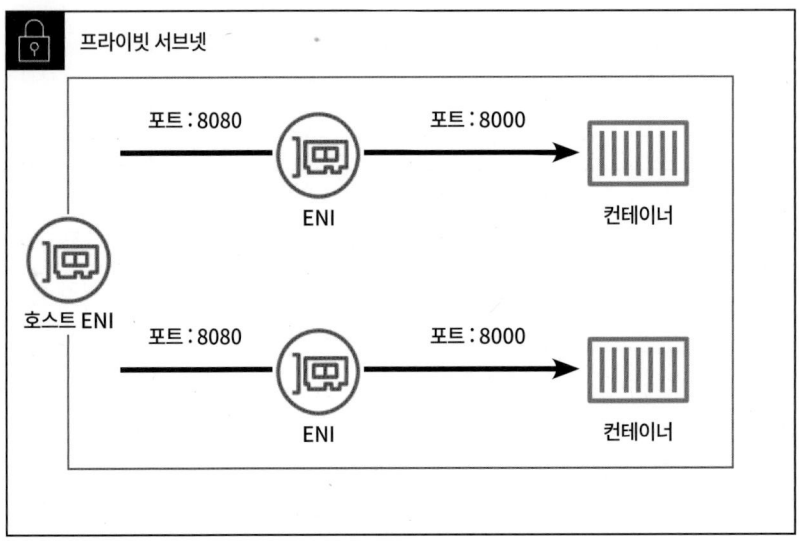

awsvpc 모드는 각 컨테이너마다 ENI를 생성해 대응하는 모드입니다. 이렇게 생성된 ENI는 호스트와는 별도로 생성되며, VPC 내에서 자체 사설 IP가 할당됩니다. 이렇게 생성된 ENI를 바탕으로 각 컨테이너에 대해 보안 설정을 구성할 수 있으며, 같은 호스트의 컨테이너로부터 통신을 제한할 수도 있으며, 더 유연한 설정이 가능한 모드입니다. 단점으로는 생성할 수 있는 ENI 수에 제한이 있다는 점입니다.

없음 모드

마지막으로 살펴볼 모드는 [없음] 모드입니다.

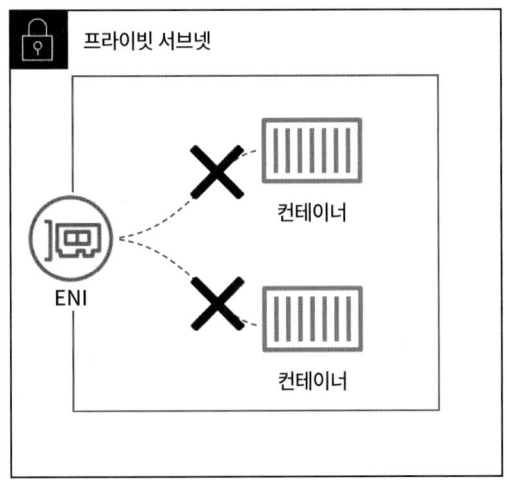

이 모드는 포트 매핑이 불가능하며, 외부와의 연결 또한 차단된 모드입니다. 이 모드는 포트 매핑이 불가능하며, 외부와의 연결 또한 차단된 모드입니다. 로그 수집, 데이터 교환, 데이터베이스 등 네트워크 기능이 불필요할 때 사용하는 모드입니다. 이렇게 작업 정의에서 컨테이너를 사용하기 위한 다양한 설정을 할 수 있습니다.

아마존 ECS 작업

앞서 작업 정의를 통해 생성할 컨테이너를 설정했다면, 이제 작업^{task}을 통해 이런 설정을 적용하고 컨테이너를 실행할 수 있습니다.

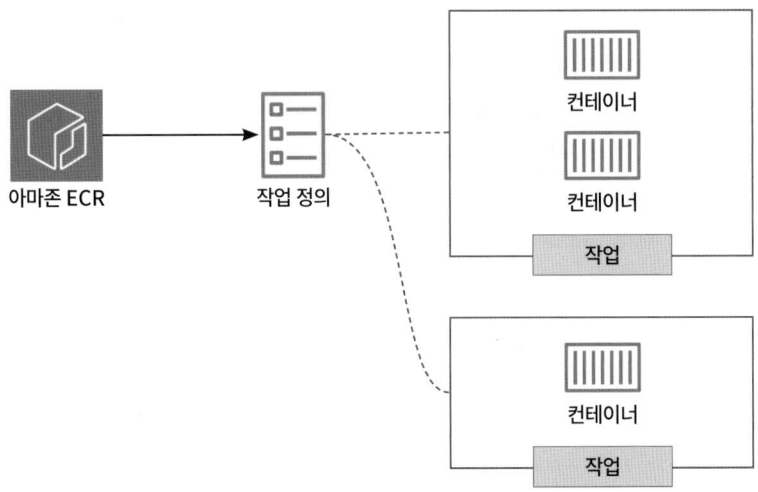

즉, 이 작업은 작업 정의를 기반으로 시작한 컨테이너의 모음입니다. 단일 작업 내에서 여러 컨테이너를 시작할 수도 있으며, 엔진엑스와 마리아DB와 같은 서비스를 하나의 작업 내에서 실행시킬 수 있습니다.

아마존 ECS 서비스

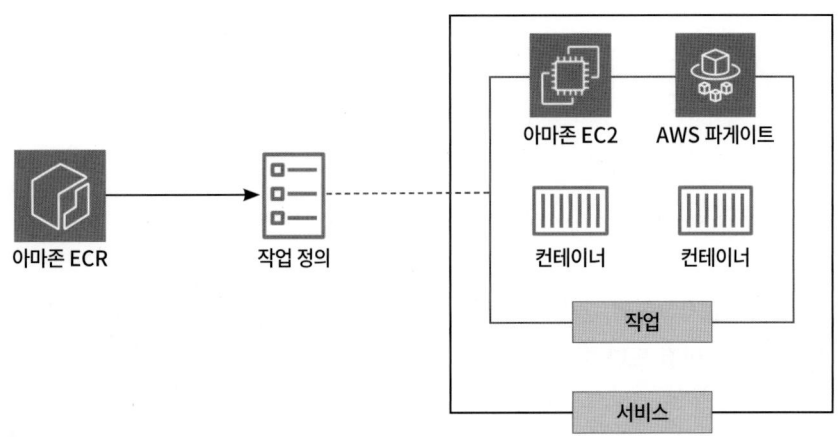

서비스는 작업을 관리합니다. 작업 중 하나가 실패하거나 문제가 발생해 중지되는 경우 서비스에서 설정한 필요한 작업 수에 따라 자동으로 새 작업이 시작됩니다. 예를 들어 작업 수를 2로 설정했다면 작업 수가 2가 유지되도록 관리하는 역할을 합니다. 이런 서비스의 기능으로 원하는 작업 수를 유지할 수 있습니다. 또한 서비스에서는 컨테이너의 시작 유형을 선택할 수 있는데, EC2 인스턴스로 시작할지, 파게이트로 시작할지 선택할 수 있습니다. 여기서 EC2 인스턴스는 앞에서 살펴본 것처럼 컴퓨팅 서비스를 의미합니다. 파게이트는 컨테이너를 서버리스로 실행할 수 있도록 하며, 사용자는 애플리케이션에만 집중할 수 있고 운영체제의 관리나 운용 보수 작업 등을 신경 쓰지 않아도 됩니다. 파게이트를 사용하면 컨테이너에 필요한 리소스를 자동으로 관리하고 실행 환경을 프로비저닝해 개발자가 애플리케이션에만 집중할 수 있습니다. 이렇듯 AWS에서는 EC2 인스턴스와 파게이트 두 가지의 컨테이너 유형을 제공하고 있으며, 개발 환경에 맞추어 적절하게 선택할 수 있습니다. 또한 서비스에서는 컨테이너에서 사용할 보안 그룹과 VPC, 서브넷 등을 선택할 수 있습니다.

아마존 ECS 클러스터

클러스터는 서비스와 작업을 포함하는 컨테이너 관리 및 배포를 위한 컴퓨팅 자원의 집합입니다.

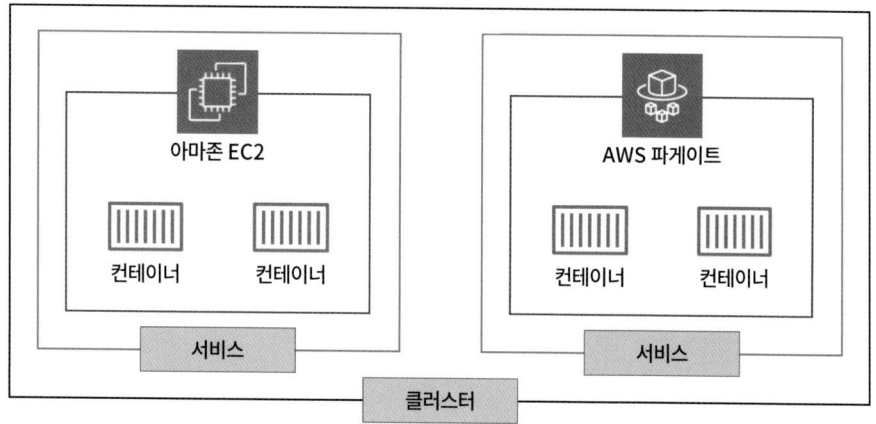

클러스터는 여러 EC2 인스턴스나 파게이트 작업으로 구성되어 있으며, 이를 통해 여러 서비스 및 작업을 실행하고 관리할 수 있습니다. 여기까지 아마존 ECS를 구성하는 작업 정의와 작업, 서비스, 클러스터를 살펴보았습니다. 살펴본 내용을 바탕으로 실제 아마존 ECS는 어떻게 생성되고, 클러스터에서 어떻게 관리하는지 실습을 통해 살펴보겠습니다.

13.3 아마존 ECS on 파게이트 생성해보기

이번 실습에서는 아마존 ECS on 파게이트를 생성합니다. 앞에서 여러 번 다뤄본 아마존 EC2에 대한 내용을 고려해, 이번에는 서버리스 서비스인 파게이트를 생성하고 관리하는 과정을 실습하겠습니다. 파게이트는 어떻게 생성되고 관리되는지를 직접 경험함으로써 서버리스 환경의 특징과 장점을 체험해볼 수 있을 겁니다.

13.3.1 아마존 ECS on 파게이트 생성해보기

To do 01 아마존 ECS on 파게이트를 생성하는 클라우드포메이션의 yml 파일은 다음과 같습니다.

> **아마존 ECS on 파게이트 생성을 위한 yml 파일**
>
> - **파일 이름** : VPC.yml, IAM.yml, Security_Group.yml, EC2.yml, ECS.yml
> - **클라우드포메이션 스택 생성 순서** : VPC.yml → Security_Group.yml → EC2.yml → ECS.yml

클라우드포메이션 전체 코드는 깃허브 리포지터리 [chapter13] → [ECS] → [chapter13.3.1-Create-ECS] 폴더에서 확인할 수 있습니다. 클라우드포메이션으로 구축한 환경의 결과를 확인하고 싶다면 이 내용을 건너뛰어 다음에 이어지는 'UI로 불러와 아마존 ECS on 파게이트 생성하기' 절부터 확인하시기 바랍니다.

이번에 구성할 컨테이너 환경은 먼저 퍼블릭 서브넷에 EC2 인스턴스를 생성하고 도커를 설치합니다. 설치한 도커를 바탕으로 엔진엑스를 설치하고 기동하는 도커 이미지를 생성하고 ECR에 이미지를 푸시합니다. 이렇게 푸시한 이미지를 바탕으로 컨테이너를 생성하고, 사용자는 로드 밸런서를 이용해 컨테이너에 접근합니다.

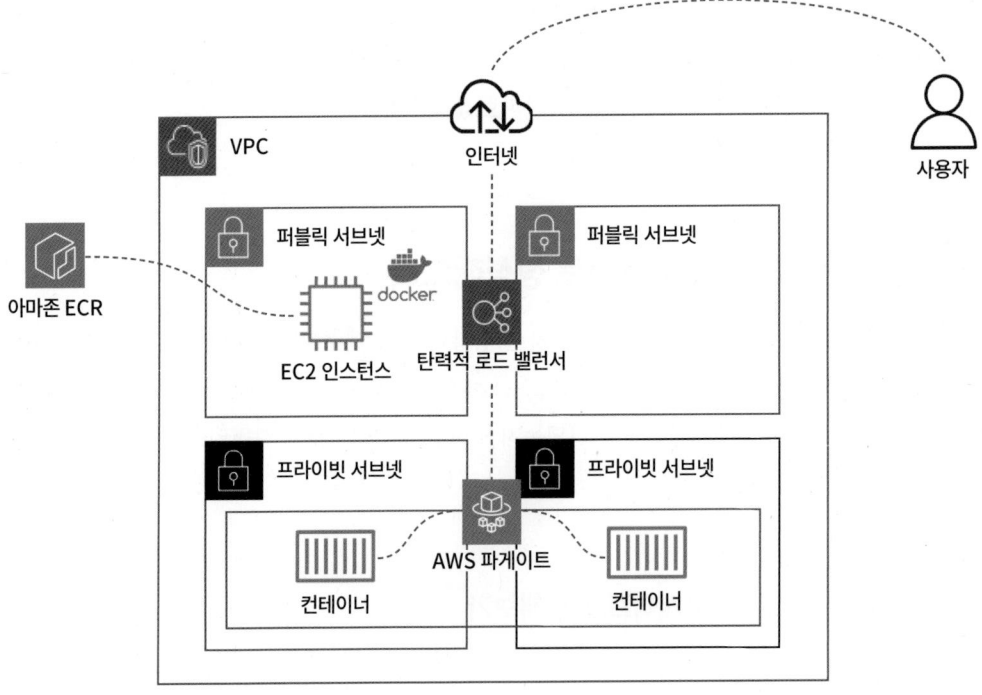

02 도커를 설치하고 이미지를 생성하기 위해 먼저 EC2 인스턴스 환경을 구성합니다.

> 클라우드포메이션 스택 생성 순서
> - **파일 이름** : VPC.yml, Security_Group.yml, EC2.ymll
> - **클라우드포메이션 스택 생성 순서** : VPC.yml → Security_Group.yml → EC2.yml

VPC와 보안 그룹, EC2 인스턴스까지 순서대로 생성합니다.

03 EC2 인스턴스 환경을 구성했다면, 도커를 설치합니다.

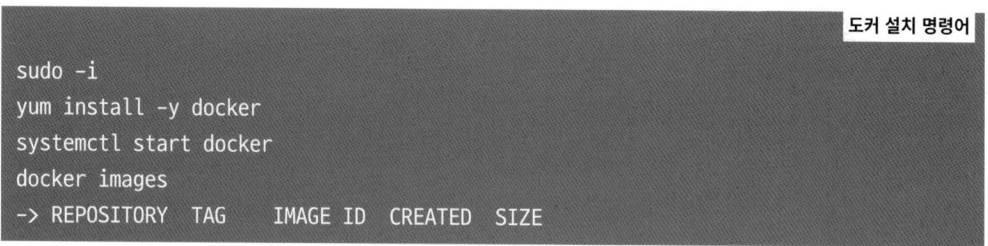

```
sudo -i
yum install -y docker
systemctl start docker
docker images
-> REPOSITORY   TAG     IMAGE ID   CREATED   SIZE
```

EC2 인스턴스에 접속해 도커 설치 명령어를 입력합니다. 마지막으로 도커 images 명령어를 입력하고 REPOSITORY, TAG, IMAGE ID가 출력된다면 도커 설치와 기동에 성공한 겁니다.

04 index.html 파일을 생성해 웹 서버에 접속했을 때 출력할 텍스트를 입력합니다.

```
mkdir dockerfile-folder
cd dockerfile-folder/

vi index.html
<!doctype html>
<h1>hello ecs!</h1>
```

dockerfile-folder 폴더를 만들고 index.html 파일을 생성합니다. 아마존 ECS on 파게이트에 접속하면 이 index.html에 적어둔 hello ecs!가 출력될 겁니다.

> vi에서는 i를 눌러 입력 모드로 변경할 수 있습니다. 이후 esc를 눌러 입력 모드를 종료하고 !wq를 입력하면 index.html 파일을 작성할 수 있습니다.

05 도커파일을 작성합니다.

```
vi dockerfile

FROM nginx:latest
MAINTAINER "kim.jaewook"
COPY ./index.html /usr/share/nginx/html/index.html
EXPOSE 80
CMD ["nginx", "-g", "daemon off;"]
```
도커파일 생성

vi 명령어로 도커파일을 작성하고, 엔진엑스를 설치하는 명령어를 추가합니다. 여기서 COPY 명령어로 조금 전 생성한 index.html을 /usr/share/nginx/html 경로로 복사해 접속 시 hello ecs!가 출력되도록 합니다. 작성한 도커파일의 내부는 다음과 같습니다.

```
FROM nginx:latest
MAINTAINER "kim.jaewook"

COPY ./index.html /usr/share/nginx/html/index.html

EXPOSE 80

CMD ["nginx", "-g", "daemon off1:"]
```

06 도커 이미지를 빌드합니다.

```
docker build -t ecs-nginx .
docker images
```
도커파일 빌드 명령어

docker build 명령어로 도커파일을 빌드합니다. 태그 명은 ecs-nginx로 설정하며, [.]은 도커파일의 경로를 의미합니다. 빌드가 끝나고 docker images를 입력하면, 생성된 이미지를 확인할 수 있습니다.

07 도커 이미지를 검증합니다.

도커 설치 명령어

```
docker create -i -t --name ecs-nginx-container -p 80:80 db68383e6d13
docker ps -a
docker start 7e67ceba1fe
```

docker create 명령어로 컨테이너를 생성합니다. [-p] 옵션은 호스트 포트와 컨테이너의 포트를 의미합니다. [db68383e6d13]에는 docker images 명령어를 통해 확인할 수 있었던 ecs-nginx의 IMAGE ID를 입력합니다. 이렇게 컨테이너를 생성하고 docker ps -a 명령어를 통해 컨테이너의 ID를 확인할 수 있으며, 이 ID를 바탕으로 컨테이너를 실행합니다.

마지막으로 ❶ EC2 인스턴스의 보안 그룹에 HTTP 포트를 열고, ❷ EC2 인스턴스의 IP를 웹브라우저에 입력하면 hello ecs!가 출력되는 것을 확인할 수 있습니다.

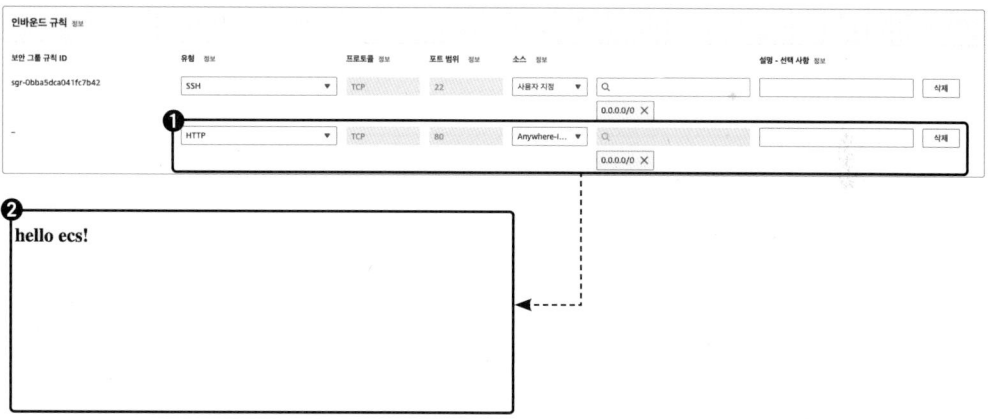

08 아마존 ECR을 리포지터리를 생성합니다. 아마존 ECR 콘솔 화면으로 진입하며 ❶ [Repositories] 카테고리를 클릭하고 ❷ [리포지터리 생성]을 클릭합니다. ❸ 리포지터리 이름은 ecs-nginx로 지정합니다.

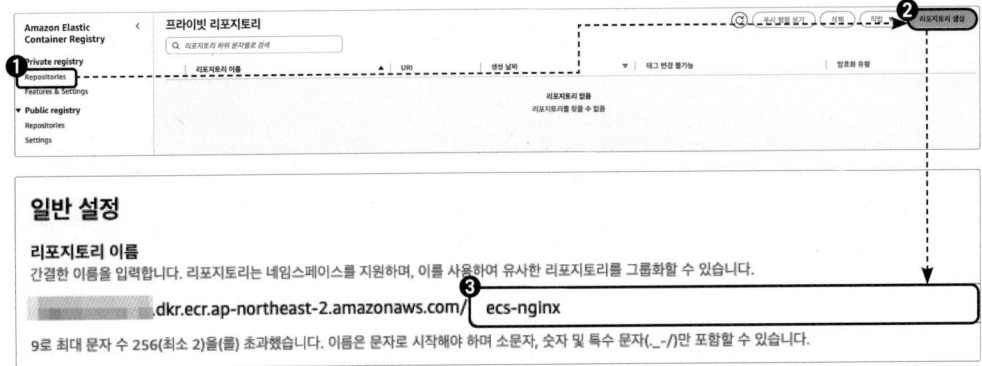

09 생성한 리포지터리를 바탕으로 ECR에 이미지를 푸시합니다.

❶ 생성한 리포지터리를 선택한 다음 ❷ [푸시 명령 보기]를 클릭합니다. AWS에서는 ECR로 이미지를 푸시하는 명령어를 OS별로 제공하고 있습니다. 조금 전 검증 단계에서는 docker build 과정을 이미 진행했기 때문에 ❸ 1, 3, 4의 명령어를 복사해 실행합니다.

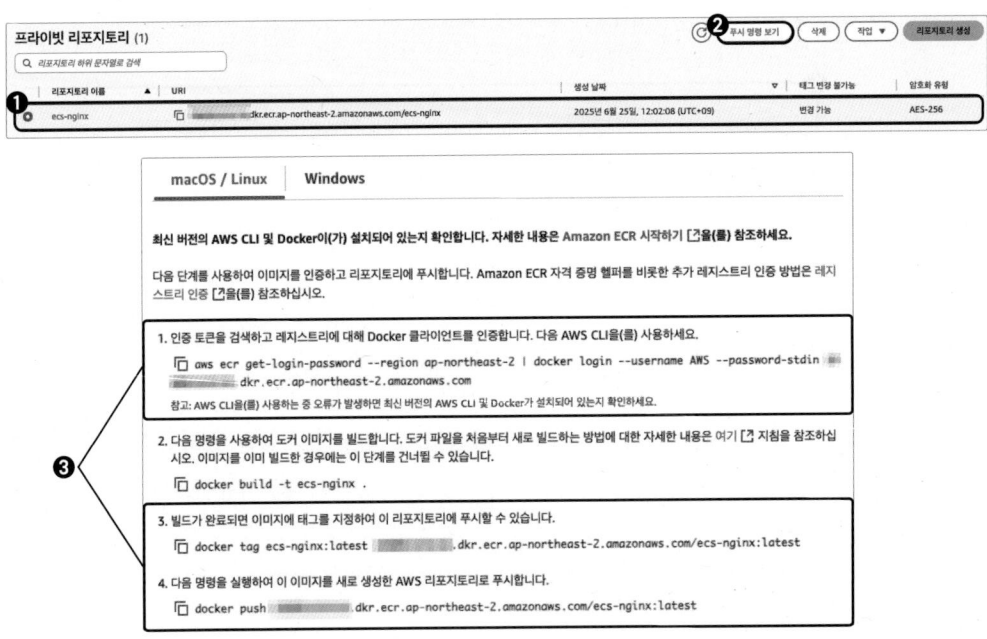

푸시 작업이 무사히 끝났다면, 생성한 리포지터리를 클릭하여 생성한 이미지를 확인할 수 있습니다.

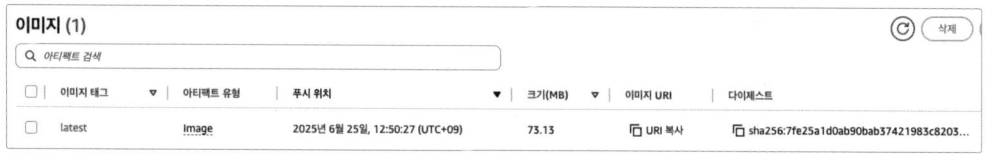

> 명령어는 sudo -i 명령어로 루트 사용자로 전환한 다음 사용합시다. 권한 문제가 발생했을 경우 루트 사용자로 전환한 상태에서 3장에서 실시한 AWS CLI 환경 구성의 [AWS Configure 설정]을 EC2에도 실시합시다.

10 ECS.yml 파일에 ECS를 위한 IAM 권한을 생성합니다.

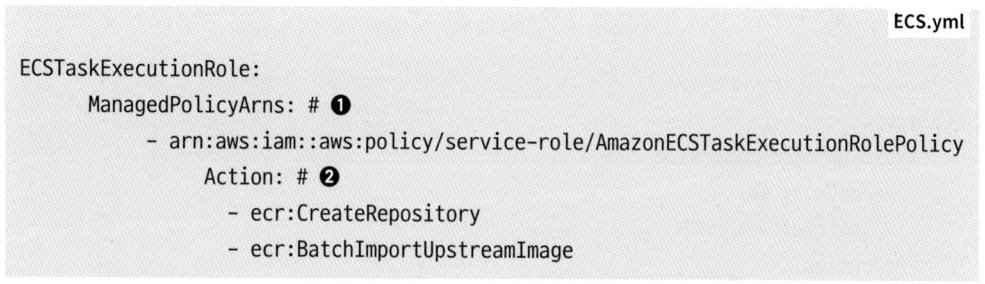

❶ ECS 작업을 실행하는 데 필요한 주요 권한을 가진 [AmazonECSTaskExecutionRolePolicy]와 ❷ ECR의 리포지터리를 생성할 수 있는 권한인 [ecr:CreateRepository]와 ECR에 외부 이미지를 가져올 수 있는 권한인 [ecr:BatchImportUpstreamImage] 권한을 가진 IAM 권한을 생성합니다.

11 ECS.yml 파일에 ECS를 위한 IAM 권한을 생성합니다.

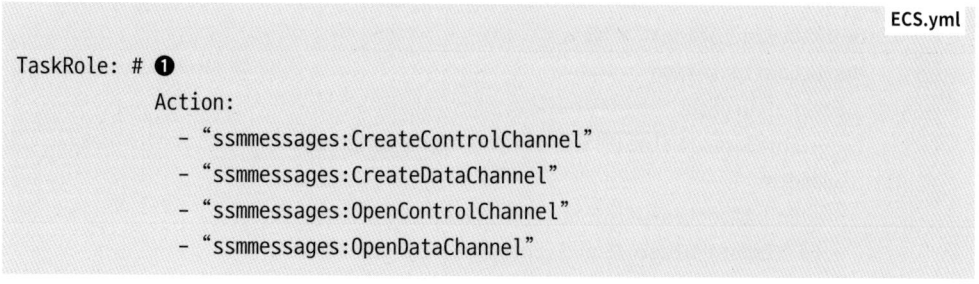

❶ 아마존 ECS Exec를 사용하기 위한 권한을 생성합니다. Exec는 컨테이너에 로그인할 수 있는 기능을 의미합니다.

12 ECS.yml 파일에 클러스터 생성을 위한 코드를 작성하겠습니다.

ECS.yml
```
ECSCluster:
    Type: AWS::ecs::Cluster # ❶
    Properties:
        ClusterName: !Sub ${SystemName}-${EnvName}-cluster
```

❶ 클러스터는 별다른 설정 작업없이 타입과 클러스터 이름만 입력합니다.

13 ECS.yml 파일에 서비스를 생성하는 코드를 작성하겠습니다.

ECS.yml
```
ECSService:
    Type: AWS::ecs::Service
    DependsOn: # ❶
        - InternetFacingALB
    Properties:
        ServiceName: !Sub ${SystemName}-${EnvName}-service # ❷
        Cluster: !Ref ECSCluster # ❸
        EnableExecuteCommand: true # ❹
        DesiredCount: 2 # ❺
        LaunchType: 파게이트 # ❻
        LoadBalancers: # ❼
            - ContainerName: !Sub ${SystemName}-task
              ContainerPort: 80
              TargetGroupArn: !Ref ALBTargetGroup
        TaskDefinition: !Ref ECSTaskDefinition # ❽
        NetworkConfiguration: # ❾
            AwsvpcConfiguration:
                SecurityGroups:
                    - Fn::ImportValue: !Sub ${EnvName}-파게이트-sg
                Subnets:
                    - Fn::ImportValue: !Sub ${EnvName}-web-subnet-1a
                    - Fn::ImportValue: !Sub ${EnvName}-web-subnet-1b
```

❶ [DependsOn] 명령어를 통해 ECS보다 로드 밸런서가 먼저 생성되도록 설정합니다. ❷ 서비

스의 이름을 지정합니다. ❸ 생성한 클러스터를 지정합니다. ❹ EnableExecuteCommand를 true로 설정하면 Exec를 사용해 컨테이너에 로그인할 수 있습니다. ❺ 생성할 인스턴스 개수를 의미하며 기본값은 1이 됩니다. ❻ 파게이트를 지정합니다. ❼ 로드 밸런서와 컨테이너의 정보를 입력합니다. 컨테이너 포트는 작업 정의에서 지정한 포트와 동일해야 합니다. ❽ 작업 정의를 지정합니다. ❾ 컨테이너의 보안 그룹과 서브넷을 지정합니다.

14 ECS.yml 파일에 작업을 정의하는 코드를 작성하겠습니다.

ECS.yml

```
ECSTaskDefinition:
    Type: AWS::ecs::TaskDefinition
    Properties:
        Family: !Sub ${SystemName}-${EnvName}-task # ❶
        ContainerDefinitions: # ❷
          - Name: !Sub ${SystemName}-task
            PortMappings:
                - ContainerPort: 80
                  HostPort: 80
                  Protocol: tcp
            Image: !Sub ${AWS::AccountId}.dkr.ecr.${AWS::Region}.amazonaws.com/ecs-nginx:latest
        Cpu: 512 # ❸
        Memory: 2048
        ExecutionRoleArn: !GetAtt ECSTaskExecutionRole.Arn # ❹
        RequiresCompatibilities: # ❺
          - FARGATE
        NetworkMode: awsvpc # ❻
        TaskRoleArn: !GetAtt TaskRole.Arn # ❼
```

❶ 작업 이름을 지정합니다. ❷ 컨테이너의 포트와 호스트 포트를 지정하며, ECR에 푸시한 이미지를 지정합니다. ❸ 서버의 CPU와 메모리를 지정합니다. ❹ 컨테이너가 맡을 수 있는 실행 역할을 의미하며, 작업의 모든 컨테이너에는 이 역할에 지정된 접근 허가가 부여됩니다. ❺ 파게이트를 지정합니다. ❻ 파게이트의 경우 EC2 인스턴스를 생성하는 것이 아니라 컨테이너만으로 서비스가 움직이기 때문에 컨테이너 본인이 ENI를 관리할 필요가 있습니다. 이런 이유로 각 작업에 대해 ENI를 생성하고 관리할 수 있는 awsvpc 모드를 파게이트에서 사용해야 합니다. ❼ 사용자를 대

신해 작업 내 컨테이너에 AWS API를 호출할 수 있는 권한을 설정합니다.

13.3.2 UI로 불러와 아마존 ECS on 파게이트 생성하기

다음은 아마존 ECS on 파게이트를 생성하고 접속하는 과정을 UI를 기반으로 확인해봅시다.

To do 01 우선 클라우드포메이션 스택을 생성합니다. 특별한 설정은 없으므로 각 클라우드포메이션 스택을 생성합니다.

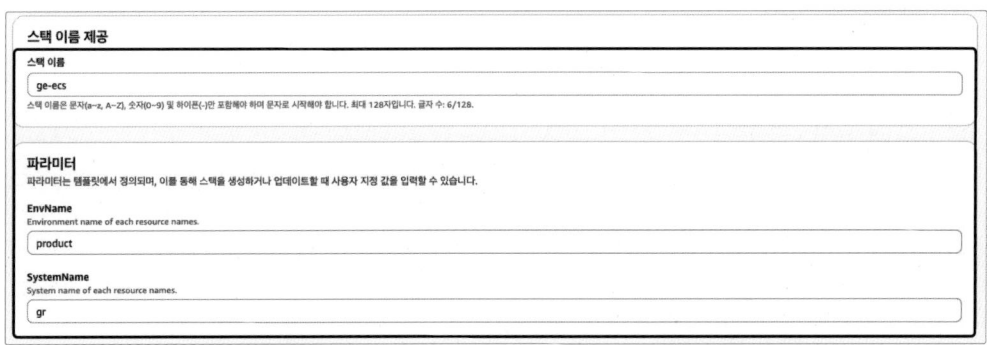

02 ECS 콘솔 화면에서 클러스터, 서비스, 작업을 확인합니다. ❶ ECS 콘솔 화면에서 [클러스터]를 클릭하면 ❷ 생성된 클러스터를 확인할 수 있으며, 클러스터를 클릭해 ❸ [서비스] 카테고리를 확인하면 ❹ 서비스 유형과 실행 중인 작업 등을 확인할 수 있습니다. ❺ [태스크] 카테고리에서는 ❻ 실행 중인 작업을 확인할 수 있으며 해당 작업이 생성된 파게이트 (서버)를 의미합니다.

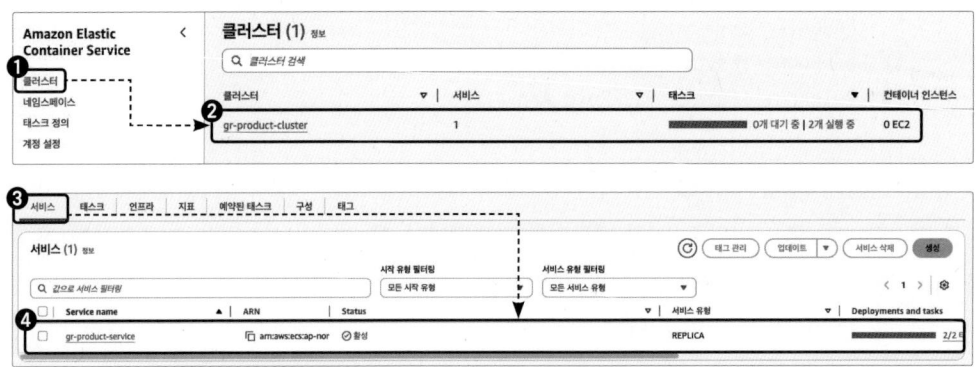

03 EC2 콘솔 화면에서 대상 그룹의 정보를 확인합니다. ❶ EC2 콘솔 화면에서 [대상 그룹] 카테고리로 들어와 확인하면, ❷ 대상 그룹이 생성되어 있으며, ❸ 등록된 대상에 파게이트가 등록된 것을 확인할 수 있습니다.

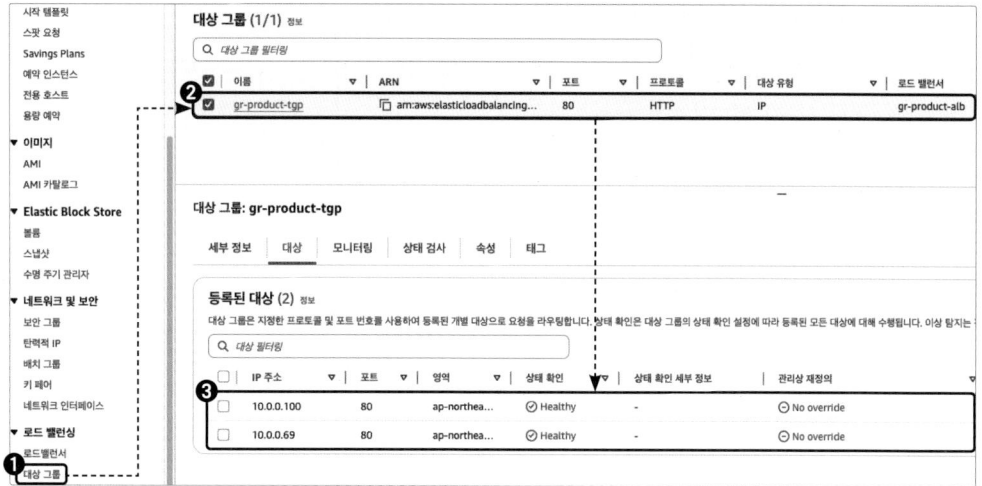

04 로드 밸런서를 확인하고 접속합니다. ❶ [로드밸런서] 카테고리를 클릭하여 ❷ 생성된 로드 밸런서를 확인한 다음 ❸ DNS 이름을 브라우저에 입력해 접근하면 성공적으로 hello ecs!가 출력되는 것을 확인할 수 있습니다.

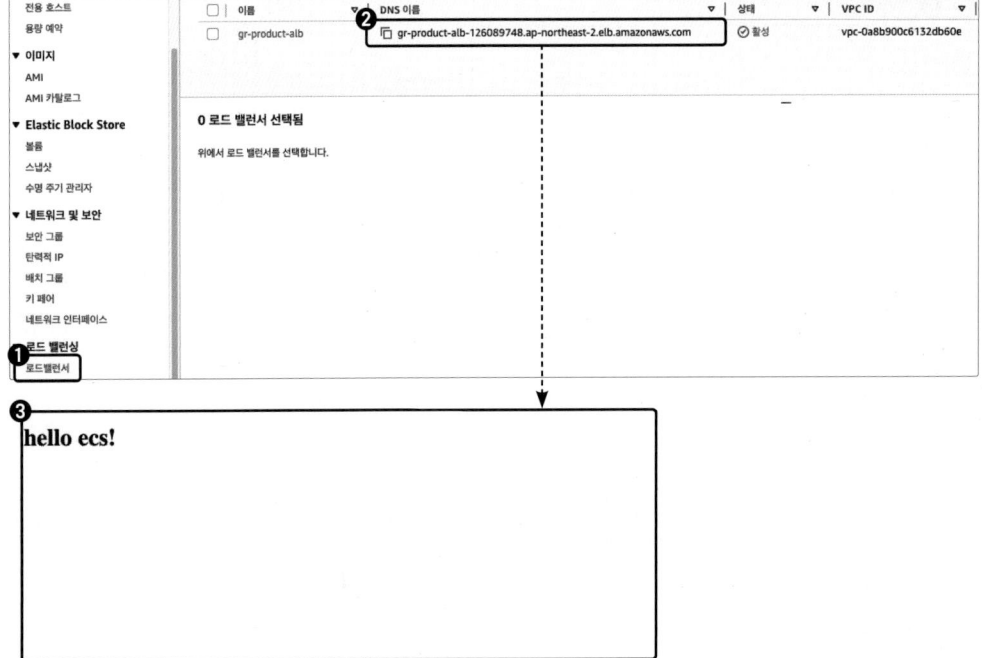

> **학습 마무리**

이번 장에서는 컨테이너를 위한 백엔드 서비스인 아마존 ECS에 대해서 살펴봤습니다. 이번 학습을 통해 컨테이너가 무엇인지, 컨테이너를 생성하기 위한 소프트웨어 플랫폼인 도커에 대해 이해할 수 있게 되었으며 이를 바탕으로 컨테이너의 생명주기와 AWS에서 제공하는 아마존 ECS의 구조를 파악하고 컨테이너를 다룰 수 있게 되었습니다.

> **핵심 요약**

1 **아마존 ECS**는 AWS에서 도커 컨테이너를 배포하고 운영, 관리하는 완전 관리형 컨테이너 서비스입니다.
2 **도커**는 다른 컴퓨터에서도 같은 개발 환경을 구성해 환경 불일치를 해결할 수 있는 오픈 소스 프로젝트입니다. 도커에서 같은 개발 환경을 구성하는 방법으로는 도커파일을 만드는 방법과 도커허브에서 도커 이미지를 내려받는 방법이 있습니다. **도커파일**은 사용자가 직접 커스텀해 환경을 구성하는 방법이며, **도커허브**는 다른 사람들이 만들어둔 도커파일을 다운로드해 환경을 구성하는 방법입니다.
3 AWS에서는 AWS CLI를 사용해 아마존 ECR로 푸시하는 작업을 수행해 정적인 도커 이미지를 AWS에서 관리할 수 있습니다.
4 **아마존 ECS**는 작업 정의, 작업, 서비스, 클러스터 네 가지로 구성되어 있습니다.
   - **작업 정의**는 아마존 ECR의 이미지를 비롯한 컨테이너의 전체적인 구성을 정의하는 것으로, 어떤 컨테이너를 만들 것인지를 설정하는 작업입니다.
   - **작업**은 작업 정의의 설정값을 적용하고 컨테이너를 실행하는 작업입니다.
   - **서비스**는 작업을 관리합니다. 작업 중 하나가 실패하거나 문제가 발생해 중지되는 경우 서비스에서 설정한 필요한 작업 수에 따라 자동으로 새 작업이 시작됩니다.
   - **클러스터**는 서비스와 작업을 포함하는 컨테이너 관리 및 배포를 위한 컴퓨팅 자원의 집합입니다. 클러스터는 여러 EC2 인스턴스나 파게이트 작업으로 구성되어 있으며, 이를 통해 여러 서비스 및 작업을 실행하고 관리할 수 있습니다.

연습문제

1 다음 컨테이너화까지의 과정으로 옳은 것은?

　❶ 도커파일 작성 → 도커파일 빌드 → 도커 이미지 실행 → 컨테이너 기동
　❷ 도커파일 작성 → 도커 이미지 빌드 → 도커 이미지 실행 → 컨테이너 기동
　❸ 도커파일 작성 → 도커파일 빌드 → 도커 이미지 빌드 → 컨테이너 기동
　❹ 도커 이미지 실행 → 도커파일 작성 → 도커파일 빌드 → 컨테이너 기동

2 다음 아마존 ECR에 대한 설명으로 틀린 것은?

　❶ 아마존 ECR에서 정적인 이미지를 보관한다.
　❷ AWS에서는 아마존 ECR로 이미지를 푸시하기 위한 명령어를 제공한다.
　❸ 아마존 ECR에서는 표시 여부로 프라이빗과 퍼블릭을 설정할 수 있다.
　❹ 리포지터리가 생성된 다음 표시 여부를 수정할 수 있습니다.

3 아마존 ECS에서 작업 정의에 대한 설명으로 틀린 것은?

　❶ 작업 정의는 컨테이너의 전체적인 구성을 정의하는 작업을 의미한다.
　❷ 작업 정의에서는 호스트, 브리지, awsvpc, 없음 네 가지 네트워크 모드를 설정할 수 있다.
　❸ 아마존 ECS on 파게이트에서는 호스트 모드를 모두 선택해야 한다.
　❹ 아마존 ECR의 리포지터리에 생성한 정적 이미지를 사용하려면 먼저 작업 정의를 작성해야 한다.

4 다음 아마존 ECR에 대한 설명으로 틀린 것은?

❶ 작업은 작업 중 하나가 실패하거나 문제가 발생해 중지되는 경우 자동으로 새 작업이 시작되도록 컨테이너를 관리한다.

❷ 서비스에서 네트워크 모드를 선택할 수 있다.

❸ 클러스터는 서비스와 작업을 포함하는 컨테이너 관리 및 배포를 위한 컴퓨팅 자원의 집합이다.

❹ 서비스에서는 작업 이름, 컨테이너 이름, 사용할 이미지, 포트 등 컨테이너에 대한 전반적인 설정을 진행한다.

1 **정답** ❶ 도커파일 작성 → 도커파일 빌드 → 도커 이미지 실행 → 컨테이너 기동
2 **정답** ❹ 리포지터리가 생성된 다음 표시 여부를 수정할 수 있다.
3 **정답** ❸ 아마존 ECS on 파게이트에서는 호스트 모드를 모두 선택해야 한다.
4 **정답** ❸ 클러스터는 서비스와 작업을 포함하는 컨테이너 관리 및 배포를 위한 컴퓨팅 자원의 집합이다.

Chapter 14

이벤트 기반 코드 실행 백엔드 서비스 파악하기

학습 목표

이번 장에서는 이벤트 기반 코드 실행 백엔드 서비스인 AWS 람다를 학습합니다. 서버리스란 무엇인지 복습을 통해 개념을 되짚어보겠습니다. 또한 AWS 람다가 가지는 이점과 구성에 대해 자세히 살펴보겠습니다.

핵심 키워드

서버리스　FaaS　AWS 람다　함수　런타임　아키텍처　함수 유형

학습 코스

❶ 이벤트 기반 코드 실행 서비스, AWS 람다란? → ❷ 이벤트 기반 코드 실행 서비스, AWS 람다 살펴보기 → ❸ AWS 람다 함수 생성해보기

14.1 이벤트 기반 코드 실행 서비스, AWS 람다란?

AWS 람다는 AWS에서 제공하는 서버리스 서비스로 서버를 구축하지 않고도 작성한 코드를 실행할 수 있는 이벤트 구동형 프로그램 실행 환경입니다. AWS 람다는 넓은 의미로 보면 서버리스이고, 더 명확하게 표현하자면 FaaS$^{Functions\text{-}as\text{-}a\text{-}Service}$로 표현할 수 있습니다. 서버리스와 FaaS의 관계는 다음과 같습니다.

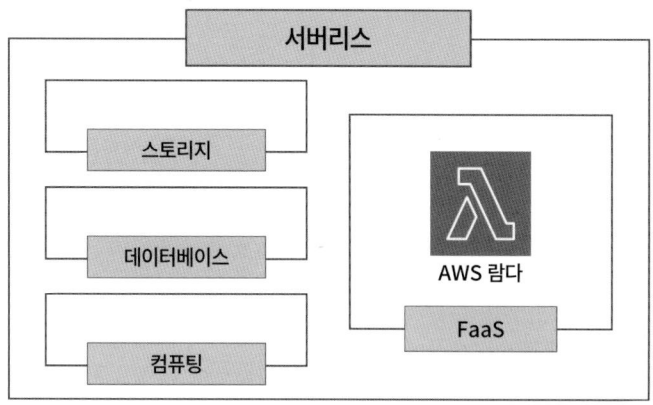

서버리스는 다양한 서비스 범주에 중점을 두며, 여기에는 스토리지, 데이터베이스, 컴퓨팅 등이 포함됩니다. 또한 이런 서버리스 환경에는 FaaS도 포함되어 있습니다. FaaS를 사용하면 개발자는 직접 개발한 개별 함수를 클라우드에서 실행할 수 있으며 필요에 따라 다른 함수와 결합해 애플리케이션을 개발할 수 있습니다. 이런 FaaS를 사용함으로써 애플리케이션 개발에 필요한 서버 준비와 관리에 걸리는 시간을 생략할 수 있다는 장점이 있습니다. 즉, FaaS는 서버리스 아키텍처라고도 하며 개발자는 특정 이벤트나 요청이 발생할 때 실행되는 함수를 작성하기만 하면 됩니다. 대표적인 AWS 서비스로는 AWS 람다가 있습니다. FaaS 이외에도 다양한 서비스가 있습니다.

IaaS$^{Infrastructure\ as\ a\ Service}$는 스토리지, 네트워크, 서버와 같은 하드웨어 리소스를 제공하며, 개발자는 이를 바탕으로 애플리케이션을 개발합니다. 대표적인 서비스로는 아마존 EC2가 있습니다. PaaS$^{Platform\ as\ a\ Service}$는 개발자에게 애플리케이션을 개발하고 테스트, 배포하기 위한 환경을 제공합니다. 개발자는 애플리케이션 개발에만 집중할 수 있도록 도와줍니다. 대표적인 서비스로는 AWS 엘라스틱 빈스토크$^{AWS\ Elastic\ Beanstalk}$, 아마존 S3가 있습니다. SaaS$^{Software\ as\ a\ Service}$는 최종 사용자를 위한 소프트웨어를 의미하며, 사용자는 웹사이트 혹은 애플리케이션을 통해 소프트웨어에 접근합니다. 구글 닥스$^{Google\ Docs}$와 같은 소프트웨어가 이에 해당합니다.

14.2 이벤트 기반 코드 실행 서비스, AWS 람다 살펴보기

AWS 람다는 이벤트 기반 아키텍처를 기반으로 하며, 특정 이벤트가 발생하면 해당 이벤트를 처리하는 별도의 함수를 생성해 실행하는 서버리스 컴퓨팅 서비스입니다. 이런 함수는 특정 이벤트에 대한 핸들러로 구성되어 있으며, 이벤트가 발생하면 핸들러가 실행되어 코드를 실행하는 구조로 되어 있습니다. 이번에는 AWS 람다를 사용해 얻을 수 있는 이점과 구조를 알아보겠습니다.

14.2.1 이벤트 기반 코드 실행 서비스, AWS 람다 이점

AWS 람다를 사용함으로써 얻을 수 있는 이점은 크게 다섯 가지입니다.

- 비용 절감
- 보다 안전한 실행 환경
- 장애 위험 부담 감소
- 다양한 프로그래밍 언어 제공
- 다른 AWS 서비스와의 연동

AWS 람다는 코드 실행 시간과 요청 수에 따라 비용이 청구됩니다. 따라서 실행되지 않는 때는 비용이 발생하지 않기 때문에 이벤트가 많지만 실행 시간이 짧은 때는 비용이 절감될 수 있습니다. 또한 아마존 EC2와는 달리 별도의 서버를 준비할 필요가 없기 때문에 서버 관리에 대한 비용도 절감할 수 있습니다. 이런 이유로 AWS 람다를 사용하면 비용을 효과적으로 절감할 수 있습니다. AWS 람다는 AWS에서 실행 환경을 관리하기 때문에 개발자는 개인이나 회사에서 직접 실행 환경을 관리하는 것보다 안전한 환경에서 코드를 실행할 수 있습니다. AWS는 보안 전문가 팀이 24시간 시스템을 모니터링해 관리하고 있으므로 사용자는 관리에 대해 걱정할 필요가 없습니다. 이런 관리는 개발자가 개발에 집중할 수 있도록 도와줍니다.

일반적으로 온프레미스 환경이나 자체 서버를 운용하는 경우, 서버의 준비와 운영, 그리고 장애 대응까지 모두 직접 처리해야 합니다. 하지만 AWS 람다를 사용하면 AWS가 서버 관리를 담당하므로 람다 함수 하나에 장애가 발생해도 AWS가 대응합니다. AWS 람다에서는 다양한 프로그래밍 언어와 프레임워크를 제공하며, 사용자는 직접 코드를 작성하거나 AWS에서 제공하는 템플릿을 사용해 람다 함수를 생성할 수 있습니다.

또한 AWS 람다는 다른 AWS 서비스와 연동해 더 다양한 작업을 처리할 수 있습니다.

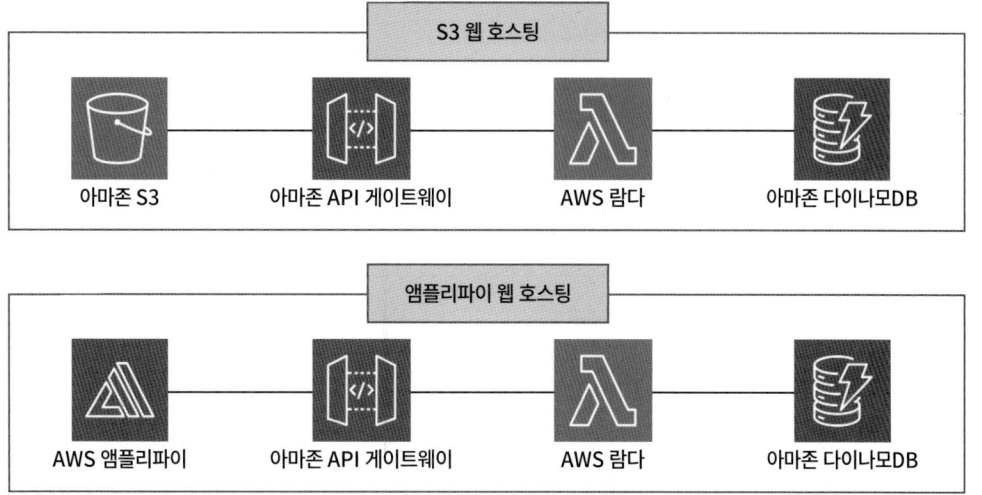

예를 들어 S3 웹 호스팅을 구현하거나 서버리스 웹 호스팅을 구현할 수 있습니다.

AWS 람다에서 아마존 다이나모DB에 저장되어 있는 데이터를 가져와 웹사이트를 호스팅하는 아마존 S3 혹은 AWS 앰플리파이에 출력할 수 있습니다. 람다 함수가 데이터를 처리하고 처리된 결과를 웹페이지에 동적으로 표시할 수 있어, 웹 애플리케이션의 데이터 업데이트 및 실시간 반영 등 다양한 기능을 구현할 수 있습니다. 또한 AWS 서비스 이외에도 다양한 라이브러리, 서비스와도 연동할 수 있습니다.

> 슬랙과 같은 커뮤니케이션 도구와 연동해 AWS 사용 요금 혹은 EC2 인스턴스의 중지와 실행 이벤트 등 여러 알림을 받아볼 수 있도록 설정할 수 있습니다.

14.2.2 이벤트 기반 코드 실행 서비스, AWS 람다 구성 요소

AWS 람다를 사용하려면 함수를 생성할 필요가 있습니다. 이번에는 람다 함수를 생성에 AWS에서는 어떠한 옵션을 제공하는지 살펴봅시다.

AWS 람다 함수 새로 작성

람다 함수에는 [새로 작성], [블루프린트 사용], [컨테이너 이미지] 세 가지 함수 유형이 있습니다. 먼저 새로 작성하는 람다 함수에 대한 기본 구성은 다음과 같습니다.

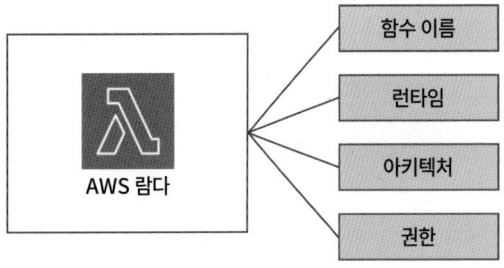

새로 작성하는 함수에 대해서는 함수 이름과 런타임, 아키텍처, 권한으로 구성되어 있으며, 런타임은 함수에서 사용하는 프로그래밍 언어 또는 프레임워크의 버전을 의미하며, 2025년 기준으로 지원하는 최신 버전은 다음과 같습니다.

- .NET 8 (C#/F#/파워셸)
- 자바 21
- Node.js 22.x
- 파이썬 3.13
- 루비 3.4
- 아마존 리눅스 2023

아키텍처에는 사용하고자 하는 컴퓨터 프로세서의 유형을 선택할 수 있으며, x86_64와 arm64를 선택할 수 있습니다. 마지막으로 람다 함수에는 부여할 권한을 선택할 수 있는데, 람다 함수는 다양한 AWS 서비스와 연동되어 사용될 수 있기 때문에 연동하려는 각 서비스에 대한 권한이 필요합니다. 이 권한은 IAM 서비스를 이용해 람다 함수에 필요한 권한을 부여할 수 있습니다. 이런 권한 설정을 통해 람다 함수는 다른 AWS 서비스를 호출하거나 특정 작업을 수행할 수 있습니다.

AWS 람다 함수 블루프린트 사용

블루프린트 사용하면 람다 함수에서 샘플 코드를 제공받아 더 간편하게 함수를 작성할 수 있습니다.

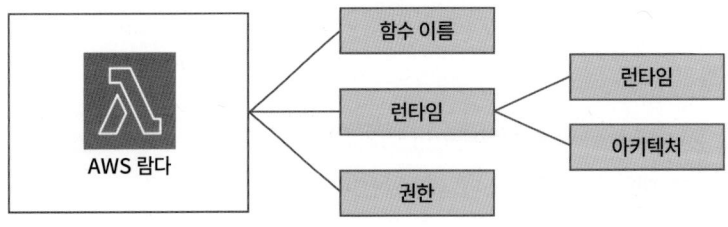

블루프린트는 함수 이름과 블루프린트 이름, 권한 세 가지로 구성되어 있습니다. 새로 작성하는 경우 런타임과 아키텍처를 직접 설정해야 했지만, 블루프린트를 선택하면 자동으로 런타임과 아키텍처가 결정됩니다.

▼ 블루프린트를 선택했을 때 람다 관리 콘솔 화면

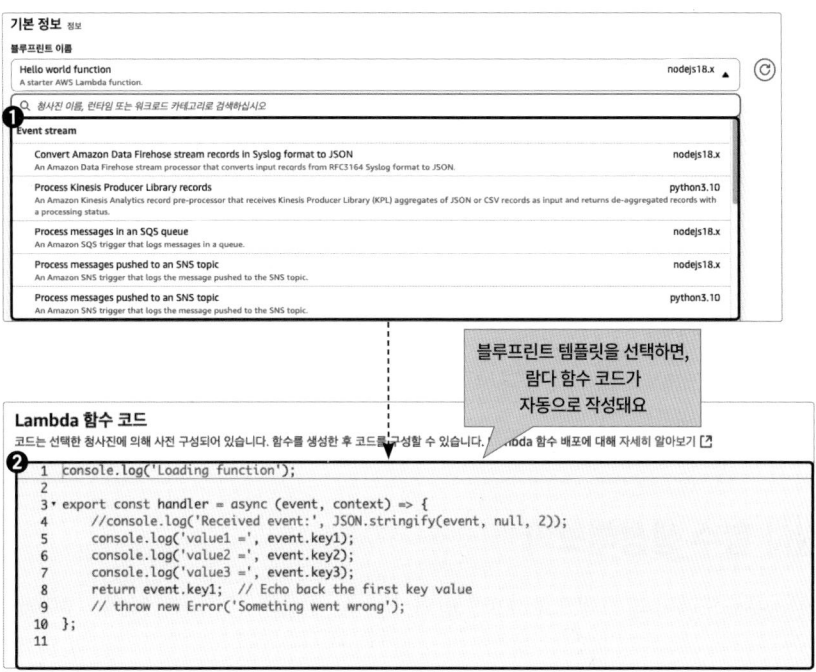

❶ 블루프린트에서는 다양한 사용 사례에 따른 템플릿을 선택할 수 있으며, ❷ 선택한 템플릿에 따라 람다 함수 코드가 자동으로 작성됩니다. 이런 블루프린트를 사용한다면 사용 사례에 적합한 람다 함수를 빠르게 작성할 수 있으며, 개발자는 제공된 코드를 받아 더 빠르고 유연하게 코드를 작성할 수 있습니다.

AWS 람다 함수 컨테이너 이미지

컨테이너 이미지는 람다 함수를 컨테이너화하는 것으로 아마존 ECR에 푸시한 이미지를 AWS에 배포할 수 있습니다. 기존 람다 함수를 사용할 때는 외부 라이브러리나 미들웨어를 도입하는 경우, 라이브러리 버전이 일치해야 하거나 특정 미들웨어를 도입해야 하는 등의 문제가 발생할 수 있습니다. 하지만 람다 함수에서 컨테이너 이미지를 사용한다면 이런 문제를 해결할 수 있습니다. 이를 구성하는 람다 함수는 다음과 같습니다.

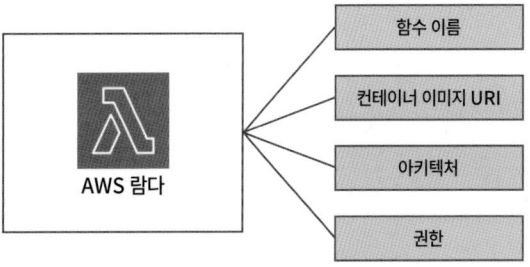

컨테이너 이미지는 함수 이름과 컨테이너 이미지 URI, 아키텍처 그리고 권한으로 구성되어 있습니다. 컨테이너 이미지 URI를 요구하기 때문에 사전에 아마존 ECR로 이미지를 푸시할 필요가 있습니다.

> 여러 함수에 라이브러리를 공유하는 방법으로 람다 계층(Lambda Layers)이라는 기능을 사용하는 방법도 있습니다. 람다 계층을 사용하면 람다 함수에서 필요로 하는 외부 라이브러리나 미들웨어를 별도로 관리할 수 있습니다.

14.3 AWS 람다 함수 생성해보기

이번 실습에서는 클라우드포메이션 스택으로 AWS 람다 함수를 생성해 간단하게 Hello World를 출력하겠습니다.

14.3.1 AWS 람다 함수로 Hello World 출력해보기

To do 01 AWS 람다 함수로 Hello World 출력하는 클라우드포메이션의 yml 파일은 다음과 같습니다.

AWS 람다 함수로 Hello World 출력해보기 위한 yml 파일

- **파일 이름** : lambda.yml

클라우드포메이션 전체 코드는 깃허브 리포지터리 [chapter14] → [Lambda] → [chapter 14.3.1-Create-Lambda] 폴더에서 확인할 수 있습니다. 클라우드포메이션으로 구축한 환경의 결과를 확인하고 싶다면 이번 내용을 건너뛰고, 그다음 이어지는 **'UI로 불러와 AWS 람다 함수로 Hello World 출력해보기'** 절부터 확인하시기 바랍니다.

02 람다에서 사용하기 위한 IAM 역할을 생성합니다.

lambda.yml
```yaml
LambdaIAMRole:
  Type: AWS::iam::Role
  DeletionPolicy: Delete
  Properties:
    RoleName: !Sub ${SystemName}-${EnvName}-lambdarole
    AssumeRolePolicyDocument:
      Version: "2012-10-17"
      Statement:
        - Effect: "Allow"
          Principal:
            Service:
              - "lambda.amazonaws.com"
          Action:
            - "sts:AssumeRole"
    Path: "/"
    ManagedPolicyArns:
      - "arn:aws:iam::aws:policy/AWSLambda_FullAccess" # ❶
```

람다 함수에서는 반드시 IAM 역할을 지정해야 하며, AWS 콘솔로 람다 함수를 생성하면서 [기본 Lambda 권한을 가진 새 역할 생성] 옵션을 지정하면 사용자가 직접 IAM 역할을 생성할 필요는 없지만, 클라우드포메이션에서는 사용자가 직접 IAM 역할을 생성할 필요가 있습니다. ❶ 해당 IAM 역할은 람다 함수의 모든 권한을 가지고 있는 IAM 역할입니다.

03 람다 함수를 생성합니다.

lambda.yml
```yaml
LambdaFunction:
  Type: AWS::lambda::Function # ❶
  Properties:
    FunctionName: !Sub ${SystemName}-${EnvName}-function
    Code: # ❷
      ZipFile: |
        import json
```

```
            def lambda_handler(event, context):
                # TODO implement
                return {
                    'statusCode': 200,
                    'body': json.dumps('Hello from Lambda!')
                }
        Handler: index.lambda_handler # ❸
        Role: !GetAtt LambdaIAMRole.Arn # ❹
        Runtime: python3.12 # ❺
        Timeout: 30 # ❻
```

❶ Type에는 AWS::lambda::Function을 입력해 람다 함수를 생성합니다. ❷ 속성에서는 Code를 지정해 람다 함수에서 실행할 코드를 입력합니다. 현재 입력한 코드는 "Hello from Lambda!"를 출력하는 간단한 코드입니다. ❸ Handler는 람다가 실행할 메서드 이름입니다. 이어서 ❹ Role은 조금 전 생성한 IAM 역할을 지정하고, ❺ Runtime에는 Python 3.12를 선택합니다. ❻ 마지막으로 Timeout은 Lambda가 함수를 중지하기 전에 실행할 수 있는 시간을 의미합니다.

14.3.2 UI로 불러와 AWS 람다 함수로 Hello World 출력해보기

이번에는 람다 함수를 생성하기 위한 클라우드포메이션 스택을 생성하고, 람다 함수를 실행해 "Hello world"를 출력시켜 보겠습니다.

To do 01 클라우드포메이션 스택을 생성합니다. 클라우드포메이션 스택에는 별다른 파라미터 설정값이 없으므로 기본값을 유지한 상태로 스택을 생성합니다.

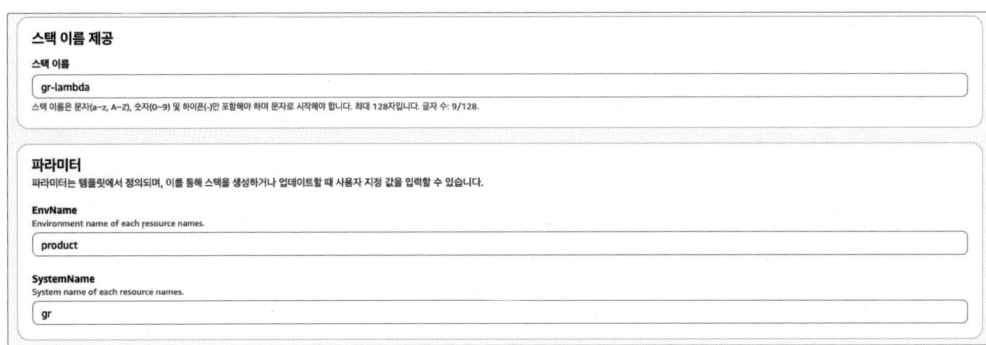

02 AWS 관리 콘솔에서 AWS 람다 콘솔 화면으로 진입합니다. ❶ AWS 람다 콘솔 화면에서 [함수]를 클릭하고 ❷ 생성된 람다 함수를 확인합니다.

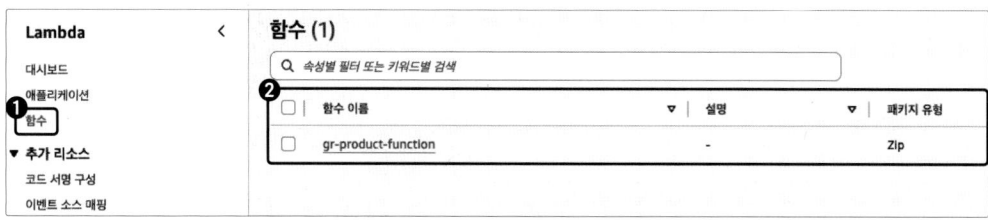

03 생성한 람다 함수 정보를 확인하고 코드를 실행합니다. 람다 함수를 생성하면 ❶ 함수 개요가 출력되며 해당 화면에서는 현재 람다 함수에서 사용하는 람다 계층(예 : 라이브러리 등)과 연동하는 AWS 서비스를 확인할 수 있습니다. 이어서 코드 카테고리를 클릭하면 ❷ 파이썬 코드를 확인할 수 있으며, 해당 람다 함수를 실행하기 위해 ❸ [Test]를 클릭합니다. [Test]를 클릭하면, 람다 함수의 이벤트를 생성하거나 기존 이벤트를 선택할 수 있습니다. 생성한 이벤트가 없으므로 새로 생성니다.

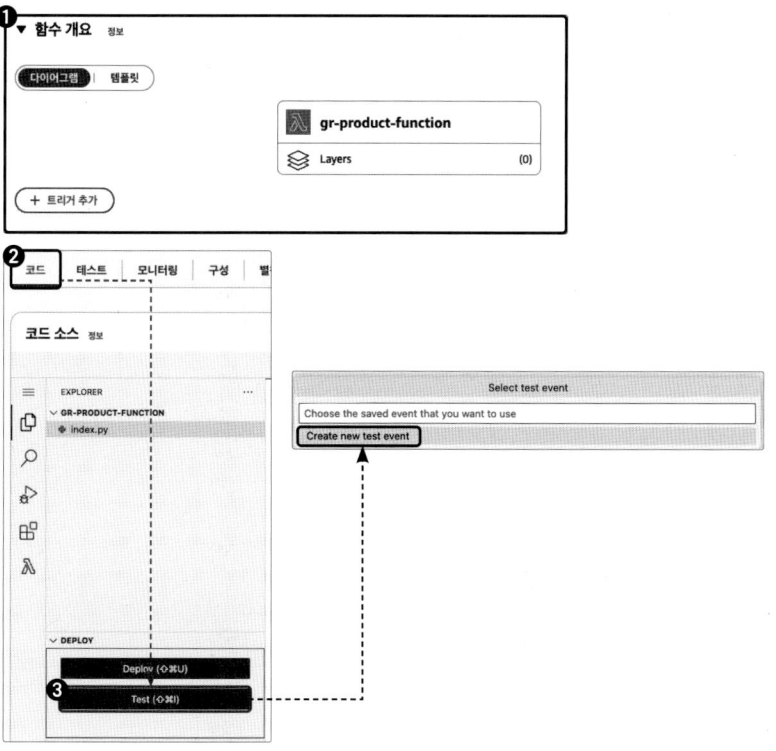

04 람다 함수의 이벤트를 생성합니다. ❶ 람다 함수의 이벤트 이름을 입력합니다. ❷ 템플릿의 경우 "hello-world"를 출력하는 디폴트 템플릿을 선택합니다. 현재 "Hello from Lambda" 텍스트를 출력하는 간단한 코드이기 때문에 '이벤트 JSON'에 생성된 key와 value를 받아 출력하는 부분은 없으므로 불필요합니다. 이대로 기본값을 유지한 상태로 ❸ [Save]를 클릭합니다.

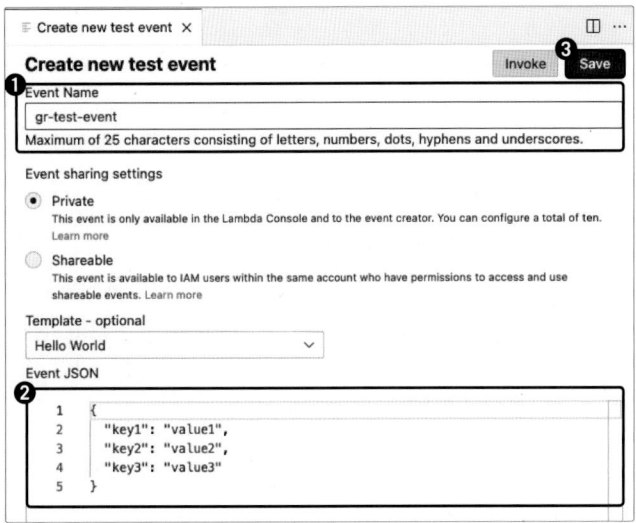

05 람다 함수를 실행해 결과를 확인합니다. 이벤트를 생성했다면 다시 ❶ [Test]를 클릭해 결과를 확인합니다. ❷ Response로 "Hello from Lambda"가 출력된 것을 확인할 수 있습니다.

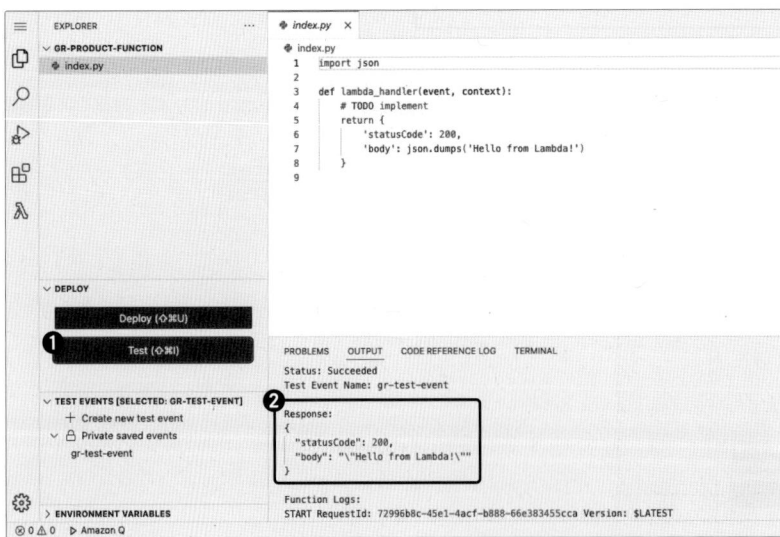

학습 마무리

이번 장에서는 이벤트 기반 코드 실행 백엔드 서비스인 AWS 람다를 학습했습니다. AWS 람다를 학습하기에 앞서 서버리스가 무엇인지, 또한 FaaS가 무엇인지, AWS 람다가 가지는 이점과 구성에 대해 학습해보았습니다.

핵심 요약

1 **AWS 람다**는 AWS에서 제공하는 서버리스 서비스로 서버를 구축하지 않고도 작성한 코드를 실행할 수 있는 이벤트 구동형 프로그램 실행 환경입니다.

2 AWS 람다는 넓은 의미에서는 서버리스로 표현하며, 보다 좁은 의미로는 FaaS$^{\text{Functions-as-a-Service}}$로 표현할 수 있습니다. 서버리스는 다양한 서비스 범주에 중점을 두며, 여기에는 스토리지, 데이터베이스, 컴퓨팅 등이 포함됩니다. 이런 서버리스 환경에는 FaaS도 포함되어 있습니다.

3 람다 함수에는 새로 작성, 블루프린트 사용, 컨테이너 이미지 세 가지 함수 유형이 있습니다.
   - **블루프린트**는 적합한 사용 사례를 선택하고, 이에 맞추어 코드를 제공받아 더 간편하게 함수를 작성할 수 있습니다.
   - **컨테이너 이미지**는 람다 함수를 컨테이너화하는 것으로 아마존 ECR에 푸시한 이미지를 AWS에 배포할 수 있습니다.

▼ 연습 문제 정답 및 해설(연습 문제는 406쪽에 있어요)

---

1 **정답** ❷ FaaS
2 **정답** ❸ SaaS의 대표적인 서비스로는 아마존 EC2가 있다.
3 **정답** ❸ AWS 람다는 단일 서비스로 다른 서비스와의 연동이 불가능하다.
4 **정답** ❸ 컨테이너 이미지 외에도 람다 계층을 사용해 라이브러리나 미들웨어를 관리할 수 있다.

연습문제

1 AWS 람다가 속하는 서비스에 대해 옳은 것은?

❶ IaaS ❷ FaaS ❸ PaaS ❹ SaaS

2 다음 서비스에 대한 설명 중 틀린 것은?

❶ IaaS는 스토리지, 네트워크, 서버와 같은 하드웨어 리소스를 제공하며, 개발자는 이를 바탕으로 애플리케이션을 개발한다.
❷ PaaS의 대표적인 서비스로는 AWS 엘라스틱 빈스토크, 아마존 S3이다.
❸ SaaS의 대표적인 서비스로는 아마존 EC2가 있다.
❹ FaaS는 서버리스 아키텍처라고도 하며, 개발자는 특정 이벤트나 요청이 발생할 때 실행되는 함수를 작성하기만 하면 된다.

3 AWS 람다의 이점에 대한 설명 중 틀린 것은?

❶ 코드가 실행되지 않은 시간에는 비용이 발생하지 않기 때문에 비용을 절감할 수 있다.
❷ AWS에서 실행 환경을 관리하므로 보다 안전한 실행 환경이 제공된다.
❸ AWS 람다는 단일 서비스로 다른 서비스와의 연동이 불가능하다.
❹ AWS 람다에서는 다양한 프로그래밍 언어를 제공하다.

4 AWS 람다에서 제공하는 함수 유형에 대한 설명으로 올바른 것은?

❶ 람다 함수에는 새로 작성, 블루프린트 두 가지 유형을 제공한다.
❷ 컨테이너 이미지를 사용하면 라이브러리의 버전 혹은 미들웨어 도입에 대한 문제를 해결할 수 없다.
❸ 컨테이너 이미지 외에도 람다 계층을 사용해 라이브러리나 미들웨어를 관리할 수 있다.
❹ 블루프린트에서는 사용자가 직접 코드를 작성해야 하며, 새로 작성을 통해 사용 사례 템플릿을 선택할 수 있다.

Chapter 15

API 관리를 위한 백엔드 서비스 파악하기

학습 목표

이번 장에서는 API가 무엇인지 살펴보며, AWS에서 제공하는 API 관리 서비스인 아마존 API 게이트웨이를 학습합니다. 아마존 API 게이트웨이를 사용함으로써 얻을 수 있는 이점과 AWS에서는 어떠한 유형의 API를 제공하는지 학습해보며, 아마존 API 게이트웨이를 활용한 실습도 진행해봅시다.

핵심 키워드

`API` `아마존 API 게이트웨이` `REST API` `HTTP API` `웹소켓 API` `주소 가능성` `상태 비저장` `연결성` `통일 인터페이스`

학습 코스

❶ API 관리 백엔드 서비스, 아마존 API 게이트웨이란? → ❷ API 관리 백엔드 서비스, 아마존 API 게이트웨이 살펴보기 → ❸ 아마존 API 게이트웨이 활용하기

15.1 API 관리 백엔드 서비스, 아마존 API 게이트웨이란?

아마존 API 게이트웨이를 학습하기에 앞서 API가 무엇인지 살펴볼 필요가 있습니다. API(Application Programming Interface)는 소프트웨어나 애플리케이션 기능의 일부를 외부에 공개하는 것으로 프로그래밍으로 애플리케이션을 연결하는 것이라고 표현할 수 있습니다. 다음 이미지를 보면서 API를 사용해 애플리케이션을 어떻게 연결하는지 확인해봅시다.

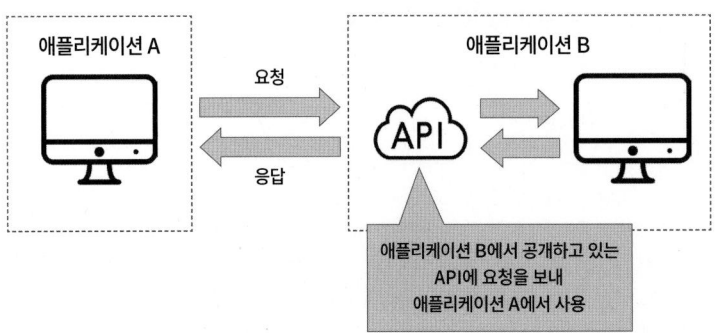

애플리케이션 A에서 애플리케이션 B의 기능을 사용할 때 API를 이용해 요청을 보내고 응답을 받아 작동합니다. 예를 들어 개발자가 쇼핑몰 사이트를 개발할 때 결제 기능을 포함해야 한다고 가정해봅시다. 이 결제 기능을 직접 개발하는 대신, 신용카드 운영 회사나 은행에서 제공하는 API를 이용할 수 있습니다. API를 통해 카드 번호나 성명 등의 정보를 포함한 요청을 보내면 결제 여부를 나타내는 응답이 반환됩니다. 이렇게 하면 쇼핑몰 사이트는 독자적으로 결제 기능을 개발하거나 보안 문제를 직접 처리할 필요가 없어집니다. 개발자는 이런 API를 활용해 간편하게 쇼핑몰을 구현할 수 있습니다.

AWS에서 제공하는 아마존 API 게이트웨이는 API를 간편하게 구축하고 게시하고 모니터링할 수 있게 도와주는 완전 관리형 서비스입니다. API 게이트웨이를 사용하면 쉽고 빠르게 API를 만들 수 있으며, AWS 람다와 연계해 다양한 이벤트 처리를 수행할 수 있습니다.

예를 들어 ❶ 아마존 S3에서 웹 호스팅을 하고 있고, ❷ 아마존 다이나모DB라는 데이터베이스에 웹 호스팅에 필요한 정보를 저장한다고 가정하겠습니다. ❸ 이 경우, 웹 호스팅에 필요한 데이터를 데이터베이스에서 불러오거나, 웹 호스팅 사이트에서 입력한 데이터를 데이터베이스에 저장하는 이벤트를 처리할 때 API 게이트웨이를 사용해 API를 생성하고, 이를 통해 AWS 람다 함수를 호출해 해당 작업을 처리할 수 있습니다.

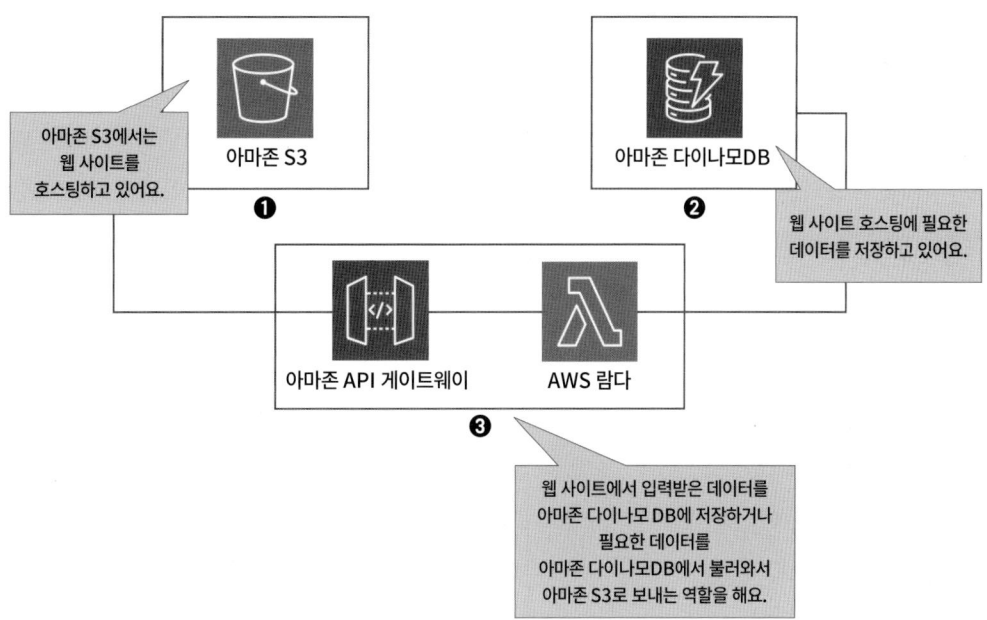

15.2 API 관리 백엔드 서비스, 아마존 API 게이트웨이 살펴보기

아마존 API 게이트웨이를 사용하지 않는다면, API를 요청하는 애플리케이션은 각 API와 개별적으로 통신합니다. 예를 들어 애플리케이션에서 결제 서비스, 장바구니, 주문 목록, 재고 관리에 대한 API를 요청해 사용하고자 한다면 애플리케이션은 각 API에 대해서 개별적으로 통신을 수행하며 총 네 번의 통신이 발생합니다.

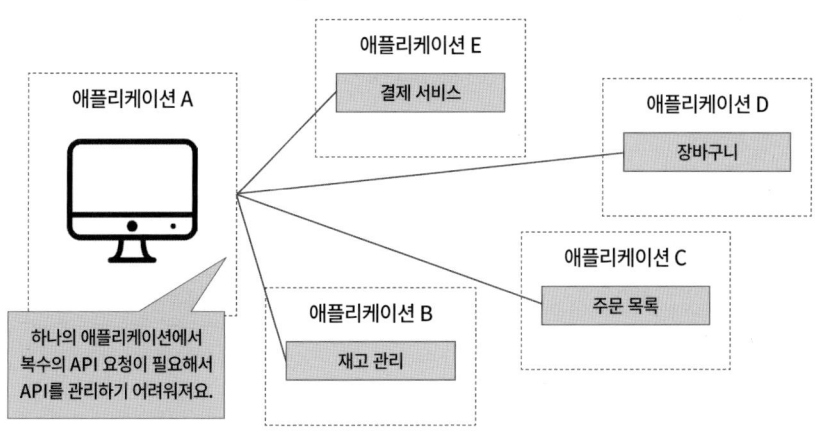

이처럼 복수의 애플리케이션 혹은 서비스에 대해 API를 요청한다면 그만큼 API를 관리하기 어려워지며, 구성이 복잡해집니다. 이런 상황에서 사용할 수 있는 것이 아마존 API 게이트웨이입니다.

아마존 API 게이트웨이를 사용하면 애플리케이션은 API 게이트웨이와 통신하며, API 게이트웨이는 API를 제공하는 애플리케이션 혹은 서비스와 통신하므로 다양한 애플리케이션에 대한 특정 요청을 조합하거나, API에서 발생하는 모든 것을 API 게이트웨이에서 모니터링해 관리할 수 있습니다. 이렇게 관리하면 API 남용을 방지해 비용을 줄일 수 있으며, 애플리케이션과 서비스 간 효율적인 상호작용을 기대할 수 있어 개발자의 부담을 줄일 수 있습니다.

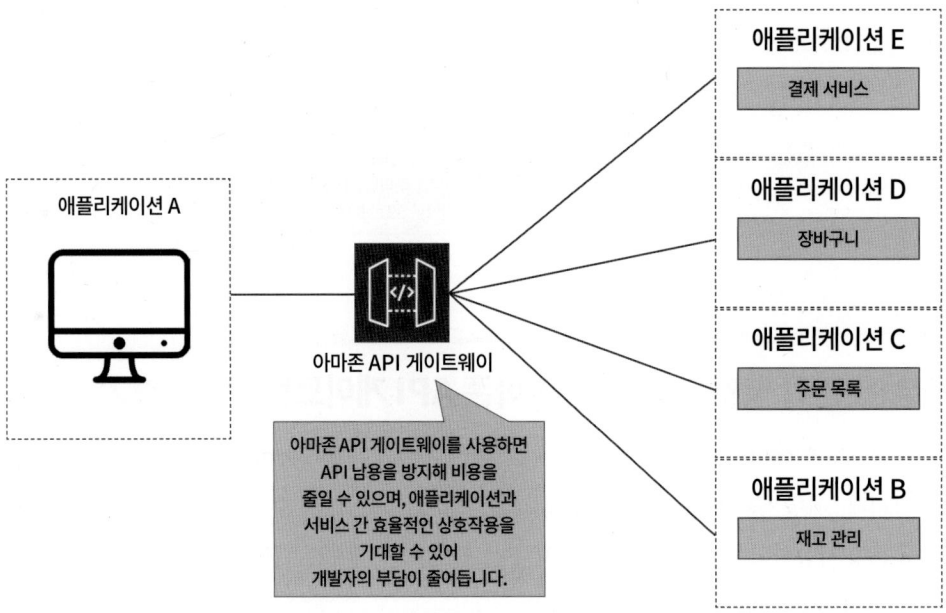

15.2.1 API 관리 백엔드 서비스, 아마존 API 게이트웨이 장단점

이번에는 아마존 API 게이트웨이의 장단점에 대해 살펴봅시다. 먼저 아마존 API 게이트웨이의 장점은 다음과 같습니다.

- 효율적인 API 개발
- 간편한 모니터링
- 비용 절감
- 생산성

먼저 API 게이트웨이를 사용하면 효율적인 API 개발할 수 있습니다. 이 API 게이트웨이는 개발자에게 특정 API의 다양한 버전을 실행하고 최소한의 노력으로 API를 테스트하고 반복 및 업데이트할 수 있는 환경을 제공합니다. 그 덕분에 효율적으로 API를 개발할 수 있습니다. 또한 API 게이트웨이는 간편한 모니터링을 지원하고 있으며, API 호출 정보, 오류율, 데이터 대기 시간 등을 실시간으로 모니터링할 수 있습니다. 이런 모니터링 기능과, 모니터링 서비스인 아마존 클라우드워치와 함께 쓰면 데이터를 시각적으로 확인할 수 있어 API 성능을 추적하고 문제의 원인을 쉽고 빠르게 조사하고 해결할 수 있습니다.

아마존 API 게이트웨이는 API를 사용하는 만큼 비용이 발생합니다. 비용에 대해서는 무료 티어가 제공되므로 API 활용의 비용을 최소한으로 유지하고자 하는 기업에게는 매우 유용한 옵션입니다. 마지막으로 API 게이트웨이는 최종 사용자에게 향상된 경험을 제공합니다. 이 서비스는 아마존 클라우드프론트와 통합되어 글로벌 에지를 활용해 최종 사용자에게 최적의 대기 시간으로 API 요청과 응답을 처리합니다. 그래서 빠른 성능을 보장할 수 있습니다.

하지만 이런 API 게이트웨이에도 단점은 있습니다. API 게이트웨이에서 모든 API를 통합해 처리하기 때문에 해당 API 게이트웨이에 문제가 발생하면 전체 API의 동작이 멈추게 됩니다. 즉 지속 가능성과 신뢰성이 떨어진다고 말할 수 있습니다. 또한 다른 서비스나 애플리케이션의 API를 사용하는 경우 해당 API의 보안에 개발자가 직접 관여할 수 없다는 단점도 있습니다. 이는 개발자에게 선택과 집중을 통해 효율적으로 개발할 수 있도록 도와주지만, 보안에 대한 불안 요소가 될 수 있습니다.

15.2.2 API 관리를 위한 백엔드 서비스, 아마존 API 게이트웨이 구성 요소

이번에는 아마존 API 게이트웨이의 구성 요소에 대해 살펴보며, 어떠한 API 유형을 제공하는지 학습해봅시다. 아마존 API 게이트웨이에서 제공하는 API 유형은 다음과 같습니다.

- REST API
- REST API 프라이빗
- HTTP API
- 웹소켓 API

REST API

먼저 REST API는 REST^{Representational State Transfer} 규칙으로 만든 API를 의미합니다. 여기서 REST는 주소 가능성^{Addressability}, 상태 비저장^{Stateless}, 연결성^{Connectability}, 통일 인터페이스^{Uniform interface} 네 가지 원칙을 가지고 있습니다. 네 가지 원칙에 대해서는 다음 그림을 통해 살펴봅시다.

주소 가능성은 제공하는 정보가 URI를 통해 표현될 수 있음을 의미하며, 각 정보는 고유한 URI를 가지며 해당 URI를 사용해 특정 정보에 접근할 수 있습니다. 여기서 말하는 정보는 인터넷에 존재하는 웹페이지, 이미지, 동영상, 사용자 정보 등을 의미합니다.

상태 비저장은 정보를 교환할 때 상태를 유지하지 않고 요청과 응답을 한 번만 사용해 완료하는 것을 의미합니다. 상태 비저장은 정보를 교환할 때 상태를 유지하지 않습니다. 따라서 재차 이전 정보를 요청하면 요청에 답을 할 수 없기 때문에 다시 https://goldenrabbit.co.kr/ 정보를 요청해야 합니다.

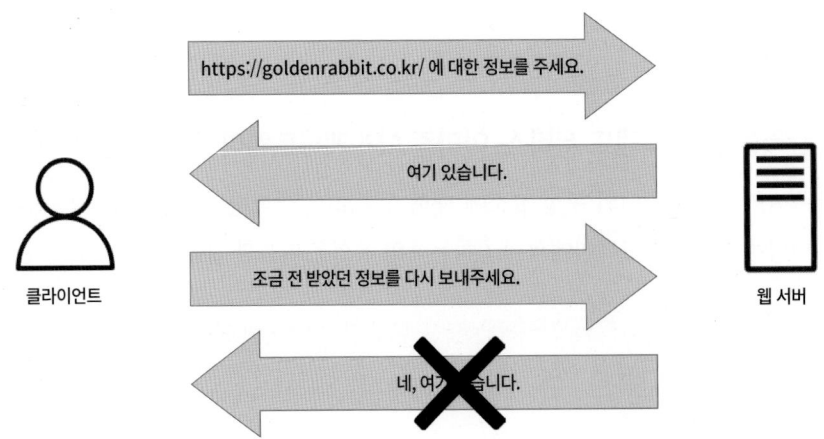

반대로 상태 저장도 있습니다. **상태 저장**은 요청과 응답 간의 상태를 유지해 연속적인 상호작용을 가능하게 합니다.

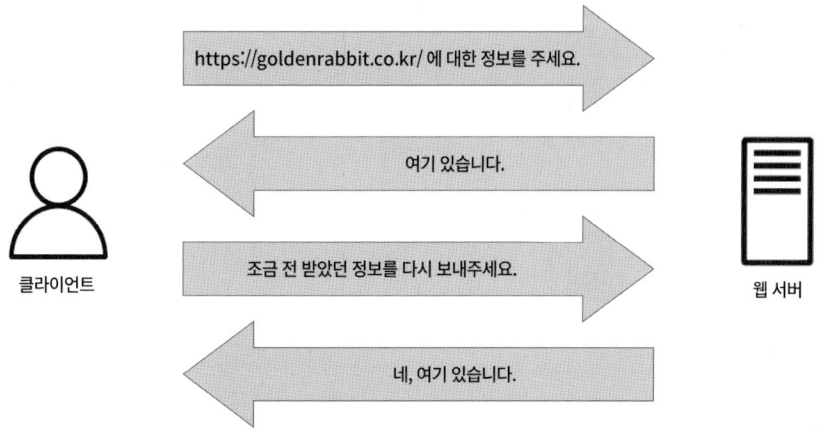

이어서 **연결성**은 정보 내에 다른 리소스에 대한 링크가 포함되어 있음을 의미합니다. 예를 들어 쇼핑몰 사이트를 확인하면, 쇼핑몰 메인 페이지에서 장바구니, 최근 본 상품 등 다양한 링크가 기재되어 있으며 이런 링크를 클릭하면 해당 정보에 접근할 수 있습니다. 이렇게 서로 상호 작용이 가능한 것을 연결성이라고 합니다.

마지막으로 **통일 인터페이스**는 미리 정의한 공유 방식을 의미합니다. 통일 인터페이스는 통일 메서드를 사용해 정보를 조작합니다. 대표적으로 HTTP 메서드(GET, PUT, POST, DELETE)가 있습니다. 이런 통일 인터페이스를 사용하면 서버와 클라이언트가 공통 인터페이스를 가지며 특정 정보에 일관된 방식으로 접근할 수 있습니다.

RESI API는 지금까지 다룬 네 가지 원칙에 따른 API를 의미하며, 이렇게 생성한 API를 바탕으로 람다 함수를 실행하거나 데이터베이스의 쿼리를 작성, 애플리케이션을 호출할 수 있습니다. REST API 프라이빗의 경우 REST API와 동일하지만 VPC 내에서만 접근할 수 있도록 제한된 API입니다.

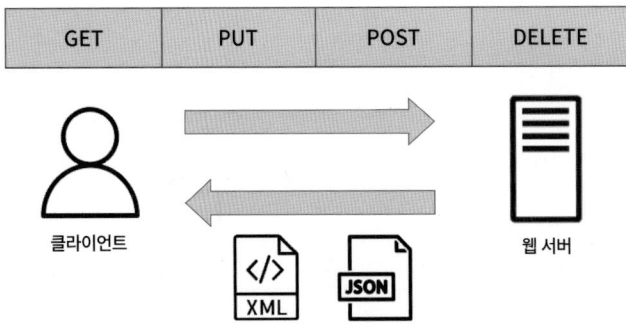

HTTP API

HTTP API는 HTTP 프로토콜을 이용해 API를 구현한 겁니다. 이는 HTTP 프로토콜을 사용하는 애플리케이션 간의 통신을 제공하는 규칙을 의미합니다. 그러나 HTTP API는 개발자가 직접 URL과 HTTP 메서드를 설계해야 하기 때문에 API 간의 통일성이 부족할 수 있습니다. REST API는 HTTP API의 한 종류로 앞서 언급한 주소 가능성, 상태 비저장, 연결성, 통일된 인터페이스 원칙을 따릅니다. 이런 원칙은 시스템의 확장성과 독립성을 향상시키지만, 일관성과 통일성을 유지하려면 제약을 지켜야 하며, 이 제약이 REST API의 단점이 될 수도 있습니다.

그런 측면에서, HTTP API는 REST 네 가지 원칙을 반드시 적용하지 않는 API로 저렴하게 이용하고 싶은 때 적합한 옵션입니다. AWS API 게이트웨이에서 제공하는 HTTP API 옵션은 REST API에 비해 대기 시간이 짧으며, 비용 효율적이라는 목표로 설계되었습니다. REST API에 비해 필요한 기능이 적거나 성능과 비용 효율성이 중요할 때 유용합니다. 반대로 설계 원칙과 제약을 추가해 통일성과 확장성을 강화하고 하고 싶다면 REST API가 더 적합한 옵션이 될 겁니다.

웹소켓 API

웹소켓은 양방향 통신 프로토콜입니다. HTTP 프로토콜과 달리 통신이 설정된 이후 서버와 클라이언트 간 자유롭게 데이터를 교환할 수 있습니다. HTTP처럼 요청마다 새 연결을 만들 필요가 없으며 하나의 TCP 연결로 통신할 수 있습니다. 송신과 수신을 동시에 실시할 수 있기 때문에 실시간 데이터의 교환이 가능하며, HTTP에 비해 헤더가 작기 때문에 통신 효율이 좋아집니다. REST API가 클라이언트에서 서버로의 요청에 대한 응답만을 반환했다면, 웹소켓은 서버와 클라이언트가 양방향 통신을 하고, 상태 저장으로 연결이 설정되면 통신이 계속 이어집니다. 웹소켓은 실시간성이 높아 즉각적인 통신이 가능해주로 채팅, 게임 등 실시간성이 요구될 때 적합한 옵션입니다.

반대로 REST API는 리소스를 생성하거나 검색하고 업데이트 및 삭제와 같은 작업에 적합한 옵션입니다.

15.3 아마존 API 게이트웨이 활용하기

이번 실습에서는 API 게이트웨이와 람다 함수를 연동하겠습니다. REST API 유형으로 API를 생성한 다음, 브라우저에서 람다 함수에서 지정한 텍스트가 출력되는지 확인해봅시다.

15.3.1 API 게이트웨이를 활용해 람다 함수 실행해보기

To do **01** API 게이트웨이를 활용해 람다 함수 실행하는 클라우드포메이션의 yml 파일은 다음과 같습니다.

> API 게이트웨이를 활용해 람다 함수 실행하는 yml 파일
>
> - **파일 이름** : APIGateway.yml

클라우드포메이션 전체 코드는 깃허브 리포지터리 [chapter15] → [APIGateway] → [chapter 15.3.1-Create-APIGateway] 폴더에서 확인할 수 있습니다. 클라우드포메이션으로 구축한 환경의 결과를 확인하고 싶다면 이번 내용을 건너뛰고, 그다음 이어지는 'UI로 불러와 API 게이트웨이를 활용해 람다 함수 실행해보기' 절부터 확인하시기 바랍니다.

02 람다 함수와 API 게이트웨이를 통합합니다.

```yml
# APIGateway.yml
LambdaInvokePermission:
    Type: AWS::Lambda::Permission # ❶
    Properties:
      Action: lambda:InvokeFunction # ❷
      FunctionName: !Ref LambdaFunction # ❸
      Principal: apigateway.amazonaws.com # ❹
      SourceArn: # ❺
        Fn::Sub: arn:aws:execute-api:${AWS::Region}:${AWS::AccountId}:${ApiGatewayRestApi}/*/ANY
```

❶ Type에는 AWS::lambda::Permission를 입력해 람다 함수와 API 게이트웨이를 통합하는 코드를 작성합니다. ❷ Action은 람다 함수에서 사용할 수 있는 작업을 정의하며 lambda:InvokeFunction 또는 lambda:GetFunction을 지정할 수 있습니다. lambda:InvokeFunction은 지정된 람다 함수를 사용하는 것이며, lambda:GetFunction은 람다 함수의 코드, 런타임 등의 상세 정보를 조회할 수 있도록 합니다. ❸ FunctionName으로 대상이 되는 람다 함수를 지정하고 ❹ Principal에서는 람다 함수를 호출하는 AWS 서비스를 지정합니다. 이번에는 API 게이트웨이가 됩니다. ❺ 마지막으로 SourceArn에는 API 게이트웨이의 Arn을 입력합니다.

> 람다 함수에 대한 클라우드포메이션 코드는 14장 실습과 같습니다.

03 API 게이트웨이를 생성합니다.

APIGateway.yml - REST API

```
ApiGatewayRestApi:
    Type: AWS::apigateway::RestApi # ❶
    Properties:
      Name: !Sub ${SystemName}-${EnvName}-api
      EndpointConfiguration:
        Types:
          - REGIONAL # ❷
```

API를 람다 함수로 라우팅하는 API 게이트웨이를 생성합니다. ❶ Type에는 API 유형을 REST API로 선택합니다. ❷ API 엔드포인트 유형은 지역(REGIONAL)으로 지정하고 API를 생성합니다.

04 API 게이트웨이의 메서드를 생성합니다.

APIGateway.yml - API Method

```
ApiGatewayMethod:
    Type: AWS::apigateway::Method # ❶
    Properties:
      AuthorizationType: NONE
      HttpMethod: ANY # ❷
      ResourceId: # ❸
        Fn::GetAtt: [ApiGatewayRestApi, RootResourceId]
      RestApiId:
```

```
          Ref: ApiGatewayRestApi
      Integration: # ❹
        Type: AWS_PROXY
        IntegrationHttpMethod: POST
        Uri: # ❺
          Fn::Join:
            - ""
            - - "arn:"
              - Ref: AWS::Partition
              - ":apigateway:"
              - Ref: AWS::Region
              - ":lambda:path/2015-03-31/functions/"
              - Fn::GetAtt:
                - LambdaFunction
                - Arn
              - "/invocations"
      MethodResponses:
        - StatusCode: 200
```

❶ Get 혹은 Post와 같은 요청을 받았을 때, 생성한 람다 함수로 라우팅하도록 설정하는 메서드를 생성합니다. ❷ 이번에는 Hello from Lambda를 출력하는 간단한 코드기 때문에 ANY 메서드 유형을 지정합니다. ❸ ResourceId는 API 게이트웨이에서 리소스를 고유하게 식별하는 데 사용되는 식별자입니다. ❹ 또한 람다로 라우팅해야 하므로 Integration 옵션을 지정해 람다와 API 게이트웨이를 통합합니다. Integration에는 HTTP, HTTP_PROXY, AWS, AWS_PROXY, 또는 Mock을 사용할 수 있으며, HTTP는 API 게이트웨이가 HTTP/HTTPS 엔드포인트와 상호작용합니다. HTTP_PROXY는 HTTP/HTTPS 엔드포인트에 대한 단순 프록시 역할을 하며, AWS는 AWS 서비스와 상호작용합니다. AWS_PROXY는 API 게이트웨이가 AWS 람다 또는 다른 AWS 서비스에 대한 단순 프록시 역할을 하며 MOCK은 API 게이트웨이가 직접 응답을 생성합니다. ❺ 마지막으로 Uri에는 통합할 람다 함수를 지정합니다.

05 API를 배포합니다.

APIGateway.yml

```
ApiGatewayDeployment:
    Type: AWS::apigateway::Deployment # ❶
```

```
Properties:
    RestApiId: !Ref ApiGatewayRestApi
    StageName: !Sub ${SystemName}-${EnvName}-stage
DependsOn: # ❷
    - ApiGatewayMethod
```

메서드 생성이 끝났다면, 이제 API를 배포합니다. ❶ AWS::apigateway::Deployment 타입의 배포 리소스를 생성합니다. ❷ API를 배포하기에 앞서 DependsOn 옵션을 사용해 메서드가 먼저 생성되기까지 기다린 다음, 배포를 진행할 필요가 있습니다. DependsOn 옵션은 AWS 클라우드포메이션 템플릿에서 특정 리소스가 다른 리소스에 의존할 때 사용됩니다. 이 옵션을 사용하면 의존성을 명시적으로 설정해, 특정 리소스가 다른 리소스가 모두 생성된 후에 생성되도록 할 수 있습니다. 만약 DependsOn 옵션을 지정하지 않는다면, 배포 리소스가 메서드와 함께 동시에 생성되어, 메서드를 생성해달라는 에러가 발생합니다.

15.3.2 UI로 불러와 API 게이트웨이를 활용해 람다 함수 실행해보기

이번에는 API 게이트웨이와 람다 함수를 생성하는 클라우드포메이션 스택을 생성하고, API 게이트웨이를 활용해 람다 함수 실행하겠습니다.

To do **01** 클라우드포메이션 스택을 생성합니다. 클라우드포메이션 스택에는 별다른 파라미터 설정값이 없으므로 기본값을 유지한 상태로 스택을 생성합니다.

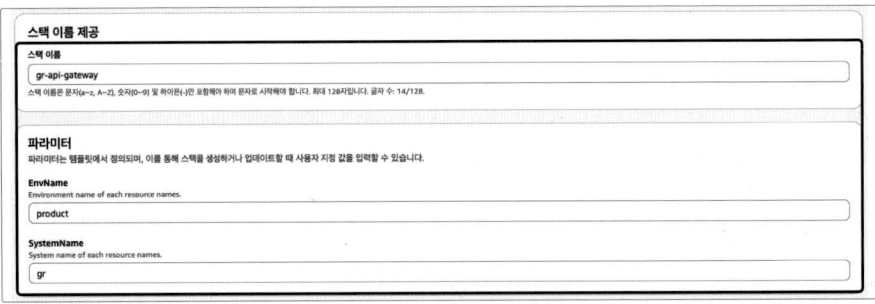

02 람다 함수 이벤트를 생성하고 실행 결과를 확인합니다. 람다 콘솔 화면으로 진입해 생성된 람다 함수를 확인합니다. ❶ 이어서 [Test]를 클릭해 ❷ 이벤트를 생성하고, ❸ 생성한 이벤트를 바탕으로 재차 [Test]를 클릭합니다. ❹ 마지막으로 결과를 확인합니다.

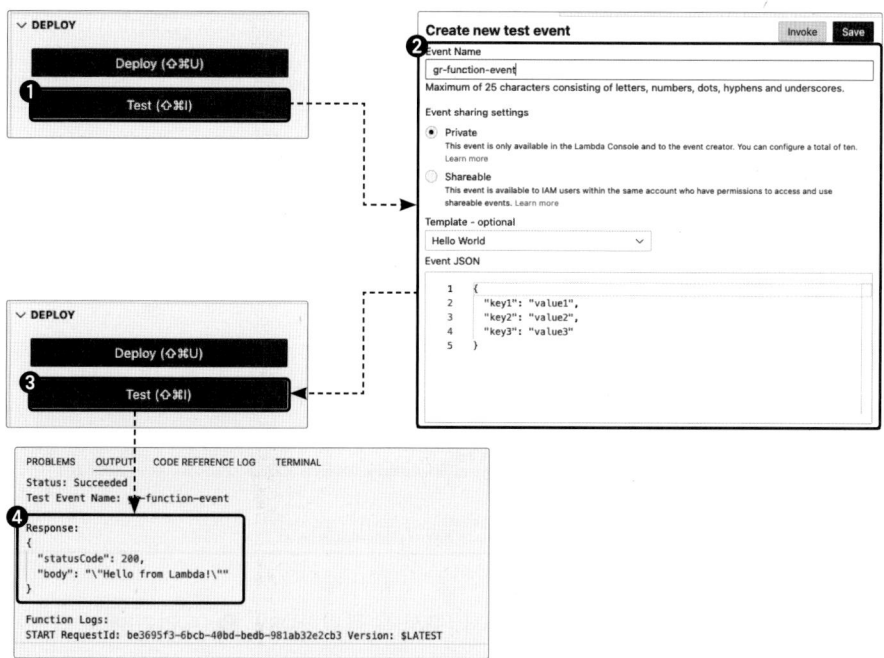

> 람다 함수의 이벤트 핸들러를 매번 생성할 필요는 없지만, 제대로 람다 함수가 동작하는지 확인합시다.

03 API 게이트웨이 콘솔 화면으로 진입합니다. ❶ [API] 카테고리를 클릭하여 ❷ 생성된 API를 확인하고 클릭합니다. ❸ 생성된 API를 클릭하면 [리소스] 카테고리가 표시되며, 해당 리소스 카테고리를 클릭하면 ❹ 생성된 메서드를 확인할 수 있습니다.

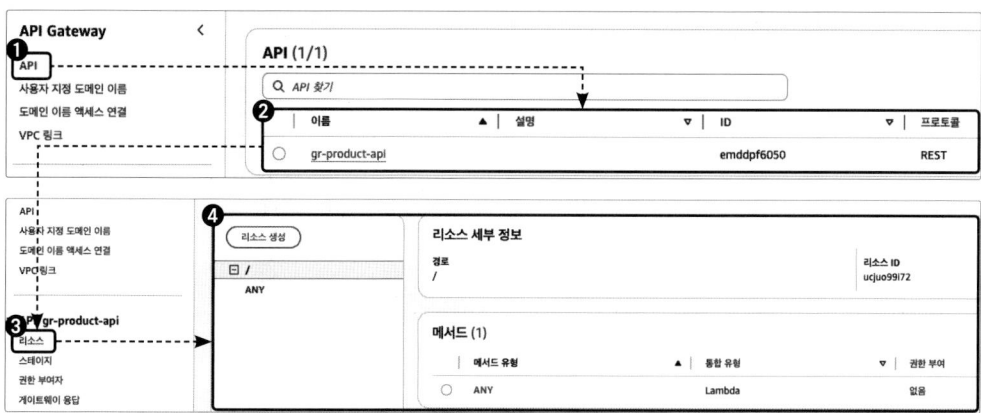

04 생성한 스테이지를 확인합니다. 클라우드포메이션에서 AWS::apigateway::Deployment를 생성해 배포를 진행했기 때문에 API가 배포되어 스테이지가 생성되었습니다. ❶ [스테이지]를 클릭하면, 해당 스테이지의 ❷ URL을 확인할 수 있습니다.

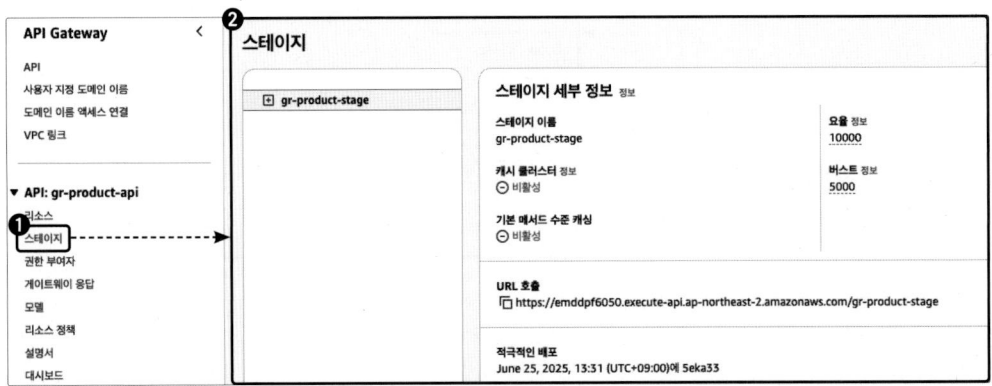

05 API 엔드포인트로 접근합니다. ❶ 람다 함수에서 [구성]을 클릭합니다. ❷ [트리거]에서 접속할 수 있는 API 엔드포인트의 URI를 확인할 수 있습니다. ❸ 접속할 때는 API 엔드포인트의 URI를 클릭해서 접속할 수 있습니다. 해당 URI를 클릭하면 람다 함수에서 지정한 텍스트가 출력되는 것을 확인할 수 있습니다.

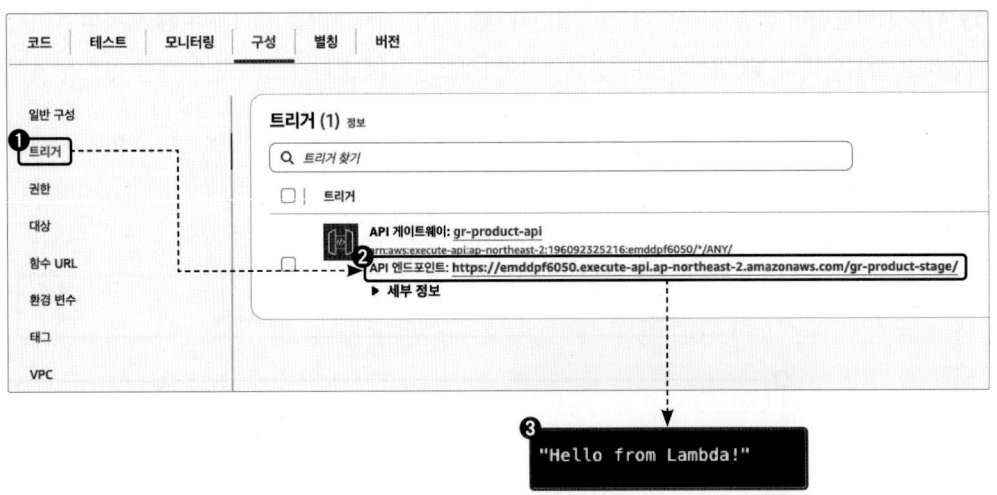

학습 마무리

이번 장에서는 API 관리를 위한 백엔드 서비스인 아마존 API 게이트웨이를 학습해보았습니다. 이번 학습을 통해 API가 무엇인지 이해할 수 있었으며, AWS에서 아마존 API 게이트웨이를 사용함으로써 얻을 수 있는 이점과 어떠한 API 유형을 제공하는지 살펴보았습니다. 이렇게 학습한 내용을 바탕으로, API 게이트웨이를 생성하고 람다 함수와 연동해 봄으로써 그 동작 원리를 이해할 수 있게 되었습니다.

핵심 요약

1 **API**는 소프트웨어나 애플리케이션 기능의 일부를 외부에 공개해 프로그래밍으로 연결하는 것을 의미합니다. AWS에서는 API를 관리하는 아마존 API 게이트웨이를 제공하고 있으며, API를 간편하게 구축, 게시하고 모니터링할 수 있게 도와주는 완전 관리형 서비스입니다.

2 **아마존 API 게이트웨이**는 효율적인 API 개발, 간편한 모니터링, 비용 절감, 생산성과 같은 이점을 제공합니다. 하지만 API 게이트웨이에서 모든 API를 통합하기 때문에 API 게이트웨이에 문제가 발생하면 전체 API의 동작이 멈추는 단점이 있습니다. 아마존 API 게이트웨이에서는 REST API, REST API 프라이빗, HTTP API, 웹소켓 API 네 가지 API 유형을 제공합니다.

- **REST API**는 REST의 규칙으로 만든 API를 의미하며, REST는 주소 가능성, 상태 비저장, 연결성, 통합 인터페이스 원칙을 가집니다. 이 원칙을 바탕으로 생성한 것이 REST API입니다. REST API는 VPC 내에서만 접근할 수 있도록 제한된 API입니다.
- **HTTP API**는 HTTP 프로토콜을 이용해 구현한 API이며, HTTP 프로토콜을 사용하는 애플리케이션 간의 통신을 제공합니다. 이런 HTTP API는 REST 네 가지 원칙을 반드시 적용하지 않고 저비용으로 API를 이용하고 싶은 때에 적합한 옵션입니다.
- **웹소켓**은 양방향 통신 프로토콜입니다. TCP 연결을 사용하며, 실시간 성이 높아 즉각적인 통신이 가능해주로 채팅, 게임 등 실시간성이 요구되는 케이스에 적합한 옵션입니다.

연습문제

1 소프트웨어나 애플리케이션 기능의 일부를 외부에 공개해 프로그래밍적으로 연결하는 이것은 무엇일까요?

2 아마존 API 게이트웨이에 대한 이점으로 틀린 것은?

① 가용성   ② 비용 절감   ③ 생산성   ④ 효율적인 API 개발

3 아마존 API 게이트웨이에 대한 설명 중 옳은 것은?

① 아마존 API 게이트웨이를 사용하면 구성이 복잡해져 API를 관리하기 어렵다.
② 아마존 API 게이트웨이는 API 모니터링 기능만 제공하고 있으며, API를 생성할 수는 없다.
③ 아마존 API 게이트웨이를 사용함으로써 API 남용을 방지하거나 비용을 줄일 수 있다.
④ 아마존 API 게이트웨이는 가용성을 제공한다.

4 아마존 API 게이트웨이에서 제공하는 API 유형 중 틀린 것은?

① REST API   ② HTTP API
③ 웹소켓 API   ④ SOAP API

5 REST API는 REST의 네 가지 원칙을 준수해 생성한 API를 의미합니다. 여기서 REST의 네 가지 원칙은 무엇일까요?

---

1 **정답** API
2 **정답** ① 가용성
3 **정답** ③ 아마존 API 게이트웨이를 사용함으로써 API 남용을 방지하거나 비용을 줄일 수 있다.
4 **정답** ④ SOAP API
5 **정답** ④ 주소 가능성(Addressability), 상태 비저장(Stateless), 연결성(Connectability), 통일 인터페이스(Uniform interface)

Chapter 16

유연한 NoSQL 데이터베이스 서비스 파악하기

학습 목표

이번 장에서는 먼저 NoSQL 데이터베이스를 살펴보고 나서, AWS에서 제공하는 NoSQL 데이터베이스인 아마존 다이나모DB를 살펴보도록 합니다. 아마존 다이나모DB 장점과 제약과, 관계형 데이터베이스인 아마존 RDS와의 차이점을 알아봅시다.

핵심 키워드

NoSQL | 아마존 다이나모DB | 서버리스 | OLAP | OLTP | 다이나모DB 제약성 | 파티션
파티션 키 | 정렬 키 | 아마존 다이나모DB 엑셀러레이터 | 글로벌 보조 인덱스 | 로컬 보조 인덱스
온디맨드 모드 | 프로비저닝 모드

학습 코스

❶ 유연한 NoSQL 데이터베이스, 아마존 다이나모DB란? → ❷ 유연한 NoSQL 데이터베이스, 아마존 다이나모DB 살펴보기 → ❸ 아마존 다이나모DB 활용하기

16.1 유연한 NoSQL 데이터베이스 서비스, 아마존 다이나모DB란?

AWS는 NoSQL 데이터베이스로 아마존 다이나모DB를 제공합니다. NoSQL 데이터베이스는 비관계형 데이터베이스로 NoSQL이라는 이름으로 알 수 있듯이 SQL을 사용하지 않으며 고정된 스키마가 없습니다. 대신 데이터를 고유한 키와 값으로 저장하는 키-밸류 형식이나 JSON과 같은 형식으로 저장할 수 있습니다. 또한 구조가 단순하여 높은 확장성과 빠른 처리 속도를 제공합니다. 이는 실시간 데이터 분석, IoT, 모바일 애플리케이션 등 데이터 처리 작업에 적합하다는 것을 의미합니다. 이번 장에서는 이런 NoSQL 데이터베이스의 특징과 아마존 다이나모DB에 대해 학습해 봅시다.

먼저 NoSQL 데이터베이스는 다음과 같은 특징을 가지고 있습니다.

- **확장성** : 수평적 확장이 용이해, 서버를 추가하여 데이터를 처리할 수 있습니다.
- **유연한 스키마** : 고정된 스키마 없이 데이터를 저장할 수 있어 다양한 자료 형식에 적합합니다.
- **고성능** : 대용량 데이터 처리와 높은 읽기/쓰기 성능을 제공합니다.
- **분산 처리** : 데이터를 여러 서버에 분산 저장하여 장애에 강하고 가용성이 높습니다.
- **빅데이터 처리에 적합** : 비정형 데이터 및 대규모 데이터를 효율적으로 처리할 수 있습니다.

이런 특징들 덕분에 NoSQL은 특히 대규모 웹 애플리케이션이나 실시간 데이터 처리에 많이 사용됩니다.

NoSQL 일종인 아마존 다이나모DB 역시 기본적으로 위와 같은 특징을 지니고 있습니다. 특히 실시간 데이터 처리와 빠른 읽기/쓰기가 요구되는 대규모 데이터 처리에 적합한 장점을 지니고 있습니다. 구체적인 장점은 다음과 같습니다.

- **완전 관리형** : 인프라 관리를 하지 않아도 되는 완전 관리형 NoSQL 데이터베이스입니다.
- **고가용성 및 확장성** : 자동으로 수평 확장이 가능하고, 전 세계적으로 분산된 데이터센터를 통해 고가용성을 제공합니다.
- **무제한 스케일링** : 테이블 크기에 제한이 없으며, 성능에 영향을 주지 않고 대규모 트래픽을 처리할 수 있습니다.
- **초저지연성** : 읽기 및 쓰기 작업에서 매우 낮은 지연 시간(밀리초 단위)을 제공합니다.
- **내구성** : 세 개의 가용 영역에 자동으로 데이터를 복제하여 데이터의 내구성을 보장합니다.
- **보안 통합** : AWS IAM^{Identity and Access Management}과 통합되어 세부적인 보안 관리가 가능합니다.
- **서버리스 모델** : 용량 계획 없이 사용한 만큼만 비용을 지불하는 서버리스 운영을 할 수 있습니다.

아마존 다이나모DB는 앞서 살펴보았던 아마존 API 게이트웨이와 AWS 람다와 함께 연동해주로 서버리스 환경을 구축하는 데 사용됩니다.

▼ 다이나모DB를 포함하는 서버리스 환경 예

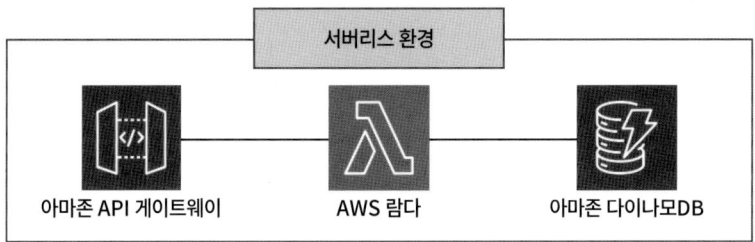

아마존 RDS의 경우 네트워크를 설계해 VPC를 생성하고, 별도의 구축 과정과 인스턴스 유형, 스토리지 용량 조정 등을 고려해야 합니다. 그러나 아마존 다이나모DB는 이런 복잡한 설정이 필요하지 않습니다.

▼ RDS와 다이나모DB 차이점

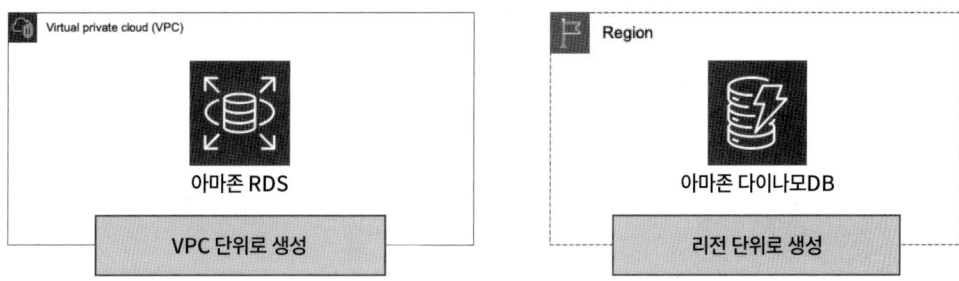

아마존 RDS를 생성하려면 먼저 VPC를 설계하고 구축해야 하며 이렇게 구축한 아마존 RDS는 VPC 내부에 생성됩니다. 반면에, 아마존 다이나모DB는 VPC 설계 없이도 생성할 수 있으며, 리전 단위로 관리됩니다. 운영에서도 OS 패치 적용과 같은 정기 유지보수는 AWS에서 직접 처리하며, 데이터의 용량과 트래픽이 증가하더라도 퍼포먼스가 떨어지는 일은 거의 없기 때문에 성능 관리나 확장 대응을 위한 별도의 시스템 운용 부담이 줄어듭니다. 이렇듯 서버와 같은 인프라 유지보수를 클라우드에 맡겨 개발자는 온전히 개발에 집중할 수 있으며, 서버리스의 장점을 최대한 살릴 수 있는 것이 아마존 다이나모DB라고 할 수 있습니다.

16.2 유연한 NoSQL 데이터베이스 서비스, 아마존 다이나모DB 살펴보기

그렇다면 아마존 RDS와 아마존 다이나모DB는 어떤 상황에서 사용해야 할까요? 스토리지 크기에 관계없이 일관된 성능을 제공하고 관리 부담을 줄여주는 아마존 다이나모DB가 아마존 RDS의 대체재로 사용될 수 있을까요? 아마존 다이나모DB의 장점을 고려할 때 아마존 RDS를 대체할 수 있을 것 같지만, 유스 케이스를 올바르게 파악해 적재적소에 사용하는 것이 중요합니다. 따라서 이번에는 아마존 다이나모DB의 제약을 살펴보겠습니다.

16.2.1 유연한 NoSQL 데이터베이스 서비스, 아마존 다이나모DB 제약

아마존 다이나모DB는 키밸류 형태의 NoSQL 데이터베이스이므로 OLAP^{Online Analytical Processing}라고 하는 데이터 분석 처리에는 적합하지 않습니다.

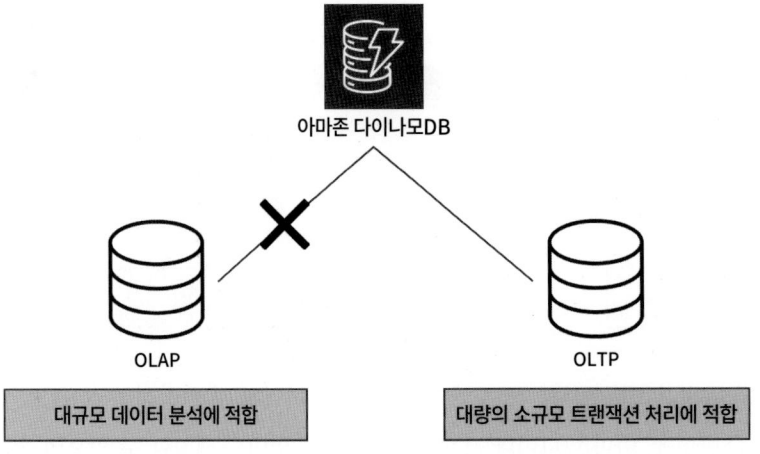

OLAP는 데이터를 다차원적으로 분석하고 그 결과를 신속하게 사용자에게 반환하는 기법 또는 도구를 의미하며, 대표적인 예로는 시장 분석, 성과 관리 등이 있습니다. OLAP에서 O를 의미하는 Online은 네트워크와 연결된 환경을 의미하는 것이 아닌 실시간으로 분석한 결과를 반환하는 것을 의미합니다. 즉, OLAP는 대규모 데이터 분석에 적합하기 때문에 아마존 다이나모DB와는 어울리지 않습니다.

 반대로 미리 정해진 시간에 처리하는 것을 배치 처리라고 합니다.

OLAP와 반대로 OLTP$^{\text{On Line Transaction Processing}}$는 주로 트랜잭션 처리 및 실시간 데이터 읽기 및 쓰기에 중점을 둔 작업을 의미합니다. OLTP는 소규모 데이터를 대량으로 처리하는 데 탁월한 기술이며, 아마존 다이나모DB에 적합합니다. OLTP는 쇼핑몰과 같은 EC 사이트에서 구매를 처리하는 데 사용되며, 상품의 구매로부터 결제, 발송 수속 등 일련의 처리를 실시할 수 있습니다. 또한 아마존 다이나모DB는 항목당 크기 상한이 400KB이므로 큰 데이터를 직접 저장하는 용도로는 적합하지 않습니다. 그 외, 아마존 RDS와 비교할 때 살펴보아야 할 아마존 다이나모DB의 제약사항은 다음과 같습니다.

- 트랜잭션 제약
- 검색 조건의 유연성 제약
- JOIN 제약

트랜잭션^{Transaction}은 데이터베이스를 사용하면서 자주 볼 수 있는 단어로 여러 프로세스를 하나로 모은 단위와 데이터를 의미합니다. 이렇게 모은 단위와 데이터를 트랜잭션 데이터$^{\text{Transaction data}}$라고 하며, 이 데이터를 처리하는 것을 트랜잭션 처리$^{\text{Transaction Processing}}$라고 합니다. 트랜잭션에 대한 예를 들겠습니다.

은행의 송금 처리에서 잔고가 100,000원인 A 계좌에서 잔고가 50,000원인 B계좌로 송금하는 경우 아래 두 가지의 처리가 발생합니다.

1 A 계좌에서 50,000원을 인출하고 계좌 잔고를 50,000원으로 합니다.
2 B 계좌에 50,000원을 송금하고, 계좌 잔고를 100,000원으로 합니다.

여기서 ❶ A 계좌에서 50,000원을 인출하고 잔고를 50,000원으로 했지만, ❷ B 계좌 송금에 실패했다고 가정하면, A 계좌로부터 B 계좌로 송금될 50,000원이 소실되어 버리며, 이 두 가지 처리를 독립시키는 것은 부정합 처리가 발생할 위험이 있습니다.

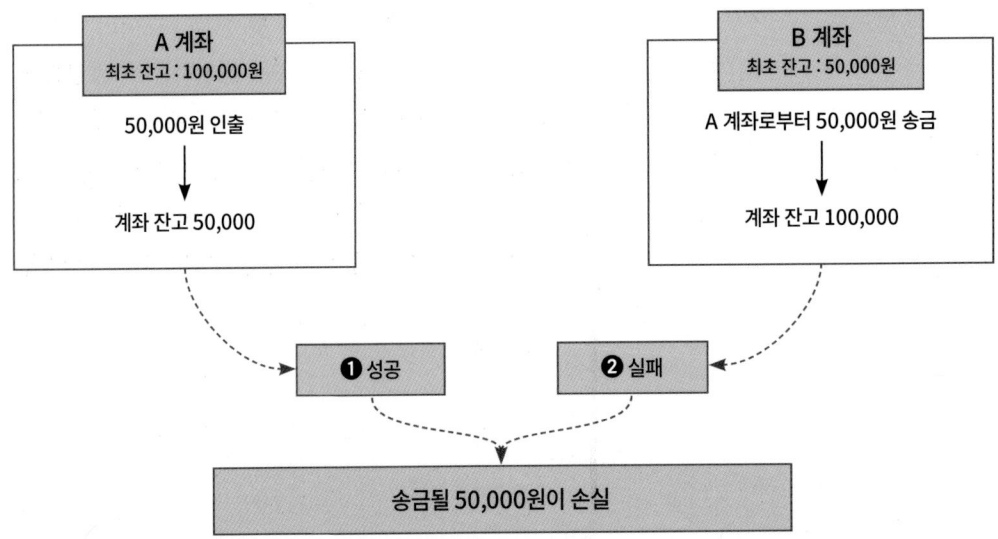

이런 사태를 막고자 등장한 것이 트랜잭션 처리입니다. 트랜잭션 처리는 두 개 이상의 처리를 합쳐 트랜잭션 내의 모든 작업이 성공해야만 트랜잭션 처리가 완료됩니다. 만일 어떤 작업이라도 실패한다면 이전에 수행된 작업은 모두 취소되어 데이터베이스를 이전 상태로 되돌립니다. 이런 방식으로 데이터베이스의 무결성을 보장할 수 있습니다.

▼ 트랜잭션 처리 예

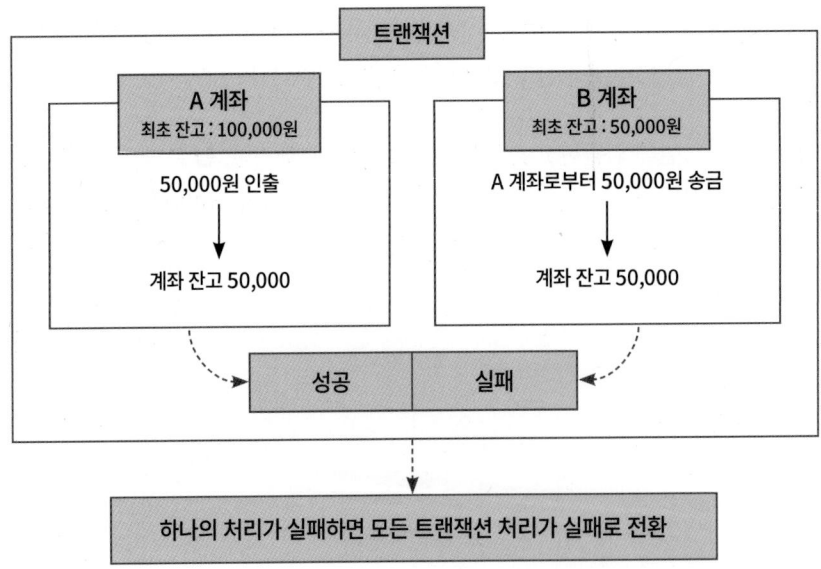

아마존 다이나모DB은 이런 트랜잭션 처리를 지원하고 있으며, 현재 단일 트랜잭션 내의 개별 작업을 최대 100건까지 설정할 수 있습니다. 구성한 아마존 RDS의 스펙에 따라 다르지만, 수천 혹은 수백만 개의 트랜잭션을 처리할 수 있는 아마존 RDS에 비하면 적은 처리 양입니다.

아마존 다이나모DB는 테이블의 데이터에 효율적으로 접근하기 위해 기본키$^{Primary Key}$ 속성에 대한 인덱스를 만들어 유지합니다. 따라서 애플리케이션은 기본키의 값을 지정해 신속하게 데이터를 검색할 수 있습니다. 아마존 다이나모DB는 두 가지 유형의 보조 인덱스를 지원하는데, 글로벌 보조 인덱스와 같은 인덱스 구조로 인해 많은 검색 패턴에 대응이 가능하지만 SQL에 비하면 유연성이 부족합니다. SQL은 다양한 JOIN 및 복잡한 쿼리 패턴을 활용해 데이터를 유연하게 검색할 수 있지만, NoSQL 데이터베이스에서는 일반적으로 JOIN 연산이 지원되지 않거나 제한적입니다. 또한 NoSQL 데이터베이스의 쿼리 언어는 SQL보다 간단하고 직관적이지만, 일부 복잡한 쿼리 패턴을 처리하는 데는 제약이 있을 수 있습니다. 즉, 아마존 다이나모DB는 데이터베이스의 인덱스 구조에 크게 의존하므로 검색 조건의 유연성에 제약이 있을 수 있습니다.

마지막으로 JOIN 제약입니다. 아마존 다이나모DB로 복수 테이블을 취급할 수도 있지만, 이 테이블 간의 JOIN은 할 수 없습니다. 여기서 JOIN이란 두 개 이상의 테이블을 연결해 데이터를 검색하는 방법을 의미합니다. 이렇게 JOIN을 할 수 없기 때문에 여러 번 쿼리를 실행해 데이터를 결합하거나 단일 테이블에 항목을 정리해 데이터를 취득할 수 있도록 설계해야 합니다. 가능한 단일 테이블에 항목을 정리하는 것을 싱글 테이블이라고 하며, 이 싱글 테이블은 아마존 다이나모DB의 설계 지침 중 하나입니다. 또한 SQL 문법에 익숙한 사용자는 아마존 다이나모DB와 같은 NoSQL 데이터베이스에서 JOIN 연산을 사용할 수 없기 때문에 불편함을 느낄 수 있습니다.

> NoSQL 데이터베이스는 일반적으로 단순한 키값 쌍 구조를 가지며 JOIN 연산을 지원하지 않습니다.

이런 제약사항을 고려해 아마존 다이나모DB를 사용할지, 아마존 RDS를 사용할지 신중히 선택할 필요가 있습니다.

▼ 아마존 다이나모DB와 아마존 RDS 비교

	아마존 다이나모DB	아마존 RDS
유형	NoSQL	SQL
검색 조건	사전에 지정된 키 또는 인덱스로만 검색 가능	SQL문으로 자유롭게 검색 가능

검색 처리	JOIN 연산을 지원하지 않기 때문에 복잡한 검색 처리를 할 수 없음	JOIN 연산을 통한 복잡한 검색 처리 가능
확장성	높은 확장성(오토 스케일링)을 제공하여 많은 양의 트래픽 처리 가능	SQL 기반 쿼리 처리는 뛰어나지만, 리드 복제본을 생성하는 등 스케일에 대한 추가 설정이 필요
사용 사례	실시간 애플리케이션, 모바일 애플리케이션 및 IoT 디바이스의 데이터 관리에 적합	복잡한 관계와 일관된 트랜잭션 처리가 필요한 비즈니스 애플리케이션 및 금융 시스템에 적합

16.2.2 유연한 NoSQL 데이터베이스 서비스, 아마존 다이나모DB 구성 요소

이번에는 아마존 다이나모DB를 구성하는 기본 구성 요소를 알아봅시다. 먼저 아마존 다이나모 DB에서는 파티션 키, 정렬 키, 기본키, 글로벌 보조 인덱스와 같은 단어가 등장합니다. 이런 단어들은 아마존 다이나모DB를 구성하는 단어이므로 어떠한 의미를 가지는지 살펴봅시다.

파티션과 키

아마존 다이나모DB 데이터는 파티션을 저장하고 분산하는 단위를 의미합니다. 아마존 다이나모 DB 데이터는 여러 파티션에 분산되어 저장됩니다. 이때 데이터가 어느 파티션에 저장되었는지는 파티션 키를 바탕으로 결정됩니다. 또한 정렬 키가 설정된 경우 데이터는 파티션 내에서 정렬 키를 기준으로 정렬되어 물리적으로 가깝게 배치됩니다.

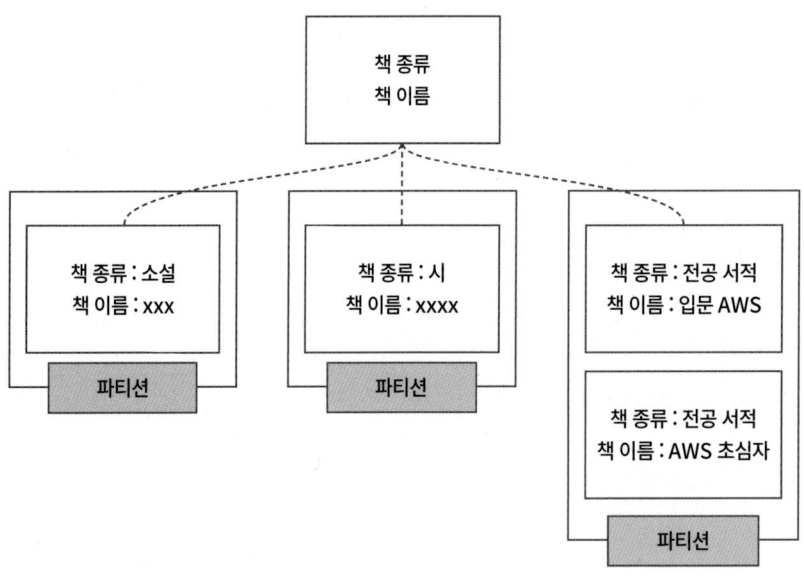

책을 관리하는 테이블이 있다고 가정하겠습니다. 이 테이블에서는 각 책의 종류가 파티션 키로 사용될 수 있습니다. 예를 들어 소설, 시, 전공 서적 등의 책 종류가 될 수 있습니다. 이렇게 파티션 키별로 데이터가 분할되어 저장됩니다. 각 파티션에는 해당 종류의 책에 대한 여러 속성(책 이름 등)이 저장됩니다. 정렬 키로는 책 이름을 선택할 수 있으며, 이렇게 선택된 정렬 키를 바탕으로 같은 종류의 책이 해당 파티션에 모두 저장되며, 책 이름에 따라 각 항목이 정렬됩니다. 이를 통해 데이터베이스에서 책 종류와 이름에 따라 효과적으로 조회와 정렬을 할 수 있습니다. 또한 기본키는 데이터를 고유하게 식별하는 키로 파티션 키 또는 파티션 키와 정렬 키의 복합 키를 의미합니다. 기본적으로 데이터를 읽고 쓰는 것은 기본키를 지정해 수행되며, 데이터 접근의 특징에 따라 파티션 키와 정렬 키를 적절하게 설계하는 것이 좋습니다.

보조 인덱스

기본키는 데이터를 고유하게 식별하는 키로 파티션 키 또는 파티션 키와 정렬 키의 복합 키입니다. 테이블의 파티션 키와 정렬 키만으로 충분하지 않을 경우 다른 파티션 키와 정렬 키를 설정할 수 있는 기능인 글로벌 보조 인덱스, 로컬 보조 인덱스 기능을 제공합니다. 예를 들어 게임 점수를 저장하는 게임 스코어 테이블이 있다고 가정합니다.

사용자 아이디	게임 이름	최고 스코어	플레이 시간	날짜
KimJaewook	테트리스	4560	17:24:32	2024-03-10
KeumSangwon	스코어러	5300	12:32:55	2022-05-08
ChoiHyemin	브루마블	5500	43:20:05	2025-08-04

이 테이블에서의 파티션 키는 사용자 아이디이며, 정렬 키는 게임 이름입니다. 여기서 각 게임의 최고 점수를 가진 사용자를 찾아내고 싶은 경우 파티션 키와 정렬 키 설계에서는 효율적으로 찾을 수 없습니다. 이런 상황에서 게임 이름을 파티션 키로 지정하고, 최고 스코어를 정렬 키로 다른 테이블을 생성합니다. 그 외 필요한 유저 정보를 포함합니다.

게임 이름	최고 스코어	사용자 아이디
테트리스	4560	KimJaewook
스코어러	5300	KeumSangwon
브루마블	5500	ChoiHyemin

이렇게 생성한 테이블을 바탕으로 각 게임의 최고 스코어를 가진 사용자를 효율적으로 찾아낼 수 있습니다. 어느 한 테이블을 바탕으로 다른 파티션 키와 정렬 키 테이블을 작성하는 구조를 글로벌 보조 인덱스라고 합니다. 로컬 보조 인덱스는 어느 한 테이블을 바탕으로 파티션 키는 유지하며, 다른 정렬 키를 지정해 테이블을 작성하는 것을 말합니다.

포럼 이름	주제	마지막 수정 시간	강사
DynamoDB	초심자를 위한 다이나모DB	2024-03-10:16:32:42	KimJaewook
RDS	초심자를 위한 RDS	2024-02-23:19:43:12	KeumSangwon
EC2	EC2 잘하는 엔지니어 되는 법	2024-03-03:04:10:32	ChoiHyemin

포럼 이름을 파티션 키로 주제를 정렬 키로 가지는 테이블이 있습니다. 여기서 각 포럼마다 과거 갱신이 있었던 주제의 리스트를 표시하고 싶을 때 현재 설정된 파티션 키와 정렬 키로는 효율적으로 찾을 수 없습니다.

포럼 이름	마지막 수정 시간	주제
DynamoDB	2024-03-10:16:32:42	초심자를 위한 다이나모DB
RDS	2024-02-23:19:43:12	초심자를 위한 RDS
EC2	2024-03-03:04:10:32	EC2 잘하는 엔지니어 되는 법

이 경우 파티션 키는 그대로 포럼 이름을 유지하며, 정렬 키를 마지막 수정 시간으로 변경한 상태로 테이블을 생성합니다. 추가적으로 필요한 부분은 주제이므로 새로운 테이블에 주제를 추가합니다. 이렇게 생성한 테이블로 각 포럼마다 과거 갱신이 있었던 주제의 리스트를 표시할 수 있습니다. 여기서 주의할 점은 글로벌 보조 인덱스는 테이블 작성 후 설정할 수 있으며, 로컬 보조 인덱스는 테이블을 생성할 때 설정해야 합니다.

아마존 다이나모DB 엑셀러레이터

아마존 다이나모DB 엑셀러레이터DynamoDB Accelerator, DAX는 다이나모DB와 호환되는 완전 관리형 인메모리 캐시 서비스입니다. 밀리초에서 마이크로초로 퍼포먼스를 올려 고속화할 수 있습니다. 아마존 다이나모DB 엑셀러레이터의 동작은 다음과 같습니다.

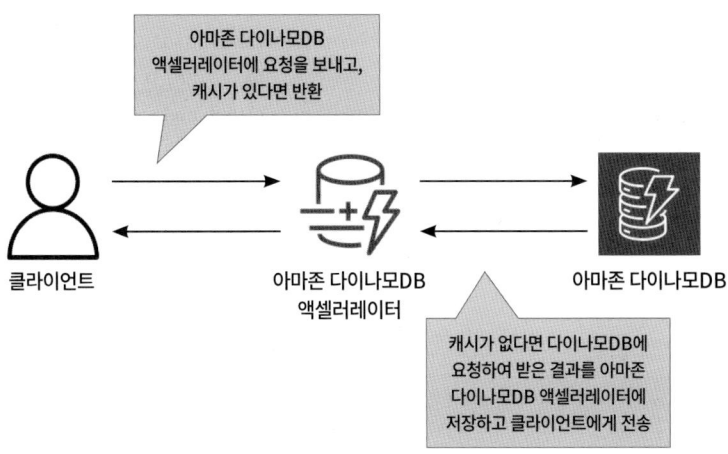

먼저 클라이언트가 아마존 다이나모DB 엑셀러레이터로 요청을 보냅니다. 아마존 다이나모DB 엑셀러레이터에 캐시가 있다면 결과를 클라이언트로 반환하고, 없다면 아마존 다이나모DB에 요청을 합니다. 마지막으로 다이나모DB로부터 요청받은 결과를 아마존 다이나모DB 엑셀러레이터에 보존하고 결과를 클라이언트로 반환합니다.

용량 모드

아마존 다이나모DB에는 온디맨드 모드와 프로비저닝 모드가 있습니다. 프로비저닝 모드에서는 오토스케일링 기능을 사용할 수 있으며, 일정 시간 내 네트워크상에서 전송되는 데이터량의 변화에 따라 용량을 자동으로 조정해줍니다.

먼저, 온디맨드 모드는 읽기 및 쓰기 용량을 설정하지 않으며, 자동으로 용량을 스케일링해 트래픽을 처리합니다. 따라서 트래픽을 예측할 수 없을 때 유용합니다.

반면, 프로비저닝 모드는 읽기와 쓰기 용량을 설정해야 하며, 설정한 용량을 상한으로 트래픽을 처리합니다. 트래픽을 예측할 수 있을 때 유용하며, 오토스케일링을 사용해 용량을 자동으로 조정할 수 있습니다.

가용성과 내구성

아마존 다이나모DB는 높은 가용성과 내구성을 제공합니다. 아마존 다이나모DB는 다중 AZ를 지원하며, 같은 리전 내 3개의 가용 영역간 데이터가 실시간으로 복제됩니다.

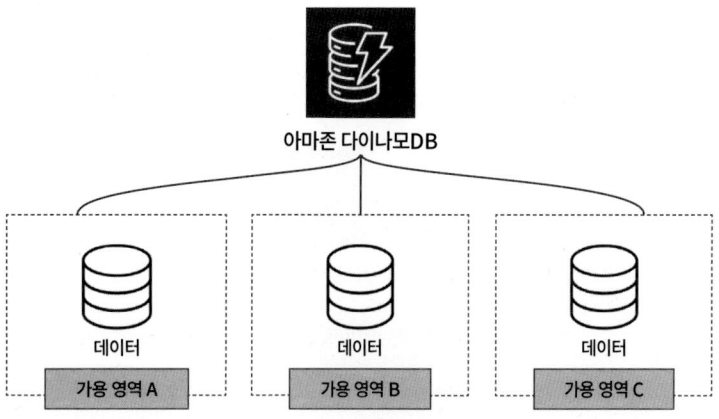

> AWS 다이나모DB는 기본적으로 다중 AZ를 지원합니다.

또한 글로벌 테이블을 생성해 다중 리전에 걸쳐 테이블을 복제하고 빠르게 읽거나 쓸 수 있으며 높은 가용성을 제공합니다. 글로벌 테이블을 사용하면 자체적으로 복제 솔루션을 구축하고 관리할 필요 없이 각 리전에 같은 테이블을 생성하고 데이터 변경 내용을 모든 리전에 전파할 수 있습니다. 이는 대규모 애플리케이션에 적합하며, 사용자가 어디에 있든 낮은 대기 시간으로 데이터를 제공할 수 있습니다.

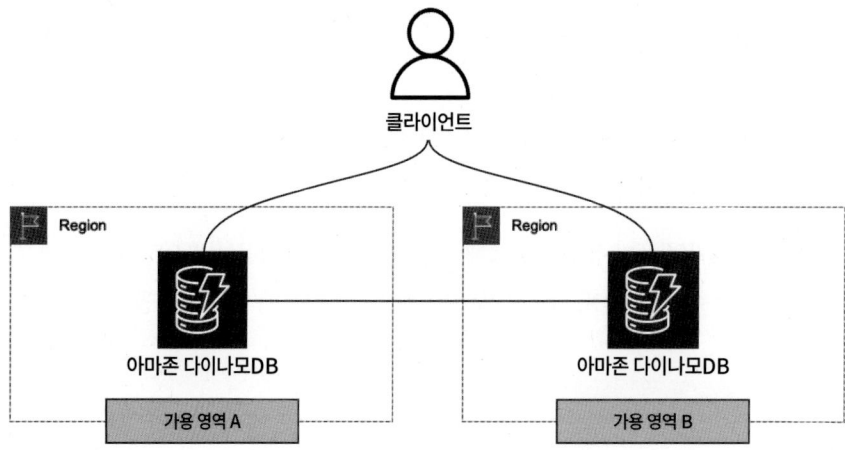

16.3 아마존 다이나모DB 활용하기

이번 실습에서는 아마존 다이나모DB 테이블을 생성하고, AWS 람다 함수로 호출하겠습니다.

16.3.1 AWS 람다 함수로 아마존 다이나모DB 테이블 데이터를 호출해보기

To do **01** 람다 함수에 IAM 역할을 추가하는 클라우드포메이션의 yml 파일은 다음과 같습니다.

> **AWS 람다 함수로 아마존 다이나모DB 테이블 호출을 위한 yml 파일**
> - **파일 이름** : Lambda.yml, DynamoDB.yml
> - **클라우드포메이션 스택 생성 순서** : Lambda.yml → DynamoDB.yml

클라우드포메이션 전체 코드는 깃허브 리포지터리 [chapter16] → [DynamoDB] → [chapter 16.3.1-Create-DyanmoDB] 폴더에서 확인할 수 있습니다. 클라우드포메이션으로 구축한 환경의 결과를 확인하고 싶다면 여기를 건너뛰고, 그다음 'UI로 불러와 AWS 람다 함수로 아마존 다이나모DB 테이블 데이터를 호출해보기' 절부터 확인하시기 바랍니다.

AWS 람다 함수에서 아마존 다이나모DB 테이블에 접근하려면 람다 함수에 IAM 역할을 부여할 필요가 있습니다.

02 람다 함수에 권한을 할당할 IAM 역할을 생성합니다.

```
                                                                    Lambda.yml
Service: # ❶
            - "lambda.amazonaws.com"
        Action:
          - "sts:AssumeRole"
    Path: "/"
    ManagedPolicyArns: # ❷
      - "arn:aws:iam::aws:policy/AmazonDynamoDBFullAccess"
      - "arn:aws:iam::aws:policy/service-role/AWSLambdaDynamoDBExecutionRole"
```

❶ IAM 역할을 생성할 때 눈여겨볼 곳은 먼저 Service입니다. 이전에는 ec2.amazon.com으로 지정됐지만, 이번에는 AWS 람다에 역할을 할당하기 때문에 lambda를 입력합니다. ❷ 이어서 해

당 역할에 AWS 관리 정책을 할당합니다. AmazonDynamoDBFullAccess는 다이나모DB에 대한 전체 접근 권한을 허용하는 정책이며, AWSLambdaDynamoDBExecutionRole은 다이나모DB 스트림에 대한 목록 및 읽기 접근 권한을 부여하는 정책입니다.

03 다이나모DB 테이블에서 데이터를 호출할 람다 함수를 생성합니다.

Lambda.yml
```yaml
GetDataLambdaFunction:
    Type: AWS::lambda::Function
    Properties:
      FunctionName: !Sub ${SystemName}-${EnvName}-GetData
      Code: # ❶
        ZipFile: |
          import boto3
          dynamodb = boto3.resource('dynamodb')
          table = dynamodb.Table("gr-product-db")

          def lambda_handler(event, context):
              response = table.scan()
              return response['Items']
      Handler: index.lambda_handler
      Role: !GetAtt LambdaIAMRole.Arn # ❷
      Runtime: python3.12
      Timeout: 30
```

❶ 람다 함수 코드에는 다이나모DB 테이블을 참조해, 데이터를 스캔합니다. 스캔한 데이터는 response에 저장해 반환되며, 이렇게 반환된 값들은 키밸류 형태로 출력됩니다. 여기서 Boto3는 파이썬용 AWS SDK로 AWS의 다양한 서비스를 파이썬에서 조작하는 데 사용하는 라이브러리입니다. 이 라이브러리를 사용해 다이나모DB 테이블과 연동합니다. ❷ 다이나모DB 테이블에 접근하기 위해 조금 전 생성한 IAM 역할을 람다 함수에 연결합니다.

04 다이나모DB 테이블을 생성합니다.

DynamoDB.yml
```yaml
MyDynamoDBTable:
    Type: AWS::dynamodb::Table # ❶
```

```
    Properties: # ❷
      TableName: !Sub ${SystemName}-${EnvName}-db
      AttributeDefinitions:
        - AttributeName: id # 파티션 키
          AttributeType: S  # 파티션 키는 문자열
      KeySchema: # ❸
        - AttributeName: id
          KeyType: HASH
      BillingMode: PAY_PER_REQUEST # ❹
```

❶ Type에는 AWS::dynamodb::Table을 입력해 다이나모DB 테이블 생성을 위한 리소스를 생성합니다. ❷ 속성에는 테이블의 이름과 파티션 키, 파티션 키의 타입을 지정할 수 있습니다. 파티션 키는 id로 지정하고, 파티션 키는 문자열로 지정합니다. 이어서 ❸ 기본키가 되는 KeySchema는 id로 지정합니다. ❹ 마지막으로 다이나모DB의 사용료는 온디맨드를 선택합니다.

16.3.2 UI로 불러와 AWS 람다 함수로 아마존 다이나모DB 테이블 데이터를 호출해보기

클라우드포메이션 스택 생성이 끝났다면, 다이나모DB 테이블의 항목을 생성합니다. 람다 함수에서 테이블의 데이터를 가져와 출력하기 위해 더미 데이터를 삽입합니다.

To do 01 클라우드포메이션 스택을 생성합니다. 클라우드포메이션 스택에는 별다른 파라미터 설정값이 없으므로 기본값을 유지한 상태로 스택을 생성합니다.

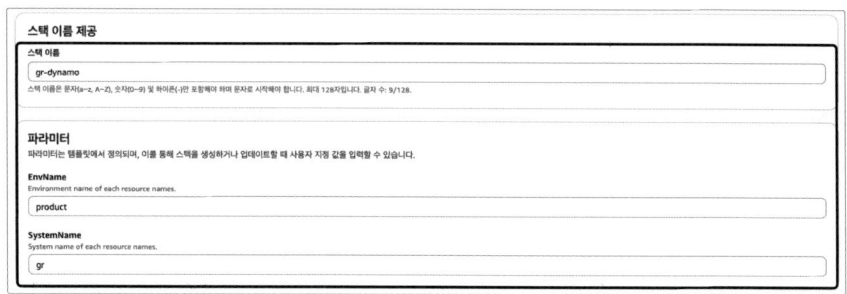

02 생성한 테이블을 확인하고, 항목을 생성합니다. 아마존 다이나모DB 콘솔 화면으로 진입한 다음, ❶ [테이블]을 클릭합니다. 생성한 테이블을 확인합니다. 이어서 해당 테이블을 선택하고 ❷ [작업]에서 [항목 탐색]을 클릭합니다. ❸ 현재 어떠한 항목도 생성되어 있지 않기 때문에 [항목 생성]

을 클릭해 항목 생성을 진행합니다.

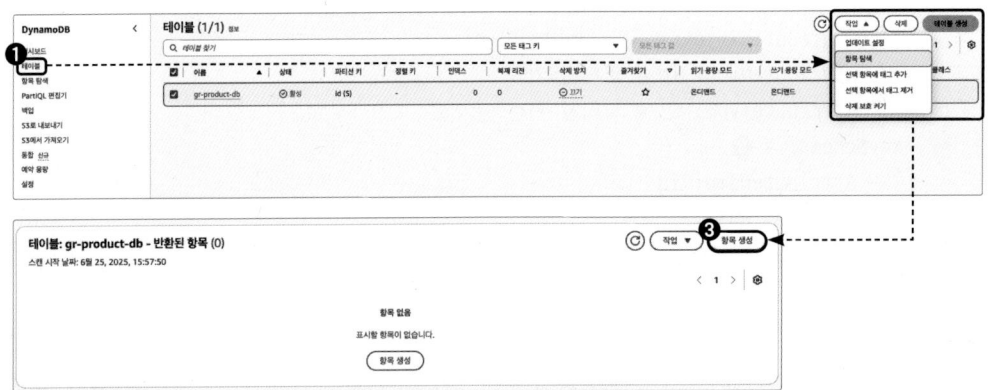

03 아마존 다이나모DB 테이블 세부 정보를 입력합니다. id를 파티션 키로 설정하고 있으며, 추가 속성으로는 name과 description을 가지고 있는 항목을 생성합니다. 먼저 ❶ [새 속성 추가]에서 문자열을 클릭하면 속성이 추가됩니다. 이어서 ❷ 속성값을 입력하고 [항목 생성]을 클릭합니다.

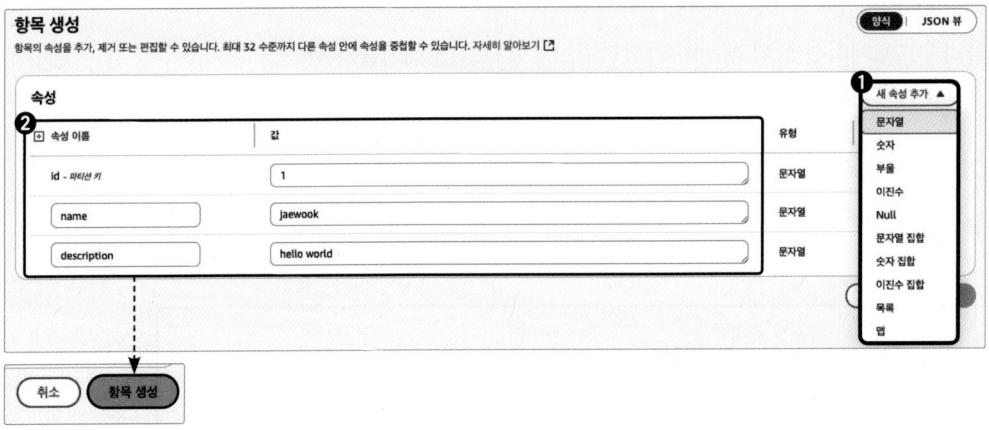

04 AWS 람다 콘솔 화면으로 진입합니다. ❶ [함수]를 클릭합니다. ❷ 생성한 람다 함수를 클릭합니다.

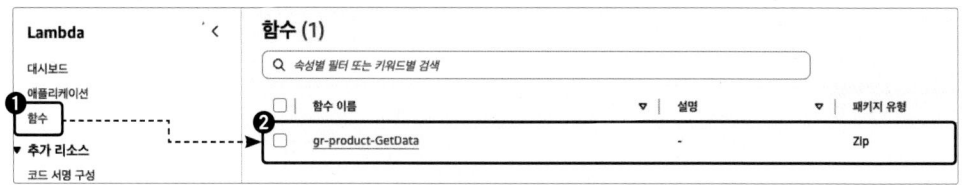

05 람다 함수를 배포하고 실행해 결과를 확인합니다. ❶ [Test]를 클릭해 ❷ 이벤트 핸들러를 작성하고, ❸ 함수를 실행하면 ❹ 다이나모DB 테이블의 항목을 불러오는 것을 확인할 수 있습니다.

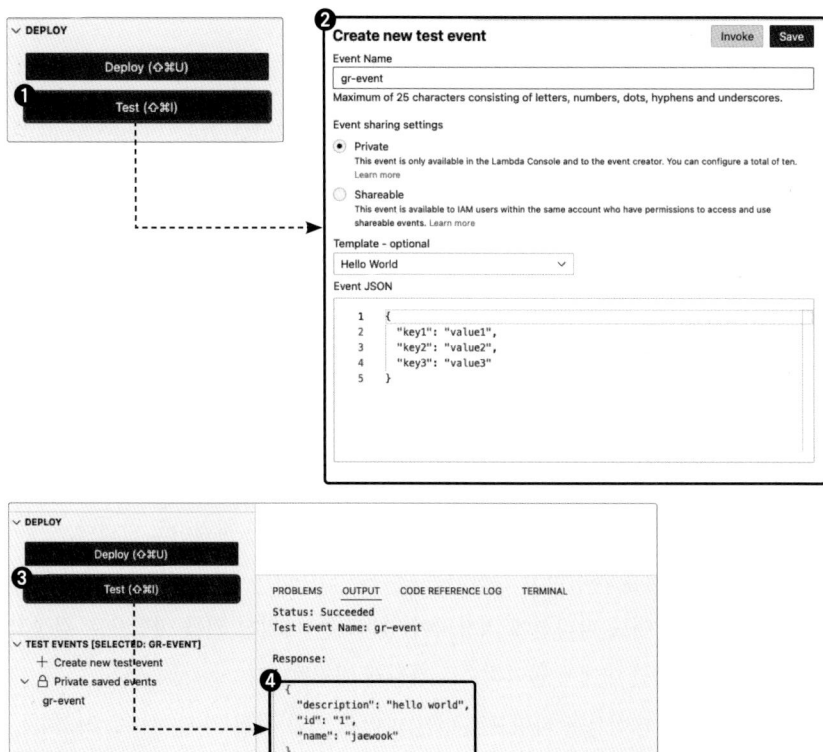

학습 마무리

이번 장에서는 NoSQL 데이터베이스인 아마존 다이나모DB에 대해 학습했습니다. NoSQL 데이터베이스의 개념을 살펴보고, 관계형 데이터베이스인 아마존 RDS와의 차이점과 다이나모DB의 제약사항을 알아보았습니다. 또한 OLTP와 OLAP를 학습하고, 다이나모DB를 선택하기에 적합한 옵션을 공부했습니다. 실습에서는 다이나모DB 테이블을 생성하고 람다 함수를 통해 데이터를 출력하는 과정을 다루었습니다.

핵심 요약

1. **NoSQL** 데이터베이스는 SQL을 사용하지 않는 데이터베이스를 의미합니다.
2. **아마존 다이나모DB**는 아마존 API 게이트웨이와 AWS 람다와 함께 연동해주로 서버리스 환경을 구축하는 데 사용됩니다. 아마존 RDS와 달리 네트워크 설계와 같은 복잡한 설정이 불필요합니다.
3. **OLAP**는 데이터를 다차원적으로 분석하고 그 결과를 신속하게 사용자에게 반환하는 기법 또는 도구를 의미하며, 대표적인 예로는 시장 분석, 성과 관리 등이 있습니다.
4. **다이나모DB**는 트랜잭션 제약, 검색 조건의 유연성 제약, JOIN의 제약을 가지고 있습니다.
5. **트랜잭션**은 여러 프로세스를 하나로 모은 단위와 데이터를 의미하며, 이렇게 모은 단위와 데이터를 트랜잭션 데이터라고 하며, 이 데이터를 처리하는 것을 트랜잭션 처리라고 합니다.
6. **파티션**은 다이나모DB 데이터를 저장하고 분산하는 단위를 의미하며, 이 데이터는 여러 파티션에 분산되어 저장됩니다. 어느 파티션에 저장되어 있는지는 파티션 키를 바탕으로 결정되며, 정렬 키를 기준으로 파티션 내에서 물리적으로 가깝게 배치됩니다.
7. **글로벌 보조 인덱스**는 어느 한 테이블을 바탕으로 다른 파티션 키와 정렬 키 테이블을 작성하는 것을 말합니다.
8. **로컬 보조 인덱스**는 어느 한 테이블을 바탕으로 파티션 키는 유지하며, 다른 정렬 키를 지정해 테이블을 작성하는 것을 말합니다.

연습문제

1 다음 NoSQL 데이터베이스에 대한 설명으로 옳은 것은?

　❶ NoSQL 데이터베이스는 관계형 데이터베이스를 의미하며, AWS에서는 아마존 다이나모DB를 제공한다.
　❷ NoSQL 데이터베이스로 AWS에서는 아마존 다이나모DB, Google에서는 Small Table을 제공한다.
　❸ 아마존 다이나모DB를 구성할 때 네트워크 설계와 같은 설정이 필요하다.
　❹ 아마존 다이나모DB는 주로 서버리스 환경을 구축하는 데 사용된다.

2 아마존 다이나모DB가 가진 제약사항으로 틀린 것은?

　❶ 아마존 다이나모DB는 키밸류 형태의 NoSQL 데이터베이스이므로 OLAP에 적합하다.
　❷ 아마존 다이나모DB는 트랜잭션에 제약을 받는다.
　❸ 테이블 간의 JOIN을 할 수 없어 가능한 단일 테이블에 항목을 정리해야 한다.
　❹ 글로벌 보조 인덱스와 같은 인덱스 구조로 인해 많은 검색 패턴에 대응이 가능하지만 SQL에 비하면 유연성이 부족하다.

3 다음 OLAP와 OLTP에 대한 설명으로 옳은 것은?

　❶ OLAP에서 O를 의미하는 Online은 네트워크와 연결된 환경을 의미한다.
　❷ OLAP는 소규모 데이터 분석에 적합하기 때문에 다이나모DB와 어울린다.
　❸ OLTP는 주로 트랜잭션 처리 및 실시간 데이터 읽기 및 쓰기에 중점을 둔 작업을 의미한다.
　❹ OLTP의 사용 사례로는 시장 분석, 성과 관리 등이 있다.

연습문제

4 아마존 다이나모DB 엑셀러레이터의 동작 방식으로 올바른 것은?

❶ 클라이언트 요청 → 아마존 다이나모DB 엑셀러레이터에서 캐시 확인 → 캐시가 있으면 반환 → 캐시가 없다면 다이나모DB에 요청해 결과 반환

❷ 클라이언트 요청 → 아마존 다이나모DB 엑셀러레이터에서 다이나모DB로 데이터 요청 → 결과를 클라이언트에게 반환

❸ 클라이언트 요청 → 다이나모DB에서 아마존 다이나모DB 엑셀러레이터에 캐시 저장 → 저장된 캐시를 클라이언트에게 반환

❹ 클라이언트 요청 → 아마존 다이나모DB 엑셀러레이터에서 캐시 확인 → 캐시가 있으면 반환 → 캐시가 없다면 클라이언트에게 None을 반환

1 **정답** ❹ 아마존 다이나모DB는 주로 서버리스 환경을 구축하는 데 사용된다.
2 **정답** ❶ 아마존 다이나모DB는 키밸류 형태의 NoSQL 데이터베이스이므로 OLAP에 적합하다.
3 **정답** ❸ OLTP는 주로 트랜잭션 처리 및 실시간 데이터 읽기 및 쓰기에 중점을 둔 작업을 의미한다.
4 **정답** ❶ 클라이언트 요청 → 아마존 다이나모DB 엑셀러레이터에서 캐시 확인 → 캐시가 있으면 반환 → 캐시가 없다면 다이나모DB에 요청해 결과 반환

Level 04

프론트엔드와 백엔드 서비스를 활용한 웹사이트 구축하기

학습 목표

앞서 학습한 내용을 바탕으로 서버 기반 워드프레스와 서버리스 기반 웹사이트를 구축하는 두 가지 실전 프로젝트를 진행합니다. 여러 서비스를 이용해 클라우드 환경을 구축하면서 각 서비스가 어떻게 상호작용하는지 직접 경험해보고, 앞서 학습한 내용을 상기시켜보겠습니다.

17장 프로젝트 서버 기반 워드프레스 구축해보기
18장 프로젝트 서버리스 기반 웹사이트 구축해보기

Chapter 17

프로젝트 서버 기반 워드프레스 구축해보기

학습 목표

이번 장에서는 앞서 학습한 내용을 바탕으로 서버 기반 워드프레스를 구축합니다. 리소스를 생성하고 결과를 확인하면서 배웠던 내용을 복습하는 시간을 가져봅시다. 또한 구축한 환경을 바탕으로 더 안정적으로 워드프레스 사이트를 운영하려면 무엇을 해야 하는지 여러 방법을 고려해봅시다.

핵심 키워드

워드프레스 서버 기반 아마존 EC2 아마존 RDS MySQL 로드 밸런서

학습 코스

❶ 서버 기반 워드프레스 구성도 이해하기 → ❷ 클라우드포메이션으로 리소스 생성하기 → ❸ EC2 인스턴스와 RDS for MySQL 연동하기 → ❹ EC2 인스턴스에서 워드프레스 구성하기 → ❺ 워드프레스 접속하기 → ❻ 워드프레스에서 추가적으로 고려할 수 있는 사항들

17.1 서버 기반 워드프레스 구성도 이해하기

이번에는 워드프레스를 활용한 블로그 플랫폼사이트를 구축합니다. 이번 인프라 구성의 특징으로는 다음 3가지로 나눌 수 있습니다.

- **보안성** : 프라이빗 서브넷을 활용한 데이터 보호
- **성능** : ALB를 통한 부하 분산
- **확장성** : 트래픽 증가에 대비한 구조

이번에 구축한 블로그 플랫폼사이트에서 추가적으로 고려할 수 있는 인프라 구성은 **17.6절 '워드프레스에서 추가적으로 고려할 수 있는 사항들'**부터 확인할 수 있습니다. 구축하기에 앞서 이번에 구축할 구성도를 살펴봅시다.

> 워드프레스는 블로그, 쇼핑몰과 같은 다양한 웹 콘텐츠 제작이 가능한 콘텐츠 관리 시스템입니다.

❶ 먼저 퍼블릭 서브넷에는 NAT 게이트웨이를 배치해 관리자가 SSM을 통해 EC2 인스턴스로 접속할 수 있게 합니다. ❷ EC2 인스턴스는 프라이빗 서브넷에 배치해 관리자 이 외에는 접속이 불가능하도록 설정하며, ❸ 사용자는 퍼블릭 서브넷에 생성된 로드 밸런서를 이용해 워드프레스에 접근할 수 있습니다. ❹ 마지막으로 RDS가 생성된 프라이빗 서브넷에는 NAT 게이트웨이, 인터넷 게이트웨이와 통하는 경로가 없으며, 오직 EC2 인스턴스와만 상호작용할 수 있으며, 외부에서 접근이 불가능합니다. 관리자의 경우 RDS에 직접 접근하는 것이 불가능하므로 EC2 인스턴스를 경유해 접근해야 합니다.

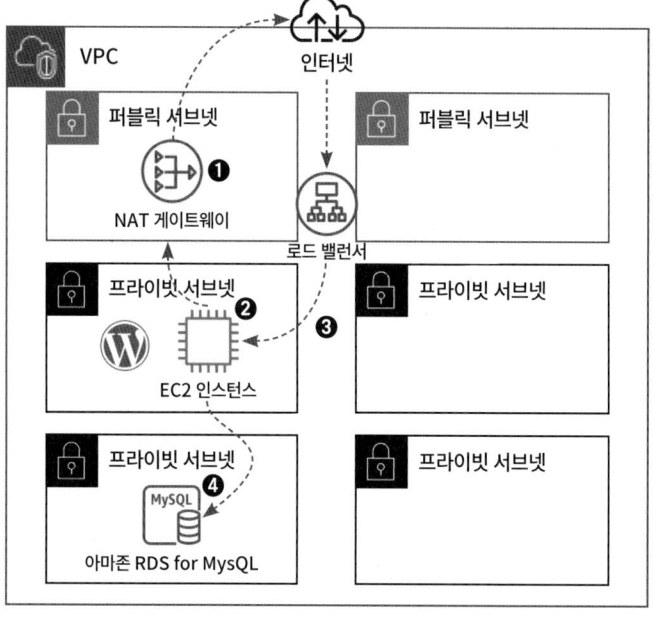

서버 기반 워드프레스 구축은 다음 단계로 나누어 구축을 진행합니다.

1 클라우드포메이션으로 리소스 생성
2 EC2 인스턴스와 RDS for MySQL 연동
3 EC2 인스턴스에서 워드프레스 구성
4 워드프레스 접속

17.2 클라우드포메이션으로 리소스 생성하기

구축할 환경을 살펴보았으므로 이번에는 클라우드포메이션을 이용해 AWS 상에서 서버 기반 워드프레스를 구축하겠습니다. 클라우드포메이션 전체 코드는 깃허브 리포지터리 [chapter17] → [chapter17.2-Create-wordpress] 폴더에서 확인할 수 있습니다.

To do 01 서버 기반 워드프레스를 구축하는 클라우드포메이션의 yml 파일은 다음과 같습니다.

> **서버 기반 워드프레스 구축을 위한 클라우드포메이션 yml 파일**
>
> - **파일 이름** : VPC.yml, IAM.yml, Security_Group.yml, EC2.yml, ALB.yml, RDS.yml
> - **클라우드포메이션 스택 생성 순서** : VPC.yml → IAM.yml → Security_Group.yml → EC2.yml → ALB.yml → RDS.yml

02 RDS.yml 스택 생성 시 파라미터를 입력합니다. 클라우드포메이션 스택 생성 순서에 따라 워드프레스 환경 구축에 필요한 리소스를 생성합니다. ❶ RDS.yml 파라미터에서는 데이터베이스 사용자의 암호를 입력합니다. 입력이 끝났다면 ❷ [다음]을 클릭해 클라우드포메이션 스택을 생성합니다.

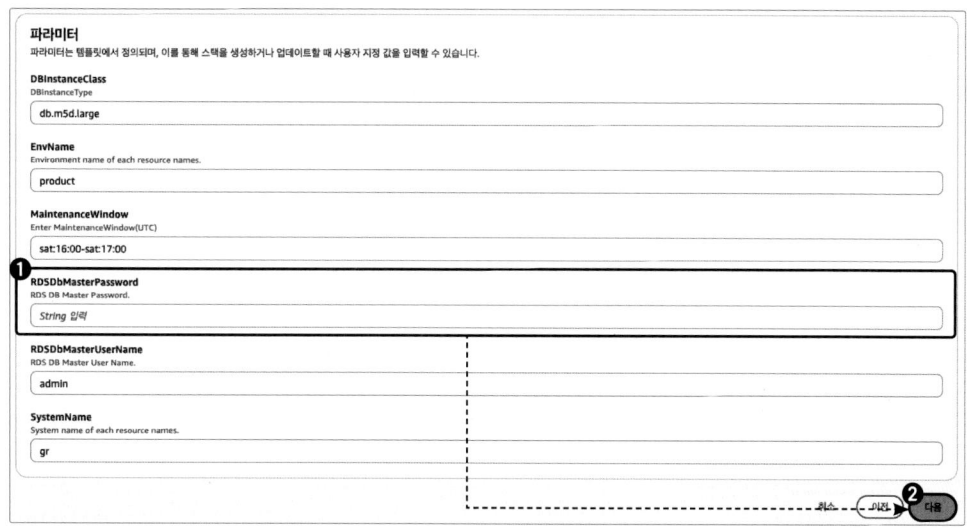

데이터베이스 사용자의 암호에는 /, ', ", @ 또는 공백을 제외한 모든 문자를 사용할 수 있으며 최소 8 문자에서 최대 41문자까지 지정할 수 있습니다. RDS.yml 이외 클라우드포메이션 스택의 파라미터는 사용자 커스텀 값을 설정할 필요가 없이 기본값을 유지한 상태로 생성합니다.

> 데이터베이스 사용자 암호 조건은 데이터베이스 엔진에 따라 달라집니다.

03 생성한 클라우드포메이션 스택을 확인합니다. 총 6개의 클라우드포메이션 스택이 생성된 것을 확인할 수 있으면 워드프레스 구축을 위한 클라우드 환경 구축은 끝입니다.

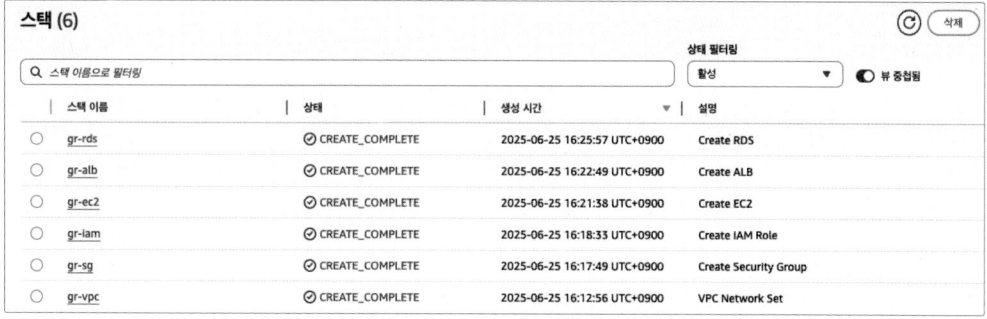

Chapter 17 프로젝트 서버 기반 워드프레스 구축해보기

17.3 EC2 인스턴스와 RDS for MySQL 연동하기

워드프레스에서는 사용자 정보를 포함해 게시글, 댓글, 워드프레스의 구성 설정 등 다양한 정보를 담고 있으므로 이런 정보를 데이터베이스에 저장할 필요가 있습니다. 이번 실습에서는 아마존 RDS를 워드프레스 데이터베이스로 사용합니다. 워드프레스에서 아마존 RDS를 사용하려면 몇 가지 설정이 필요합니다.

To do 01 생성한 EC2 인스턴스에서 세션 매니저를 사용해 접속합니다. ❶ 생성한 EC2 인스턴스에서 [Session Manager]를 클릭합니다. ❷ [연결]을 클릭합니다. ❸ 연결된 화면을 확인할 수 있습니다.

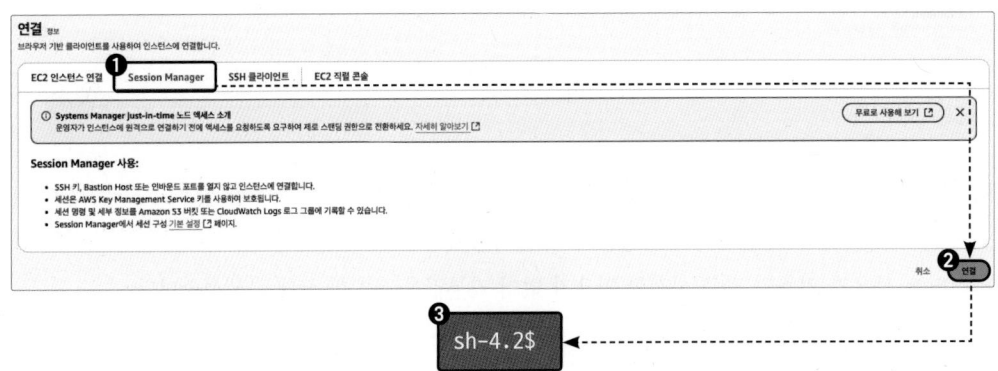

02 EC2 인스턴스에 MySQL을 설치합니다. EC2 인스턴스에서 RDS for MySQL로 접근할 MySQL을 설치합니다.

mysql 설치 명령어

```
sudo yum install -y mysql
```

03 EC2 인스턴스에서 RDS for MySQL로 접근하기 위해 생성한 RDS의 엔드포인트를 확인합니다.

| 연결 및 보안 | 모니터링 | 로그 및 이벤트 | 구성 | 제로 ETL 통합 | 유지 관리 및 백업 |

연결 및 보안

엔드포인트 및 포트

엔드포인트
gr-product-rds.cdwdd9uwek21.ap-northeast-2.rds.amazonaws.com

포트
3306

네트워킹

가용 영역
ap-northeast-2a

VPC
gr-product-vpc (vpc-0a44070da880f241e)

서브넷 그룹
gr-product-rds-dbsub

04 EC2 인스턴스에서 RDS로 접속을 시도합니다. ❶ MYSQL_HOST에 RDS for MySQL의 엔드포인트를 입력합니다. 이어서 ❷ mysql 명령어로 RDS for MySQL에 접근을 시도합니다. --user에는 데이터베이스 사용자 이름을 입력하고, --password에는 데이터베이스 사용자의 암호를 입력합니다. 마지막으로 wordpress는 접속하려는 데이터베이스 이름입니다. 명령어 입력 후 다음 화면이 표시된다면 EC2 인스턴스와 RDS for MySQL 연동에 성공한 겁니다.

RDS for MySQL 접근 명령어
```
❶ export MYSQL_HOST=gr-product-rds.cdwdd9uwek21.ap-northeast-2.rds.amazonaws.com
❷ mysql --user=admin --password=데이터베이스 사용자의 암호 wordpress
```

▼ EC2 인스턴스에서 RDS로 접속에 성공했을 때 화면 예

```
Welcome to the MariaDB monitor.  Commands end with ; or \g.
Your MySQL connection id is 14
Server version: 8.0.35 Source distribution
Copyright (c) 2000, 2018, Oracle, MariaDB Corporation Ab and others.
Type 'help;' or '\h' for help. Type '\c' to clear the current input statement.
MySQL [wordpress]>
```

17.4 EC2 인스턴스에서 워드프레스 구성하기

워드프레스에서 사용할 데이터베이스를 구성하고 사용자를 생성했으므로 이번에는 EC2 인스턴스에서 워드프레스를 구성하겠습니다.

To do 01 EC2 인스턴스에서 Apache를 설치합니다. EC2 인스턴스에서 아파치를 설치하고, 아파치 웹 경로인 /var/www/html에 아파치의 샘플 페이지를 복사합니다.

```
RDS for MySQL 사용자 생성 명령어
sudo yum install -y httpd
sudo service httpd start
sudo cp /usr/share/httpd/noindex/index.html /var/www/html/index.html
```

02 ❶ 로드 밸런서의 DNS를 이용해 브라우저에서 접근하면, ❷ 아파치 샘플 페이지가 표시되는 것을 확인할 수 있습니다.

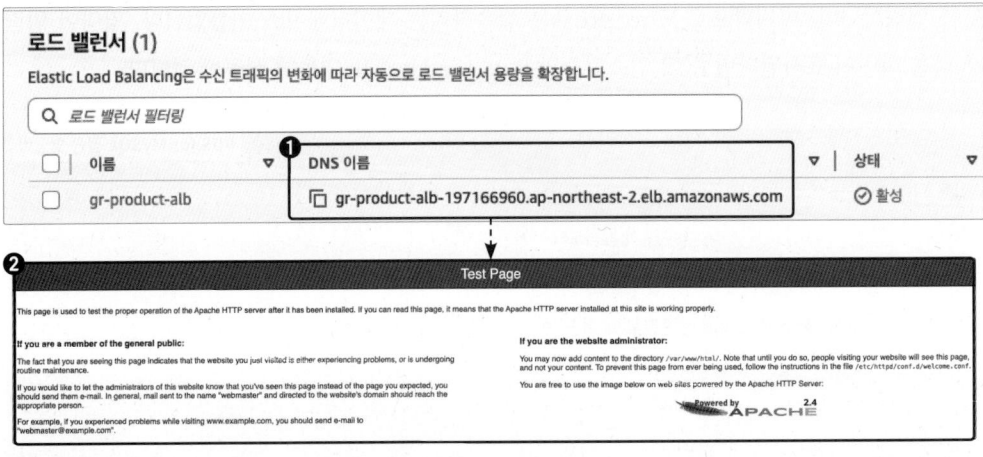

대상 그룹의 경우 60 간격으로 상태 확인하도록 설정되어 있으므로 60초 이후 Healthy 상태로 전환됩니다.

03 워드프레스 소프트웨어를 다운로드합니다. wget 명령어로 워드프레스 소프트웨어를 내려받고 압축을 해제합니다. 압축을 해제한 워드프레스 폴더로 이동해 기본 구성 파일의 사본을 생성합니다.

> 워드프레스 소프트웨어 다운로드 명령어

```
sudo wget https://wordpress.org/latest.tar.gz
sudo tar -xzf latest.tar.gz
cd wordpress

sudo cp wp-config-sample.php wp-config.php
```

04 워드프레스의 구성 정보를 변경합니다. wp-config.php 파일을 편집해 워드프레스의 구성 정보를 변경합니다.

> 워드프레스 구성 파일 접근 명령어

```
sudo vi wp-config.php
```

DB_NAME은 RDS for MySQL을 생성할 때 설정한 데이터베이스 이름인 wordpress를 입력합니다. DB_USER는 워드프레스 사용을 위해 생성한 사용자 이름을 입력하고, DB_PASSWORD는 조금 전 MySQL에서 생성한 사용자의 암호를 입력합니다. 마지막으로 DB_HOST에 RDS의 엔드포인트를 입력합니다. 이어서 아래로 내려오면 define으로 시작하는 각종 키 설정값을 확인할 수 있습니다.

▼ 워드프레스의 구성 정보를 포함하는 wp-config.php 파일

```
// ** Database settings - You can get this info from your web host ** //
// ** The name of the database for WordPress ** //
define( 'DB_NAME', 'wordpress' );
/** Database username */
define( 'DB_USER', 'wordpress' );
/** Database password */
define( 'DB_PASSWORD', 'password_here' );
/** Database hostname */
define( 'DB_HOST', 'gr-product-rds.cdwd9uwek21.ap-northeast-2.rds.amazonaws.com'
);
```

❶ 이런 키값들은 https://api.wordpress.org/secret-key/1.1/salt/ 웹사이트로 접근해 ❷ the Authentication Unique Keys and Salts를 설정합니다. 해당 웹사이트를 새로고침할 때마다 키값이 변경되므로 새로고침해 재 작성하는 일이 없도록 주의합시다.

▼ define으로 시작하는 키 설정값

```
define('AUTH_KEY',         ',+[7k¦7BU,&}xr04s#;( *$BD;c6![&C@ec%6BKF{¦lb~g6;+##WVDZ%¦[t]sUL#Hn}');
define('SECURE_AUTH_KEY',  'e`O~W:6 j!S! eZZo[9Y[4?M9¦Do8t5iy+s>7^LC2;?BsH1&jCS~]e=7D!Vz>M');
define('LOGGED_IN_KEY',    '¦SC>¦7¦UBY07>L9aR[9~eu#h0=M [2}k0t}CR~E[mtGVCM!sd&/M4e97Sh %-w7]');
define('NONCE_KEY',        '(1j79k+r Uzb{M]g/n!R:4~ @+2~ygDUF+,zJB@p:rbg#*KLT#gMkB~xI~r7}q<');
define('AUTH_SALT',        '3;]o¦DZ6xiQY=tMo~$]qDVt¦h8TP0{xrV$Xx;7q9g$g6OB6~x0[fo87,Urs^)PU}');
define('SECURE_AUTH_SALT', 'R}~iK$bLVtnzX{GtOU&}xncCt,YaD)~N:Id@@0Fv]B0Ep+t8x+,;iA8KN}~0R[');
define('LOGGED_IN_SALT',   '+eg:P$k!b*0/P¦5XlypePVZb:sR]t[FDIFXO3,0Ro^w/¦~WJQNb3Jbm!Cie1a5qx}');
define('NONCE_SALT',       'g0+M3gOVreR~Ed0E^2Rkop2d$~K/9Z>m1u{}wD`.a@h.BCd¦SZSKS:L~6k1w12J');
```

❶

```
* @since 2.6.0
*/
define( 'AUTH_KEY',         'put your unique phrase here' );
define( 'SECURE_AUTH_KEY',  'put your unique phrase here' );
define( 'SECURE_AUTH_KEY',  'put your unique phrase here' );
define( 'NONCE_KEY',        'put your unique phrase here' );
define( 'AUTH_SALT',        'put your unique phrase here' );
define( 'SECURE_AUTH_SALT', 'put your unique phrase here' );
define( 'LOGGED_IN_SALT',   'put your unique phrase here' );
define( 'NONCE_SALT',       'put your unique phrase here' );
```

❷

지금 진행하는 설정은 워드프레스 솔트Salts라고 해 웹사이트의 로그인 보안을 강화하는 설정입니다. 워드프레스는 로그인 정보를 쿠키에 저장하는데, 쿠키에 저장되는 정보를 안전하게 보호하거나 브라우저에 로그인을 유지하는 옵션을 제공합니다. 하지만 브라우저에서 로그인 정보를 유지하면 누군가가 쿠키를 가로챌 수도 있기 때문에 이런 보안 문제를 워드프레스에서는 솔트와 보안 키를 사용해 보안을 강화하고 있습니다.

예를 들어 암호가 [1234] 혹은 [wordpresspw]와 같은 평문으로 암호를 설정한다면, 보안에서 취약할 겁니다. 워드프레스 솔트는 이런 평문을 [R}~iK$bLVtnzX(GtOU&,}xnxCt,YaD)-N:IdD]와 같은 불규칙한 문자로 변환해보관하기 때문에 더 안전하게 워드프레스를 이용할 수 있습니다.

이렇게 입력이 끝났다면, esc → :wq! 명령어를 입력해 현재 상태를 저장하고 빠져나옵니다.

05 워드프레스에 필요한 애플리케이션 종속성을 설치합니다. 워드프레스에 필요한 애플리케이션 종속성을 설치하고, 워드프레스 파일을 웹 경로인 /var/www/html로 복사합니다. 웹페이지 테

스트로 사용했던 아파치 샘플 파일은 rm 명령을 사용해 삭제하고, restart 명령어로 아파치를 재시작합니다.

> 워드프레스 구성 파일 접근 명령어

```
sudo amazon-linux-extras install -y lamp-mariadb10.2-php7.2 php7.2
cd ..
sudo cp -r wordpress/* /var/www/html/
cd /var/www/html
sudo rm index.html
sudo service httpd restart
```

17.5 밸런서의 DNS를 이용해 워드프레스로 접근하기

모든 설정이 끝났다면, 이제 로드 밸런서의 DNS를 이용해 워드프레스로 접근을 시도합니다. 워드프레스에 접근할 때 'wordpress error establishing a database connection' 에러가 발생한다면 wp-config.php 파일에서 설정한 데이터베이스와 같은 구성 정보 설정이 제대로 입력되어 있는지 확인합니다.

To do 01 워드프레스의 정보를 입력합니다. ❶ 로드 밸런서의 DNS를 입력해 접속하면, 워드프레스 정보를 입력하는 웹사이트가 표시됩니다. Site Title과 Username을 입력합니다. Password는 자동으로 생성되는 암호를 사용해도 되고, 사용자가 직접 입력해도 됩니다. ❷ 마지막으로 이메일을 입력하고 install WordPress 버튼을 클릭하고 나서 Success! 페이지가 표시되면 ❸ [Log in]을 클릭합니다.

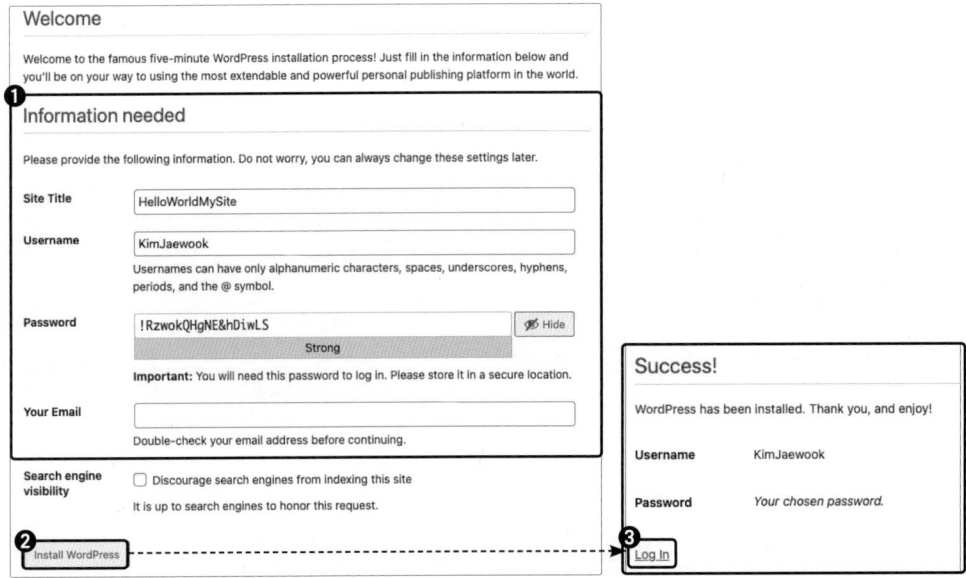

02 입력한 사용자 정보를 바탕으로 워드프레스에 접속합니다. ❶ 사용자 이름과 암호를 입력하고 [Log In] 버튼을 클릭하면 ❷ 워드프레스 페이지로 접속되는 것을 확인할 수 있습니다. 해당 워드프레스 페이지에서 게시글을 작성해 다른 사람들과 공유할 수 있습니다.

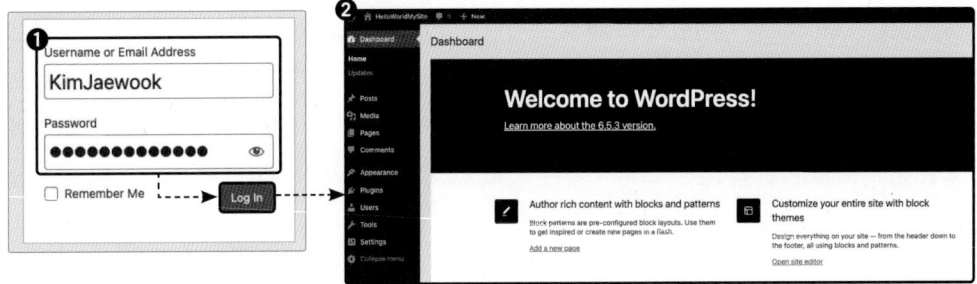

17.6 워드프레스에서 추가적으로 고려할 수 있는 사항들

앞서 실습으로 워드프레스를 구축했지만, 하나의 웹사이트로 운영하기에는 불안한 부분이 많습니다. 이런 문제를 해결하기 위해 학습한 내용을 바탕으로 실습한 워드프레스에 어떤 요소를 추가적으로 고려할 수 있을지 생각해봅시다.

17.6.1 도메인과 고속 콘텐츠 제공

먼저 첫 번째로 생각해볼 수 있는 고려 사항은 도메인과 고속 콘텐츠 제공입니다. 현재 DNS 이름을 사용해 워드프레스로 접근하고 있으므로 이를 ❶ 사용자가 알아보기 쉽게 도메인으로 전환할 필요가 있기 때문에 아마존 라우트53을 이용합니다. ❷ 또한 워드프레스가 국내에서만 사용된다면 문제가 없겠지만, 해외에서도 이용하는 사용자가 있다면 고속 콘텐츠를 제공할 필요가 때문에 아마존 클라우드프론트를 이용하도록 합니다.

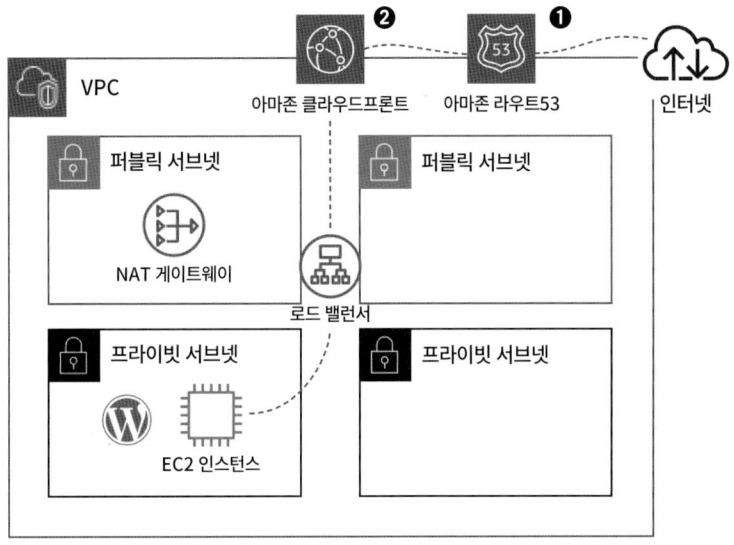

아마존 라우트53로 도메인(ex : http://goldenrabbit.co.kr)을 설정하고, 아마존 클라우드프론트를 사용해 사용자에게 빠르게 콘텐츠를 제공할 수 있도록 합니다.

17.6.2 HTTPS와 로그 설정

현재 워드프레스는 HTTP로 접속을 시도하고 있기 때문에 더 안전한 프로토콜인 HTTPS를 설정합니다. 이어서 로그를 수집하도록 설정해 보안 및 액세스 감사에 활용함으로써, 워드프레스를 안정적으로 관리할 수 있도록 합니다.

❶ HTTPS를 사용하려면 라우트53에 도메인을 등록하고, ❷ AWS ACM을 이용해 인증서를 발급받습니다. 이렇게 발급받은 인증서를 로드 밸런서에 등록함으로써 HTTPS 포트를 사용해 워드

프레스(ex : https://goldenrabbit.co.kr)에 접근할 수 있습니다. ❸ 또한 로드 밸런서에 액세스 로그를 설정해 로드 밸런서를 통해 접근하는 모든 사용자의 액세스 정보를 아마존 S3에 보관해 관리합니다.

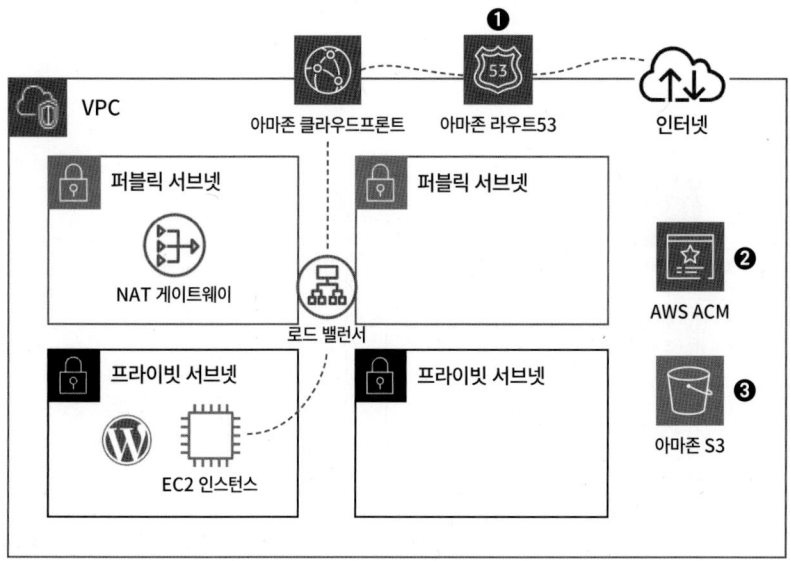

17.6.3 트래픽 분산과 오토 스케일 설정

다음으로 생각해볼 수 있는 고려 사항은 트래픽 분산과 오토 스케일입니다. 실습에서 구축한 환경은 한 대의 EC2 인스턴스만이 가동되고 있으므로 더 많은 사용자가 이용할 경우 트래픽이 초과해 서버가 다운될 수도 있으므로 적절하게 트래픽을 분산하고 자동으로 스케일할 필요가 있습니다.

❶ 오토스케일링을 생성해 각 AZ에 EC2 인스턴스에 적절하게 부하 분산을 하도록 실시합니다. 또한 오토스케일링 설정을 통해 상황에 따라 적절하게 스케일 작업을 수행하도록 설정합니다.

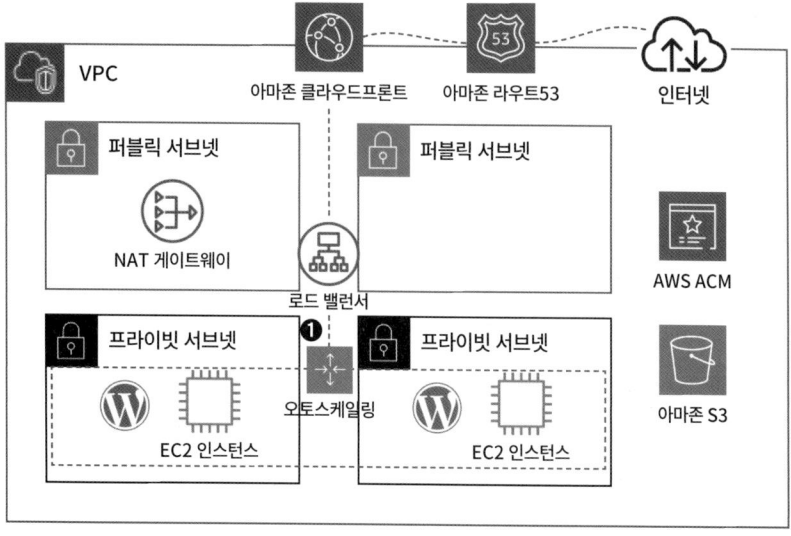

17.6.4 데이터베이스 고가용성

❶ 마지막으로 데이터베이스 고가용성을 위해 RDS for MySQL을 단일 AZ에서 다중 AZ로 변경합니다.

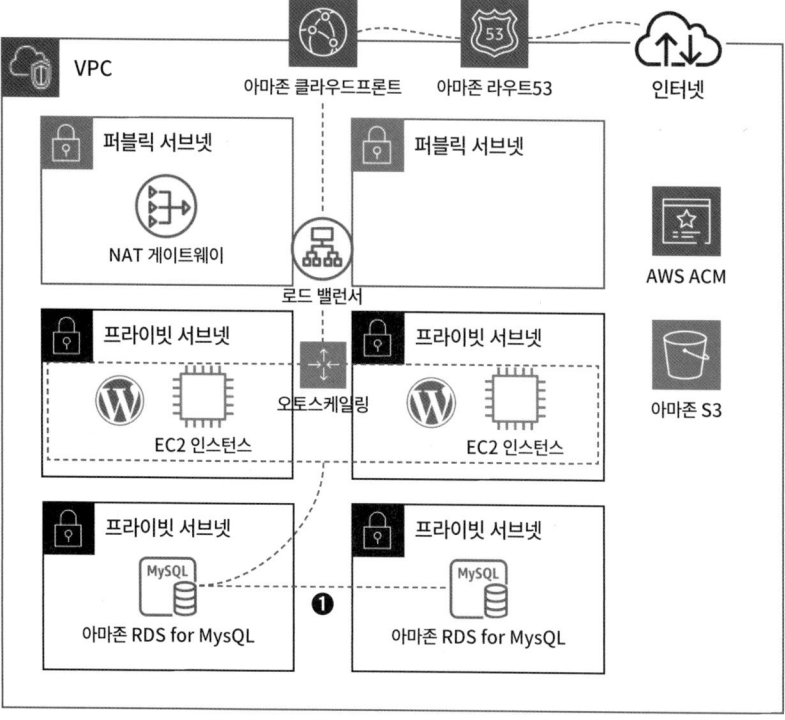

이렇게 다중 AZ를 설정함으로써 원본 데이터베이스를 다른 AZ를 복제하고, 원본 데이터베이스에서 가동 중지 혹은 장애가 발생했을 때 복제된 데이터베이스가 마스터 데이터베이스로 승격되어 서비스를 계속해서 운영할 수 있습니다. 이렇게 고가용성과 확장성을 고려해 클라우드 환경을 구성한다면 보다 안전하고 안정적으로 웹사이트를 운영할 수 있을 겁니다. 그 외 추가적으로 생각해 볼 수 있는 고려 사항은 여러분이 생각해보세요.

학습 마무리

이번 장에서는 로드 밸런서, 아마존 EC2, 아마존 RDS를 바탕으로 서버 기반 워드프레스를 구축해보았습니다. 각 서비스를 활용해 워드프레스를 구축해 봄으로써 각 서비스들이 웹사이트를 동작하는 데 있어서 어떠한 역할을 하는지 확인해보았습니다. 추가로 고려할 수 있는 사항들을 생각해 보다 안정적인 웹사이트를 운영할 수 있는 능력을 갖추는 데 도움이 되었길 빕니다.

aws
Chapter 18

프로젝트 서버리스 기반 웹사이트 구축해보기

학습 목표

앞서 배운 AWS 앰플리파이, AWS 람다, 아마존 API 게이트웨이, 아마존 다이나모DB와 같은 서버리스 서비스를 활용해 웹사이트를 구축해봅니다. 웹사이트를 구축하면서 각 서비스를 어떻게 활용할 수 있는지 알아보겠습니다.

핵심 키워드

서버리스 AWS 앰플리파이 AWS 람다 아마존 API 게이트웨이 아마존 다이나모DB

학습 코스

❶ 서버리스 기반 웹사이트 구성도 이해하기 → ❷ 클라우드포메이션으로 리소스 생성하기 → ❸ 데이터를 관리하는 다이나모DB 테이블 항목 생성하기 → ❹ 웹사이트를 호스팅하는 AWS 앰플리파이 생성하기

18.1 서버리스 기반 웹사이트 구성도 이해하기

앞서 서버 기반 워드프레스를 구축했다면 이번에는 서버리스 기반 웹사이트를 구축하겠습니다. 서버리스 기반 웹사이트는 실시간 처리 능력, 확장성, 그리고 이벤트 중심의 애플리케이션에 적합합니다. 대표적으로 실시간 투표 시스템과 같은 즉각적인 사용자 상호작용 기능을 제공하는 서비스나 게시판, 온라인 학습 플랫폼과 같은 이벤트 기반 애플리케이션을 효과적으로 지원합니다. 이번에 구축할 환경은 다음과 같습니다.

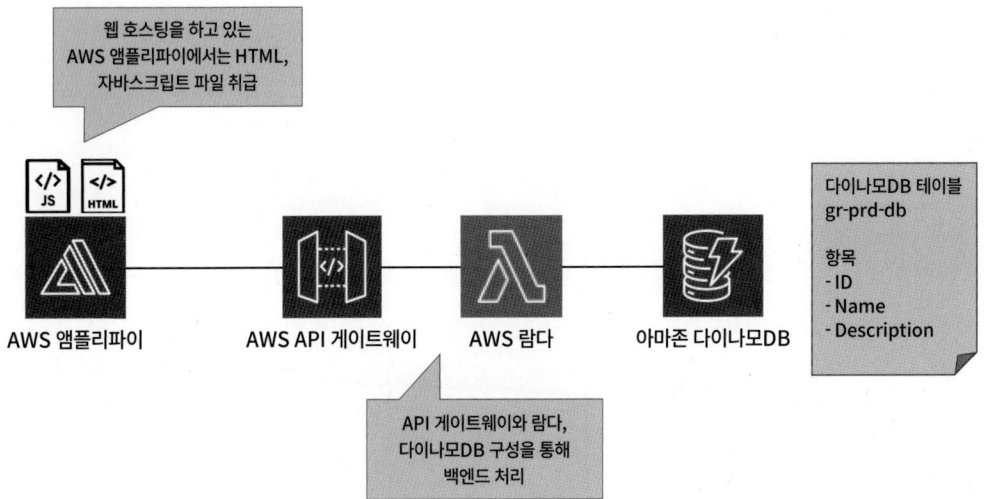

AWS 앰플리파이는 HTML과 JS 파일을 이용해 프론트 처리를 수행합니다. 이어서 API 게이트웨이와 람다, 다이나모DB를 이용해 백엔드 처리를 수행합니다. 다이나모DB에 입력된 데이터를 AWS 앰플리파이 웹 호스팅을 통해 사용자에게 출력되고, 사용자가 입력한 데이터 값은 다이나모DB로 저장되는 기능을 제공하는 웹사이트를 만들 겁니다. 이런 로직은 사용자 응답을 받아 실시간으로 아마존 다이나모DB에 저장하고 결과를 즉시 표시할 수 있는 게시판, 실시간 설문조사 플랫폼, 간단한 To-Do 리스트 앱으로 활용할 수 있습니다.

18.2 클라우드포메이션으로 리소스 생성하기

구축할 서버리스 환경을 살펴보았으므로 클라우드포메이션을 이용해 AWS 상에서 서버리스 기반 웹사이트를 구축하겠습니다. 클라우드포메이션 전체 코드는 깃허브 리포지터리 [chapter18] →

[chapter18.2-Create-serverless] 폴더에서 확인할 수 있습니다.

To do **01** 서버리스 기반 웹사이트 구축하는 클라우드포메이션의 yml 파일은 다음과 같습니다. 클라우드포메이션 스택 생성에 앞서 특별히 파라미터를 지정할 필요는 없으므로 기본값을 유지한 상태로 클라우드포메이션 스택을 생성합니다.

서버리스 기반 웹사이트 구축을 위한 클라우드포메이션 yml 파일

- **파일 이름** : DynamoDB.yml, APIGateway.yml
- **클라우드포메이션 스택 생성 순서** : DynamoDB.yml → APIGateway.yml

---

02 다이나모DB 테이블을 생성합니다. 다이나모DB 테이블의 Id, name, description 항목은 콘솔 화면에서 별도로 생성하도록 합시다.

DynamoDB.yml

```
MyDynamoDBTable:
    Type: AWS::dynamodb::Table # ❶
    Properties: # ❷
      TableName: !Sub ${SystemName}-${EnvName}-db
      AttributeDefinitions:
        - AttributeName: id # 파티션 키
          AttributeType: S  # 파티션 키는 문자열
      KeySchema:
        - AttributeName: id
          KeyType: HASH
      BillingMode: PAY_PER_REQUEST # 온디맨드 모드
```

❶ 타입에는 AWS::dynamodb::Table을 입력해 다이나모DB를 생성합니다. ❷ 속성에는 파티션 키와 기본키를 id로 지정하고, 파티션 키는 문자열, 다이나모DB의 사용료를 온디맨드를 선택하는 다이나모DB 테이블을 생성합니다.

03 다이나모DB에서 데이터를 가져올 람다 함수를 생성합시다. 생성된 람다 함수를 AWS 람다 관리 콘솔 화면에서 [Deploy]를 클릭해 배포합니다. 함수 배포가 끝났다면, [Test]를 클릭해 함수가 정상적으로 작동하는지 확인합니다. 이벤트는 특별한 값 지정 없이 적절하게 이름만 지정해 생성합니다.

> APIGateway.yml - Lambda Get 함수

```
GetDataLambdaFunction:
    Type: AWS::lambda::Function # ❶
    Properties: # ❷
        FunctionName: !Sub ${SystemName}-${EnvName}-GetData
        Code:
            ZipFile: |
                import boto3
                dynamodb = boto3.resource('dynamodb')
                table = dynamodb.Table("gr-product-db")

                def lambda_handler(event, context):
                    response = table.scan()
                    return response['Items']
```

❶ 타입에는 AWS::lambda::Function을 입력해 람다를 생성합니다. ❷ 해당 파이썬 코드는 지정한 테이블(gr-product-db)로 접근해 항목을 response에 저장하고 반환합니다. 즉, 테이블의 항목을 불러오는 get 역할을 하는 코드입니다. 해당 코드는 깃허브 리포지터리의 [chapter18] → [chapter18.1-Create-serverless] → [GetData.py] 파일에서 확인할 수 있습니다.

04 다이나모DB에 데이터를 삽입할 람다 함수를 생성합시다. 이 함수 또한 [Deploy]를 클릭해 람다 함수를 배포합니다. 입력된 데이터 값이 없으므로 [Test]를 클릭하더라도 에러가 발생하므로 별도의 결괏값 테스트는 불필요합니다.

> APIGateway.yml - Lambda Post() 함수

```
InputDataLambdaFunction:
    Type: AWS::lambda::Function # ❶
    Properties: # ❷
        FunctionName: !Sub ${SystemName}-${EnvName}-InputData
        Code:
            ZipFile: |
                import boto3
                import json
                dynamodb = boto3.resource('dynamodb')
                table = dynamodb.Table("gr-product-db")

                def lambda_handler(event, context):
```

```
        inserted_data = {
            'id': event['id'],
            'name': event['name'],
            'description': event['description'],
            # 필요한 경우 필드 추가
        }

        table.put_item(Item=inserted_data)

        return {
            'statusCode': 200,
            'body': json.dumps(inserted_data)
        }
```

❶ 타입에는 AWS::lambda::Function을 입력해 람다를 생성합니다. ❷ 이번에는 사용자에게 입력받은 값을 다이나모DB 테이블에 배포하는 코드입니다. 해당 코드는 [chapter18] → [chapter18.1-Create-serverless] → [InputData.py] 파일에서 확인할 수 있습니다.

05 다이나모DB로 접근할 수 있는 람다 함수의 역할을 생성합니다. Lambda를 활용해 다이나모DB 테이블의 데이터를 가져오거나 데이터를 테이블에 저장할 수 있어야 합니다. 이런 작업을 수행하려면 람다 함수에 다이나모DB에 접근할 수 있는 권한을 설정할 필요가 있습니다.

APIGateway.yml - IAM 역할

```
ManagedPolicyArns: # ❶
    - "arn:aws:iam::aws:policy/AmazonDynamoDBFullAccess"
    - "arn:aws:iam::aws:policy/service-role/AWSLambdaDynamoDBExecutionRole"
```

❶ 필요한 권한은 AmazonDynamoDBFullAccess와 AWSLambdaDynamoDBExecutionRole입니다.

06 API 게이트웨이를 생성합니다.

APIGateway.yml - REST API

```
ApiGatewayRestApi:
```

```
Type: AWS::apigateway::RestApi # ❶
Properties:
  Name: !Sub ${SystemName}-${EnvName}-api
  EndpointConfiguration:
    Types: # ❷
      - REGIONAL
```

❶ 웹사이트의 요청을 받아 람다 함수로 라우팅할 API 게이트웨이를 생성합니다. API 유형은 REST API를 선택합니다. ❷ API 엔드포인트 유형은 지역(REGIONAL)으로 지정하고 API를 생성합니다.

07 API 게이트웨이의 메서드를 생성합니다.

APIGateway.yml - API Method

```
Type: AWS::apigateway::Method # ❶
  Properties:
    AuthorizationType: NONE
    HttpMethod: GET # ❷
    ResourceId:
      Fn::GetAtt: [ApiGatewayRestApi, RootResourceId]
    RestApiId:
      Ref: ApiGatewayRestApi
    Integration: # ❸
      Type: AWS
      IntegrationHttpMethod: POST
      Uri:
        Fn::Join:
          - ""
          - - "arn:"
            - Ref: AWS::Partition
            - ":apigateway:"
            - Ref: AWS::Region
            - ":lambda:path/2015-03-31/functions/"
            - Fn::GetAtt:
                - GetDataLambdaFunction
                - Arn
            - "/invocations"
```

❶ 웹사이트에서 Get 혹은 Post와 같은 요청을 받았을 때, 생성한 람다 함수로 라우팅할 메서드를 생성합니다. ❷ 먼저 GET 메서드 유형을 생성합니다. ❸ Integration 옵션을 지정해 람다와 API 게이트웨이를 통합합니다. 그러면 람다로 라우팅됩니다. 같은 방식으로 POST 유형의 메서드를 생성합니다.

08 CORS를 활성화하는 메서드를 생성합니다.

APIGateway.yml - REST API

```
IntegrationResponses:
      - StatusCode: 200
        ResponseParameters:
// 생략 //
          method.response.header.Access-Control-Allow-Origin: true
          method.response.header.Access-Control-Allow-Headers: true
          method.response.header.Access-Control-Allow-Methods: true
```

CORS 즉, Cross-Origin Resource Sharing은 오리진 간 리소스를 공유하는 역할을 수행합니다. 이번에 구축할 웹 호스팅을 수행하는 사이트는 AWS 앰플리파이에 자바스크립트, HTML 파일을 업로드하며, 이 파일은 Ajax 등을 사용해 API 게이트웨이의 API에 접근을 수행하는 코드를 담고 있습니다. 여기서 Ajax 등으로 다른 오리진(API 게이트웨이의 API)으로 접근하려면 CORS를 활성화할 필요가 있습니다.

09 API를 배포합니다.

APIGateway.yml - API 배포

```
ApiGatewayDeployment:
    Type: AWS::apigateway::Deployment # ❶
    Properties:
      RestApiId: !Ref ApiGatewayRestApi
      StageName: !Sub ${SystemName}-${EnvName}-stage
    DependsOn: # ❷
      - ApiGatewayGETMethod
      - ApiGatewayPOSTMethod
      - ApiGatewayOptionsMethod
```

❶ 메서드 생성이 끝났다면, 이제 API를 배포합니다. ❷ API를 배포하기에 앞서 DependsOn 옵션을 지정해 메서드가 먼저 생성되기까지 기다린 다음, 배포를 진행할 필요가 있습니다. DependsOn 옵션은 AWS 클라우드포메이션 템플릿에서 특정 리소스가 다른 리소스에 의존할 때 사용됩니다. 이 옵션을 사용하면 의존성을 명시적으로 설정해, 특정 리소스가 다른 리소스가 모두 생성된 후에 생성되도록 할 수 있습니다. 만약 DependsOn 옵션을 지정하지 않다면, 배포 리소스가 메서드와 함께 동시에 생성되어, 메서드를 생성해달라는 에러가 발생합니다.

18.3 데이터를 관리하는 다이나모DB 테이블 항목 생성하기

To do 01 클라우드포메이션 스택을 생성합니다. 클라우드포메이션 스택에는 별다른 파라미터 설정값이 없으므로 기본값을 유지한 상태로 스택을 생성합니다.

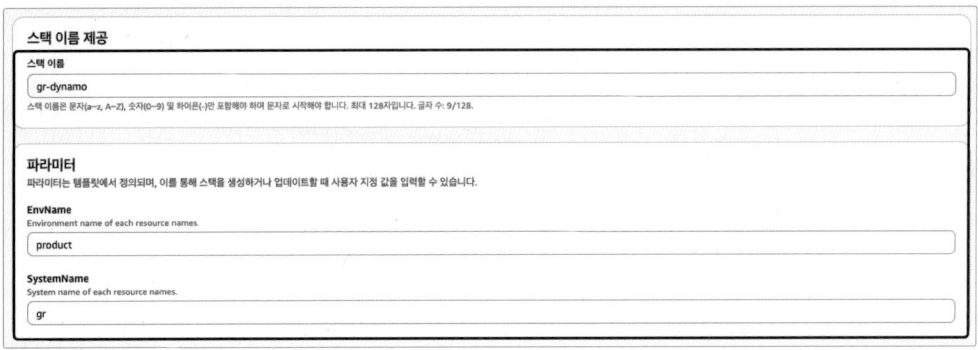

02 클라우드포메이션 스택 생성이 끝났다면, 다이나모DB 테이블의 항목을 생성합니다. 웹사이트에 접근할 시 사용자에게 보여줄 더미 데이터를 삽입합니다.

생성한 테이블을 확인하고, 항목을 생성합니다. ❶ 아마존 다이나모DB 콘솔 화면으로 진입한 다음, 생성한 테이블을 선택합니다. ❷ [작업]을 클릭합니다. [항목 탐색]을 클릭합니다. ❸ 현재 어떠한 항목도 생성되어 있지 않기 때문에 [항목 생성]을 클릭해 항목 생성을 진행합니다.

03 항목을 생성합니다. id를 파티션 키로 설정하고 있으며, 추가 속성으로는 name과 description을 가지고 있는 항목을 생성합니다. ❶ 먼저 항목에 대한 속성을 생성해야 합니다. [새 속성 추가]에서 문자열을 클릭하면 속성이 추가됩니다. ❷ 이어서 속성값을 입력하고, 항목을 생성합니다.

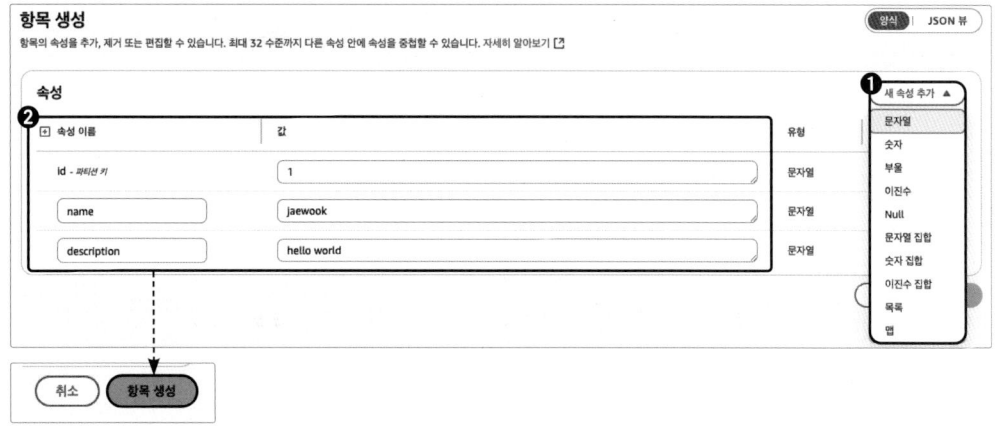

18.4 웹사이트를 호스팅하는 AWS 앰플리파이 생성하기

AWS 앰플리파이를 생성하기에 앞서, 자바스크립트 파일의 코드를 수정해 API 게이트웨이를 연동시킬 필요가 있습니다. API 게이트웨이를 연동시키기 위해서는 API 게이트웨이의 URL이 필요합니다. 자바스크립트 파일은 [chapter18] → [chapter18.1-Create-serverless] → [index.js] 파일에서 확인할 수 있습니다.

❶ 이 API 게이트웨이의 URL은 [스테이지]를 클릭한 다음, ❷ [URL 호출]에서 확인할 수 있습니다.

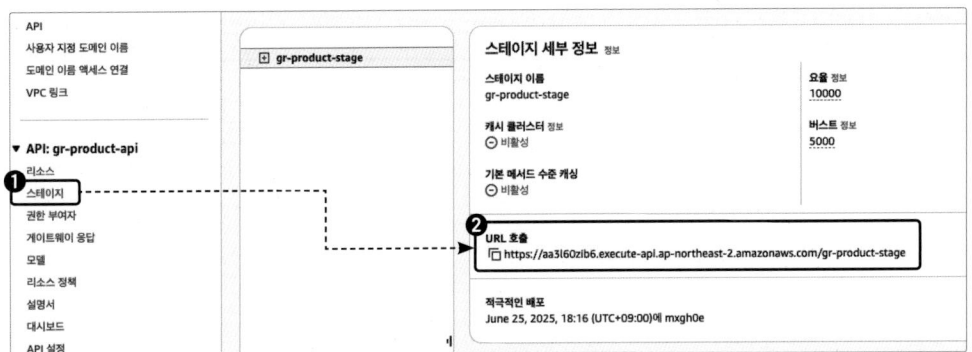

To do **01** index.js에 API 게이트웨이 URL을 입력합니다. Send DataToLamda() 함수와 getData ToLamda() 함수에 API 게이트웨이 URL을 입력합니다.

```
                                                                              index.js
async function sendDataToLambda()
const response = await axios.post('API 게이트웨이 URL 입력', dataToSend);

async function getDataToLambda()
const response = await axios.get('API 게이트웨이 URL 입력');
```

02 AWS 앰플리파이 콘솔 화면으로 진입합니다. AWS 앰플리파이 콘솔 화면에서 [앱 배포]를 클릭합니다.

03 AWS 앰플리파이 배포를 진행합니다. ❶ 이번에는 저장소 없이 진행할 생각이기 때문에 [Git 없이 배포]를 선택 후 [다음]을 클릭합니다. ❷ 이어서 앱 이름을 입력하고, ❸ 업로드 방식은 드래그 앤 드롭을 선택합니다. 파일을 업로드할 때, index.html, index.js 파일을 압축해 zip 형태로

업로드해야 합니다. ❹ 업로드가 끝났다면 [저장 및 배포]를 클릭합니다.

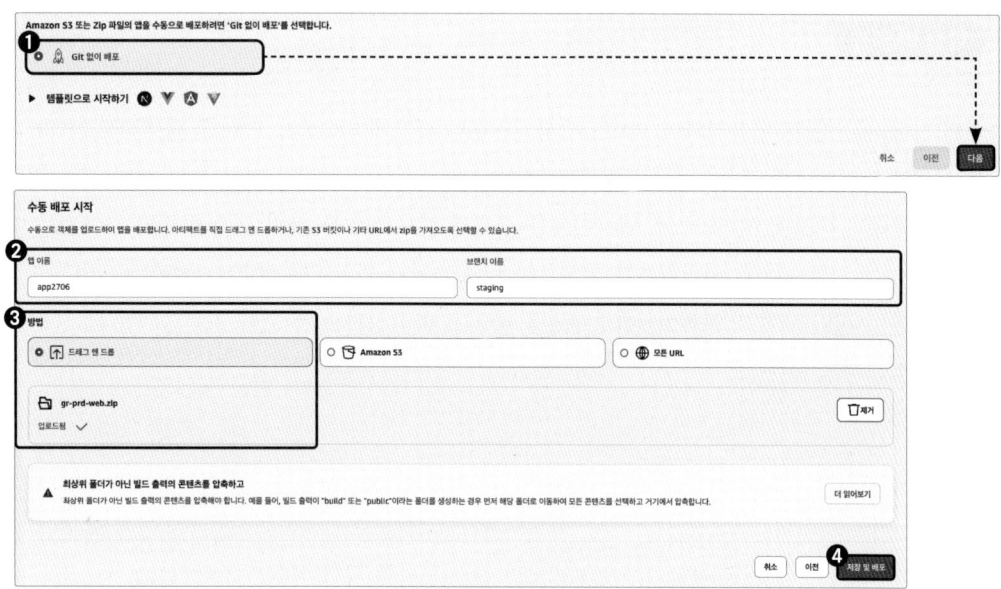

04 배포한 웹 호스팅 사이트를 확인합니다. ❶ 배포한 웹 호스팅 사이트를 확인하고, 도메인을 이용해 브라우저에서 접근을 시도하면, ❷ 성공적으로 웹사이트가 출력되는 것을 확인할 수 있습니다.

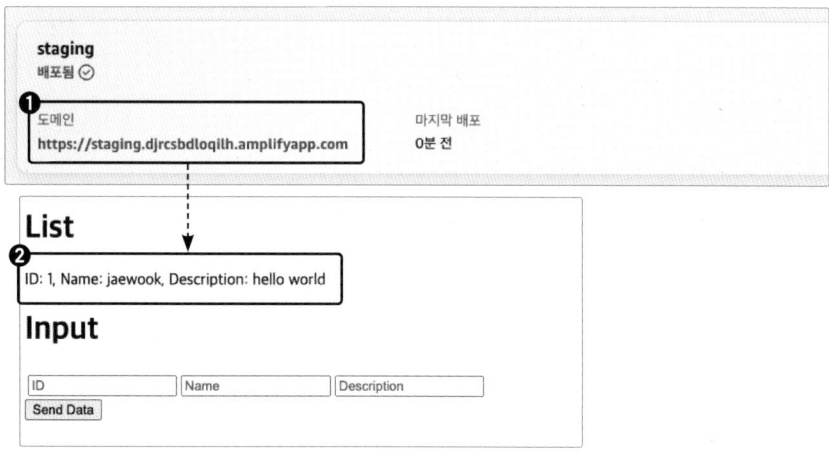

List에 다이나모DB 테이블의 항목에 저장된 데이터 값들이 출력되었습니다. Input에서 id와 Name, Description을 입력하고 Send Data 버튼을 클릭해 새로고침하면, 다이나모DB 테이블에 성공적으로 데이터가 저장되어 화면에 출력될 겁니다.

학습 마무리

이번 장에서는 AWS 앰플리파이, AWS 람다, 아마존 API 게이트웨이, 아마존 다이나모DB와 같은 서버리스 서비스를 활용해 웹사이트를 구축하고 배포해보았습니다. 이를 통해 서버 기반 워드프레스 구축과 더불어 서버리스로 웹사이트를 구축해 봄으로써 두 가지 구축 방법의 차이점을 이해할 수 있게 되었습니다. 서버리스를 통해보다 인프라를 간결하게 운영하고 구축할 수 있다는 것을 확인할 수 있었으며, 인프라 관리의 부담을 줄이고 확장성과 비용 효율성을 높이는 데 중점을 둔다는 점을 기억해주세요.

Level 05

6가지 AWS 관리 기술 익히기

학습 목표

구축한 클라우드 환경을 관리하기 위한 서비스를 알아봅니다. AWS에서 제공하는 관리 서비스 종류와 효율적인 클라우드 운영 및 관리 방법을 이해하고, 활용하는 방법을 습득합니다.

- **19장** AWS를 관리하는 서비스 파악하기
- **20장** 인프라 관리하는 서비스 파악하기
- **21장** 모니터링 및 로깅 서비스 파악하기
- **22장** 외부 공격을 보호하는 방화벽 서비스 파악하기
- **23장** 네트워크 트래픽을 로깅하는 서비스 파악하기
- **24장** IP 주소를 관리하는 서비스 파악하기

Chapter 19

AWS를 관리하는 서비스 파악하기

학습 목표

AWS 환경을 구축한 후에는 더 안정적으로 운영하고 관리할 필요가 있습니다. 이번 장에서는 AWS 환경을 관리하는 다양한 서비스에 대해 살펴봅시다. 또한 주요 관리 서비스 중 하나인 AWS 백업(AWS Backup)에 대해 학습해보며, 실제로 AWS 백업은 어떠한 역할을 하고 어떻게 AWS 리소스를 관리하는지 학습해봅시다.

핵심 키워드

관리 | 안정성 | AWS 백업 | 백업 | 복원 | 백업 볼트 | 백업 계획

학습 코스

❶ AWS를 관리하는 서비스 유형 파악하기 → ❷ 백업 및 복원 관리 서비스 파악하기 → ❸ AWS 백업 활용하기

19.1 AWS를 관리하는 서비스 유형 파악하기

AWS에서 환경을 구축을 했다면 더 안정적으로 환경을 유지할 추가 대응이 필요합니다. AWS는 구축한 환경을 관리하는 다양한 서비스를 제공하고 있으며, 안정성을 유지하려면 반드시 고려할 서비스도 있습니다. 이번에는 AWS 환경을 효율적으로 관리하고 안정성을 높이는 주요 서비스를 살펴보겠습니다.

- **AWS 백업** : 백업 및 복원 관리 서비스
- **AWS 시스템 관리자** : 인프라 관리 서비스
- **AWS 클라우드워치** : 모니터링 및 로깅 서비스
- **AWS WAF** : 외부 공격으로부터 보호하는 방화벽 서비스
- **VPC 플로우 로그** : 네트워크 트래픽 로깅 서비스
- **관리형 접두사 목록** : 네트워크 구성을 효율화하는 서비스

이와 같은 다양한 서비스들을 활용해 AWS 환경을 효율적으로 관리하고 모니터링함으로써, 안정적이고 안전한 클라우드 운영을 할 수 있습니다. 이번 장에서는 백업 및 복원 관리 서비스인 AWS 백업을 학습하겠습니다.

19.2 백업 및 복원 관리 서비스 파악하기

EC2 인스턴스를 구축하고 운영하는 과정에서 어떠한 이유로 ❶ EC2 인스턴스가 중지되거나 사용 불가능한 상태를 가정해봅시다. ❷ 신속하게 EC2 인스턴스를 생성한다고 하더라도 EC2 인스턴스 내부 데이터까지 복구하기까지 많은 시간이 걸립니다. 그렇게 되면 서비스를 이용하는 사용자들은 큰 불편을 겪게 됩니다. AWS에서는 이런 문제를 해결하는 데 유용한 AWS 백업이라는 서비스를 제공합니다.

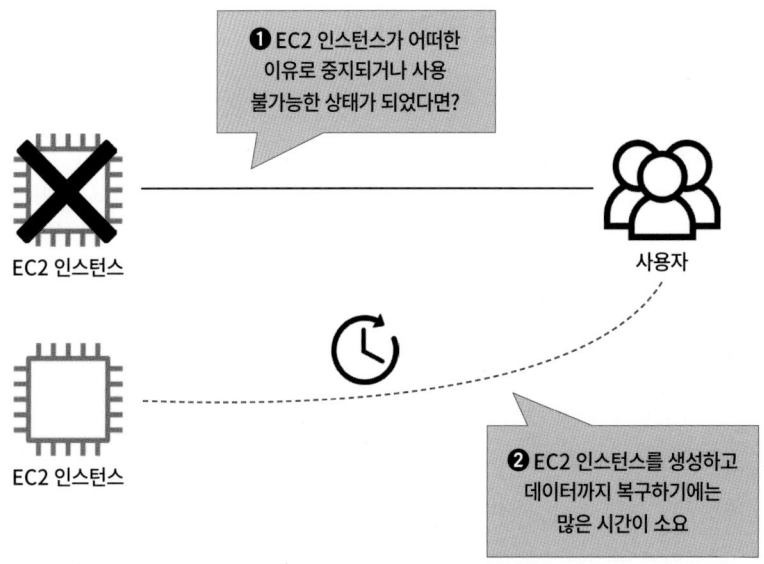

19.2.1 백업 및 복원 관리를 위한 서비스, AWS 백업이란?

AWS 백업을 이용하면 EC2 인스턴스를 얼마나 빠르게 복원할 수 있을까요? 결론적으로 사용자가 직접 EC2 인스턴스를 새로 생성해 데이터를 복원하는 것보다 훨씬 빠르게 복원할 수 있습니다.

AWS 백업에서는 백업할 시간대를 지정할 수 있으며, 예를 들어 매일 밤 8시에 자동으로 백업이 수행되도록 설정할 수 있습니다. 이렇게 백업 시간대를 지정하면 사용자가 원하는 시점으로 복원할 수도 있습니다. 서버내에 바이러스에 감염되어 복원이 필요하다면, 바이러스에 감염되기 전으로 복원할 수 있습니다. 또한 아마존 EC2 이외에도 아마존 RDS, 아마존 EBS, 아마존 S3, 아마존 오로라, AWS 클라우드포메이션 등 다양한 서비스를 백업하고 복원할 수 있습니다. 이처럼 특정 리소스의 문제를 신속하게 해결하고 클라우드 환경을 안정적으로 유지하려면, AWS 백업을 이용한 백업과 복원 절차를 필수적으로 활용해야 합니다.

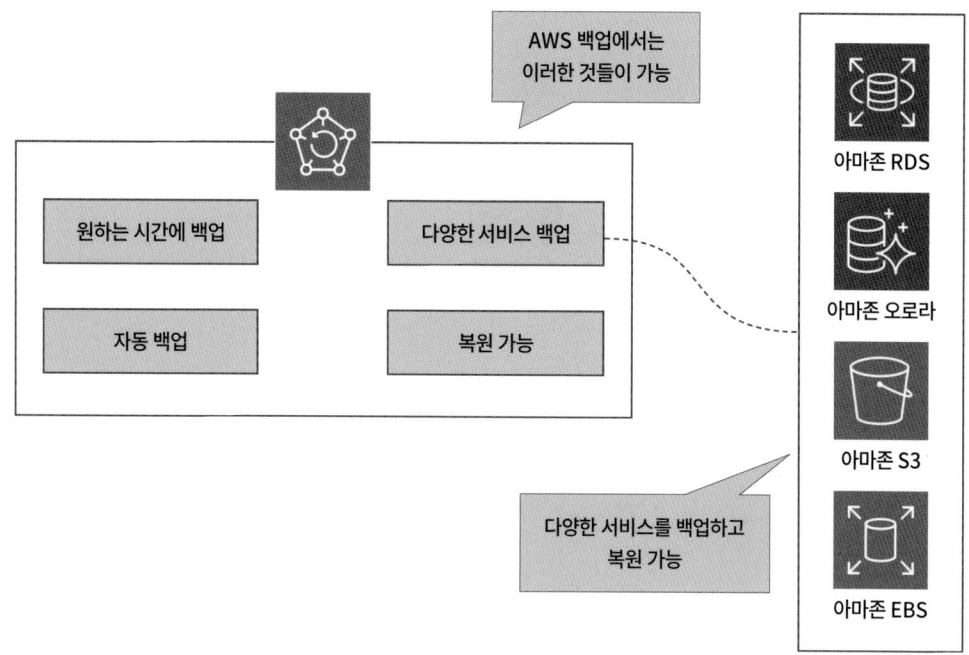

19.2.2 백업 및 복원 관리 서비스, AWS 백업 살펴보기

이번에는 AWS 백업은 어떠한 구성으로 이루어져 있는지 학습해봅시다. AWS 백업을 구성하는 기능은 크게 두 가지로 나누어볼 수 있습니다. 각 구성이 어떠한 역할을 하고 백업 작업을 어떻게 수행하는지 살펴봅시다.

- 백업 볼트
- 백업 계획

백업 볼트

백업 볼트는 백업을 구성하는 컨테이너로 설명할 수 있습니다. EC2 인스턴스를 백업할 때 생성되는 AMI와 스냅샷을 정리해 관리하는 그릇 역할을 합니다. 백업 볼트에서는 KMS 암호화를 설정해 데이터를 일관되게 보호할 수 있습니다. 2020년 기준으로 백업 볼트에 KMS 암호화를 설정하면 파일시스템 서비스인 아마존 EFS에서만 KMS 암호화가 적용되었지만 지금은 아마존 S3, AWS 클라우드포메이션, 그리고 설정에 따라 아마존 다이나모DB 등 다양한 서비스에도 암호화를 적용하고 백업을 수행할 수 있습니다.

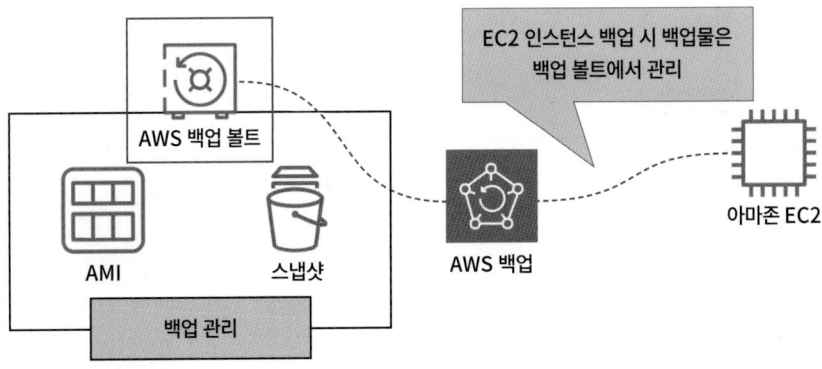

백업 계획

백업 계획은 백업 작업 시간대를 정의하고 실행하며, 백업 볼트 내에 복구 지점을 생성합니다.

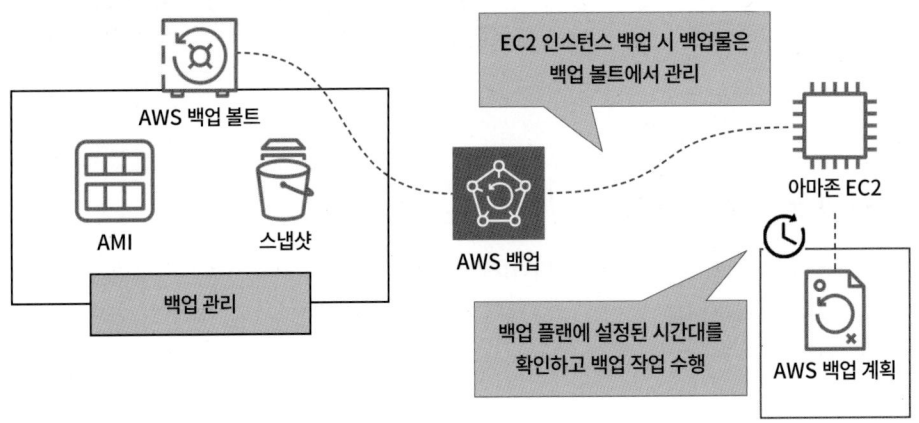

이런 백업 계획은 하나 이상의 백업 규칙을 포함하고 있으며, 백업 규칙에서는 백업 빈도와 백업 시간대, 백업 볼트 등을 지정할 수 있습니다. 백업 빈도는 시간당 백업을 수행할지, 매일 백업을 수행할지 매주 백업을 수행할지 지정할 수 있습니다. 또한 한 번만 백업을 수행하도록 '온디맨드 백업on-demand backup'을 생성해 백업 작업을 수행할 수 있습니다.

2023년 8월 이전에는 UTC 시간대만 지원되어 대한민국과의 9시간 시차를 고려해 백업 시간을 계산해야 했지만, 현재는 각 나라의 시간대를 지원하므로 이런 계산이 필요 없습니다. 또한 다음 그림을 확인하면, [다음 시간 내에 시작]과 [다음 시간 내에 완료] 항목을 활용해 백업을 시작하고 종료해야 하는 기간을 정의할 수 있습니다. 지정한 기간 내에 백업이 시작되지 않으면 백업은 만료된 것으로 표시됩니다.

백업 규칙에서는 PITR 즉 특정 시점 복구 기능 또한 지원합니다. 이 특정 시점 복구는 5분 전 혹은 10분 전과 같이 사용자가 특정 날짜, 시간을 정해 원하는 시점으로 복원할 수 있는 것을 말합니다. 예를 들어 2024년 5월 20일 14:00시에 백업을 수행했다면 사용자는 이 기간에 수행한 백업물을 바탕으로 복원을 진행합니다. 특정 시점 복구는 최대 35일 이전으로, 1초 이내의 정확도로 복원할 수 있습니다. 예를 들어 2024년 5월 20일 14:04:02와 같이 정확한 시간대로 복원할 수 있습니다. 현재 특정 시점 복구는 아마존 RDS와 아마존 S3만 지원합니다.

백업 규칙을 지정했다면 백업할 리소스를 할당해야 합니다.

❶ [모든 리소스 유형 포함]을 선택해 백업 가능한 모든 AWS 리소스를 백업할 수 있으며 [특정 리소스 유형 포함]을 선택해 사용자가 지정한 리소스만 백업을 수행할 수 있습니다. ❷ [특정 리소스 유형 포함]에는 EC2 인스턴스 혹은 아마존 RDS와 같은 특정 리소스 유형을 선택해 해당 모든 리소스를 백업하거나 사용자가 지정한 리소스만을 백업할 수 있습니다. 그 외, 백업에 제외하고 싶은 리소스를 선택할 수도 있으며 태그를 기준으로 특정 태그를 사용하는 리소스를 백업할 수도 있습니다.

리소스 선택 정보
태그 및 리소스 ID를 사용하여 이 백업 계획에 리소스를 할당합니다.

1. 리소스 선택 정의 정보
모든 리소스를 보호하거나 유형별 또는 ID별로 리소스를 지정합니다.

❶ ○ 모든 리소스 유형 포함
   계정에서 활성화된 모든 리소스 유형을 보호합니다.

● 특정 리소스 유형 포함
   유형별로 리소스를 선택하거나 ID별로 개별 리소스를 지정합니다.

❷
2. 특정 리소스 유형 선택 정보
이 백업 계획으로 보호할 특정 리소스 유형을 선택합니다. 선택 항목에서 특정 리소스 ID를 제외할 수도 있습니다.

[리소스 유형 선택 ▼]

3. 선택한 리소스 유형에서 특정 리소스 ID 제외 - 선택 사항 정보
이 할당에서 제외할 특정 리소스 ID를 선택합니다.

[리소스 유형 선택 ▼]

4. 태그를 사용하여 선택 영역 구체화 - 선택 사항 정보
태그를 기준으로 리소스를 필터링합니다. 여러 태그의 경우 모든 태그 조건을 충족하는 경우에만 리소스가 백업 계획에 할당됩니다.
리소스 선택을 구체화하기 위해 선택한 태그가 없습니다.

[태그 추가]
최대 30개의 태그를 더 추가할 수 있습니다.

❶ AWS 백업은 백업 볼트와 백업 계획으로 구성되어 있습니다. ❷ 백업 볼트는 백업 데이터를 저장하고 관리하는 컨테이너 역할을 하며, ❸ 백업 계획은 백업의 주기와 보존 기간 등을 정의합니다. 이런 구성 설정을 통해 AWS 백업은 아마존 EC2, 아마존 RDS, 아마존 다이나모DB 등 다양한 AWS 리소스를 체계적으로 백업할 수 있습니다. 백업 볼트와 백업 계획을 적절히 활용하면 예상치 못한 데이터 손실에 대비해 중요한 데이터를 안전하게 보호하고, 신속하게 복구할 수 있습니다. AWS 백업의 통합된 관리 기능을 통해 백업 작업을 자동화하고, 백업 정책을 일관성 있게 적용할 수 있어 클라우드 환경을 더욱 안정적으로 운영할 수 있습니다.

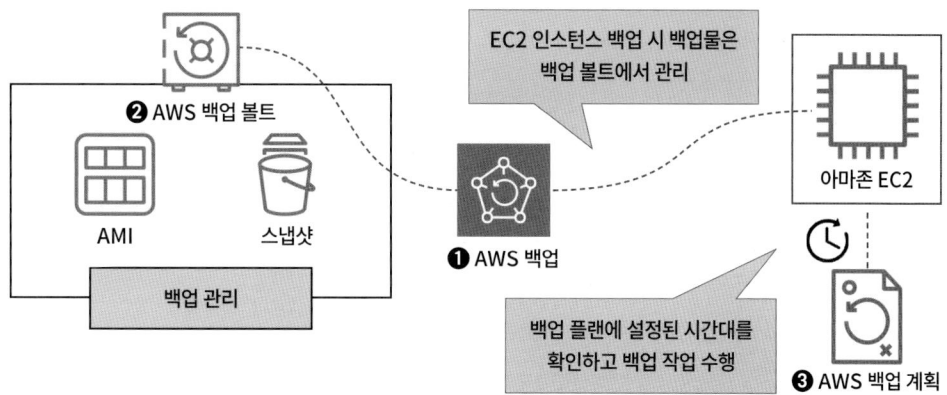

19.3 AWS 백업 활용하기

이번에는 AWS 백업을 활용해 EC2 인스턴스를 백업하고 복원하겠습니다. 백업에 사용할 백업 볼트와 백업 계획은 클라우드포메이션으로 생성할 수 있지만, 복원 작업은 콘솔 화면에서 수행해야 하므로 클라우드포메이션 스택을 생성하고 콘솔 화면에서 복원 작업을 수행하겠습니다.

19.3.1 AWS 백업을 활용해 EC2 인스턴스 백업 및 복원해보기

To do 01 백업 작업을 구현하는 클라우드포메이션의 yml 파일은 다음과 같습니다.

> **백업 작업을 구현하는 yml 파일**
>
> - **파일 이름** : VPC.yml, Security_Group.yml, EC2.yml, Backup,yml
> - **클라우드포메이션 스택 생성 순서** : VPC.yml → Security_Group.yml → EC2.yml → Backup.yml

클라우드포메이션 전체 코드는 깃허브 리포지터리 [chapter19] → [Backup] → [chapter19.3.1-Create-Backup] 폴더에서 확인할 수 있습니다. 클라우드포메이션으로 구축한 환경의 결과를 확인하고 싶다면 이번 내용은 건너뛰고, 그다음 이어지는 'UI로 불러와 EC2 인스턴스 백업 및 복원해보기' 절부터 확인하시기 바랍니다.

02 백업 볼트를 생성합니다.

```yaml
# Backup.yml
EC2BackupVault:
    Type: "AWS::Backup::BackupVault" # ❶
    Properties: # ❷
      BackupVaultName: !Sub ${SystemName}-${EnvName}-bv-ec2
      BackupVaultTags:
        Name: !Sub ${SystemName}-${EnvName}-bv-ec2
        Env: !Sub ${EnvName}
```

❶ 타입에는 AWS::Backup::BackupVault를 입력해, 백업 볼트를 생성합니다. ❷ 백업 볼트 속성에는 백업 볼트 이름과 태그를 지정합니다.

03 백업 계획을 생성합니다.

```yaml
# Backup.yml
EC2BackupPlan:
    Type: AWS::Backup::BackupPlan # ❶
    Properties:
      BackupPlan: # ❷
        BackupPlanName: !Sub ${SystemName}-${EnvName}-bp-ec2
        BackupPlanRule:
          - RuleName: !Sub ${SystemName}-${EnvName}-bprule-ec2
            TargetBackupVault: !Ref EC2BackupVault # ❸
            ScheduleExpression: cron(0 * * * ? *) # ❹
            ScheduleExpressionTimezone: Asia/Seoul # ❺
            StartWindowMinutes: 60 # ❻
            CompletionWindowMinutes: 120
            Lifecycle: # ❼
              DeleteAfterDays: 7
      BackupPlanTags:
        Name: !Sub ${SystemName}-${EnvName}-bp-ec2
        Env: !Sub ${EnvName}
```

❶ 타입에는 AWS::Backup::BackupPlan을 입력해, 백업 계획 생성합니다. ❷ 백업 계획에는 하나 이상의 백업 규칙이 포함되어 있으므로 BackupPlanRule에 백업 규칙을 설정합니다.

❸ TargetBackupVault에는 백업 볼트를 지정하며 ❹ ScheduleExpression에는 백업 시간대를 지정합니다. 백업 시간대는 Cron을 사용해 매 시간마다 백업 작업을 수행하도록 지정했습니다. ❺ ScheduleExpressionTimezone을 통해 서울 기준으로 시간대를 지정했으며 ❻ Start WindowMinutes와 CompletionWindowMinutes에 1시간 이내에 백업을 시작하고 2시간 이내에 백업을 종료하도록 설정했습니다. ❼ 마지막으로 Lifecycle 옵션에 백업물을 7일 동안 보관 즉 7일 이상된 백업물을 삭제하도록 설정합니다.

04 백업할 리소스를 지정합니다.

```yaml
# Backup.yml
EC2BackupSelection:
    Type: AWS::Backup::BackupSelection
    Properties:
      BackupPlanId: !Ref EC2BackupPlan
      BackupSelection: # ❶
        SelectionName: !Sub ${SystemName}-${EnvName}-selection-ec2
        IamRoleArn: !GetAtt EC2BackupRole.Arn # ❷
        ListOfTags: # ❸
          - ConditionType: "STRINGEQUALS"
            ConditionKey: Name
            ConditionValue: gr-product-ec2
```

❶ BackupSelection에 백업을 수행할 리소스를 지정합니다. ❷ IamRoleArn에 IAM 역할을 할당합니다. 해당 IAM 역할에 다음 두 정책이 포함되어 있습니다.

- **AWSBackupServiceRolePolicyForBackup** : 백업을 수행하는 권한
- **AWSBackupServiceRolePolicyForRestores** : 복원을 수행하는 권한

❸ 백업은 특정 태그를 사용하는 리소스를 대상으로 하며, 생성한 EC2 인스턴스의 이름을 대상으로 하고 있습니다.

19.3.2 UI로 불러와 EC2 인스턴스 백업 및 복원해보기

이번에는 각 클라우드포메이션 스택을 생성하고, 백업 작업이 수행되는 것을 확인하고 복원 작업까지 진행하겠습니다.

To do **01** 클라우드포메이션 스택을 생성합니다. AWS 백업을 생성하는 클라우드포메이션 스택을 포함해 전체적으로 특별한 설정값이 들어가는 파라미터는 없으므로 기본값을 유지한 상태로 클라우드포메이션 스택을 생성합니다.

02 생성된 백업 볼트를 확인합니다. ❶ AWS 백업 콘솔 화면으로 진입해 [볼트]를 클릭하면 생성된 백업 볼트를 확인할 수 있습니다. ❷ 해당 백업 볼트를 클릭하면 ❸ 백업 볼트의 상세 정보와 복구 시점을 확인할 수 있습니다.

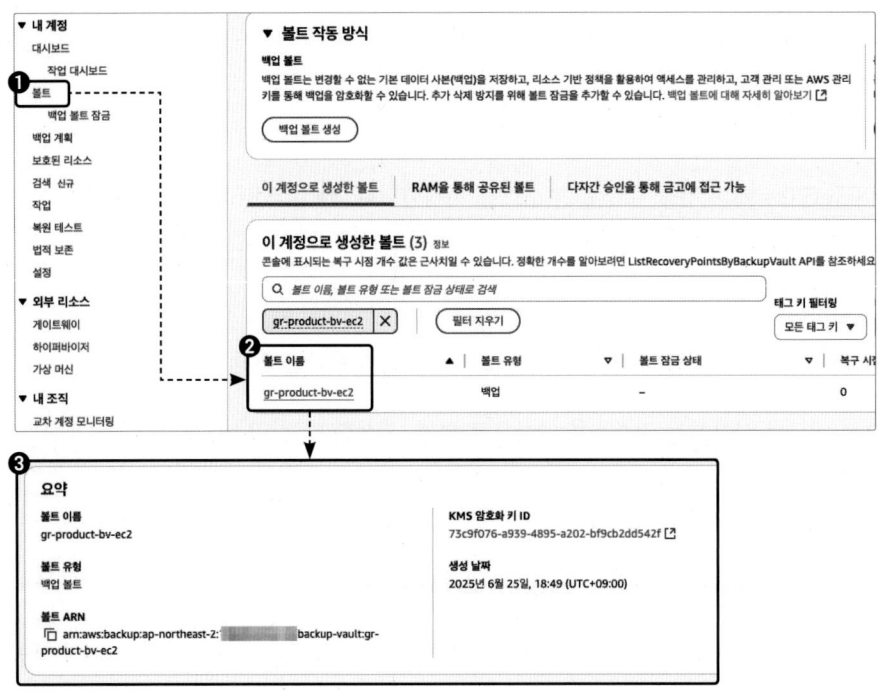

03 생성된 백업 계획을 확인합니다. ❶ [백업 계획]을 클릭하면 ❷ 생성된 백업 계획을 확인할 수 있습니다.

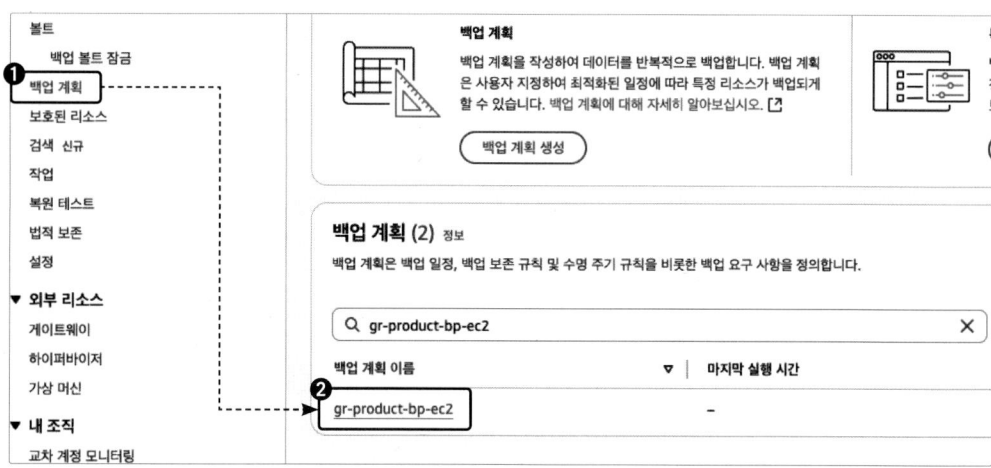

04 백업 계획에서 백업 규칙을 확인합니다. 앞서 생성된 백업 계획을 클릭하면 ❶ 백업 규칙을 확인할 수 있으며, ❷ 백업 규칙을 클릭하면 상세한 정보를 확인할 수 있습니다.

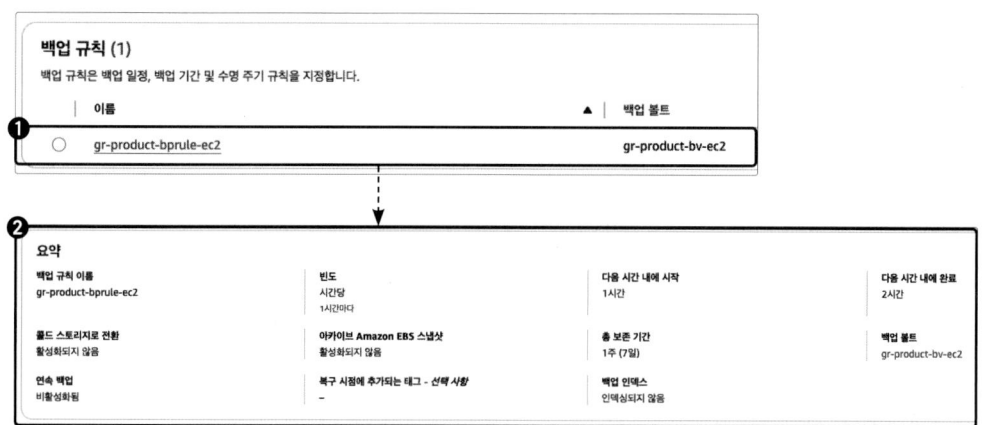

05 백업 계획에서 할당된 리소스를 확인합니다. ❶ [리소스 할당]을 클릭하면, ❷ 어떠한 리소스를 백업하는지 백업 대상을 확인할 수 있습니다.

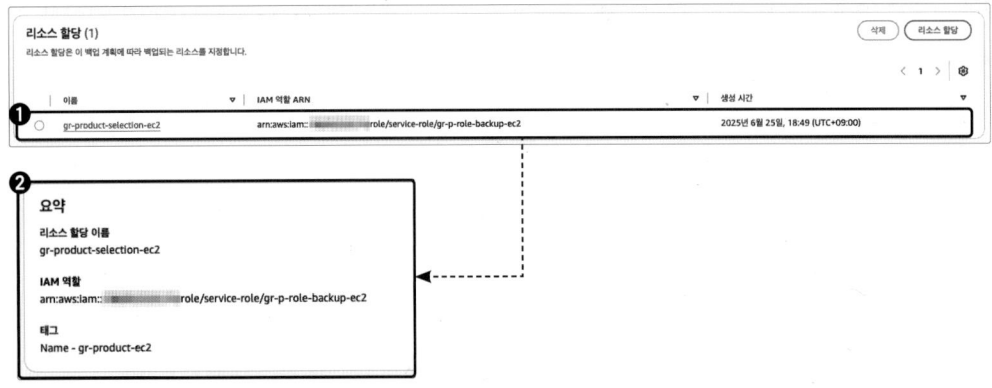

06 백업 상황을 확인합니다. ❶ [작업]을 클릭하면, 백업 작업이 수행된 것을 확인할 수 있으며, ❷ EC2 콘솔 화면에서 AMI로 진입하면 AMI가 생성된 것을 확인할 수 있습니다. ❸ 이렇게 생성된 AMI를 바탕으로 EC2 인스턴스를 생성해 EC2 인스턴스를 복원할 수 있습니다.

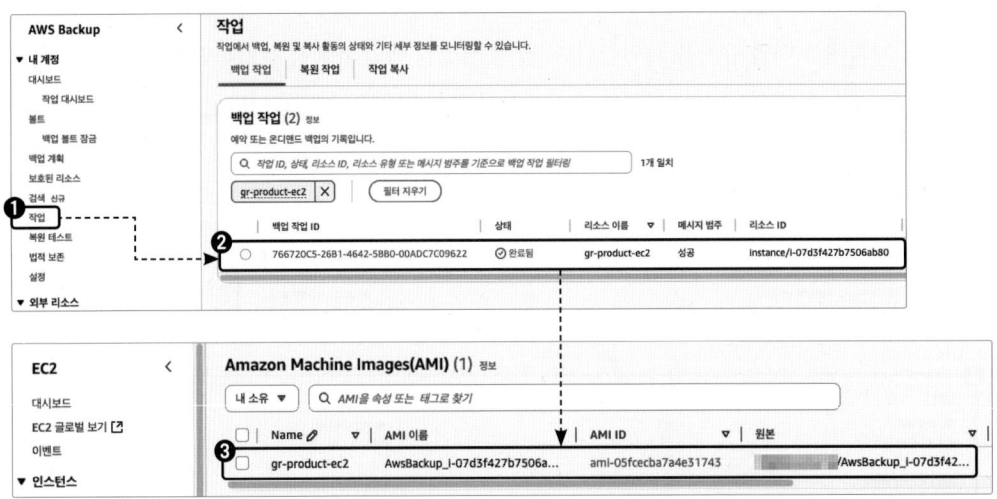

> 한 시간마다 백업 작업이 진행되므로 백업 작업이 시작하기까지 기다릴 필요가 있습니다.

07 복구 시점을 확인합니다. ❶ AWS Backup 콘솔 화면에서 [보호된 리소스]에 들어가 [복구 시점]을 확인하면 지정한 시간대에 백업이 완료된 것을 확인할 수 있습니다. ❷ [복원]을 클릭하면 복원 페이지로 넘어가게 됩니다. ❸ 이 페이지는 백업한 EC2 인스턴스와 같은 설정으로 복원을 진행할 수 있도록 작성되어 있습니다.

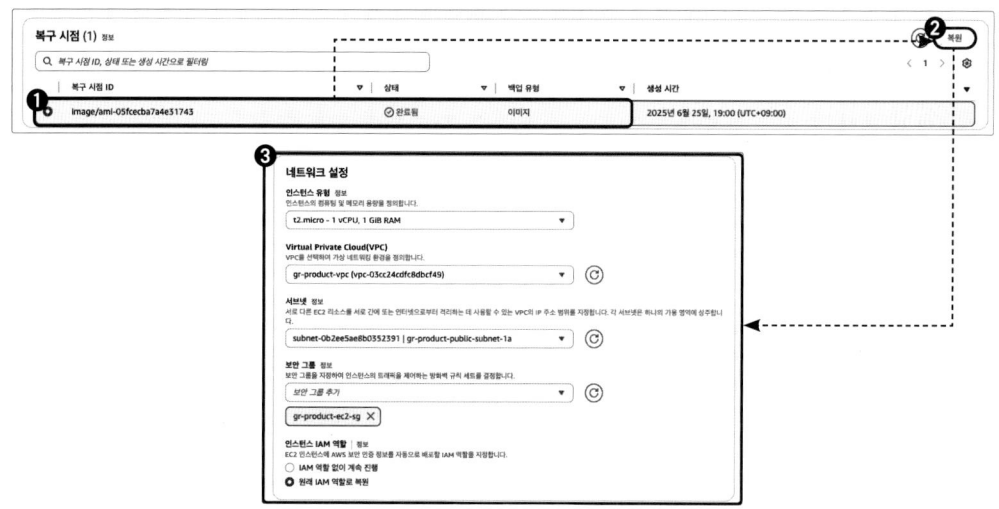

하지만 퍼블릭 IP 주소 사용과 같은 미세한 설정은 불가능합니다. 이런 미세한 설정을 하려면 AWS CLI로 복원하는 것도 하나의 방법이며, AWS CLI가 어렵다면 복원된 AMI를 바탕으로 직접 EC2 인스턴스를 생성하는 방법이 있습니다.

> 복구 시점은 [볼트]에서도 확인할 수 있습니다.

08 복원 설정값을 확인하고 복원을 실시합니다. ❶ 역할 복원에는 [기본 역할]을 선택하고 ❷ [보호된 리소스 태그]는 체크하여 백업한 EC2 인스턴스와 같은 태그를 가지도록 합니다. ❸ 마지막으로 [백업 복원]을 클릭하면 복원 작업을 실시합니다.

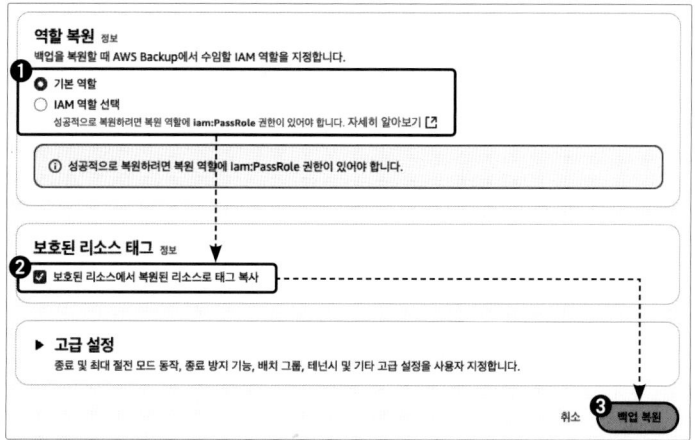

09 복원 결과를 확인합니다. ❶ 복원 작업에서 상태가 [완료됨]이 출력된 다음 [리소스 ID]를 확인합니다. ❷ 이어서 EC2 콘솔 화면에서 인스턴스 목록을 확인하면 EC2 인스턴스가 복원된 것을 확인할 수 있습니다.

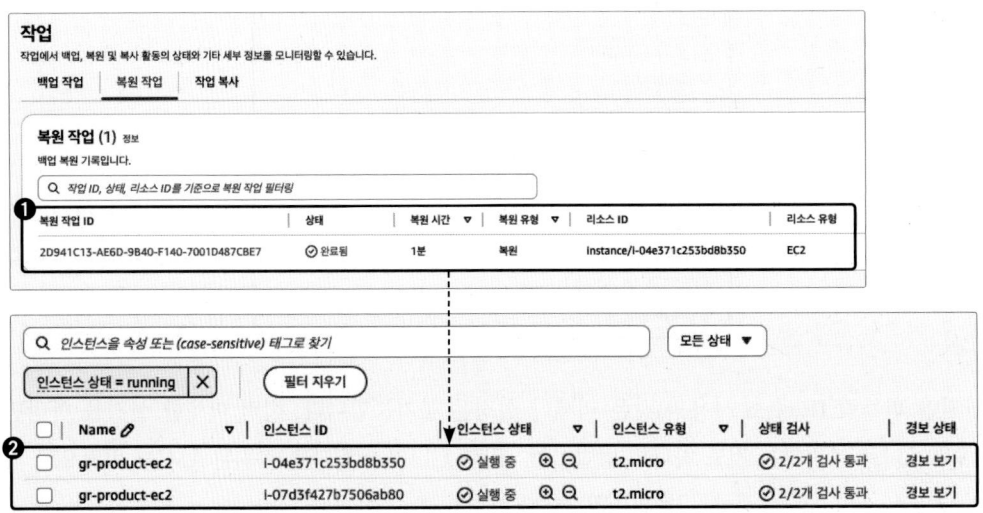

즉, 복원이란 백업 결과물과 같은 리소스를 생성하는 것을 의미합니다. 복원 후 기존 리소스가 불필요하다면 삭제하거나 중지시켜 추가 비용이 발생하지 않도록 관리해야 합니다.

학습 마무리

이번 장에서는 AWS 환경 관리를 위한 다양한 서비스를 알아보았습니다. 먼저 AWS 백업을 알아보고, 이를 활용해 서버를 안정적으로 유지하는 방법을 배웠습니다. AWS 백업은 갑작스러운 서버 다운으로 서버가 기동하지 않을 때 혹은 오류 발생 시 서버를 유지할 수 없을 때 신속하게 복구해 이전 상태로 되돌릴 수 있도록 백업과 복원을 지원합니다. 이 장에서 학습 백업과 복원 기능을 활용해 더 안정적으로 AWS 환경을 관리하길 빕니다.

핵심 요약

1 **AWS 백업**은 백업 및 복원 관리를 위한 서비스입니다. 아마존 EC2 이외에도 아마존 RDS, 아마존 EBS, 아마존 S3, 아마존 오로라, AWS 클라우드포메이션 등 다양한 서비스를 백업하고 복원할 수 있습니다.

2 AWS 백업은 크게 백업 볼트, 백업 계획 두 가지 구성으로 이루어져 있습니다. **백업 볼트**는 EC2 인스턴스를 백업할 때 생성되는 AMI와 스냅샷을 정리해 관리하는 그릇입니다. **백업 계획**은 백업 작업 시간대를 정의하고 실행하며, 백업 볼트 내에 복구 지점을 생성하며, 하나 이상의 백업 규칙을 포함합니다.

연습문제

1. AWS 백업은 크게 두 가지 구성으로 이루어져 있습니다. 이 두 가지는 무엇일까요?

2. AWS 백업에 대한 설명 중 틀린 것은?
   ❶ AWS 백업은 이름 그대로 백업만을 지원한다.
   ❷ 백업 볼트에 KMS 암호화를 설정할 수 있다.
   ❸ KMS 암호화는 특정 서비스에만 적용된다.
   ❹ 백업 계획에는 하나 이상의 규칙이 포함된다.

3. AWS 백업을 사용하면 특정 문제를 효과적으로 해결할 수 있습니다. 어떤 문제들이 해결될까요?

---

1. **정답** 백업 볼트, 백업 계획
2. **정답** ❶ AWS 백업은 이름 그대로 백업만을 지원한다.
3. **정답** 서버 내부의 데이터까지 복구하기에는 많은 시간이 소요되지만, AWS 백업을 이용해 이런 문제를 해결할 수 있다.

Chapter 20

인프라 관리 서비스 파악하기

학습 목표

이번 장에서는 인프라 관리 서비스인 AWS 시스템 관리자(AWS Systems Manager)를 학습하겠습니다. AWS 시스템 관리자가 제공하는 다양한 인프라 관리 기능을 주로 사용되는 핵심 기능 중심으로 알아보겠습니다.

핵심 키워드

인프라 관리 | AWS 시스템 관리자 | 작업 관리 | 애플리케이션 관리 | 변경 관리 | 노드 관리 | 공유 리소스 | 파라미터 스토어 | 자동화 | 플릿 관리자 | 세션 관리자 | 명령 실행 | 패치 관리자 | 문서

학습 코스

❶ 인프라 관리 서비스, AWS 시스템 관리자란? → ❷ 인프라 관리 서비스, AWS 시스템 관리자 살펴보기

20.1 인프라 관리 서비스, AWS 시스템 관리자란?

AWS 시스템 관리자는 EC2 인스턴스 서버를 효율적으로 관리할 수 있는 도구입니다. 이를 통해 안티바이러스 정의 업데이트, 소프트웨어 설치 상태 확인, 운용 자동화, 패치 관리 등 다양한 관리 작업을 수행할 수 있습니다. AWS 시스템 관리자는 윈도우와 리눅스 운영체제를 모두 지원하므로, EC2 인스턴스를 구축했다면, 이를 활용하는 것을 고려해봅시다.

20.2 인프라 관리 서비스, AWS 시스템 관리자 살펴보기

AWS 시스템 관리자는 작업 관리, 애플리케이션 관리, 변경 관리, 노드 관리, 공유 리소스로 나누어볼 수 있으며, 정말 많은 기능을 포함하고 있습니다. 각 서비스 카테고리별로 자세히 살펴보겠습니다.

작업 관리 서비스로 탐색기, 옵스센터^{OpsCenter}, 클라우드워치 대시보드, 인시던트 관리자$^{Incident\ Manager}$를 제공합니다.

▼ 작업 관리 서비스

기능	비고
탐색기	AWS 계정 및 리전에 대한 운영 데이터와 항목이 집계된 보기를 표시
옵스센터	상황 정보, 이전 지침 및 빠른 해결 단계를 제공하는 단일 위치로 운영 항목을 통합
클라우드워치 대시보드	AWS 리소스에 대한 지표 및 경보를 보여주는 사용자 정의 뷰를 생성
인시던트 관리자	AWS에서 호스팅 애플리케이션에 영향을 주는 인시던트를 완화하고 복구하는 데 사용

애플리케이션 관리 서비스로 애플리케이션 관리자$^{Application\ Manager}$, 앱컨피그^{AppConfig}, 파라미터 스토어를 제공합니다. 이중에서 구성 데이터 관리 및 암호 관리를 위한 안전한 계층적 스토리지를 제공하는 파라미터 스토어 기능을 알아두어야 합니다.

▼ 애플리케이션 관리 서비스

기능	비고
애플리케이션 관리자 (Application Manager)	데브옵스(DevOps) 엔지니어가 애플리케이션의 맥락에서 AWS 리소스에 대한 문제를 조사하고 해결할 수 있도록 서포트

앱컨피그(AppConfig)	애플리케이션 구성을 생성, 관리 및 빠르게 배포
파라미터 스토어	구성 데이터 관리 및 암호 관리를 위한 안전한 계층적 스토리지를 제공

변경 관리 서비스로 변경 관리자Change Manager, 자동화, 일정 변경, 유지 관리 기간 기능을 제공합니다.

▼ 변경 관리

기능	비고
변경 관리자	애플리케이션 구성 및 인프라에 대한 운영 변경 사항을 요청, 승인, 구현 및 보고하기 위한 엔터프라이즈 변경 관리 프레임워크
자동화	EC2 인스턴스 및 기타 AWS 리소스의 일반적인 유지 관리 및 배포를 간소화
일정 변경	지정한 작업이 AWS 계정에서 수행되거나 수행되지 않을 때 날짜 및 시간 범위를 설정
유지 관리 기간	운영체제 패치, 드라이버 업데이트, 소프트웨어 또는 패치 설치와 같이 노드에서 중단 가능성이 있는 작업 수행 시기에 대한 일정을 정의

노드 관리 서비스로 플릿 관리자, 규정 준수, 인벤토리, 하이브리드 활성화, 세션 관리자, 명령 실행, 상태 관리자, 패치 관리자, 배포자 기능을 제공합니다.

▼ 노드 관리 서비스

기능	비고
플릿 관리자	서버에 원격으로 연결하지 않고도 AWS 및 온프레미스 모두에서 실행하는 인스턴스를 관리 가능
규정 준수	규정 준수 데이터 모니터링 및 플릿 전체 문제 해결
인벤토리	AWS 컴퓨팅 환경에 대한 가시성을 제공
하이브리드 활성화	한 위치에서 아마존 EC2 인스턴스 및 하이브리드 환경을 중앙에서 관리
세션 관리자	EC2 인스턴스에 대한 원클릭 보안 액세스를 제공하는 관리형 서비스
명령 실행	관리형 노드의 구성을 원격으로 안전하게 관리
상태 관리자	관리형 노드를 정의된 상태로 유지하는 과정을 자동화
패치 관리자	보안 관련 및 기타 유형의 업데이트로 관리형 노드를 패치하는 프로세스를 자동화
배포자	패키지를 생성하고 관리형 노드에 배포

공유 리소스 서비스로 문서 기능을 제공합니다.

▼ 공유 리소스 서비스

기능	비고
문서	시스템 관리자가 수행하는 작업을 정의

이처럼 AWS 시스템 관리자는 다양한 기능을 제공하며, 모든 기능을 사용할 필요는 없습니다. 필요에 따라 적절히 조합해 사용하면 됩니다. 이번 장에서는 사용 빈도가 높은 기능을 위주로 설명을 진행합니다.

20.2.1 애플리케이션 관리, 파라미터 스토어

파라미터 스토어는 파라미터를 저장하는 서비스입니다. 클라우드포메이션 혹은 애플리케이션 파라미터를 안전하게 저장하는 데 사용됩니다. 앞서 EC2 인스턴스를 생성할 때 키 페어를 안전하게 보관하기 위해 사용한 서비스가 파라미터 스토어입니다. 파라미터 스토어 실습은 **04.3절 '아마존 EC2 구축하기'**에서 확인할 수 있습니다.

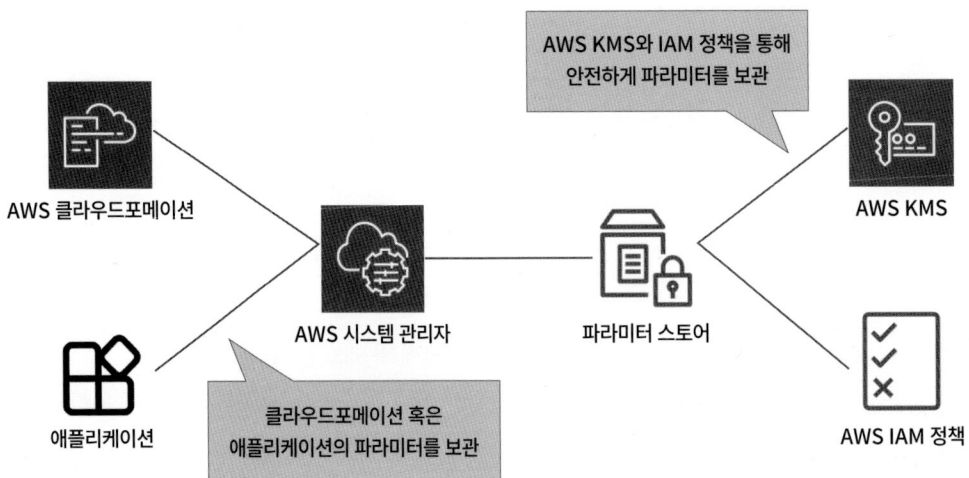

보관된 파라미터는 필요에 따라 호출할 수 있으며, 보안 문자열을 이용하면 KMS를 사용해 파라미터를 암호화합니다. 그 외, IAM으로 권한이 없는 사람이 파라미터를 읽을 수 없도록 제한할 수도 있습니다. 이런 파라미터 스토어는 평문 혹은 암호화를 선택할 수 있으며, 이 파라미터 스토어에 키 페어를 보관하거나 RDS의 접속 정보와 같은 시크릿 정보를 암호화해보관하는 것이 모범 사례라고 볼 수 있습니다.

> 시크릿 정보를 정기적으로 교체하고 싶은 경우 파라미터 스토어 대신 시크릿 관리자를 고려하는 것이 좋습니다.

20.2.2 변경 관리, 자동화

자동화는 EC2 인스턴스 및 기타 AWS 리소스의 일반적인 유지 관리 및 배포를 간소화하는 기능입니다. 이 자동화는 런북 ^{RunBook}이라는 문서를 만들어 시스템 관리자가 수행하는 작업을 정의합니다.

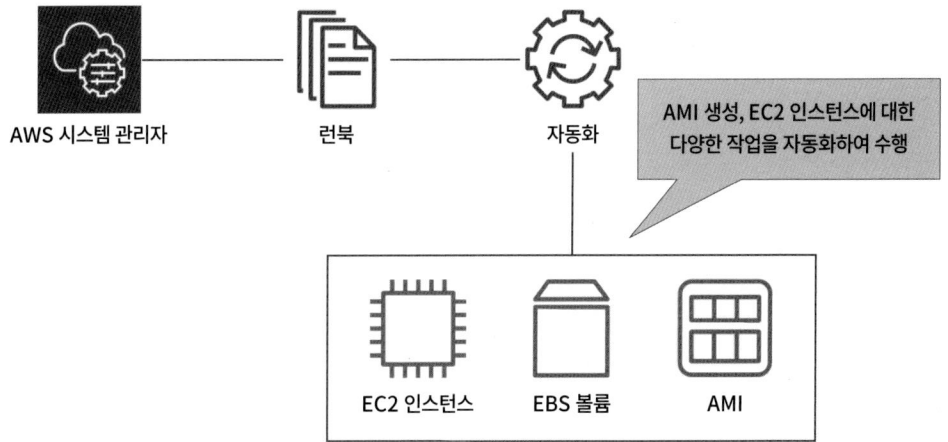

런북에는 다양한 자동화 작업이 포함되어 있습니다. AWS가 기존에 만들어둔 템플릿을 사용할 수도 있으며, 사용자가 커스텀해 런북을 생성할 수도 있습니다. 런북으로 AMI 생성, 드라이버 업데이트, 윈도우 서버의 암호를 재설정, 리눅스 인스턴스의 SSH 키를 재설정, OS 패치 및 업데이트 자동화를 설정하고 수행할 수 있습니다.

자동화 관리 콘솔 화면에서 AWS에서 제공하는 런북을 선택하거나 직접 생성할 수 있습니다.

▼ 자동화 관리 콘솔 화면

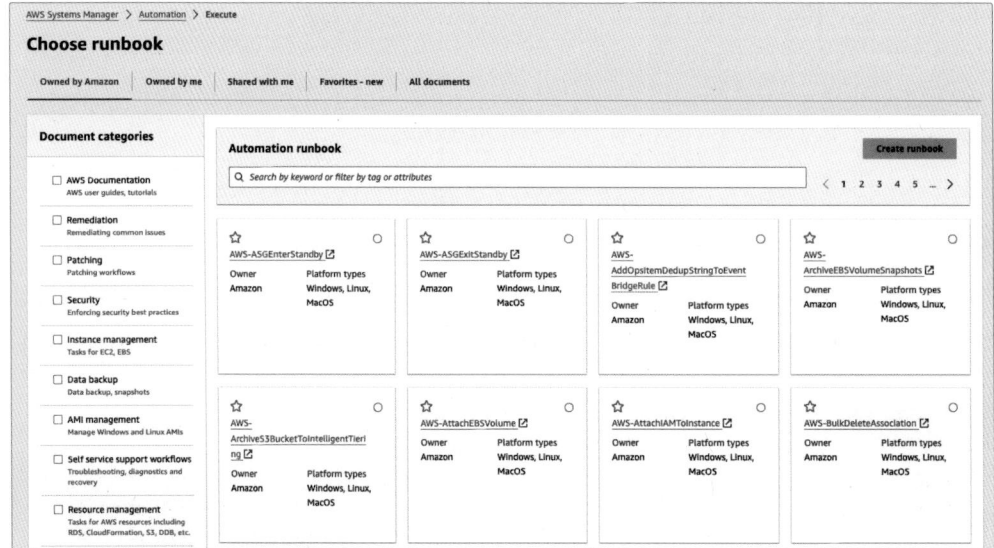

런북을 선택했다면, 자동화를 설정하여 실행할 수 있습니다.

▼ 런북 선택 이후 자동화를 설정하는 관리 콘솔 화면

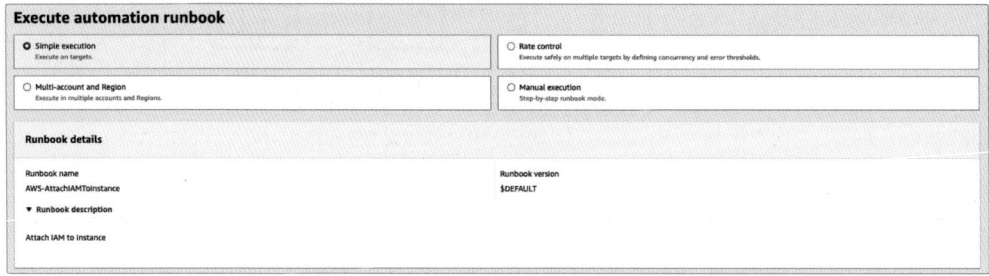

런북을 자동화하면 복잡한 IT 작업을 간소화하고, 운영 효율성을 크게 향상시킬 수 있습니다. 특히 대규모 환경이나 복잡한 시스템에서 일관된 관리와 신속한 문제 해결에 매우 유용합니다.

20.2.3 노드 관리, 플릿 관리자

4장에서 세션 관리자를 이용한 EC2 인스턴스 접속 패턴을 학습했습니다. 하지만 세션 관리자로 접속을 수행하면 리눅스와 윈도우 환경 모두 터미널 환경이 표시되며 명령어로만 작업을 수행할 수 있습니다. 리눅스에서는 터미널 환경에서 작업을 수행해도 상관없지만, 윈도우에서는 기본적으로 UI 사용이 익숙한 사람이 많습니다. 이런 이유로 AWS에서 UI를 사용해 윈도우 환경을 다룰 수 있도록 플릿 관리자를 지원하고 있습니다.

다음 그림을 통해 실제로 플릿 관리자를 사용하여 접속하는 방법을 살펴봅시다.

❶ 인스턴스 연결 화면에서 'Fleet Manager를 사용하여 연결'을 선택합니다. ❷ '암호 가져오기'를 클릭하여 해당 EC2 인스턴스의 키 페어를 선택합니다. ❸ EC2 인스턴스의 키 페어를 선택하여 암호를 불러왔다면 인스턴스 연결 화면에 암호가 표시되는 것을 확인할 수 있습니다. ❹ 'Fleet Manager 원격 데스크톱'을 클릭합니다.

▼ 플릿 관리자 관리 콘솔 화면

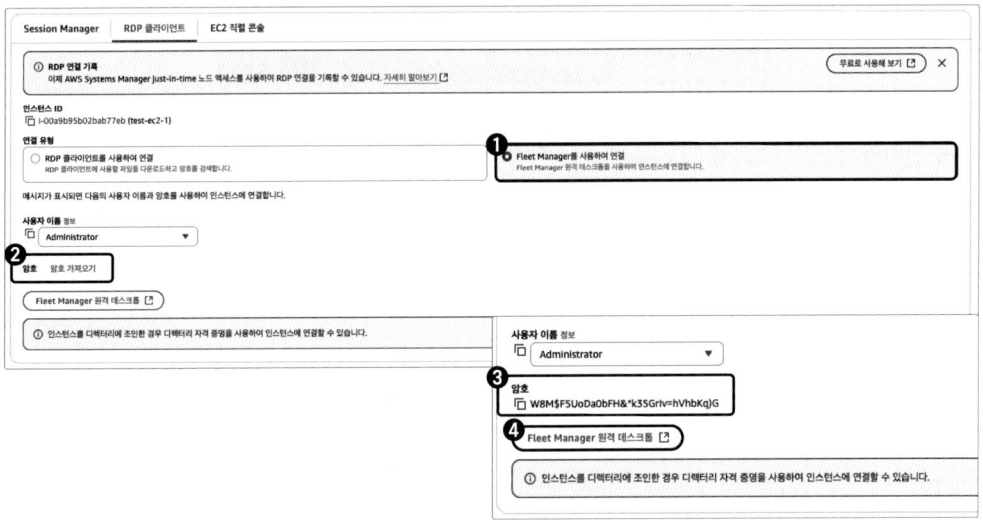

❶ '사용자 자격증명'을 선택합니다. ❷ 앞서 확인한 사용자 이름과 암호를 입력합니다. ❸ '연결'을 클릭합니다. ❹ 윈도우의 UI 화면이 표시되는 것을 확인할 수 있습니다.

플릿 관리자의 사용과 적용 방법은 세션 관리자와 완전히 동일하며, OS가 윈도우인 경우 관리 콘솔에서 플릿 관리자를 이용해 RDP 연결을 수행할 수 있습니다. 주의점은 조작 로그를 완전히 취득할 수 없기 때문에 감사가 필요한 경우 화면 녹화 등을 이용할 필요가 있습니다.

20.2.4 노드 관리, 세션 관리자

세션 관리자 기능은 인터넷을 통한 EC2 인스턴스의 접근을 제한하는 상황에서 관리자가 EC2 인스턴스로 접근하는 기능입니다.

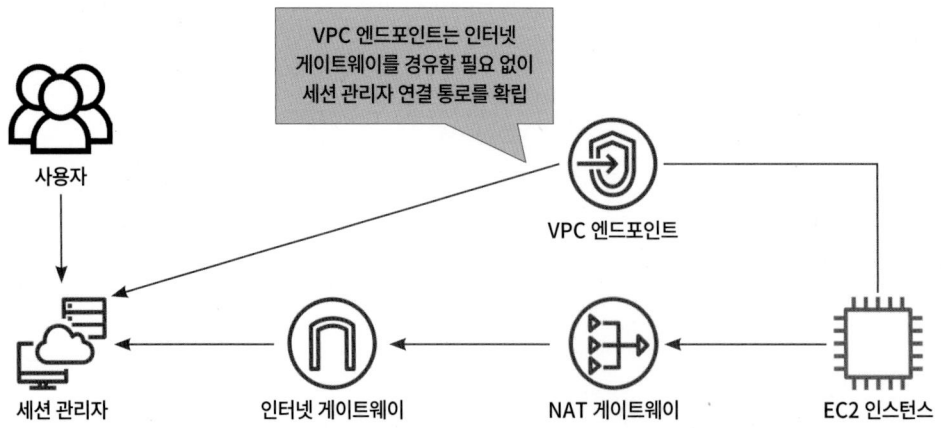

EC2 인스턴스로 접근하려면 별도의 발판 서버는 불필요하며, EC2 인스턴스가 외부로 나갈 수 있게 NAT 게이트웨이 혹은 VPC 엔드포인트VPC Endpoint를 생성하는 것이 일반적입니다. 이렇게 EC2 인스턴스 내부에서 외부로 통하는 경로가 생성되었다면 사용자는 관리 콘솔 화면에서 세션 관리자를 통해 EC2 인스턴스로 접속할 수 있습니다. 세션 관리자 실습은 **4.4.3절 '세션 관리자 이용한 콘솔에서의 접속'**에서 확인할 수 있습니다.

20.2.5 노드 관리, 명령 실행

관리형 노드의 구성을 원격으로 안전하게 관리하는 기능으로 EC2 인스턴스 내부에서 명령을 실행하는 것을 의미합니다.

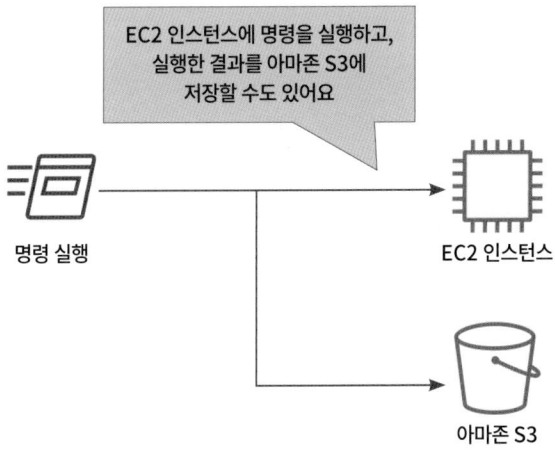

명령 실행으로 EC2 인스턴스에 다양한 작업을 수행할 수 있는데, 윈도우에서 업데이트 상황을 확인하고, 업데이트를 수행하거나, SSM 에이전트SSM Agent를 설치하는 등 AWS에서 제공하는 명령 실행을 사용할 수 있습니다. 그 외에 사용자가 직접 명령을 커스텀해 EC2 인스턴스에 다양한 명령을 적용할 수 있습니다. 또한 실행한 명령 로그를 아마존 S3로 보내 결과를 해석할 수도 있습니다.

명령 실행 관리 콘솔 화면에서는 어떠한 명령을 실행할지 명령 문서를 선택할 수 있습니다.

▼ 명령 실행 관리 콘솔 화면

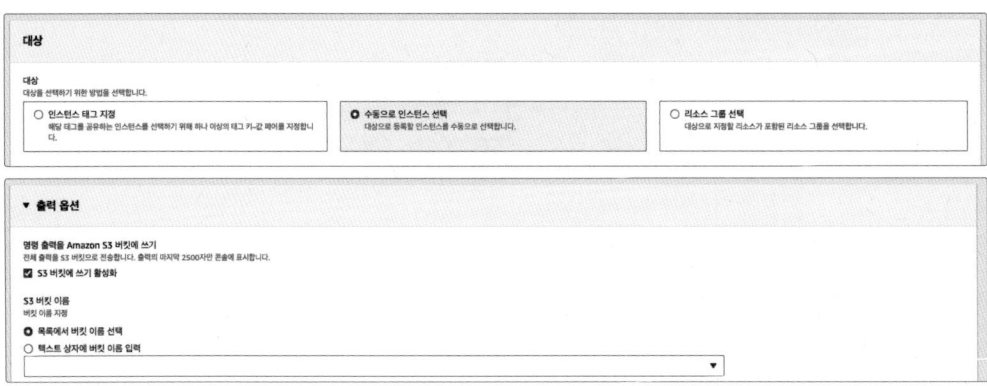

명령 문서를 선택했다면, 해당 명령을 실행할 EC2 인스턴스를 선택할 수 있습니다. 추가적인 옵션으로는 명령 실행 결과를 아마존 S3에 보존하여 확인할 수도 있습니다.

▼ 대상이 되는 EC2 인스턴스와 출력 옵션

이런 명령 실행은 EC2 인스턴스를 구축한 초기에 유용하게 활용할 수 있으며, 명령 실행을 통해 운영체제 업데이트, SSM 에이전트 설치 및 업데이트, 필요한 소프트웨어 패키지 설치 등 EC2 인스턴스 초기 설정에 중요하게 활용됩니다.

20.2.6 노드 관리, 패치 관리자

인스턴스에 대한 보안 및 기타 업데이트를 자동으로 적용하는 프로세스를 관리합니다. 패치 관리자를 통해 패치가 자동으로 수행되도록 설정할 수 있으며, 특정 시간대에 패치를 적용하거나 수동으로 긴급 패치를 수행할 수도 있습니다. 이를 통해 패치 작업을 중앙에서 효율적으로 관리하고,

보안 취약점을 신속하게 해결할 수 있습니다. 또한 패치 관리자는 패치 적용 상태를 모니터링하고 보고서를 제공해 인스턴스의 보안 상태를 지속적으로 파악할 수 있게 도와줍니다.

AWS에서의 패치 적용은 자동 적용이 모범 사례이지만, 프로젝트에 따라 특정 패치만을 허용하는 경우도 있으므로 이 경우 패치 관리자를 사용해 설정할 필요가 있습니다.

패치 관리자 화면에서 '패치 기준'을 클릭하면 AWS에서 기본적으로 제공하는 패치 기준을 확인할 수 있으며, 이는 자동 적용이 되어 있습니다.

▼ 패치 관리자 관리 콘솔 화면

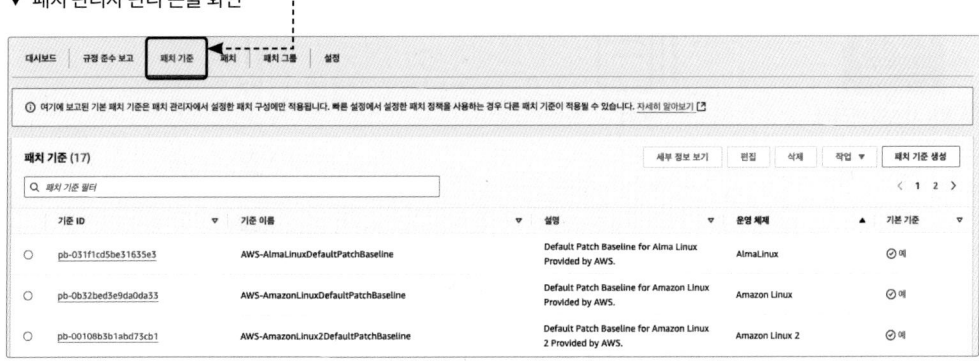

또한 '패치'를 클릭하면 실제로 적용된 패치를 확인할 수 있습니다.

▼ 패치 관리자 관리 콘솔 화면

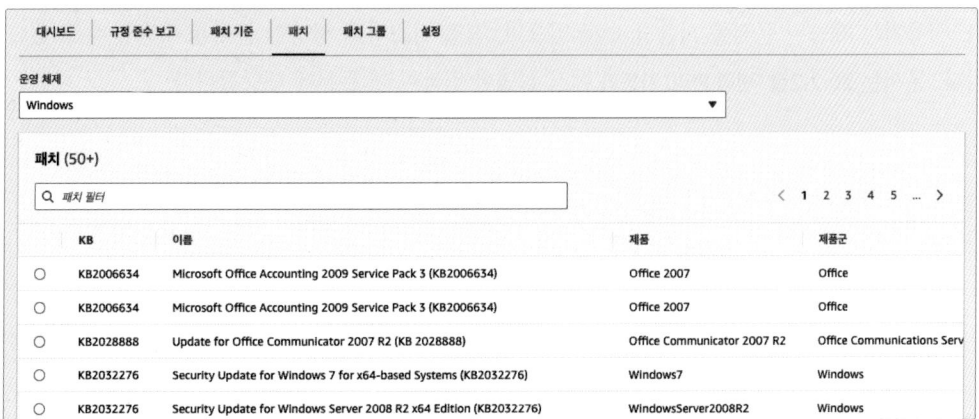

AWS에서의 패치 적용은 자동 적용이 모범 사례이지만, 프로젝트에 따라 특정 패치만을 허용하는 경우도 있으므로 이 경우 사용자가 직접 패치 관리자를 사용해 설정할 필요가 있습니다.

Chapter 20 인프라 관리 서비스 파악하기

그 외, 언제 패치 작업을 수행할지에 대한 적절한 시간대를 적용할 수도 있으며, AWS에서는 온디맨드 혹은 메인터넌스Maintenance 윈도우를 이용한 패치 관리가 모범 사례지만, 프로젝트에 따라 다운 타임을 별도로 관리하고 싶은 경우 패치 관리자를 이용하는 것이 바람직합니다.

20.2.7 공유 리소스, 문서

문서는 시스템 관리자가 수행하는 작업을 정의합니다.

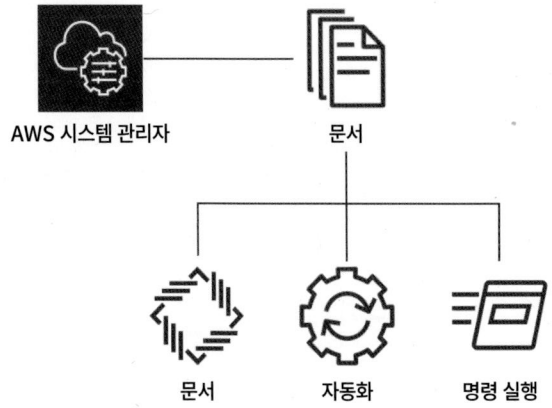

문서 타입에는 명령 실행에 사용되는 명령 문서와 자동화 작업에 사용되는 런북 등이 포함됩니다. 시스템 관리자는 런타임에 파라미터를 저장해 사용할 수 있는 수십 개의 문서를 제공하고 있습니다. 사용자는 제공된 문서를 사용할 수도 있으며, 직접 커스텀해 생성한 문서를 사용할 수도 있습니다. 문서는 **20.2.2절 '변경 관리, 자동화'**에서 설명한 런북이 이 문서에 해당합니다.

학습 마무리

인프라 관리 서비스인 AWS 시스템 관리자를 학습해보았습니다. AWS 시스템 관리자는 크게 작업 관리, 애플리케이션 관리, 변경 관리, 노드 관리, 공유 리소스로 나누어볼 수 있습니다. 지원 기능이 굉장히 많아 주로 사용하는 기능을 위주로 살펴보았습니다. AWS 환경을 구축한 후, 이를 어떻게 운영할지에 대해 고민해야 합니다. 이번 장에서 학습한 내용을 바탕으로 AWS 시스템 관리자를 적절히 활용해 구축한 환경을 효율적으로 관리하고 운영하길 빕니다.

핵심 요약

1. **AWS 시스템 관리자**는 EC2 인스턴스 서버를 효율적으로 관리하는 도구입니다. 안티바이러스 정의 업데이트, 소프트웨어 설치 상태 확인, 운용 자동화, 패치 관리 등 다양한 관리 작업을 수행할 수 있습니다.
2. **파라미터 스토어**는 파라미터를 저장하는 서비스이며, 클라우드포메이션 혹은 애플리케이션 파라미터를 안전하게 저장하는 데 사용됩니다.
3. **자동화**는 EC2 인스턴스 및 기타 AWS 리소스의 일반적인 유지 관리 및 배포를 간소화하는 기능입니다.
4. **플릿 관리자**는 OS가 윈도우인 경우 관리 콘솔에서 RDP 연결을 수행할 수 있으며, 사용자에게 UI 환경을 통한 조작을 지원합니다.
5. **세션 관리자**는 인터넷을 통한 EC2 인스턴스의 접근을 제한하는 상황에서 관리자가 EC2 인스턴스로 접근하는 데 사용하는 기능입니다.
6. **명령 실행**은 관리형 노드의 구성을 원격으로 안전하게 관리하는 기능으로 EC2 인스턴스 내부에서 명령을 실행하는 것을 의미합니다.
7. **패치 관리자**는 인스턴스에 대한 보안 및 기타 업데이트를 자동으로 적용하는 프로세스를 관리합니다. 이 패치 관리자를 통해 패치가 자동으로 수행되도록 설정할 수 있으며, 특정 시간대에 패치를 적용하거나 수동으로 긴급 패치를 수행할 수도 있습니다.
8. **문서**는 시스템 관리자가 수행하는 작업을 정의합니다. 이 문서 타입에는 명령 실행에 사용되는 명령 문서와 자동화 작업에 사용되는 런북 등이 포함됩니다.

연습문제

1 AWS 시스템 관리자를 구성하는 5가지 카테고리로 옳은 것은?

❶ 작업 관리, 애플리케이션 관리, 변경 관리, 노드 관리, 공유 리소스
❷ 작업 관리, 데이터베이스 관리, 변경 관리, 노드 관리, 공유 리소스
❸ 작업 관리, 애플리케이션 관리, 인스턴스 관리, 노드 관리, 권한 관리
❹ 작업 관리, 데이터베이스 관리, 변경 관리, 노드 관리, 권한 관리

2 세션 관리자와 플릿 관리자에 대한 설명 중 틀린 것은?

❶ 세션 관리자로 접속을 수행하면 리눅스와 윈도우 환경 모두 터미널 환경이 표시되며 명령어로 작업을 수행할 수 있다.
❷ 인터넷을 통한 EC2 인스턴스의 접근을 제한하는 상황에서 관리자가 EC2 인스턴스로 접근하기 위해 사용하는 기능이다.
❸ 플릿 관리자는 리눅스, 윈도우 두 환경에서 사용할 수 있다.
❹ 플릿 관리자를 이용하면 조작 로그를 완전히 취득할 수 없기 때문에 감사가 필요한 경우 화면 녹화 등을 이용할 필요가 있다.

3 다음 카테고리와 기능이 일치하지 않는 것은?

❶ 애플리케이션 관리 → 파라미터 스토어
❷ 노드 관리 → 플릿 관리자
❸ 작업 관리 → 문서
❹ 변경 관리 → 자동화

---

1 정답 ❶ 작업 관리, 애플리케이션 관리, 변경 관리, 노드 관리, 공유 리소스
2 정답 ❸ 플릿 관리자는 리눅스, 윈도우 두 환경에서 사용할 수 있다.
3 정답 ❸ 작업 관리 → 문서

Chapter 21

모니터링 및 로깅 서비스 파악하기

학습 목표

이번 장에서는 모니터링 및 로깅을 제공하는 아마존 클라우드워치를 학습합니다. 아마존 클라우드워치 기본 개념과 활용 방법을 알아보겠습니다. 이렇게 학습한 내용을 바탕으로 실제로 어떻게 활용하면 좋을지 실습도 하겠습니다.

핵심 키워드

아마존 클라우드워치　모니터링　로그　메트릭　경보

학습 코스

❶ 모니터링 및 로깅 서비스, 아마존 클라우드워치란? → ❷ 모니터링 및 로깅을 위한 서비스, 아마존 클라우드워치 살펴보기 → ❸ 아마존 클라우드워치 활용하기

21.1 모니터링 및 로깅 서비스, 아마존 클라우드워치란?

AWS에서는 아마존 EC2, 아마존 RDS와 같은 리소스를 실시간으로 감시하는 아마존 클라우드워치 서비스를 제공합니다. 아마존 클라우드워치는 실시간으로 모니터링을 수행하며, 로그, 메트릭, 이벤트를 통해 모니터링 및 운영 데이터를 수집합니다. 이런 데이터는 대시보드를 통해 정보를 받아볼 수 있으며, 수집된 데이터를 바탕으로 향후 서비스 운영 방침을 결정하는 데 도움을 줍니다.

21.2 모니터링 및 로깅 서비스, 아마존 클라우드워치 살펴보기

이번에는 아마존 클라우드워치에서 자주 사용되는 기능을 살펴봅시다. 앞서, 아마존 클라우드워치는 실시간으로 모니터링을 수행해 로그와 메트릭, 이벤트를 통해 데이터를 수집한다고 했습니다. 여기서 메트릭이란 클라우드워치 매트릭Metric이라고 표현할 수 있으며, 매트릭은 지표를 의미합니다. 이 지표는 아마존 EC2 혹은 아마존 RDS와 같은 감시 대상으로부터 취득하는 데이터를 정리해놓은 것을 의미합니다. 이런 지표에는 표준 지표와 맞춤형 지표가 있습니다.

21.2.1 모니터링 및 로깅을 위한 서비스, 메트릭

AWS 내에서 관리할 수 있는 범위의 정보는 표준 지표로 수집할 수 있습니다. 아마존 EC2를 기준으로 설명하겠습니다. ❶ EC2 인스턴스를 선택해 [모니터링]을 클릭하면, ❷ CPU 사용률과 네트워크 트래픽 정보를 확인할 수 있습니다.

▼ 아마존 EC2 모니터링 관리 콘솔 화면

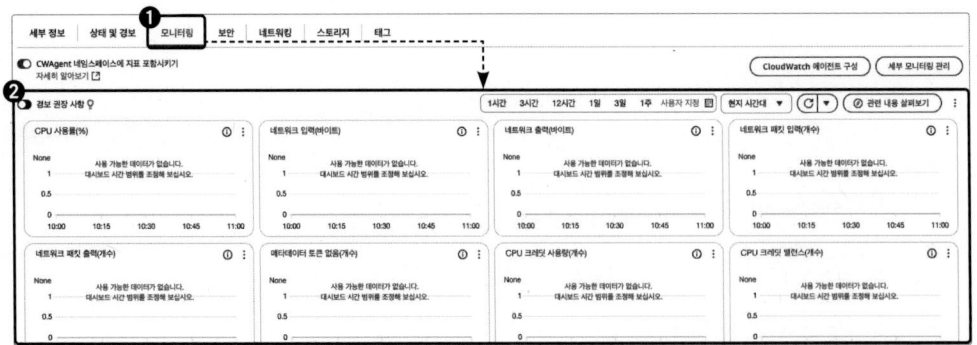

반대로 아마존 RDS에는 EC2 인스턴스와는 다르게 메모리 및 디스크 사용량과 같은 정보가 포함되는데, 각 서비스마다 수집하는 정보가 다른 이유는 'AWS 내에서 관리할 수 있는 범위의 정보'가 각 서비스마다 다르기 때문입니다.

표준 지표는 'AWS 내에서 관리할 수 있는 범위의 정보'를 수집한다고 했습니다. 이와 반대로 맞춤형 지표는 표준 지표로 수집되지 않은 정보를 수집할 때 사용자가 직접 커스텀해 지표를 만들 수 있습니다. EC2 인스턴스의 표준 지표에는 디스크 사용률과 메모리, OS 이상의 정보는 수집하지 않기 때문에 맞춤형 지표를 이용해 수집해야 합니다.

21.2.2 모니터링 및 로깅 서비스, 경보

아마존 EC2와 아마존 RDS와 같은 서비스에 대해 실시간 모니터링을 수행하고, 수집된 데이터를 바탕으로 향후 서비스 운영 방침을 결정할 수 있다고 했습니다. 하지만 AWS에서 실시간으로 모니터링을 수행한다고는 하지만 매번 콘솔 화면으로 들어가서 확인 절차를 거치고 그에 따른 운영 방침을 결정해야 한다면, 상당히 번거로울 겁니다. AWS에서는 이런 문제를 해결하는 클라우드워치 경보CloudWatch Alarm 서비스를 제공합니다.

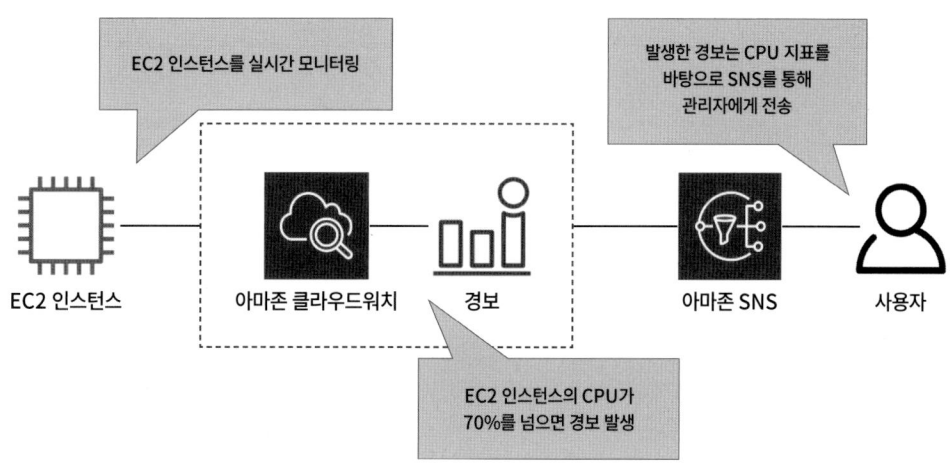

예를 들어 표준 지표를 기반으로 EC2 인스턴스를 실시간으로 모니터링하는 환경이 있습니다. 이 환경에서 EC2 인스턴스의 CPU 사용률이 70%를 넘으면 경보를 발생시키고, 아마존 SNS를 통해 관리자에게 알림을 보낼 수 있도록 설정할 수 있습니다. 이런 경보를 통해 사용자는 직접 콘솔 화면에 들어가지 않아도 되며, 지정된 알람을 받아 향후 서비스 운영 방침을 결정할 수 있습니다.

21.2.3 모니터링 및 로깅 서비스, 로그

아마존 클라우드워치에서는 시스템, 애플리케이션, AWS 서비스의 로그를 중앙에서 관리하는 로그 그룹을 제공하고 있습니다. 사용자는 이런 로그 그룹을 통해 특정 오류 코드를 확인하고 트러블슈팅과 분석을 수행할 수 있습니다. 이 기능을 활용한다면 로그를 관리하거나 분석 작업에 걸리는 시간을 최소화할 수 있습니다.

❶ 아마존 클라우드워치 콘솔 화면에서 [로그 그룹]을 클릭하면, ❷ 로그 그룹의 리스트를 확인할 수 있습니다. 사용자가 직접 로그 그룹을 생성해 관리할 수도 있으며, 상황에 따라 로그 그룹이 자동으로 생성되는 경우도 있습니다. 로그 그룹 리스트 중 하나를 클릭하면 ❸ [로그 스트림]에서 보존된 로그를 확인할 수 있습니다.

▼ 아마존 클라우드워치 로그 그룹 콘솔 화면

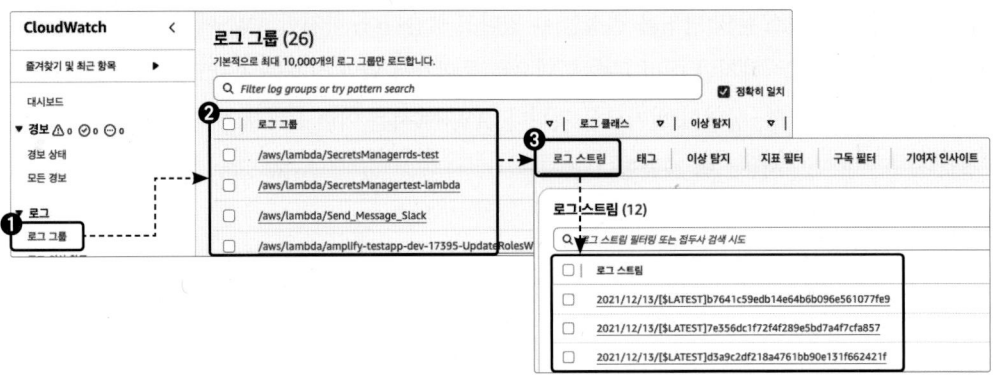

이런 로그 그룹은 요금이 발생하는데, 아마존 S3와 동일하게 클래스를 선택할 수 있습니다. 로그 그룹에서는 Standard와 Infrequent Access 두 가지 클래스를 선택할 수 있습니다.

로그 클래스	요금	비고
Standard	USD 0.76	GB당 발생 요금
Infrequent Access	USD 0.38	GB당 발생 요금

2025년 8월 기준 요금입니다. 서비스를 이용하기에 앞서 AWS 공식 문서에서 요금 내용을 꼼꼼히 살펴봅시다.

또한 보존 설정을 통해 일정 시간이 지나면 로그를 자동으로 삭제할 수 있습니다. 이런 보존 설정으로 요금을 최소한으로 억제할 수도 있습니다. 보존 설정은 짧게는 1일, 길게는 10년 혹은 만기 없음을 통해 로그가 삭제되지 않도록 설정할 수 있습니다.

21.2.4 모니터링 및 로깅을 위한 서비스, 메트릭을 취득할 수 있는 서비스

아마존 클라우드워치는 아마존 EC2와 아마존 RDS 이외에도 다양한 서비스에 대한 메트릭을 제공합니다.

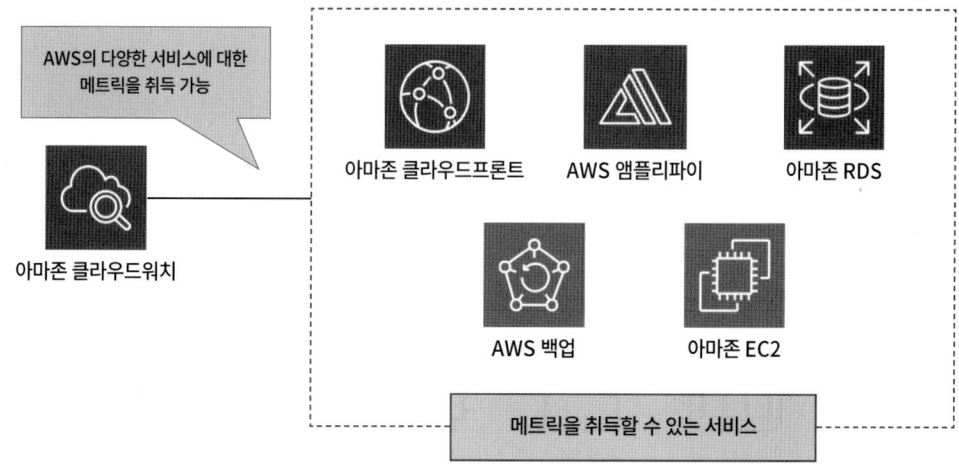

앞서 학습했던 서비스 중에서도 AWS 앰플리파이, 아마존 API 게이트웨이, AWS 백업, 아마존 클라우드프론트를 포함해 다양한 서비스에 대한 메트릭을 제공하고 있습니다. 구축하고자 하는 환경에서 어떠한 서비스를 이용할지 결정하고, 해당 서비스가 어떠한 메트릭을 취득하는지 파악해 안정적으로 구축한 환경을 운영할 수 있도록 합시다.

21.3 아마존 클라우드워치 활용하기

이번에는 아마존 클라우드워치에서 경보 기능을 활용해 EC2 인스턴스의 CPU 사용률이 40%를 넘기면 지정한 이메일로 통지하도록 해봅시다.

21.3.1 클라우드워치 경보를 활용해 이메일 통지해보기

> **To do** 01 클라우드워치 경보 작업을 구현하는 클라우드포메이션의 yml 파일은 다음과 같습니다.

클라우드워치 경보 작업을 구현하기 위한 yml 파일

- **파일 이름** : VPC.yml, IAM.yml Security_Group.yml, EC2.yml, SNS,yml, CloudWatch_Alarms.yml
- **클라우드포메이션 스택 생성 순서** : VPC.yml → IAM.yml → Security_Group.yml → EC2.yml → SNS,yml → CloudWatch_Alarms.yml

---

클라우드포메이션 전체 코드는 깃허브 리포지터리 [chapter21] → [CloudWatch] → [chapter 21.3.1-Create-CloudWatch-Alarms] 폴더에서 확인할 수 있습니다. 클라우드포메이션으로 구축한 환경의 결과를 확인하고 싶다면 이번 내용은 건너뛰고, 그다음 '**UI로 불러와 클라우드워치 경보를 활용해 이메일 통지해보기**' 절부터 확인하시기 바랍니다.

02 SNS 토픽을 생성하고, 이메일을 인증합니다.

```
                                                                    SNS.yml
Resources:
  MySNSTopic:
    Type: AWS::sns::Topic # ❶
    Properties:
      TopicName: !Sub ${SystemName}-${EnvName}-sns
      Subscription: # ❷
        - Endpoint: 통지받을 이메일 입력
          Protocol: email
```

❶ 이메일로 통지를 받는 데 아마존 SNS를 사용합니다. ❷ Subscription의 Endpoint에 통지받을 이메일을 입력합니다. 또한 아마존 SNS의 클라우드포메이션 스택을 생성하는 과정에서 이메일 인증이 필요합니다. 먼저 아마존 SNS의 클라우드포메이션 스택을 생성하면서 해당 이메일로 전송된 인증 요청을 확인해 인증 절차를 완료합니다. 이렇게 하면 클라우드포메이션 스택 생성이 완료됩니다.

스택을 생성했다면 다음 그림과 같이 ❸ 지정한 이메일 계정으로 AWS Notifications로부터 받은 이메일을 확인할 수 있을 겁니다. 메일을 열어 [Confirm subscription]을 클릭하면 이메일 인증이 완료되었다는 ❹ [Subscription confirmed!] 팝업 창이 뜹니다. 이때 팝업 창을 그대로 닫습니다. [click here to unsubscribe]를 클릭하지 않도록 주의합시다.

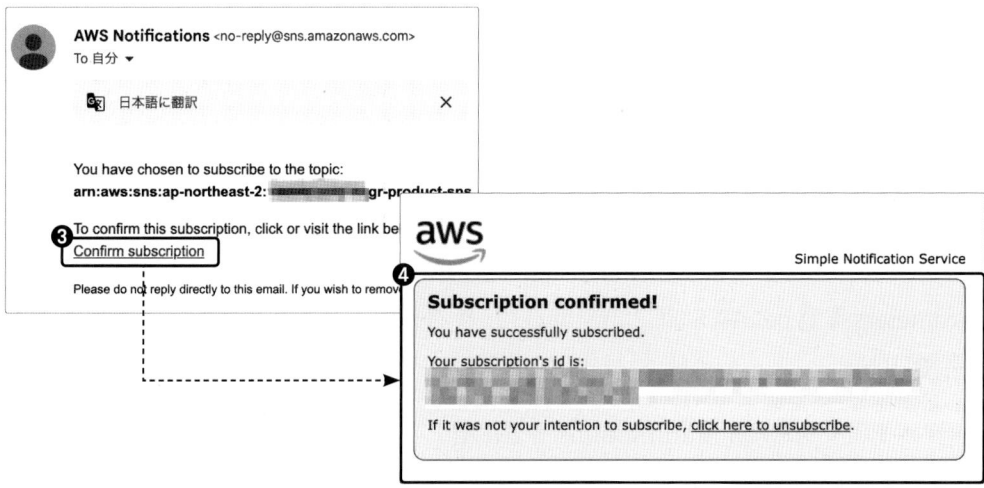

03 클라우드워치 경보를 생성합니다.

CloudWatch_Alarms.yml

```
Parameters: # ❶
  Ec2InstanceId:
    Description: Ec2 InstanceId
    Type: AWS::EC2::Instance::Id
Resources:
  C2CPUUtilizationAlarm:
    Type: AWS::cloudwatch::Alarm
    Properties:
      AlarmActions: # ❷
        - Fn::ImportValue: !Sub ${EnvName}-sns
      AlarmName: !Sub ${SystemName}-${EnvName}-Alarms
      MetricName: CPUUtilization
      Namespace: AWS/EC2
      Statistic: Average # ❸
      Period: 60 # ❹
      EvaluationPeriods: 2 # ❺
      Threshold: 40
```

```
        TreatMissingData: breaching
        OKActions:
          - Fn::ImportValue: !Sub ${EnvName}-sns
        ComparisonOperator: GreaterThanOrEqualToThreshold # ❻
        Dimensions: # ❼
          - Name: InstanceId
            Value: !Ref Ec2InstanceId
```

클라우드워치 경보를 생성하기에 앞서, 어떠한 리소스를 기준으로 경보를 발생시킬지 결정해야 합니다. 이번에는 EC2 인스턴스의 CPU를 모니터링하고 경보를 발생시킬 생각이며, 대상이 되는 EC2 인스턴스를 특정 짓는 방법은 EC2 인스턴스의 ID를 바탕으로 합니다. ❶ 이를 위해 Parameters에 Type: AWS::EC2::Instance::Id를 사용해 EC2 인스턴스의 ID를 선택할 수 있도록 합니다.

❷ 클라우드워치 경보에서 AlarmActions 옵션은 경보가 발생했을 때 이메일을 통지하도록 설정합니다. 아마존 SNS를 지정해 경보 발생 시, 사용자가 지정한 이메일로 통지되도록 설정하겠습니다. MetricName에는 CPUUtilization을 지정해 CPU 사용률을 모니터링하고 경보하도록 합니다.

❸ Statistic을 Average로 지정해 평균값을 계산합니다. ❹ Period는 모니터링 간격을 의미하며, 60초 동안 모니터링을 실시합니다. 이 기간 동안 Threshold에 설정한 값, 즉 60초 동안 CPU 평균 사용률이 40%를 넘는지 모니터링합니다. 결과적으로 60초 동안 평균 CPU 사용률이 40%를 넘는다면 데이터 포인트 수를 1 증가시킵니다. ❺ EvaluationPeriods가 2로 설정되어 있으므로, 다음 60초 동안도 CPU 평균 사용률이 40%를 넘는다면 데이터 포인트 수가 증가해 합산 데이터 포인트 수가 [2]가 되어, 경보가 발생하고 이메일로 통지를 실시합니다.

Statistic가 모니터링을 실시할 때 60초간 CPU의 평균값을 계산한다고 했을 때, CPU 사용률이 40% 미만이거나, CPU 사용률이 40%와 같을 때는 어떻게 처리하는 걸까요? 이런 임곗값을 지정하려면 ❻ ComparisonOperator 옵션을 사용합니다. 임곗값에는 다음 7가지를 지원하고 있습니다.

- **GreaterThanOrEqualToThreshold** : 임곗값보다 크거나 임곗값과 같음
- **GreaterThanThreshold** : 임곗값보다 큼
- **LessThanThreshold** : 임곗값 미만

- **LessThanOrEqualToThreshold** : 임곗값보다 작거나 같음
- **LessThanLowerOrGreaterThanUpperThreshold** : 하한 임곗값 미만
- **LessThanLowerThreshold** : 하한 임곗값 미만
- **GreaterThanUpperThreshold** : 상한 임곗값보다 큼

지금 설정한 값은 GreaterThanOrEqualToThreshold로 60초간 평균 CPU 사용률이 40%보다 높거나 같은 경우 데이터 포인트를 증가하도록 설정했습니다. ❼ 마지막으로 Dimensions 옵션은 모니터링할 리소스를 어떻게 지정할지 정하는 옵션입니다. EC2 인스턴스는 EC2 인스턴스 ID로 간단하게 지정할 수 있으므로 파라미터에서 입력받은 EC2 인스턴스의 ID를 활용합니다.

21.3.2 UI로 불러와 클라우드워치 경보를 활용해 이메일 통지해보기

이번에는 각 클라우드포메이션 스택을 생성하고, 경보가 발생해 이메일로 EC2 인스턴스의 CPU 사용률이 통지되는 과정을 알아보겠습니다.

To do **01** 클라우드포메이션 스택을 생성합니다. 스택을 생성할 때 CloudWatch_Alarms.yml에서는 모니터링해 경보를 발생시킬 EC2 인스턴스를 선택합니다.

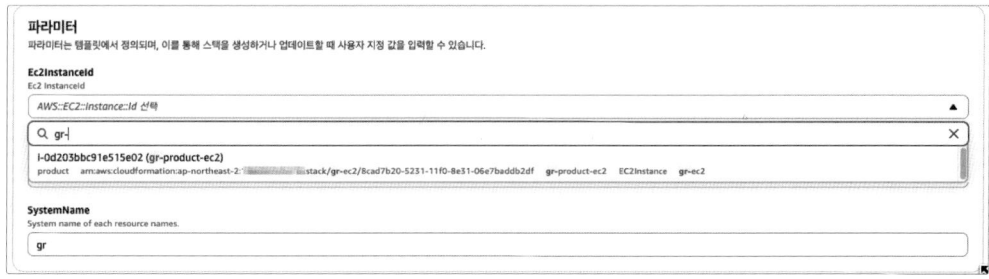

02 생성한 아마존 SNS 토픽을 확인합니다. ❶ 아마존 SNS 콘솔 화면으로 진입해 [구독]을 클릭하고 ❷ 상태가 [확인됨]으로 표시되는지 확인합니다.

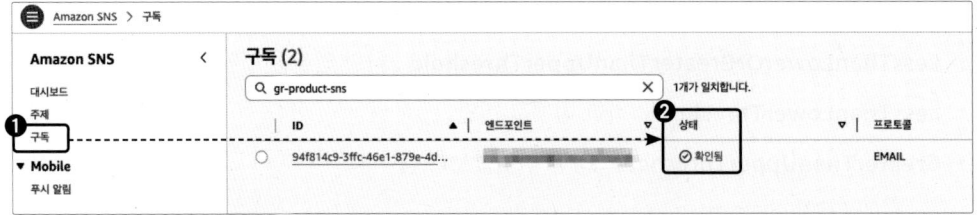

[확인됨]으로 표시되어 있다면, 이메일 인증에 성공했다는 의미입니다.

03 아마존 클라우드워치 콘솔 화면에서 경보를 확인합니다. ❶ 아마존 클라우드워치 콘솔 화면으로 진입해 [모든 경보]를 클릭해 ❷ 생성된 경보를 확인합니다.

04 아마존 클라우드워치 경보가 발생하면 ❶ 지정한 아마존 클라우드워치의 [경보 상태]를 클릭해 ❷ 발생한 경보를 확인할 수 있으며, ❸ 이메일로 알람이 오는 것을 확인할 수 있습니다.

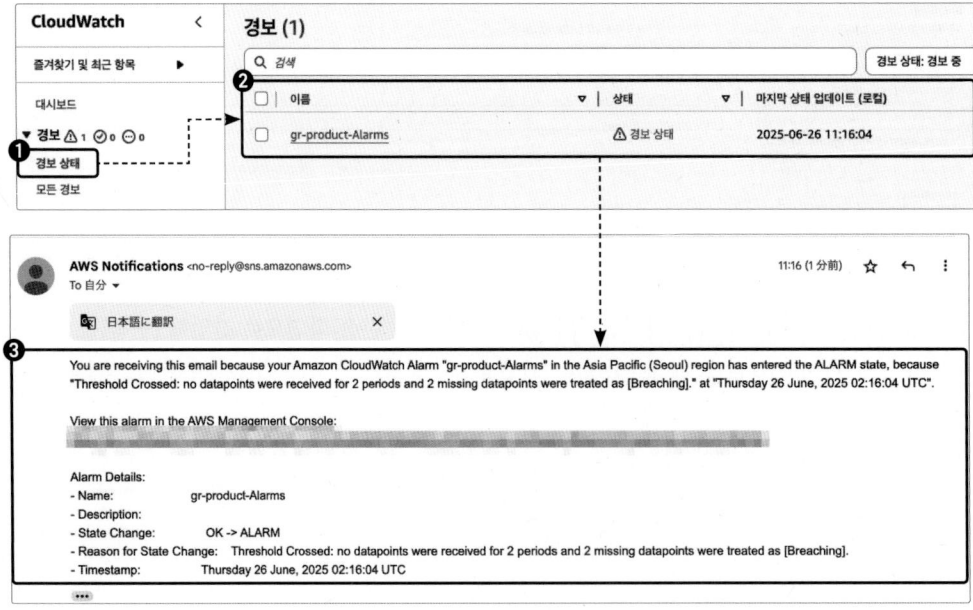

현재 생성한 EC2 인스턴스는 최저 스펙으로 생성된 서버이기 때문에 곧 바로 경보가 발생할 수도 있지만, 경보가 발생하지 않다면 stress를 사용해 강제로 CPU 사용률을 올려 경보를 받아볼 수도 있습니다. stress 설치 명령어는 다음과 같습니다.

```
sudo amazon-linux-extras install epel -y
sudo yum install stress -y
sudo stress --cpu 1 --timeout 600
```
stress 설치 명령어

EC2 인스턴스는 세션 관리자로 접속해 stress를 설치하고 600초 동안 1개의 CPU를 최대한 사용하도록 합니다. 이 명령어로 EC2 인스턴스의 CPU 사용률이 올라가게 되며, 경보가 발생할 겁니다.

 AWS Fault Injection Simulator를 사용하여 CPU 부하를 테스트해볼 수도 있습니다.

학습 마무리

이번 장에서는 아마존 클라우드워치에 대한 기본 개념을 익혀보고, 자주 사용되는 기능을 살펴보았습니다. 또한 실습을 통해 EC2 인스턴스의 CPU 사용률에 대한 경보를 설정하고, 이메일로 알림을 받는 과정을 경험했습니다. 이를 통해 아마존 클라우드워치를 실제로 어떻게 활용할 수 있는지 익히는 시간을 가졌습니다. 이를 바탕으로 AWS 서비스를 활용할 때, 서비스를 어떤 방식으로 모니터링할지 결정하고, 모니터링을 통해 수집한 데이터를 바탕으로 향후 서비스 운영 방안을 고민해봅시다.

핵심 요약

1 **아마존 클라우드워치**는 리소스를 실시간으로 모니터링을 수행합니다.
2 **모니터링**을 통해 수집한 데이터는 대시보드를 통해 정보를 받아볼 수 있습니다.
3 아마존 EC2, 아마존 RDS와 같은 감시 대상으로부터 취득하는 데이터를 정리해놓은 것을 **메트릭**(지표)이라고 합니다.
4 AWS 내에서 관리할 수 있는 범위의 정보를 수집하는 것을 **표준 지표**라고 합니다.
5 AWS 내에서 관리할 수 없는 범위의 정보는 사용자가 직접 커스텀해 만들 수 있으며, 이런 지표를 **맞춤형 지표**라고 합니다.
6 아마존 클라우드워치는 실시간 모니터링을 수행하면서, 경보를 발생시켜 사용자가 지정한 이메일로 통지를 받아볼 수 있는 클라우드워치 경보를 제공합니다.
7 시스템, 애플리케이션, AWS 서비스의 로그를 중앙에서 관리할 수 있도록 로그 그룹을 제공하고 있으며, 이 로그 그룹을 활용해 로그를 관리하거나 분석 작업에 걸리는 시간을 최소화할 수 있습니다.

연습문제

1. 다음 아마존 클라우드워치의 주요 기능이 아닌 것은?

    ❶ 메트릭(지표) ❷ 경보 ❸ 연동 ❹ 로그

2. 다음 아마존 클라우드워치가 수행하는 작업으로 틀린 것은?

    ❶ 아마존 클라우드워치는 실시간 모니터링을 바탕으로 메트릭(지표)를 수집한다.
    ❷ 모니터링을 통해 수집하는 데이터에는 로그도 포함되어 있으며, 클라우드워치 로그 그룹을 통해 로그를 중앙에서 관리할 수 있다.
    ❸ 로그 그룹에 수집된 로그를 바탕으로 트러블슈팅할 수 있는 기능을 지원한다.
    ❹ 클라우드워치 경보를 통해 경보를 발생시켜 사용자 지정 이메일로 통지를 받을 수 있다.

3. 다음 아마존 클라우드워치의 로그 그룹에 대한 설명 중 옳은 것은?

    ❶ 로그 그룹의 클래스는 Standrad, Infrequent Access 두 가지를 지원한다.
    ❷ 로그 그룹에 저장된 로그를 자동으로 삭제할 수 없다.
    ❸ 아마존 클라우드워치는 로그 그룹을 저장할 수 있는 기능이 없다.
    ❹ 로그 그룹에 저장된 로그는 MB 당 요금이 발생한다.

---

1. **정답** ❸ 연동
2. **정답** ❸ 로그 그룹에 수집된 로그를 바탕으로 트러블슈팅할 수 있는 기능을 지원한다.
3. **정답** ❶ 로그 그룹의 클래스는 Standrad, Infrequent Access 두 가지를 지원한다.

Chapter 22

외부 공격을 보호하는 방화벽 서비스 파악하기

학습 목표

이번 장에서는 외부 공격을 보호하는 방화벽 서비스인 AWS WAF을 학습합니다. AWS WAF는 어떻게 외부 공격을 보호하고, 어떠한 부분을 보호하는지, 보호할 수 있는 서비스 종류는 무엇인지 살펴봅시다.

핵심 키워드

`방화벽 서비스` `웹 애플리케이션` `보안 그룹` `애플리케이션에 대한 공격 방어` `IP 제한` `DDoS 공격 대책` `악의적인 봇 대책` `계정의 무단 로그인 방지` `관리형 규칙` `커스텀 규칙`

학습 코스

❶ 외부 공격을 보호하는 방화벽 서비스, AWS WAF란? → ❷ 외부 공격을 보호하는 방화벽 서비스, AWS WAF 살펴보기 → ❸ AWS WAF 활용하기

22.1 외부 공격을 보호하는 방화벽 서비스, AWS WAF란?

AWS에서는 허용하지 않는 사용자의 접근을 차단하기 위해 보안 그룹을 제공하고 있습니다. 이런 보안 그룹은 아마존 EC2, 아마존 RDS에서 설정할 수 있으며, 네트워크 계층과 전송 계층에서 효율적인 보호 기능을 제공합니다. 이와는 반대로 사용자가 개발한 애플리케이션을 외부 공격으로부터 보호하려면 보안 그룹만으로는 부족합니다.

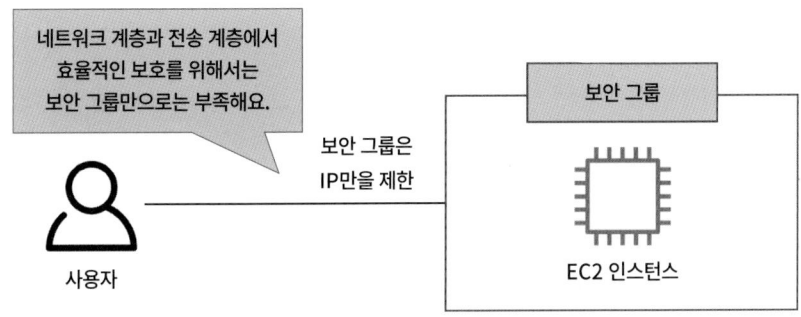

이런 상황에 대비해 AWS는 AWS WAF를 제공하고 있습니다. AWS WAF는 아마존 클라우드프론트, 애플리케이션 로드 밸런서와 같은 서비스에 연결할 수 있는 서비스로 웹 애플리케이션에 대한 공격을 방어하는 데 효과적인 서비스입니다. 요청에 대해 악의적인 공격이 탐지되는지 검토를 수행하며, 필요에 따라 차단할 수 있습니다.

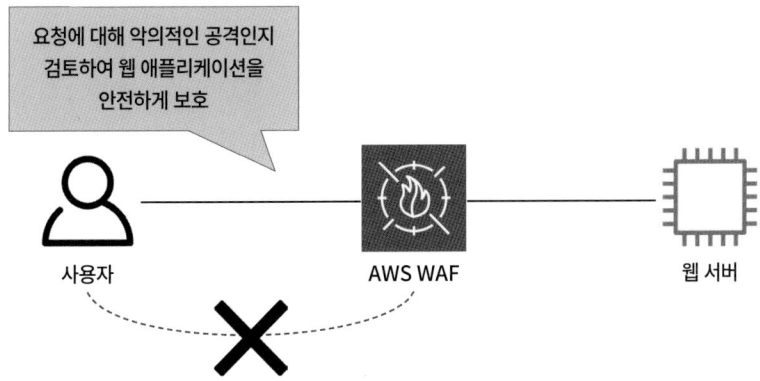

22.2 외부 공격을 보호하는 방화벽 서비스, AWS WAF 살펴보기

그렇다면, 사용자가 애플리케이션 로드 밸런서를 통해 웹 애플리케이션으로 접근하고자 할 때 보안 그룹과 AWS WAF는 어떻게 움직일까요? 다음 그림을 통해 살펴봅시다.

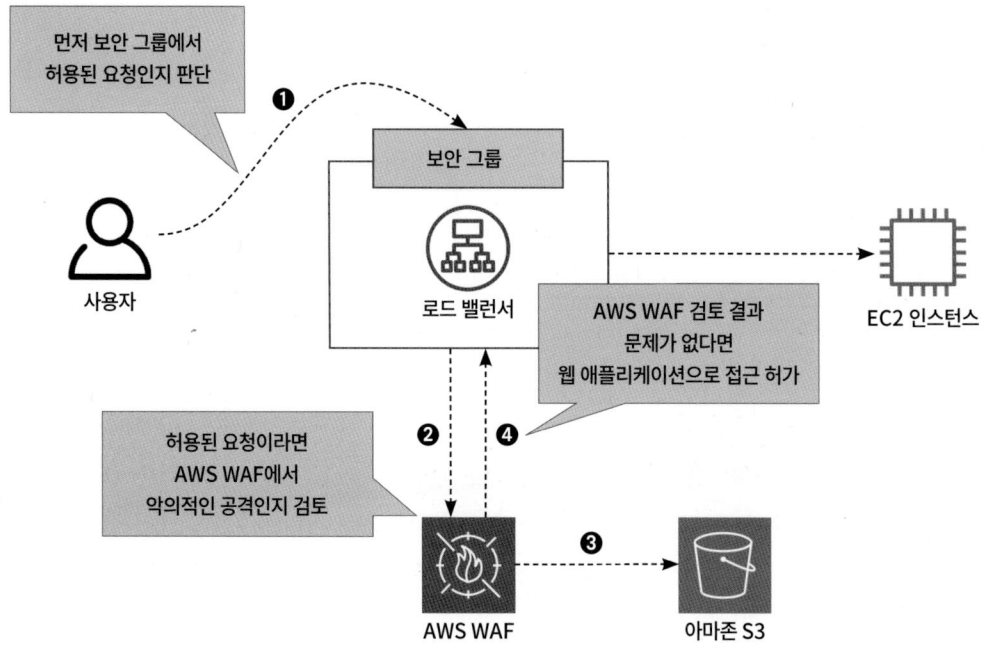

❶ 먼저 사용자는 웹 애플리케이션을 가동하는 EC2 인스턴스에 접근하려면 로드 밸런서를 통해 접근을 시도합니다. 이때, 로드 밸런서의 보안 그룹은 허용하는 요청인지 판단하고, 허용하지 않다면 요청을 거부합니다. ❷ 반대로 허용하는 요청이라면 AWS WAF에서 해당 요청이 악의적인 공격인지 검토를 실시합니다. ❸ 모든 요청 및 대응에 대해서는 아마존 클라우드워치를 통해 로깅되며, 아마존 S3에 로그를 보존해 관리할 수 있습니다. 또한 이런 로그 정보를 바탕으로 공격 시도를 추적하고 분석할 수 있습니다. ❹ AWS WAF 검토 결과 문제가 없다면 웹 애플리케이션으로 정상적으로 요청을 보낼 수 있습니다.

로드 밸런서 이외에도 아마존 클라우드프론트를 사용하는 경우 AWS WAF를 이용할 수 있습니다. 아마존 클라우드프론트의 예시는 다음 그림을 통해 살펴봅시다.

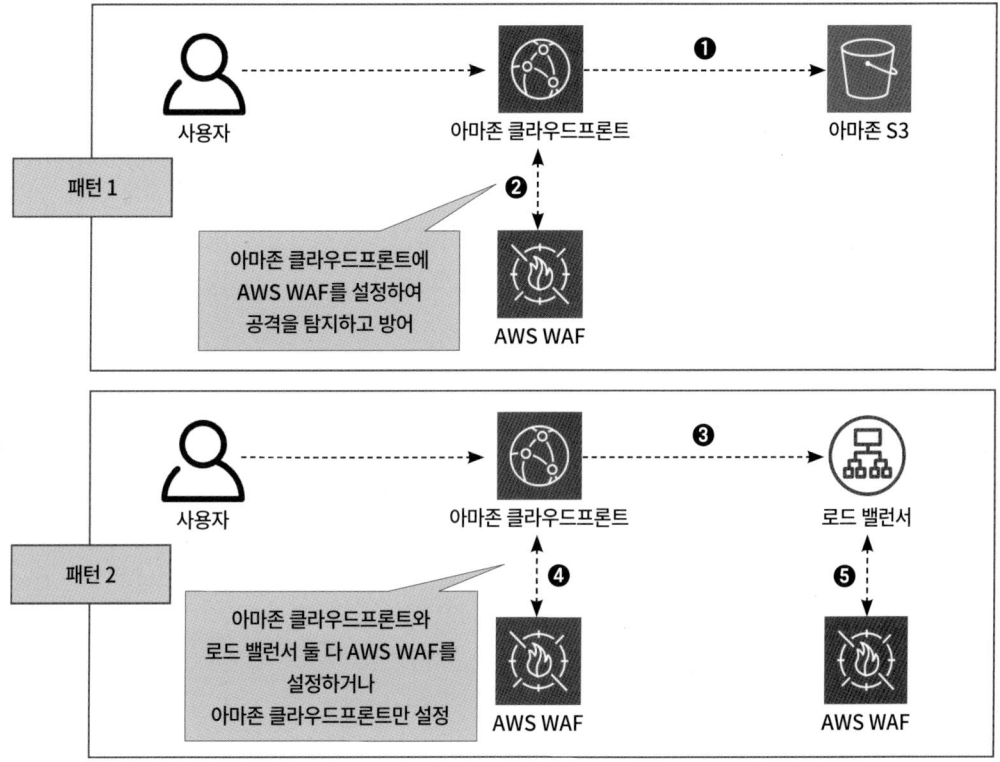

아마존 클라우드프론트를 사용한다면 몇 가지 패턴을 생각해볼 수 있습니다. 첫 번째 패턴으로 ❶ 아마존 클라우드프론트가 OAI로 아마존 S3를 설정합니다. ❷ 아마존 클라우드프론트에 AWS WAF를 설정해 특정 IP로부터의 접근을 차단하거나 허용할 수 있으며, 외부 공격을 탐지하고 방어할 수 있습니다. 두 번째 패턴으로 ❸ 로드 밸런서와 아마존 클라우드프론트를 이용해 웹 애플리케이션을 운용하는 환경이라면 ❹ 아마존 클라우드 프론트에만 AWS WAF를 설정하거나 ❺ 두 서비스 모두에 AWS WAF를 설정해 보안을 강화할 수도 있습니다.

더 높은 보안을 고려한다면 두 서비스 모두에 AWS WAF를 설정하는 것이 좋습니다. 그러나 대부분의 트래픽이 아마존 클라우드프론트를 통해 유입된다면, 클라우드프론트에만 적용해도 충분히 효과적입니다. 또한, 로드 밸런서와 클라우드프론트에 각각 WAF를 설정하면 비용이 증가하므로, 비용 효율성 측면을 고려하면 클라우드프론트 단독 적용이 유리합니다.

22.2.1 AWS WAF의 주요 5가지 기능

AWS WAF는 악의적인 공격을 탐지한다고 했는데, AWS WAF는 악의적인 공격을 어떻게 판단하고 탐지할까요? AWS WAF에서는 대표적으로 다음과 같은 5가지 기능을 설명할 수 있습니다.

- **애플리케이션에 대한 공격 방어** : IP 주소, HTTP 헤더, 통신 요청 본문, 사용자 지정 URI 등의 기준에 따라 애플리케이션에 대한 통신을 필터링하는 규칙을 생성할 수 있습니다.
- **IP 제한으로 인한 무단 액세스 차단** : 의심스러운 또는 악의적인 IP 주소로부터의 통신을 미리 차단해 웹 애플리케이션을 보호할 수 있습니다.
- **DDoS 공격 대책** : 일정 시간 내에 액세스 횟수가 요율 기준 규칙에 설정된 임곗값을 초과하면 해당 IP 주소에서의 액세스를 일시적으로 제한할 수 있습니다.
- **악의적인 봇 대책** : 몇 번의 클릭만으로 스크레이퍼, 스캐너, 크롤러와 같은 일반적인 봇을 쉽게 모니터링하고 검색 엔진 봇을 비롯한 정상적인 봇 액세스만 허용하도록 설정할 수 있습니다.
- **계정의 무단 로그인 방지** : 애플리케이션의 로그인 페이지를 모니터링하고 도난당한 자격증명으로 로그인 여부를 확인합니다.

22.2.2 AWS WAF의 관리형 규칙

앞서 설명했던 AWS WAF의 주요 기능을 사용하려면 그저 AWS WAF만 생성하면 되는 걸까요? AWS WAF에서는 사용자에게 관리형 규칙을 제공하고 있으며, 이 관리형 규칙을 설정해 방어하고자 하는 특정 유형의 악의적인 트래픽을 필터링하고 차단할 수 있습니다.

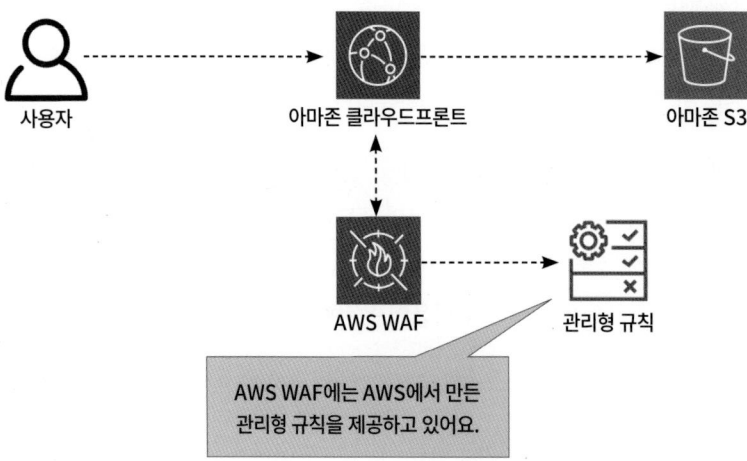

관리형 규칙은 AWS에서 제공하는 규칙 집합을 의미합니다. 사용자는 직접 규칙을 만드는 복잡한 과정을 생략할 수 있습니다.

AWS WAF에서 자주 사용되는 관리형 규칙은 다음과 같습니다.

규칙명	용도	용량	비고
Admin protection	외부 액세스를 차단하고 관리 페이지를 보호하는 규칙	100	환경에 따라 선택
Amazon IP reputation list	아마존 내부 위협 인텔리전스를 기반으로 만든 규칙	25	**필수로 도입 권장**
Anonymous IP list	IP 주소, 사용자의 신원을 난독화할 수 있는 서비스를 사용해 액세스를 차단할 수 있는 규칙	50	환경에 따라 선택
Core rule set	일반 웹 애플리케이션에 적용하는 규칙	700	**필수로 도입 권장**
Known bad inputs	무단 액세스 및 취약성 악용과 관련된 입력 패턴을 차단하는 규칙	200	**필수로 도입 권장**
Linux operating system	리눅스 취약점과 관련된 공격을 방지하는 규칙	200	OS에 맞추어 선택
PHP application	PHP 함수를 악용하는 무단 액세스 또는 PHP의 취약성을 찌르는 공격을 차단하는 규칙	100	환경에 따라 선택
POSIX operating system	POSIX 및 POSIX 호환 운영체제 취약점과 관련된 공격을 방어하는 규칙	100	OS에 맞추어 선택
SQL database	SQL 데이터베이스의 악용을 방지하는 규칙	200	**필수로 도입 권장**
Windows operating system	윈도우 취약점 악용을 방지하는 규칙	200	OS에 맞추어 선택
WordPress application	워드프레스 취약점을 악용하는 무단 액세스를 차단하는 규칙	100	환경에 따라 선택

이 관리형 규칙들은 무료로 이용할 수 있는 규칙들이며, 이 규칙만으로도 충분히 웹 애플리케이션을 보호할 수 있습니다. [필수로 도입 권장]은 기본적으로 선택하며, 그 외 규칙에 대해서는 구성하고자 하는 환경에 따라 선택을 합니다. 예를 들어 워드프레스를 이용하는 웹사이트라면 'WordPress application' 규칙을 선택해 워드프레스의 취약점을 보완하도록 합니다. 또한 각 규칙마다 용량을 가지며, 설정할 수 있는 규칙의 최대 용량은 5000WCU입니다. 따라서 이 제한을 염두에 두고 규칙을 설정해야 합니다. AWS WAF의 경우 기본 요금은 용량 1500 WCU를 설

정한 요금이 청구되며, 1500WCU를 초과하는 용량에 대해서는 추가 요금이 청구됩니다.

> AWS는 웹 ACL 용량 단위(web ACL capacity units)라고 해서 WCU라고 용량을 표현합니다.

22.2.3 AWS WAF의 커스텀 규칙

AWS WAF의 규칙 설정은 관리형 규칙으로도 충분하지만 사용자가 직접 규칙을 커스텀해 설정할 수도 있습니다.

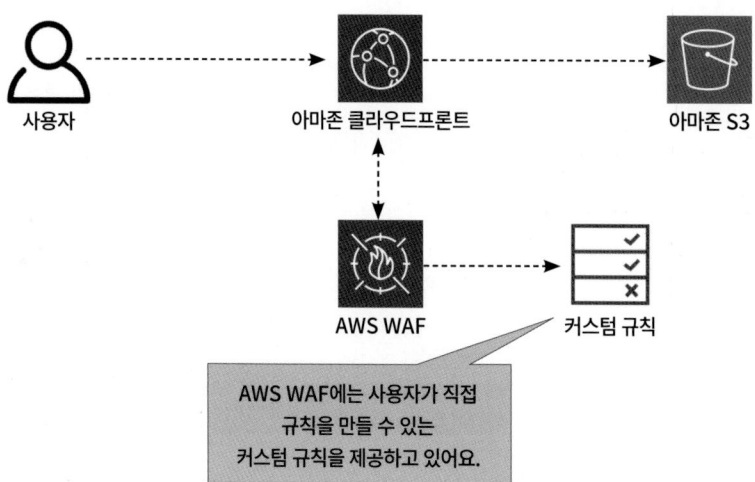

커스텀 규칙은 IP 세트^{IP set}, 규칙 빌더^{Rule builder}, 규칙 그룹^{Rule group}으로 나누어 생성할 수 있습니다. 먼저 IP 세트는 특정 IP의 요청에 대한 허용 또는 차단과 같은 액션을 구현할 수 있습니다. 규칙 빌더는 규칙을 작성할 수 있으며, 여러 조건을 연결하는 AND, OR을 선택할 수 있습니다. 또한 헤더, 국가, IP와 같은 검사 필드를 선택하거나 XSS, SQL 인젝션과 같은 조건을 선택해 규칙 하나를 생성할 수 있습니다. 규칙 그룹은 작성한 규칙을 담을 수 있는 독자적인 규칙 그룹을 의미하며, 사전에 규칙 그룹을 만들고 등록해 설정할 수 있습니다.

22.3 AWS WAF 활용하기

아마존 클라우드프론트에 AWS WAF를 연결해 관리형 규칙으로 아마존 클라우드프론트를 보호하는 환경을 구축하겠습니다. 구축할 환경은 다음 그림과 같습니다.

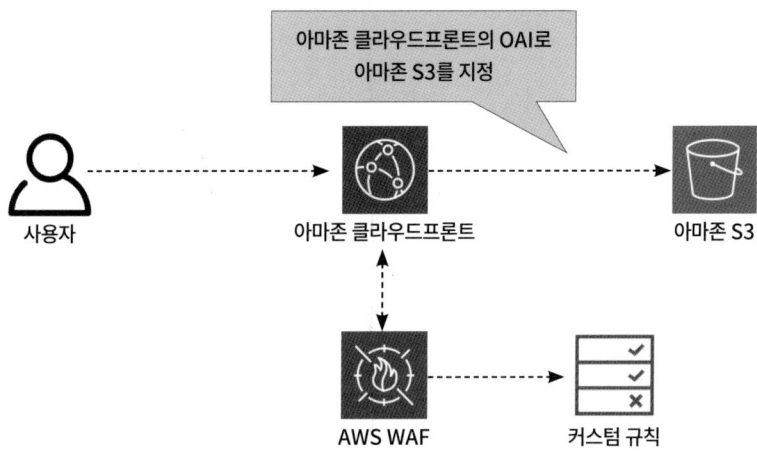

아마존 클라우드프론트의 OAI로 아마존 S3를 지정하는 환경이며, 아마존 클라우드프론트에는 Amazon IP reputation list, Known bad inputs, SQL database 세 가지 규칙을 적용하고 있습니다.

> 데이터베이스는 없지만 테스트 환경이므로 필수 규칙 항목인 SQL database도 추가합니다.

22.3.1 아마존 클라우드프론트에 AWS WAF 도입해보기

To do 01 아마존 클라우드프론트에 AWS WAF 도입을 구현하는 클라우드포메이션의 yml 파일은 다음과 같습니다.

> 아마존 클라우드프론트에 AWS WAF 도입을 구현하기 위한 yml 파일
> - **파일 이름** : WAF.yml, CloudFront.yml
> - **클라우드포메이션 스택 생성 순서** : WAF.yml → CloudFront.yml

클라우드포메이션 전체 코드는 깃허브 리포지터리 [chapter22] → [WAF] → [chapter22.3.1-

Create-WAF] 폴더에서 확인할 수 있습니다. 클라우드포메이션으로 구축한 환경의 결과를 확인하고 싶다면 이번 내용을 건너뛰고, 그다음 'UI로 불러와 아마존 클라우드프론트에 AWS WAF 도입해보기' 절부터 확인하시기 바랍니다.

02 AWS WAF 생성하는 리소스를 정의합니다.

> WAF.yml - WAF 리소스 생성

```yaml
WebACL:
  Type: AWS::WAFv2::WebACL # ❶
  Properties: # ❷
    DefaultAction:
      Allow: {}
    Scope: CLOUDFRONT # ❸
    Description: WebACL
    Name: !Sub ${SystemName}-${EnvName}-ACL01
    VisibilityConfig: # ❹
      CloudWatchMetricsEnabled: true
      MetricName: !Sub ${SystemName}-${EnvName}-WebACLMetrics
      SampledRequestsEnabled: true
```

❶ Type에는 [AWS::WAFv2::WebACL]를 입력해 AWS WAF를 생성합니다. ❷ 속성에서는 [DefaultAction] 옵션을 이용해 규칙에 해당하는 항목이 없을 경우 요청을 허용할지 거부할지 선택할 수 있습니다. 이번에는 아마존 클라우드프론트에 AWS WAF를 도입하는 것이 되므로 ❸ [Scope]는 [CLOUDFRONT]를 입력합니다. ❹ 또한 [VisibilityConfig] 옵션을 통해 클라우드워치 메트릭을 활성화하고, 샘플링된 요청 정보를 모니터링하도록 합니다. 여기서 샘플링이란 AWS WAF가 필터링하는 웹 요청 중 일부를 선택해 자세히 분석하는 기능을 의미합니다.

03 AWS WAF 관리형 규칙을 추가합니다.

> WAF.yml - WAF 관리형 규칙 추가

```yaml
Rules: # ❶
  - Name: AWS-AWSManagedRulesAmazonIpReputationList
    Priority: 0 # ❷
    OverrideAction: # ❸
      Count: {}
    Statement:
```

```
        ManagedRuleGroupStatement:
          VendorName: AWS
          Name: AWSManagedRulesAmazonIpReputationList
      VisibilityConfig:
        CloudWatchMetricsEnabled: true
        MetricName: AWSManagedRulesAmazonIpReputationList
        SampledRequestsEnabled: true
```

❶ AWS WAF에 관리형 규칙을 추가할 때는 Rules 옵션을 사용합니다. ❷ 규칙에서는 Priority 옵션을 사용해 규칙의 우선순위를 정할 수 있습니다. 이 우선순위를 순서로 요청에 대해 평가를 진행하며, 요청에 따라 규칙에 일치하는 항목이 있는지 평가를 진행하며, 일치하는 항목을 찾을 때까지 규칙을 평가합니다. 일치하는 항목이 없다면 DefaultAction에 설정된 값에 따라 요청을 처리합니다. 관리자 규칙은 해당 규칙에 일치하는 항목이 있으면 요청을 차단합니다. ❸ 하지만 OverrideAction 옵션에서 Count를 지정하면 허용 또한 차단에 대한 규칙을 무효화하고 해당 요청이 몇 번 발생하는지 카운트합니다. 이런 설정으로 얼마나 자주 악의적인 트래픽 혹은 요청이 발생하는지 모니터링할 수 있습니다. 이를 바탕으로 자주 요청되는 악의적인 공격을 차단하고 불필요한 규칙을 제거할 수 있습니다.

> 우선순위를 제외하고 다른 관리형 규칙은 Amazon IP reputation list와 동일하므로 설명은 생략합니다.

04 AWS WAF 로그를 저장할 아마존 S3 버킷을 생성하고, 연동합니다.

WAF.yml - WAF 로그를 저장할 아마존 S3 연동

```
WAFLoggingConfiguration:
    Type: 'AWS::WAFv2::LoggingConfiguration' # ❶
    Properties:
      ResourceArn: !GetAtt WebACL.Arn # ❷
      LogDestinationConfigs: # ❸
        - !GetAtt WAFLogBucket.Arn
```

❶ Type에는 AWS::WAFv2::LoggingConfiguration을 입력해 AWS WAF의 로그 저장소를 지정합니다. ❷ ResourceArn은 AWS WAF의 Arn을 지정하고 ❸ LogDestinationConfigs는 로그를 저장할 리소스의 Arn을 지정합니다.

> 아마존 S3를 생성하는 코드 설명은 생략합니다.

22.3.2 UI로 불러와 아마존 클라우드프론트에 AWS WAF 도입해보기

이번에는 각 클라우드포메이션 스택을 생성하고, 아마존 클라우드프론트에 AWS WAF가 도입되었는지 확인하겠습니다.

To do 01 클라우드포메이션 스택을 생성합니다. AWS WAF의 클라우드포메이션 스택을 생성할 때는 [버지니아 북부]를 선택합니다.

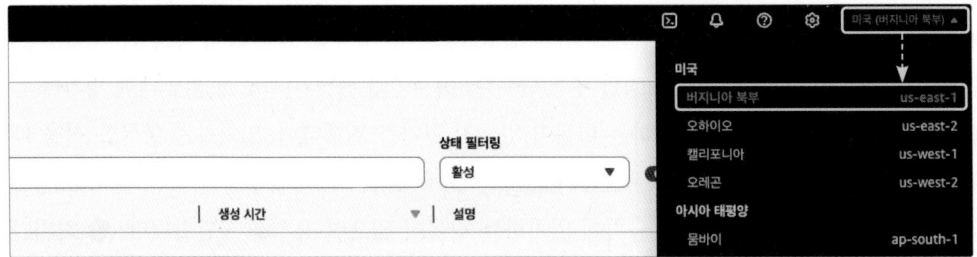

애플리케이션 로드 밸런서는 리전을 선택할 수 있지만, 클라우드프론트에서는 리전이 글로벌로 고정되며, 이 글로벌 리전은 [버지니아 북부]로 고정되기 때문에 해당 리전에 AWS WAF를 생성할 필요가 있습니다. 그 외 파라미터는 기본값을 유지한 상태로 클라우드포메이션 스택을 생성합니다.

02 AWS WAF 콘솔 화면으로 진입합니다. ❶ AWS WAF 콘솔 화면으로 진입한 다음 [리소스 및 보호]를 클릭합니다. ❷ 이어서 [gr-product-ACL01]을 클릭하면 ❸ 생성한 AWS WAF의 세부 정보를 확인할 수 있습니다.

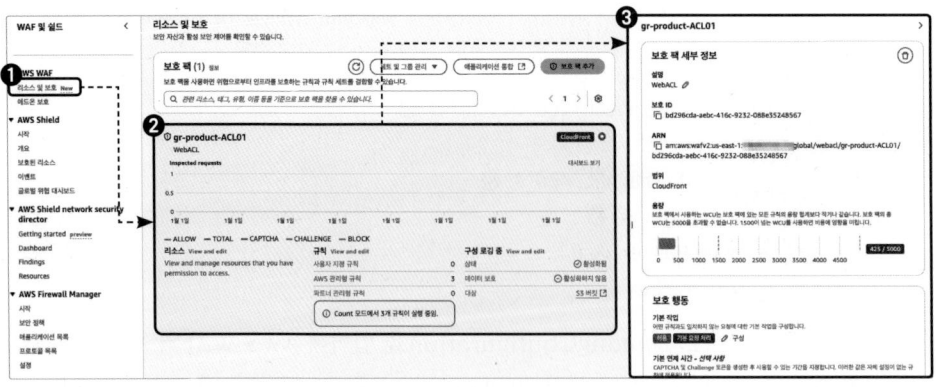

> 2025년 6월을 기준으로 AWS WAF의 UI가 변경되었습니다. 이로 인해 기존 콘솔 환경의 복잡성이 사라지고 웹 애플리케이션 보안 구현에 몇 시간씩 걸리던 구성을 몇 분 만에 완료할 수 있게 되었습니다.

03 설정한 규칙과 로그를 확인합니다. ❶ 생성한 AWS WAF의 [규칙 view and edit]를 클릭하면 ❷ 설정한 규칙을 확인할 수 있습니다. ❸ 또한 [구성 로깅 중 view and edit]를 클릭하면 ❹ 로그 설정에 대한 정보를 확인할 수 있습니다. 설정되어 있는 아마존 S3 버킷을 클릭하면 로그를 확인할 수 있습니다.

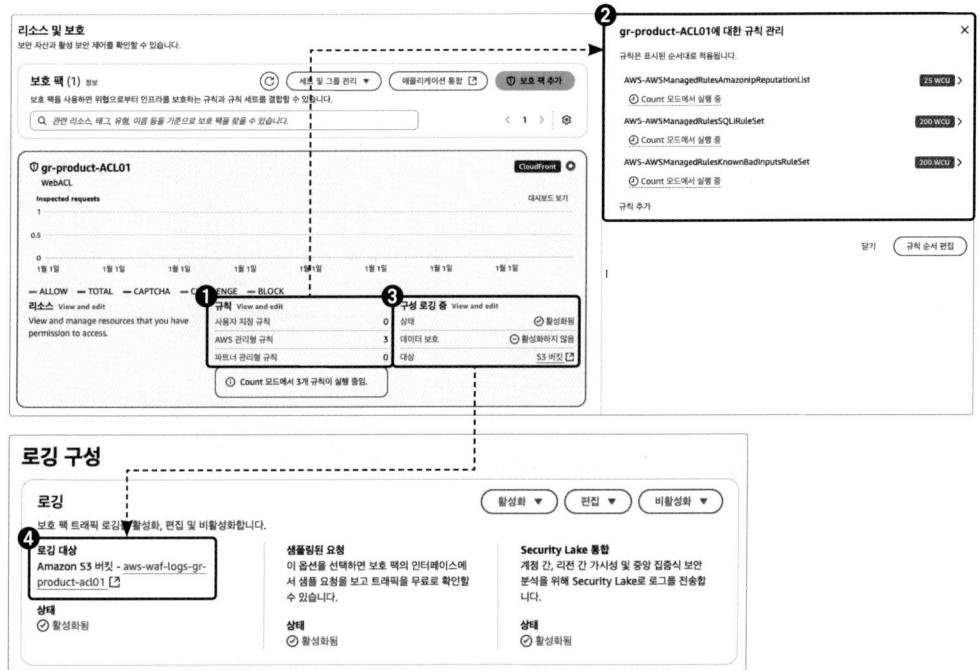

04 생성한 WAF의 대시보드에서는 보다 상세한 정보를 확인할 수 있습니다. ❶ [대시보드 보기]를 클릭합니다. ❷ AWS Threat Intelligence는 2주간의 허용된 트래픽 패턴을 분석하여 잠재적 취약점을 사전에 식별함으로써 모니터링 기능을 강화합니다. 이 서비스는 IP 평판, 분산 서비스 거부(DDoS) 공격, 봇 활동, 익명 IP 소스, 취약한 애플리케이션 트래픽 등 중요한 트래픽 측면을 검사합니다. [개요] 부분에서는 [트래픽 특성], [규칙 특성], [봇], [DDoS 방식] 특성의 네 가지 주요 범주가 있습니다. 오른쪽 패널에는 각 범주의 지표가 표시됩니다. 각 특성을 클릭하면, 아래에서 다양한 지표를 확인할 수 있습니다.

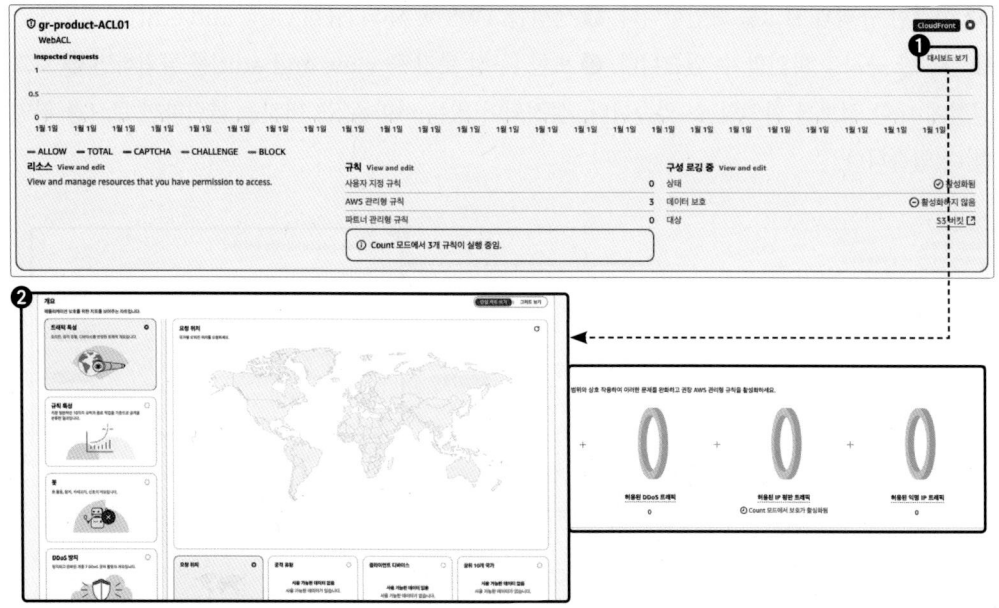

 트래픽 특성의 경우 [요청 위치], [공격 유형], [클라이언트 디바이스], [상위 10개 국가] 지표를 확인할 수 있습니다.

학습 마무리

이번 장에서는 외부 공격으로부터 보호하는 방화벽 서비스인 AWS WAF을 학습했습니다. AWS WAF를 사용하면 웹 애플리케이션을 안전하게 보호할 수 있으며, 아마존 클라우드프론트나 애플리케이션 로드 밸런서와 같은 서비스에 통합할 수 있습니다. AWS WAF는 AWS가 제공하는 관리형 규칙과 사용자가 직접 생성하는 커스텀 규칙을 통해 외부 공격으로부터 웹 애플리케이션을 효과적으로 방어할 수 있습니다. 앞으로 AWS 환경을 구축할 때, 이번에 학습한 내용이 적절한 AWS WAF 규칙을 추가해 더 안전하게 웹 애플리케이션을 운영하는 데 도움이 되길 바랍니다.

> **핵심 요약**

1 AWS에서 애플리케이션을 외부 공격으로부터 보호하는 **AWS WAF**를 제공하고 있으며, 아마존 클라우드프론트, 애플리케이션 로드 밸런서와 같은 서비스에 연결할 수 있는 서비스입니다.

2 애플리케이션 로드 밸런서에 AWS WAF를 도입했다면, 먼저 애플리케이션 로드 밸런서 보안 그룹에서 요청을 허용할지 판단하고, 이후 AWS WAF에서 해당 요청이 악의적인 공격인지 검토를 실시합니다.

3 AWS WAF는 주요 5가지 기능을 제공하고 있으며, 애플리케이션에 대한 공격 방어, IP 제한으로 인한 무단 액세스 차단, DDoS 공격 대책, 악의적인 봇 대책, 계정의 무단 로그인 방지를 제공합니다.
   - AWS WAF에서는 사용자에게 관리형 규칙을 제공하고 있으며, 이 관리형 규칙을 설정해 방어하고자 하는 특정 유형의 악의적인 트래픽을 필터링하고 차단할 수 있습니다.
   - AWS WAF는 커스텀 규칙을 제공하고 있으며, 사용자가 직접 규칙을 커스텀해 설정할 수 있습니다.

▼ 연습 문제 정답 및 해설(연습 문제는 530쪽에 있어요)

1 **정답** ❷ 아마존 SNS
2 **정답** ❶ 애플리케이션 로드 밸런서 보안 그룹 → AWS WAF 검토 → 요청 처리
3 **정답** ❹ 계정 보안을 위한 MFA 설정
4 **정답** ❸ 커스텀 규칙은 IP 세트, 규칙 빌더, 규칙 그룹으로 나누어 생성할 수 있다.

연습문제

1 다음 AWS WAF 도입이 불가능한 서비스는?
   ❶ 아마존 API 게이트웨이   ❷ 아마존 SNS
   ❸ 애플리케이션 로드 밸런서   ❹ 아마존 클라우드프론트

2 애플리케이션 로드 밸런서에 AWS WAF 도입 시 요청에 대한 검사 흐름으로 올바른 것은?
   ❶ 애플리케이션 로드 밸런서 보안 그룹 → AWS WAF 검토 → 요청 처리
   ❷ AWS WAF 검토 → 애플리케이션 로드 밸런서 보안 그룹 → 요청 처리
   ❸ 요청 처리 → 애플리케이션 로드 밸런서 보안 그룹 → AWS WAF 검토
   ❹ AWS WAF 검토 → 애플리케이션 로드 밸런서 보안 그룹 → 요청 처리 → 로그 보존

3 AWS WAF의 주요 5가지 기능으로 틀린 것은?
   ❶ 계정의 무단 로그인 방지
   ❷ IP 제한으로 인한 무단 액세스 차단
   ❸ DDoS 공격 대책
   ❹ 계정 보안을 위한 MFA 설정

4 다음 관리형 규칙과 커스텀 규칙에 대한 설명 중 옳은 것은?
   ❶ 관리형 규칙은 사용자가 직접 커스텀해 사용할 수 있는 규칙이다.
   ❷ 관리형 규칙은 전부 유료이며, 무료로 이용할 수 있는 규칙은 없다.
   ❸ 커스텀 규칙은 IP 세트, 규칙 빌더, 규칙 그룹으로 나누어 생성할 수 있다.
   ❹ 커스텀 규칙에서 IP 세트는 IP만을 지정하고 IP 차단을 위해서는 규칙 빌더를 별도로 작성해야 한다.

Chapter 23

네트워크 트래픽 로깅 서비스 파악하기

학습 목표

이번 장에서는 네트워크 트래픽 로깅 서비스, VPC 플로우 로그를 학습합니다. VPC 플로우 로그란 무엇인지, 수집한 로그의 각 필드는 무엇을 의미하는지, 이 로그를 바탕으로 사용자는 무엇을 할 수 있는지 학습해봅시다.

핵심 키워드

`VPC 플로우 로그` `트래픽` `모니터링` `보안 진단` `VPC 플로우 로그 필드`

학습 코스

❶ 네트워크 트래픽 로깅을 위한 서비스, VPC 플로우 로그란? → ❷ 네트워크 트래픽 로깅을 위한 서비스, VPC 플로우 로그 살펴보기 → ❸ VPC 플로우 로그 활용하기

23.1 네트워크 트래픽 로깅 서비스, VPC 플로우 로그란?

VPC 플로우 로그는 VPC에서 전송되고 수신되는 트래픽에 대한 정보를 수집하는 기능입니다. 수집한 트래픽은 아마존 S3, 클라우드워치 로그CloudWatch Logs 등에 보존해 확인할 수 있습니다. VPC 플로우 로그의 동작은 다음과 같습니다.

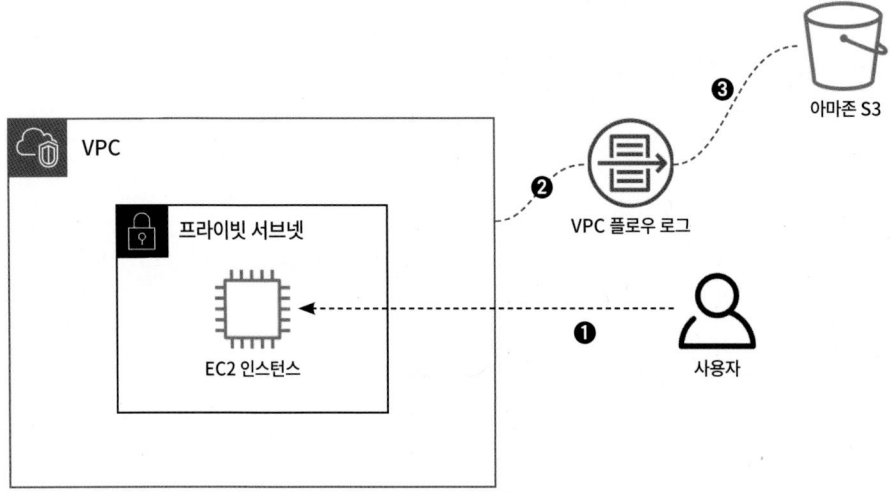

❶ 사용자는 VPC를 거쳐 서브넷에 있는 EC2 인스턴스에 접속합니다. ❷ 이렇게 접속한 결과를 VPC 플로우 로그는 하나의 로그로 가공해 ❸ 아마존 S3에 보존합니다. 보존한 로그를 바탕으로 AWS 상에서 구축한 네트워크 구성이 의도한 대로 작동하는지 검토하고 분석할 수 있습니다.

이런 VPC 플로우 로그는 대표적으로 보안 진단과 네트워크 통신 문제를 조사하는 데 사용됩니다. 보안 진단의 경우 보안 요건대로 동작하는지 확인하거나 진단하는 용도로 VPC 플로우 로그를 사용할 수 있으며, 네트워크 통신 문제 조사는 트래픽을 모니터링할 수 있으므로 서버에 접속할 수 없는 경우, 트래픽이 어디까지 도달하는지 등을 확인해 통신 문제를 해결할 수 있습니다. 그 외에도 아마존 가드듀티Amazon GuardDuty에서 위협 탐지를 위한 데이터 소스로 활용할 수 있습니다.

> 아마존 가드듀티는 AWS 계정에서 악의적인 활동이 있는지 모니터링하는 서비스입니다.

23.2 네트워크 트래픽 로깅 서비스, VPC 플로우 로그 살펴보기

VPC 플로우 로그를 바탕으로 보안을 진단하거나, 네트워크 통신 문제를 조사한다고 했지만, 막상 취득한 로그를 살펴보면 각 필드가 무엇을 의미하는지 이해하기 어려워 로그를 분석하기가 쉽지 않습니다.

VPC 플로우 로그에서 취득한 로그 정보
```
version account-id interface-id srcaddr dstaddr srcport dstport protocol packets
bytes start end action log-status
2 412213214 eni-abcde xx.xx.xx.xx xx.xx.xx.xx 22 31587 6 4 333 1743813123
1743813123 ACCEPT OK
```

이번에는 취득한 VPC 플로우 로그에는 어떠한 정보가 표시되고, 각 정보는 무엇을 의미하는지 살펴봅시다.

23.2.1 VPC 플로우 로그 필드

VPC 플로우 로그의 필드를 표로 정리하면 다음과 같습니다.

필드	의미	설명
version	VPC 플로우 로그 버전	로그가 출력되는 필드를 기본 형식으로 지정하면 버전은 2로 출력됩니다. 반대로 사용자 커스텀으로 로그 필드를 커스텀하는 경우 해당 버전이 표시됩니다.
account-id	AWS 계정 ID	12자리 숫자의 AWS 계정 ID가 표시됩니다. 트래픽이 기록되는 네트워크 인터페이스의 AWS 계정 ID를 나타냅니다.
interface-id	네트워크 인터페이스 ID	트래픽이 기록되는 네트워크 인터페이스의 ID를 표시합니다.
srcaddr	소스 주소	트래픽이 시작된 소스 주소를 표시합니다.
dstaddr	대상 주소	트래픽의 목적지 주소를 표시합니다.
srcport	소스 포트 번호	트래픽이 시작된 소스 포트가 표시됩니다.
dstport	대상 포트 번호	트래픽의 목적지 포트가 표시됩니다.
protocol	IANA 프로토콜 번호	트래픽의 IANA 프로토콜 번호가 표시됩니다. IANA 프로토콜은 인터넷 할당 번호 기구(IANA)에 의해 할당되는 프로토콜의 식별 번호입니다.

packets	패킷 수	전송된 패킷 수를 표시합니다.
bytes	바이트 수	전송된 바이트 수를 표시합니다.
start	통신 시작 시간	첫 번째 패킷이 수신된 시간을 표시하며 이 시간은 UNIX초로 표시됩니다. UNIX 시간은 유닉스 계열의 운영체제를 사용하는 컴퓨터에서 시간을 표시하는 방법을 의미합니다.
end	통신 종료 시간	마지막 패킷이 수신된 시간을 표시하며, start 필드와 마찬가지로 UNIX초로 표시됩니다.
action	허용한 경우 ACCEPT 거부한 경우 REJECT	트래픽이 허용되면 [ACCEPT]가 표시되며, 트래픽이 거부되면 [REJECT]가 표시됩니다.
log-status	로그가 생성되면 OK 트래픽이 없으면 NODATA 로그 생성이 스킵되면 SKIPDATA	송수신된 트래픽이 존재하고, 로그가 성공적으로 생성되었다면 [OK]가 표시됩니다. 트래픽이 없으면 [NODATA]가 표시되며, 송수신된 트래픽은 있지만 로그 생성을 생략하는 경우 [SKIPDATA]를 표시합니다.

표를 통해 각 필드가 어떠한 의미인지 확인했으므로 이제 보안 및 네트워크 트래픽 분석의 관점에서 각 필드에서 중점적으로 주목해야 할 부분을 살펴봅시다.

- **srcaddr, dstaddr** : 비정상적인 IP 주소나 악성 IP와의 통신을 확인하거나 내부 리소스 간 잘못된 통신 패턴을 확인
- **srcport와 dstport** : 일반적이지 않은 포트 혹은 악성 포트를 확인
- **protocol** : 사용 중인 서비스에서 부적절한 프로토콜 사용을 감지
- **action** : 의심스러운 트래픽을 식별하거나 보안 그룹에서 거부된 트래픽을 분석
- **bytes와 packets** : 비정상적으로 큰 데이터의 전송을 확인하거나 DDoS 공격과 같은 비정상적인 트래픽을 식별
- **start와 end** : 특정 시간대의 비정상적인 활동을 파악

VPC 플로우 로그의 각 필드가 무엇을 의미하는지 알 수 있다면, 로그 데이터를 보다 효과적으로 분석하고 활용할 수 있습니다.

23.3 VPC 플로우 로그 활용하기

이번에는 EC2 인스턴스를 생성해 해당 인스턴스에 접속한 후, VPC 플로우 로그에서 생성된 로그를 확인하는 실습을 진행하겠습니다.

23.3.1 VPC 플로우 로그를 통해 로그 수집해보기

To do 01 VPC 플로우 로그를 통해 로그를 수집하는 클라우드포메이션의 yml 파일은 다음과 같습니다.

> **VPC 플로우 로그를 통해 로그를 수집해보기 위한 yml 파일**
>
> - **파일 이름** : VPC.yml → Security_Group.yml → EC2.yml → CloudFront.yml → VPC-Flow-Logs.yml
> - **클라우드포메이션 스택 생성 순서** : VPC.yml → Security_Group.yml → EC2.yml → CloudFront.yml → VPC-Flow-Logs.yml

클라우드포메이션 전체 코드는 깃허브 리포지터리 [chapter23] → [VPC-Flow-Logs] → [chapter23.3.1-Create-VPC-Flow-Logs] 폴더에서 확인할 수 있습니다. 클라우드포메이션으로 구축한 환경의 결과를 확인하고 싶다면 이번 내용을 건너뛰고, 그다음 **'UI로 불러와 VPC 플로우 로그를 통해 로그 수집해보기'** 절부터 확인하시기 바랍니다.

02 VPC 플로우 로그를 생성합니다.

VPC-Flow-Logs.yml

```
VPCFlowlogs:
  Type: AWS::EC2::FlowLog # ❶
  Properties: # ❷
    LogDestinationType: s3
    LogDestination: !GetAtt FlowLogsBucket.Arn # ❸
    ResourceId: # ❹
      Ref: VpcId
    ResourceType: VPC # ❺
    TrafficType: ALL # ❻
    Tags:
      - Key: Name
        Value: !Sub ${SystemName}-${EnvName}-flowlogs
```

❶ Type에는 AWS::EC2::FlowLog를 입력해 VPC Flow Logs를 생성합니다. ❷ 속성에서는 LogDestinationType를 지정해 로그를 보존할 리소스를 선택합니다. 이번에는 아마존 S3에 로그를 보존합니다. ❸ LogDestination 옵션으로 보존할 S3 버킷의 Arn을 지정합니다. 이어서 ❹ ResourceId 옵션에서는 트래픽을 모니터링할 VPC를 지정합니다. ❺ ResourceType 옵션에서는 VPC를 지정해 VPC를 모니터링하도록 하는데, VPC 이외에도 NetworkInterface, Subnet, TransitGateway 등을 모니터링할 수 있습니다. ❻ 마지막으로 TrafficType 옵션에서는 모니터링할 트래픽 유형을 선택합니다. 선택할 수 있는 유형은 ACCEPT, ALL, REJECT 허용된 트래픽만을 모니터링할지(ACCEPT), 모든 트래픽을 모니터링할지(ALL), 거부된 트래픽만을 모니터링할지(REJECT) 선택할 필요가 있습니다. 이번에는 모든 트래픽을 모니터링하도록 ALL로 설정합시다.

23.3.2 UI로 불러와 VPC 플로우 로그를 통해 로그 수집해보기

이번에는 각 클라우드포메이션 스택을 생성하고, VPC 플로우 로그를 통해 로그가 수집되었는지 확인하겠습니다.

To do 01 클라우드포메이션 스택을 생성합니다. VPC-Flow-Logs.yml 스택을 생성할 때 파라미터에 VPC ID를 선택할 수 있는 파라미터가 추가되었습니다. 앞서 생성한 VPC.yml의 VPC를 선택하고, 버킷 이름이 중복되지 않도록 적절하게 버킷 이름을 입력해 VPC 플로우 로그 스택을 생성하도록 합시다.

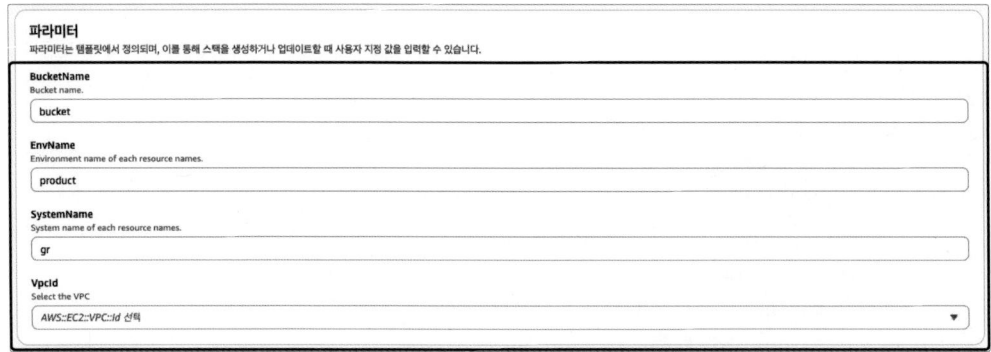

02 VPC 콘솔 화면에서 생성된 VPC 플로우 로그를 확인합니다. ❶ VPC 콘솔 화면으로 진입해 생성된 VPC를 클릭합니다. ❷ 이어서 [플로우 로그] 탭을 클릭하면 ❸ 생성된 VPC 플로우 로그를

확인할 수 있습니다.

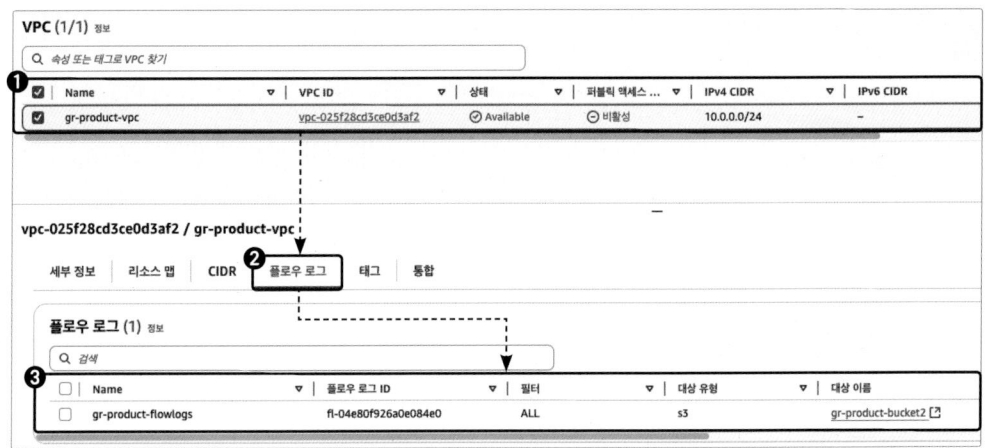

03 VPC 플로우 로그가 수집한 로그를 다운로드합니다. ❶ [대상 이름]은 로그를 보존하는 대상을 의미하며, 보존 대상을 클릭하면 S3 버킷으로 이동합니다. ❷ S3 버킷으로 이동해 객체를 확인하면 로그가 수집되어 있습니다. ❸ 로그를 클릭해 다운로드를 진행하도록 합시다.

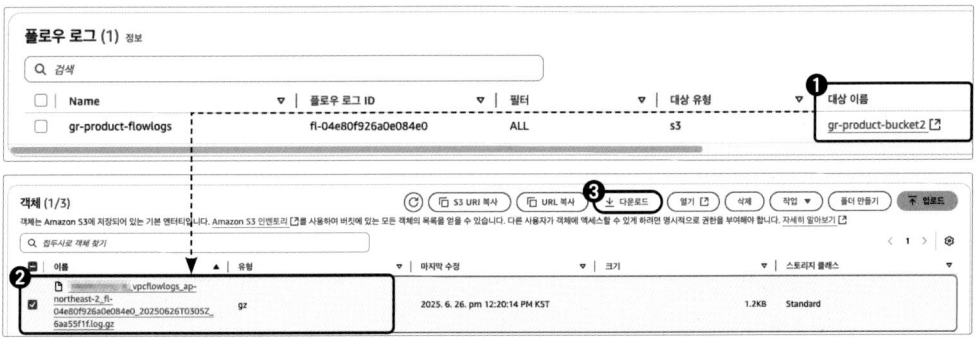

만약 로그가 수집되어 있지 않다면 생성한 EC2 인스턴스에 접속을 시도하거나, [curl http://example.com] ,[sudo yum update -y]와 같은 명령어를 실행해봅시다.

04 내려받은 로그 파일 확인합니다. 내려받은 로그는 [gz] 파일로 압축되어 다운로드되므로 압축을 풀면 로그 파일을 확인할 수 있습니다. 로그 파일에는 조금 전 살펴보았던 각 필드를 확인할 수 있으며, VPC에서 흐르고 있는 트래픽을 확인할 수 있습니다.

```
version account-id interface-id srcaddr dstaddr srcport dstport protocol packets
bytes start end action log-status
2 xxxxxxxx eni-01dd0ee7c2c534304 xxxxx xxxx xxxx xxxx xxxx xxxx 1719630709
1719630768 ACCEPT OK
2 xxxxxxxx eni-01dd0ee7c2c534304 xxxxx xxxx xxxx xxxx xxxx xxxx 1719630709
1719630768 REJECT OK
2 xxxxxxxx eni-01dd0ee7c2c534304 xxxxx xxxx xxxx xxxx xxxx xxxx 1719630709
1719630768 REJECT OK
2 xxxxxxxx eni-01dd0ee7c2c534304 xxxxx xxxx xxxx xxxx xxxx xxxx 1719630709
1719630768 ACCEPT OK
2 xxxxxxxx eni-01dd0ee7c2c534304 xxxxx xxxx xxxx xxxx xxxx xxxx 1719630709
1719630768 REJECT OK
2 xxxxxxxx eni-01dd0ee7c2c534304 xxxxx xxxx xxxx xxxx xxxx xxxx 1719630709
1719630768 REJECT OK
2 xxxxxxxx eni-01dd0ee7c2c534304 xxxxx xxxx xxxx xxxx xxxx xxxx 1719630709
1719630768 ACCEPT OK
2 xxxxxxxx eni-01dd0ee7c2c534304 xxxxx xxxx xxxx xxxx xxxx xxxx 1719630709
1719630768 REJECT OK
2 xxxxxxxx eni-01dd0ee7c2c534304 xxxxx xxxx xxxx xxxx xxxx xxxx 1719630709
1719630768 REJECT OK
```

학습 마무리

네트워크 트래픽을 로깅하는 VPC 플로우 로그를 학습해보았습니다. VPC 플로우 로그를 통해 VPC에서 송수신되는 트래픽에 대한 로그를 수집할 수 있으며, 이 수집한 로그를 바탕으로 보안 문제를 진단하거나 네트워크 통신 문제를 조사하는 데 사용할 수 있습니다. 또한 로그의 각 필드를 이해함으로써 로그에서 제공하는 정보를 바탕으로 네트워크 트래픽을 분석하고, 문제를 해결할 수 있게 되었습니다. 추후 구축한 환경에서 VPC 플로우 로그를 적극적으로 도입해 네트워크 문제를 해결해나가도록 합시다.

핵심 요약

1 **VPC 플로우 로그**는 VPC에서 전송되고 수신되는 트래픽에 대한 정보를 수집할 수 있는 기능입니다. VPC 플로우 로그에서 수집한 로그는 아마존 S3, 아마존 클라우드워치 등에 보존할 수 있습니다. 보안 진단과 네트워크 통신 문제를 조사하는 데 사용됩니다.

연습문제

1 다음 VPC 플로우 로그에 대한 설명으로 옳은 것은?

❶ VPC 플로우 로그는 로그 수집과 더불어 트러블슈팅까지 지원한다.
❷ 수집한 로그를 바탕으로 보안 진단과 네트워크 통신 문제를 조사하는 데 사용된다.
❸ VPC 플로우 로그는 AWS 계정에서 송수신되는 정보를 수집한다.
❹ 수집한 로그를 바탕으로 AWS 계정의 문제를 조사하는 데 사용된다.

2 다음 VPC 플로우 로그의 필드에 대한 설명으로 틀린 것은?

❶ interface-id : 트래픽이 기록되는 네트워크 인터페이스의 ID를 표시한다.
❷ dstaddr : 트래픽의 목적지 주소를 표시한다.
❸ action : 트래픽이 허용되면 ACCEPT가, 트래픽이 거부되면 REJECT가 표시된다.
❹ srcport : 트래픽이 시작된 소스 주소를 표시한다.

1 **정답** ❷ 수집한 로그를 바탕으로 보안 진단과 네트워크 통신 문제를 조사하는 데 사용된다.
2 **정답** ❹ srcport : 트래픽이 시작된 소스 주소를 표시한다.

aws
Chapter 24
IP 주소를 관리하기 위한 서비스 파악하기

학습 목표

보안 그룹에서 허용하거나 거부하는 등 관리해야 할 IP 주소가 10개 20개 이상 늘어난다면 어떻게 해야 할까요? AWS는 이런 문제를 IP 주소를 관리하는 관리형 접두사 목록 서비스를 제공해 해결합니다. 관리형 접두사 목록이 무엇인지, 어떠한 상황에서 사용해야 하는지 살펴보며, 직접 IP 주소 관리를 실습해봅시다.

핵심 키워드

관리형 접두사 목록 IP 주소 집합 보안 그룹 라우팅 테이블 고객 관리형 접두사 목록
AWS 관리형 접두사 목록

학습 코스

❶ IP 주소를 관리하는 서비스, 관리형 접두사 목록이란? → ❷ CIDR을 관리하는 서비스, 관리형 접두사 목록 살펴보기 → ❸ 관리형 접두사 목록 활용하기

24.1 IP 주소를 관리하는 서비스, 관리형 접두사 목록이란?

AWS에서는 IP 주소를 관리하는 관리형 접두사 목록을 제공합니다. 관리형 접두사 목록은 하나 이상의 IP 주소가 포함되어 있는 IP 주소의 집합을 의미하며, IP 주소를 지정하는 보안 그룹과 라우팅 테이블에서 사용됩니다. 관리형 접두사 목록을 사용함으로써 보안 그룹과 라우팅 테이블을 보다 쉽게 구성하고 유지 관리할 수 있습니다.

▼ 관리형 접두사 목록 예

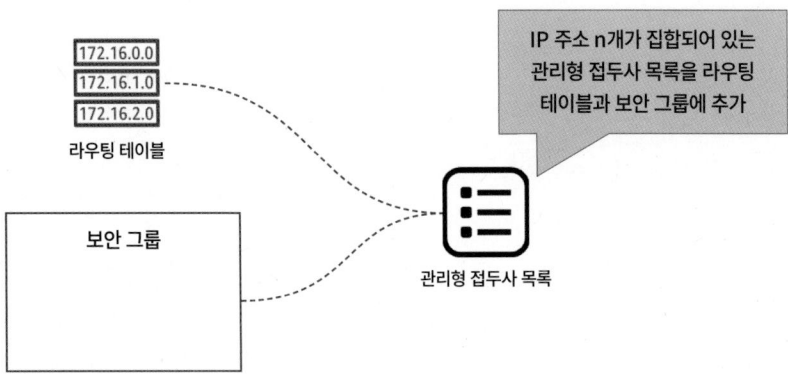

24.2 IP 주소를 관리하는 서비스, 관리형 접두사 목록 살펴보기

관리형 접두사 목록을 사용해 보안 그룹과 라우팅 테이블을 쉽게 구성할 수 있다고 하는데, 어떠한 상황에서 관리형 접두사 목록을 사용해야 할까요? 다음 그림을 통해 예시를 살펴봅시다.

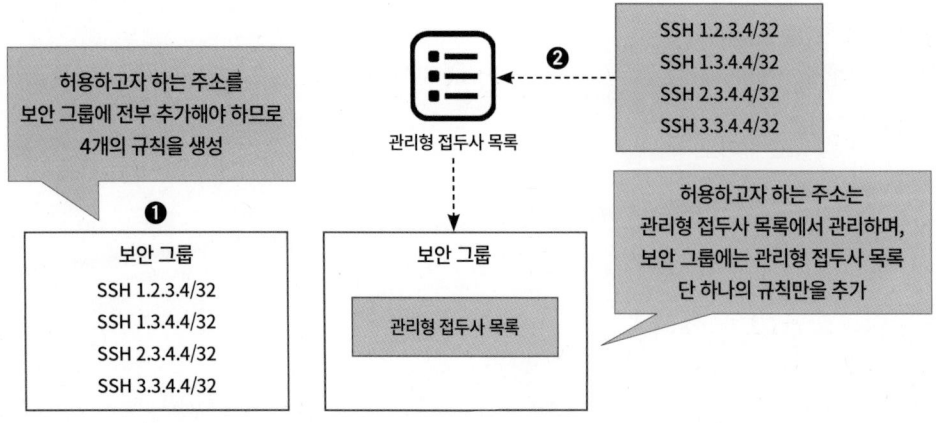

예를 들어 ❶ SSH 통신을 허용하는 IP 주소가 4개이면 보안 그룹에 4개의 IP 주소를 허용해야 합니다. 하지만 SSH 통신을 허용하는 IP 주소가 6개, 8개 그 이상으로 늘어나게 된다면 관리하기 힘들어질 겁니다. 각 IP 주소마다 별도의 규칙을 추가해야 하며, 이로 인해 규칙 수가 늘어나면서 보안 그룹 구성이 복잡해집니다. 그 외에도 여러 보안 그룹에 같은 변경 사항을 적용해야 할 경우 작업량이 급증하게 되며, 많은 규칙으로 인해 전체 구성을 한눈에 파악하기 어려워져 가시성이 저하합니다. ❷ 이런 상황에서 관리형 접두사 목록을 사용하면, 더 쉽게 보안 그룹과 라우팅 테이블을 관리할 수 있습니다.

보안 그룹에 n개의 규칙이 추가되었다고 가정하면 다음 그림과 같습니다.

IP 주소 수는 사용 환경에 따라 20개에서 30개, 때로는 그 이상으로 늘어날 수 있습니다. 이런 많은 IP 주소를 보안 그룹에서 개별적으로 관리하고 지정하는 것은 매우 복잡하고 비효율적일 수 있습니다. 하지만 관리형 접두사 목록을 사용함으로써 체계적인 관리와 확장성, 재사용성, 가독성 향상을 기대해볼 수 있으며, 이런 방식으로 IP 주소를 관리하는 것으로 보안 정책을 더 효과적으로 구현하고 유지보수할 수 있습니다.

다음 관리형 접두사 목록을 사용 했을 때의 보안 그룹 규칙을 확인하면 n개의 규칙에서 단 하나만의 규칙이 추가되었으며 이로 인해 규칙의 복잡성, 가시성, 유지보수의 부담이 줄어듭니다.

▼ 관리형 접두사 목록을 사용 했을 때의 보안 그룹 규칙

24.2.1 고객 관리형 접두사 목록

관리형 접두사 목록에는 고객 관리형 접두사 목록과 AWS 관리형 접두사 목록이 있습니다. **고객 관리형 접두사 목록**은 사용자가 직접 IP 주소를 지정하고 관리하는 집합을 의미합니다. 고객 관리형 접두사 목록은 사용자가 직접 커스텀하고 생성 및 삭제할 수 있습니다.

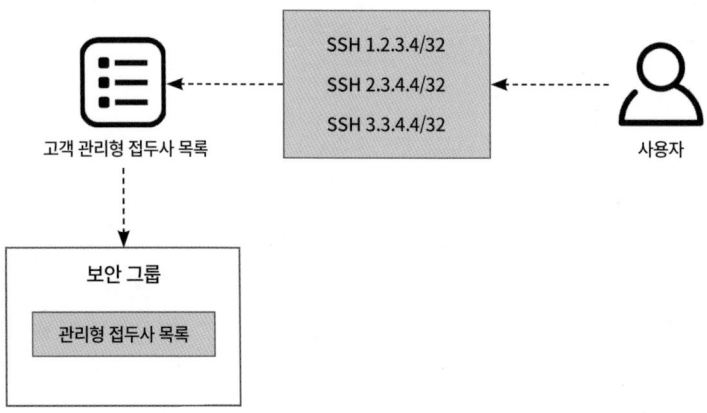

24.2.2 AWS 관리형 접두사 목록

AWS 관리형 접두사 목록은 서비스의 IP 주소 범위의 집합을 의미합니다. 이 AWS 관리형 접두사 목록은 AWS에서 생성하는 것으로 사용자가 직접 커스텀하거나 수정, 삭제할 수 없습니다.

▼ AWS에서 관리하는 각 서비스의 IP 주소 범위 집합

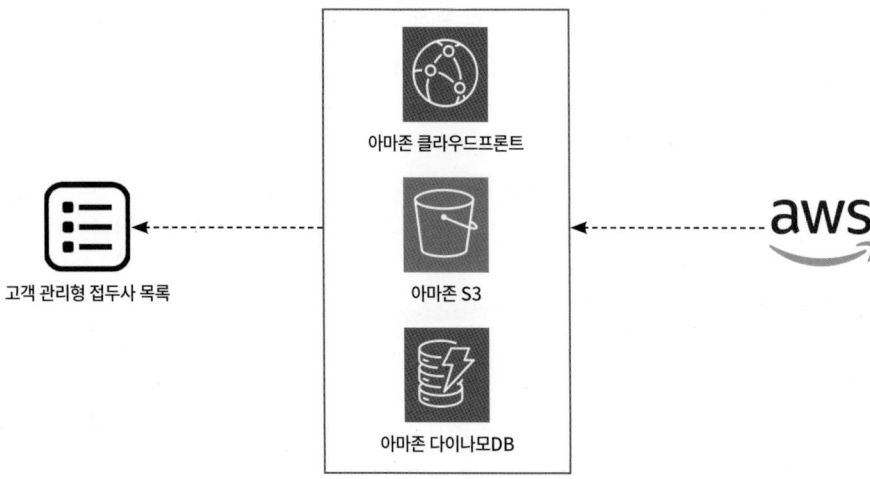

사용 가능한 AWS 관리형 접두사 목록은 다음과 같습니다.

- 아마존 클라우드프론트
- 아마존 다이나모DB
- AWS 그라운드 스테이션
- 아마존 라우트53
- 아마존 S3
- 아마존 S3 익스프레스 원 존
- 아마존 VPC 래티스

이런 AWS 관리형 접두사 목록은 고객 관리형 접두사 목록과 마찬가지로 보안 그룹, 라우팅 테이블에 사용할 수 있습니다. 예를 들어 아마존 클라우드프론트에서 아마존 EC2로 접속하는 구성이면 아마존 클라우드프론트의 접두사 목록을 사용해 접근을 제한할 수 있습니다.

24.3 관리형 접두사 목록 활용하기

이번에는 고객 관리형 접두사 목록을 생성해보고, 생성한 고객 관리형 접두사 목록을 보안 그룹에 추가하겠습니다.

24.3.1 고객 관리형 접두사 목록을 생성해 보안 그룹에 추가해보기

To do 01 고객 관리형 접두사 목록을 생성하고 보안 그룹에 추가하는 클라우드포메이션의 yml 파일은 다음과 같습니다.

> **고객 관리형 접두사 목록을 생성하고 보안 그룹에 추가하는 yml 파일**
>
> - **파일 이름** : VPC.yml, AWS_Managed_Prefix_List.yml, Security_Group.yml
> - **클라우드포메이션 스택 생성 순서** : VPC.yml → AWS_Managed_Prefix_List.yml → Security_Group.yml

클라우드포메이션 전체 코드는 깃허브 리포지터리 [chapter24] → [AWS-Managed-Prefix-List] → [chapter24.3.1-Create-AWS-Managed-Prefix-List] 폴더에서 확인할 수 있습니

다. 클라우드포메이션으로 구축한 환경의 결과를 확인하고 싶다면 이번 내용을 건너뛰고, 그다음, UI로 불러와 고객 관리형 접두사 목록을 생성하고 보안 그룹에 추가하기' 절부터 확인하시기 바랍니다.

02 고객 관리형 접두사 목록을 생성합니다.

```
                                           AWS_Managed_Prefix_List.yml
PrefixList:
    Type: AWS::EC2::PrefixList # ❶
    Properties:
      AddressFamily: IPv4 # ❷
      Entries: # ❸
        - Cidr: 1.2.3.4/32
        - Cidr: 1.3.2.4/32
        - Cidr: 1.4.2.4/32
        - Cidr: 1.5.3.5/32
      MaxEntries: 4 # ❹
      PrefixListName: !Sub ${SystemName}-${EnvName}-prefix
```

❶ Type에는 PrefixList를 입력해 고객 관리형 접두사 목록을 생성합니다. ❷ 속성에서는 AddressFamily에 IPv4 혹은 IPv6의 IP 주소 타입을 입력합니다. ❸ Entries에는 관리할 IP 주소를 입력합니다. 현재 입력된 IP 주소는 실존하지 않는 IP 주소이며 테스트를 위해 입력한 임의의 IP 주소입니다. ❹ MaxEntries는 관리형 접두사 목록에 추가할 최대 IP 주소 수입니다.

03 보안 그룹에 고객 관리형 접두사 목록을 추가합니다.

```
                                                  Security_Group.yml
SecurityGroupIngress: # ❶
      - IpProtocol: tcp
        FromPort: 22
        ToPort: 22
        SourcePrefixListId: { "Fn::ImportValue": !Sub "${EnvName}-prefix" }
```

❶ 보안 그룹에서는 허용할 IP 주소를 정의하는 SecurityGroupIngress 속성에서 Source PrefixListId에 고객 관리형 접두사 목록을 추가합니다. 이렇게 추가하는 것으로 고객 관리형 접

두사 목록에 있는 IP 주소는 22번 포트로 접속할 수 있게 됩니다.

24.3.2 UI로 불러와 고객 관리형 접두사 목록을 생성해 보안 그룹에 추가해보기

이번에는 각 클라우드포메이션 스택을 생성하고, 관리형 접두사 목록이 보안 그룹에 추가되었는지 확인하겠습니다.

To do 01 클라우드포메이션 스택을 생성합니다. 각 스택에는 별다른 파라미터 설정값이 없으므로 기본 값을 유지한 상태로 스택을 생성합니다.

02 VPC 콘솔 화면으로 진입합니다. ❶ VPC 콘솔 화면으로 진입해 [관리형 접두사 목록]을 클릭하면 ❷ 생성된 고객 관리형 접두사 목록을 확인할 수 있습니다.

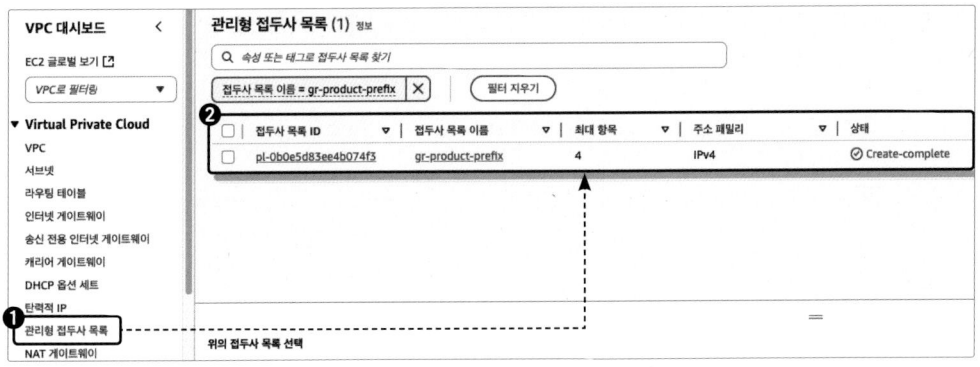

03 고객 관리형 접두사 목록의 상세 설정을 확인합니다. ❶ [항목]을 클릭하면, ❷ 고객 관리형 접두사 목록에서 관리하는 IP 주소를 확인할 수 있으며 ❸ [연결]을 클릭하면 ❹ 어떠한 리소스에서 해당 고객 접두사 목록을 사용하는지 확인할 수 있습니다.

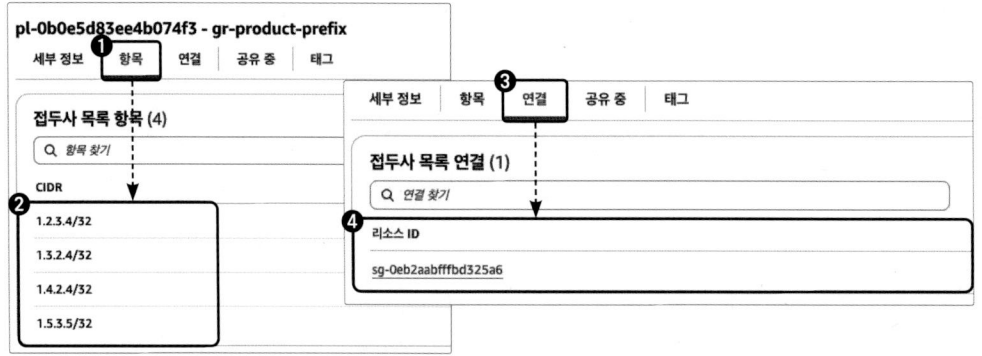

04 보안 그룹을 확인합니다. ❶ 이제 보안 그룹의 인바운드 규칙을 확인하면 ❷ 고객 관리형 접두사 목록이 추가되어 있습니다.

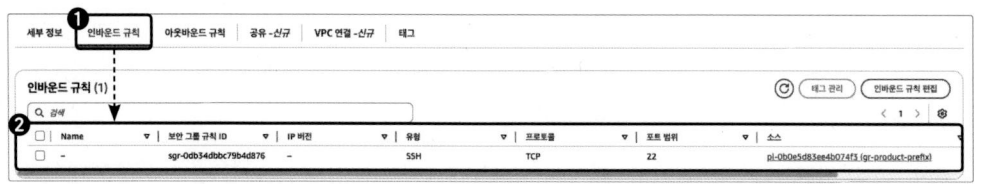

이전에는 4개의 IP 주소에 대해 각각 인바운드 규칙을 설정해야 했으나, 이제는 단 하나의 규칙만으로 22번 포트를 관리할 수 있어 구성이 더 간편해지고 유지 관리가 쉬워졌습니다.

학습 마무리

이번 학습을 통해 관리형 접두사 목록이 무엇인지 어떠한 상황에서 사용할 수 있는지 확인할 수 있었습니다. AWS 환경에서 제어해야 할 IP 주소가 늘어난다면, 관리형 접두사 목록을 사용해 IP 주소를 효율적으로 관리할 수 있습니다. 이를 보안 그룹과 라우팅 테이블에 적용하면 더 쉽게 보안 그룹과 라우팅 테이블을 구성하고 유지 관리할 수 있습니다. 이후 구축할 환경에서 다수의 IP 주소를 제어해야 할 상황이 온다면 관리형 접두사 목록을 적극 활용하도록 합시다.

핵심 요약

1 **관리형 접두사 목록**은 IP 주소의 집합을 의미합니다. 관리형 접두사 목록을 활용해 보안 그룹과 라우팅 테이블을 더 쉽게 구성하고 유지 관리할 수 있습니다. 고객 관리형 접두사 목록과 AWS 관리형 접두사 목록으로 나누어집니다.

2 **고객 관리형 접두사 목록**은 사용자가 직접 IP 주소를 지정하고 관리하는 집합을 의미합니다.

3 **AWS 관리형 접두사 목록**은 AWS 서비스의 IP 주소 범위의 집합을 의미합니다.

연습문제

1 관리형 접두사 목록에 대한 설명 중 옳은 것은?

❶ 관리형 접두사 목록은 EC2 인스턴스를 관리하는 EC2 인스턴스 집합이다.
❷ 보안 그룹과 라우팅 테이블을 보다 쉽게 구성하고 유지 관리하는 데 사용한다.
❸ 관리형 접두사 목록은 AWS 계정을 관리하기 위한 AWS 계정 집합이다.
❹ 관리형 접두사 목록은 사용자가 직접 커스텀할 수 있는 기능이 없다.

2 고객, AWS 관리형 접두사 목록에 대한 설명 중 옳은 것은?

❶ 고객 관리형 접두사 목록은 사용자가 직접 커스텀할 수 없다.
❷ 고객 관리형 접두사 목록은 AWS에서 제공하는 IP 주소의 집합이다.
❸ AWS 관리형 접두사 목록은 사용자가 직접 커스텀할 수 있다.
❹ AWS 관리형 접두사 목록은 AWS 서비스의 IP 주소 범위의 집합을 의미한다.

3 사용 가능한 AWS 관리형 접두사 목록 중 틀린 것은?

❶ 아마존 EC2　　　　　❷ 아마존 클라우드프론트
❸ 아마존 다이나모DB　❹ 아마존 라우트53

---

1 **정답** ❷ 보안 그룹과 라우팅 테이블을 보다 쉽게 구성하고 유지 관리하는 데 사용한다.
2 **정답** ❹ AWS 관리형 접두사 목록은 AWS 서비스의 IP 주소 범위의 집합을 의미한다.
3 **정답** ❶ 아마존 EC2

찾아보기

ㄱ

가상 클라우드 서버 137
가용성 059
가용 영역 056
객체 스토리지 서비스 203
게이트웨이 엔드포인트 089
경보 506
고가용성 455
관계형 데이터베이스 177
관리형 접두사 목록 543

ㄴ

내결함성 061
네트워크 069
네트워크 트래픽 로깅 서비스 530
노드 관리 서비스 489

ㄷ

다이렉트 커넥트 097
도메인 관리 서비스 226
도커 368
도커 이미지 369
도커파일 369

ㄹ

라우팅 081
라우팅 테이블 087
로그 504
로깅 서비스 503
로드 밸런서 342
루트 사용자 032
리전 055

ㅁ

명령 실행 495
모니터링 502
문서 498

ㅂ

방화벽 서비스 515
백업 471
백업 계획 474
백업 볼트 473
백엔드 서비스 308
변경 관리 491
변경 관리 서비스 489
보안 그룹 144
복원 479
부하 분산 서비스 309
브리지 모드 372

ㅅ

사용자 풀 289
생성형 AI 044
서버 기반 워드프레스 443
서버리스 054, 458
서브넷 083
서브넷팅 075
세션 관리자 494
스케일아웃 063
스케일업 063
스토리지 클래스 205
신뢰성 060

ㅇ

아마존 다이나모DB 422
아마존 라우트53 226
아마존 코그니토 288
아마존 클라우드워치 505
아마존 클라우드프론트 250
아마존 API 게이트웨이 406
아마존 EC2 137, 364
아마존 EC2 오토스케일링 338
아마존 ECS 서비스 376
아마존 ECS 작업 375
아마존 ECS 클러스터 377
아마존 ECS on 파게이트 377
아마존 RDS 178
아마존 S3 205
아마존 VPC 082
애플리케이션 관리 서비스 488
앰플리파이 호스팅 276
없음 모드 374
에지 로케이션 056, 256
오토스케일링 그룹 크기 340
온프레미스 052
워드프레스 448
웹소켓 API 412
이벤트 기반 코드 실행 서비스 393
인터넷 게이트웨이 085
인터페이스 엔드포인트 089
인프라 관리 서비스 488

찾아보기

ㅈ
자격증명 풀 291
작업 관리 서비스 488
접두사 051

ㅋ
캐시 정책 257
컨테이너 368
컨테이너 서비스 364
콘텐츠 전송 서비스 249
클라우드 053
클라우드 서버 최적화 338
클라우드포메이션 039
클라우드포메이션 템플릿 033
클래스 074
키 페어 146

ㅌ
탄력성 062
탄력적 로드 밸런서 309
트랜잭션 425
트랜짓 게이트웨이 096

ㅍ
파라미터 스토어 490
패치 관리자 496
프로토콜 069
프론트 서비스 271
프론트엔드 서비스 225
플릿 관리자 492

ㅎ
하이브리드 클라우드 053
확장성 063

A
API 관리 백엔드 서비스 406
availability 059
availability zone 056
AWS 049
AWS 람다 393
AWS 백업 477
AWS 시스템 관리자 488
AWS 앰플리파이 272
AWS 오토스케일링 338
AWS CLI 126
AWS IAM 116
AWS MFA 131
awsvpc 모드 374
AWS WAF 515

B
BCP 064

C
CDN 249
CIDR 090

D
Direct Connect 097

E
Edge Location 256
Elasticity 062

F
FaaS 393
fault tolerance 061

G
Gateway Endpoint 089

H
HTTP API 412
hybrid cloud 053

I
IaaS 393
Interface Endpoint 089
IP 071
IPv4 071
IPv6 071

J
JOIN 425

N
NAT 게이트웨이 086, 443
NoSQL 데이터베이스 서비스 422

O

On-premise 052

P

PaaS 393
Protocol 069

R

reliability 060
Routing Table 087

S

SaaS 393
Scalability 063
scale out 063
scale up 063
Site to Site VPN 095
Subneting 075

U

User Pool 289

V

VPC 엔드포인트 089
VPC 플로우 로그 530
VPC 피어링 095
VPC Endpoint 089
VPC Peering 095

AWS 잘하는 개발자 되기
네트워크, 아마존 EC2, RDS, S3, 서버리스 람다, ECS, API 게이트웨이,
다이나모DB로 배우는 AWS 백앤드 입문자를 위한 풀 패키지

초판 1쇄 발행 2025년 10월 01일

지은이 김재욱

펴낸이 최현우 · **기획** 아이기스 · **편집** 윤신원, 최혜민, 김성경, 박우현, 토인비

디자인 이혜진

펴낸곳 골든래빗(주)

등록 2020년 7월 7일 제 2020-000183호

주소 서울 마포구 양화로 186 LC타워 4층 449호

전화 0505-398-0505 · **팩스** 0505-537-0505

이메일 ask@goldenrabbit.co.kr

SNS facebook.com/goldenrabbit2020

ISBN 979-11-94383-51-2   93000

*파본은 구입처에서 교환해드립니다.

우리는 가치가 성장하는 시간을 만듭니다.

골든래빗은 가치가 성장하는 도서를 함께 만드실 저자님을 찾고 있습니다.

내가 할 수 있을까 망설이는 대신, 용기 내어 골든래빗의 문을 두드려보세요.

apply@goldenrabbit.co.kr

이 책은 대한민국 저작권법의 보호를 받습니다.

일부를 인용 또는 재사용하려면 반드시 저자와 골든래빗(주)의 동의를 구해야 합니다.

골든래빗
바로가기